KB069123

신 구조경제학

경제 발전과 정책을 재고한 이론 틀

세 계 은 행 전 부 총 재 린 이 푸 교 수 의

신 구조경제학

경제 발전과 정책을 재고한 이론 틀

린이푸林毅夫 저
장홍영张红英 역

學古房

도서정보

- 표준도서번호: ISBN 978-7-301-24818-8/F · 4048
- 출판사: 베이징대학교 출판사
- 출판현황
- 2012년 9월 제1판 인쇄
- 2013년 5월 제3차 인쇄
- 2014년 9월 제2판 1차 인쇄

수상내역

- 중국 출판 정부상 및 도서상
- '십이오' 프로젝트 국가중점도서 출판계획에 선정
- 2012년 푸른 사자 "최고 상업 도서" 수상

이 도서는 2015년 중화학술번역사업(15WJL004)에 선정돼
중국사회과학기금(Chinese Fund for the Humanities and Social Sciences)의
지원을 받아 번역 출판되었습니다.

세계 유명 학자들의 평가

아주 훌륭한 이 저서는 경제발전 영역에서 세계적으로 유명한 전문가의 작품이다. 그의 저술은 여러 국가들에 경제분야의 새로운 사조를 일으켜 시행을 촉진했다: 최근 수 십 년 동안 일부 국가는 왜 경제가 활발하게 발전했고 일부 국가는 쇠락하게 되었는가? 린이푸가 주목한 나라들은 60년 전만해도 경제가 낙후되어 있었다; 그의 분석은 선진국의 미래 발전전망에 대해서도 마찬가지로 아주 강력한 시사점을 주고 있다. 그의 냉철하면서도 소박한 분석은 전반적으로 이 글을 더 생동감 있게 만들어 더 많은 영감을 가지게 한다.

Sir Partha Dasgupta
Frank Ramsey Professor Emeritus of Economics, University of Cambridge

〈신 구조경제학〉은 정말 중요하고 야심만만한 작품이다. 저명한 학자들의 도움을 받아, 린이푸는 경제성장, 산업의 다양화와 발전에 초점을 두고 그 복잡한 미시적 동태구조를 성공적으로 묘사했다. 린이푸는 투자자와 감독관리자, 경제활동과 그 기대에 대한 조력자 및 지도자로서 정부가 담당하는 중요한 보충적 역할 또한 성공적으로 설명했다. 이 내용은 모두 경제 글로벌화를 배경으로 논술되었는데, 후자 자체가 대규모의 구조변천 중에 있다. 이 책은 전 세계학자와 전공자, 정책입안자의 유용한 지침서가 될 것이며, 개발도상국뿐만 아니라 선진국에서도 더욱더 중시 될 것이다.

Michael Spence, 2001 노벨경제학상 수상자
William R. Berkley Professor in Economics and Business,
New York University Leonard N. Stern School of Business

세계은행은 빈곤이 사라진 세계를 실현하려 부단히 노력해왔다. 이 걸출한 작품에서는 수석경제학자 린이푸가 이런 꿈이 현실이 되게 할 경제 로드맵을 만들어 냈다. 그는 중국의 성공사례는 세계 다른 국가에서도 이룰 수 있는데; 어떤 구조전환이 반드시 필요한 것인지, 정부가 그 안에서 어떤 역할을 할 수 있고 해야 하는지를 명확하고 힘있게 설명했다. 이 책은 확실히 발전 문제를 다시 생각하게 하는 하나의 이정표가 될 것이다. 오랫동안 "워싱턴 컨센서스(Washington Consensus)"는 '브레턴우즈 체제(Bretton Woods Institutions)' 하의 국제개발기구를 이끌었는데 오늘날 신뢰를 상실하게 되면서 린이푸의 저서가 하나의 대체가 되고 있다. 린이푸의 관점은 토론과 논쟁을 불러일으켰는데, 이 책의 공헌으로는 그의 관점을 발전정책 재고과정에서 계속해서 포커스를 받도록 보장할 것이라는 점이다.

Joseph Stiglitz, 2001 노벨경제학상 수상자
Professor of Columbia University

프롤로그

나는 2008년 6월에 운좋게도 개발도상국 경제학자 출신으로서는 처음으로 세계은행 수석경제학자에 임명되었다. 이는 경제학자로서 국제적으로 최고의 직위이며, 예로부터 모두 선진국에서 대가로 인정받았던 경제학자들이 임명됐었다. 또한 내가 사는동안 다행히도 두 차례의 발전기적을 직접 경험할 수 있었다. 나는 1952년 중국 타이완에서 태어났는데, 당시 타이완은 다수의 아프리카 국가들처럼 빈곤하고 낙후되어 있었다. 내가 1979년 중국대륙으로 왔을 당시 타이완은 이미 하나의 신흥산업화 경제체가 되어 있었으며, 대륙은 여전히 내가 출생할 당시 타이완과 비슷하게 가난했고, 심지어 절대 다수의 아프리카 국가보다도 더 낙후되어 있었다.[1] 나중에 내가 세계은행에 재임 시에는 중국대륙의 경제도 이미 타이완처럼 기적과 같은 비약을 이뤘다.

이 두 차례 경험을 통해 나는 빈곤은 숙명이 아니라고 확신하게 되었다. 한 국가가 수 세기 동안 빈곤함정의 늪에 깊이 빠져있었다 해도, 갑자기 운명이 바뀌어, 신속한 발전전환의 길로 들어가, 1, 2세대 안에 빈곤을 벗어나 산업화, 현대화를 실현할 수 있기 때문이다.

세계은행의 꿈은 빈곤이 없는 세상을 실현하는 것이다. 수석 경제학자 취임요청에 응했을 때, 아주 영광이었고, 자신의 경험에서 얻은 깨달음을 통해, 세계은행이 이 거창한 목표를 실현하는데 공헌하고자 했다.

---

1) 세계은행의 통계에서 보여주듯이 1979년 중국대륙의 1인당 국내생산 총액(GDP)을 현재 가치로 계산하면 152달러였는데, 사하라 사막이남 아프리카 국가의 평균은 573 달러로, 중국은 그 1/3도 되지 못했다.

전통 유가문화에서 감화를 받은 중국 지식인으로서, 그동안 학습한 내용으로 조국의 현대화를 위해 헌신하겠다고 젊은 시절에 결심한적 있었다. 세계은행에 재임 시, 많은 개발도상국의 유명한 지식인을 만날 기회가 있었는데, 그들도 나와 같이 조국에 충성하려는 포부를 가지고 있다는 것에 감동을 받았다. 세계 어디를 가든, 다른 개발도상국 농민, 노동자도 내가 어려서부터 보아온 중국농민, 노동자와 비슷하게 모두 열심히 일해 자신과 후손들이 풍족하게 생활할 수 있기를 간절히 희망하고 있음을 발견했다. 세계은행의 각종 공무활동 중에 많은 국가의 지도자들을 만날 수 있었는데, 그들 모두 국가에 번영을 가져다 줄 좋은 처방을 얻기 위해 절실히 노력하고 있었다. 이들 국가 지도자들도 기본적으로 모두 이성적이었고, 모두 장기집권을 생각하고 있었으며, 집권이 문제가 되지 않는다면, 모두 역사에 이름을 남기고 싶어했다. 이 두 가지 목표를 최적의 방법으로 실현한다면 국가와 국민에게 부국강병, 번영과 안정을 가져다 줄 수 있을 것이다. 하지만 운이 좋았던 극소수 국가를 제외한 절대 다수 개발도상국은 실망스럽게도 여전히 깊은 빈곤의 함정에 빠져있는 상태이다.[2]

중국은 본래 17, 18세기 까지는 4대문명 발상지 중의 하나였는데, 그 이후에는 서방국가보다 낙후되었다. 서방 선진국이 현재의 화려한 발전 성과를 이룰 수 있었던 것에 대해, 젊은 시절의 나는 국가가 빈곤에서

---

2) 1950-2008년 사이, 전세계는 200여 개의 개발도상 경제체가 있었는데, 중국타이완 지역과 한국만 저소득에서 고소득 국가로 변신했고; 13개 경제체는 중등소득에서 고소득 국가로 변신하였으며, 그 중에서 8개 국가는 서유럽 주변으로 선진국과 격차가 원래 크지 않았던 유럽국가였다; 28개 경제체 1인당 평균소득에서 미국과 격차는 10% 또는 그 이상으로 축소되었는데, 그 중에 석유 등의 자원수출국이 적지 않았다; 이 밖에 18개 경제체 1인당 평균소득은 미국과 격차가 축소되지 않았을 뿐만 아니라, 역으로 10%이상 확대되었다. 상술한 자료에서 제2차 세계대전 이후, 절대다수의 개발도상국은 여전히 저소득이나 중등소득 함정에 깊이 빠져 있었다고 설명했다(Lin and Rosenblatt, 2012).

벗어나 번영을 실현할 수 있게 한 "경서"가 반드시 있을 것이라고 생각했다. 경서를 찾아서 돌아와 성실히 실천해야만, 조국의 번영과 발전에 공헌하여, 조국의 국민들이 서방 선진국 국민들처럼 풍족한 생활을 할 수 있도록 충분한 도움을 줄 수 있다고 믿었다. 다행스럽게도 나는 1982년 당대 경제학의 성전인 시카고대학에서 박사학위를 공부할 수 있었고, 1986년 학위를 취득한 후, 예일대학에서 1년 간 박사 후 과정을 마치고, 1987년 자신감과 희망으로 가득 차 고국으로 돌아와 일을 시작했다.

귀국 후, 중국정부가 계획경제로부터 시장경제 전환과정에서 각종 정책을 추진하고 있었는데, 내가 시카고대학 박사과정에서 공부했던 양호한 시장경제 운영에 갖춰야 할 기본 원칙을 중국이 모두 위배하고 있음을 발견했다. 1980, 90년대 서방경제학계의 주류는 신 자유주의였는데, 효율적인 경제체계는 반드시 사유재산권을 기반으로 구축되어, 시장이 가격을 결정하고, 자원배분을 하며, 정부의 역할은 재산권 보호, 법치추진, 사회질서 유지로 제한된 것으로 인식하였다. 당시 경제학계의 합의는 계획경제는 시장경제보다 열등하고, 계획경제에서 시장경제로의 전환은 신 자유주의에 근거해 형성된 워싱턴 컨센서스(Washington Consensus)를 실행하며, 충격요법으로 사유화, 시장화, 자유화를 단번에 추진하여, 경제에 정부의 각종 부당한 개입으로 형성된 왜곡을 제거해야 한다고 주장했다(Summers, 1994). 당시 또 하나의 공식은, 점진적이고 이원화(双軌制)된 전환이 자원의 잘못된 배분을 초래할 수 있을 뿐만 아니라, 부패발생, 소득분배 악화를 초래할 수 있어, 계획경제보다 더 나쁜 제도라는 것이었다. 중국이 추진하고 있는 이러한 방식은 학계에서는 최악의 전환방식으로 인식되고 있었다(Murphy, Schleifer and Vishny, 1992; Sachs, Woo and Yang, 2000).

나는 많은 국내외 경제학자들의 생각과 같이, 현재의 주류이론을 근거로 하여 전환 중에 출현한 많은 문제 모두를 중국정부의 과도한 개입으로 사유화, 시장화, 자유화를 철저히 추진하고, 한꺼번에 모든 왜곡을 제거하지 않은 탓으로 돌릴 것인가? 아니면 현재의 주류이론을 포기하고, 개방적 태도로 중국정부를 안정과 발전 실현을 목표로 삼는 각종 현실의 제약조건에 직면한 이성적인 정책결정자로 보고, 새로운 이론시스템을 구축해 중국의 전환과정에서 이룩한 성과와 출현한 문제를 분석해야 하는가? 나는 후자를 선택하였다.

1994년 나는 차이방(蔡昉), 리조우(李周)와 함께 〈중국의 기적: 발전전략과 경제개혁〉[3]을 출판하였다. 이 책의 분석을 통해, 중국의 체제전환 전에 정부가 시장에 대한 각종 개입과 왜곡은, 비교우위를 위배하는 중공업 우선 발전부문에서 자생능력이 부족한 기업을 보호하려는 목적이 있음을 알게 되었다. 점진적이고, 이원화된 개혁은, 한편으로는 이전의 우선 발전부문 안에 있는 국유기업에 전환기의 보호와 보조금을 제공했고; 다른 한편으로는 맞춤형 성장촉진으로 민영기업과 외자기업이 비교우위에 부합하는 노동집약형 부문에 진입할 수 있게 개방했다. 이러한 방식은 중국경제가 전환기에 안정적이고 신속한 성장을 동시에 실현하도록 했지만, 왜곡이 지속적으로 존재해서 소득분배 악화와 부패가 수반되게 될 것이다. 따라서 이 책의 분석에서는 중국이 추월전략을 포기하고, 비교우위 전략을 실행하는 것으로 수정하여, 전환과정 중에 조건을 조성해 전통부문에서 기업의 자생능력의 문제를 해결하고, 이원화제도의 전유물인 왜곡을 제거하여 완전한 시장경제 시스템을 구축하기를 제안하였다.

워싱턴 컨센서스가 주장하는 바와 같은 사유화, 시장화와 자유화를 통해 한꺼번에 모든 왜곡을 제거하려고 한다면, 먼저 이전의 우선 발전된 부문 안에서 자생력이 부족한 기업은 필연적으로 파산하게 되며, 대

---

3) 본 저서의 중문 판은 1994년 상하이인민출판사와 상하이 산리엔(三聯)서점에서 출판했고, 영문 판은 1995년 홍콩중문대학 출판사에서 출판했다. 또한 일본어, 러시아어, 프랑스어, 한국어, 베트남어 판 등이 있다.

규모 실업과 사회, 정치의 불안정을 야기한다고 이 책에서도 예측하였다. 이런 심각한 결과에 대한 염려나 국방안전과 민족적 자부심의 필요 때문에, 반드시 존재해야 한다고 여전히 인식되는 "선진산업"에 대한 생각에서, 정부가 부득이하게 충격요법을 추진하여 먼저 "명시적" 왜곡으로 주어진 보호 보조금을 취소한 후, 다시 각종 "암묵적"인 왜곡과 개입을 도입하여 이미 민영화된 기업을 보호할 수 있을 것이다. 민영기업은 이러한 음성적 보호 보조금의 지대추구에 대한 적극성이 국유기업보다 더 높아서, 대가가 더 높아질 수 있고, 부패와 소득분배 악화 정도도 이원화, 점진적인 개혁에 비해 더 심각하게 될 것이다(Lin and Tan, 1999).

1980, 90년대 사회주의와 비사회주의 국가에서 나타난 전환결과와 〈중국의 기적〉에서의 예언은 일치했다. 어떤 전환방식을 선택하든지, 소득분배 악화와 부패가 모두 존재했는데, 전반적으로, 충격요법을 추진하는 국가에서 더 심각해질 수 있었다(World Bank, 2002). 전환기에 안정적이고 신속한 발전을 실현한 소수 몇 개의 경제체는, 1970년대 말, 80년대 초에 전환을 시작한 중국, 베트남과 라오스 및, 70년대 초에 전환을 시작한 인도양의 아프리카의 작은 섬 모리셔스처럼 모두 주류 경제학이론에서 보면 최악인 점진적 이원식 전환을 채택했다. 주류경제학 이론이 주장하는 충격요법을 준수하여 시행한 국가는 "잃어버린 20년을 경험했고; 1980, 90년대의 연평균 성장률이 60, 70년대보다 못했으며, 위기도 빈번했다(Easterly, 2001).

개발도상국의 발전실천도 현재의 주류경제학 이론에 대한 재고의 필요성을 절박하게 느끼게 하였다. 제1차 세계대전 후 민족주의가 급속히 확산됐고, 제2차 세계대전 이후 개발도상국가는 서방열강의 식민지, 반식민지의 족쇄에서 연이어 벗어나, 정치적 독립을 쟁취했으며, 제1대 혁명가의 지도아래, 산업화와 현대화를 구축하기 시작했다. 1950, 60년대에 주류이론 사조는 개발도상국가의 선두추월과, 당시 선진국이 가진 자본집약형의 선진 현대화 대규모 산업구축을 제안하였다. 이러한 사조의 논리는 설득력이 있었던 것 같다: 노동생산율이 선진국 수준에 도달하지 않으면, 어느 국가도 선진국 소득수준에 도달할 수 없으며, 현대화된 자본집약형 대규모 산업발전은 모든 개발도상국이 선진국과 동일한 노동력 생산율 수준에 도달하는데 반드시 필요한 전제조건으로 인식되었다.

당시에, 시장실패는 개발도상국이 이러한 선진적인 대규모 산업을 구축할 수 없었기 때문이라 인식되었다. 따라서 이후에 구조주의의 제1버전 발전경제학 이론으로 칭해진 주류경제학 이론은, 정부가 시장실패를 극복하기 위해 수입 대체전략의 방식으로, 직접동원과 자원배분을 통해 이러한 자본집약적 대규모 산업을 발전시킬 것을 제안했다. 이 전략을 추진한 국가는 항상 단기간 내의 투자로 견인된 신속한 성장이 나타날 수 있었지만, 그 이후 경제는 정체되고 위기가 끊임없이 발생하게 되었다. 기적적인 발전을 실현한 소수 몇 개의 동아시아 경제체는 수출지향 전략을 채택하여, 전통적인 소규모의 노동집약형 산업발전을 시작했는데, 이는 당시의 주류이론에 따르면 잘못된 전략이었다.

이론을 구축하거나 학습하는 것은 세계를 인식하고, 개조하기 위한 것이다. 솔직히 말하면, 현대의 주류이론은 기본적으로 모두 선진국에서 생활한 학자들이 관찰한 선진국의 현상과 경험에 근거해 구축된 것이다. 하지만 1987년 귀국 후 내가 몸소 체험한 경험과 서방 주류이론의 변천사를 학습하면서, 나는 선진국에 "보편적이고 이견이 없는 이론(放諸四海而皆准, 百世以俟圣人而不惑)"의 경서가 사실은 존재하지 않음을 인식하게 되었다. 왜 그러한가? 쉽게 알 수 있는 이유로는, 이론의 적용성은 전제조건의 유사성으로 결정되는데, 개발도상국은 조건이 선진국과 격차가 존재하기 때문에, 선진국에서 적합한 이론이라 해도, 개발도상국에서는 적합하지 않을 수도 있는 것이다. 게다가 선진국에서 성행한 이론은 유행과 같아서, 끊임없이 새로운 이론으로 대체된다. 다시 말하자면, 선진국의 이론이 선진국에서도 항상 적합한 것이 아닐 수도 있다. 개발도상국의 정부, 기업이나 개인이 선진국에서 성행하는 이론에 근거하여 정책을 결정한다면, "화이난(淮南)에서 귤나무가, 화이베이(淮北)에서 탱자나무"가 되는 아쉬움이 항상 있을 수 있다. 이러한 인식은, 제 2차 세계대전 이후의 200여개 개발도상국이 선진국을 따라잡기 위해, 중국과 똑같이 많은 고생과 노력을 했지만, 선진국의 주류이론에 따른 정책제정을 통해 경제발전이 성공한 예가 왜 없는지, 소수 몇 개의 성공한 개발도상 경제체에서 추진한 정책은 당시의 주류이론에서 보면 잘못된 것이었음을 빠르게 각성시켰다.

개발도상국의 지식인이 선진국의 주류이론을 고수하고 있다면, 개발도상국과 선진국의 격차를 쉽게 발견할 수 있어 비평가로 변할 수 있을 것이다. 개발도상국의 지식엘리트가 본국 현대화 구축에 어느 정도 도움이 되고자 한다면, 자신이 개발도상국에 출현한 각종 현상의 배후 인과논리를 인식하고, 새로운 이론, 개념을 구축하여, 새로운 사상을 만들어내 이를 근거로 주류이론과 다른 정책제안을 제기할 필요가 있다. 〈중국의 기적〉출판 후 나는 이 방향으로 계속 노력해왔으며, 2001년 시카고 대학 경제학과에서 나의 시카고대학 지도교수 중 한 분인 D. 게일 존슨(Gail Johnson)교수가 명명한 연간강좌를 설립하여, 나에게 첫 번째 강의를 요청하였는데, 이 기회를 빌어 과거 십 여 년간 연구를 종합하여 "발전전략, 자생능력과 경제수렴"을 제목으로 강의[4]를 발표하였고, 회의를 마치고 노벨상 수상자인 제임스 헤크먼(James J. Heckman)이 시카고대학의 학보 Chicago Maroon 인터뷰에서, 나의 연구에 근거하여 "과거 15년동안 출현한 새로운 발전이론은 무용지물이었고, …… 시카고 대학의 많은 교수들이 했던 연구를 포함해 모두 무용지물이었다"[5]라고 하였다. 그가 말한 새로운 발전이론은 1980, 90년대에 아주 성행했던 "내생성장이론"인데, 시카고 대학 로버트 루카스 (Robert E. Lucas, Jr.)교수가 이 분야

---

4) Economic Development and Cultural Change, 2003년 제 51권 제2기, 277-308쪽.
5) Chicago Maroon, 2001년 5월 15일, 5쪽.

의 선구적인 연구로 1995년 노벨상을 받은 이유 중의 하나였다.

　2005년 나는 또 한번 운 좋게도 영국 케임브리지 대학의 초청으로 2007년 마셜강좌를 하게 됐다. 영국 케임브리지 대학은 19세기 말에서 20세기 중엽에 국제경제학계의 성전이었고, 마셜, 피구, 케인스, 로빈슨 부인, 칼도어 등 익히 들어 알고 있는 경제학계의 대가들이 운집해 있었다. 마셜 본인은 신 고전 경제학파의 창시자이고 애덤 스미스를 계승하는 또 다른 집대성자이다. 이 학교는 그의 공헌을 기념하기 위해, 1946년부터 매년 한 사람의 경제학자를 초청하여 그의 이름을 걸고 강좌를 한다. 초청장은 2년 전에 발송하여, 강연자에게 충분한 시간을 제공해 준비하게 한다. 나는 61번째의 강연자이면서, 2번째로 이 강단에 선 개발도상국 경제학자였다. 앞의 60명의 강연자 중에서 15명은 노벨 경제학상을 받았다. 노벨 경제학상은 1968년에서야 수여를 시작했고, 수상자는 반드시 생존해 있어야 하므로 내 앞의 강연자 중에서 노벨상을 받을 자격이 있는 사람들이 15명은 넘을 것이다. 나는 이 기회를 빌어 제2차 세계대전 이후의 발전이론을 정리하였고, 또한 〈중국의 기적〉에서 제기한 경제체제가 발전전략에서 내생 된 이론 틀을 기반으로 하나의 수리모델을 구축했는데, 2차 세계대전 이후 개발도상국의 경험적 데이터를 이용하여 이론모델의 각 추론에 대한 실증적 검증을 했다. 이 강의 내용은 나중에 정리해 책으로 엮어 〈경제발전과 전환: 사조, 전략과 자생능력〉이라는 제목으로 영국 케임브리지 대학 출판사에서 출판했다.[6] 이 책은 모두 5명의 노벨수상자가 추천의 말씀을 해주셔서, 케임브리지 대학 출판사에 기록을 세웠다. 그 중에 베커(Becker)는 "린이푸의 관점은 많은 논쟁이 있지만 아주 시사적 의의를 가진다."고 썼다. 포겔(Fogel)은 "린이푸는 중국정부와 기업계의 사상에 영향을 준 것뿐만 아니라, 미국과 서유럽의 경제분석에도 영향을 주었다"고 말하였다. 노스

---

6) 중문 판은 베이징대학 출판사가 2008년에 출판했다.

(North)는 "린이푸의 마셜 강좌집은 절호의 기회를 제공했는데, 하나는 과거 몇 십 년 동안 세상이 주목한 아시아의 굴기를 이해하려 한 것이고, 다른 하나는 경제학자들의 발전문제와 관련한 표준화 해석을 회의적인 시선으로 본것이다."고 지적했다. 스펜스(Michael Spence)는 "이 책은 여러 방면에서 모두 중요한 책이다 …… 그의 분석은 무역이론과 비교우위를 기초로 했지만, 자체적으로 체계화된 성장전략과 정책의 동태분석으로 전환한 것은 중요한 성취이다."라고 평가했다. 스티글리츠(Joseph Stiglitz)는 "지혜가 충만하고, 혁명적 의의를 지닌 책이고, 왜 일부 개발도상국은 성공을 했고 다른 국가는 실패했는지 설명햐였다."고 칭찬했다.

2008년 6월 나는 세계은행에 재임하면서, 세계은행으로 가기 전 중국의 경험을 접점으로 주류 경제발전과 전환이론을 재고하였다. 세계은행의 업무는 내가 더 높고 넓은 무대에서 다른 개발도상국, 전환중인 국가의 경험을 관찰하고 이해하게 했으며, 나에게 익숙한 중국과 동아시아의 경험으로 형성된 이론시스템의 적합성을 검증하게 하였다. 세계은행 수석경제학자가 직접 주관하는 발전연구부에는 300여 명의 양질의 훈련을 받은 경제학자들이 있고, 간접적으로 관리하는 경제학자들은 1000명이 넘는다. 이 밖에도 각 개발도상국과 선진국에서 온 우수 경제학자들 및 정부지도자들과 일대 일로 직접 교류할 많은 기회가 있었다. 1년의 논쟁과 토론을 통해 나의 과거 20여 년 연구의 이론적인 의미와 실천적 가치에 대한 신념을 더 확고하게 했다. 따라서 2009년 6월 나의 세계은행 재임 1년이 됐을 때, 한 내부토론회의 기회를 빌려, 나의 연구를 정식으로 신 구조경제학으로 명명하였는데, 제2차 세계대전 이후의 정부역할에 치중한 구조주의, 1980년대 이후 시장역할에 치중한 신 자유주의를 계승한, 제3버전 발전경제학이 되었다. 2011년 3월 예일대학 경제성장 센터에서 나를 초청하여 저명한 쿠즈네츠 연간 강좌를 했는데, 이 기회를 빌어 "신 구조경제학: 발전문제를 재고한 하나의 이론 틀"을 제목으로 강좌를 하면서, 경제학계에 신 구조경제학의 탄생을 선언하

였다.[7]

　신 구조경제학을 제기했을 때, 나는 경제학계의 동료들에게 발전과 전환문제를 연구할 때 애덤 스미스로 돌아갈 것을 제창했지만, 스미스 〈국부론〉에서 제기한 관점으로 돌아가자는 것이 아니라 스미스의 연구 방법으로 돌아가자는 것이었다. 즉, 〈국부론〉의 원제목 〈국민자산의 성질과 원인에 관한 연구〉에서 제시한 관심 있는 문제, 현상에 대한 "성질과 원인"의 연구로 돌아가는 것을 말한다. 발전경제학에서 관심 있는 문제는 한 국가가 신속한 경제발전을 실현하도록 어떻게 도울 것인가이다. 경제사학자 매디슨(Maddison)의 연구에 근거하면, 18세기 전에 서유럽의 선진국가조차도 1400년의 시간이 지난 후에야 1인당 평균소득이 두 배가 되었고, 신속한 경제발전은 18세기 산업혁명 발생 이후에 비로소 출현한 현상이었다.[8] 이러한 신속한 경제발전의 본질은 노동생산율과 1인당 평균소득 수준의 지속적인 상승이었다. 그 원인은 기술의 지속적 혁신과 산업의 지속적 업그레이드가 노동의 산출과 가치를 지속적으로 증가시키고, 생산규모, 시장범위, 자본수요와 위험의 확대를 동반하여, 각종 상응하는 하드웨어 기반시설과 소프트웨어 제도환경도 반드시 지속적으로 완벽해져 거래비용을 인하시키고, 위험을 감소시켜야 했기 때문이다.

　신 구조경제학은 기업자생능력을 미시분석 기반으로, 각 시점에 정해진 요소부존 구조를 접점으로 한다. 또한 신 구조경제학은 제기하기를

---

7) 이에 대한 논문 및 여러 학자들의 평론을 〈세계은행 연구관찰〉 2011년 제 26권 제 2기에 발표하였는데, 본 저서의 제 1장을 참고한다.

8) 경제사학자 조지 클라크는 "인류역사에서 사실상 하나의 사건만 발생했는데, 즉 1800 년 전후에 시작된 산업혁명이다. 산업혁명 전의 세계와 산업혁명 후의 세계로만 나눌 수 있는데, 인류의 다른 역사적 세부사항은 의미가 있지만 중요하지 않다."고 까지 표명하였다. 천즈우(陈志武) "역사연구 계량화가 당신에게 완전히 다른 역사관을 알려준다"란 논문을 참고한다. http://www.360doc.com/content/14/0806/17/17132703_399893815.shtml

경제발전은 하나의 동태적 구조변천 과정으로, "효율적 시장"에 의존하여 요소 희귀성을 반영할 수 있는 가격체계를 형성하여, 기업이 비교우위에 따라 산업, 기술을 선택하도록 유인하면서 경쟁우위를 형성하게 한다고 했으며, 구조변천 과정에서 필연적으로 출현하는 외부성 문제와 소프트웨어, 하드웨어 기반시설을 완벽히 하는 협조문제를 해결할 "유능한 정부"도 있어야 하는데, 국가가 시장과 정부, 이 두 개의 손을 동시에 잘 이용해야 신속하고 포용적이며 지속 가능한 성장을 실현할 수 있다고도 했다.

신 구조경제학과 전통적인 구조주의 차이는, 구조주의가 다른 발달정도의 국가에 구조적 차이는 외생적인 것이라 하는데, 신 구조경제학은 이것이 요소부존 구조에서 내생된 차이라고 인식하는데 있다. 신 구조경제학과 일반 신 고전경제학의 차이는, 일반 신 고전경제학이 선진국과 개발도상국의 구조를 동질화하여, 선진국과 개발도상국 산업과 기술의 차이를 구분하지 않는다는 데 있다.

앞의 두 가지 버전의 발전경제학은 모두 선진국을 참조하여, 개발도상국은 선진국에서 보유했지만 자신에게 부족한 산업(구조주의의 수입대체)을 발전시키라고 하거나 개발도상국에서는 선진국은 잘 할 수 있지만 자신은 잘 할 수 없는 각종 제도장치(신 자유주의의 워싱턴 컨센서스)를 채택하라고 했는데, 신 구조경제학은 경제발전이 개발도상국에 무엇이 있는가(즉 요소부존)와 무엇을 잘 할 수 있는가(즉 비교우위)에서 시작해야 함을 강조한다. 정부의 역할은 시장경쟁에서 잘 할 수 있는 산업을 위해 성장장애를 해소하고, 기업이 이들 산업을 크고 강하게 만들도록 돕는 것이다.

내가 "유능한 정부"의 관점을 제기할 때, 다른 학자들이 항상 제기한 문제는 정부개입이 정확한지 어떻게 보장하는가였다. 이에 대해, 나는 "성장선별 및 맞춤형 성장촉진(Growth Identification and Facilitation): 정부의 구조변천 동태 메커니즘에서의 역할"[9]의 논문을 발표하여 답변

18

했다.

　2012년 6월 세계은행 임기가 끝나기 전에 나는 앞서 작성한 관련 논문을 정리하여, 〈신 구조경제학: 경제발전과 정책을 재고한 이론 틀〉을 제목으로 세계은행에서 출판하였다. 세계은행을 떠난 이후, 또한 나는 신 구조경제학의 관점으로 세계은행에서 재임할 때 아프리카와 다른 개발도상국을 방문하면서 보고 생각했던 것과 결합하여, 알기 쉬운 언어로 〈번영의 모색: 개발도상 경제는 어떻게 굴기할 것인가?〉를 썼는데 프린스턴대학 출판사에서 출판하였다. 이 두 권의 책의 중문판은 모두 베이징대학 출판사에서 출판했다.

　경제학이 "음울한 학문"(dismal science)라고 희화되는 것은 개발도상국에서 특히 그러한데, 주류 경제학 이론에서 보면, 개발도상국의 많은 부분에 부족한 점과 결점이 있기 때문이다. 이와 반대로, 신 구조경제학은 하나의 완전하고 다른 시각을 제공하여, 개발도상국에 무엇이 있는가, 무엇을 잘 할 수 있는가를 접점으로, 개발도상국가가 모든 부분에 기회가 있음을 발견하고, 어떤 개발도상국도, 기반시설과 제도환경이 얼마나 열악하든 관계없이, 기업은 모두 이윤을 추구할 동기가 있다고 생각한다. 또한 정부가 실용적 정책을 채택하고, 동원할 수 있는 유한한 자원과 정치능력을 이용해, 공업단지나 경제특구를 설립하고, 비교우위를 지닌 산업에 충분히 좋고 부분적으로 유리한 기반시설과 경영환경을 제공하여 내외자본 민영기업 생산, 마케팅 거래비용을 인하하게 한다면 모든 개발도상국은 즉시 미시기업과 개인의 적극성을 자극하고, 신속한 기술혁신, 산업업그레이드의 구조전환과 동태성장의 길로 들어서게 되는데, 신 자유주의에서 주장한 바와 같이 반드시 모든 제도가 잘 구축된 후, 시장의 자발적 능력으로 경제발전을 추진할 필요는 없다.

---

9) 이 글에 대한 논문과 여러 학자들의 평론을 〈발전정책 평론〉 2011년 제29권 제3기에 발표했는데, 본 저서 제3장을 참고한다.

중국을 예로, 1979년 시장경제로 전환을 시작할 때, 중국 경영환경은 나빴고,[10] 기반시설은 낙후됐고,[11] 투자환경도 나빴다.[12] 중국은 워싱턴 컨센서스의 논리에 따라 상술한 문제를 전국범위에서 잘 해결하고, 다시 각종 새로운 산업이 시장경쟁에서 자발적 출현을 기다릴 수 없었다. 반대로 중국 각급 정부는 유한한 자원과 능력을 경제특구와 공업단지를 구축하는데 동원했다. 전국적으로 보면, 각 항목 지표는 아주 나빴지만, 특구와 단지 내에 기반시설의 장애는 완화됐고, 경영환경도 경쟁력이 풍부해졌다.

중국이 전환초기에 노동력 비용이 아주 낮았음에도, 중국의 기술과 관리지식이 부족했지만 이러한 우세를 이용하여 합격품질을 갖추고 국제시장에 수출할 수 있는 노동집약형 상품을 생산했다. 이 장애의 한계를 극복하기 위해, 중국 각 지역, 각급 정부는 적극적으로 기업투자를 유치하면서, 국외의 기술과 경영경험이 있고, 국제적으로 구매자의 믿음이 있는 외자기업이 경제특구와 공업단지에서 투자해 공장을 설립하게 하도록 장려했다. 이러한 실용적인 방법을 채택해, 중국은 노동집약형 경공업을 신속하게 발전시켰고, 세계공장이 되었다. 일부 지역에서 얻은 성공은 정부가 다른 지방의 기반시설을 개선하고 왜곡을 제거하는데 자원과 조건을 제공하였다.

---

10) 세계은행의 경영환경 지표에 근거하여, 2013년 중국은 91위였고, 30여 년간 시장화 개혁을 경험했는데도, 여전히 하위였고, 심지어는 아프리카의 일부 국가보다 더 나빴다. http://www.doingbusiness.org/rankings

11) 1984년 내가 처음으로 광조우(广州)에서 선전(深圳)에 갈 때 200여km의 길인데 십여 시간이 걸렸고, 네 차례 배를 갈아타고서야 도착할 수 있었다. 현재는 고속도로가 있어서, 두 시간이면 도착한다. 내가 세계은행 재임 시에 60개 가까운 개발도상국을 방문했는데, 그들의 기반시설은 내가 1980년대 초에 보았던 중국의 상황보다는 좋았다.

12) 세계은행이 발표한 〈2010년 국제투자〉 보고에 근거하여, 중국의 투자환경은 연구샘플의 87개 경제체의 최하위였다. http://iab.worldbank.org/~/media/FPDKM/IAB/Documents/IAB-report.pdf

상술한 실용적 이념과 방법은 성행한 신 자유주의 관점에서는 최악의 선택으로 보였지만, 중국 더 나아가 동아시아 기타 경제체, 심지어 아프리카 섬국가 모리셔스 발전에서는 성공한 비결이 되었다.

화젠(华坚)제화가 에티오피아에서 신속하게 성공한 것은 이러한 실용적인 발전 사고방식과 방법이 다른 개발도상국에 동일하게 적용될 수 있음을 증명한다. 신 구조경제학의 정책 적합성을 검증하기 위해, 2011년 나는 세계은행에 〈아프리카 경공업〉의 연구 프로젝트를 위탁했다.

이 연구에서 에티오피아 제화업종 임금은 중국 동일 업종 임금의 1/8-1/10인 것과, 베트남 동일 업종의 절반인 것을 발견하였다. 에티오피아의 노동생산율은 대략 중국의 70%이고, 베트남과 대체로 비슷하다. 노동비용이 대략 중국 제화업종 총비용의 1/4을 차지했고, 따라서 에티오피아는 제화업종에서 아주 경쟁력이 있었다. 하지만 2010년, 중국의 제화업종이 1900만명, 베트남이 120만 명을 고용했지만, 에티오피아는 8000명 만을 고용했다.

2011년 3월, 나는 연구성과를 가지고 에티오피아 수도 아디스아바바에 가서 당시 총리 멜레스 제나위를 방문하여, 그에게 이 프로젝트 연구의 발견을 알려주고, 중국 공업단지 구축경험을 소개했다. 중국 공업단지 구축경험이란 다음과 같다. 부분적으로 유리한 기반시설과 경영환경을 조성하여 "투자환경 완비 후 외부투자 유치"를 한 후, 정부의 최고책임자가 직접투자를 유치해서, 투자자 믿음을 증가시켜 비교우위를 갖고 경쟁우위를 신속하게 형성할 수 있는 산업을 발전시킨 것이다. 같은 해 8월, 멜레스는 선전(深圳) 유니버시아드에 참가하는 기회를 이용해, 중국의 제화생산 회사에 에티오피아에 가서 투자하기를 직접 요청했다. 화젠제화는 국내에서 중고급 여성화를 생산수출 하는 대형 생산회사였는데, 이 요청을 받고, 2011년 10월 사장 장화롱(张华荣)은 팀을 꾸려 아디스바바에 현지조사를 했고, 현장에서 투자를 결정했다. 또한 86명의 현지 노동자를 모집하여 중국에서 훈련을 진행했고, 3개월 후에,

2012년 1월에 아디스아바바 부근의 동방 공업단지에서 제화공장을 개설하였다. 최초 550명의 노동자에서, 12월 말에는 1800명까지 확충하였고, 회사를 세운 해에, 화젠사는 이미 에티오피아의 제화업종 수출이 두 배 이상 증가하였다. 2013년 12월 화젠이 고용한 노동자는 이미 3500명에 달하였고, 2016년에는 30000명에 이를 것으로 예상된다.

에티오피아는 세계 최빈곤 국가 중에 하나였고, 2012년 1인당 평균 국내생산 총액은 453달러에 불과했으며, 또한 내륙에 위치해 세계은행의 지표에 따르면 전체 기반시설과 경영환경이 전세계 순위의 하위권이었다. 2012년 전에, 에티오피아는 절대다수 아프리카 국가와 같이, 외국인이 수출 가공기지가 가능한 국가로 생각되지 않았고, 선진국의 구매자도 에티오피아의 가공기업에 주문을 줄 믿음이 없었다. 화젠제화 공장의 즉각적 성공은 외국투자자와 외국구매자들의 에티오피아에 대한 인상과 믿음에 변화를 줬다. 2013년 에티오피아 정부는 아디스아바바 부근의 볼레라민(Bole Lamin)에 출자하여 새로운 공업단지를 구축했고, 제1기 계획은 22동의 표준 공장을 구축하는 것이었는데, 연말에 8동을 이미 건설했고, 다른 14동은 계획 중이었다. 2013년 겨울, 3개월도 되기 전에, 이들 공장은 22개 외국 수출가공기업에 모두 임대가 완료됐다. 세계은행의 경영지표 순위에 따라, 에티오피아는 2012년의 125위에서 2013년 127위로 하락했지만, 상술한 믿기 어려운 성공은 여전히 발생하고 있다. 세계 저명한 H&M, TESCO등과 같은 대형 소매체인점도 아디스아바바에 구매 대표처를 설립하였다. 세계은행이 과거 공업단지 구축에 보류하는 태도였는데, 상술한 성과 앞에서, 2014년에는 에티오피아에 전대미문의 40년 무이자대출을 2.5억 달러 제공했고, 볼레라민 공업단지의 제2, 제3기 건설을 지원했다.

상술한 경험이 증명하듯이, 사고방식이 변화의 방향을 결정하는데, 사하라 이남 아프리카를 포함한 개발도상국들은, 모든 발전조건이 모두 구비된 후 경제발전을 시작하려고 기다릴 필요가 없었다. 신 구조경제

22

학의 주장에 따르면, 개발도상국의 정부가 내외자 기업이 해당 국가의 요소부존을 이용하여 그 국가가 비교우위를 지닌 산업을 발전시키도록 유한한 자원과 정책능력을 실속 있게 이용하여 일부 유리한 조건을 조성해 지원해야만, 각 국가가 모두 국제시장에서 경쟁우위를 지닌 산업을 신속하게 창출하고, 과거의 운명을 벗어나, 활력이 충만한 발전과 빈곤을 탈피한 새로운 장을 열게 될 수 있을 것이다.

나는 〈신 구조경제학〉과 〈번영의 모색〉출판 이후 5명의 노벨상 수상자를 포함하여, 많은 호평을 받은 것을 아주 기쁘게 생각한다. 그 중에서도 스펜스가 "〈신 구조경제학〉은 진정으로 중요하고 야심이 넘치는 작품이고, 전세계 학자와 정책입안자들을 위한 유용한 지침이 될 것이고, 개발도상국뿐 아니라, 선진국에서도 더욱더 중요성을 인정받게 될 것이다"라고 말했고, 스티글리츠는 "세계은행에서는 빈곤이 사라진 세계를 실현하려 부단히 노력해왔다. 이 걸출한 작품에서는 수석경제학자 린이푸가 이런 꿈을 실현할 경제 로드맵을 그려냈다, 린이푸의 관점은 토론과 논쟁을 불러일으켰는데, 이 책의 공헌은 그의 관점을 발전정책 재고과정에서 계속 초점이 되도록 보장해 줄 것라는 점이다."라고 말했다. 〈번영과 모색〉에 관해서는 애컬로프(Akerlof)가 "이 저서에서, 린이푸는 그가 동아시아 비약을 연구하면서 얻은 지혜를, 250년 동안의 경제사상과 함께 엮어냈다. 그는 우리에게 하나의 시각을 제공했는데: 전 세계적으로 가난을 끝내는 것이 가능하다는 것이다. 다른 경제학자들이 이보다 더 우수하고 더 중요한 작품을 다시 쓸 수 없을 것이다."라고 칭찬하였다. 포겔(Fogel)은 "〈번영의 모색〉은 하나의 중요한 저서이다. 이 책은 열정으로 가득 차 있고, 조리있으며, 작가가 전세계 경제의제에 대한 깊이 있는 이해를 반영했다. 동시에 실제적인 해결방안도 제시했다."고 말했다. 셸링(Schelling)은 "이는 확실히 고무적인 작품이다, …… 린이푸는 나를 설득할 만한 신 구조경제학을 제기했다."고 말했다.

나를 더 기쁘게 한 것은, 신 구조경제학의 이론 틀을 많은 개발도상국의 실무자들이 수용하고 중시했다는 것이다. 2012년 9월, 르완다 대통령 폴 카가메가 중국을 방문했는데, 신 구조경제학의 사고방식을 르완다의 경제발전에 어떻게 응용할 수 있는지를 나와 토론하기 위하여, 그는 내가 참가한 우즈베키스탄의 회의에서 돌아오기를 기다려 면담하기 위해 특별히 중국에서 2일을 더 체류하였다. 2013년 2월, 나는 베이징 대학 국가발전 연구원의 교수들을 인솔하여 탄자니아를 방문했는데, 탄자니아 대통령 자카야 키크웨테는 새로 구축하는 공업단지의 계획수립을 위해 나에게 고문을 맡아줄 것을 요청하였다. 2014년 1월 세네갈 대통령 마키 살은 나의 발전경제학 이론 재고와 아프리카 국가경제발전 추진에 대한 공헌을 표창하기 위해, 나에게 국가공훈훈장 고급기사단 제독훈장을 수여했다. 2014년 7월 내가 에티오피아를 방문했을 때, 신임 총리 하일레마리암 데살렌은 나의 에티오피아 경제발전에 대한 공헌을 표창하기 위해 상패를 수여했다.

〈신 구조경제학〉과 〈번영의 모색〉의 중문판 출판 이후에도 국내에서 호평을 받았고, 국내신문 출판영역의 최고상인 "중국출판정부상"을 포함한 다수의 상을 받았다. 그 중에서 "신 구조경제학: 발전문제를 재고한 하나의 이론 틀"은 중국 세계경제학회 푸산(浦山) 세계 경제학 우수논문상을 받았다.

특히 〈경제학〉(계간) 2013년 4월 출판된 제12권 제 3기에 웨이슨(韦森), 쉬용딩(余永定), 장슈광(张曙光), 황샤오안(黄少安), 장쥔(张军) 다섯 명의 경제학자는 "신 구조경제학: 발전문제를 재고한 하나의 이론 틀"에 대한 평론과 나의 답변을 게재하였다. 이러한 토론은 신 구조경제학의 이론 틀을 이해하는데 아주 큰 도움이 되었고, 이번 개정 증보판에서, 나는 이들 토론을 제1장 본문 다음에 수록하였다. 나는 동시에 1989년에 Cato Journal에 실린 "제도변천의 경제학이론: 유인적 변천과 강제적 변천"의 논문도 본 저서 제5장에 수록하였다. 산업과 기술구조가 요소부존의 변동에 따라 변화할 때, 하드웨어 기반시설과 제도장치 (즉 소프트웨

24

어 기반시설)도 이에 맞춰 완벽해져서 거래비용을 인하할 필요가 있다. 새롭게 수록된 이 논문이 25년 전의 낡은 작품이지만 사고방식과 관점은 신 구조경제학과 일치한다. 부연하자면 20여 년에 다른 시기에 연구한 문제는 다른 중점이 있었지만, 전체적인 사고방식은 일관되게 누적되어 하나의 체계가 될 수 있는 것이다; 동시에 이 논문의 수록도 모두 관심을 갖는 제도변천 문제에 관한 하나의 보충이다.

신 구조경제학의 이론은 중국자체와 다른 개발도상국 발전과 전환성패 경험의 최종결론에서, 이 이론체계는 과거 실천적 경험에 대한 요약에서 유래했는데, 중국과 다른 개발도상국 미래 발전과 전환의 실천에 참고할 가치가 있기를 기대하며, 신 구조경제학의 이론이 중화민족의 위대한 부흥에 대한 중국의 꿈을 실현하고, "꽃들이 만개하여 봄이 오는" 모든 개발도상국의 공통발전, 공통번영의 시대가 도래하는 데에 다소 공헌할 수 있기를 더욱더 기대한다.

린이푸
2014년 8월 베이징대학 랑룬웬

Chandra, V., J. Y. Lin, and Y. Wang. 2013. "Learning Dragon Phenomenon: New Opportunities for Catch-up in Low-Income Countries," *Asia Development Review* 30(1): 52-84.

Crook, Clive. 2012. "An Economics Masterpiece You Should Be Reading Now," *Bloomberg, December* 18, 2012. Online at: http://www.bloomberg.com/news/print/2012-12-18/and-economics-master.

Easterly, William. 2001. "The Lost Decades: Developing Countries' Stagnation in Spite of Policy Reform 1980-1998," *Journal of Economic Growth* 6: 135-157.

Lin, Justin Yifu. 2012. "From Flying Geese to Leading Dragons: New

Opportunities and Strategies for Structural Transformation in Developing Countries," *Global Policy* 3(4): 379-409.

Lin, Justin Yifu and Guofu Tan. 1999. "Policy Burdens, Accountability, and the Soft Budget Constraint," *American Economic Review: Papers and Proceedings* 89(2): 426-431.

Lin, Justin Yifu and David Rosenblatt. 2012. "Shifting Patterns of Economic Growth and Rethinking Development, "*Journal of Economic Policy Reform*: 1-24.

린이푸, 차이팡, 리조우(林毅夫、蔡昉、李周), 〈중국의 기적: 발전전략과 경제개혁〉, 상하이런민출판사, 상하이 산리엔서점 1994년판; 홍콩중문대학출판사 1995년 영문 판.

MOFCOM. 2013. *China Africa Economic and Trade Co-operation 2013.* Online at: http://english.mofcom.gov.cn/article/newsrelease/press/2013 09/20130900285772.shtml.

Murphy, Kevin M., Andrei Shleifer, and Robert W, Vishny. 1989. "Industrialization and Big Push," *Journal of Political Economy* 97: 1003-1026.

Sachs, Jeffrey, WngThye Woo, and Xiaokai Yang. 2000. "Economic Reforms and Constitutional Transition," *Annals of Economics and Finance* 1: 435-491.

Summers, Larry. 1994. "Comment," in: Blanchard, Oliver Jean, Kenneth A. Froot, and Jeffrey Sachs (eds.), *The Transition in Eastern Europe*, Vol. 1. Chicago: Chicago University Press: 252-253.

Wolf, Martin. 2012. "Pragmatic Search for Path to Prosperity," *Financial Times*, October 14. Online at: http://www.ft.com/intl/cms/s/2/a6c9aba2-12d2-11e2-ac28-00144feabdc0.html#axzz2yp5dD2mg.

World Bank. 2002. *Transition: the First Ten years, Analysis and Lessons for Eastern Europe and the Former Soviet Union.* Washington, DC: World Bank.

World Bank. 2010. *Investing Across Borders 2010.* Washington, DC: World Bank.

World Bank. 2013. *Doing Business Indicators 2013.* Washington, DC: World Bank.

감사의 글

이 책은 내가 2008년에서 2011년에 세계은행 수석경제학자 및 고위 부
행장에 재임했던 기간 동안 연구 프로젝트 "신 구조경제학"(New Structur-
al Economics, NSE)의 주요 발견에 관해 서술했다. 세계은행장 Robert
Zoellick의 전반적인 지도와 지지가 없었다면, 발전경제학과 발전정책에
관한 이 성과가 나올 수 없었을 것이다. Robert가 나의 재임 동안 많은
격려와 귀중한 제안을 준 것에 큰 감사를 드린다.

동시에 나는 K.Y. Amoako, Alice Amsden, 장하준(张夏准), Anne
Krueger, 임원혁, Howard Pack, Dani Rodrik, Joseph Stiglitz, Suresh
Tendulkar와 Dirk Willem te Velde가 신 구조경제학 체계에 제기한 풍부
한 견해와 상세하고 구체적인 평론에 깊은 감사를 드린다. 그들의 평론
은 이 이론체계에 대한 깊은 깨달음을 주었으며 내용이 풍부한 토론을
하도록 촉진했다. 이들 평론은 본 저서에도 서술되어 있다.

나는 전체 연구과정에서 이 프로젝트 작업에서 많은 부분에서 창의적
인 생각과 제안을 제기해준 많은 친구와 동료들에게도 감사를 표한다.
Shaida Badiee, Gary Becker, Otaviano Canuto, 장하준, Robert Cull,
Augusto de la Torre, Christian Delvoie, Asli Demigüç-Kunt, Shantayanan
Devarajan, Hinh Dinh, Doerte Doemeland, Shahrokh Fardoust, Ariel
Fiszbein, Robert Fogel, Alan Gelb, Indermit Gill, Ann Harrison, James
Heckman, Vivian Hon, 쥐젠동(鞠建东), Auguste Tano Kouame, Aart
Kraay, John Litwack, Norman Loayza, Frank Lysy, Shiva Makki, William
Maloney, Célestin Monga, Mustapha Nabli, Vikram Nehru, Ngozi

Okonjo-Iweala, Howard Pack, Luiz Pereira da Silva, Nadia Piffaretti, Claudia Paz Sepulveda, Brian Pinto, Zia Qureshi, Martin Ravallion, David Rosenblatt, Sergio Schmukler, Luis Servén, Sunil Sinha, Hans Timmer, Volker Treichel, Harald Uhlig, 쉬리신(徐立新), 왕용(王勇) 및 기타 내가 원고 작성 과정에서 운 좋게 함께 공동 작업했던 여러분들께 감사 드린다. 탈고와 교정의 과정에서 나와 긴밀히 협조한 Doerte Doemeland에게 특히 감사 드리고 싶다.

신 구조경제학의 연구는 내가 이전에 베이징 대학 중국경제 연구센터에서 경제발전과 전환에 관해 연구했던 성과에서 변화되어 나온 것이다. 본 저서도 내가 이 시기에 작성한 몇 편의 논문을 수록한 것이다. 나는 이 기회를 빌어 나의 이전 동료 공창(龔强), 휘더밍(霍德明), 우허마오(巫和懋)및 이전의 학생 천빈카이(陈斌开), 후슈둥(胡书东), 리페이위에(李飞跃), 리빙쥔(李永军), 리즈원(李志赟), 리우밍싱(刘明兴), 리우페이린(刘培林), 순시팡(孙希芳), 쉬차오양(徐朝阳)과 장펑페이(张鹏飞)의 지지와 협조에 감사를 표한다.

마지막으로, 세계은행 출판 사무실은 Carlos Rossel의 지도아래 우수한 편집, 설계와 인쇄 서비스를 제공해 주었다. 여기서 Santiago Pombo-Bejarano, Patricia Katayama, Aziz Gökdemir, Penise Bergeron과 Martha Gottron에 감사드린다.

목차

　　1776년 애덤 스미스(Adam Smith)가 〈국민자산의 성질과 원인에 관한 연구〉(An Inquiry into the Nature and Causes of the Wealth of Nations)를 발표한 이후, 지속 가능한 성장에 대한 추구는 이미 전세계의 경제학자들과 정책입안자들이 가장 관심을 갖는 과제가 되었다. 오늘날의 생활수준으로 평가하면, 18세기 초 세계의 모든 국가는 빈곤한 상태에 있었다. 각국의 경제는 농업 위주였다. 천 년이 넘는 시간 동안, 1인당 평균 국내 총생산액(gross domestic product, GDP)의 성장률이 줄곧 연평균 0.05%정도에 머물렀다. 산업혁명이 시작된 후에야, 현재의 선진국 1인당 평균소득 증가가 빠르게 시작되었는데, 19세기의 연평균 증가속도는 약 1%까지 비약했고, 20세기에 이르러 또 다시 두 배가 되어, 약 2%가 되었다. 이는 상상할 수 없는 변화였다. 18세기 전의 세계 총소득이 2배가 되는 데는 약 1400년이 걸렸지만, 19세기에는 동일한 과정에 약 70년 정도만 소요되었고, 20세기에 이르러 현재 선진국가는 35년밖에 걸리지 않았다(Maddison, 1995). 하지만 성장의 가속은 산업혁명의 발원지인 영국, 서유럽의 일부 경제체와, 영국의 "해외계열"국가: 오스트레일리아, 캐나다, 뉴질랜드와 미국으로 제한되었다(Maddison, 1982). 이는 각국 소득 수준의 엄청난 격차를 유발했다. 최고로 발달한 소수의 국가와 대다수를 차지하는 하층 저소득 국가의 소득 비율은 1870년의 8.7배에서 1960년의 38배로 상승하였다(Pritchett, 1997).

　　2차 세계대전 후, 대다수 개발도상국은 모두 정치경제적 독립을 이뤘고 전후 혹은 독립 후의 재건을 시작했다. 20세기 말에 이르러, 소수 개발도상국은 장기간의 고속 성장을 실현해, 선진적인 산업화 국가를 따라 잡거나, 격차를 현저히 축소했다. 일본은 1950년에도 여전히 개발도상국가였고, 1인당 평균소득은 미국의 1/5이었다. 하지만 1970년에 이르러 이미 미국 소득의 63%에 도달하여, 단번에 세계 제2대 경제체가 되었다. 일본의 굴기는 1950년대와 60년대 연평균 9.6%의 괄목할 만한 경제성장률에서 기인했는데, 이러한 높은 성장속도는 농업경제에서 산업경제로 전환과 주요 제조업 부문의 지속적 업그레이드로 시작된 것이다. 외향적이고 시장에 우호적 발전전략을 채택해, "아시아의 네 마리 용" - 중국홍콩, 한국, 싱가포르와 중국타이완 - 은 1960년대 초기에서 90년대 초기에 이르러 7%를 초과하는 연간 경제성장률로 신속히 성장했다. 이는 괄목할 만한 높은 경제성장률 유지와, 선진 경제체와 격차축소가 실현 가능함을 나타낸다. 최근 몇 년 동안 일부 큰 경제체는 이미 도약하여, 중국, 브라질과 인도 같은 나라들이 새로운 세계 경제성장 거점(growth poles)이 되었다(세계은행, 2011). 이들 국가의 높은 경제성장률은 빈곤을 현저히 감소하게 했다. 1981-2005년 사이에, 1일 평균 소비가 1.25달러보다 낮은 인구비율은 이미 절반으로 감소하여, 52%에서 26%로 하락했다. 이러한 빈곤의 감소는 나의 조국 - 중국에서의 성과가 아주 분명했다. 1981년, 중국 84%의 인구가 빈곤선 이하에서 생활하고 있었지만, 2005년에는 이 비율이 16%까지 하락하여, 개발도상국의 평균수준보다 훨씬 낮아졌다.

21세기에 이렇게 빠르면서도 지속되는 성장이 일부 사하라 사막 이남과 라틴아메리카의 국가까지 확대됐지만, 이러한 성장은 여전히 특별한 사례였고, 보편적 법칙은 아니었다. 다수의 개발도상국은 장기간 지속된 성장결핍으로 고생했다(Reddy and Minoui, 2009). 1960-2009년 사이에 약 1/3의 저소득 국가만이 중등이나 중등이상의 소득수준에 도달하였다. 중등소득 국가가 세계성장을 지탱하는 데서의 가중치가 지속적으로 상승하고 있었지만, 그 중의 많은 국가는 "중등소득 함정"(middle-income trap)에 빠졌다. 1960년에 이미 독립하여 중등소득 수준에 도달한 국가들 중에서, 2009년에는 거의 3/4의 국가가 여전히 중등소득 수준에서 정체되거나 저소득 국가 대열로 후퇴하였다. 고소득 수준에 성공적으로 도달한 국가로는 서유럽의 일부 국가, 일본, "아시아 네 마리 용" 및 라틴아메리카의 두 개의 섬국가(바베이도스 및 트리니다드와 토바고)가 있다. 우리는 대다수 개발도상국의 실패한 발전시도에서 교훈을 얻을 수 있는데, 특히 소수 성공한 사례의 경험을 받아들이고 경제성장 본질과 결정요소를 탐색해서, 정책입안자들에게 국가성장 잠재력을 발산시킬 정책도구를 제공한다면, 빈곤은 1,2세대 안에 과거의 기억이 될 수 있을 것이다.

구조전환 없이는 지속적인 경제성장이 실현될 수 없을 것이다(Kuznets, 1966). 아직도 빈곤에 빠져 있는 모든 국가가 구조전환을 실현하지 못했는데, 즉 그들은 농업과 전통상품 생산에서 제조업과 다른 현대경제활동으로 전환을 실현하지 못한 셈이다. 현재 발전난이도가 가장 큰 사하라 사막 이남의 아프리카에서, 농업은 여전히 주도적 지위를 차지하는데, 농업노동력이 노동력 총량의 63%를 차지하며, 2005년 제조업의 점유율이 오히려 1965년보다 낮아졌다(Lin, 2011). 최근 실증연구에서도 증명했듯이, 아시아, 라틴아메리카와 아프리카에서 개발도상국의 성장격차는 대부분 전체 노동생산율에 대한 구조전환의 공헌으로 인한 것이다(McMillan and Rodrik, 2011).

2차 세계대전 후, 발전경제학은 현대경제학의 독립된 분파가 되었다. 제1대 발전경제학의 각 유파들은 모두 실제로 구조전환의 중요성을 강조했고, 구조의 차이를 시장실패의 결과로 인식하였다. 따라서 그들은 모두 정부개입을 주장했는데, 수입대체와 현대적인 선진산업 우선발전을 통해 구조전환을 촉진한다. 이 시기에는, 대다수 국가가 대규모로 수입쿼터와 외환관리제도와 같은 새로운 무역보호조치를 처음으로 사용하여 국제수지 차액을 관리했다. 초기의 발전경제학자들은 케인스주의

34

를 분석의 주요이론 기반으로 삼아, "계획경제 교조"(dirigiste dogma)를
제창했는데(Lal, 1983), 개발도상국과 산업화 국가 사이의 제거될 수 없
는 격차가 있음을 지적하며, 이를 이론의 중요논점으로 삼았다. 대다수
개발도상국과 다국적 발전기구는 이들 정책제안을 준수하였다. 라틴아
메리카에서 유럽, 아시아와 아프리카에 이르기까지, 결과가 모두 뜻대로
되지 않아서, 이들 국가와 산업화 국가의 격차는 더 벌어졌다.

제1물결 경제발전 사조가 제창했던 정부개입 주장실패는 새로운 경제
발전 사조의 탄생을 촉진시켰는데, 후자는 정부실패를 강조하며, 비구조
적인 사고방식을 선택하여 경제발전을 실현했다. 이 사고방식은 시장의
자원배분과 경제발전의 인센티브 제공에서 기초적 역할을 강조했으며,
정책제안에서는 다른 발전수준의 국가 간 구조적 차이를 소홀히 하면
서, 한 국가의 발전진행 과정에서 구조전환이 자발적으로 출현하기를
기대하였다.

케인스주의 거시경제학도 1970년대에 출현한 스태그플레이션, 80년
대의 라틴아메리카 채무위기 및 80년대의 계획경제체제 실패에서 도전
을 받았다. 이성기대이론이 경제발전에 관한 주도적 이론체계가 되었고;
국가가 재정, 화폐와 무역정책을 이용하여, 경제발전 촉진을 지지하는
역할에 대해 말하자면, 이성기대이론도 구조주의 이론적 기초를 반박하
는데 도움이 되었다. 새로운 경제발전 사상은 가격교정, 안정적인 시장
환경 창출, 시장의 양호한 운행에 필요한 각 제도(재산권, 양호한 관리
구조, 상업환경 등)유지강화, 기술진보로 날로 증가하는 숙련노동자에
대한 수요에 적응하기 위한 인력자본 배양(교육과 건강)을 강조하고자
한다.

다국적 기구와 정부 관련기구는 이 경제 발전사조 물결의 주요 창시
자이며, 방안을 통해 개발도상국가의 경제정책에 영향을 주었다. 그들
의 정책제안과 부가조건은 대체로 경제안정과 구조조정의 방안을 기반
으로 한다. 이들 방안은 새로운 주류사상을 반영하고, 경제자유화, 사유

화 및 세밀한 경제안정 방안의 실행을 제창한다. 이들 정책은 성장촉진과 취업창출 효과에서 이상적이지 않았는데, 기껏해야 토론할 만한 정도였다.

최근의 경제발전사에서, 일부 이상하고 의외인 상황이 출현했다: 20세기 후반기 성공한 개발도상국이 주도적인 경제발전 사상이나 제1물결과 제2물결 경제발전 사조의 정책적 주장을 준수하지 않았던 것을 사람들은 관찰하게 되었다. 이 이해할 수 없는 사실은 연구자들이 경제발전 이론기초를 구성하는 일부 대전제를 재조명하게 했다.

앞서 서술한 바와 같이, 산업혁명 이후 세계경제 성장을 주도한 국가와 성공적으로 선진국을 추월한 국가는 취업구조와 1, 2, 3차산업이 경제성장에 대한 상대적 공헌에서 모두 아주 의미 있는 구조전환을 경험했다. 발전경제학의 이론적 진전, 논쟁과 좌절에서 경험적 교훈을 흡수하면서, Dani Rodrik, Ricardo Hausmann, Andres Velasco, Philippe Aghion, Michael Spence, Ann Harrison, Célestin Monga, 나 자신처럼 소그룹으로 구성된 경제학자들과 다른 일부 사람들이 추진하는 제3물결 경제 발전사조가 형성되고 있는 중이다. 이는 구조변천을 다시 경제 발전연구의 핵심으로 가져와, 시장과 국가가 경제발전 촉진과정에서 담당하는 중요한 역할을 강조하려는데 그 목적이 있다. 이들 경제학자들은 시장이 자원배분의 기본메커니즘을 해야 하지만, 정부도 반드시 적극적 역할을 발휘하여, 산업업그레이드와 다양화를 촉진하는 투자행위에 대한 협조를 진행하고, 동태 성장과정에서 선도자의 외부성에 보상을 제공해야 한다는 것이 일치된 의견이었다.

본 저서에서 서술한 "신 구조경제학"은 이 제3물결 경제발전 사조를 시작하는 길을 열기 위한 시도인 것이다. 과거 수십 년의 경제성장 성공과 실패의 경험적 교훈에 비춰, 신 구조경제학은 신 고전주의 방법으로 경제구조의 결정요소와 동태 발전과정을 연구할 것을 제안하였다. 신 구조경제학은 경제체의 경제구조는 요소부존 구조로 내생되어, 지속된 경제발전은 요소부존의 변화와 지속된 기술혁신이 추진하는 것이라고 생각한다.

한 나라의 요소부존은 임의의 특정 시간에 정해진 것이지만, 시간추이에 따라 변화 할 수 있다. 이는 한 국가의 비교우위를 결정하여 그 나라의 최적산업 구조를 결정한다. 한 특정국가의 산업구조의 업그레이드는 요소부존구조 업그레이드(즉 노동력과 자연자원이 상대적으로 풍부한 구조에서 자본이 상대적으로 풍부한 구조로 업그레이드 되는 것)와 신기술 도입이 요구되며, 동시에 기반시설도 경제운행에 유리하도록 개선해야 한다. 신 구조경제학에서 한 나라의 부존구조를 업그레이드하는 최적의 방법은 어느 특정 순간 당시에 정해진 부존구조로 결정된 비교우위에 근거해 산업을 발전시키는 것이라 주장한다. 경제는 최상의 경쟁력을 갖게 되어, 경제잉여는 최대가 될 것이며, 자본축적과 요소부존 구조의 업그레이드도 최고로 빠르게 될 것이다. 한 나라의 민영기업이 국가 비교우위를 지닌 산업에 진입하도록 하기 위해, 요소상대 가격은 이들 요소의 상대적인 희소정도를 반드시 충분히 반영해야 하며, 동시에 이들 요소가격은 운영이 양호한 시장에서 경쟁을 통해 결정될 수 있다. 따라서 시장은 경제의 기초적인 제도가 되어야 한다.

신기술의 도입에 대하여, 개발도상국은 선진국에서 이미 성숙한 기술을 참고하거나 채택하여, 열세를 우세로 전환할 수 있다. 이와 상반되게, 선진 경제체는 전세계 기술 프런티어에서 생산해야 하고, 기술혁신을 실현할 수 있도록 반드시 연구 개발분야에 새로운 투자를 지속적으로 진행해야 한다. 따라서 개발도상국은 선진국보다 몇 배 높은 기술혁신율을 실현할 잠재력이 있다.

하지만 산업구조의 업그레이드와 기반시설의 상응하는 개선은 투자행위 협조가 필요하며, 선도자가 만들어 내고, 민영기업이 내부화할 수 없는 외부성에 보상을 제공해야 한다. 이러한 협조와 외부성에 대한 보상이 없다면, 경제발전의 진행정도는 완만해질 것이다. 그래서 정부는 협조문제와 외부성 문제완화를 자발적으로 강구하여 구조전환을 촉진한다.

제1장은 경제발전 사조의 변화발전을 회고하고, 신 구조경제학의 주요 논점과 추론을 설명하였다. 나의 동료 Anne Krueger, Dani Rodrik과 Joseph Stiglitz가 이 체계에 대해 깊이 있는 견해로 평론한 것과 이에 대한 나의 답변을 포함한다.

제2장은 신 구조경제학이 이전의 경제발전과 성장에 관한 사상에 어떻게 보충을 할 것인지 서술했다. 이 장은 신 구조경제학의 예언과 성장과 발전위원회(Commission on Growth and Development)가 2008년 출판한 성장보고서에서 인정한 성공한 국가의 특징사실을 비교했고, 신 구조경제학에서 도출할 수 있는 정책제안을 토론하였다. 비교우위 원칙과 구조전환 촉진에서 국가의 역할이 본 체계의 두 가지 중요한 부분인데, 본장의 후반부에서 장하준(張夏准)과 나의 변론에서 진일보한 토론을 진행하였다.

성장변별 및 맞춤형 성장촉진 틀(Growth Identification and Facilitation Framework, GIFF)은 본 저서의 제3장에서 서술하였다. 이 틀은 신 구조경제학의 체계에 근거하여 정책입안자들이 구조전환 촉진하기 위한 일종의 순서로 점진적인 방법을 설계하였다. 이는 정책입안자들이 한나라의 잠재적인 비교우위와 서로 일치하는 새로운 산업을 어떻게 선별할 것인지를 지도했다. 동시에 정보, 협조, 외부성 등의 산업업그레이드의 내재적 문제를 토론하고, 이들 3대 제약을 극복하는데 도움이 되는 정부정책도 토론하였다. 과거의 산업정책이 왜 여러 차례 실패했는지 설명하는 것을 통해, 본장에서도 정부가 그 나라의 비교우위에 부합하지 않는 기업과 산업을 보호하는데 목적이 있는 정책을 채택하지 않아야 한다고 제시했다. Dirk Willem te Velde, Suresh Tendulkar, Alice Amsen, K.Y. Amoako, Howard Pack과 임원혁이 이 사고방식에 대하여 깊은 깨달음을 주는 평론을 제시하였다. 마지막은 나의 답변으로 결론

지었다.

　제4장은 개발도상국가에서 성장변별 및 맞춤형 성장촉진 틀을 어떻게 응용할 것인지 설명하였다. 나이지리아를 예로 들어, 본장은 적합한 참조국가(comparator country)를 선택했고, 나이지리아는 잠재적 비교우위가 있을 수 있지만, 참조국가는 비교우위를 상실하고 있을 수 있는 많은 산업을 선택했다. 본장에서는 다음 산업이 정부개입의 목표가 될 수 있다고 생각한다: 식품가공, 경공업 제조업, 상자제조, 제화, 자동차 부품 제조와 석유화학 제조업. 이들 산업의 가치사슬에서 경제성장이 직면한 구속적 제약조건(binding constraints) 및 산업정책에 실시과정에서 관리구조와 관련된 각종 문제에 대한 일부 해결메커니즘도 본장에서 토론하였다.

　제5장은 경제발전 과정에서 제도변천 문제를 토론하였다. 제도는 사회성원이 준수하는 행위준칙이라 정의할 수 있는데, 그 역할은 불확실성을 처리하여 개인효용을 증진시키는데 있다. 제도적 서비스를 얻기 위해 일정한 비용을 지불해야 하는데, 최소의 비용으로 주어진 수량의 서비스를 제공하는 제도장치가 최적의 장치이다. 한 사회의 각종 제도장치는 서로 관련되어 있다. 사회에서 다른 관련 제도장치를 고려하지 않는다면, 우리는 어떤 특정 제도장치의 효율을 평가할 수 없을 것이다. 한 사회의 효율적인 제도장치를 다른 사회에 직접 이식하는 것이 반드시 효율적이지 않을 수도 있다.

　경제성장은 제도적 서비스의 수요와 공급에 변화를 발생시킬 수 있어, 어떤 기존의 제도장치는 시대에 맞지 않게 될 수 있다. 경제성장이 가져다 주는 기회를 실현하기 위해, 항상 새로운 제도장치를 도입할 필요가 있기 때문에 제도변천은 발전과정에서 피할 수 없는 현상이다.

　어떤 현행 제도장치가 다른 제도장치로 전환하는 것은 비용이 필요한 과정이다; 사람들은 새로운 제도장치에서 얻은 순수익이 제도변천으로 발생되는 비용보다 크지 않으면 자발적인 제도변천이 출현할 수 없게 될 것이다. 제도변천은 보통 단체행동이 필요한데, 일단 새로운 제도장치가 도입되면, 공공재가 될 것이다. 따라서 "무임승차"는 제도변천에 피할 수 없는 문제인데, 자발적 제도변천에서 제공되는 새로운 제도장치의 수량도 사회에서 필요한 최적의 제도 공급량보다는 작을 수 있을 것이다. 정부는 한 사회의 모든 제도장치에서 제일 중요한 하나이다. 정부는 강제적 행동을 선택하여 자발적 제도공급 부족을 보완할 수 있다. 하지만, 의식형태, 단체이익 충돌 및 사회과학 지식제한 등의 영향을 받아, 정부가 당연한 기능을 실현하지 못할 수 있다.

제6장은 금융구조와 발전문제를 집중토론 하였다. 다른 국가 및 동일한 국가의 다른 발전단계에 금융구조는 모두 현저한 차이가 있다. 본장은 한나라의 최적의 금융구조는 그 나라의 금융서비스에 대한 실질적 수요에서 내생되고, 후자는 그 나라의 산업구조를 기반으로 하며, 산업구조는 또한 그 나라의 비교우위로 결정됨을 논증했다. 역사적으로 금융학 문헌은 경제발전에 중요한 역할을 하는 것이 금융구조가 아니라 금융화 정도라고 인식하였다. 본장은 다음의 관점을 지지하는 이론과 실증연구 진전을 요약했다: 금융구조가 경제발전에 아주 중요하고 산업구조에서 내생된다. 본장은 또한 최적의 구조를 위배하는 실제 금융구조의 일부 상황을 토론하였다.

신 구조경제학은 비교우위를 준수하는 발전전략을 선택한 국가가 다른 국가의 성과보다 더 좋다고 인식했다. 제7장은 이 관점을 지지하는 실증적 증거를 제공하였다. 이들 증거는 비교우위를 준수하는 국가는 더 높은 성장률, 더 낮은 경제파동성과 더 작은 불평등을 나타냈다. 본장은 대다수 개발도상국이 선진국을 추월하는데 실패한 것은 대체로 정부 경제발전 전략이 불합리했던 탓이라고 생각하였다. 과거에 정부는 일부 자본집약형 산업을 우선 발전시켰지만, 그 나라의 요소부존 구조의 업그레이드 추진에 전력을 다하지 않았고, 그 나라의 비교우위에 부합하는 부분을 위해 실행 가능한 발전환경을 창조하는데도 전력을 다하지 않았다.

마지막 장은 경제성장이 유력한 신흥 시장경제(예로 중국, 인도, 브라질, 인도네시아 와 다른 일부 국가)의 임금수준이 빠르게 상승함에 따라, 21세기의 다원적 성장 세계에서, 이들 신흥 시장경제의 노동집약형 산업은 서서히 비교우위를 상실할 것인데, 이는 다른 저소득 국가가 이들 업종에 진입하는데 황금시기를 제공해준다고 지적했다. 중국에서만 현재 노동집약형 산업에 8500만 개의 제조업 일자리가 있다. 아프리카와 세계 다른 지역의 저소득 국가가 이들 일자리를 얻을 수 있다면, 유력한 성장, 빈곤퇴치를 실현하고 생활수준을 빠르게 상승시킬 수 있을 것이다. 따라서 저소득 국가는 열심히 선택한 선도국가에서 성숙산업을 선별하고, 그 나라의 민영기업이나 참조국가에서 온 외국직접 투자가 이들 산업에 진입하기 위한 편리를 제공하여 후발열세를 우세로 전환해야 할 것이다. 동시에 본장은 주요한 일부 정책적 제안들을 요약해 최종 정리하였다.

2011년 5월 4일 내가 마푸토에서 발표한 UN대학 세계 개발경제연구소 연간 강연에서 말했듯이, 나는 정부가 본국의 비교우위에 근거하여 정확한 정책시스템을 채택하여, 그 나라 개인부문의 발전을 촉진하고 후발우위를 충분히 발휘할 수 있다면, 사하라사막 이남의 아프리카 국가를 포함한 각 개발도상국가 모두가 8%나 그 이상의 성장률로 수 십 년 지속 성장할 수 있어, 빈곤을 현저히 감소시킬 수 있으며, 1,2세대 안에 중등 심지어 고소득 국가가 될 수 있을 것이라 믿는다(Lin, 2011). 나는 본 저서의 출판이 개발도상국에서 이 목표를 실현하는데 도움이 되기를 희망한다.

참고문헌

Harrison, A., and A Rodríguez-Clare. 2010 "Trade, Foreign Investment, and Industrial Policy for Developing Countries," *in Handbook of Economic Growth*, vol. 5, ed. Dani Rodrik. Amsterdam: North-Holland, 4039-4213.

Hausmann, R., D. Rodrik, and A. Velasco. 2005. "Growth Diagnostics," *in The Washington Consensus Reconsidered: Towards a New Global Governance*, eds. J. Stiglitz and N. Serra. Oxford: Oxford University Press.

Kuznets, S. 1996. *Modern Economic Growth*. New Haven, CT: Yale University Press.

Lal, Deepak. 1983. "The Poverty of 'Development Economics,'" Institute of Economic Affairs, London.

Lin, Justin Yifu. 1995. "The Needham Puzzle: Why the Industrial Revolution Did not Originate in China," *Economic Development and Cultural Change* 41(2): 269-292.

_____. 2011. "From Flying Geese to Leading Dragons: New Opportunities and Strategies for Structural Transformation in Developing Countries," WINDER Annual Lecture 15, Helsinki: UNU-WIDER. (A shorter version of this paper is forthcoming in Global Policy.)

Maddison, Angus. 1982. *Phases of Capitalist Development*. Oxford, UK: Oxford University Press.

_____. 1995. *Monitoring the World Economy, 1820-1992*. Paris: OECD.

McMillan, Margaret, and Dani Rodrik. 2011. "Globalization, Structural Change and Productivity Growth," Kennedy School of Government, Harvard University, Cambridge, MA., http://www.hks.harvard.edu/fs/drodrik/Research% 20papers/Globalization,%20Structural%20Change,%20and%20Productivity% 20Growth.pdf.

Pritchett, Lant. 1997. "Divergence, Big Time," *Journal of Economic Perspectives* 11(3): 3-17.

Ravallion, Martin. 2011. "A Comparative Perspective on Poverty Reduction in Brazil, China and India," *World Bank Research Observer* 26(1): 71-104.

Reddy, Sanjay, and Camelia Minoiu. 2009. "Real Income Stagnation of Countries 1960-2001," *Journal of Development Studies* 45(1): 1-23.

Spence, M. 2011. *The Next Convergence: The Future of Economic Growth in a Multispeed World*. New York: Farrar, Straus and Giroux.

World Bank. 2011. *Global Development Horizons - Multipolarity: The New Global Economy*. Washington, DC: World Bank.

1
신 구조 경제학 :
발전문제를 재고한 하나의 이론 틀[1][2]

몇 십 년이 지난 후, 경제관련 사가들이 인간의 과거 백 년 역사를
되돌아 볼 때 이 기간(특히 20세기 후반)에, 나라마다 완전하게 다른 경

1) 본문은 저자가 국제부흥개발은행/세계은행을 대표하여 발표한 동명의 논문("New
   Structural Economics: A Framework for Rethinking Development," The World Bank
   Research Observer(2011) 26(2): 193-221, Oxford University Press)을 각색한 것이다.
   ©2011 The International Bank for Reconstruction and Development/The World Bank.
2) 나는 2011년 3월 1일 예일대학 경제성장 연구센터에서 본문의 내용으로 보고를 했는
   데, 그 센터의 쿠즈네츠(Kuznets)강좌가 되었다. 나도 2009년 6월 2일 본문의 주요관
   점을 본인의 세계은행 재임 1주년이 되었을 때 시행된 토론회와 DEC의 제4차 수석경
   제학자 심포지엄에서 서술하였다. 나는 본문의 축소판으로 다음 장소에서 보고나
   강좌를 한 적이 있다: 2009년10월 19-20일 멕시코은행에서 주최한 "경제성장을 촉진
   하는 도전과 전략" 심포지엄, 2009년11월 5일 카이로 대학의 공개강좌, 2009년 11월
   17일 한국발전연구원, 2009년 12월 8일 경제협력 개발기구(OECD), 2010년 1월19일
   유엔대학 세계개발 경제연구소(UNUWIDER), 2010년 1월 21일 스톡홀름 전환경제연
   구소, 2010년 9월 8일 캄보디아 국립관리대학, 2011년 4월 26일 이탈리아 은행, 2011
   년 4월 29일 다르에르살람 대학.
   Célestin Monga는 본문에 아주 가치 있는 많은 도움을 주었고; 본문에 Gary Becker,
   Otaviano Canuto, Ha-Joon Chang, Luiz Pereira Da Silva, Augusto de la Torre, Christian
   Delvoie, Asli Demirgüç-Kunt, Shantayanan Devarajan, Hinh T. Dinh, Shahrokh
   Fardoust, Ariel Fiszbein, Robert Fogel, Alan Gelb, Indermit S. Gill, Ann Harrison,
   James Heckman, Aart Kraay, Auguste Tano Kouame, Norman V. Loayza, Frank J.
   Lysy, Shiva S. Makki, William F. Maloney, Mustapha Kamel Nabli, Vikram Nehru,
   Howard Pack, Nadia Piffaretti, Mohammad Zia, M. Qureshi, Martin Ravallion, Sergio
   Schmukler, Claudia Paz Sepúlveda, Luis Serven과 Harald Uhlig등 학자들의 평론에서
   도움을 얻었다. 또한 나는 편집 및, 익명의 감수자 세 분의 의견과 제안에 감사드린다.

제발전 실적에 관심을 가질 가능성이 매우 크다. 한편으로 사가들은 브라질, 칠레, 중국, 인도네시아, 인도, 한국, 말레이시아, 모리셔스, 싱가포르, 태국, 베트남 등 일부 국가들의 빠른 경제성장에 대해 놀라움을 느낄 것이다. 이들 국가에서 산업화의 진전은 해당 지역의 생산과 생활, 농업경제를 빠르게 변화시켰고 몇 억의 인구를 한 세대 만에 빈곤에서 벗어나게 했다. 다른 한편으로 사가들은 다른 많은 나라가 지속적인 경제성장을 이루지 못한 것에 몹시 혼란스러워 할지도 모른다. 이런 국가들에서는 1/6이 넘는 인구가 아직도 가난에서 벗어나지 못하고 있다. 사가들이 특히 주목할 점은 개발도상국가들이 모두 빈곤퇴치를 위해 대단한 노력을 기울였고 많은 다국적 발전 기구의 원조도 받았지만 소수 국가의 성공을 제외하고는 대다수 개발도상국가들은 선진국과의 격차를 줄이지 못했다.

장기적으로 지속 가능한 포용적 경제성장은 개발도상국가들이 빈곤에서 벗어나 선진국과의 소득격차를 줄이는 원동력이 된다. 현재 발생한 세계대공황 이래 가장 심각한 글로벌 경제위기는 우리로 하여금 현재의 경제이론을 재고하게 했다. 이 같은 움직임은 경제학자들에게 경제발전의 이론을 다시 검증하게 하는 좋은 기회가 되었다. 본문에서는 제2차 세계대전 이후 경제발전 사조의 변천을 토론하고 개발도상국가들의 지속적인 경제성장과 빈곤 퇴치, 그리고 선진국과의 소득격차를 해소하는 이론 틀을 제시했다. 이 틀은 "경제발전 과정 중에서 구조 및 구조의 변천에 관한 한 신고전적 틀" 혹은 "신 구조경제학"이라고 칭할 수 있다. 요점은 다음과 같다.

첫째, 한 경제체제의 요소부존(endowment) 구조는 발전단계에 따라서 달라진다. 따라서 하나의 경제체제의 산업구조도 발전단계에 따라 달라질 수밖에 없다. 각 산업 구조에 맞는 기반시설을 통해 경제운용과 거래를 촉진해야 한다.

둘째, 경제발전 단계는 '빈곤'과 '부유'(혹은 '개발도상'과 '산업화')의 이분화된 상황만 있는 것이 아니라, 저소득의 농업경제로부터 고소득의 탈공업화 경제로 이어지는 다양한 스펙트럼의 형태인데 경제발전의 각각의 수준은 스펙트럼 연속선 상의 한 지점인 것이다. 따라서 개발도상국의 산업구조 업그레이드와 기반시설의 개선목표가 반드시 현재 선진국들이 갖고 있는 산업구조와 기반시설일 필요는 없다.

셋째, 경제발전의 각 수준에서 시장은 모두 자원을 효율적으로 분배하는 기본 메커니즘이다. 하지만 하나의 동태적 과정으로서, 경제발전은 필연적으로 산업업그레이드 및 '하드웨어'와 '소프트웨어'(유무형적) 기반시설의 적절한 개선을 주요내용으로 하는 구조조정을 수반하고 있다. 이런 업그레이드와 개선은 내재적 협조 메커니즘이 필요한데, 기업의 거래비용과 자본투자 수익에 대해 아주 큰 외부성을 가지고 있다. 이에 따라 시장 메커니즘 밖에서 정부는 구조조정 과정 중에 적극적인 역할을 발휘할 필요가 있다.

이 장의 다음 내용은 다음과 같다: 먼저 경제발전 사조의 변천을 되돌아보고, 그 중에서 몇 가지 주요학파에 대해 논평을 할 것이다. 그 다음, 나는 신 구조경제학의 기본원리와 이론 틀, 시장의 기능과 정부의 역할을 이야기할 것이다. 마지막으로 나는 신 구조경제학과 고전 구조경제학의 차이를 비교하고 신 구조경제학의 틀 아래서 주요정책 의제에 대해 초보적 수준의 논의를 할 것이다.

경제발전 사조와 발전경험에 대한 간략한 고찰

1인당 평균소득의 지속적인 증가와 경제의 지속적인 성장(이런 소득의 증가와 경제의 성장은 지속적인 기술혁신과 산업업그레이드를 특징으로 한다)의 과정은 현대 이후에 비로소 나타난 것이다. 애덤 스미스(Adam Smith)의 시대부터 20세기 초반까지 대부분의 경제학자들은 자유방임이 경제를 지속적으로 성장하게 하는 가장 좋은 방법이라고 믿어

왔다. 그들은 번영한 경제체에서, 자원배분에 관한 모든 의사결정은 정부의 개입이 없는 자유시장에서 상호작용하는 경제개체가 결정하는 것이라고 가정했다. 가격 메커니즘은 무엇을 생산할지와 어떻게 생산할지를 결정할 뿐만 아니라, 누구를 위해 생산할지도 결정한다. 가정과 기업은 "보이지 않는 손"으로 지배되고 있는 것 같아서, 자신의 이익을 추구할 때도 타인과 사회전체 역시 그 안에서 이익을 얻게 된다. 자유방임적인 주장이 마르크스주의(Marxist) 경제학자와 다른 경제학자들로부터 도전을 받아왔지만, 그 주장은 여전히 모든 국가에서 경제성장을 연구하는 주류이론 틀이 되었고 오랜 기간 동안 지속되어 왔다. 이 이론 틀은 경제발전과 관련해 정확한 인식과 견해를 제공해줬지만 지속적이고 근본적인 기술변천과 산업업그레이드 과정의 중요성을 소홀히 했는데, 이 과정이 바로 현대경제의 성장과 현대경제 이전의 성장을 구별하는 중요한 부분이 되었다(Kuznets, 1966).

경제발전 연구는 성장이론과 발전이론이 서로 연관되어 있지만 독립적 경로를 따라 발전하고 있다. 일부 현대성장 이론의 주요요소(경쟁적인 행위, 균형 동태메커니즘, 물질자본과 인적자본의 중요성, 수익체감의 가능성과 기술진보의 영향)가 이미 고전 경제학자의 저서에도 언급됐었지만(Ramsey, 1928; Schumpeter, 1934) 체계적인 모델링은 1940년대에 비로소 시작되었다. 그 시기의 일부 개척자는 기본적인 변수들을 이용해 총량 생산함수를 기초로 하는 일반모델을 구축했다. 해로드(Harrod (1939))와 도마(Domar (1946))는 이러한 노선에 기반한 많은 연구를 촉발시켰다. 이들의 연구에 기초해 솔로우 - 스완(Solow-Swan)모델은 경제성장에 대한 체계적인 분석을 하는 제1물결의 흐름을 불러 일으켰다. 이 연구사조의 목표는 성장 메커니즘 이해, 성장결정 요소선별, 성장 계산기술 발전인데, 이들 모두 추세(momentum)의 변화와 경제정책의 역할을 설명하는데 도움이 된다. 이 시대의 연구자들은 경제성장에서 자본의 핵심적 지위를 강조했다. 이들 모델에서 하나의 중요한 예측은 조건수렴(conditional convergence)이며, 이 예측은 자본수익체감 가설을 전제로 하는데 - 가난한 국가의 각 노동자의 평균자본이 더 적어서(장기적이거나 안정적인 상태의 노동자의 평균자본 수준에 비해), 가난한 국가가 더 빠르게 성장할 수 있다는 것이다. 비록 이 가설은 모델링에서 조건수렴의 중요예측을 얻게 했지만, 기술이 한 나라의 장기적 성장을 결정하는 주요요소인데 이들 모델에서는 배제된 것이 여전히 이상해 보인다(Lin and Monga, 2010).

여기에는 기술변천에 대한 설득력 있는 하나의 이론이 필요해서, 경제성장을 연구하는 하나의 새로운 사조가 형성되었다. 소위 "내생 성장 이론"은 기술이 비경쟁적이라 가정하는데, 기술은 일종의 생산요소로서 자본, 노동과는 크게 다르다 - 기술이 한계원가가 제로인 상황에서는 타인에 의해 무한대로 사용될 수 있기 때문이다(Romer, 1987, 1990; Aghion and Howitt, 1992). 그런데 중요한 것은 다음의 논리적 부분인데, 우리가 기술의 공공재적 속성에 대해 더 잘 이해하고, 기술을 부분적으로 배타적인 비경쟁 상품으로 간주할 필요가 있다. 이 사조의 연구에서는 기술을 새롭게 분류하였는데 기술을 공공재로 볼 뿐만 아니라, 일정 정도에서 개인이 통제하는 상품으로 간주했다. 그러나 기술을 부분적으로는 배타적이고 비경쟁적인 상품으로 간주하여 기술에 모종의 배타적이거나 개인 독점권을 부여했지만, 기술을 생산하고 사용하도록 하는 인센티브가 사회 최우선이 되도록 보장하기에는 역부족이었다. 따라서 기술 시장이 완전경쟁을 벗어날 필요가 있었다. 이러한 이탈은 비교적 높은 방법론적 보상을 발생시켰다. 신 고전 성장모델은 기술과 요소의 축적을 외생적인 것으로 보지만, 내생성장 모델은 새로운 사상의 형성을 통해, 기술이 시간에 따라 성장하는 원인을 설명했고, 기술적 프런티어(technological frontier) 모델에는 미시적 기초를 제공했다.

다음으로 명확히 해야 하는 문제는 국가 간의 기술확산이 어떻게 발생하는가, 수혜국의 경제성장을 어떤 방법으로 유도하거나 유지할 것인가, 왜 다른 나라들에서는 발생하지 않았는가 하는 것이다. 이런 중요한 문제들에 대답하기 위해 학자들은 최근 몇 년 동안 아주 흥미롭게도 많은 가능성을 고려했다(Jones, 1998; Acemoglu, Johnson and Robinson, 2001; Glaeser and Shleifer, 2002). 지난 수 십 년 동안, 경제성장의 이해에 대한 이론은 물론이고 실증에서도 모두 진보가 있었다. 하지만 어떤 특정국가의 경제성장을 유지하고, 빠르게 하는데 사용되는 실행 가능한 정책도구를 감별하는데서, 경제성장 연구는 여전히 방법론에서의 큰 어려움과 도전에 직면하고 있다. 경제발전 이론의 이 특정영역에서는 이론적 진전이 아주 완만하기 때문이다. 로센스타인 - 로던(Rosenstein-Rodan)이 1943년에 발표한 논문은 발전의 문제를 학문의 선두가 되게 하였다. 이 논문은 발전의 선순환은 본질적으로 단일업체 수준의 규모경제와 시장규모의 상호작용에 의해 결정되는 것으로 밝혀냈다. 구체적으로는, 시장이 현대적인 생산 방법의 고 효율성이 고임금으로 야기되는 비용을 충분히 보충할 수 있을 정도로 크다면, 현대적인 생산방식이 전통적인 생산방식보다 더 효율적일 것이라고 주장했다. 하지만 시장규모 자체는 또한 이들 현대적인 기술이 어느 정도 채택되는가에 의해 결정될 것이다. 따라서 현대적인 생산방식이 대규모로 채택된다면 경제발전 과정이 스스로 강화, 유지될 수도 있을 것이지만, 반대로 경제가 무기한 빈곤의 함정에 빠질 수도 있을 것이다.

로센스타인 - 로던(Rosenstein-Rodan)의 틀은 일련의 비슷한 연구(Chang, 1949; Lewis, 1954; Myrdal, 1957; Hirschman, 1958)를 촉발시켰는데, 이러한 연구들은 '경제발전의 구조주의 방법'이라 칭해졌다. 이들 초기의 발전이론은 시장이 극복하기 어려운 결함이 있기 때문에, 경제발전을 빠르게 하는데 정부는 강력한 추가수단이 될 것이라 생각했다(Rosenstein-Rodan, 1943; Nurkse, 1953; Hirschman, 1958). 대공황 기간 국제무역의 심각한 위축은 전쟁직후 수출에 관한 비관주의 사조를 초래했다. 그 예로, 라틴아메리카의 정치지도자와 사회 엘리트는 대공황 중의 경기침체, 무역조건의 악

화와 프레비시와 싱어(Prebisch (1950) & Singer (1950)) 논문의 강렬한
영향을 받아, 초기수출품 무역조건의 악화가 장기적이라서, 자원집약형
개발도상국으로부터 자본집약형 선진국으로 이동을 직접적으로 초래했
다고 인식했다. 또한 그들은 개발도상국이 선진국에 의해 착취당하는
것을 피하는 유일한 방법은, 소위 말하는 수입대체 과정을 통해 본국의
제조업을 발전시키는 것이라 지적했다. 이 밖에 아시아, 중동 및 이후
아프리카에서는 과거 식민지, 반식민지 국가는 독립운동 과정에서 강렬
한 국가주의 정서도 수반되어 있었다.

   그러나 대부분의 국가에서 결과가 실망스러웠는데, 심혈을 기울였던
정부개입은 실패했다. 이것은 바로 1960, 70년대 라틴아메리카, 아프리
카와 남아시아의 국가들의 상황이었는데, 이 국가들이 당시 채택한 발
전전략에서 수입대체와 보호무역은 중요한 특징이었다. 많은 이전의 사
회주의(former socialist) 및 개발도상국들이 체제전환 과정에서 유력한
성장을 이루지 못한 주요원인 중의 하나는 자신의 부존구조로 결정된
비교우위를 위배하면서, 국내자본의 부족을 고려하지 않고, 자본집약형
중공업을 우선적으로 발전시켰기 때문이다. 이런 전략을 실시하기 위해
서 개발도상국 정부는 부득이하게 우선부문 중에서 자생능력이 없는 많
은 기업을 보호하게 되었다(Lin, 2009a; Lin and Li, 2009).

   지속할 수 없는 산업들이 수입제품과 경쟁하지 않게 보호하는 것은,
이들 개발도상국에 또한 많은 추가비용을 유발했다. (1)세계 시장가격에
비해 수입품, 수입대체품의 가격을 높여 인센티브 구조의 왜곡을 강화
한 것은, 경제 소비조합이 당연한 경제효율을 달성하지 못하게 했다. (2)
과도한 소규모 생산이 시장분할을 초래하여 효율을 더 저하시켰다. (3)
외국기업의 경쟁을 감소시켜 국내기업의 독점적인 지위를 강화했는데,
이들 국내기업 소유자는 정치적으로 밀접한 관계를 갖고 있었다. (4)지
대추구(rent seeking)와 부패의 기회를 유발해 투입원가와 거래비용을
높였다(Krueger, 1974; Krugman, 1993).

구조주의의 교조적 지휘아래에서, 정부가 주도하는 경제발전 전략이 많은 나라에서 잇달아 실패함에 따라, 자유시장 이론이 득세하기 시작하여 경제발전 사조에 점차 영향을 주게 되었는데, 이 추세는 거시경제학 분야의 새로운 혁명으로 인해 한층 더 강화됐다. 1970년대의 스태그플레이션(stagflation), 80년대의 라틴아메리카의 채무위기 그리고 사회주의 계획경제 체제의 붕괴 모두 그 시기 유행하던 케인스주의(Keynesianism) 거시경제학에 도전을 제기했다. 이른바 '이성적 기대혁명'이 나타나 다음과 같은 판단에 대한 구조주의의 이론토대를 반박했는데, 정부가 재정정책과 화폐정책을 이용해 경제의 발전을 촉진할 수 있다는 것이다.

브레튼우즈체제(Bretton woods system)의 붕괴로 국제자본시장에서 무절제하게 차입한 국가는 대출을 상환할 수 없게 되었다. 국제금융시장에서 이를 인지한 후 라틴아메리카의 부채위기가 1982년에 발생했다. 위기발생 전, 멕시코와 다른 몇몇 라틴아메리카 경제체는 세계적으로 상당한 비율을 차지하는 부채를 감당할 수 없게 되었고, 상호관련 되어 나타난 일련의 외생적 충격은 이를 더 설상가상으로 만들었다(Cardoso and Helwege, 1995). 이번 위기는 일부 다국 간 대출기구 및 양자 간 대출자(특히 미국)가 라틴아메리카 각 경제체에 일괄적이고 종합적인 개혁진행을 요구했으며, 일련의 신 고전 패러다임을 답습한 자유시장 정책을 제기하도록 했는데, 이 개혁방안은 나중에 "워싱턴 컨센서스"로 칭해졌다(Williamson, 1990).

워싱턴 컨센서스는, "워싱턴에 위치한 국제 금융기구들이 불행한 국가들에 압력을 가해, 이들을 위기와 고통에 빠지게 한 일련의 신 자유주의 정책"이었다고 아주 빠르게 인식되었다(Williamson, 2002). 이 정책은 경제 자유화와 사유화를 적극적으로 추진하고, 엄격한 경제안정방안을 실행하도록 요구했다. 하지만 경제성장과 고용창출에 대해서만 말하자면 효과가 의도한 것처럼 되지 않았고 기껏해야 토론의 가치만 있었다

1. 신 구조 경제학 51

(Easterly, Loayza and Montiel, 1997; Easterly, 2001). 90년대 말에 들어 구조주의 경제학이 점차 퇴색하고 자유시장 경제학이 성행함에 따라 발전경제학 연구영역에서 한 시대가 끝이 났다. 이 시대의 주류 연구방법은 크로스 컨트리 회귀론(cross-country regressions)인데, 경제성장의 결정요인을 감별하는데 그 목적이 있었다. 이 방법은 여러 성장결정요인의 독립적 효과와 한계효과를 중점적으로 분석하여, 복잡한 경제모델을 선형화하게 하였다. 하지만 성장의 결정요소들은 상호작용하고, 성공하려면 하나의 정책개혁이 반드시 다른 개혁에 맞춰 진행해야 한다는 것이 일반적 견해였으며, 이러한 회귀모델로부터 도출된 정책방안은 확실한 결과가 나타나지 않았다는 것 또한 보편적 인식이었다.

비선형(非線型)에 관한 하나의 대체 시각은 하우스만과 로드릭과 벨라스코(Hausmann, Rodrik and Velasco)(2005)가 제기한 성장진단(Growth Diagnostics)이나 의사결정 나무(Decision Tree)방법이다. 그들은 구조변천이 경제발전 과정에서 핵심역할을 하는 것을 인식하고, 각 국가의 성장은 모두 어떤 구속적 제약조건(binding constraints)에 직면한다고 생각했다. 이들 구속적 제약이 시간과 국가에 따라 서로 다르기 때문에 실행에 있어서는 이들 제약조건을 찾는 것이 아주 중요하다고 지적했다. 이 이론은 정부가 동시에 모든 개혁을 추진할 능력이 없으므로, 정부는 그림자가격(shadow prices)이 제시한 정보에 근거해 각종 개혁의 우선순위 나열이 필요함을 강조했다. 주의할 것은, 각 분야 개혁의 상호보완성 가설을 포기하지 않으면, 성장진단 방법은 조작이 어려운데, 바로 이 가설이 선형성장 회귀모델의 주요특징이 된다.

비록 주류경제학 이론은 개발도상국과 선진국 간의 격차가 점차 축소될 수 있을 것이라고 예언했지만 사실상 갈수록 커져서 논쟁을 불러일으켰다. 일부 경제학자들은 정책의 처방이 잘못되었거나, 효과예측이 잘못되었거나, 양자 모두 잘못되었다고 생각했고; 다른 경제학자들은 경제성장의 연구자들이 이질성(heterogeneity, 각 국가는 모두 나름대로의 특징이 있음)을 소홀히 했다고 지적했다. 경제성장의 다국적 분포는 다양한 모델(수렴 클럽(convergence clubs)이 존재)을 가질 수 있지만 경제성장 연구의 새로운 방향이 어디에 있는지에 관한 논쟁을 여전히 해결하지 못했다. 반대로 일부 기본적인 문제들이 또 다시 연구시야에 들어왔는데: 경제성장의 결정요소를 찾을 때 발전경제학자들이 잘못된 곳을 찾은 것인지? 정책에 관심을 가지지 않거나 오직 정책에만 관심을 가지는 것이 아니라 제도(혹은 제도의 결과)에 더 관심을 둬야 하는지 여부였다. 이 밖에도, 다른 요소의 영향을 반영하지 않았다면 훌륭한 제도의 결과는 어떻게 얻어지는가? 등이었다.

상당히 장시간 동안 사람들은 계속해서 이 문제의 정답을 찾아왔다. 1980년대 이후, 수많은 발전경제학자들은 정책, 제도변천이나 외국원조가 도대체 어떤 인과관계, 전파채널을 통해 경제성장에 영향을 줬는지 더 잘 이해하려고 노력했다. 이런 인과관계와 전파채널은, 바로 경제성장 연구가 가계와 기업수준의 미시적 행위에 갈수록 더 집중하는 근본적 원인인데, 그 목적은 두 가지가 있다. 첫째는 경제(국가 간 및 국내)에 이질성의 존재를 인정하고; 둘째는 경제성장의 제약조건이 구체적으로 어떻게 미시적 수준에 작용되는지 명확히 규명하는 것이다.

국제원조의 효과도 갈수록 실망스러워 사람들이 발전 프로젝트와 방안의 효과에 대해 더 엄격히 평가하도록 했다. 이는 발전연구의 새로운 사고방식을 매사추세츠 공과대학(Massachusetts Institute of Technology) 빈곤연구실의 경제학자들이 주도하여 추진하고 있는데, 그 목적은 무작위 통제실험(randomized control trials, RCT)이나 사회실험을 통해 '과학적 근거에 기초한 정책으로 빈곤을 감소'시키는 것이다. 무작위 통제실험은 일부 특정한 미시적 발전 프로젝트의 효과를 이해하는데 도움이 되었지만, 일반적으로 이 출발점은 종종 하나의 특정방법이 우리가 가장 간절히 알고자 하는 지식적 공백을 어떻게 채워줄지 전략적으로 명확히 평가하는데 있지 않았다(Ravallion, 2009). 그들은 보통 어느 특정

연구방법을 먼저 선정하고, 연구방법을 적절하게 사용할 수 있는 문제를 선택해 연구했다. 이때 만들어진 정책제정에 유용한 결과는 보통 연구과정에서 우연히 나타나는 부산물이었지 처음부터 세운 목표는 아니었다.

최근의 미시적 실증연구는 사람들이 일부 중요한 문제들을 더 확실히 이해할 수 있게 했다. 예를 들면 투자환경의 기업실적에 대한 영향, 가정행위의 생산율에 대한 영향 등이다(Rosenzweig and Wolpin, 1985). 하지만 '일종의 위험이 존재하는데 발전 경제학에서 오늘날의 대부분 연구는 분야가 너무 협소하고 /(혹은) 보편성이 부족해 빈곤퇴치, 구조 변천 촉진, 지속성장에 대한 이점이 미미하다'(세계은행, 2010).

지금까지 발전경제학의 현황을 재조명했고, 과거의 경험과 지식을 통한 학습, 새로운 사상과 틀을 제공할 때가 왔다. 다음 부분은 내가 과거의 경험과 경제학 이론에 따라 신 구조경제학의 일부 기본적 원리를 서술할 것인데, 이 신 구조경제학은 신 고전방법을 이용하여 경제발전 과정에서 경제구조 및 그 동태변천을 연구한다.[3]

경제구조 및 그 변천에 관한 신 고전 틀

경제발전을 분석하는 기점은 경제의 부존적 특징이다. 경제의 부존적 특징은 어떤 특정한 기간에 정해진 것이지만 시간이 지남에 따라 변할 수 있다. 고전파 경제학의 전통에 따르면 경제학자들은 일반적으로 한 나라의 부존은 토지(혹은 자연자원), 노동력, 자본(물질 및 인력자본을 포함)만으로 구성되어 있다고 본다.[4] 이것들이 실제로는 요소부존인데

---

3) 나는 구조주의 경제학자의 조기 공헌의 예로는 프레비시(Prebisch (1950)), 퓌르타도(Furtado (1964,1970))및 최근 성과의 예로는 Taylor(1983, 1991, 2004)와 저스트맨과 구리온(Justman and Gurion (1991))을 고전(old) 구조경제학이라고 칭한다.

4) 어떤 특정시간에 한 경제의 총 자원부존, 즉 해당 경제의 총 예산제약과 자원부존구

경제활동 중인 기업들이 생산과정에서 사용하는 것이다. 지적해야 할 것은, 신 구조경제학이 자본과 노동비율의 동태변화를 강조한다는 점이다. 실사구시로 한 나라의 경제발전을 토론할 때 토지는 모두 외생적으로 정해진 것인데, 광산자원과 같은 자연자원의 저장량은 고정된 것이며 발견도 무작위로 이루어지기 때문이다. 이론적으로 기반시설도 경제의 부존구조의 일부분으로 봐야 한다. 기반시설은 하드웨어(유형의)와 소프트웨어(무형의) 기반시설이 포함된다. 하드웨어 기반시설은 예를 들면 고속도로, 항만, 공항, 통신시스템, 전력망과 기타 공공시설 등을 포함한다. 소프트웨어 기반시설은 제도, 조례, 사회자본, 가치체계 및 기타 사회제도와 경제제도 등을 포함한다. 그리고 이들 기반시설은 각 기업의 거래비용과 투자의 한계수익에 영향을 미친다.

다른 발전단계에 있는 국가들은 부존구조가 다르기 때문에 상응하는 다른 경제구조를 갖기도 한다. 초기 발전단계에 있는 국가의 요소부존구조는 일반적으로 노동력이나 자연자원은 상대적으로 풍부하면서, 동시에 자본이 상대적으로 희소한 특징을 보인다. 따라서 생산은 노동력이나 자원집약형 산업(주로 생존을 위한 농업, 축산업, 어업, 광업 등이 있다)에 많이 집중되어 있는데, 이들 국가는 전통적이며 숙련된 기술로 "원숙한" 상품을 생산한다. 광업과 재배업 외의 이런 생산활동은 규모 있는 경제가 거의 없다. 이런 나라들의 기업규모는 비교적 작고 시장교환도 흔히 규칙적이지 않아서 보통 현지시장에서 잘 아는 사람과 거래하는 경향이 높다. 이러한 생산과 교역은 하드웨어와 소프트웨어 기반

조, 그리고 가정의 선호와 기업의 생산기술 등 세 가지가 함께 경제에서 요소와 상품의 상대가격을 결정한다. 총 예산과 상대가격은 경제분석의 가장 기본적인 두 가지 변수이다. 이밖에, 어떤 특정시간에 자원부존은 정해진 것이지만, 시간에 따라 변할 수 있다. 이 같은 특징은 자원부존 및 그 구조가 경제발전 분석에서 최상의 출발점이 되게 한다. 헥셔-올린의 무역이론 이외에 경제학계에서는 요소부존 및 그 구조를 충분히 중시하지 않았다.

시설에 대한 요구가 높지 않고 상대적으로 간단하며 초기수준의 기반시설만 갖추고 있으면 된다.

발전단계 스펙트럼의 또 다른 끝에 위치한 고소득 국가에서는 완전히 다른 부존구조 양상을 보인다. 이런 국가들은 상대적으로 풍부한 요소가 노동력이나 자연자원이 아니라 자본이어서, 자본집약형 산업에 비교우위를 갖고 있으며, 이런 산업이 규모경제의 특징을 갖는다. 각종 하드웨어(전력, 통신, 도로, 항구 등)와 소프트웨어(법률법규 체계, 문화가치 체계 등) 기반시설도 반드시 전국에서, 전세계에 이르기까지 시장활동과 서로 맞아야 하는데 이런 상황에서 시장거래는 원거리, 대용량, 높은 가치의 특징을 갖는다.

경제발전은 기존의 산업에 새롭고 더 좋은 기술이 끊임없이 도입되기를 요구한다. 저소득 국가의 절대다수 사람들은 농업으로 생계를 유지한다. 농업기술의 개선은 농민소득 증대와 빈곤퇴치에 필수적이다. 하지만 경제발전도 경제가 기존의 산업에서 지속적으로 새롭고 자본집약도가 더 높은 쪽으로 확대되기를 요구하여, 산업의 다양화와 산업의 업그레이드가 실현된다. 만약 이러한 구조변천이 없으면 1인당 국민소득이 꾸준히 증가할 여지도 적을 것이다. 그래서 본문의 토론은 산업업그레이드와 다양화에 관련된 문제에 집중하게 될 것이다.

산업업그레이드 과정에서 개발도상국가들은 후발우위(the advantage of backwardness)를 갖게 되는데 자본집약도가 작은 것에서 큰 것까지 모든 산업들이 선택 가능하다. 그러나 자본이 더 집약된 산업으로 업그레이드를 실현하려면 개발도상국가들이 먼저 요소부존 구조를 업그레이드해야 하는데, 이는 자본의 축적속도가 노동력의 성장속도보다 더 높기를 요구 한다(Ju, Lin and Wang, 2009). 한 국가가 경제발전 과정에서 산업단계에 따라 한 단계씩 올라갈 때 자본설비의 불가분성으로 인해 해당 국가가 생산하는 규모효과도 확대되고 있다. 해당 국가 기업의 규모가 더 커지면 더 큰 시장을 필요로 하는데, 이들 모두 역으로 기반시설(예컨대 전력, 교통, 금융 및 기타 소프트웨어 인프라)의 적절한 변화를 동시에 요구한다.

산업업그레이드와 산업 다양화의 과정도 기업이 직면하게 되는 리스크를 증가시킨다. 기업이 세계 기술의 선두에 가까워질수록, 선진국에서 숙련기술을 도입하는 것이 더욱 어려워, 신기술과 신제품을 자체 개발할 필요성이 더욱 절실해진다. 따라서 직면할 리스크도 더 커지게 된다. 리스크의 근원에 따라 하나의 기업 특유의 리스크(idiosyncratic risk)는 세 가지로 구분할 수 있는데 기술혁신 리스크, 신제품 개발 리스크, 관리능력 리스크이다. 발전의 초기 단계에서는 기업들이 숙련된 기술을 사용하여 성숙한 시장에 원숙한 상품을 생산하는 경향이 있다. 이때 기업이 직면하는 주요 리스크는 기업의 소유자와 관리자의 관리능력에서 기원한다. 더 높은 수준으로 발전할 경우, 기업은 자주 새로운 기술을 개발하여 신규시장에 신제품을 출하하게 된다. 이때는 관리재능 리스크 외에 기술과 시장 성숙 리스크에 직면할 수 있다. 그러므로 기술혁신, 제품혁신과 관리능력이 모두 기업의 전체 리스크에 영향을 미치지만, 삼자 간의 상대적 중요성은 산업과 발전단계가 달라서 서로 큰 차이가 존재한다.

기업의 규모, 시장범위 및 리스크의 성격변화, 그리고 산업구조의 업그레이드에 따라, 경제는 기반시설(하드웨어 및 소프트웨어 포함)에 대한 요구에도 변화가 발생한다. 기반시설이 동시에 개선될 수 없으면, 각 산업의 업그레이드 과정은 모두 레벤스타인(Leibenstein (1957))이 토론했던 X-저효율(x-inefficiency)문제에 직면하게 될 것이다. 어떤 정해진 시점에서 경제체제의 산업구조는 그 시점의 노동력과 자본 및 자연자원의 상대적 풍요정도로 내생 결정된다. 그래서 자본의 축적이나 인구의 성장에 따라 경제의 요소부존 구조도 변화가 발생하여, 산업구조는 원래 발전단계 아래서의 최적 산업구조를 이탈하게 될 것이다.[5]

기업에서 선택한 산업과 기술이 경제체제의 부존적 요소로 결정된 비

교우위에 부합될 때[6] 경제는 가장 강력한 경쟁력을 갖게 될 것이다.[7]

---

5) 각 발전 수준에서의 산업구조는 한 나라의 부존구조에서 내생된다는 관점은 아주 많은 이론 연구의 주제가 되었다. 예를 들어 린과 장(Lin and Zhang (2009))은 동태적 일반균형 틀을 이용하여 구조의 변천과 지속적인 제품의 업그레이드를 함께 결합시킨 내생성장 모델을 세워 저개발국(LDC) 산업구조의 내생성, 적절한 기술 및 경제성장을 연구했다. 이들은 두 부문(two-sector)의 모델을 이용했는데 전통적 부문의 기술변천은 주로 로머(Romer (1990))가 제기한 제품 유형의 확대를 기초로 하는 수평적 혁신 방식을 채용하지만, 현대적 부문의 기술변천은 주로 끊임없이 선진적인 자본집약형 산업으로 낙후된 노동집약형 산업을 대체한 것이다. 이것은 이윤 추진형의 기업이나 기업가의 목적 있는 투자가 필요하다(Grossman and Helpman, 1994). 이 모델이 우리에게 알려준 것은 (1)저개발국의 최적의 산업구조와 선진국(DC)의 산업구조와 다르다; (2)저개발국의 현대적 부문에 맞아 채택된 기술은 선진국의 기술 프런티어(technology frontier) 안에 있어야 한다; (3)저개발국의 자본이 상대적으로 희소하여, 하나의 자본집약형 선진산업(선진국을 표준으로)에 진입한 해당국가의 기업은 생존할 수 없을 것이다. 주, 린과 왕(Ju, Lin and Wang (2009))은 하나의 동태적 일반균형 모델을 이용하여 증명했는데, 한 나라의 자본부존이 좀 더 충분해짐에 따라 이 나라의 산업은 내생적으로 자본이 더 집약적인 산업으로 업그레이드될 것이다. 이 모델은 연속적인 V자 패턴의 산업발전 경로를 그렸는데 자본축적이 특정 지점에 이르면 하나의 새로운 산업생산, 번영, 그 후 쇠락하여 최종 소멸한다. 이 산업이 쇠락할 무렵, 자본이 더 집약적인 하나의 산업이 나타나 번창할 수 있게 될 것이다. 하나의 개방경제의 과정에서 자본은 유동적이지만, 이런 자본의 유동성은 고소득, 자본이 충분한 국가의 자본 노동비율과 저소득의, 자본이 부족한 국가의 자본과 노동비율이 서로 같게 할 수 없다. 이는 자본이 고소득 국가에서 저소득 국가로 이동하는데 주로 두 가지 목적이 있기 때문이다. 첫 번째 목적은 저소득 국가의 노동력(혹은 자연자원)이 충분한 비교우위를 이용해, 그 나라가 수출기지가 되게 한다. 이 목적을 달성하기 위해, 외국인 투자기업이 채택한 기술이 본국 기업자본보다 더 집약되어 있다 해도, 산업은 저소득 수혜국의 요소부존 구조로 결정된 비교우위와 일치해야 한다. 두 번째 목적은 저소득 국가 시장에 진출할 통로를 얻는 것이다. 이런 유형의 자본유동에 대해 말하자면, 외국인이 투자하는 산업은 현지기업의 자본보다 더 집약적이지만, 수혜국의 비교우위와 일치하는 생산활동만 그 국가에서 배분하게 될 수 있는데, 그 예로 부속품을 최종제품으로 조립하는 것이 있다. 따라서 자본이 유동성을 가지고 있다 해도 '한 나라에서 어떤 특정 시점의 상대자본 풍요도는 정해진 것이다'란 가설에서 나온 이론적 관점은 여전히 성립되는 것이다.

6) 비무역품에 대해 비용이 가장 적은 생산기술도 요소부존 구조에 의해 내생결정된 것이다. 다시 말하면 자본이 상대적으로 충분할 때 비 무역품을 생산하는 기술도 상대적으로 자본집약적인 것인데 이것은 무역품 부문과 똑같다. 간결하게 하기 위해

이 같은 경쟁력이 충만한 기업과 산업이 끊임없이 성장함에 따라, 국내외에서 더 큰 시장 점유율을 차지할 수 있을 것이며, 동시에 경제잉여(임금과 이윤으로 나타남)도 최대한도로 창출될 수 있을 것이다. 또한 산업구조는 그러한 요소부존 구조아래 최적이라서, 이 경제잉여를 재투자하면 투자수익도 가장 크게 될 것이다. 시간이 지남에 따라 경제는 꾸준히 실물과 인적 자본을 축적할 것이고 지속적으로 자신의 요소부존 구조와 산업구조를 높여, 본국의 기업이 자본과 기술에서 더 집약된 제품에서 더욱더 경쟁력 갖추게 될 것이다.

기업이 주목하는 것은 이윤이다. 기업이 자발적으로 진입하여 요소부존 구조에 부합하는 산업과 기술을 선택하게 하려면 경제의 가격체계는 반드시 요소의 상대적 희소성을 반영해야 하는데, 이는 경쟁적 시장에서만 가능할 것이다(Lin, 2009a; Lin and Chang, 2009). 따라서 어느 발전수준에 있든지, 시장은 기초적인 자원분배 메커니즘이 되어야 한다. 이 비교우위에 따른 발전방법은 가난한 국가의 경제발전에서 보자면, 너무 느려서 낙담하게 될지 모른다. 그러나 사실 이 방법이 가장 빠르게 자본

본문의 토론은 무역품 부문에 집중하기로 한다.

7) 포터(Porter(1990))는 "경쟁우위(competitive advantage)"란 이 단어를 유행시켰다. 그의 이론을 바탕으로, 한 국가의 산업이 다음과 같은 네 가지 조건에 부합하면, 이 국가는 글로벌 경제 중에서 경쟁우위를 확보할 것이다. (1) 이런 산업들이 생산과정에서 해당 국가의 풍부하고 상대적으로 저렴한 요소를 집약적으로 사용한다. (2) 그 국가의 제품은 넓고 큰 국내시장을 보유하고 있다. (3) 산업마다 하나의 산업클러스터가 형성된다. (4)각 산업의 국내시장은 경쟁적 시장이다. 그 가운데 첫 번째 조건은 사실상 이들 산업이, 해당 국가의 요소부존에 의해 결정된 비교우위에 부합해야 하는 것을 의미한다. 그러나 세 번째와 네 번째의 두 조건은 산업이 그 국가의 요소부존에 부합할 때만 성립된다. 따라서 위에서 언급한 네 가지 조건은 두 가지의 서로 독립된 조건으로 귀결될 수 있는데 비교우위와 국내시장의 크기이다. 이 두 가지의 독립된 조건 중에서 비교우위 또한 아주 중요한 것인데 한 산업이 이 나라의 비교우위에 부합하면 이들 제품은 전세계가 시장이 될 수 있기 때문이다. 이 또한 세계의 아주 많은 최고 부유국들 모두 아주 작은 원인이 여기에 있는 것이다(Lin and Ren, 2007).

을 축적하고 요소부존 구조를 업그레이드할 수 있는 방법이다. 또한 선진국이 이미 개발했고 여전히 선진국에 존재하는 기술을 취득하여, 이런 유형의 산업에 진출할 수 있을 때만, 산업구조 업그레이드 속도가 더 빨라지게 될 것이다. 각 발전수준에서, 개발도상국의 기업들은 모두 해당 단계 요소부존 구조에 적합한 기술을 선택할 수 있어서 (관련된 산업에 진입), 스스로 다시 연구하여 개발할 필요가 없다(Gerschenkron, 1962; Krugman, 1979). 바로 이런 성숙하고 완벽한 기술을 이용해 기존의 산업에 진출하는 방식은 동아시아의 신흥산업화 경제체로 하여금 연평균 8-10%의 GDP 성장속도를 유지하게 했다.

개발도상국이 산업과 기술 단계에 따라 발전하며 이에 따른 많은 다른 변화가 있는데, 기업이 채택한 기술이 갈수록 복잡해지고 자본수요가 증가해 생산과 시장의 규모도 변화가 있었다. 원거리 시장거래가 갈수록 더 많아진 것이다. 따라서, 새로 업그레이드 된 산업에서의 기업이 거래비용을 절감하고, 생산가능성 경계에 도달하게 하기 위해서는, 하나의 유연하고 안정된 산업과 기술업그레이드 과정은 교육, 금융, 법률과 하드웨어 기반시설 분야에 적절한 개선을 동시에 할 필요가 있다(Harrison and Rodríguez-Clare, 2010). 쉽게 알 수 있듯이, 모든 혁신비용을 단일기업이 효율적으로 내부화 할 수 없으며, 여러 기업 사이에서 이런 도전에 대응하기 위해 진행하는 자발적 협조도 종종 실현할 수 없을 것이다. 기반시설의 개선은 집단행동이 필요한데, 최소한 기반시설 서비스의 제공자와 공업기업(industrial firms) 양자 간의 협조행동이 필요하다. 이때, 정부를 끌어들여, 정부가 스스로 기반시설을 개선하거나 적극적으로 각 측의 행동을 조율해야 한다.

한 경제체의 부존구조 변화가 발생한 후 잠재적 비교우위도 변하게 될 것이다. 어떤 신흥산업들이 이런 새로운 비교우위에 부합할 것인가? 여기서 정보부족의 문제가 나타나게 된다. 성공적으로 산업업그레이드를 하고자 한다면, 일부 선도기업들이 이 문제의 해결을 시도할 필요가 있다. 선도기업들이 성공하든 실패하든 그 경험과 교훈은 가치 있는 정보 외부성을 만들 수 있다. 따라서 하드웨어와 소프트웨어의 기반시설을 개선하는 과정에서 적극적인 역할을 발휘하는 것 외에 개발도상국 정부는 선진국 정부처럼 선도기업이 만든 정보외부성에 보상을 제공해야 한다 (Rodrik, 2004; Lin, 2009a; Lin and Monga, 2011; Harrison and Rodríguez-Clare, 2010).[8]

신 구조경제학에서 '신(新)'은 무엇인가?

마치 모든 과학연구 활동과 같이 경제발전에 대한 사고는 필연적으로, 끊임없이 융합, 발견과 재창조의 연속적인 과정이다. 우리가 알고 있는 기존의 지식은 모두 지난 수 십 년 동안 다른 배경과 다른 학문분야의 사상가의 노력에서 나와 한 사조 한 사조의 이론과 실증연구 중에서 발전되어 온 것이다. 따라서 지극히 자연스럽게 여기서 제기된 신 구조경제학은 기존의 발전경제학의 문헌과 비교하면 유사점도 있고 차이도 있다. 신 구조경제학의 주요공헌을 평가하는 근거는, 이것이 제기한 새로운 정책견해 및 이로 인해 유발된 미래 연구 의제와의 관련성이어야 한다.

---

8) 오늘날 선진국 산업은 이미 전세계의 선두에 있어 다음 선도산업이 무엇인지 불확실성에 직면하고 있다. 따라서 이런 국가가 선도기업을 지원하는 정책적 조치는 흔히 대학연구(이들 연구는 개인기업의 연구개발에 대한 외부성이 있음)에 대한 지원, 특허, 자본투자의 세금혜택, 행정명령, 국방계약과 정부조달의 형식으로 나타나게 된다. 세금혜택, 국방계약, 정부조달의 형식으로 된 지원은 특정산업이나 특정제품에 초점을 맞춘 것이다. 마찬가지로 예산제약으로 인해, 정부의 기초연구에 대한 지원도 우선적으로 특정한 산업이나 제품을 고려해야 한다. 그러나 정부에서 선도기업에 대한 지원은 개발도상국 특히 저소득국가에서는 항상 실패했다. 가장 중요한 원인 중의 하나는 이런 국가들 정부가 지원한 기업들은 보통 이 경제체의 비교우위에 부합하지 않는 산업에 속한 것이었기 때문이다(Lin, 2009a; Lin and Chang, 2009).

초기 구조변천 문헌과 다른 점

초기 경제발전의 배경 아래서 구조변천을 토론한 문헌은 대부분 로스토(Rostow(1990 [1960]))와 거센크론(Gerschenkron (1962))과 관련된 것이다. 경제발전이 어떻게 발생하는지, 어떤 발전전략을 채택해야 경제발전을 촉진할 수 있는지를 더 잘 이해하기 위해, 전자는 각국의 성장수준에 따라 세계 각국을 5가지로 분류할 수 있다고 생각했다. (1)전통적 사회, 특징은 생존을 위한 경제인데, 생산품이 서로 교환되지 않고, 심지어 기록되지 않으며, 물물교환으로 존재해서, 농업이 경제에서 비교적 높은 비중을 차지하고, 노동집약형인 것이다; (2)성장에 필요한 전제조건을 갖춘 사회, 농업에서 사용하는 자본이 증가하면서 광업이 일정 정도 발전했고 저축과 투자가 일정 정도 증가했다; (3)경제비약 모드의 사회, 투자수준과 산업화 수준 모두 더 높아졌고, 저축이 더 축적되고, 농업노동력이 차지한 비중이 감소하였다; (4)성숙단계에 들어와 부의 축적으로 고부가가치 산업에 진일보한 투자가 일어나고, 또한, 경제에 진일보한 발전을 일으킨 사회, 이 때 경제성장은 자체로 지속 가능할 수 있게 변화되고, 산업이 다각화되어 더 첨단기술이 사용된다; (5)고도 대중소비사회, 산출수준이 높고 서비스업이 국민경제에서 주도적 지위를 차지한다.

모든 개발도상국은 유사한 발전수준 서열을 경험한다고 하는 로스토(Rostow)의 관점, 그리고 이 관점의 추론, 즉 다른 국가의 발전경로를 보편화하는 것이 가능하다는 것에 대해 거센크론(Gerschenkron)은 의문을 제기했다. 신 구조경제학은 낮은 수준에서 높은 수준으로의 경제발전이 연속적 과정이고, 다섯 가지의 각기 다른 수준의 기계적인 서열이 아니라고 생각한다. 비록 한나라의 산업구조 변천이 요소부존 구조의 변화를 반영했지만, 요소부존 구조가 유사한 나라에서 산업발전의 방식이 다를 수 있고, 비선형일 수 있다. 시장이 글로벌화 되어 신제품이 계속 나오고 기술변화가 지속되고 있는 오늘날, 이점이 특히 분명한데, 각국은 과거에 얻지 못했던 많은 기회를 이용하고, 서로 다른 산업을 전문적으로 발전시킬 수 있게 된 것이다.

경제성장위원회(the Growth Commission, 2008) 및 존스와 로머(Jones and Romer (2009))는 현대성장 분석의 주요 특징사실들을 제기했는데, 산업발전 과정에서 비교우위를 따르는 경제가 본국과 세계시장에서 경쟁력이 모두 가장 강한 것으로 나타났다. 결과적으로 해당 국가의 소득이 최대일 수 있고 저축에 사용되는 잉여도 최대에 이를 수 있다. 또한 자본투자의 수익도 가장 클 수 있다. 이에 따라 가정은 최대 저축성향이 있어, 해당 국가의 부존구조를 더 빠르게 업그레이드 시킬 수 있다 (Lin and Monga, 2010). 이 같은 특징사실을 둘러싸고 내생적, 외생적인 문제들이 존재하는데 신 구조경제학은 이런 문제들을 이해하기 위한 하나의 분석 틀을 제공했다.

고전 구조경제학(Old Structural Economics)과의 공통점과 차이점

'신(new)'과 '고전(old)' 구조경제학의 공통점은, 두 가지 이론적 기초가 모두 개발도상국과 선진국 간 경제구조의 차이이며, 두 이론 모두 경제가 낮은 단계부터 높은 단계로 발전할 때 정부가 적극적인 역할을 할 수 있다고 생각했다. 그러나 정부개입 목표와 방식에 대해서는, 신, 고전 구조경제학은 심각한 차이가 있다. 고전 구조경제학이 제창한 경제정책은 비교우위를 위배한 것인데, 개발도상국 정부가 직접적인 행정수단과 가격왜곡을 통해 선진적인 자본집약형 산업을 우선적으로 발전시킬 것을 제안했다. 하지만 신 구조경제학은 시장이 자원분배에서 핵심역할을 하는 것을 강조하여 정부가 기업을 도와 산업업그레이드를 할 수 있게 외부성 문제와 협조문제를 해결해야 한다고 주장한다.

'신(new)'과 '고전(old)' 구조경제학 간의 차이는 각자 구조적 견고성(structural rigidities)의 근원에 대한 견해가 다르기 때문에 발생했다. 고전 구조경제학은, 일부 시장 실패의 존재가, 개발도상국들이 선진적인 자본집약 산업으로 발전하기 어렵게 하고, 이런 시장실패는 구조적인 견고성으로 외생 결정된 것인데, 이런 구조적인 견고성은 또한 독점존재, 노동력이 가격신호에 대한 비정상적 반응/혹은 요소의 유동성 불가에서 기원한다고 생각했다. 반대로 신 구조경제학에서는 개발도상국이 선진적인 자본집약형 산업을 발전시키는 것은, 성공할 가능성이 없다고 하는데, 이는 요소부존 구조에 의해 내생 결정된 것이기 때문이라 생각한다. 개발도상국의 경쟁적 시장에서의 기업에 있어서는, 자본의 희소성, 소프트웨어와 하드웨어 기반시설의 낙후 모두가, 기존산업에서 선진적인 자본집약형 산업으로 자원의 재분배가 실익이 없게 한다.

고전 구조경제학은 세계에 대한 인식이 이원적이고 국한적인데, 세계 각국을 '저소득의 주변국가'와 '고소득의 중심국가'의 두 가지만으로 분류했다. 그래서 이분법을 적절하게 사용해 개발도상국과 선진국 간의 산업구조 차이를 서술했다. 반면에 신 구조경제학은 개발도상국과 선진국 간의 산업구조의 차이는 전체 스펙트럼(spectrum)상에 있는 각기 다른 발전수준을 반영한다고 생각했다. 신 구조경제학은 또한 종속이론(dependency theories)을 포기하였다. 신 구조경제학에서 보자면, 글로벌화정도가 지속적으로 상승하는 세계에서, 산업 다양화와 비교우위에 부합하는 산업구조를 만드는 과정을 통해 경제성장 속도를 높이고, 개방적이며 글로벌화된 세계에서 후발우위를 이용을 통한 경제수렴을 실현한다면 개발도상국은 자신에게 불리한 역사 추세를 바꿀 수도 있을 것이라고 생각한다.

신 고전 구조경제학 간의 또 다른 중대한 차이는 경제관리에서 운용되는 주요 도구에 대한 이론 근거가 다른데 있다. 고전 구조경제학은 정부의 경제활동에 대한 체계적 개입을 현대화 목표의 필수 불가결의 구성부분으로 간주한다. 경제를 '개발도상국'으로부터 '산업화국가'로 변화시키는 주요 정책도구는 일반적인 보호주의(generalized protectionism)(예를 들면 정부에서는 수입 관세를 강화해 국내 유치산업을 보호), 엄

격한 환율정책, 금융억제 및 대다수 부문에 국유기업을 설립하는 것 등
이 있다.

반대로 신 구조경제학은 수입대체를 개발도상국이 발전과정 중에서
산업단계를 올리는 자연스런 현상으로 생각하는데, 수입대체가 부존구
조의 변화로 유발되는 비교우위의 전이에 부합한다는 전제가 있다. 그
러나 신 구조경제학은 전통적인 수입대체 전략을 포기했는데, 이 전략
은 저소득, 노동이나 자원집약적인 경제에서 재정정책이나 가격왜곡을
이용해, 본국의 비교우위에 부합하지 않는 원가가 비교적 높은 자본집
약형 산업을 발전시키는 것에 의지한다. 또한 신 구조경제학이 강조하
는 점은, 개발도상국의 산업업그레이드 과정은 반드시 해당 국가의 비
교우위의 변화와 일치해야 하는데, 후자는 물질자본과 인력자본의 축적
및 요소부존 구조의 변화를 반영한다는 것이다. 이렇게 해야만 신규산
업의 기업은 자생능력을 확보할 수 있다. 신 구조경제학의 결론은, 산업
다양화와 산업업그레이드 과정에서의 정부의 역할은, 신규산업에 관한
정보를 제공하고, 동종산업에서 각기 다른 기업 간의 관련투자를 조율
하며, 선도기업에 정보의 외부성(information externalities)을 보상하고,
육성(incubation)과 외국인 직접투자를 격려를 통한 신규산업 양성으로
제한되게 해야 한다는 것이다 (Lin, 2009a; Lin and Chang, 2009; Lin and
Monga, 2011). 하드웨어와 소프트웨어 기반시설의 개선은 단일기업의
거래비용을 줄이는데 도움이 되고 경제의 산업발전 과정에 편의를 제공
한다. 그러므로 정부에서는 하드웨어와 소프트웨어 기반시설을 개선하
는데 효과적이고 선도적인 역할을 해야 한다.

신 구조경제학: 몇 가지 정책적 시사점

경제발전 사상의 최종 목적은 가난한 국가가 지속적이고 포용적인 경
제와 사회발전을 이룩하기 위한 정책제안을 제공하는 것이다. 신 구조
경제학에서 도출된 구체적인 정책 조치는 연구가 더 필요하고, 이들 정

책조치도 대체로 각국의 국내상황에 달려 있지만, 나는 이 부분에서 몇 가지 문제에 대해 기초적인 생각을 제기하려 한다.

• **재정정책** 1920년대까지 영국에서 아주 높은 실업률이 나타나고 대공황이 일어나기 전까지, 경제학자들은 보편적으로 정부의 적당한 재정정책이 예산균형을 유지하는 것으로 여겼다. 20세기 초 심각한 경제위기로 케인스주의(Keynesian idea) 카운터 순환(counter-cyclicality) 관점이 출현하게 했는데, 케인스주의는 정부가 세수와 지출정책을 이용해 경제주기를 완화해야 한다고 생각했다. 케인스주의 경제학 모델에 묵시적인 가설 하나가 있는데 바로 승수가 1보다 큰 것이다.[9] 이 가정의 추론은 정부가 개인부문(private sector)이 하지 못한 일들을 할 수 있다는 것이다; 즉 정부가 거의 제로에 가까운 사회비용(social cost)으로 경제에서 유휴자원(실업 노동력과 유휴자본)을 동원하는 것이다. 다시 말해서, GDP의 기타 부분(소비, 투자와 순수출)이 이들 정책시행으로 인해 하락할 수 없다는 말이다. 신 고전경제학은 이에 대해 의문을 제기했다. 신 고전경제학은 이른바 '리카도 대등정리(Ricardian equivalence)'의 함정이 존재할 가능성을 지적했는데, 가정은 사실상 미래에 대한 예상에 따라 소비와 저축 의사결정을 조정할 줄 안다고 보았다. 또한 확장적 재정정책 (경제자극 방안)은 미래에 갚아야 하는 당기지출(immediate spending)이나 세금감면으로 간주될 수 있다고 생각했다. 그 결론은 GDP가 정해진 상황에서 승수가 1보다 작을 가능이 있어서, 정부의 지출증가가 GDP 다른 부분을 동일하게 증가하게 할 수 없다는 것이었다. 신 고전 경제학은 심지어 승수가 이례적으로 마이너스(negative)가 되는 상황들을 지적했는데, 이 상황에서 정부재정 긴축(contractions)의 효과는 오히려 확장적이었다(Francesco and Pagano, 1991).

---

9) Barro (2009)는 케인스 주의 적극적인 재정정책을 '극단적인 수요관'이나 '신 마술경제학'이라고 칭한다.

신 구조경제학의 시각에서 보면 선진국과 개발도상국의 재정정책의 효과가 다를 수 있다. 그 원인은 두 유형의 국가가 카운터순환 지출을 이용해 생산율 투자를 촉진하도록 하는 기회가 다를 수 있기 때문이다. 일반적으로 개발도상국의 경제성장에 있어서 실물 기반시설은 하나의 구속적 제약조건(binding constraint)인데, 필요한 기반시설을 제공하여 경제발전을 촉진시키는데서 정부의 역할은 필수적이다. 이런 상황에서 경기침체는 기반시설에 투자하는 절호의 기회가 되는데, 세 가지 원인이 있다. 첫째, 이런 투자들이 단기수요를 증가시킬 뿐만 아니라 장기적 경제성장률을 높인다.[10] 둘째, 투자비용이 정상적인 시기보다 낮다. 셋째, 미래 경제성장률의 상승과 재정수입의 증가로 이런 투자비용을 보완하여 리카도 대등정리 함정을 피할 수 있다(Lin, 2009b).

개발도상국 정부에서 신 구조경제학 이론에 근거해, 본국의 비교우위를 따라 산업발전을 촉진한다면 경제가 강력하게 성장할 가능성이 아주 커서, 무역분야에서 좋은 실적이 있을 것이며, 정부의 보조금이 필요한 자생력이 없는 기업도 적어질 것이므로, 경제는 더 경쟁력을 갖추고 재정상황과 대외수지도 더 나아질 것이다. 이런 상황에서는 해당 경제가 내원성 위기(homegrown economic crises)가 발생할 횟수도 더 적어질 것이다. 경제가 이번 글로벌 경제위기와 같은 외부충격을 받는 경우, 정부는 더 여지를 남겨두고 카운터순환의 재정자극 정책을 집행하여, 기

---

10) 최근의 연구에서는 개발도상국의 투자프로젝트 중에서 통신프로젝트의 평균 투자수익률은 30-40%이고, 발전(electricity generation)프로젝트는 40%가 넘지만 도로건설은 평균 200%가 넘었다고 밝혔다. 태국에서 2006년에 정전(power outages)이 초래한 생산손실은 사업 총 간접비용의 50% 상당이었다. 기업들은 흔히 자신이 보유한 발전기에 의존하여 신뢰할 수 없는 공공전력 공급의 부족을 보완했다. 파키스탄(Pakistan)에서 2002년에 화재로 파산한 응답자들 중에 60%이상이 자체 발전기를 갖고 있었다. 그런데 발전기 하나를 유지보수 해야 하는 비용은 종종 너무 높고 큰 부담이 되었는데, 취업 문제를 해결하는 것이 가장 중요했던 중소기업들에게는 특히 더 그러했다. 그렇지만 이 비용들은 개인이 부담한 것이지만 그 수익은 전체 경제에 확산되었다

반시설과 다른 사회사업에 투자를 진행할 것이다. 이런 공공투자는 경제의 성장잠재력을 높이고, 개인부문의 거래비용을 줄이고, 개인부문의 투자수익을 높여, 미래에 초기 투자비용을 상환할 만큼의 세수를 만들어 낼 것이다.

신 구조경제학은 재정자극 조치에 대한 태도가 다른 것 외에도 자연자원 자산관리에서 제기한 전략도 다르다. 자원이 풍부한 나라에서는 신 구조경제학은 자원상품 소득에서 적당한 비율을 가져와 인적자본 투자, 기반시설 투자, 사회자본 투자에 사용하고, 비자원부문의 선도자에게 보상을 진행하여 구조전환을 촉진할 것을 제안했다. 최대효과를 달성하기 위해 자원소득으로 진행한 투자프로젝트, 특히 기반시설과 교육부문에 대한 투자에서, 산업다양화와 산업업그레이드의 구속적 제약조건(binding constraint)을 제거하는데 도움이 되어야 한다. 미시경제분석에서는, 가난한 국가에 있는 공장의 출하원가가 부유한 국가와 동일해도 비효율적 기반시설로 인해 가난한 국가들은 국제시장 경쟁에 참여하지 못하게 될 것이라고 밝혔다. 아프리카 국가의 화물운송 원가와 보험원가는 세계 평균수준의 250%인데,[11] 도로 화물수송 시간은 아시아 국가의 2-3배가 된다. 금융자원과 적당한 정책 틀이 부족하여 이러한 많은 국가들이 흔히 필요한 투자수준과 유지비용(maintenance expenditures)을 견딜 능력이 없다. 이런 상황에서 효과적인 정부재정 조치는, 자연자원 소득을 국부펀드(sovereign funds)에 예치해 외국 주식시장(foreign equity markets)이나 외국 프로젝트에 투자하는 것이 아니어야 하고 상당히 큰 비율로 본국 경제발전과 구조변화를 촉진할 수 있는 국내나 지역 프로젝트에 투자해야 하는 것이다. 예를 들어, 새로운 제조업 발전자극, 산업다양화 촉진, 취업제공, 지속적으로 산업을 업그레이드 시키는 잠재력을 상승시키는 프로젝트들이다.[12]

---

11) 원가의 백분율로 계산한다(자료 출처: UNCTAD 통계 데이터베이스).

• **화폐정책** 고전 구조경제학은 화폐정책이 반드시 정부의 통제하에 (즉 중앙은행이 독립된 것이 아님) 있어야 되고, 이자율에 미친 영향, 심지어는 부문 신용대출 배분(sector credit allocation)에 미친 영향을 통해 집행된다고 생각했다. 그러나 동시에 고전 구조경제학도 주장하기를, 또한 다른 많은 요소들도 개발도상국의 투자 수요곡선에 영향을 주는데, 이 요소들의 영향이 너무 커서 화폐정책만으로는 충분한 투자실현, 전략적 부문에 자원분배, 실업감소를 실현할 수 없다고 했다.

합리적 기대혁명을 기반으로 화폐정책이 산업발전을 지지하는 데에 이용될 수 있다는 관점에 대해, 신 고전경제학은 의문을 제기했다. 신 고전경제학은 화폐정책의 주요목표는 가격안정을 유지하고, 독립적 중앙은행이 단기 금리정책을 채택해 전체 가격수준을 유지(혹은 화폐공급 속도를 통제)하는 것을 제창하는 것이지 경제활동을 자극해 인플레이션을 일으키는 것이 아니라고 주장하였다.

신 구조경제학은 개발도상국에서 금리정책이 완전히 카운터순환의 통제도구로 사용될 가능성이 있고, 불경기에는 완전히 기반시설 투자와

---

12) 자연자원을 개발하는 것은 아주 큰 수익을 창출할 수는 있지만, 보통 자본이 아주 집약된 활동이어서, 제한된 취업기회만을 창출할 수 있다. 최근에 파푸아뉴기니 (Papua New Guinea)에 대한 한 방문에서 저자가 관찰한 바로는 타부빌(Tabubil)의 옥 테디(Ok Tedi) 구리 금광 수출 소득이 전국 수출의 80% 가까이 차지하여, 정부에 납부된 소득은 정부 전체소득의 40%를 차지했지만 2000개의 일자리만을 제공했다. 현재 심사 받고 있는 한 액화천연가스 프로젝트는 2012년에 완공된 후, 파푸아뉴기니 의 국민소득을 두 배로 증가시켰지만 8000개의 일자리만을 제공했다. 또한 이 나라 650만 인구의 대부분은 아직도 생존을 위해 농업을 위주로 생활해야 한다. 현대적 광업에 취직한 극소수 노동자 엘리트들과 생존수준만 유지할 수 있는 농업에 종사하 는 농민들 간의 큰 생활수준 격차는 사회적 긴장을 유발하는 원인 중의 하나이다. 보츠와나(Botswana)에도 비슷한 상황이 있는데 비록 다이아몬드 광업의 거대한 성공 이 과거 40년 동안 계속 보츠와나의 성장기적을 지탱해왔지만, 보츠와나는 이 산업 외에는 다양화를 실현하지 않아, 취업기회도 창출하지 못했다. 이런 현상은 이 나라 의 불평등한 정도가 커지고 많은 인류와 사회의 발전지표가 악화된 원인을 설명할 수 있다.

산업업그레이드의 투자를 격려하는 도구로 사용될 가능성도 있다고 주
장했다. 이런 조치들은 경제의 미래 생산율을 증가시키는데 유리할 것
이다. 선진국에서는 불경기와 생산과잉 시기에 화폐정책으로 투자와 소
비를 자극하는 것이 종종 효과가 없었다. 특히 경제에 유리한 투자기회
가 아주 적고, 사람들의 예측이 보편적으로 비교적 비관적이고, 실업률
이 고공행진하고, 미래에 대한 자신감이 부족해져, 경제가 이미 유동성
함정에 빠질 가능성이 아주 큰 상황에서는, 이때 명목금리는 이미 제로
에 가까워진다. 하지만 개발도상국이 유동성 함정에 빠질 가능성은 거
의 없다는 것을 지적해야겠다. 국내 기존산업에 생산과잉이 나타난다
해도 산업업그레이드와 산업 다양화의 여지가 여전히 크기 때문이다.
불경기에 금리가 충분히 낮기만 하면 이런 국가의 기업들은 생산율을
높일 수 있고, 산업업그레이드 촉진을 장려하는 투자가 있을 것이다. 더
구나 이런 국가들이 보통 많은 기반시설 장애에 직면해 있는데, 불황시기
에 금리인하는 이런 기반시설에 대한 투자를 촉진시킬 수 있을 것이다.

　신 고전경제학은 화폐정책 목표에 대한 전통적인 관점이 너무 협소하
다. 경기침체 속에서 화폐정책은 성장장애물을 제거할 수 있는 투자들
을 자극하는데에 주목해야 한다. 실질적으로, 이는 불경기일 때에 단순
히 금리만 낮추는 것이(예를 들어 대부분의 상황에서 표준적 테일러 룰
(Taylor rule)) 아니라는 것을 의미한다. 또한 이는 통화당국이 일시적인
금리보조금, 유연한 신용대출 배분규칙, 유사한 한시적(time-bound) 정
책도구 등의 수단으로 해결할 필요가 있음을 의미하고 있는데, 그 정책
방향은 개발은행에 의해 구속적 제약조건(binding constraints)으로 간주
되는 기반시설 프로젝트인데, 최적으로는 수익이 최대이고, 정치 경제제
약에 대한 관리가 쉬운 지리적 위치에 있는 프로젝트를 의미한다.

　• **금융발전**　사람들은 보통 금융시스템의 발전이 경제의 지속적인 성
장에 아주 중요하다고 생각하지만, 그 과정에서 어떤 구체적인 역할을
하는 지에 대해서는 의견이 분분하다. 사람들이 관찰한 결과, 개발도상

국 경제발전의 주요제약 중의 하나는 자본의 축적이 부족하다는 것이
다. 이 점에 착안하여, 고전 구조경제학은 저개발국 금융부문의 문제는
보편적인 시장실패에서 기원하는데, 이런 시장실패는 시장역량 자체에
만 의존해서는 극복할 수 없다고 생각했다.[13] 그들은 선진적 자본집약
형 산업의 발전을 지원하기 위해, 정부가 자본축적의 과정에 개입하여
저축동원, 신용대출을 분배할 것을 제안했다. 이는 종종 금융억제를 초
래했다(McKinnon, 1973; Shaw, 1973). 일부 국가, 특히 사하라사막(Sub-
Saharan) 이남의 아프리카 국가에서는 연성 예산제약(soft-budget con-
straints)에 대한 신념으로, 정부가 국유 금융기관에 적자가 누적되게 하
여, 보편적인 자기억제 상업문화를 만들어냈는데, 이런 상업문화는 은행
업종에 존재할 뿐만 아니라 개인기업에도 존재하였다(Monga, 1997). 이
교훈을 받아들여, 신 고전경제학자들은 금융자유화를 제창했다. 그들은
관료들이 효과적인 신용대출 배분과 가격결정(pricing) 개입에 일반적으
로 격려도 없고 무능력하지만, 잘 규정된(well-defined) 재산권 체계, 양
호한 계약 제도장치 및 경쟁이 건전한 금융시스템의 출현을 위한 조건
을 조성할 수 있다고 주장했다. 그들은 정부에서 은행에 대한 소유권을
포기하고 신용대출 분배와 금리에 대한 제한을 제거할 것을 제안했다
(Caprio and Honohan, 2001).

신 구조경제학도 금융침체(financial repression)의 부정적인 효과에 동
의하지만 다음과 같은 사실을 강조한다: 이런 왜곡들은 인위적으로 설
계된 것인데 목적은 개발도상국 우선순위 부문 중에 자생력이 부족한
기업을 보호하는 것이었다. 또한 신 구조경제학은 체제전환 과정에서
동시에 경제안정과 신속한 경제성장을 이루려면, 국내금융과 대외무역

---

13) 거센크론(Gerschenkron (1962))은 비슷한 관점을 제기했는데 비교적 부실한 제도환
경아래서는 개인부문만으로는 금융채널이 원활하지 않은 문제를 효과적으로 해결할
수 없다고 지적했다.

부문에 대한 자유화를 진행 시, 정책 우선순위가 아주 중요하다고 강조한다. 신 구조경제학은 정해진 발전단계마다 최적의 금융구조가 당시의 주도산업 구조, 평균 기업규모, 기업이 직면한 주요 리스크 유형으로 결정될 수 있는데, 이 요소들은 또한 한 발 더 나아가 당시 경제체의 요소부존 구조로 내생결정 된다고 생각한다. 국가정책은 자신의 경제구조 상황을 고려하지 않고 종종 대형은행과 주식시장(equity market)을 선호하지만, 신 구조경제학에서는 소득이 비교적 낮은 국가들이 선진 산업국의 금융구조를 복제해서는 안 되며, 농업, 공업과 서비스업의 소기업들이 충분한 금융 서비스를 받을 수 있도록 지역적 중소은행들을 그 금융시스템의 기반으로 해야 할 것이라고 제안했다. 산업업그레이드 및 이런 국가들의 경제가 갈수록 자본집약형 산업에 의존함에 따라 대형은행과 복잡한 주식시장도 이런 국가들의 금융시스템에서 갈수록 더욱 중요한 지위를 차지하게 될 것이다(Lin, Sun and Jiang, 2009).

• **외국자본** 고전 구조경제학은 세계를 중심-주변인 관계로 특정하여, 외국자본은 산업화 국가 및 다국적 기업이 개발도상국에게 유해한 통제를 유지하기 위해 사용하는 도구라고 생각하는 경향이 있다. 그들은 다국적 자본의 자유유동이 자원분배 효율을 개선할 수 있다는 견해를 부정하고, 개발도상국에 대한 외국인 직접투자를 선진국이 빈국 기업에 대한 소유권을 취득하고 빈국경제를 주도하는 도구로 간주했다. 고전 구조경제학은 이로 인해 모든 형식의 국제금융 유동을 엄격하게 통제할 것을 제창했다.

신 고전경제학은 다국적 자본유동이 다음과 같은 몇 가지 장점이 있다고 주장했다. 저축이 부족한 국가들이 국내에 전망이 있는 투자프로젝트에 융자를 하게 해, 투자자들은 투자 포트폴리오(portfolios)를 다양하게 하여, 투자리스크를 더 넓게 분산하게 하며, 기간 간 거래(intertemporal trade)를 추진하는데, 이는 즉 오늘의 상품으로 미래의 상품을 거래하는 것이다(Eichengreen et al. 1999). 따라서 신 고전경제학은 자본시장을 개방하거나 자유화되게 하는데 찬성하여, 더 효율적인 저축분배, 더 큰 투자 다양화 가능성, 더 빠른 경제성장 속도 및 더 완화된 경제주기를 실현한다. 그러나 지적해야 할 것은 일부 신 고전경제학자들도 불완전한 정보, 자본의 대량유입과 유출 및 기타 문제들도 개발도상국의 자유화 금융시장을 왜곡할 수 있어, 전체 사회복지를 손상시키는 차선의 결과(suboptimal consequences)를 초래할 수 있다고 생각한다.

　신 구조경제학은 다른 형태의 자본흐름에 비해, 외국인 직접투자가 개발도상국에 유리한데, 그 투자목표 방향이 일반적으로 이들 개발도상국의 비교우위와 일치하는 산업이기 때문이라고 생각한다. 은행대출, 채무융자 및 자산 포트폴리오 투자(portfolio investment)에 비해서, 공황시기에 외국인 직접투자의 흐름이 갑자기 역전(reversals)될 가능성이 크지 않아, 채무와 자산 포트폴리오 투자처럼 자금의 흐름이 갑자기 역전돼 심각한 금융위기를 초래하는 일도 없을 것이다. 또한, 외국인 직접투자는 보통 기술, 관리, 시장채널과 사회 네트워크를 가져 다 줄 수 있는데 이것은 바로 개발도상국들에게 부족한 것이고 산업업그레이드에도 반드시 필요한 것이다. 그러므로 외국인 직접투자의 자유화는 전체 발전전략의 유익한 구성부분이 되어야 한다. 반면에 자산 포트폴리오 투자는 빠른 속도로 유출입 되고, 금액이 매우 크며 주로 투기활동(주식과 부동산 시장에 집중)에 관심 있는데, 거품과 경제파동을 유발시킬 수 있어 개발도상국에서 장려되어서는 안 된다.[14] 루카스(Lucas (1990))는 하나의 퍼즐을(puzzle) 냈는데, 자본은 왜 자본이 부족한 개발도상국으로부터 자본이 풍부한 선진국으로 흘러 갈 수 있는가? 신 구조경제학은 이 퍼즐에 답할 수 있는데, 만약 개발도상국의 기반시설이 개선되지

---

14) 갑자기 대량으로 유입된 투자 포트폴리오 자본은 생산성 부문이 아닌 투기성 부문에 투입될 가능성이 더 있다. 원인은 두 가지인데, 첫째는 기존의 산업에 대폭 투자를 증가시키면 자본의 한계수익은 체감되게 될 것이고, 둘째는 산업의 신속하고 큰 폭의 업그레이드는 인적자본 및 소프트웨어와 하드웨어 기반시설에 제한받게 된다.

못하고, 비교우위의 변화에 따른 산업업그레이드도 없다면, 개발도상국에 누적된 자본은 수익체감의 어려움에 직면할 수 있어서, 개발도상국의 자본수익 저하를 초래하여 자본이 선진국으로 흘러가게 된다.

• **무역정책** 대외무역에 대해, 고전 구조경제학은 다양한 연구 접근 방식이 있었지만, 글로벌 경제와 융합하면 필연적으로 기존의 세계 권력시스템을 견고하게 하는데, 이러한 권력시스템아래서 서방 선진국 및 그 다국적 회사는 개발도상국을 지배하고 경제를 착취할 수 있다는 것이 일치된 생각이었다. 이런 의존함정에서 벗어나기 위해 고전 구조경제학자들은 수입대체 전략을 우선 고려할 것을 제안했는데, 개발도상국의 현대산업이 발달한 산업화 국가와 세계시장에서 경쟁할 능력이 있을 때까지 개발도상국은 먼저 폐쇄하여, 보호받는 환경에서 발전시킬 것을 제안했다.

1980년대에 일부 경제학자들은 정반대의 관점을 갖기 시작했다. 개발도상국의 대부분 위기가 거의 외부적 요소의 영향을 받는 것을 관찰했는데, 이들 위기의 직접적인 원인이 바로 채무상환과 수입상품을 구입할 충분한 외환이 부족했기 때문이라 그들은 생각했다. 그들은 대외무역 자유화와 대량수출을 발전시켜, 수출소득으로 외환을 벌어들여 이 문제를 해결할 것을 제안했다. 이것도 다음 관점과 일치하는데, 장기적으로는 외부지향형 발전전략(outward oriented development strategies)은 내부지향형 발전전략(inward looking policies)보다 더 효과적인 것이다. 또한 일부 학자는 외부지향형 발전전략이 비숙련노동력에 대한 수요와 이런 노동자들의 임금수준을 높일 수 있다고 주장했는데, 바로 동아시아의 몇 개의 성공한 경제체에서 발생한 것처럼(Kanbur, 2009), 이는 상술한 관점을 진일보하게 지지했다.

신 구조경제학은 신 고전경제학과 마찬가지로, 수출입은 경제체 요소 부존 구조에 의해 결정된 비교우위에 내생(endogenous)결정된다(수출입이 산업업그레이드 과정의 중요한 특징이고, 그 변화는 비교우위 변

화를 반영한다)고 주장한다. 글로벌화는 개발도상국이 후발우위(advan-
tages of backwardness)를 이용해 세계기술의 프런티어(frontier)에 있는
국가보다 더 빠른 기술 진보속도와 구조전환 속도에 도달하게 할 수 있
다. 개발도상국과 선진국 간 격차수렴에 있어서 개방은 아주 중요하다.
하지만 신 구조경제학에서도 수많은 개발도상국에서 산업단계 상승이
시작될 때, 흔히 고전 구조경제학의 수입대체 전략이 남긴 많은 왜곡에
직면하게 된다는 것을 인식했다. 따라서 신 구조경제학은 무역자유화는
점진적인 방법을 선택해야 한다고 제안한다. 전환과정에서 비교우위에
부합하지 않는 산업에 대해 정부에서 일종의 임시보호를 제공할 수 있
고, 동시에 과거에는 엄격히 통제되고 억제되었지만, 비교우위에 부합하
는 산업에 대해 진입을 완화해야 한다. 이미 자유화된 부문의 고속성장
은 낡은 우선부문을 개혁하기 위한 여건을 만들었다. 전환과정에서 이
런 실용적 이원화된 접근방식(dual-track approach)은 아무 손실이 없는
상황에서 성장목표를 이룰 수 있을 것이다(Naughton, 1995; Lau, Qian
and Roland, 2000; Subramanian and Roy, 2003; Lin, 2009a).

• **인간개발(Human Development)** 인간개발이 경제성장에서 하는 역할
에 관하여 고전 구조경제학에서 언급한 것은 거의 없다. 이와 반대로
신 고전경제학은 많은 나라에서 19세기부터 20세기까지 1인당 국민소득
이 지속적으로 성장한 주요원인은 과학기술 지식의 진보였는데, 이러한
진보는 노동력과 다른 요소의 생산율을 상승시켰기 때문이라고 밝혔다.
경제이론의 진일보한 설명은, 성장은 새로운 지식과 인적자본이 상호협
력하고 상호작용한 결과라는 것이다. 이는 다음의 현상도 해석할 수 있
는데, 현저하게 경제성장을 이룬 국가들 모두가 동시에 과학의 거대한
진보와 교육훈련의 대폭 증가가 나타났다는 것이다. 교육, 훈련, 건강
이 세 가지는 가장 중요한 인적자본 투자로서 경제발전의 가장 중요한
원동력으로 간주된다(Becker, 1975; Jones and Romer, 2009).

신 구조경제학은 인적자본이 한 나라의 자원부존의 구성부분이라고

주장한다. 경제개체에 있어서, 경제발전에 동반되는 산업업그레이드와 기술혁신 과정에서 리스크와 불확실성은 증가할 것이다. 각 기업들은 산업단계에 따라 새롭고 자본이 더 집약적인 산업에 도달하고, 갈수록 세계산업의 선두에 접근할 때, 직면할 리스크 수준도 더 높아진다. 인적 자본은 노동자들이 리스크와 불확실성을 대처할 능력을 높일 수 있지만 (Schultz, 1961), 이를 형성하는데 긴 시간이 필요하다. 한 개인이 젊었을 때, 교육 받을 기회를 놓쳤다면, 앞으로 이 손실을 보완할 능력이 없을 것이다. 동태적으로 성장하는 경제에서 신규산업과 신기술은 새로운 노 동기능을 요구하기 때문에, 미리 잘 계획된 상응하는 인적자본 투자는 아주 중요하다. 그러나 인적자본 향상은 반드시 물질자본의 축적과 산 업업그레이드와 나란히 진행되어야 한다. 그렇지 않으면 인적자본은 투 자부족으로 인해 경제발전의 구속적 제약조건(binding constraint)이 되 든지, 교육양성의 투자가 너무 빨라서 고학력의 노동자가 적당한 일자 리를 찾을 수 없게 하여 낙담하는 젊은 세대를 만들게 될 것이다.

정성을 들여 설계된 일련의 인적자본 개발정책은 한 나라의 전반적 발전전략 중에서 필수 불가결한 중요한 구성부분이어야 한다. 신 구조 경제학은 신 고전경제학의 교육에 관한 전통적 관점을 초월해, 산업업 그레이드를 촉진하고 경제체가 충분히 모든 자원을 이용하도록, 발전전 략이 인적자본 투자정책을 포함해야 한다고 주장한다. 이런 전략들의 관건은 루카스(Lucas (2002))의 제안을 준수해야 하는데, 인적자본은 수 량과 품질 두 가지 차원을 갖고 있다. 이 전략은 또한 각 노동자들이 그의 생명주기에 처한 다른 단계에 맞춰 그들의 노동기능을 높이는 정 책을 설계해야 하는데[15] 노동력 시장에서 노동자 기능 요구에 대한 변

---

15) 카르네이로와 헤크만(Carneiro and Heckman (2003))은 다른 사회그룹 간 교육수준 및 기타 사회—경제성공 정도 등에 대한 지표차이를 설명하는 것에 대해, 인생초기에 형성된 인지성과 비 인지성 기능의 중요성을 증명했다. 그들은 조기교육의 수익이 (return) 높고 후기 보상적 교육의 수익이 낮다는 경험적 증거를 제공했다.

화를 예측하고 대처하기 위해 정부와 개인부문의 힘을 모아 협력해야 한다는 것이다. 2차 세계 대전 후 13개 국가나 지역이[16] 지속적으로 25년이 넘게 7% 이상의 고속성장을 실현했는데, 싱가포르(Singapore)는 그 중 하나이다. 싱가포르는 인적자본 발전을 국가전략으로 삼아 성공한 모범 사례이다(Osman-Gani, 2004). 싱가포르의 인적자본 발전전략은 이미 학교교육의 범주를 초월했는데, 재직훈련도 인적자본 축적의 중요한 구성부분으로 간주한다. 또한, 싱가포르는 본국의 기타 전략적 경제정책에 따라 인적자원 전략을 지속적으로 수정하고 조정하고 있다.

맺음말

신 구조경제학은 요소부존, 다른 발전수준에서의 산업구조의 차이 및 경제에서의 각종 왜곡이 가져온 영향을 강조하는데, 이런 왜곡은 과거에 정책입안자들이 경제에 대해 부당하게 개입해서 발생했고, 이런 정책입안자들의 고전 구조경제학에 대한 신념은 정부의 시장실패 교정능력을 과대평가하게 했다. 신 구조경제학은 또한 다음의 사실을 지적했는데 워싱턴 컨센서스(Washington Consensus)에서 제창한 정책은 흔히 선진국과 개발도상국 간의 구조적 차이를 고려하지 않았고, 개발도상국의 각종 왜곡개혁 시, 차선의 성질(second-best nature)도 소홀했다.

여기서 제기한 신 구조경제학은, 사람들이 관찰했던 지속성장에 관한 각종 특징 사실의 배후 인과관계를 이해하도록 보편적인 의미의 틀 하나를 구축하려 한 시도이다. 구체적으로, 신 구조경제학의 목표는 다음과 같다: (1)하나의 분석 틀을 구축하는데 개발도상국의 요소부존과 기

---

16) 이런 국가와 지역들은 보츠와나(Botswana), 브라질, 중국내륙; 중국 홍콩 특별 행정구, 인도네시아, 일본, 한국, 말레이시아, 몰타, 오만, 싱가포르, 중국 대만, 태국이 포함된다.

반시설, 발전수준 및 상응하는 산업, 사회, 경제구조 등 요소들을 그 안에 고려한다; (2)정부와 시장이 다른 발전수준에서의 역할 및 하나의 수준에서 다른 하나의 수준으로의 전환 메커니즘을 분석한다; (3)경제왜곡 발생원인 및 정부가 왜곡을 제거하기 위해 취해야 할 조치를 분석한다. 지난 몇 십 년 동안 일부 분석 틀이 사람들의 발전에 대한 사고를 주도했는데, 각국의 경험사실과 거의 관련이 없었다. 신 구조경제학의 노력 방향은 다른 하나의 의식형태가 주도한 정책 틀로 대체하는 것이 아니라, 각국의 부존구조와 발전수준을 고려해, 국가에 따라 다른, 엄밀하고 혁신적이며 발전정책에 있어서 확실하게 믿을 만한 노선을 제기하는 것이다. 이 틀이 강조한 것은, 한 나라의 발전과정에서 다른 발전수준의 구조적 차이의 영향을 더 잘 이해해야 하는데, 특히 적절한 제도와 정책 및 구조전환 과정에서 개인부문이 직면한 각종 제약과 인센티브에 관련된 것이다.

발전경제학의 현황과 글로벌 위기가 개발도상국 경제에 미친 심각한 영향은 하나의 새로운 틀로 발전문제를 고민해야 한다고 모두 강력하게 호소하고 있다. 신 구조경제학이 제출한 연구의제는 학자들의 연구를 풍부하게 하고, 사람들의 경제발전 본질에 대한 이해를 심화할 수 있을 것이다. 이것은 저소득과 중 저소득의 국가들이 동태적이고 지속 가능하며 포용적 경제성장을 실현하여 빈곤을 퇴치하는데 도움이 될 것이다.

참고문헌

Acemoglu, D., S. Johnson, and J. A. Robinson. 2001. "The Colonial Origins of Comparative Development: An Empirical Investigation," American Economic Review 91: 1369-1401.

Aghion, P., and P. Howitt. 1992. "A Model of Growth through Creative Destruction," Econometrica 60(2):323-351.

Barro, R. J. 2009. "Government Spending Is No Free Lunch," The Wall Street Journal, January 22.

Becker, Gary S. 1975. Human Capital: A Theoretical and Empirical Analysis, with Special Reference to Education. 2nd edn. New York: Columbia University Press for NBER.

Caprio, G., and P. Honohan. 2001. Finance for Growth: Policy Choices in a Volatile World. New York: World Bank and Oxford University Press.

Cardoso, E., and A. Helwege. 1995. Latin America's Economy. Cambridge, MA: MIT Press.

Carneiro, P., and J. J. Heckman. 2003. "Human Capital Policy," IZA Discussion Papers 821, Institute for the Study for Labor (IZA).

Chang, P. K. 1949. Agriculture and Industrialization. Cambridge, MA: Harvard University Press.

Domar, E. 1946. "Capital Expansion, Rate of Growth, and Employment," Econometrica 14, (April): 137-147.

Easterly, W. 2001. The Elusive Quest for Growth: Economists' Adventures and Misadventures in the Tropics. Cambridge, MA: MIT Press.

Easterly, W., N. Loayza, and P. J. Montiel. 1997. "Has Lain America's Post-Reform Growth Been Disappointing?" World Bank Policy Research Paper 1708, World Bank, Washington, D. C., August.

Eichengreen, B., M. Mussa, G. Dell'Ariccia, E. Detragiache, G. M. Milesi-Ferretti, and A. Tweedie. 1999. "Liberalizing Capital Movements: Some Analytical Issues," Economic Issues no.17. IMF, Washington, D.C.

Francesco, G., and M. Pagano. 1991. "Can Severe Fiscal Contractions Be Expansionary? - Tales of Two Small European Countries," In O. J. Blanchard and S. Fischer, NBER Macroeconomics Annual 1990. Cambridge, MA: MIT Press.

Furtado, C. 1964. Development and Underdevelopment. Los Angeles: University of California Press.

_____. 1970. Economic Development of Latin America. London: Cambridge

University Press.

Gerschenkron, A. 1962. Economic Backwardness in Historical Perspective: A Book of Essays. Cambridge, MA: Belknap Press of Harvard University Press.

Glaeser, E., and A. Shleifer. 2002. "Legal Origins," Quarterly Journal of Economics 117(November): 1193-1229.

Grossman, G. M., and E. Helpman. 1994. "Endogenous Innovation in the Theory of Growth," Journal of Economic Perspectives 8(1):23-44.

Growth commission. 2008. "The Growth Report: Strategies for Sustained Growth and Inclusive Development," Washington, D.C.

Harrison, A., and A. Rodríguez-Clare. 2010. "Trade, Foreign Investment, and Industrial Policy for Developing Countries," In D. Rodrik (ed.), Handbook of Economic Growth, Vol.5. Amsterdam, The Netherlands: North-Holland, p.4039-4213.

Harrod, R. F. 1939. "An Essay in Dynamic Theory," The Economic Journal 49(193): 14-33.

Hausmann, R., D. Rodrik, and A. Velasco. 2005. "Growth Diagnostics," In J. Stiglitz and N. Serra (eds.), The Washington Consensus Reconsidered: Towards a New Global Governance. Oxford: Oxford University Press.

Hirschman, A. O. 1958. The Strategy of Economic Development. New Haven, CT: Yale University Press.

Jones, C. I. 1998. Introduction to Economic Growth. New York: W. W. Norton.

Jones, C. I., and P. M. Romer. 2009 "The New Kaldor Facts: Ideas, Institutions, Population, and Human Capital," NBER Working Paper Series 15904.

Ju, J., J. Y. Lin, and Y. Wang. 2009. "Endowment Structures, Industrial Dynamics, and Economic Growth," Policy Research Working Papers Series 5055, World Bank, Washington, D. C.

Justman, M., and B. Gurion. 1991. "Structuralist Perspective on the Role of Technology in Economic Growth and Development," World Development 19(9): 1167-1183.

Kanbur, R. 2009. "The Crisis, Economic Development Thinking, and Protecting the Poor," Presentation to the World Bank's Executive Board, July.

Krueger, A. 1974. "The Political Economy of Rent-Seeking Society," American Economic Review 64(3): 291-303.

Krugman, P. 1979. "A Model of Innovation, Technology Transfer, and The World Distribution of Income," Journal of Political Economy 87(2):

253-266.

_____. 1993. "Protection in Developing Countries," In R. Dornbusch (ed.), Policymaking in the Open Economy: Concepts and Case Studies in Economic Performance. New York: Oxford University Press, 127-148.

Kuznets, S. 1966. Modern Economic Growth: Rate, Structure and Spread. New Haven, CT: Yale University Press.

Lau, L. J., Y. Qian, and G. Roland. 2000. "Reform without Losers: An Interpretation of China's Dual-track Approach to Transition," Journal of Political Economy 108(1): 120-143.

Leibenstein, H. 1957. Economic Backwardness and Economic Growth: Studies in the Theory of Economic Development. New York: Wiley.

Lewis, W. A. 1954. "Economic Development with Unlimited Supplies of Labor," The Manchester School, May.

Lin, J. Y. 2009a. Economic Development and Transition: Thought, Strategy, and Viability. Cambridge: Cambridge University Press.

_____. 2009b. "Beyond Keynesianism," Harvard International Review 31(2): 14-17.

Lin, J. Y., and H. Chang. 2009. "DPR Debate: Should Industrial Policy in Developing Countries Conform to Comparative Advantage or Defy It?" Development Policy Review 27(5): 483-502. (Reprinted in chapter Ⅱ of this volume)

Lin, J. Y., and F. Li. 2009. "Development Strategy, Viability, and Economic Distortions in Developing Countries," Policy Research Working Paper 4906, World Bank, Washington, D. C., April.

Lin, J. Y., and C. Monga. 2010. "The Growth Report and New Structural Economics," Policy Research Working Papers Series 5336, World Bank, Washington, D. C. (Reprinted in chapter Ⅱ of this volume.)

_____. 2011. "DPR Debate: Growth Identification and Facilitation: The Role of the State in the Dynamics of Structural Change," Development Policy Review 29(3): 259-310. (Reprinted in chapter Ⅲ of this volume.)

린이푸, 런뤄은(林毅夫, 任若恩), "동아시아 경제성장 모델 관련 논쟁의 재탐구", 〈경제연구〉, 2007년 제8기, 4-12쪽.

Lin, J. Y., and P. Zhang. 2009. "Industrial Structure, Appropriate Technology and Economic Growth in Less Developed Countries," Policy Research Working Paper 4906, World Bank, Washington, D. C., April.

Lin, J. Y., X. Sun, and Y. Jiang. 2009. "Towards a Theory of Optimal Financial

Structure," Policy Research Working Papers Series 5038, World Bank, Washington, D. C.

Lucas Jr., R. E. 1990. "Why Doesn't Capital Flow from Rich to Poor Countries?" American Economic Review 80(2): 92-96.

_____. 2002. Lectures on Economic Growth. Cambridge, MA: Harvard University Press. Mckinnon, R. I. 1973. Money and Capital in Economic Development. Washington, D. C.: Brookings Institution.

Monga, C. 1997. L'argent des autres - Banques et petites entreprises en Afrique: le cas du Cameroun. Paris: LDGJ-Montchretien.

Myrdal, G. 1957. Economic Theory and Under-developed Regions. London: Duckworth.

Naughton, B. 1995. Growing Out of Plan: Chinese Economic Reform 1978-1993. Cambridge: Cambridge University Press.

Nurkse, R. 1953. Problems of Capital Formation in Underdeveloped Countries. New York: Oxford University Press.

Osman-Gani, A. M. 2004. "Human Capital Development in Singapore: An Analysis of National Policy Perspectives," Advances in Developing Human Resources 6(3): 276-287.

Porter, M. E. 1990. The Competitive Advantage of Nations. New York: Free Press.

Prebisch, R. 1950. The Economic Development of Latin America and its Principal Problems. New York: United Nations. Reprinted in Economic Bulletin for Latin America 7(1) 1-22.

Ramsey, F. P. 1928. "A Mathematical Theory of Saving," Economic Journal 38 (152):543-559.

Ravallion, M. 2009. "Evaluation in the Practice of Development," The World Bank Research Observer 24(1): 29-53.

Rodrik, D. 2004. "Industrial Policy for the Twenty-First Century," Cambridge, MA. [http://ksghome.harvard.edu/~drodrik/unidosep.pdf].

Romer, P. M. 1987. "Growth Based on Increasing Returns Due to Specialization," American Economic Review 77(2):56-62.

_____. 1990. "Endogenous Technological Change," Journal of Political Economy 98(5, Part2): The Problem of Development: A Conference of the Institute for the Study of Free Enterprise Systems, October: S71-S102.

Rosenstein-Rodan, P. 1943. "Problems of Industrialization of Eastern and South-eastern Europe," Economic Journal 111(210-211, June-September): 202-211.

Rosenzweig, M. R., and K. I. Wolpin. 1985. "Scientific Experience, Household Structure and Intergenerational Transfers: Farm Family Land and Labor Arrangements in Developing Countries," Quarterly Journal of Economics 100, Supplement.

Rostow, W. W. 1990[1960]. The Stages of Economic Growth: A Non- Communist Manifesto, 3rd edn. New York; Cambridge University Press.

Schultz, T. W. 1961. "Investments in Human Capital," American Economic Review 51(1): 1-17.

Schumpeter, j., 1934. The Theory of Economic Development. Cambridge, MA: Harvard University Press.

Shaw, E. 1973. Financial Deepening in Economic Development. New York: Oxford University Press.

Singer, H. 1950. "The Distribution of Gains between Investing and Borrowing Countries," American Economic Review 40(May): 473-485.

Subramanian, A., and D. Roy. 2003. "Who Can Explain the Mauritian Miracle? Mede, Romer, Sachs, or Rodrik? " In. D. Rodrik (ed.), In search of Prosperity: Analytic Narratives on Economic Growth. Princeton: Princeton University Press, 205-243.

Taylor, L. 1983. Structuralist Macroeconomics: Applicable Models for the Third World. New York: Basic Books.

_____. 1991. Income Distribution, Inflation and Growth: Lectures on Structuralist Macroeconomic Theory. Cambridge, MA: MIT Press.

_____. 2004. Reconstructing Macroeconomics: Structuralist Proposals and Critiques of the Mainstream. Cambridge, MA: Harvard University Press.

UNCTAD Statistical Database. http://www.unctad.org/templates/page.asp?intItemID=2364&lang=1.

Williamson, J. 1990. "What Washington Means by Policy Reform," In J. Williamson (ed.), Latin American Adjustment: How Much Has Happened? Washington, D. C.: Institute for International Economics.

_____. 2002. "Did the Washington Consensus Fail?" [http://www.Petersoninstitute.org/publications/papers/paper.cfm? ResearchID=488].

World Bank. 2005. Economic Growth in the 1990s: Learning from a Decade of Reform. Washington, D. C.

World Bank. 2010. "Research for Development: A World Bank Perspective on Future Directions for Research," Policy Research Working Paper 5437, Washington, D. C.

안네 크루거[1][2]

발전경제학이 하나의 학문이 된 이후부터, 지금까지 줄곧 사람들은 경제발전의 유일한 핵심을 찾고 있다. 물질자본의 축적, 인적자본, 산업발전, 제도효율, 사회자본 및 수많은 기타 요소들 모두 사람들의 관심 포커스가 되었다. 또한, 모두 명시적(explicit)혹은 암묵적(implied)으로 정부의 역할에 관련되는 각 요소에 상응한다.

내가 린이푸의 관점을 제대로 이해했다면, 그가 말하고자 하는 바는, 신 구조경제학(New Standard Economics, NSE)은 전통적 사상이 시장으로 결정되는 비교우위를 소홀히 했고, 경제성장은 각 발전단계에 모두 "소프트웨어"와 "하드웨어"(무형과 유형) 기반시설의 개선이 있기를 요구한다고 주장했다. 이러한 업그레이드와 개선은 협조가 필요하고, 기업간 거래비용과 투자수익을 통해 발생되는 외부성을 내재화할 필요가 있다. 따라서 효과적인 시장메커니즘 외에 정부도 구조전환을 촉진하는 과정에서 적극적 역할을 해야 한다.

그는 여전히 경제성장이 거의 전적으로 산업성장에 의해 결정되며, 경제성장의 핵심도전은 지속적인 산업 "업그레이드"나 부가가치 사슬(the value added chain)을 따라 끊임없이 위로 이동한다고 주장하는 것 같다. 그는 "자유방임 사상이 …… 연속적이고 근본적인 기술변천과 산업업그레이드 과정의 중요성을 소홀히 했는데, 이 과정이 바로 현대 경

---

1) 안네 크루거(Anne Krueger)는 존 홉킨스 대학 고등 국제연구원(SAIS)의 국제 경제학 교수이며, 스탠포드 국제발전 연구센터의 고등 연구원이다.
2) 본문은 안네 크루거가 국제 부흥개발은행/세계은행을 대표하여 발표한 논문을 각색한 것이다.("Comments on 'New structural Economics' by Justin Lin," The World Bank Research Observer(2011)26(2): 222-226, Oxford University Press). ⓒ2011 The International Bank for Reconstruction and Development/The World Bank.

제성장과 현대 이전의 경제성장(premodern economic growth)을 구별하는 주요 부분이 되었다"고 주장하였다.

문제는, 이러한 전환과 업그레이드가 반드시 발전과정의 초기에 진행되어야 하는지 여부이다. 많은 국가에서 비숙련 노동력이 비숙련 노동집약형 산업에 진입하였고, 이들 산업산출은 일정기간 동안 늘어날 수 있었다. 이 시기에 갈수록 많은 노동자가 현대적 생산기술에 익숙해져, 이런 유형의 상품의 수출도 그에 맞게 증가했다. 경제발전 과정의 후기에 이르러서야, 농촌 노동력이 상당히 흡수되어, 산업업그레이드가 산업성장의 주요내용이 되었다. 이런 업그레이드의 대부분은 기존의 기업에서 발생하였는데, 이들 기업의 실질 임금상승, 자본비용 인하에 대한 반응이었고, 그들이 국제시장에서 학습한 결과이기도 했다.

하지만 대부분의 국가에서는 농업 생산율이 향상된 때에야 비로소 농촌 노동력이 흡수될 수 있었다. 린이푸의 신 구조경제학은 성장을 산업확장과 동일시하여, 농촌지역 노동력(과 토지)생산율 성장의 중요성을 소홀히 한 것 같다. 많은 국가에 있어서는, 농업연구개발 투자부족 및 농민 의료위생과 교육방면의 투자부족이 발전전략의 주요 열세부분이 되었다. 농업에 대한 차별을 감소시키는 데는 큰 진전이 있었지만, 린이푸가 제안한 신 구조경제학은 산업과 도시편향(industrial and urban bias)을 지지하는 것 같은데, 이 편향 자체가 많은 국가에서 엄청난 왜곡이 되었다.

나는 시장으로 비교우위를 결정하고, 정부가 하나의 합리적 인센티브 시스템을 보장하고, 상응하는 기반시설(하드웨어 기반시설과 린이푸가 언급한 '소프트웨어'기반시설을 포함)을 제공할 책임이 있어야 한다는 것에 동의한다.

하지만 이러한 관점은 어떠한 새로운 의미도 없다. "신(new)"이라 칭할 수 있는 부분을 다음과 같이 단언한다: 협조와 기반시설 업그레이드는 모종의 방식으로 특정산업과 서로 연관되어야 한다. 여기서 한 가지 문제가 나타나게 된다: 대다수 경제학자들은 기반시설 프로젝트를 선택할 때 비용-수익분석을 채택해야 한다고 주장하는데, "외부성"과 "협조"가 중요한 것이라면 특정산업에 중요한 것인가? 아니면 전체 산업경제에 중요한 것인가? 전자라면 그런 산업을 어떻게 확정할 수 있고, 비용-수익분석에서 또한 어떻게 외부성을 평가할 것인가? 혹은 이러한 산업을 확정할 수 있는가? 기반시설이 특정산업과 관련된 것이라고 주장한다면, 어떤 기반시설인지 명확히 알 수가 없다. 유치산업(infant industries)의 존재성을 토론하는 것처럼 그 존재(가능성)를 믿는 것과, 어떤 산업이 유치산업인지 확정하는 것은 별개의 문제이다. 이러한 산업이 존재하고 충분히 선별할 수 있다 하더라도, 다음과 같은 문제 또한 나타날 수 있다: 정부는 이러한 산업발전을 촉진하기 위해 어떤 인센티브를 제고해야 하는가? (이들 인센티브가 기업전유물일 수 있는 것인가? 관세의 형식인 것인가? 아니면 기업 또는 산업에 대한 보조인가? 각종 형식 모두 큰 문제가 존재한다.) 이것이 더 "전통"적으로 보인다면, 무엇이 새로운 것인가? 기반시설이 산업전용(혹은 산업 클러스터 전용인)이라면, 같은 문제가 여전히 해결될 필요가 있다.

린이푸가 어떻게 생각하는지에 관해, 아주 많은 부분 모두에 단서가 있다: "하나의 경제체의 부존구조 변화발생 후, 잠재적 비교우위에도 변화가 발생한다. 어떤 새로운 산업이 이러한 새로운 비교우위에 부합하는가? 여기서 정보부족의 문제가 출현하게 된다. 산업업그레이드를 성공적으로 진행하고자 한다면, 이들 선도기업이 이 문제를 해결하려고 시도해야 한다. 이 선도기업들이 성공하든 실패하든, 그 경험과 교훈은 가치 있는 정보외부성을 만들어 낼 수 있다. 따라서 하드웨어와 소프트웨어 기반시설을 개선하는 과정에서 적극적인 역할을 발휘하는 것 외에 개발도상국 정부는 선진국 정부처럼 선도기업이 만든 정보외부성에 보상을 제공해야 한다."

이때, 유치산업의 문제가 또 다시 출현하게 된다. 이러한 정보 외부성을 어떻게 예측할 것인가? 볼드윈(Baldwin(1969))은 이러한 외부성을 선별하는 것 외에도 이 관점은 여전히 아주 많은 어려움이 존재한다는 것을 지적했다. 비숙련 노동집약형 상품을 생산하고 수출하는 기업은 모두 일반적으로 국제시장에서의 기회를 이해하고 있고, 경험축적 후에는 업그레이드를 진행을 선택했다. 이러한 학습과정은 한국, 중국타이완과 다른 지역의 기업에서는 큰 문제가 아닌 것 같다.

린이푸가 항상 생각한 또 다른 단서는 기반시설 투자에 대한 협조를 제창한(advocacy) 것이다. 그는: "기반시설의 개선은 집단행동이 필요한데, 적어도 기반시설 서비스의 제공자와 산업기업 양자 간의 협조행동이 필요하다. 이때, 정부를 끌어들여, 정부가 스스로 기반시설을 개선하거나 적극적으로 각 측의 행동을 조율해야 한다". 이것을 어떻게 실시할 것인지는 우리는 아직도 명확하지 않다. 린이푸는 기반시설이 비교우위의 미래 발전방향과 일치하는 한, 경제성장에 따라 업그레이드해야 한다는 주장을 견지해왔다. 하지만 그는 미래 발전방향의 선별방법을 깊이 연구하지 않았다. 단일기업이나 산업이 기반시설 투자 정책결정의 테두리 안으로 들어오게 하는 것 또한 그들에게 과도한 영향력을 부여한 것 같다.

모든 상황이 한번에 이뤄지는 것이 불가능하다는 것을 알고 있지만, 대형투자 시에 특정영역만 관심을 두고 다른 영역을 소홀히 하는 전략에는 매우 의문을 가질 만하다. 희소자본을 분배할 때, 왜 일부 활동에는 아주 양호한 기반시설을 구비하게 하고, 다른 활동은 기반시설이 부족하게 하는가? 우리는 이 원인을 알 수가 없다. 더 나은 증거가 없는 상황에서는 일종의 왜곡 같아 보인다. 이 밖에도 우리는 또 다른 의문을 가질 수 있다: 소프트웨어 기반시설, 예를 들면 "상업환경"(상업규정, 세수와 보조금 구조, 관련규정 등으로 구성)은 왜 전체 경제체에 적용할 수 없는가? 또한 어떤 영역이나 산업이 특별혜택을 받아야 하는가? 린이푸는 이런 영역이나 산업을 선택하는 표준에 대한 토론은 전개하지 않았다. 게다가 도대체 어떤 하드웨어 기반시설이 도로와 항구를 포함하지 않으면서, 특정산업인지, 이에 대해서도 논의가 없었다.

하지만 이 모든 것은 다음 명제를 전제로 구축됐다: 공공부문의 정책 결정자는 빠른 "업그레이드"속도가 어느 정도가 적합한지 알고, 외부성의 정도가 얼마나 큰지도 알고 있다. 이는 아주 많은 문제를 초래한다. 먼저, 우리가 어떤 활동이 비교우위를 갖는지 충분히 알 수 있다 해도, 이런 우위는 일반적으로 이렇게 형성되는데: 소기업이 진입해, 그 중에서 일부가 성공하여 서서히 발전해 커졌다. 어떠한 업그레이드 전략도 대형기업 선호를 피할 수 없기 때문에 이전의 수입대체 전략이 부딪혔던 같은 문제에 직면하게 될 것이다. 또한 린이푸의 관점에 따르면 수입 대체 전략은 실패한 것이다. 산업에서 승자 선택은(picking winners) 아주 어렵다; 이런 선택은 특정기업을 대상으로 할 수도 없다. 그렇지 않으면 부패와 개인파벌의 구태가 나타날 수 있을 것이다. 동시에, 지원해야 할 "산업"을 내부차별이 없는 실체로 간주하는 것도 인정하기 어렵다: 방직업이 하나의 산업인가? 합성섬유는 하나의 산업인가? 나일론은 하나의 산업인가? 물론, 이러한 세분화 또한 계속할 수 있다. 자본과 노동 기능이 점점 축적되면서, 산업공단구역과 수출가공구역을 어디에 만들 것인지 어떻게 결정할 것인가? 또한 어떤 기업이 이 지역에 진입할 자격이 있는지 어떻게 결정할 것인가?

린이푸의 또 다른 논점과 왜곡의 역할과 관련이 있다. 그는 원래 수입 대체 전략을 채택한 국가가 산업구조를 왜곡해서 후속정책의 결정에 영향을 준다고 생각한 것 같다. 구체적으로는 "많은 개발도상국에서 산업 단계 상승을 시작할 때 종종 고전(old) 구조경제학의 수입 대체전략이 남긴 많은 왜곡에 직면하게 된다. 따라서 신 구조경제학은 무역자유화는 점진적인 방법을 선택해야 한다고 제안한다. 전환과정에서 비교우위에 부합하지 않는 산업에 대해, 정부는 일종의 임시보호를 제공할 수 있고; 동시에 과거에 엄격히 통제되고 억제되었지만, 비교우위에 부합한 산업은 진입을 완화해야 한다."라고 린이푸는 말하였다.

그렇다면, 이러한 산업에 대해 어느 정도 보호를 해줘야 하는지; 보호를 얼마나 오래 지속할 것인지; 보호가 필요한 산업을 어떻게 선택할 것인지에 관해 린이푸는 마찬가지로 설명이 없다. 더 중요한 것은, 더 큰 역량으로, 더 오래 보호가 지속되기를 요구하는 정치압력이 얼마나 큰지 당신도 상상할 수 있다는 것이다. 일부 산업을 보호하는 것은 다른 산업을 보호하지 않는다는 것을 의미한다는 것을 사람들 모두 알고 있다. 그래서 개혁의 효과는 필연적으로 약화될 수 있다. 더 번거로운 것은, 자유화 개혁에 대한 주요도전 중의 하나는 사람들이 이러한 정책의 변화가 모두 불가역적이라 믿게 하는 것이다. 린이푸의 해결방법은 신뢰도를 구축하는 난이도를 가중시키는 것이다. 더 완만한 전환은 시간이 더 긴 것을 의미하는데, 이 기간 내에 성장은 완만하고, 자유화를 반대하는 정치압력도 점차 축적될 것이다.

결론적으로, 린이푸의 분석에서 대부분 내용 모두 대다수 사람들이 지지하는 것이지만, 사람들이 충분히 믿게 하기에는 두 부분이 부족하다. 하나는 정부주도의 잠재 비교우위가 있는 산업의 선별이고, 또 하나는 산업전용의 기반시설의 제공이다. 린이푸는 사람들이 이에 대해 더 깊이 있는 연구를 진행하길 희망했다. 이러한 연구들이 먼저 답변해야 하는 문제는, 산업(혹은 산업클러스터)외부성의 존재증명; 어떻게 이러한 외부성을 먼저 선별하고 측정할 것인가; 어떤 정부지지가 수입대체 정책이 초래했던 것 같은 지대추구 기회 없이, 잠재적 복지와 성장전망을 제고할 것인가.

이러한 문제들을 답하기 전에, 신 구조경제학은 정부가 특정산업, 심지어 특정기업을 지지하는 허가증으로 간주될 수 있는데, 그 작용방식은 수입대체 전략보다 더 경제성장에 도움이 되지 않을 수 있다.

참고문헌

Baldwin, Robert E. 1969 "The Case against Infant Industry Protection," *Journal of Political Economy* 77(3): 295-305.

대니·로드릭[3][4]

린이푸는 구조주의 경제학이 다시 역사의 무대에 오르기를 희망했고, 나는 그의 생각을 크게 지지한다. 그는 구조주의의 사상과 신 고전경제학의 논리적 사고를 결합하고자 했고, 나 역시 그 생각을 지지한다. 나는 이미 그를 두 차례 지지했는데, 세 번째 지지를 잠시 보류해야, 그가 쓴 일부 내용에 대한 불만을 말할 수 있다.

구조주의의 핵심관점은 개발도상국이 본질적으로 선진국과 다르다는 것이다. 개발도상국은 부유국가의 축소판에 불과한 것이 아니다. 저발전 수준의 어려움을 이해하려면 취업구조와 생산구조가 어떻게 결정되는지 반드시 이해해야 하는데, 특히 전통과 현대 생산활동에서 노동의 사회적 한계생산물(social marginal products of labor) 간의 거대한 차이를 이해해야 한다. 또한 구조전환의 장애를 어떻게 극복할 것인지 반드시 이해해야 한다.

신 고전경제학의 중심사상은 인센티브에 대한 사람들의 반응이다. 우리가 정부에서 무엇을 해야 하는지에 대해 어떤 제안을 하고 싶다면, 사람들이 직면한 인센티브를 이해할 필요가 있다. 예를 들면, 교사는 왜

---

3) 대니·로드릭(Dani Rodrik)은 하버드 대학 존에프·케네디 정부대학의 국제 정치경제학 교수이다.
4) 본문은 대니·로드릭이 국제 부흥개발은행/세계은행을 대표하여 발표한 논문을 각색한 것이다("Comments on 'New Structural Economics' by Justin Lin," The World Bank Research Observer (2011)26(2): 227-229, Oxford University Press). ©2011 The International Bank for Reconstruction and Development/The World Bank.

책을 가르치고 유용한 지식과 기술을 학생에게 전수하는가? 기업가는
왜 새로운 경제활동에 투자하는가; 등등, (당연히 우리는 정부부문의 종
사자도 경제의미에서의 "정확"한 일을 수행하려는 인센티브가 반드시
있어야 함을 잊지 않아야 한다).

　이 두 사상을 결합하게 되면 일련의 새로운 발전경제학이 만들어지는
데, 이것은 당대 경제학의 분석방법을 포기하지 않으면서 개발도상국
경제의 특정 상황을 적당히 고려할 수 있다. 이러한 발전경제학이 비로
소 정부가 경제개입을 진행하는데 있어 합리적 근거가 될 수 있다. 이
방법은 정부가 전지전능하다고 가정하지 않으며 정부가 전적으로 이타
적이라고도 가정하지 않는다. 이는 시장의 역량과 효과를 정확히 보고
있는 것이다. 하지만 이 방법도 발전이 하나의 자동적 과정이라고 아무
렇지 않게 주장할 수 없는데, 정부가 개입하지 않을 때만, 발전 자체가
자동으로 진행될 수 있다.

　따라서, 린이푸가 정확히 지적하듯이, 정부는 산업업그레이드와 다양
화를 촉진하는 과정에서 적극적 역할이 가능하다. 그는 정부에 기대할
만한 많은 기능을 예로 들었다. 예를 들면, 새로운 산업에 대한 정보를
제공하는 것, 기업 간, 산업 간의 투자협조, 정보 외부성의 내부화, 외국
상사의 직접투자 장려를 통한 새로운 산업육성 등이 있다. 이러한 정책
이 선진 경제체에서는 불필요하거나 쓸데없는 것이 될 수 있지만 발전
이 시급히 필요한 빈곤국가에서는 필수적인 것이다.

　전통 구조주의 경제학과 그의 구조주의 발전경제학을 구별하기 위해
린이푸는 양자 간의 하나의 중요한 차이를 지적했는데; 전통 구조주의
학파가 제창한 정책과 경제체의 비교우위는 불일치 한다는 점이다. 반
대로 신 구조경제학은 "시장이 자원분배에서 핵심역할을 한다는 것을
강조하며, 정부가 기업을 도와 산업업그레이드를 할 수 있게 외부성문
제와 협조문제를 해결해야 한다고 주장한다." 린이푸는 정부정책이 비
교우위에 "복종"해야 하며 "배척"하는 것은 아니라고 인식한다.

이것이 내가 린이푸와 논쟁해야 할 부분이다. 린이푸는 비교우위를 지지하면서 동시에 반대하기를 희망하는 것 같아 보이는데 나는 이것이 어떻게 진행될지 잘 모르겠다. 만약 당신이 린이푸와 같이 외부성과 협조문제를 해결할 필요가 있다고 믿는다면, 당신은 이러한 문제가 기업의 합리적 투자진행을 저해한다는 것을 인정해야 할 것이며, 시장이 기업가에게 잘못된 신호를 보낸 것을 인정해야 할 것이다 - 저기가 아닌 여기에 투자하는, 이때 시장가격에 반영된 비교우위에 근거한 자원분배가, 사회에서는 차선인 것이다. 시장가격이 비교우위를 실제로 반영할 때만, 비교우위가 기업에게 실제적 의미가 있다.

따라서 린이푸는 정부가 개입하여 시장실패 문제를 해결할 것을 제안하고 정부에 위에서 열거한 정책을 - 투자협조, 신 산업육성 등 - 추천할 때, 동시에 정부에게 시장가격에 반영된 비교우위를 배척할 것을 제안한다. 이 부분에서 전통학파와 새로운 학파 사이에 큰 차이가 없다.

린이푸는 정부가 "전통적 의미의" 수입대체 전략으로 "국가 비교우위를 위배"하는 자본집약형 산업육성을 선택하기를 희망하지 않았다. 하지만 그러한 비교우위를 위배하는 산업육성이 바로 일본과 한국의 전환 시기에 일어났던 일이 아닌가? 중국이 지금까지 성공적으로 진행하고 있는 것이 아닌가? 나의 계산에 따르면, 중국수출 상품은 중국보다 3-6배 부유한 국가에서 생산한 것이어야 한다. 중국이 거대한 농촌 노동력 잉여로, 전문적으로 요소부존에 의해 결정된 상품을 생산하였다면, 현재와 같이 고급 상품을 수출할 수 있었겠는가?

이런 조건에서, 일부 사람들은 정태적 비교우위와 동태적 비교우위를 구분하는데, 나는 이러한 구분이 적당하다고 생각하지 않는다. 시장실패가 시장가격과 사회적 한계가치(social marginal valuations) 사이에 쐐기(wedge)를 박아, 비교우위를 보여주는 상대가격을 왜곡했다. 이들 왜곡이 기간 간 상대가격(intertemporal relative prices)에서 반영되든지, 현재의 상대가격에서 반영되는지 모두 중요하지 않다. 린이푸가 추천한 정부정책은 이런 시장왜곡을 상쇄시킬 목적이며, 그 기대효과는 기업이 비교우위를 위배하는 선택을 하도록 유도하는 것이다.

나는 나와 린이푸의 차이가 주로 방법론에 - 심지어 단지 용어상에 있을 수 있지만, 실제로는 중요하지 않을 수 있다. 린이푸는 현재 산업정책이 고전(old) 구조주의자들이 추천하는 것보다는 좀 온화해야 한다고 마음속에서 생각하는 것 같다. 그들은 시장과 인센티브를 더 존중해야 하며; 정부실패 영향에 충분히 주의해야 하며; 또한 사적인 부문에서의 모호한 결점이 아닌 시장 실패를 특별히 더 고려해야 한다. 나는 이상의 모든 관점에 동의한다.

그러나 더 심층적인 하나의 문제가 존재하는데, 이는 우리가 방금 도출한 정책적 함의와 관련이 있다. 원칙적으로, 시장실패 대응에 사용되는 정책은 문제에 아주 꼭 맞아야 한다. 따라서 문제가 일종의 정보 스필오버(information spillovers) 이라면 최선(the first-best)의 방법은 정보 생산과정에 보조금을 주는 것이다. 문제가 협조부족이라면, 최선의 방법은 정부가 각 파트(parties)를 조정해 투자 협조하는 것이다. 사실상 우리가 항상 정확하게 시장실패를 변별할 수는 없고, 문제에 맞는 직접적인 해결방식을 항상 찾아 낼 수도 없다. 현실의 상황은 구조주의가 - 전통학파이든 새로운 학파이든 - 요구되는 정책은 반드시 차선(second-best)의 환경에서 실시되어야 한다. 이러한 환경에서는 모든 것이 더 이상 그렇게 직접적 효과가 있는 것은 아니다.

생각해 보면 알 수 있듯이, 이것은 린이푸가 제안한 점진적 방법인데, 그 예로는 점진적으로 무역자유화를 진행하는 것이다. 사전에 정확한 선별이 어렵거나, 최적의 피구 개입수단(first-best Pigovian interventions)으로 적당히 대응하지 못했던 일부 시장실패에 대해 말하자면, 이 방법은 기껏해야 일종의 차선의 보완방식이 될 뿐이다. 그러나 이것이 고전(old) 구조주의 방법과 얼마나 차이가 있는가? 대부분 구조주의자들도 정부보호가 일종의 임시방편인데, 필요한 산업능력이 구비된 후 폐기해야 한다고 인식한 것이 아닌가?

다시 말하지만, 나와 린이푸의 차이는 부차적인 것인데, 우리가 대부분 관점에서 일치하는 것에 비하면, 이런 차이는 언급될 가치가 없다. 우리의 논쟁은 공산주의자 간의 내부 논쟁과 비슷하지만 - 혁명이 계급 투쟁을 강화해야 하는지, 아니면 계급 투쟁을 넘어설 수 있는지 - 그들의 관점은 외부세계와 큰 차이가 있다.

하나의 동행자로서, 나는 린이푸가 시도하고 있는 것에 아주 고무되어 있다. 지금은 그의 이론 안의 상식이 발전경제학에서의 지위를 회복할 때인 것이다.

조셉 · 스티글리츠[5][6]

12년 전에 내가 아직 세계은행 수석 경제학자였을 때, 나는 발전경제학의 주요도전이 이전 몇 십 년간의 경험적 교훈을 배우는 것이라고 제기했다. 몇 십 년 동안, 일부 국가는(대부분은 아시아에 있었고, 소수는 기타 지역에 있다) 경제학자가 예측할 수 없는 엄청난 성공을 이루었다. 하지만 다른 많은 국가는 여전히 완만한 성장을 하고 있고, 심지어는 침체되거나 후퇴하였다. 이는 전통경제학 모델의 수렴예측(predicted convergence)과 일치하지 않는 것이었다. 성공한 국가는 워싱턴 컨센서

---

5) 조셉 스티글리츠(Joseph Stiglitz)는 콜롬비아대학 금융과 경영학의 교수이자, 콜롬비아대학 국제 사상위원회의 의장이다. 이 논문은 처음에는 세계은행이 린이푸의 논문 "신 구조경제학"에 기반해 개최한 심포지엄을 위해 준비한 것이었다. 여기서 제기한 관점은 스티글리츠와 Bruce Greenwald(2006; forthcoming)의 공동연구작품을 기초로 한 것이다. 스티글리츠는 Eamon Kirchen-Allen이 제공한 연구 협조에 감사를 표했다.

6) 본 문은 조셉 스티글리츠가 국제부흥개발은행/세계은행을 대표해 발표한 논문을 각색한 것이다("Rethinking Development Economics," The World Bank Research Observer(2011)26(2): 230-236,Oxford University Press). ⓒ2011 The International Bank for Reconstruction and Development/ The World Bank.

스와 일부는 같았지만 아주 다른 정책을 실행했다. 워싱턴 컨센서스에서 제안한 정책은 고성장, 안정이나 빈곤퇴치를 가져다주지 않았다. 내가 세계은행을 떠난 지 얼마 되지 않아, 워싱턴 컨센서스 정책제안을 채택한 아르헨티나에 위기가 나타나서, 워싱턴 컨센서스에 대한 사람들의 의심을 가중시켰다.

글로벌 금융위기에서도 선진 산업국가의 신 고전경제학 패러다임은 당연히 의심을 받게 됐다. 발전경제학의 대부분 내용은 이러한 문제에 답하는 것으로 인식하게 되었다: 개발도상국은 어떻게 성공적으로 시장지향형 정책 틀(소위 말하는 "미국 특색의 자본주의")로 전환할 것인가? 이 토론은 목표자체에 관한 것이 아니라 목표실현 경로에 관한 것이었다. 그 중에 어떤 이들은 "충격요법(shock therapy)"을 지지했고, 또 다른 이들은 순서에 따르는 점진적인 방식이 더 합리적이라고 생각했다. 글로벌 금융위기는 이러한 모델에 의문을 제기했고, 선진국도 재조명할 필요가 있었다.

이 짧은 글에서, 내가 지적하려 하는 바는, 선진국과 저개발국의 성장과 안정적 장기경험, 그리고 시장경제의 우세와 국한성에 대한 더 심층적인 이론이해가 발전을 연구하는 "신 구조방법"에 대해 지지한다는 점이다. 이 방법의 어떤 부분은 린이푸의 관점과 유사한데, 다른 부분은 아주 다르다. 이 방식은 시장 국한성이 린이푸가 생각한 것보다 더 심각하다고 인식한다 - 양호하게 운영되는 시장 경제체 자체도 불안정하고 효과적이지 않다. 역사상 유일하게 금융위기가 반복 발생하지 않은 현대 자본주의 시기는, 대공황 후의 세계주요 국가가 금융관리를 강력히 실행한 짧은 기간 이었다. 흥미로운 것은 그 시기 또한 경제의 신속한 성장과 성장의 성과가 광범위하게 공유되었던 시기라는 것이다.

그러나 정부는 하나의 제한적 기능만 있는 것이 아니라, 건설적이고 추진력 있는 역할도 할 수 있다. 정부는 기업가 정신을 장려하고, 물질과 사회 기반시설을 제공하고, 교육기회와 금융채널을 보장하고 기술과 혁신을 지원할 수 있다.

나의 사고방식의 다른 점은 제약 없는 시장의 효율과 안정의 관점에서 구현될 뿐만 아니라, 경제성장의 원동력으로도 나타나는 것이다. 솔로가 반세기 이전에 논문(Solow, 1957)을 발표한 이후, 사람들은 1인당 평균소득 증가의 주요원천이 기술의 혁신이라는 것을 이미 알고 있었다.[7]

"지식의 증가는 성장의 주요 원천이다"는 논법은 개발도상국에게는 더욱더 설득력이 있는 것 같다. 〈세계발전 보고서(1998-1999)〉에서는 개발도상국과 선진국의 구분은 자원격차뿐만 아니라 지식차이에도 있다고 강조하였다. 우리는 한 국가의 자본축적에 어떤 제한이 있는지 잘 이해하고 있지만, 국가 간의 지식차이를 단축하는 속도에 어떤 제한이 있는지는 그렇게 잘 알지 못한다.

하지만, 학습사회를 구축하는 관점에서 습득된 발전전략과 신 고전 모델에서 습득된 발전전략에는 아주 큰 차이가 있다. 전자는 흡수하고 소화하여 마지막으로 지식을 생산하는 것을 중시하고, 후자는 자본증가와 자원의 효율적 분배에 주의력을 집중하고 있다. 경제체의 부문구조(sectoral structure)가 자원부존으로 결정되었기 때문에, 시간추이에 따라, 경제체 구조는 자연스럽게 진화할 것이다. 시장이 효율적으로 자원을 분배하여, 경제구조는 (내생적)자원부존 변화에 따라 변화하게 된다.

---

7) 심지어 솔로 이전에 슘페터는 시장경제학의 역량은 혁신과 발명을 촉진하는 능력에 있다고 제기했다. 솔로의 이론은 제기된 지 얼마 되지 않아 다량의 내생성장 이론에 관한 문헌이 출현했는데, 관련 공헌자는 Arrow, Shell, Nordhaus, Atkinson, Dasgupta, Uzawa, Kennedy, Fellner와 Stiglitz가 있고, 그 이후 Romer는 1980,90년대에 진일보한 연구를 했다(참조 Atkinson and stiglitz, 1969;Dasgupta and Stiglitz, 1980a, 1980b; Fellner, 1961; Kennedy, 1964; Nordhaus, 1969a, 1969b; Romer, 1994; Shell, 1966, 1967; Uzawa, 1965). 내생혁신(endogenous innovstion)(어떤 때는 "유인적"혁신이라고도 한다)에 관한 조기문헌은 혁신속도 연구뿐만 아니라 혁신의 방향도 연구하였다. 이러한 연구노선과 관련된 최근성과의 토론은 Stiglitz(2006)를 참고할 수 있다.

이러한 관점에서 정부의 주요역할은 시장메커니즘 운영을 저해하지 않는 것이다.

전통적 시장실패 이론은 일련의 시장결함을 제기하여 위의 관점을 반박했다. 예를 들면 자본시장의 결함은 보통 새로운 기업이 융자에 아주 어려움이 있는 것을 의미하는데, 이들 새로운 기업의 융자는 이 부문조정의 일환으로 요구된 것이었다. 개인은 자기교육에 사용할 충분한 자금이 없다. 경제에서는 보편적으로 외부성(externalities)이 존재한다 - 환경 외부성 뿐만 아니라 시스템 위험과 관련된 외부성이 있는데, 이번 경제위기에서 아주 분명하게 나타났다. 과거 20년의 연구는 자본시장 결함 같은 시장실패가 초래한 결과를 탐구해왔고, 이 결함은 불완전하고 비대칭적인 정보 탓이라며, 하나의 해결방안을 제시했는데, 일부 국가에서 일정시기에 아주 좋은 효과가 있었다. 좋은 금융통제(예를 들면 인도의 금융통제)는 한 국가를 국제 금융위기의 피해를 모면하도록 보호할 수 있었다.

하지만 "학습사회(learning society)"의 관점이 - 나와 그린월드(Greenwald)가 "영아경제(infant economy)"로 지칭한 - 우리의 분석에 새로운 차원을 제공하였다(Greenwald and Stiglitz, 2006). 지식은 통상적 의미의 상품과는 다르다. 지식축적과 외부성에는 내재적 관계가 있는데 - 지식의 스필오버(spillover)가 존재한다. 지식 자체는 하나의 공공재이다. 지식의 축적, 흡수, 소화, 생산과 전달이 발전에 아주 중요하다면, 시장자체가 성공의 길로 갈 수 있는지 보장할 방법이 없다. 실제로 확실히 어떤 사람들은 시장이 이 부분을 시행할 수 없다고 생각한다.

린이푸가 제창한 "신 구조주의 방법"과 이 관점은 완전히 일치한다. 정부가 경제발전을 지도하는 방식에 제안을 했는데, 정부가 경제를 조정할 때 비교우위에 부합하는 방식을 채택해야 한다고 강조했다. 문제는 비교우위의 어떤 아주 중요한 요소는 내생적이라는 것이다. 스위스 시계제조업의 비교우위와 지리적 위치는 관계가 없다.

표준적인 헥셔 - 올린 이론(Heckscher-Ohlin theory)은 상품거래가 요소이동의 대체품이라고 강조했다. 이 이론을 제기한 후에야, 자본은 글로벌화의 영향으로 현재의 방식으로 흐르게 되었다. 자본이 충분히 유동성이 있는 상황에서, 농업 외의 산업에 대해, 자연자원 부존으로 생산과 전문화의 패턴(patterns)을 더 이상 설명할 필요가 없다.[8] 간단히 말해, 국가는 전통적인 자원부존으로 결정된 발전방식에 제한을 받을 필요가 없다. 더 중요한 것은 지식과 기업관리의 "부존"이다. 정책은 이러한 부존을 촉진하고 개조하는 정책에 관심을 가져야 한다.

한 나라의 정부가 이 문제를 제기하는 것을 피하려 해도, 모면하기 어렵다. 정부의 작위와 부작위는 모두 "학습사회"의 구축에 긍정적인 면과 부정적인 면의 영향을 줄 수 있기 때문이다. 기반시설, 기술과 교육의 투자부분에서, 이는 분명히 정확할 뿐만 아니라 사실상 금융, 무역, 지식재산권과 경쟁부분의 정책에도 성립되는 것이다.

"학습사회"의 구축의 핵심문제는 학습이 필요한 부문(sectors)을 감별하는(identifying) 것인데, 이들 부문의 학습수익을 기업자신이 전부 가질 수 없기 때문에, 학습분야에서는 투자가 부족하다. 다른 논문에서, 그린월드(Greenwald)와 나는 이것이 산업부문에 대한 장려를 의미해야 한다고 주장했는데, 산업부문은 일반적으로 비교적 큰 스필오버(spillover) 효과가 있기 때문이다. 이상의 관점은 아시아 국가에서 수출지향형 성장모델의 성공을 설명할 수 있다. 한국이 시장자체로 운영하게 했다면 성공한 발전의 길을 가지 못했을 것이다. 정태적 생산효율(static efficiency)은 한국이 쌀을 생산하기를 요구하는 것이다; 한국이 이와 같이 했다면, 오늘날 최고로 효율적인 쌀 생산국 중의 하나가 되었을 것이지만, 여전히 빈곤한 국가였을 것이다. 바로 애로우(Arrow(1962))가 지적

---

8) Krugman의 저서에서 강조했는데, 실제적으로 현재 대다수 무역은 모두 요소부존의 차이와 무관하다고 하였다.

한 것처럼, 사람들은 작업 중에 학습할 수 있다(게다가 학습을 통해 어떻게 학습할지 배우게 된다[Stiglitz, 1987]).

이상의 논술은 단기효율을 강조하는 신 고전이론과의 주요차이를 두드러지게 했다. 정태효율과 동태효율 간의 균형선택(trade-offs)은 특허법에 대한 토론부분에서 아주 많이 응용된다.

이러한 산업정책에 대해 말하자면,[9] 주요 관심사는 실행문제인데, 개발도상국이 할 수 있는 능력이 정말로 있는가? 우리는 이 문제에 대해 고려할 필요가 있다. 하나의 국가의 성공적 성장은 정부의 중요한 역할을 제외할 수 없다. 정부는 시장을 제약하고 창조해야 할뿐만 아니라, 이들 산업정책을 촉진해야 한다; 동아시아 국가이든 선진산업화 국가이든, 그들이 발전과정에 있든, 현재이든 모두 그러하다. 정부의 중요한 임무는 각종정책을 채택하고 실제행동(일부 제도를 만들어, 예를 들면 효율적인 시민 서비스)을 만들어 공공부문의 업무의 질을 제고하는 것이다. 성공한 발전을 한 국가는 모두 이와 같이 시행하였다. 의도적이었든 무의식적이었든 국가를 침체시킨 정책은 이를 시행했을 가능성이 거의 없다.

경제정책은 국가가 이러한 정책을 실행하는 능력을 반드시 반영해야 한다. 수출산업에 대한 유리한 환율정책이 지지를 받는 원인 중의 하나는 보편적 효력이 있기 때문이다: 정부는 지원이 필요한 특정 "전략적" 산업을 선택할(pick) 필요가 없다. 여기에도 똑같이 균형선택(trade-offs)이 있다: 최대한 외부성을 가진 부문을 선택해 보조대상으로 정한다면 효율이 더 높을 수 있을 것이다.

또한 많은 기타 보편적 효력을 가진 정책이 있는데, 예를 들면 발전지향형의 지식 재산권제도 및 기술이전 권장, 지방기업 관리수준 제고촉

---

9) 나는 경제의 방향에 영향을 주려 하는 모든 정책을 포함하도록 이 용어를 광범위하게 사용한다.

진, 학습형, 혁신형 사회를 구축하는데 도움이 되는 투자금융정책 등이
있다(Hausmann and Rodrik, 2003; Stiglitz, 2004; Emran and Stiglitz, 2009;
Hoff, 2010). 일부 금융과 자본시장 자유화 정책은 역효과(counter-pro-
ductive)를 초래하기도 한다.

정부개입이 완벽한 적이 없었고, 경제성과를 개선하는 효과가 반드시
있지도 않았다.[10] 문제는 불완전한 정부와 완전한 시장 사이에서 선택
을 하는 것이 아니라, 불완전한 정부와 불완전한 시장 사이에서 선택을
하는 것인데, 양자는 상호간 검증도구가 되어야 한다는 것이다. 이들은
상호보완 작용을 하는 것으로 간주해야 하는데, 우리는 양자 간에서 균
형을 유지할 필요가 있다. 이러한 균형은 하나에 일부 임무를 분배하고,
또 다른 하나에 또 다른 일부 임무를 분배하는 것만이 아니라 일부 제도
를 양자 간 효율적으로 상호작용하도록 설계해야 한다.

내가 토론하는 것은 발전경제학이지만, 이 논제와 더 광범위한 사회전
환 주제는 나눌 수 없는데(Stiglitz, 1998), 바로 허쉬만(Hirschman (1958,
1982))이 그의 논문에서 강조하고 있는 것과 같다. 종족과 계층이 사회적
산물(social constructs)로서, 세계 수 많은 지역에서 대규모 인구의 인류
발전을 효과적으로 억제하였다. 이들 사회적 산물이 어떻게 형성되었고,
어떻게 변화한 것인지에 관한 연구는 발전연구의 핵심이 되었다(Hoff
and Stiglitz, 2010). 이 논문에서 나는 학습사회를 구축에 대해 강조했다.
이 목표를 실현하기 위해, 우리는 부문구성을 변화시키는 정책들이 필
요하다. 그렇지만 성공의 근본은 여전히 교육시스템과 이것이 어떻게
사람들의 변화와 기능학습에 대한 태도를 가르칠 것인가에 있다. 다
른 정책(예를 들면 법률체계, 성별에 기반한 소액대출 제도(gender-
based microcredit schemes), 긍정적 행동계획 등)도 역시 중요한 역할

---

10) 사실상 모든 프로젝트가 성공한다면, 정부가 책임질 위험이 아주 적다는 것을 의미
한다.

을 할 수 있다. 맺음말 전에, 두 개의 평론을 더 제기하려고 한다. 첫째
는 성장과 빈곤퇴치의 관계에 관한 것이다. 성장은 지속적인 빈곤퇴치
의 필요조건일 수 있지만, 충분조건은 아니다. 모든 발전정책이 가난한
사람들에게 모두 유리한 것은 아니며, 어떤 것은 가난한 사람들에게 불
리한 것이다. 적어도 일부 국가에서는, 금융과 자본시장 자유화 정책이
더 큰 불안정을 초래하는데, 이러한 불안정한 결과중의 하나는 더 심각
한 빈곤이다.[11] 위기에 대응하기 위해 실행하는 긴축재정과 화폐정책이
경제침체를 더 심각하게 만들어, 더 높은 실업과 더 많은 빈곤을 유발하
게 한다. 학습사회를 촉진하는 정책은 가난한 사람들에게 유리할 수도
있지만, 한편으로는 불리할 수도 있다. 하지만 가장 성공한 정책은 필연
적으로 보편적 효력을 가지고 있고, 모든 사람의 학습능력을 변화시킬 수
있어 가난한 사람에게 유리한 것이다.

둘째 평론은 경제발전의 더 광의의 목표(즉 한 나라의 시민복지의 지
속가능성 제고)와 우리가 성공을 평가하는데 사용하는 표준과 관련돼
있다.[12] 우리가 성공을 평가하는데 사용하는 표준은 일반적으로 여기서
제창한 학습정책으로 유발된 국부증가에 포함되지 않는다. 이런 자산의
증가는 시간의 추이에 따라 점차 실현되어 인정될 수 있다.

글로벌 금융위기 시대의 여파는 발전경제학자들을 포함한 경제학자

---

11) 내가 또한 지적한 바와 같이, 이러한 정책은 국내의 학습능력을 촉진하는 데는 부작
　용이 있을 것이다.

12) 경제성과와 사회진보 측정 국제위원회는 GDP는 지속성이나 복지를 반영할 수 없다
　고 강조할 수 있다(Fitoussi, Sen and Stiglitz, 2010). 1인당 평균GDP는 사람들의 생활
　상태를 반영할 수가 없으며, 대다수의 사람들의 수입이 하락하고 있더라도, 1인당
　평균GDP는 상승할 수도 있다(미국에서 이미 발생한 것처럼). GDP가 주목하는 것은
　한 국가의 생산이지 소득이 아니다. 환경악화나 자원소모를 반영하지도 않는다. 더
　광범위하게 말하자면, GDP는 발전의 지속가능성을 반영할 수 없다. 미국과 아르헨티
　나는 모두 전형적인 예이다. 그들의 성장은 아주 좋아 보이지만, 지속 불가한 채무로
　떠받치고 있는데, 이러한 채무수입은 투자가 아니라 소비에 사용된다.

들에게는, 하나의 격동의 시대여야 했는데, 주류 패러다임의 결함을 극적으로 보여줬기 때문이다. 이 패러다임은 발전경제학에 대한 거대한 영향이 있었다. 이 영향은 이미 문제를 해결할 수 없기 때문에 점차 약화되고 있었지만 말이다. 다행인 것은 우리는 또 다른 실행 가능한 분석틀이 있다는 점인데 - 일부 국가의 커다란 성공과 다른 일부 국가의 비참한 실패에 새로운 해석을 제공한 많은 새로운 사상들이 있다. 이러한 이해에서, 우리가 새로운 정책의 틀을 만들 수 있어, 경제성장의 새로운 시대에 기초를 닦을 수 있을 것이며 - 이러한 성장은 지속될 수 있는 것이며, 세계 최빈국 대부분의 사람들의 복지를 향상시킬 수 있을 것이다.

참고문헌

Arrow, Kenneth J. 1962. "The Economic Implications of Learning by Doing," *Review of Economic Studies* 29:155-173.

Atkinson, A .B., and J. E. Stiglitz. 1969. "A New View of Technological Change," *The Economic Journal* 79(315): 573-578.

Dasgupta, P., and J. E. Stiglitz. 1980a. "Industrial Structure and the Nature of Innovative Activity," *The Economic Journal* 90(358): 266-293.

_____. 1980b. "Uncertainty, Market Structure and the Speed of R&D," *Bell Journal of Economics* 11(1): 1-28.

Emran, S., and J. E. Stiglitz. 2009. "Financial Liberalization, Financial Restraint, and Entrepreneurial Development," Working paper, Institute for International Economic Policy Working Paper Series Elliott School of International Affairs The George Washington University, January, (www2.gsb.columbia.edu/faulty/jstiglitz/download/papers/2009_Financial_Liberalization.pdf).

Fellner, W. 1961. "Two Propositions in the Theory of Induced Innovations," *The Economic Journal* 71(282):305-308.

Fitoussi, J., A. Sen, and J. E. Stiglitz. 2010. *Mismeasuring Our Lives: Why GDP Doesn't Add Up.* New York: The New Press. (The Report of the Commission in the Measurement of Economic Performance and Social Progress, also known as the Sarkhozy Commission.)

Greenwald, B., and J. E. Stiglitz. 2006. "Helping Infant Economic Grow:

Foundations of Trade Policies for Developing Countries," *American Economic Review: AEA Papers and Proceedings* 96(2): 141-146.

_____. Forthcoming. Creating a Learning Society: *A New Paradigm For Development and Social Progress.* New York: Columbia University Press.

Hausman, R., and D. Rodrik. 2003. "Economic Development as Self- Discovery," *Journal of Development Economics* 72(2): 603-633.

Hirschman, A. O. 1958. *The Strategy of Economic Development.* New Haven, CT: Yale University Press.

_____. 1982. "The Rise and Decline of Development Economics," In M. Gersovitz, and W. A. Lewis, eds. *The Theory and Experience of Economic Development.* London: Allen and Unwin: 372-390.

Hoff, K. 2010. "Dysfunctional Finance: Positive Shocks and Negative Outcomes," Policy Research Working Paper 5183, The World Bank Development Research Group Macroeconomics and Growth Team, January.

Hoff, K., and J. E. Stiglitz. 2010. "Equilibrium Fictions: A Cognitive Approach to Societal Rigidity," *American Economic Review* 100(2): 141-146.

Kennedy, C. 1964. "Induced Bias in Innovation and the Theory of Distribution," *Economic Journal* 74(295): 541-547.

Lin, J. Y. 2010. "New Structural Economics: A Framework for Rethinking Development," Policy Research Working Paper 5197, The World Bank. (Reprinted in this chapter).

Nordhaus, W. D. 1969a. "An Economic Theory of Technological Change," *American Economic Association Papers and Proceedings* 59: 18-28.

_____. 1969b. *Invention, Growth and Welfare: A Theoretical Treatment of Technological Change,* Cambridge, MA: MIT Press.

Romer, P. 1994. "The Origins of Endogenous Growth," *The Journal of Economic Perspectives* 8(1): 3-22.

Shell, K. 1966. "Toward a Theory of Inventive Activity and Capital Accumulation," *American Economic Association Papers and Proceedings* 56: 62-68.

____. ed. 1967, *Essays on the Theory of Optimal Economic Growth.* Cambridge, MA: MIT Press.

Solow, Robert M. 1957. "Technical Change and the Aggregate Production Function," *Review of Economics and Statistics* 39(3): 312-320.

Stiglitz, J. E. 1987. "Learning to Learn, Localized Learning and Technological Progress," In P. Dasgupta and P. Stoneman, eds., *Economic Policy and Technological Performance.* Cambridge, New York: Cambridge University

Press: 225-153.

_____. 1998. "Towards a New Paradigm for Development: Strategies, Policies and Processes," The 9th Raul Prebisch Lecture delivered at the Palais des Nations, Geneva, October 19, UNCTAD. Also Chapter 2 in Ha-Joon Chang, ed., *The Rebel Within*. London: Wimbledon Publishing Company, 2001:57-93.

_____. 2004. "Toward a Pro-Development and Balanced Intellectual Property Regime," Keynote address presented at the Ministerial Conference on Intellectual Property for Least Developed Countries, World Intellectual Property Organization, Seoul, October 25. http://www2.gsb.columbia.edu/faculty/jstiglitz/download/2004_TOWARDS_A_PRO_DEVELOPMENT.htm

_____. 2006. "Samuelson and the Factor Bias of Technological Change," In M. Szenberg, L. Ramrattan and A. A. Gottesman, eds., *Samuelsonian Economics and the Twenty-First Century*. New York: Oxford University Press: 235-251

Uzawa, H. 1965. "Optimum Technical Change in an Aggregate Model of Economic Growth," *International Economic Review* 6(1): 18-31.

World Bank. 1999. World Development Report 1998-99: *Knowledge for Development*. New York: Oxford University Press.

답변: 발전 사고 3.0: 미래의 길

2차 세계대전 후, 개발도상국의 산업화 실현, 빈곤퇴치, 선진국과 소득격차 축소를 돕기 위해, 시대의 요구에 맞춰 발전경제학이 탄생하게 되었다. 하지만 발전경제학의 제안에 따라 경제정책을 제정한 개발도상국은 예상목표를 실현하지 못했다. 최근 발간된 〈세계은행 연구관찰〉에서 하나의 제목인 "신 구조경제학: 발전문제를 재고한 하나의 이론적 틀"의 논문에서(이 논문은 이 책 제1장에 재판 인쇄), 나는 반세기 이후 발전경제학이 제안한 각 종 발전 사고를 종합하고, 발전경제학의 미래에 전망을 만들어 냈다. 이 정기 간행물에서, 안네 크루거, 대니 로드릭과 조셉 스티글리츠도 이 논문에 관한 심오한 토론을 진행하였다. 나는 이를 아주 영광스럽고 행운이라고 느낀다. 그들은 이 영역에서 최고의 존경을 받는 전문가와 최고로 걸출한 사상가이기 때문이며, 이들 중의 두 사람은 공교롭게도 나의 전임 - 세계은행의 수석 경제학자였다.

나의 주요 관점은, 발전경제학을 현대 경제학의 하부학문으로 간주하고 시작한 초기 연구자들이 주된 관심사는 시장실패였고, 고전(old) 구조주의의, 국가주도의 발전정책을 제창했다는 것이다. 이러한 정책이 합리적으로 비교우위를 고려하지 못했고, 경쟁력 있는 산업을 만들어내지도 못했다. 신 자유주의 사상(neo-liberalism)에 의해 영감을 받은 제2의 물결의 발전사조가, 주목한 것은 정부실패였는데, 워싱턴 컨센서스형의 정책을 제안했지만, 이런 정책도 실패하여, 개발도상국가에서 지속적이고, 포용적인 성장을 실현할 수 없었고, 빈곤퇴치를 실현할 수도 없었다.

산업혁명 이후의 모든 성공한 경제체의 발전사를 회고하여, 나는 하나의 일반적인 분석 틀을 제안하였는데, 제3의 물결인 발전사조의 일부분으로 삼았다. 이 분석 틀은 부존구조와 비교우위의 변화로 작동되는 구조변화에 초점을 맞췄다. 이 틀은 신 구조경제학의 일부분으로서, 국가가 구조전환에서 적극적 역할을 하는데 도움이 될 것이다. 이 틀은 또한 시장기능을 둘러싼 설계와 발전전략 실행방면에서 정책입안자가 더 전문적이기를 요구한다.

예상한 것처럼, 안네 크루거, 죠셉 스티글리츠, 대니 로드릭과 나는 모두 발전전략 토론을 재시작하는 중요성과 필요성을 인정했는데, 특히 현재의 글로벌 금융위기와 경제위기의 상황에서 그러했다. 하지만 동시에 우리는 경제사와 경제이론이 가져다 준 경험과 교훈에 미묘하지만 중요한 차이도 있다.

나와 안네 크루거와의 최대 차이점은 다음 문제의 답변에 있다: 근본적인 기술변천과 산업업그레이드(나는 양자가 성장메커니즘의 핵심이며, 성장메커니즘에서 아주 중요하다고 생각한다)가 반드시 경제발전의 조기에 진행되어야 하는가? 그녀는 "경제발전 과정의 후기에 이르러서야, 농촌 노동력이 상당히 흡수되어, 산업업그레이드가 산업성장의 주요 내용이 되었다. 이러한 업그레이드의 대부분은 기존의 기업에서 발생하였는데, 이는 이들 기업의 실질 임금상승, 자본비용 인하에 대한 반응과 국제시장에서의 학습된 결과였다."라고 주장했다. 나의 경제발전에 관한 관점은 좀 다르다: 비숙련 농업 노동력이 비숙련 노동 집약형 산업에 전이되는 것은 구조변천의 한 형식인데, 이러한 구조변천은 자발적으로 진행될 수 없다. 나는 정책입안자가 적극적 행동으로 노동력 수요를 관리해야 한다고 생각한다: 정부는 기존, 신흥 비숙련 노동집약형 산업이 신 구조경제학에서 제시한 모든 노선을 따라 성장하도록 확실히 촉진해야 한다. 이러한 행동이 없다면 농촌을 떠난 많은 이민자들은 실업상태에 놓이게 될 것인데, 아프리카, 라틴 아메리카와 다른 개발도상국의 상황과 같아지게 된다. 노동력 시장의 공급측면에서, 농촌을 떠난 이민자들이 새로운 작업환경에 적응하고, 산업부문의 요구에 맞추도록 정부도 기본적 교육과 훈련을 제공할 필요가 있다. 이밖에 추월에 성공한 국가는 농업 잉여노동력이 고갈되기 전에 아주 일찍 산업업그레이드 진행을 시작할 수 있었다. 중국이 바로 이러한 예이다. 2009년 중국은 39.1%의 노동력이 농업부문에 종사하고 있었는데, 이 문제는 당시의 학술계에 격렬한 토론을 유발했다. 일부 경제학자들은 중국이 이른바 루이스 전환점(Lewis turning point)에 이미 도달, 즉 중국의 잉여노동력이 고갈된 것인지 의심하였다. 하지만 중국 산업의 신속하고 지속적인 산업업그레이드는 여전히 지속되었고, 전형적 성과는 미국에 고품질, 다품종의 상품을 수출하는 것이었다. 유사한 상황은 1980년의 한국에서 발생하였는데, 당시 한국 34%의 노동력이 농업부문에 있었다. 하지만 한국은 당시 소비전자산업에 이미 진입했을 뿐만 아니라, 조선업, 자동차 제조업, 메모리 칩 등의 업종에도 진입했다.

나는 농업생산율 제고와 산업화 진행은 반드시 동시에 진행해야 한다는 안네의 관점에 완전히 동의한다. 그렇지만 농업생산율 제고, 농민소득을 증가시키려면, 정부는 반드시 적극적으로 농업 신기술을 도입하여, 서비스를 확장하여 제공하고 관개수준을 제고해, 시장채널을 확대해야 한다. 정부는 또한 여건을 조성해 농업다양화를 촉진하여 더 많은 고부가가치가 있는 경제작물을 생산할 필요가 있다.

안네는 "시장에 의해 비교우위가 결정되며, 정부는 일련의 합리적 인센티브 시스템을 보장할 책임이 있고, 상응하는 기반시설을 제공(하드웨어와 소프트웨어 기반시설을 포함)해야 한다"는데 동의한다. 하지만 그녀는 특정산업의 발전을 촉진하는 것을 목표로 하는 정부의 간섭에 명확히 반대하면서 의문을 제기한다: "희귀자원(scarce capital)을 분배할 때, 왜 일부 활동은 아주 양호한 기반시설을 구비하게 하는데, 다른 활동은 기반시설이 부족하게 하는가?"

실제로 개발도상국가의 성공한 발전전략 제정에 있어서는, 새로운 산업선별과 정부자원을 우선 이용해 이들 산업을 발전시키는 것 모두 아주 중요하다. 왜 그러한가? 기반시설의 개선은 종종 산업전용이기 때문이다. 아프리카 국가에서 최근에 성공한 예를 보면 산업선별의 필요성을 알게 될 것이다: 모라셔스(Mauritius)의 방직업, 레소토(Lesotho)의 패션산업, 부르키나 파소(Burkina Faso)의 면화산업, 에티오피아 (Ethiopia)의 생화산업, 말리(Mali)의 망고산업과 르완다(Rwanda)의 고릴라(gorilla) 관광산업이 있다. 이들 모두 정부가 제공하는 다른 유형의 기반시설이 필요하다. 에티오피아의 생화를 유럽경매 지역까지 운송하는 것은 공항과 정상적 비행기에 냉장설비가 있어야 하고, 모리셔스의 방직품 수출은 항구설비의 개선이 필요해, 양자가 필요로 하는 기반시설이 명확히 다르다. 유사하게 레소토 패션산업에 필요한 기반시설은 말리의 망고 생산과 수출이나 르완다 고릴라(gorilla) 관광객을 흡수하는데 필요한 기반시설과는 완전히 다르다. 재정자원과 실행능력에 한계가 있기 때문에, 각 국가의 정부는 반드시 우선등급을 설정하여, 어느 기반시설을 우선 개선해야 할 것인지, 공공시설의 최우선 위치는 어디로 설정해야 할 것인지 결정해야 성공을 이룰 수 있다. 등샤오핑은 중국에서 시장경제 전환 초기에 이러한 실용적 지혜를 설명했는데, 일부 지역과 인민이 먼저 부유해지는 것을 허가하여, 최종적으로 모든 중국인이 함께 부유해질 수 있게 하는데 동의했다. 이러한 지역과 산업의 역동적 성장은 재정소득을 증가시켜서, 정부에 더 많은 자원을 제공해 이후에 국내의 기타 지역의 기반시설을 개선하게 할 것이다.

새로운 부문이나 상업체인을 선별하고 기반시설 투자에 우선 등급을 설정할 필요가 있게 하는 또 다른 원인이 있다. 글로벌화 된 세계시장에서 경쟁력을 가지려면, 하나의 새로운 산업은 가능한 최대한으로 생산요소 비용을 절감하기 위해, 국가의 비교우위에 부합할 필요가 있을 뿐만 아니라, 가능한 최대로 거래 관련비용을 절감할 필요가 있다. 왜 그러한가? 한 국가의 기반시설과 상업환경이 아주 좋고, 산업업그레이드와 다양화가 자발적으로 발생한다고 가정하고, 정부협조가 없다면 기업은 국가 비교우위와 일치하는 너무 많은 다른 산업에 진입할 것이다. 이 경우 결과는, 대다수 산업은 충분히 큰 규모의 산업 클러스터를 형성할 수 없어서 국내와 국제시장에서 경쟁력을 가질 수 없게 된다. 많은 산업이 실패한 후에, 최종적으로 소수 산업클러스터가 출현할 수 있을 것이다. 하지만 이러한 시행착오 과정은 아주 오래 걸리고 비용이 아주 높을 수 있다. 이것은 단일기업의 기대수익을 감소시키고, 산업업그레이드와 다양화의 인센티브도 약화시켜, 국가 경제발전 속도를 느리게 한다. 따라서 개발도상국의 정부는 반드시 그러한 국가 비교우위와 일치하는 새로운 산업을 선별하고 선택하여, 정부의 유한한 자원으로 세심하게 선정된 소수 산업을 위해 기반시설을 개선하여 선도산업에 합당한 인센티브를 제공해야 한다. 또한 산업체 클러스터를 신속하게 구축하도록 이들 산업중의 각 민영기업 관련 투자행위에 협조해야 한다. 정부의 시행여부는 왜 일부 개발도상국이 몇 십 년 동안 8% 성장을 유지하거나 더 높은 성장을 유지했는데, 다른 대다수 국가는 그렇지 못했는지를 설명할 수 있다.

나는 안네의 관점에 동의한다. 즉 비용 - 수익분석이 하나의 양호한 도구가 되어, 각 기반시설 프로젝트의 잠재가치를 평가하는데 사용돼야 한다. 이러한 분석이 기타 경쟁적 대체방안의 타당성을 측정하기 위한 근거를 제공하고, 더 좋은 공공투자 정책결정을 하는데 도움을 준다. 이는 강제로 정책입안자가 정량적(quantitative) 데이터를 제공하여 정성적(qualitative) 관점을 지지하게 해서, 사회복지를 제고하는데 아주 소중한 기술이다. 하지만 이는 본질적으로는 미시적이다. 잠재적 산업, 이들 산업의 소재지와 필요한 기반시설을 선별하지 않는다면, 정책입안자는 과도한 실행가능 프로젝트에 직면할 수 있는데, 이는 모두 세심한 비용 - 수익분석을 필요로 한다. 게다가 각 공공투자 프로젝트에 대해, 무형의 비용과 수익이 아주 많을 수 있어 그 가치평가가 어렵다. 잘 알려져 있듯이, 이러한 분석의 결과는 할인율(the choice of the discount rate)에 대해 아주 민감하고, 미래의 수익과 비용을 결정하는데 사용하는 정보도 현재의 지식으로 제한된다.

그녀의 유치산업에 관한 토론에서, 안네는 이런 비숙련 노동집약형 상품을 생산하고 수출하는 기업은 보통 국제시장 파동에서 제공하는 기회에서 경험을 학습할 수 있다는 것을 발견하였다. 그녀는 "이러한 학습과정은 한국, 중국타이완과 기타 지역의 기업에서는 큰 문제가 아닌 것 같다"라고 말했다. 학습이 기업 상업활동의 부산물이라면 당연히 문제가 되지 않는다. 하지만 학습이 상업활동에 따라 자발적으로 생산되는 과정이 아니라면, 기업이 학습에 투자할 인센티브가 없을 것이다. 하나의 저소득 국가는 많은 비숙련 노동집약형 제조업 상품에서 비교우위를 가지고 있어야 하지만, 이들 국가는 이런 종류의 상품을 아직도 수입하고 있을 수도 있다. 국내의 각 기업가는 이러한 상품정보를 얻을 수 있어야 한다. 하지만 이런 상품을 제조하는 설비와 중간 투입품을 어디서 구매할 것 인가, 어떻게 이런 상품을 생산하는 기업을 경영할 것인가, 저소득 국가의 대다수 기업가에게는, 이들 문제와 관련된 정보와 지식의 취득 비용이 상대적으로 높다. 이밖에 이러한 정보와 지식을 얻는 것이 문제가 아니라 해도 관련 기반시설 투자협조, 투자와 운영을 위한 융자, 새로운 산업을 발전시킬 설비를 수입하는데 필요한 외화는 민영기업에게 여전히 큰 문제일 것이다.

안네의 모든 산업 전용형 정부개입에 대한 의심은, 과거 정부가 우위 산업을 선택하는 방면에서의 보편적 실패에서 기인한다. 이러한 의심은 주류 경제학계와 워싱턴의 발전 연구기구에서 광범위하게 존재한다. 이런 실패는 주로 많은 정부가 국가 비교우위를 위배한 산업을 잘못되게 발전시키려 시도한 것에서 기인한다. 이런 산업 안의 기업은 개방된 경쟁적 시장에서 자생능력이 없고, 이런 기업의 투자와 생존은 정부의 보호, 대량의 보조금과 정부가 독점임대료(monopoly rent), 고관세(high tariffs), 정액제한(quota restrictions)과 신용보조금(subsidized credits) 등의 방식을 통해 진행하는 직접적인 자원분배로 결정된다. 이러한 조치가 야기한 거액의 임대료는 많은 왜곡을 만들어, 아주 쉽게 정치활동의 사냥대상이 된다. 이 모든 것이 관리문제를 만들 수 있다. 신 구조경제학은 한 국가의 부존구조 변화에 따라, 비교우위도 변화해, 그 변화된 비교우위에 부합하는 새로운 산업이 출현하게 된다고 주장했다. 정부가 이러한 새로운 산업의 발전을 촉진할 때, 상술한 문제발생의 가능성이 아주 크게 낮아질 수 있다.

안네도 이러한 새로운 산업변별이 "대형기업 선호를 피할 수 없기 때문에 이전의 수입대체 전략이 부딪혔던 것과 같은 문제에 직면하게 될 것이다."고 염려했다. 안네의 염려는 우대를 받는 산업이 그 국가의 비교우위를 위배하기 때문에, 고전(old) 구조주의의 수입대체 전략에서는 맞는 것이다. 이러한 산업에 너무 자본이 집약되어 부유하고, 정치관계가 좋은 기업 일부분만 이런 산업에 진입할 수 있다. 그러나 선별된 새로운 산업과 국가 비교우위가 일치한다면, 자본집약형 여부에 관계없이, 많은 능력 있는 새로운 기업들이 진입하여 대기업과 경쟁할 수 있을 것이다. 1960년대의 일본 자동차 산업, 70년대 모리셔스의 방직산업과 중국타이완의 전자산업, 80년대 방글라데시의 의류산업과 칠레의 연어 양식업이 모두 전형적인 예이다.

신 구조경제학에서는 정부가 고전(old)구조주의의 수입대체 전략(import-substitution strategy)처럼 자생능력이 없는 기업을 지지하는 것보다는, 선도기업을 위해 제공하는 인센티브로 기업생산의 외부성(externalities)을 보상하는 것으로 제한하기를 제안한다. 따라서 선도산업에게 몇 년 동안 면세하고, 외화(외화가 관련국가의 기업에게 구속적 제약조건이라면)와 신용대출 우선취득의 기회를 주는 것으로 충분하다.

마지막으로 안네는 정부보호의 범위, 깊이, 기간의 불확실성에 의문을 제기하였는데, 심각하게 왜곡된 경제에서 양호하게 운영되는 시장경제로 전환 시에, 정부가 이원화 방식(a dual-track approach)을 채택하면 정치적 약탈과 지대추구(rent-seeking) 위험이 있을 수 있다고 지적했다. 그녀는 주장하길 "자유화 개혁에 대한 주요 도전 중의 하나는 사람들이 이러한 정책의 변화가 모두 불가역적이라 믿게 하는 것이다. 린이푸의 해결방법은 신뢰도를 구축하는 난이도를 가중시키는 것이다. 더 완만한 전환은 시간이 더 긴 것을 의미하는데, 이 기간 내에 성장은 완만하고, 자유화를 반대하는 정치압력도 점차 축적될 것이다" 신뢰도 관점(credibility argument)은 동유럽과 소련이 1990년대 초기 전환 중에 실행했던 충격요법(shock therapy)을 지지하는데 사용된다. 그런데 그런 기업들이 민영화 되어도, 경제체 전환에 있는 정부는 항상 어쩔 수 없이 다른 변칙적이고, 효율적이지 않은 형식으로 보호와 보조금을 제공하여, 대량의 실업과 이에 따른 사회와 정치의 불안정을 막아내게 된다. 결과적으로, 아주 많은 경제체 전환 모두 "충격이 있으나 치료효과가 없는(shock without therapy)" 난감한 상태에 빠지게 된다. 그들의 발전은 충격요법 제창자가 예측한 "J형"회복경로가 아닌, 하나의 "L형"의 성장경로(GDP의 급격한 하락 후 장기적으로 완만한 성장)를 따르게 된다. 이에 비해 중국, 베트남, 라오스, 슬로베니아, 우즈베키스탄 등과 같이 우수한 성과를 낸 국가들은 더 실질적인 이원제방법(a dual-track approach)을 선택하여 원래 왜곡된 경제구조를 전환하였다. 그들은 정부가 우선산업에서 "자생능력의 결함"이 있는 기업에 대한 보조금을 점차적으로 인하하는 동시에 원래 억제 받던 민영기업, 합자기업과 외자기업을 국가 비교우위와 일치하는 부문(sectors)에 자유롭게 진입하도록 허가하였다. 결론은 분명한데, 이미 심각한 왜곡이 존재하고 경제성장 성과가 이상적이지 않은 모든 개발도상국에 있어서는 자유화 개혁과정에서 다시 믿음과 신임을 얻는 최적의 방법은 전환과정에서 안정적이고 동태적 고속성장을 실현하는 것이다.

조셉 스티글리츠와 대니 로드릭(Dani Rodrik)은 나의 논문에 대한 평론에서, 그들과 나의 차이는 주로 치중점과 성향이 다른데 본질적인 차이는 아니다라고 밝혔다. 나는 대니의 관점에 동의하며, 우리의 차이는 "주로 방법론에 – 심지어 단지 용어상에 있을 수 있는데 실제로는 중요하지는 않다." 그렇지만 일부 차이는 중점을 두어 설명할 만하다.

통제의 전통적인 이유를 제공하는 것 이외에, 조셉은 정부가 "기업가정신을 권장하고, 물질과 사회 기반시설을 제공하면서, 교육기회와 금융채널을 보장하여, 기술과 혁신을 지지" 하는데 촉매작용(catalytic role)을 하고 있다고 주장했다. 그는 사람들의 무제약시장의 효율과 안정성에 대한 신념에 강력하게 도전하며, 기술진보가 비로소 1인당 평균소득을 제고하는 중요조건이라고 강조했다. 그리하여 그는 "학습사회"를 구축하는 공공행위를 지지했다.

학습의 중요성에서 나는 조셉의 의견에 동의한다. 하지만 학습의 메커니즘과 내용은 다른 발전수준의 나라에서 각각 다르게 나타날 것이다. 아직 발전초기에 있는 개발도상국은 필요한 물질과 인적자본이 일반적으로 부족하기 때문에 자본집약형의 첨단산업으로 직접 넘어갈 수는 없다. 그들에게 더 효과적인 학습과 발전의 길은 후발우위를 이용하여, 부존구조의 변화에 따른 비교우위에 근거하여, 새로운 산업을 향해 업그레이드와 다양화를 진행하는 것이다. 이에 따른 경제성장, 물질과 인적자본 축적, 산업과 기술 업그레이드는 최종적으로 이들 국가에 기회를 제공하여, 전세계 선두에 있는 자본집약형 산업과 지식집약형 산업에 진입해 주도하게 한다. 내부혁신을 통하여 신지식을 생산하려는 수요는 경제의 발전과 지식격차(전세계 과학기술/산업선두까지 거리)의 축소에 따라 증가할 수 있다. 따라서 학습과 인적자본의 상승은 경제발전 수준과 서로 적응할 필요가 있다. 그렇지 않으면 교육수준만을 상승시켜 학습사회를 구축하는 것이, 새롭고, 활력있는 부문(이들 부문과 부존구조를 반영하는 비교우위는 일치한다)의 수요와 부합하지 않을 수 있다. 이때 교육받은 청년은 적당한 취업기회를 찾지 못해, 부족한 인적자본과 교육자원을 낭비하게 되거나, 아프리카 북부와 많은 다른 개발도상국과 같이 사회정세에 긴장을 조성할 수 있을 것이다.

조셉은 "비교우위에서 제일 중요한 일부 요소는 내생적"이라 지적했고, "스위스 시계제조업의 비교우위와 지리적 위치는 관계가 없다"라고 말했다. 실제로 시계 제조업이 16세기에는 여전히 하나의 신흥산업이었다. 스위스의 금 세공인들은 1541년에 손목시계를 제조하기 시작했고 1601년에 첫 번째 시계제조업 협회[13]를 만들었다. 매디슨(Maddison (2010))의 평가에 따르면, 스위스 1600년의 1인당 평균 소득은 750국제달러(international dollars)(1990년 기준)로 같은 해 영국 1인당 평균소득의 77%였다. 따라서 스위스는 당시 세계에서 "고소득"국가 중에 하나였다. 스위스는 지속적 소득 증가를 위해서 일부 고부가가치의 새로운 산업을 발전시키도록 반드시 산업업그레이드를 진행했어야 했다.

---

13) http://www.fhs.ch/en/history.php.

조셉은 스위스 시계제조업의 비교우위와 지리적 위치는 아무런 관련이 없다고 말했지만, 지리적 요소는 스위스를 16세기 이래 시계제조업의 선도자가 되게 할 수 있었던 중요한 원인일 수 있다. 손목시계는 보통 아주 작고, 편리하고, 부가가치가 높고, 지속적인 기술진보의 잠재력이 있다. 이러한 산업이 스위스 같은 내륙국가에게는 아주 적합했다. 이는 다음과 같은 사실을 설명할 수 있을 것이다. 16세기 이래, 스위스는 지속된 혁신을 통해 기술선도 위치를 유지해왔고, 시계제조업을 지켜왔는데, 의류, 방직, 제화 등의 초기 번창산업을 포기했다.

조셉은 글로벌화 된 세계에서 완전한 자본유동이 각 국가가 자원부존으로 결정된 발전패턴을 벗어나도록 했다고 주장했다. 나는 그가 약간은 지나치게 낙관적이었을 것이라 생각한다. 그의 추정에 따르면 "자본이 충분히 유동성이 있는 상황에서, 농업 외의 산업에 대해, 자연자원부존으로 생산과 전문화의 패턴을 더 이상 설명할 필요가 없다". 하지만 단기적 자본유동은 개발도상국가에서 장기 생산성 투자의 믿을만한 근거가 되기에는 너무 불안정하다. 1990년대 동아시아 금융위기 동안 우리는 이 점을 관찰하였다. 비교해보면, 외국인 직접투자는 더 믿을만하게 보이는데, 그들이 이윤추구에 의해 동기화된 것이기 때문이다. 이러한 자본은 대부분 수혜국(host country) 비교우위와 일치하는 무역품 부문이나 생산활동으로 이동하여, 이를 수출기지로 삼거나 해당 국가의 국내시장에 진입하게 된다 – 이는 간혹 공용시설이나 텔레콤 같은 대형 비무역 부문의 민영화 상황에 의해 추진된 것은 제외한다. 자본유동성에 대한 낙관적 태도 때문에, 조셉은 지식부존과 기업가 정신의 중요성을 강조하였다. 지식부존과 기업가 정신의 중요성은 어떻게 강조한다 해도 지나치지 않다. 이들은 확실히 고속성장의 경제체에서 산업업그레이드와 다양화를 위한 원동력이다. 그렇지만 위에서 토론한 바와 같이, 국가발전에 유용한 신지식은 국가 비교우위와 일치하는 새로운 산업의 지식수요에 달려있다. 개방된 경쟁적 시장에서 기업가가 국가 비교우위와 위배되는 산업에 투자한다면 성공할 수 없을 것이다.

조셉은 무역품 산업의 업그레이드를 장려하는 방면에서, 환율의 저평가는 보편적 효과를 가진 정책이라고 인식했다. 이 문제는 약간 미묘하다. 저평가된 환율은 수출을 도울 수 있지만, 설비수입을 더 비싸게 만들 수 있어, 이는 바로 산업업그레이드와 다양화에서 하나의 장애가 된다(기업은 외국의 신 자본설비로 업그레이드나 다양화하여 새로운 산업에 진입할 필요가 있기 때문이다). 따라서 이러한 정책은 기존 산업의 수출을 도울 수는 있겠지만 장기성장에는 도움이 되지 않는다. 발라사 - 사무엘슨 정리(Balassa-Samuelson theorem)를 참고하면, 성공한 개발도상국은 실제환율 평가절하 정책을 확실하게 채택했던 것 같다. 하지만 진짜 원인은 아마도 다음과 같을 것이다. 이러한 국가는 일반적으로 대량의 잉여노동력을 보유한 이원경제(a dual economy)로부터 통일된 전국적 노동력 시장을 구비한 현대경제로 접근한다. 어떤 단계에서는 이러한 정리가 적용되지 않는다. 잉여노동력을 소진하기 전에는 무역품 부문과 비무역품 부문의 임금비율이 증가할 수 없는데, 임금의 이러한 변동은 이 정리에서는 실제환율 절상의 필요조건이다. 그렇다면 이때 저평가돼 보이는 것 같은 환율은 사실상 바로 균형환율이 될 것이다.

대니와 나의 차이는 그가 제기한 가설과 관련이 있는 것 같다. 그의 가설은, 협조와 외부성의 문제는 시장에서 기업가에게 잘못된 신호를 보내는 상황에서만 존재할 수 있다는 것이다. 그는 그래서 내가 "비교우위를 동시에 지지하고 반대"하는 것으로 생각했다. 이점은 분명히 할 필요가 있다: 비교우위는 요소부존으로 결정된다. 한 산업과 국가의 비교우위가 일치한다면, 생산요소 비용은 불일치할 때보다 낮아져야 할 것이다. 하지만 그 산업이 국내외 시장에서 경쟁력이 있게 하기 위해서는 거래 관련비용도 가능한 최저로 내려가야 한다. 단일기업이 거래 관련비용의 감소를 내부화할 수 없지만, 기반시설, 물류, 융자, 노동력의 교육 등으로 감소시킬 수 있다. 정부가 이들 비용을 인하하게 협조와 보상하지 않고, 선도산업이 만든 외부성에 보상제공을 하지 않는다면, 이들 산업은 계속 국가의 "잠재적" 비교우위만으로 남게 된다. 많은 저소득 국가가 다수의 비숙련 노동집약형 산업에서 일반적으로 모두 비교우위를 갖지만, 이들 산업에서 경쟁력이 있는 국가가 거의 없는데, 이는 바로 정부가 효율적으로 그 역할을 발휘할 수 없었기 때문이다. 따라서 대니의 반대에 대해서는 다음과 같이 설명을 해야겠다. 한 국가의 "잠재적" 비교우위와 "실제적"비교우위(혹은 마이클 포터(Michael E. Porter)의 논법을 사용하면, 경쟁우위)는 다른 것인데, 전자는 생산의 요소비용을 결정하고 후자는 또한 거래 관련비용 인하를 요구한다. 따라서 나는 정부가 경제과정에 개입해 시장실패 문제를 해결하기를 제안했지만, 이를 하나의 경제체의 시장가격에 나타난 "자연적" 또는 "제거 불가능한" 비교우위를 억제하는 것으로 오해하지 않아야 하며, 상업경쟁력의 블랙박스를 여는 하나의 방식으로 생각해야 한다. 이 방식은 하나의 경제 잠재력을 현실로 만들고, 국내기업이 시장성공으로 가기 위한 조건을 창출한다.

대니와 내가 정부역할에 대한 이해에 차이가 생긴 것은, 우리가 일본, 한국, 중국 등의 성공한 국가의 경험에 대해 대체로 다른 이해를 하고 있기 때문이다. 그는 일본과 한국의 성공적 추월은 국가의 비교우위를 위배한 증거로 간주했다. 일본이 메이지 시대(Meiji period)(1868-1912) 초기에 산업화의 길로 들어서기 시작했을 때, 일본은 여전히 농업사회였는데, 농업, 임업, 어업의 노동인구가 총 노동인구의 70%이상을 차지하고 있어서, 국가산출에 대한 공헌은 60% 이상이었다. 메이지 시대, 다이쇼 시대(Taisho period)(1912-1926)에서부터 전쟁전의 쇼와 시대(Showa period)(1926-1936)까지, 일본 수출이 가장 많았던 것은 생사, 차 잎과 해산물이었는데, 이 상품의 주요 수출국은 미국이었다. 일본이 항구를 개방함에 따라, 이 초급상품의 수요가 신속하게 증가해서, 국내 생산자는 큰 이득을 얻었다고 역사학자들은 우리에게 알려주고 있다. 특히 실크는 농촌지역에 재화를 가져다 줬고, 일본에게 절실하게 필요했던 외화를 벌어다 주었다. 에도시기(Edo period)부터 이미 시작되었던 광업은 먼저 정부에 의해 수용됐다가, 나중에는 민영기업에게 매각되어 일본 주요산업의 하나가 되었다. 이러한 산업의 성공은 일본의 1인당 평균소득이 1870년의 737달러에서 1890년의 1012달러까지 증가하게 하여 상승폭이 40%에 이르렀고, 1929년 대공황이 시작되기 전에는 2026달러(Maddison 2010)[14]에 도달했다. 신 구조경제학의 관점으로 보자면 이러한 성공은 일본 자본축적을 촉진하였고 일본의 부존구조와 비교우위를 변화시켰다. 일본역사학자 케니치 오노(大野健一(Kenichi Ohno))가 말하길, "메이지 시대의 산업화는 하나의 '경'공업혁명이었는데, 이는 일본이 수입에서 국내생산으로 전향하여 다시 수출로 전향하게 하였다. 이러한 전환과정에서 면화생산이 중심역할을 했다. 철강, 조선, 화학산업 및 전기제품 제조 등의 산업은 모두 아직 영아기에 있어서, 일본은 전국적으로 여전히 서방을 모방하는 학습과정에 있다 …… 메이지 시대 후기에 이르러 개인부문의 조선, 철도차량과 기계제조업이 이미 서서히 출현하기 시작했다".[15] 일본의 산업화는 안진형(기러기형 패턴, flying-geese pattern)의 길을 갔는데 순차적이고 점진적으로 간단한 노동집약형의 생산에서 더 자본 및 기술 집약형 생산으로 전환되었다(Akamatsu 1962).

한국도 현실주의적 방법을 채택해 산업업그레이드를 진행했고 전략을 자신의 잠재적 비교우위와 일치하는 산업으로 진입하게 조정하였다. 1960년대 한국에서 발전되어 수출한 것은 의류, 합판, 가발 등의 노동집

---

14) 여기서의 달러는 Geary-Khamis구매력 평가를 거쳐 조정한 후의 1990년을 기준으로 한 달러이다.

15) *Tojokoku no Globalization: Jiritsuteki Hatten wa Kanoka*(Globalization of Developing Countries: Is Autonomous Development Possible?)by Toyo Keizai Shimposha(2000)에서 발췌번역, Japan's National Graduate Institute for Policy Studies(GRIPS)에서인용. http://www.grips.ac.jp/forum-e/pdf_e01/eastasia/eh5.pdf 참고.

약형 상품이었다. 자본이 점차 축적되면서 경제발전으로 인해 부존구조가 변화했을 때, 한국은 자동차 등의 자본이 더 집약된 산업으로 업그레이드했다. 하지만 업그레이드 초기에는, 국내생산은 주로 수입부품을 조립하는데 집중됐는데, 이는 노동집약형 생산이면서 동시에 당시 한국의 비교우위와 서로 일치한 것이었다. 유사하게도, 전자업종은 초기에 주로 텔레비전, 세탁기, 냉장고 등과 같은 가전제품을 생산한 후에야, 메모리 칩의 생산으로 전환했는데, 이는 정보산업에서 기술이 가장 간단한 부분이었다. 한국의 기술상승은 신속했으며, 그 상승속도는 잠재적 비교우위 변화속도와 일치하였다. 이 변화도 유력한 경제성장이 가져다 준 물질자본과 인적자본의 신속한 축적을 반영했는데, 성장이 나타난 것은, 국가의 주요산업 부문이 항상 그 국가 기존의 비교우위와 일치되었기 때문이다.

또한 대니는, 중국은 성공적으로 자신의 비교우위를 위배했고, 수출상품은 중국보다 3-6배 부유한 국가에서 수출해야 하는 상품이었다는 것을 관찰하였다. 하지만 그는 중국 수출상품의 대다수가 가공품이었다는 사실을 간과하였다. 중국은 노동집약적 조립부분과 부품생산에서만 부가가치를 생산하였다. 실증연구(Wang and Wei, 2010)에서는 중국 수출상품과 중국 비교우위는 일치한다라고 밝혔다.

내가 말한 점진적 무역 자유화와 고전(old) 구조주의 정책의 구별에 대해, 대니도 의문을 나타냈다. 고전(old) 구조주의는 정부보호와 보조금으로 비교우위를 위배하는 새로운 산업을 구축할 것을 제안했지만, 내가 제창한 이원화법(the dual-track), 점진적 무역자유화 정책, 즉 경제전환 중에 있는 정부가 낡은 산업에 일시적 보호와 보조금을 제공할 것을 제안했는데, 이들 낡은 산업은 개방된 경쟁시장에서 볼 수 있는 것이 아닌, 잘못된 고전(old) 구조주의 전략하에 구축된 것이었다. 실제에 부합하는 이원화법은 전환 경제체에서 불필요하고 대가가 높고 비싼 경제와 사회혼란을 피하는데 도움이 되며, 최종적으로 시장을 기초로 한 가

격과 자원 분배체계로 가는데, 바로 내가 안네에게 한 답변에서 설명한
것과 같게 된다.

　결론적으로, 안네는 나의 이론 틀의 실용성에 의문을 제기한 것 같다.
이러한 의문은 다음의 두 가지 문제에 대한 탐구에서 기원한다. 어떤
새로운 산업과 국가 잠재적 비교우위가 서로 일치하는지 어떻게 선별할
것인가? 어떻게 선구자들의 행위를 조율하고 그들에게 적합한 인센티브
를 제공할 것인가? 조셉과 대니는 영향이 비교적 큰 개입정책(예를 들면
실제환율 저평가로 무역부문 지지)을 제창했지만, 특정부문 전용정책
(sector-specific policies)은 지지하지 않았다. 그들의 관점도 "잠재적 비
교우위에 맞는 산업을 어떻게 선별할 것인가"의 문제와 밀접한 관련이
있는 것이다. 나와 셀레스틴 몽가(Célestin Monga)가 공동연구한 "성장
선별 및 맞춤형 성장촉진(Growth Identification and Facilitation)"이라는
제목의 논문에서 우리는 이 문제에 답변하였다. 이 논문은 〈발전정책
평론〉(*Development Policy Review*)에 발표했는데 이 책의 제3장에 수록
되었다. 경제분석과 역사경험에 기초하여 우리는 이 성장선별 및 맞춤
형 성장촉진의 틀을 제안하였다. 이 틀에서는 정책입안자가 유사 부존
구조를 가지고 1인당 평균소득이 본국의 약 두 배가 되는 고속발전 국가
중에서, 활력있는 무역품 산업을 찾아 선별하기를 제안했다. 국내 본 부
문에서 이미 민영기업이 존재한다면, 정책입안자는 그들을 찾아내 그들
의 기술 업그레이드 진행에 영향을 주거나 새로운 기업의 진입에 영향
을 주는 장애를 제거해야 한다. 이런 기업이 아직 없다면, 정책입안자는
모방국가에서 직접투자를 최대한 유인하거나, 각종 계획을 제정하고 실
시해 새로운 기업의 설립을 지원해야 한다. 정부는 민영기업이 새롭고,
경쟁력 있는 상품의 활동에 관심을 두고, 성공한 개인부문이 새로운 산
업에서 혁신규모를 확대하도록 지원해야 한다. 상업환경이 좋지 않은
국가에서는 특별 경제구나 산업단지가 기업의 진입, 외국인 직접투자
및 산업클러스터 형성을 촉진할 수 있다. 마지막으로, 정부는 또한 한시

적인 세제혜택, 투자프로젝트 융자참여, 토지와 외환제공 등의 방식으로 새로운 산업 중에서의 선도기업을 도울 수 있다.

나는 안네, 조셉, 대니와 나의 논문에 많은 평론과 건설적인 비평의견을 제기한 많은 분께 감사드린다. 우리 사이에 다른 점이 존재하지만, 한 가지 공식이 출현하고 있는 것 같은데, 그것은 바로 앞서 두 차례 주요 경제발전 사조(구조주의와 신 자유주의)가 남겨준 경험적 교훈에 근거하여, 정부와 시장역할을 정확히 인식하고 정의하는 새로운 종합체계를 정확히 형성할 필요가 있다. 제3물결(the third wave) 발전사조(이는 "발전사고 3.0"으로도 칭할 수 있음)로 향하는 길에서 건강하고 유익한 학술적 차이가 분명히 존재할 수 있다. 공자님 말씀처럼 "아는 것을 안다 하고, 모르는 것을 모른다" 하는 것이 곧 아는 것이다.

참고문헌

Akamatsu, K 1962. "A Historical Pattern of Economic Growth in Developing Countries," *The Developing Economies* (Tokyo), supplement issue no. 1: 3-25.

Maddison, A. 2010. "Historical Statistics of the World Economy: 1-2008 AD," (www.ggdc.net/maddison/Historical_Statistics/vertical-file_02-2010.xls)

Wang, Z., and S. Wei. 2010. "What Accounts for the Rising Sophistication of China's Exports," *in China's Growing Role in World Trade*, eds. R. Feenstra and S. Wei. Chicago: University of Chicago Press.

웨이슨:
인류사회 경제성장의 내재적 메커니즘과 미래의 길 탐색[2]

들어가는 말: 경제학자의 천직과 사명

20여 년간, 린이푸 교수는 자원부존, 비교우위, 기업자생능력 이론의 시각에서 쉬지 않고 한결같이 심지어 모든 에너지를 소진할 정도로 그의 경제학 이론을 혁신하고 완벽하게 발전시켰다. 또한 이로써 각국의 현대 경제성장의 일반법칙을 탐구하고 발견하여 보여줬다. 2009년 린이푸가 케임브리지 대학에서 했던 마셜 강좌[3]가 이미 기본적으로 그의 경제학 이론의 기본 틀을 다졌다면, 세계은행 수석 경제학자와 고위 부 행장을 4년간 역임한 후, 현재 세계범위 안에서 많은 국가 경제발전의 경로와 현실 경제상황에 대한 현지관찰, 연구사고를 통해, 특히 많은 국가 정부 지도자 및 정부 정책결정층에 가까운 경제학자들과 진행한 광범위한 소통과 교류를 통하여, 그는 더 높은 수준과 광범위한 시야의 이론 경제학자로서 경제학 이론 틀을 검증하고 발전하게 됐다. 세계은행에서 4년동안 근무하고 연구한 이론성과로서, 예전에 초보적으로 구축한 한 국가의

---

1) 본 부문은〈경제학〉(계간)2013년 제12권 제3기 "평론과 답변"칼럼 1051-1108쪽에서 전재하였다.

2) 복단대학교 경제대학. 주소: 上海市国权路600号复旦大学经济学院, 200433; E-mail: liweisen@fudan.edu.cn. 이는 필자가 2012년 9월 17일 베이징 대학 국가발전 연구원에서 개최한 "신 구조경제학 세미나"에서 주제 발언한 PPT를 따라 확대하여 각색한 것이다. 필자는 이 논문에 의견과 제안을 해준 황요우꽝(黄有光)교수와 홍콩 과학기술대학의 왕용(王勇)교수에게 감사드린다. 하지만 본문 중에 어떤 관점과 오류 모두 필자 자신이 책임져야 할 것이다.

3) 이 강좌 원고는〈경제발전과 전환: 사조, 전략과 자생능력〉이라는 제목의 책으로 베이징대학 출판사에서 중역본으로 출판되었다(린이푸, 2008참고). 필자도〈독서〉2009년 제4기에 이 저서에 대한 서평을 발표했다(웨이슨, 2009).

"자원부존(endowments) - 비교우위(comparative advantage) - 기업 자생능력(viability) - 비교우위에 부합하는 산업 발전전략(strategy) - 경제발전(economic development)"의 이론 틀(간단히 보기 위해 이하 "ECVSE"틀이라 약칭)을, 그의 신 구조경제학(New Structural Economics, NSE)의 분석틀로 전환발전 시켰다. 그는 세계은행에서 퇴임하고 귀국 후 세 권의 새로운 중역본 저서 〈신 구조경제학: 경제발전과 정책을 재고한 이론 틀〉(린이푸, 2012a), 〈번영의 모색: 개발도상 경제는 어떻게 굴기할 것인가〉(린이푸, 2012b), 및 〈중국경제 분석〉(린이푸, 2012c)을 가지고 돌아왔다. 이는 그가 4년간의 세계은행 고위직에서 충분한 성과를 이룬 답안을 제출한 것이며, 중국 경제계의 동료들과 국민들에게 그의 새로운 연구성과를 가져다 준 것이었다. 사람들이 더욱 칭송하는 것은, 그가 새롭게 제안한 ECVSE이론 분석 사고방식에서 구축한 야심찬 NSE분석 틀인데, 한편으로는 현대 경제성장의 일반규칙을 이론화하려는 목적이 있었고, 다른한편으로는 세계 각국 - 특히 개발도상국가 - 의 정부지도자와 각국 정부 정책결정층에 가까운 경제학자들에게 조작실행 가능한 시책으로 "경방제세(經邦濟世)"의 정책안내 "로드맵"을 제공하려 했다.

〈번영의 모색〉에서, 린이푸(2012b, 제17쪽)자신이 설명하였다: "나는 줄곧 한 사람이 리빙(李冰 - 역주: 중국 전국시대 저명한 수리공정 전문가)처럼 자신이 생활하는 조국을 위한 번영을 촉진해, 대대손손 혜택을 주는 일을 해야 하며, 하나의 지식인으로서 왕양밍(王阳明 - 역주: 중국 명나라 최대 사상가, 철학자)과 같이 독립적 사고와 지행합일의 능력을 가지고, 역경에서도 국민의 이익을 위해 고군분투해야 한다고 생각해왔다. 이러한 노력이 인생목표에 좋은 의미를 부여했다." 린이푸의 자기고백은 이 세 권의 상호 연관된 경제학 저서의 주요 취지를 말하였다.

린이푸 교수의 신 구조경제학에서 주요이론 관점과 현실인증은 이미 세계범위 안에서 일부 최고 경제학자가 - 노벨 경제학상을 수상한 여러 메인 경제학자를 포함하여 - 다년간 깊이 연구하고 토론해왔다. 린이푸의 오랜 친구로서, 필자는 자신의 제한된 경제학 지식범위 안에서, 특히 제도비교 분석(comparative institution analysis)과 오스트리아 학파 경제학 연구 이론시각에서 NSE틀에 대한 학습 깨달음과 견해를 논하려 하는데, 린이푸와 경제학계의 대가와 동료에게서 배움을 청하고자 한다.

린이푸 신 구조경제학의 3대 이론진전과 공헌

린이푸 교수의 세 권의 새로운 저서의 이론적 진전과 학술적 공헌에 관하여, 파샤 다스굽타(Partha Dasgupta), 마이클 스펜스(Michael Spence), 조셉 스티글리츠(Joseph Stiglitz), 로버트 포겔(Robert Fogel), 조지 애커로프(George Akerlof), 토머스 셸링(Thomas C. Schelling), 제임스 헤크먼(James J. Heckman), 로저 마이어슨(Roger B. Myerson), 에드먼드 펠프스(Edmund Phelps)등의 많은 세계 저명한 경제학자들이 모두 높이 평가하였다. 이 경제학 대가들은 린이푸의 NSE틀을 "정말 중요하고 야심만만한 작품이다"(Michael Spence), "발전 문제를 다시 생각하게 하는 하나의 이정표가 될 것"(Joseph Stiglitz)이라면서, 린이푸를 "경제발전 분야에서 걸출한 세계적 전문가"라고 칭했다(Partha Dasgupta). 이러한 세계 노벨 경제학상의 경제학 대가들이 이미 "신 구조경제학"의 이론 틀에 대해 이렇게 높이 평가하고 있기 때문에, 본문은 조심스럽게 필자의 지식이 축적된 좁은 시각 안에서, 구미속초로 이 세 권 저서의 이론적 공헌에 대해서만 다음 세 가지를 얘기하고자 한다:

첫째, 린이푸의 과거 문헌과 비교해, 더욱이 2년 전에 출판된 케임브리지 대학 마셜강좌 〈경제발전과 전환: 사조, 전략과 자생능력〉(린이푸, 2008)의 관점과 비교하면, 최근 출판된 세 권의 저서 중에 제안한 NSE틀은 "자원배분에서 시장의 핵심적 역할을 더욱 강조"하여, 기본적으로 "시장이 경제의 기초적 제도가 되어야 한다"(린이푸, 2012a, 제5, 44쪽)고 주장하였다.

〈신 구조경제학〉의 "머리말"에서, 린이푸는 시작부터 요점을 간략하게 제시하여 이론 틀의 기본적 사고방식을 도출했다: "신 구조경제학은 한 나라의 부존구조를 업그레이드하는 최선의 방법은 어떤 특정시기에 정해진 부존구조로 결정된 비교우위에 근거하여 산업을 발전시키는 것이다라고 주장했다. 경제는 경쟁력이 최고가 될 것이고, 경제잉여가 최대가 될 것이며, 자본축적과 요소부존 구조의 업그레이드도 최고로 빠르게 될 것이다. 한 나라의 민영기업이 국가 비교우위를 지닌 산업에 진입하도록 하기 위해, 요소 상대가격은 반드시 이들 요소의 희소정도를 충분히 반영해야 하며, 동시에 이러한 요소가격은 운영이 양호한 시장에서만 경쟁을 통해 결정된다."이후의 분석에서, 린이푸와 공동 연구자들은 더 구체적으로 "시장메커니즘을 채택해 자원을 배분하는 것은 …… 경제가 발전하는 중에서 비교우위를 준수하는 필요조건이다. 대다수 기업은 이윤을 추구하기 위해 나타난 것이다. 상대가격이 부존구조 안의 각종 요소의 상대적 희소성을 반영할 수 있다면 기업은 기술과 산업 선택에서 경제적 비교우위를 준수할 수 있을 것이다. 이 조건은 경쟁적인 시장경제에서만 성립될 수 있다. 따라서 발전의 각 단계에서 경쟁적 시장 모두 하나의 경제체 자원을 배분하는 최적 메커니즘이다."라고 설명했다.

경쟁적 시장유지는 인류사회 자원배분에서 최적의 메커니즘이어서, 시장이 경제운영의 기본적 제도(institution)라는 점을 인정하는 것이 아주 중요하다. 이는 사실상 린이푸의 NSE 전체 이론이, 시장경제 이론기초 위에 구축된 분석 틀과 발전사고를 의미한다. 이는 또한 사실상 이 NSE이론 틀이 경제학의 고전전통과 신 고전경제학 분석의 맥락을 따르는 혁신과 발전이라는 것을 의미한다. 린이푸가 〈신 구조경제학〉에서 언급한 바와 같이, 제2차 세계대전 후, 발전경제학이 현대 경제학에서 하나의 분지로 출현하여, 아주 오랫동안 이 분야에서 비교적 많은 경제학자가 모두 정부개입을 주장하는 경향이 있었으며, 주로 케인스주의 이론 틀을 "분석의 주요 이론적 기반"으로 하였는데, "계획경제의 교조"(dirigiste dogma - 인도 경제학자이자, 린이푸와 필자의 좋은 친구 Deepak Lal의 말)를 제창하여, 개발도상국이 수입대체와 현대적 선진산업 우선 발전을 통해 개발도상국의 산업업그레이드를 실현하고, "시장실패"로 야기된 선진국 산업구조와 국민소득 격차를 교정할 것을 주장한다. 그런데 정부개입주의에 치중하는 제1물결 발전경제학 이론주장과 정책제안은, 절대다수 개발도상국에 경제성장을 크게 가져다 주지 못했고, 실제로 이들 국가의 국민들에게도 진정한 복지를 얼마 가져다 주지도 못했다. 라틴아메리카에서 아시아, 아프리카, 동유럽 일부 국가에 이르기까지, 그 이론적 주장과 정책방향은 모두 실패한 것으로 증명된 것 같았다. 대다수 개발도상국(계획경제 시대의 중국을 포함)은, 전후 선진국가와의 격차가 좁혀지지 않고 오히려 더 커졌다.

린이푸의 견해처럼, 제1물결 정부 개입주의 발전경제학 이론의 실패는, 특히 1973년 후의 "석유위기"쇼크로 서방국가에 출현한 "스태그플레이션" 현상은 2차 세계대전 후 이들이 오랫동안 신봉해 왔던 케인스주의의 파산을 선고하였고, 새로운 물결의 경제발전 사조를 탄생시키기도 했다. "후자는 정부실패를 강조하고 …… 자원배분과 발전 인센티브를 제공하는데서 시장의 기초적 역할을 강조했는데, 그들의 정책제안에서 다른 발전수준 국가의 구조적 격차를 소홀히 했으며, 구조전환이 한 나라의 발전과정에서 자발적 출현(진한 글씨는 인용자의 첨가)하기를 기대했다". 이러한 "신 자유주의 사상에 영감을 받은 제2물결의 발전사조는 정부실패에 관심을 가지고, 워싱턴 컨센서스의 정책을 제안했다."하지만 린이푸의 관찰에 따르면, "이러한 정책 또한 실패했고, 개발도상국가에서 지속적 가능하고, 포용적인 성장을 할 수 없어서, 빈곤 퇴치를 실현하지도 못했다". 린이푸는 또한 실제로 "20세기 후반기에 성공한 개발도상국가는" 제2물결 경제발전 사조의 정책주장을 준수하지 않았으며, 2차 세계대전 후에 13개의 국가와 지역만 25년 넘게 7%이상의 고속성장을 지속할 수 있었다고 주장하였다. 이러한 판단과 관찰에 기초해 린이푸와 공동 연구자들은 발전경제학의 "제3물결 경제발전사조"를 제안했는데, "시장은 자원배분의 기초적 제도여야 함"을 강조하는 기반 위에서, 동시에 이른바 신 고전경제학에 잠재적으로 내포된 "자유방임"(laissez-faireist) 정신의 전통 또한 포기하고, 그가 제시한 발전경제학의 제3물결의 주요관점: 정부가 경제발전 중에 투자협조, 외부성 감소, 성장선별, 맞춤형 성장촉진 하면서, 한 나라의 부존구조 업그레이드와 전환을 촉진하는 측면에서 적극적인 역할을 발휘할 것을 제안했다.[4]

소수의 극단적이고 고집스런 이론가를 제외하고는, 린이푸와 그 공동 연구자들의 제3물결 경제발전 사상에 대해서 대다수 경제학자들은 모두 동의할 것이라 말할 수 있는데, 이는 NSE를 제안하자마자, 일부 노벨 경제학상을 받을 수준의 경제학 대가를 포함한 많은 경제학자들이 이구동성으로 칭찬한 주요원인이기도 하다. 하지만 린이푸 교수의 이 세 권의 새로운 저서를 자세히 읽지 않았다면, 사람들은 한편으로 선입견에

---

4) 왕용(王勇)은 나와의 서신에서 보충하기를: "신 구조경제학에서 또한 아주 중요하고 강조할 만한 이론적 관점은: 다른 발전단계에서 최적의 산업구조, 금융구조, 기술진보의 방식, 무역구조 등은 다른 것인데, 시간에 따라 변화하는 것이다. 내가 보기에는 '워싱턴 컨센서스'는 대체로 선진국과 같은 하나의 정태적 그림으로 다른 발전정도의 개발도상국가에게 어떤 길을 갈 것인지 통일되게 안내하는 것인데, 하룻밤 사이에 충격요법으로 각국의 기존 경제제도를 선진국의 전체 핵심제도로 대체하려는 전면적인 시도여서, 이는 발묘조장의 요소가 있었다. 발전경제학의 제1물결은 정부역할과 시장실패를 과도하게 강조했는데, 정부가 보호하고 복제해야 할 산업도 항상 시장법칙을 위배했다. 린교수와 나는 함께 산업정책에 관련된 이론연구를 했다. 우리는 머피, 슐라이퍼, 비쉬니(Murphy, Shleifer, Vishny)등이 제기한 'big push'이론 같은 원래의 경전과 다르게, 현재 우리는 여러 개의 생산요소의 부존구조를 도입한 이후, 각 생산요소의 상대가격은 아주 중요한 시장신호가 되어 어떤 산업이 상대적으로 더 시장역량에 부합하는지 기업과 정부가 판단하도록 도와준다고 강조하였다. 그런데 이전의 많은 문헌에서는, 예를 들어 노동만 있는 단일요소 모델을 사용하여, 경제발전이 유발한 임금상승이 모든 산업에 미치는 영향은 중성적이며, 자본노동간의 대체는 존재하지 않아서, 노동집약형과 자본집약형 산업간의 전환과 업그레이드가 존재하지 않는다. 따라서 제1물결 사조에서는 시장은 산업업그레이드에 대해 가치 있는 신호를 제공할 방법이 없다."(왕용과 필자의 통신에서 인용)

갇혀 린이푸가 정부개입주의를 주장하는 경제학자라고 오해할 것이며, 다른 한편으로는 NSE 틀을 신 고전주의 경제학의 자유시장이론을 기반으로 구축된 이론구성에 불과하다고 이해할 수도 있다.[5] 아마도 바로 두 번째 관점 때문에, 린이푸의 NSE 이론 틀에 대해 기본적 동의와 지지를 표현한 스티글리츠 교수도 불만을 나타냈다. "시장의 국한성은 린이푸가 인식하는 것보다 더 심각하고 - 양호하게 운영되는 시장경제 체계일지라도, 불안정하고 효과적이지 않을 수 있다." 또한 스티글리츠는 보충설명하기를: "역사상 유일하게 금융위기의 반복발생이 없었던 현대 자본주의 시기는, [1929-1933년]대공황 이후의 세계 주요국가가 강력하게 금융통제를 실행한 짧은 기간이었다. 흥미로운 것은, 그 시기도 경제성장과 성장성과를 광범위하게 공유하던 시기였다."[6](린이푸, 2012a, 제

---

5) 이 관점에 대해 린이푸교수도 인정했다. 예를 들면 최근에 베커(Gary Becker)교수가 신 구조경제학의 관점에 대한 질의 답변에서, 린이푸는 명확하게 답했는데: "내가 최근 최선을 다해 제창한 신 구조경제학을 발전사조의 제3물결로서, 경제발전의 본질과 개발도상국의 현실에서 출발하여, 경제발전을 산업, 기술 및 각종 소프트웨어, 하드웨어 기반시설의 구조의 계속된 변천과정으로 연구한 것이다. 다른 경제발전 수준의 국가 실체경제의 다른 특성 및 시장, 정부와 각종 다른 제도장치에 근거하여, 경제발전, 구조의 지속적 변천과정에서 어떻게 적합한 역할을 하는지 비교적 전면적인 신 고전경제학의 분석 틀을 제공할 것이다."(진한 글씨는 필자가 가미한 것)

6) 스티글리츠가 여기에서 서방국가가 제2차 세계대전 이후 한 차례의 빠르고 안정적인 성장이 각국 정부의 강력한 금융관리 덕분이라 한다면, 판단착오가 있는 것 같다. 또는 원인과 결과가 뒤바뀐 것이거나, 적어도 부분으로 전체를 판단한 것으로 생각할 수 있으며, 전쟁 후 다년간 유행한 케인스 주의 정부개입의 경제학 주장과 약속이나 한 듯 일치하는 것이다. 2차 세계대전 후에 서방국가가 1950년대 초부터 석유위기 시기까지의 신속한 경제성장과 경제변영의 원인을 어떻게 볼 것인가? 중국 경제학계와 경제 사학계에서는 이 부분에 견해가 있는 토론이 많지 않다. 당대 세계경제사에서 본다면 1950년대 초 이후에, 일본, 독일연방, 프랑스, 영국, 미국 등의 국가로 대표되는 서방 선진자본주의 국가는 하나의 경제의 신속한 성장시기로 진입한 것은 확실하다. 이 시기는 1973년 말 석유위기 쇼크로 유발된 세계적 경제불황 시작까지 계속 되었는데, 그 기간이 길어 20년 가까이 되었다. 서방국가에서는 이를 "황금시대" 20년이라고 칭한다. 이 단계는 전후 인류 당대 역사와 세계경제 구조변화중의 하나의 중요한 역사적 시기이며, 서방국가 경제가 고도로 현대화를 실현한 결정적 단계이다.

47쪽 재인용) 스티글리츠의 이러한 평론과 관점은 린이푸가 〈신 구조 경제학〉에서 견지하고 반복적으로 강조하는 "발전의 각 단계에서, 경쟁적 시장 모두가 하나의 경제체 자원을 배분하는 최적 메커니즘"이라는 견해와는, 일정한 차이가 분명히 있는 것이다.

두 번째, 린이푸의 신 구조경제학의 또 다른 주요이론 공헌은, 경제사상과 근 현대경제사 연구의 시각(린이푸, 2012c, 제2강)에서, 특히 쿠즈

이 시기에는 서방국가의 경제발전 속도는 이전 세계 역사상의 모든 시기를 초월했는데, 연평균 성장속도가 5.3%에 달하여, 많은 개발도상국가 및 당시 중앙계획 경제국가(중국 포함)와 정말로 격차가 벌어졌다. 이 시기 서방 경제체의 고속성장의 주요원인은 무엇인가? 필자는 2009년에 〈문회보〉 주말 강연에 발표하고 나중에 〈신화문적〉에 수록된 한편의 장문에서 지적한 적 있는데, 이 시기 서방 현대 시장경제 국가의 고속성장의 주요원인은 1950년대 초기 발생한 원자력, 항공과 우주과학 기술 및 컴퓨터, IT네트워크 정보기술을 특징으로 하는 "제3차 과학기술 혁명"의 급격한 발전으로 촉진된 것이다. 인류사회 당대 역사에서 보자면, 1950년대 초에서 1973년까지 유럽과 미국 선진국가 경제 발전의 "황금시대", 1974년에서 1982년까지는 이들 국가의 경제 "스태그플레이션시대(stagflation)", 1982년에서 1990년대 초까지는 서방 주요 경제체의 "중 저속 성장시기", 1990년대에서 2008년 하반기까지는 서방국가의 "고군분투 성장시기"인데, 이 몇 가지 시기를 합하면, 인류가 근현대 사회에 진입하여 세계 경제성장의 제4 "콘트라티에프(Nikolai D. Kondratieff)성장의 긴 물결"을 구성한 것으로 생각할 수 있다. 이 긴 물결의 경제성장은 또한 "제3차 과학기술 혁명"으로 추진된 경제성장이라고 칭할 수 있다. 여기서 이른바 "제3차 과학기술 혁명"은, 인류가 근 현대 문명사에서 증기기관 기술혁명과 전력기술 혁명을 계승한 후 과학기술 분야에서의 또 하나의 거대한 비약을 지칭한다. 그것은 원자력, 컴퓨터와 공간기술의 광범위한 응용을 주요표지로 하며, 또한 정보기술, 신 에너지 기술, 신 재료기술, 생물기술, 공간기술과 해양기술 등의 많은 과학기술과 제조업 분야와 관련된 한 차례의 광범위한 과학기술 혁명이었다. 서방세계의 이러한 긴 물결의 경제성장이 주로 인류생활 방식을 크게 바꾼 현대 시장경제 조건아래의 "제3차 과학기술 혁명"때문이라고 말한다면, 스티글리츠가 이 물결의 경제성장을 서방 각국 정부의 "금융관리"로 귀결한 것은 원인과 결과가 전도되지 않았다면, 적어도 부분으로 전체를 판단한 것이다. 동일한 시기에 세계적으로 고도의 행정 관리제도를 실행한 "중앙 계획경제 국가"는 이러한 당대 경제성장의 긴 물결의 기회를 왜 놓쳤는가? 이것은 스티글리츠가 처음부터 주장하는 "정부 관리제도 원인론"에 대한 가장 근본적인 부정일 것이다.

네츠(Simon Kuznets)의 경제 성장이론에 근거하여, 현대 경제성장의 실질 및 그 보편적 특징사실을 명확하게 제기한다: "지속적인 기술혁신, 산업업그레이드, 경제 다양화와 소득성장 가속화는, 현대 경제성장의 주요 특징이다." 각국 자원부존으로 결정되는 비교우위에 따라 경제발전과 산업업그레이드를 진행한다는 린이푸가 다년간 견지한 기본적 사고방식에 따라, 그는 이 세 권의 저서에서 더 명확하게 제기하고 있다: "장기적으로 생산율 증가와 구조변천은 함께 연결되어 있는데, 다시 말해 같은 생산수준 아래에 더 나은 지식을 이용하여 생산비용을 인하하며, 자원을 저 부가가치의 산업에서 고부가가치의 산업으로 재배치한다." 바로 린이푸는 특별히 산업업그레이드와 기술과 경제구조의 변천을 아주 중시하였기 때문에, 자신이 열심히 만든 이 발전경제학의 신 이론을 "신 구조경제학"이라 칭했음이 분명하다.

현대 경제성장에서 기술개혁, 산업업그레이드, 경제구조 변천의 역할을 다년간 특히 중시하여왔기 때문에, 린이푸는 먼저 〈신 구조경제학〉에서 데이비드 · 흄(David Hume)에서부터, 애덤 · 스미스(Adam Smith), 데이비드 · 리카르도(David Ricardo), 알프레드 · 마셜(Alfred Marshall), 알렌 · 영(Allen Young)에 이르기까지의 경제성장 이론을 회고하였고, 한편으로는 경제성장 이론 중의 "해로드 도마 모델(Harrod-Domar model)"과 "솔로우 스완 모형(Solow-Swan model)"이 기술을 성장이론과 실증분석 안으로 확실히 도입한 이론적 공헌을 인정했다. 또 한편으로는 신 고전경제학자가 기술을 하나의 경제성장의 외생변수로 처리하는 방법을 비평하며, "경제성장의 새로운 물결은 반드시 기술변천에 대해 믿을만한 이론을 제시해야 하며, 이 장기성장의 주요 결정요소인 기술이 신 고전모형의 외생성 가설을 벗어나게 해야 한다"고 주장했다. 더 진일보하게 이 NSE 틀은 "…… 성장은 대체로 혁신과 각종 제도로 추진된 것인데, 이러한 제도들은 혁신활동을 촉진시키고, 개혁발생에 필요한 조건이 이미 구비된 국가에서 지속적으로 변화한다."고 더욱 강조하였고; 더 나아가 "기

술 확산이 어떻게 국가 간에 만들어져 경제성장을 유발하거나 유지하는
것인지 - 및 이것이 다른 국가 간에서는 왜 발생하지 않았는가를 이해"
해야 한다고 주장했다. 이 복잡한 문제를 답변하는데, 아주 많은 경제학
자가 제기한 내생성장 모델 및 경제성장에서 기본 결정요소를 선별하는
신 정치 경제학의 모델 이외에, 린이푸와 공동 연구자들은 "어떤 시점에
서 최선의 산업구조는 현존하는 요소부존 구조로 결정되는 것이므로,
한 국가가 기술발전 단계를 지속적으로 상승시키고자 한다면, 먼저 그
요소부존 구조를 변화시켜야 한다. 자본축적에 따라 경제의 요소부존
구조는 지속적으로 발전하여, 그 산업구조가 이전의 요소부존 구조로
결정된 최적 산업구조를 이탈하도록 추진하게 된다. 시장경쟁력을 유지
하기 위해, 기업은 그 산업과 기술을 업그레이드할 필요가 있다"고 다년
간 줄곧 주장해왔다.

"경쟁적 시장이 하나의 경제체제 자원배분의 최적의 메커니즘"이라며
반복적으로 강조한 관점이 시장운영 효율 회의파의 질문에 부딪힌 것처
럼, 린이푸는 이 몇 권의 신 구조경제학 전문서적에서 기술개혁, 산업업
그레이드, 산업구조 변천의 현대 경제성장에서의 역할을 시종 반복적으
로 강조하여, 동료들의 다른 의견도 이끌어 냈다. 일부 경제학자들은 린
이푸의 NSE 틀이 스미스(Adam Smith), 알렌 영(Allen Young), 양샤오카
이(杨小凯)의 경제학 이론전통처럼 경제성장에서 노동분업과 전문화의
역할을 더 중시하는 것이 아닌 것 같다고 생각했기 때문에, 일부 경제학
자는 - 예를 들면 베이징대학교의 핑신차오(平新乔)교수가 한 심포지엄
에서 말했듯이 - 양샤오카이가 분업이론을 기초로 구축한 "신흥 고전경
제학"(New Classical Economics, NCE)의 발전이론 틀을 더 믿는다고 했
는데[7] NCE의 틀은 린이푸의 신 구조경제학의 이론 틀보다는 인류사회

---

7) 양샤오카이 생전 일련의 저작 중에서, 노동분업이 심화되면서, 거래서비스 부문의
   소득분배는 증가하는데, 교역효율이 성장률과 노동분업 변화의 속도율을 결정한다

에서 장기 경제성장의 내재 메커니즘을 더 제시할 수 있을 것이라고 주
장한다. 국제적으로 일부 경제사학자가 선호하는 용어로 표현하자면,
현재 우리는 양샤오카이의 NCE 성장이론이 "스미스형 경제성장"(the
Smithian Growth)[8]을 더 강조하였고, 린이푸의 NSE이론틀은 "슘페터형

(양샤오카이, 2003; Yang, 2003)고 반복적으로 제기했다.

8) 필자의 좁은 소견으로는, 미국 저명한 경제사학자 예일대학의 경제사학교수 파커
(William Parker)가 1980년대에 "the Smithian Growth"개념(Parker, 1984)을 사용하기
시작한 이래, 많은 경제사학자와 이론경제학자들이 유럽경제사와 중국경제사의 연
구 및 일부 경제학 이론 논문에서, "the Smithian Dynamics"라는 개념을 항상 사용했는
데, 종종 "the Smithian Dynamics"와 "the Smithian Growth"이 두 가지 개념에 대해
어떠한 구분도 하지 않았다. 아일랜드 더블린 대학의 경제학교수 켈리(Mogan Kelly)
가 1997년에 미국하버드 대학의 〈경제학 계간〉에 발표한 논문에 사용한 제목은 "the
Dynamics of Smithian Growth"(Kelly, 1997)이었다. 분명히 켈리교수의 이러한 사용법
이 비로소 비교적 정확한 표현인데 왕궈빈(王国斌(Wong, 1997))등 경제사학자가
사용한 "the Smithian Dynamics"은, 대체로 이러한 "the Dynamics of Smithian Growth"
개념의 약칭일 것이다. 무엇이 스미스형 성장인가? 혹은 이른바 스미스형 성장은
어떤 내용을 포함하는가? 미국 서북대학의 저명한 경제사학자이자 이론경제학자
모키르(Joel Mokyr)가 어느 정도 설명한 적이 있다. 파커(Parker, 1984)의 〈유럽, 아메
리카와 더 넓은 세계〉라는 저서에서 "스미스형 성장" 개념에 대한 정의와 이해에
근거해, 〈자산레버리지: 기술 창조성과 경제진보〉라는 저서에서, 모키르(Mokyr,
1990: 5)는 "애덤 스미스 1776년에 〈국부론〉에서 지적했듯이, 무역은 경제성장을
유발할 수 있다. 스미스 성장메커니즘(Smith's mechanism of growth)[이론]은 이러한
일종의 관념을 기반으로 구축되었는데 더 세분화된 노동분업이 전문화 및 작업임무
완성 기능의 적응적 변화(adaption)를 통해 생산율을 제고할 수 있도록 한다. 무역증
가로 유발된 경제성장은 스미스형 성장이라고 칭할 수 있다"(아래 선은 인용자가
첨가)"라고 지적했다. 그 후 모키르(Mokyr, 1990: 25)가 고대 희랍과 고대 로마시기의
항운업(shipping)이 당시 서유럽사회의 경제사회 번영에서 한 역할을 논할 때 다시
지적하기를, "고전적 시기에, 항운은 지중해 연안의 경제체에 아주 중요했다. 왜냐하
면 당시, 번영은 주로 상업에 의지했는데, 즉 스미스형 성장이 유발하는 수익에 의존
했기 때문이다". 이로 볼 때, 파커와 모키르 같은 이들 경제사학자의 본래 이해에서,
스미스형 성장이 공장내부의 노동분업과 전문화로 유발된 노동생산율의 상승을 지
칭하기보다는, 주로 무역(하나의 경제체 내부의 시장무역과 국제무역을 포함)으로
유발된 경제성장을 지칭하는 것이다". 하지만 경제사상사에서의 많은 문헌을 분류를
통하여, 필자는 광의의 스미스 동태 경제성장(the Dynamics of Smithian Growth)은,
"노동분업, 자본축적, 기술진보와 노동생산율 제고"사이의 상호촉진을 포함하고 많은

성장"(the Schumpeterian Growth), 즉 "쿠즈네츠형 성장"(the Kuznetsian Growth)[9]을 더 강조했다고 생각할 수 있을 것 같다. 물론 엄격히 말하자면, 인류 근현대 특히 현대사회에서 "스미스형 성장"과 "슘페터식 성장"은 완전하게 구분하기가 아주 어렵다. 우리가 두 가지 개념적 정의에 강제적이고 인위적 한계를 정한다 해도, 양자가 구분하기 아주 어렵거

내재적 상호작용이 있는 현대 경제성장으로 이해해야 한다고 생각한다. 황요우꽝(黃有光 Ng, 2005)이 〈노동 분업과 거래비용〉잡지1기에 발표한 제목인 "노동분업과 거래비용"의 단문에서 이러한 "스미스 동태 경제성장"의 내재 메커니즘에 대해 18그룹의 상호작용 관계로 귀결했다.

9) 〈유럽, 아메리카와 더 넓은 세계〉라는 책에서, 미국경제사학자 파커(William Parker)는 "슘페터형 성장"을 정의한적 있는데: "신용이 확장된 융자지원 하에, 연속적이며 상승과 하락이 있더라도 기술변천과 혁신으로 추진하는 자본주의의 확장"(Parker, 1984: 191)이라 했다. "신용이 확장된 융자지원 하에"라는 관형어에 대해, 모키르(Mokyr, 1990: 6-7)는 다른 견해로, 완전히 불필요하다고 생각했다. 그가 제시한 이유는, 슘페터식 성장을 신용확장으로 지원하는 자본주의의 확장으로 국한할 수 없는데, "기술진보는 자본주의와 신용보다 여러 세기 앞섰고, 적어도 자본주의를 초월하여 존재"했기 때문이다. 모키르의 관점에 따르면, 이른바 "슘페터식 성장"은 주로 기술혁신으로 유발되는 경제성장을 지칭한다. 이밖에 장위옌(張宇燕) 등은 "경제성장"은 대략 세 가지 유형이 있다고 주장했다. 첫 번째는 "스미스형 성장"(the Smithian Growth)이다. 이러한 성장은 "스미스 역학"(the Smithian Dynamics)에서 유래되는데, 즉 분업과 시장규모의 심화와 확대로 추진되며, 그 결과는 통상 산출총량과 1인당 평균 생산량이 동시에 성장하는 것이다. 두 번째는 "슘페터형 성장"(the Schumpeterian growth)인데, 즉 기술과 제도혁신 및 확산의 결과인 총량과 1인당 평균산출이 동시에 성장을 하는 것이다. 성장의 결과로 보자면, 이러한 성장은 "쿠즈네츠형 성장"(the Kuznetsian Growth)이나, "현대 경제성장"(the modern economic growth)이라고 칭할 수도 있다. 세 번째는 "대규모 성장"(extensive growth)인데, 즉 산출총량의 증가에만 집중하고 1인당 평균 소유량을 제고하는 성장에는 깊은 관심을 두지 않는다. 이외에도, 장위옌은 또한 "제4종 성장유형", 즉 맬서스형 성장(Malthusian Growth)이 존재한다고 주장했는데, 이는 실제로 경제총량이 일부 증가하지만 일종의 1인당 평균 산출은 마이너스 성장이 나타나는 상황을 지칭한다. 장위옌은 또한 단순히 "스미스 역학"에 의지하는 것은 논리적으로 근대산업화를 유발하는 것이 어렵다고 주장했다. 이것이 바로 사람들이 통상 말하는 "스미스 한계"이다. 서방경제의 비약은 "스미스형 성장"을 돌파하여 "슘페터형 성장", 즉 "현대경제성장"을 실현한 결과였다.(장위옌張宇燕, 까오청高程, 2006, 119쪽)

나, "스미스형 성장", 즉 분업, 무역, 노동생산율 제고가 가져다 주는 경제성장 자체는, 기술혁신과 조직혁신이 가져오는 경제성장(즉 슘페터형 성장)과 항상 함께 얽혀서 상호작용한다고 말할 수 있다. 이는 현대사회에서 노동과 사회 분업 및 전문화가 없었다면 과학기술 진보와 혁명이 있기 어려웠으며, 과학기술 혁명이 가져다 준 경제의 신속한 성장은 시장무역 범위의 확대와 시장분업 심화의 사회조건이 없었다면, 역시 발생하여 지속될 수 없었기 때문이다. 역으로 말하면, 기술혁신과 조직혁신 또한 필연적으로 - 그 자체가 분업과 거래의 심화를 의미하거나 더 심화될 수 있다. 따라서 현대사회에서 스미스형 성장과 슘페터식 성장의 구분은 그 의미를 이미 상실했거나, 우리가 간단하게 양자를 함께 통합하여 "현대 경제성장"(the modern economic growth) 이라 통칭할 수 밖에 없는 것 같다(Kuznets, 1966). 하지만 스미스가 살았던 시대에는 근 현대 산업혁명과 기계화로 인한 대량 생산방식이 아직 발생하지 않았었고, 과학진보와 기술발명과 혁신은 여전히 완전하게 결합되지 않았었는데, 1830년대 후의 서방세계 경제의 신속한 비약은 주로 기계화의 대량생산이 야기한 노동생산율의 신속한 상승 덕이었다. 따라서, 적어도 세계 근 현대 경제사를 분석하는 과정에서는, "스미스형 성장"과 "슘페터형 성장"의 두 가지 개념을 여전히 비교적 편리하게 사용하는 것이다. 하지만 엄격한 의미에서는, 현대 경제성장, 혹은 19세기 서방 산업혁명 이후의 경제성장을 말하자면 과학기술 혁명과 기계화 산업 대량생산을 추가한 후의 스미스 동태 경제성장에 불과하거나, "슘페터형 성장"이 포함된 광의의 "스미스 동태 경제성장"이라고 말할 수 있다(웨이슨, 2006a, 2006b).

양샤오카이와 린이푸의 경제성장 이론 논리분석에서의 차이는, 완전히 순수 이론적 의미에서의 차이가 아닌, 실제로 경제성장의 원인 및 경로에 대한 이해와 관련된 것이라고 여기서 지적해야겠다. 제3부분에서 우리가 경제성장에서 서비스업이 - 특히 금융서비스업 - 한 나라 경제성장에서 확장의 역할을 다시 토론할 때, 이 문제를 다시 한번 깊이 토론 할 것이다.

세 번째, 앞의 두 가지를 기반으로, 린이푸 교수는 본국 산업구조 변천에서 정부의 "성장선별 및 맞춤형 성장촉진"역할을 제안했는데, 여기서 자신이 다년간 독창적인 "ECVSE"를 기본분석 근거로 한 발전경제학 틀을 순수이론 연구에서 실제 조작가능하고 구체적 실행이 가능한 단계로 나아가게 했다.

"시장은 자원배분의 기초제도여야 한다"와 "경쟁적 시장은 하나의 경제체 자원배분의 최적 메커니즘이다"라는 점을 이론적으로 확인했고, 또한 현대 경제성장의 주요동력과 보편적 특징사실을 기술개혁, 산업업그레이드, 산업구조의 변천으로 생각하게 된 다음, 린이푸는 논리에 부합해 자연스럽게 그 NSE틀의 제3주요 경제학 주장을 제안하게 된다. 정부는 시장을 완전히 대체할 수 없고, 가만히 있어서도 안 되는데, 경제발전에서 특히 기업 기술혁신 촉진, 산업업그레이드 육성과 경제 다양화를 실현시키는 측면에서 적극적인 맞춤형 성장촉진 역할을 발휘해야 해서, 이 세 권의 저서에서, 더 나아가 한 나라 경제 발전에서 정부의 "성장선별 및 맞춤형 성장촉진 틀"(Growth Identification and Facilitation Framework, GIFF)을 제기했다.

이 부분에서 린이푸는 〈신 구조경제학〉과 〈번영의 모색〉 두 저서에서 많은 논술을 하였고, 많은 깊이 있는 토론과 상세한 설명을 진행했다. 예를 들면 〈신 구조경제학〉의 "머리말"에서, 린이푸(2012a, 5쪽)는 "산업구조의 업그레이드와 기반시설에 상응하는 개선은 투자행위에 협조하고, 선도자가 생산한, 민영기업이 내부화할 수 없는 외부성에 대해 보상을 제공해야 한다. 이러한 협조와 외부성에 대한 보상이 없다면, 경제발전의 과정은 둔화될 것이다. 따라서 정부는 능동적으로 협조문제와 외부성 문제를 완화할 방법을 강구하여 구조전환을 촉진해야 한다."고 지적했다. 성장 및 개발 위원회(Commission on Growth and Development)

에서 2008년 발표한 〈성장보고서: 지속가능하고 포용적인 발전전략〉에
서 제기한 신속한 경제 성장국가의 5가지 보편적 특징사실에 근거하면
- (1)대외개방과 세계경제 이용; (2)거시경제 안정을 유지; (3)고저축률
과 투자율을 유지; (4)시장분배 메커니즘 운용; (5)견고하고, 신뢰할 수
있는 유능한 정부가 있었는데 견고하며, 신뢰할 수 있고, 유능하면서 맞
춤형 성장촉진 역할을 가진 정부가 있는 것은, 각국 경제발전과정에서
비교우위 경제발전 전략을 선택하고 준수하는 하나의 필요조건이라고
린이푸는 주장했다. 〈신 구조경제학〉에서, 1955년부터 발전경제학자 루
이스(W. Arthur Lewis)가 "현명한 정부의 긍정적 인센티브 없이는, 어떤
국가도 경제적 진보를 이룰 수 없다."는 관점을 제기한 후, 정부가 효과
적이고 주도적 역할을 선택한 국가는 신속한 성장을 이룬 예가 아주 많
았지만, 정부가 자유방임을 선택하고 시장실패 문제를 해결하지 않았던
국가는 성공한 예가 거의 없었다고 역사가 증명했음을 린이푸는 또한
제기했다.

현대경제 성장에서, 정부가 행동을 해야 하지만 도대체 어떻게 해야
하는가? 린이푸는 정부는 각각 명령형 정부가 되거나, 수중에 확보한 자
원을 이용하여 직접 경제활동과 시장경쟁에 참여하는 정부가 되어서는
안되며, 민영부문을 도와 비교우위를 이용한 "맞춤형 성장촉진형 정부"
가 되어야 한다고 제안하였다. 이러한 맞춤형 성장촉진형 정부는 "장기
직업보모"가 아닌, "건강한 신흥산업의 조산사가" 되어야 한다.

이러한 기본이념과 인식이 있었기에, 린이푸는 〈신 구조경제학〉 제3
장에서 "성장선별 및 맞춤형 성장촉진 틀"(GIFF)의 "2보6법(兩步六法)"을
또한 구체적으로 제안하였다: 제1보는 한 나라가 잠재적 비교우위를 가
질 수 있는 새로운 산업을 확정하는 것이다; 제2보는 이러한 산업시작의
제약을 제거하여, 이들 산업이 그 나라의 실질적 비교우위가 되는 조건
을 조성한다. 이를 기반으로, 린이푸는 아래의 6가지 구체적 실시방법을
제안했다: (1)정부는 그 나라의 요소부존 구조에 부합하는 무역상품과

서비스 리스트를 제공할 수 있다; (2)이 리스트에서 국내 개인기업들이 이미 자발적으로 진입한 산업을 우선 고려할 수 있다; (3)리스트상의 일부 산업이 완전히 새로운 산업일 수도 있는데, 외자진입을 장려하고, 또한 육성계획을 세워 국내 개인기업이 이러한 새로운 산업에 진입하도록 지원할 수 있다; (4)본국의 성공한 개인기업에 관심을 가지고, 신흥산업 규모확대를 위해 도움을 제공한다; (5)공업단지와 수출가공 단지를 설립하여, 신흥산업의 성장에 양호한 기반시설과 비즈니스 환경을 제공한다; (6)국내 선진기업이나 외자에 감세나, 기타 우대정책 같은 일정한 인센티브를 제공한다. 린이푸와 공동 연구자들은 상술한 "맞춤형 성장촉진"의 인센티브 조치를 통해, 개발도상 경제체의 기업이 기술혁신, 산업업그레이드, 경제구조의 변천을 실현할 수 있도록 도와 전체 경제체가 "활력 있고 지속 가능하게 성장"하기를 희망했다.

GIFF틀의 "2보6법"을 통하여, 린이푸와 공동연구자들은 신 구조경제학의 주요사상과 이념이 실제 조작 가능한 정부 행동지침이 되는데 목표가 있다.

"신 구조경제학"틀을 구축하는데 진일보하게 고려해야 할 두 가지 기본문제

지금까지 분석에서 우리가 알고 있듯이, 바로 경쟁적 시장을 기초제도로 하고, 기술혁신, 산업업그레이드와 구조변천을 경제성장의 주요 동력으로 삼아, 린이푸 교수는 신 구조경제학의 정책주장을 제안했다: 정부는 본국 산업업그레이드 및 기술과 경제구조 변천을 주요특징으로 하는 현대 경제성장을 추진하도록 적극적인 "성장선별 및 맞춤형 성장촉진"역할을 해야 한다. 지금 보기에는, 신 구조경제학의 이론 틀이 논리적으로 일관성 있을(self-consistent)뿐만 아니라, 개발도상국 정부가 본국의 경제발전 전략제정을 하는데 현실적 지침의 의미가 있다. 하지만 이러한 새로운 이론 틀은 분명히 이론과 현실문제도 있어 진일보한 사

고와 탐색이 필요하다. 여기서 필자는 다음의 두 가지 문제를 조심스럽
게 제시하여, 린이푸와 이 문제에 관심 있는 경제학계의 대가와 친구들
에게 참고가 되도록 하려 한다.

　문제 1: NSE와 그 안의 GIFF를 실제운영에서, 이론상 어떤 형태의 정
부와 정부 지도자의 행위양식을 요구하고 가정하는가? 이와 관련된 근
본적인 문제는, NSE분석틀이 여전히 실제로는 "제도적 자유"(institutions
free)인가 여부인데 - 특히 정치와 법률의 제도적 자유인가?

　세계 근 현대사에서 보자면, 현대 경제성장은 주로 과학발명, 과학기
술 혁신, 산업업그레이드와 경제구조 변천으로 추진10)된 것이었고, 이
를 보편적 특징사실로 보는 점은 문제가 없을 것이다. 한 국가가 지속적
인 과학기술혁신, 산업업그레이드와 구조변천을 통해 경제발전 하려면,
먼저 자신의 자원부존을 고려하고, 자원부존으로 결정된 국가의 비교우
위로 발전하여, 점진적으로 산업업그레이드와 구조변천을 진행해야 하
는데 이것도 문제가 없을 것이다. 한 국가의 동태발전에서, 정부는 적극
적인 역할을 해야 하는데, 본국의 산업업그레이드와 경제 구조변천에서
적극적인 "성장변별 및 맞춤형 성장촉진" 역할을 하면서, 새로운 산업을
촉진하고 발전시키면서 "조산사 역할"을 하여, 새로운 산업의 탄생과 산
업업그레이드에서 협조문제와 외부성 문제까지 해결해야 한다. 구체적
으로 기업 융자를 해결하고 양호한 기반시설과 상업환경을 제공하는데
서 정책과 자금지원의 손길을 제공하는 것 모두 아무 문제없어 보인다.

---

10) 황요우꽝 교수는 본문 초고에 대한 평론에서 "이러한 요소, 특히 후자의 두 가지,
　　절반 심지어 대부분은 경제성장의 결과였으며, 추진력만은 아니었다"라고 주장했다.
　　이러한 견해는 아주 일리가 있다. 하지만, 현대경제성장이 주로 이러한 요소에 의지
　　해 실현되는 것이었기 때문에, 산업구조 업그레이드와 경제구조 변천은(예를 들면
　　생산의 우회심화, 분업심화, 새로운 거래부문과 산업의 탄생, 서비스업 GDP 비중이
　　더 커지는 것 등등) 현대 경제성장의 실현형식과 결과였으며, 또한 현대 경제성장
　　동태변화의 원인과 구성요소이므로, 이들 현대 경제성장의 추진요소를 말했고 성립
　　될 것이다.

하지만 이러한 모든 NSE의 이론적 논증은, 전체 틀에서 정부지도자가 이타적이고, 자애롭고, 사리사욕이 없다는 가정하에 구축된 것이 아닌가? 린이푸 본인의 변론에 근거하면, 신 고전경제학의 이성적 경제인 가설을 신 구조경제학의 이론 구축에 적용한다 하더라도, 즉 모든 국가의 정부 지도자가 "사익을 추구"하여, 개인 및 그 가정의 이익을 최대화하도록 계산하고 있다 가정하더라도, 신 구조경제학의 전체 분석기반에 영향을 미칠 수 없다 - 모든 국가의 국왕, 대통령, 총리, 주석 또는 총서기 모두 자신의 국가경제의 신속한 발전을 희망하고, 최대한 노력할 것이기 때문인데, 이는 정부세수와 기타 재정수입을 더 많이 가져올 뿐만 아니라 자신이 역사에 "양호한 통치업적"의 이름을 남기게 할 것이기 때문이다.[11] 같은 이치로, 모든 지방행정장관도 자연스럽게 자신의 관할 지역의 경제의 신속한 성장을 추진하기를 희망하고 최선을 다해 노력하여, 그 과정에서 개인 이익을(예를 들면 지위상승, 정치적 업적의 명성, 소득과 개인 행복감) 최대화하도록 한다. 하지만 이렇다 해도, 이 분석적 사고방식은 여전히 두 가지 문제가 있어서 깊게 생각해야 하고 진일보한 연구가 필요하다.

먼저, 정부 지도자가 과학기술 발명과 혁신, 산업업그레이드 및 경제구조 전환을 촉진하는 동안 수중에 장악한 권력과 자원통제를 이용하여 개인과 가정의 지대추구 문제가 진행되는 점을 어떻게 막을 것인가? 얼핏 보기에 이 문제는 NSE 및 그 안의 GIFF 틀에 직접적인 관련이 없는 것 같지만, 실제로는 GIFF틀이 각국에서 실제 실시 가능여부와 실제 작

---

[11] 마셜강좌에서 린이푸는 명확하게 이 문제를 토론한 적이 있는데 한 국가의 정부 지도자는 모든 시기에서 일반적으로 두 가지 목표가 있다고 지적했다: 하나는 장기 집권; 둘째는 장기 집권이 위협을 받지 않는다는 전제 하에 역사에 이름을 남기는 것이다. 따라서 정부 지도자는 "어떤 정치 체제에 관계없이 임기 보장과 역사적 지위를 얻는 최선의 방법은 모두 국가에 번영을 가져다 주는 것"과 국민들 생활수준의 지속적 제고이다.(린이푸, 2008, 17-19쪽)

업가능 여부의 근본적 문제와 관련되어 있다. 우리가 모든 정부 지도자가 이론적으로 사익을 추구한다고 가정하면, 린이푸의 NSE틀에서는 근본적으로 - 또는 의식적 회피 - 현대 정치체제에서의 권력제약과 견제와 균형 문제가 없는 것 같이 보이지만, 정부 및 지도자들이 한 국가 또는 지역의 경제발전 전략, 산업업그레이드를 결정하고 "협조문제"와 "외부성 문제를"해결하는 과정에서 완전한 자유 재량권(discretion)까지 있다고 가정한다. 린이푸가 생각해 본적 있는지 모르겠지만, 모든 경제발전 문제해결에서 정부가 신흥산업의 "조산사", 더 나아가 보모 "역할"을 할 때, 정부 지도자들은 모두 자신이 장악한 권력을 이용하고, 자신이 지배하는 세수와 기타 재정소득에서 나온 재력자원, 국유자원까지 운용하려 할 것인데, 모두 자기 개인의 기호, 선호 및 개인, 가정, 친구관계까지 그 안에 있을 것이다. 따라서 구체적으로 모든 과학기술 혁신지원, 신흥산업 발전, 산업업그레이드 촉진의 실질적 조작에서는 항상 정부 지도자 개인의 이익, 기호, 관계가 그 안에 있다. 한 국가와 지역의 정부 및 지도자가 성장선별 및 맞춤형 성장촉진의 발전계획과 실질적 조작과 운영에서, 제도제약과 체제변수를 고려하지 않고, 정부 지도자와 정책 결정자가 어떤 행위를 해야 하고, 어떤 것이 최적의 선택인지 이상적으로 제안하기만 한다면, 현실적 효율성, 실시 가능성과 조작성은 크게 떨어질 것이다.

　이는 무의미한 순수이론의 추론이 아니다. 실제로 성장발전 위원회 2008년의 연구 보고서와 린이푸 〈신 구조경제학〉에서 제공된 데이터가 설명하고 있는데 과거 몇 십 년 동안, 세계의 많은 개발도상국의 지도자는 본국의 경제발전과 자기 국가의 경제가 현대화되는데 오랫동안 계속된 노력을 해왔지만, 실제로는 과거 반세기 중에, 13개 국가와 지역만[12]

---

12) 린이푸가 제시한 데이터에 근거하면, 이 13개 국가와 지역은 다음을 포함한다: 보츠와나, 브라질, 중국내륙, 중국 홍콩 특별 행정구역, 인도네시아, 일본, 한국, 말레이시

1. 신 구조 경제학 139

25년 넘게 7%이상의 고속 경제성장을 실현하여, 서방 선진국가의 1인당 평균소득 차이를 축소시켰다(린이푸, 2012a, 32쪽, 80-81쪽; 2012b, 21쪽, 26쪽)[13] 이러한 당대 세계 경제발전 변화사실과 구조자체는 린이푸의 NSE의 원리, 특히 그 안에서 GIFF틀을 많은 저개발국과 개발도상국에 활용하기가 아주 어렵다는 것을 설명하는 것이 아닌가? 많은 저개발국과 개발도상국의 정부 지도자가 모두 린이푸교수의 NSE틀과 "2보6법"의 GIFF틀을 열심히 학습하고 받아들였다고 가정하면, 이들 국가의 경제발전에 활용하여, 국가경제가 신속하게 비약할 수 있는가? 지금 보기에는 이에 대해서 아직도 의문이 들것이다. 각 국가는 모두 자신의 제도장치, 문화전통, 상업정신, 자원부존, 경제와 사회관계 분야까지의 많은 복잡하고 구체적인 상황이 있어, 대다수 국가의 정부 지도자는 변혁과 경제발전의 거대한 장력 안에 있기 때문이다. 게다가, 이라크 전 대통령 사담 후세인, 리비아 전 대통령 카다피, 칠레 전 대통령 피노체트, 페루 전 대통령 후지모리, 필리핀 전 대통령 페르디난드 마르코스 및 이집트 전 대통령 무바라크 등등에 이르기 까지, 그들의 집권시기에 모두 견고하고 강력한 정부가 있지 않았는가? 그들이 집권시기에 본국 경제발전에 모두 일정한 걱정을 하고, 심지어 온갖 지혜를 다 짜내지 않았는가? 결과적으로 이 국가들의 경제성과는 도대체 어떠한가? 또 이 국가들의 최고 지도자와 가족, 전체 정부 관료계층까지 경제발전 과정에서 부패한 지대추구 행위를 어떻게 막을 것인가? 이것은 린이푸의 신 구조경제학 이론구축과 발전에서 반드시 고려해야 하는 정치와 법률제도의 문제가 아닌가?

린이푸의 NSE의 원리 및 GIFF틀은 개혁 후 커다란 경제성과를 이룬 당대 중국 사회에 활용한다 해도, 여전히 상술한 문제들을 피해갈 수는

아, 오만, 중국 타이완 지역과 태국이다.

13) 중국은 실제로는 후자의 예에 속하지 않는데, 현재 중국의 1인당 평균GDP와 서방의 선진국과의 상대적 차이가 2차 세계대전 후 초기보다 작지 않기 때문이다.

없을 것 같다. 1978년 이후에 시장 자원배분 체제와 대외개방을 양성하고 도입하는 것을 주축으로 하는 경제사회 개혁은, 중국경제를 30년 넘게 고속성장 하게 하였다. 과거 30년 동안, 중국경제의 고속성장이 얻은 위대한 성과에 전 세계가 주목하였고 부인할 수 없었다. 과거 30여년의 경제의 신속한 성장에서, 중국은 각 지역정부와 기업가에 이르기까지 함께 자신의 자원부존 우세를 확실하게 충분히 이용하여, 시장메커니즘을 도입하고 세계경제 글로벌화의 분업체계에 가입한 황금기회에서 기술과 자본도입, 과학기술 혁신을 진행했는데, 이러한 과정에서 국내에 대량으로 민영기업이 배출되어 산업업그레이드와 지속적인 경제구조 전환이 진행되었다. 바로 이들 요소가 모두 합쳐져 중국경제의 신속한 비약을 야기한 것으로 생각할 수 있다. 이들 사실은 린이푸의 NSE 기본원리, GIFF틀의 조작순서까지 거의 완벽하게 증명하였다. 중국 과거 30여 년 동안, 중국이 WTO에 가입한 10여 년 동안, 중국 연해지역의 몇 개 특별구역 및 전국 대다수 대도시와 현(县)단위 도시의 경제기술 개발구역, 보세구역과 과학기술단지는, 각급 각지 정부의 정책유인, 지원과 육성아래, 우후죽순 출현했는데, 이것이 과거 30년 동안 중국 경제의 신속한 성장의 강력한 추진력과 주요 공헌요소였음을 의심할 수 없다는 점을 특히 여기서 지적할 만하다. 이 모든 것은, 또한 린이푸의 NSE 및 GIFF틀의 기본적 사고방식을 완전하게 증명한 것 같다. 이로써 중국은 린이푸의 신 구조경제학 이론 틀의 거대한 하나의 성공 실험장소였다고 생각할 수 있다.

하지만 과거 30여년 중국경제의 고속성장 시기에, 현재 중국 사회내부에 다년간 대량의 경제와 사회문제가 누적되었는데, 지방정부의 거액부채, 경제기술개발 구역 및 일부 첨단 과학기술 기업의 거액부채 같은 문제였으며, 또한 개발구역, 첨단 과학기술 단지건설과 기초건설 투자를 책임진 지역정부 행정장관의 부패한 지대추구가 아주 많은 문제를 발생시켰는데, 예를 들면 쑤저우(苏州) 전 부시장 장런제(姜人杰), 뤄양(洛阳)

시 전 중국공산당 시 위원회 서기 순샨시(孫善武), 정조우(郑州)시 전 중국공산당 시위원회 서기 왕요제(王有杰), 푸양(阜阳)시 전 시장 샤오쥐신(萧作新), 원래 푸양(阜阳)시 전 중국 공산당 시 위원회 서기와 안휘(安徽)성 부성장 왕화이중(王怀忠), 심지어 원래 다롄(大连)시장과 원래 총칭(重庆)시 중국 공산당위원회 서기였던 보시라이(薄熙来)등등이 있다. 이 모든 지도자가 확고하고, 유능하며, 아이디어가 있었으며, 본 지역의 경제발전과 첨단 과학기술 단지 발전과 그 지역 산업업그레이드와 기술혁신 추진에서 많은 공헌을 한 "유능한" 서기와 시장이 아니었는가? 이러한 문제들은 NSE이론 틀의 미래에 연구하고 사고할 시야 안에 넣어야 하지 않는가?

그 다음으로, 우리는 개발도상국과 지역의 정부 지도자가 자신이 장악한 권력과 장악한 자원으로 개인과 가족의 권력 지대추구를 진행하는 문제를 피한다 할지라도, 이 신 구조경제학은 여전히 피할 수 없고 반드시 답해야 하는 문제가 있을 수 있는데: NSE 이론 및 GIFF 조작 틀이 정부 및 지도자가 한 국가나 그 지역의 자원부존과 비교우위를 정확하게 활용하고, 과학기술 혁신, 산업업그레이드와 구조변천을 촉진하는데까지 "성장선별 및 맞춤형 성장촉진"의 적극적 역할을 한다고 가정하면, 이 이론은 실제로 각 국 정부와 각 지역 지도자, 계획위원회, 발전위원회 혹은 기타 정부부문에 있는 관리가 완벽한 지식이 있다고 가정한 것이다. 하지만, 현실적인 문제는: 본국과 그 지역의 자원부존, 비교우위, 시장성장 잠재력 있는 생산품과 업종과 미래 각 업종의 발전전망을 판단하는 측면, 각 기업자체의 경쟁력과 산업업그레이드 전략선택 측면까지, 정부부문과 관리가 생산과 무역의 제1선에 있는 기업과 기업가보다 더 훌륭한가? 지식이 더 종합적인가? 판단이 더 정확한가? 선별이 더 적합한가? 지도의견이 더 적당한가?

이 백여 년 전, 〈국부론〉에서 애덤 스미스(Smith, 1776/1930:421)가 "보이지 않는 손"이라는 원리의 유명한 명제를 언급한 후, 계속하여 "자본을 국내 어느 산업에 사용할 것인지, 그 상품이 최대 가치를 가질 수 있는가 문제에 대해, 현지환경에 있는 개인의 판단이 어떤 정치가(statesman)나 입법자가 그들을 위해 판단한 것보다 분명히 더 나을 것이다. 정치가가 어떻게 자본을 운영할지 개인을 지도하는 일은, 가장 관심을 가질 필요 없는 일까지도 관심을 갖는 번거로운 일일 뿐이며, 또한 안전하고 신임할 수 있는 정부가 존재한다고 가정하면, 이런 권력을 행사할 자격이 충분하다고 스스로 생각하며 황당하고 엄청난 환상을 갖는 사람에게 주거나, 하나의 위원회나 의회에 맡기는 것까지도 아주 위험한 일이다"라고 지적했다. 애덤 스미스는 〈국부론〉을 저술할 당시, 현대산업과 과학기술 혁명은 아직 발생하지 않았고, 현대적 컴퓨터 네트워크 통신도구와 정보채널 또한 없었다. 21세기 첨단과학 기술과 이미 컴퓨터 네트워크로 정보화된 현재의 세계에서는, 이미 어떤 국가의 정부도 시장운영에 대한 개입과 "조정"의 손을 완전히 놓을 수 없어서, 이 백여 년 전 애덤 스미스가 했던 이 말에 대해, 우리가 오늘날 깊이 연구할 때 특히 조심해야 한다. 하지만, 21세기의 정보화와 첨단 과학기술의 시대에 있는 오늘날에도, 스미스의 이 말은 여전히 어느 정도는 근거가 있고 참고의 의미가 있지 않은가? 일부 국가들의 계획위원회나 과학기술부, 발전개혁위원회의 관리들이, 본국의 과학기술 진보, 산업업그레이드와 각 산업 발전전망, 시장수요 등등 경제운영 분야에서 파악한 지식과 시행한 모든 판단에 대해, 본국 기업, 일부 대기업의 관리자와 과학기술 직원에 이르기까지 그들이 가진 지식보다 더 많은가? 판단이 더 훌륭한가? 설마 한 나라의 과학 기술혁신, 산업업그레이드와 경제 구조변천은 정부의 정확한 선별 및 맞춤형 성장 촉진 아래서만 발생할 수 있는 것인가?[14]

---

14) 바로 린이푸 본인이 이미 주목한 것과 같이, "정부개입은 구조전환의 필요요소"라는 관점에 동의하는 많은 경제학자들도, 여전히 정부가 일종의 산업정책을 제정하는 것은 반대한다. 미국대통령 지미 카터의 경제 고문위원회의 주석 찰스 슐츠(Charles Schultze)가 1983년에 지적한 바와 같이, "정부가 산업정책을 제정하는데 첫째 문제

이것은 이미 하나의 순수이론으로 추론할 문제는 아니다. 최근 몇 년 동안, 정부는 2008년 하반기 이후 세계 경제불황에서 중국의 경제적 충격에 대해 시행한 소위 "4조 자극계획"과 성장을 보장하는 거시정책 지도아래, 국가발전 개혁위원회와 각급 지방정부 부문에서 과학기술 혁신 촉진, 산업업그레이드 추진, 첨단 과학기술 단지건설과 새로운 산업을 육성하는데 엄청난 작업을 했고, 많은 자금과 자원을 투입하여, 일정 정도에서 과거 몇 년 중국 경제성장에 공헌하였다. 하지만 지금 보기에는, 정부가 추진한 새로운 산업발전 및 산업업그레이드 정책, 심지어 자금과 자원 육성정책까지 문제가 없지 않다. 린이푸의 NSE이론 틀의 사고 방식과 용어로 이야기한다면, 과거 몇 년, 국가발전 개혁위원회와 각급 지역정부가 추진했던 "산업업그레이드"와 "새로운 산업육성" 정책이 아주 여러 면에서 중국 자원부존으로 결정된 비교우위에 순응한 것이 아니라, 바로 비교우위 원리를 위배하여, 조급하고 성급하며 알묘조장한 (揠苗助长) "추월전략"[15] 시행의 구태를 범할 수 있다.

이점에 대해 얼마 전에 FT중문사이트에서 발표한 한편의 "현재 중국 경제의 맥 진단"을 제목으로 한 장문에서, 필자(웨이슨, 2012)는 지적하기를, 근래 몇 년 국가발전 개혁위원회, 산업정보부(工信部)및 지방정부는 새로운 산업을 진흥을 위해, 확실히 많은 작업을 하였고, 많은 새로운 정책조치를 추진했고, 대량자금 지원까지 줬는데, 그 주도사상과 소망은 의심할 바 없이 좋은 것이었으며, 일정 정도에서 중국의 경제발전도 촉

는, 우리는 하나의 산업구조가 '우승'(winning)하는 산업구조인지 어떻게 사전에 판정할지 모른다는 것이다. 우리는 한 국가가 어떤 사업을 발전시켜야 하는지 확정할 일련의 경제 표준이 없으며, 어떤 낡은 산업을 보호하고 재조직해야 할지 확정할 아무런 표준도 없다."고 지적했다(린이푸, 2012a, 135쪽에서 재인용). 슐츠의 이 부분의 발언과 애담 스미스의 18세기의 판단은 정신적으로 아주 확실히 일맥상통한다.

15) 〈경제발전과 전환〉이라는 책에서, 일부 개발도상국 정부가 비교우위와 기업자생능력을 위배한 "추월전략" 및 그 결과에 대해 린이푸는(2008) 훌륭하고 심도 있는 평론을 많이 했다.

진했다. 하지만, 주목할 것은, 이러한 정책조치가 대체로 기업을 돕지 못했고, 어떤 것은 반대로 기업에 해를 끼쳤다. 만약 발전개혁위원회와 지방정부가 태양에너지 산업발전 시키는 한 기업을 지원한다면, 시작자금 500만 위안, 기업보조금, 면세 등의 정책을 베풀어 준다. 이러한 방법은 표면상으로는 기업을 돕는 것처럼 보이지만, 기업에 해가 될 수도 있다. 왜냐하면, 기업은 새로운 산업의 새로운 상품이 규모생산을 형성하기 위해, 은행에서 몇 억 위안이나 몇 십 억 위안을 대출하거나, IPO를 통해 자본시장에서 거액의 자금을 모아서 새로운 공장을 건설하여, 생산능력을 증가시킬 수 있기 때문이다. 하지만 상품이 나올 때, "불경제"임을 알게 되어, 가격과 응용이 국내외 시장에서 받아들여지지 않거나, 일부 신상품은 이미 존재하는 에너지 업종의 상품과 경쟁을 할 수 없는데, 결과적으로 생산된 상품이 팔리지 않아, 거액의 은행부채를 지고, 도산과 청산의 운명에 직면하게 된다. 얼마 전 매체에서 폭로한 쟝시(江西)성 최대 민영기업 사이웨이(賽维)LDK회사는 전형적인 예이다. 우시(无锡)의 샹더그룹(尚德集团)도 이러한 예이다. 현재 국가에서 새로운 산업을 지원 육성하는 정책아래서, 잘못된 투자로 곤경에 빠진 기업들이 전국적으로 얼마나 있는가? 이와 같은 기업, 이와 같은 투자를, 당신은 발전개혁위원회와 일부 지방정부가 기업을 도왔다 할 것인가? 아니면 기업을 해한 것이라 말할 것인가? 이것은 그럴듯한 새로운 산업발전 장려정책을 통해 일부 기업을 탄생시켰지만, 결국은 불구덩이로 밀어넣은 것 아닌가? 결과적으로 일부 기업가를 해 한 것이 아닌가?

물론, 우리는 중국정부가 신흥산업의 발전을 장려하지 않았어야 했다고 주장하는 것이 아니며, 과학기술 연구개발과 기술혁신에 자본투입을 크게 하지 않았어야 했다고 주장하는 것은 더욱 아니다. 우리가 여기서 말하고자 하는 바는, 강력한 정부주도의 경제운영 체제에서, 발전개혁위원회가 거대한 정부투자와 개발자금을 장악한 상황에서만 이런 결과가 나타난다는 것이다. 지금 보기에는, 새로운 과학기술의 연구개발과 혁신은 주로 기업과 시장의 일이어야 한다. 중국과학원과 각 대학, 연구소와 같은 이러한 과학연구 기구가 국가재정의 지원이 확실히 필요한 것 이외에, 기업의 연구개발과 혁신은 시장에서, 국제경쟁 참여까지 기업자신의 일이 되어야 한다. 일부 신흥산업의 창업과 발전도 각종 창업투자와 벤처투자 회사의 일이 되어야 한다. 어떤 체제아래, 정부가 대량의 재력과 자원을 장악하여, 신흥산업의 직접투자를 진행하면, 그 효율은 기업과 시장보다 모두 낮을 수 있으며, 일반적으로 대량의 부패와 문제가 발생할 수도 있다. 이것이 바로 문제의 근원이며 난제이다. 현재 많은 중국 중소기업이 폐업, 도산의 위험까지 직면해 있는데, 이러한 체제아래 정부가 장악한 거대한 국가 재정자금, 더 나아가 "몇 가지 큰 산업을 진흥"하는 경제 자극계획과 대체로 직접적인 관계가 있다. 일부 민영기업가가 "도주", "투신"까지 하게 하는 중요한 원인 중의 하나일 수도 있다. 현재 일부 중국 대형 국유기업과 민영기업 그룹은 이미 부채가 차곡차곡 누적되었지만, 너무 커서 도산하도록 할 수 없어서, 상업은행, 지방정부도 볼모가 되어, 지방정부가 그들을 도산하지 않도록 하는 것뿐이다.

상술한 예는 린이푸의 NSE이론의 GIFF틀을 현실에서 응용하는 중에 부딪히게 될 문제를 반영한 것이기도 하다. 이 문제에 논문지면이 한정되어 여기서는 더 토론을 깊이 전개하지는 않겠다. 포괄적으로 말해, 우리는 당대 사회에서 린이푸 교수가 제기한 신 구조경제학의 이론 틀이 중요한 이론과 현실적 의의가 있다는 것을 인식하고 있을지라도, 현재와 같이 "institutions free" 할 수 없고, 특히 정치체제와 법률제도의 분석 차원은 빈자리로 남겨 둘 수 없다. 필자의 소견으로는 미래에 완벽해지면서 발전하는 과정에서, 린이푸의 이 NSE 이론 분석틀은 현대 헌정 민주정치제도가 시장제도와 같이 현대경제를 지속성장하게 하는 하나의 필수불가결한 기초적 제도조건으로 간주되어야 한다. 왜냐하면, 정부와 지도자의 권력이 현대 민주정치제도에서의 실질적 견제와 균형을 받아야만, 그들이 적절하게 "성장선별" 및 "맞춤형 성장촉진" 역할을 발휘하기를 기대할 수 있기 때문이다. 근 현대 서방세계의 흥기와 세계범위의 국가성장 궤적의 "대 분열"(the great divergence)현상이 바로 이 문제를 설명하고 증명하는 것이 아닌가?

문제 2: 임의의 특정시기에 한 국가의 금융구조가 산업구조의 외생적 변수인가? 아니면 한 나라의 경제발전에서 경제구조 및 변천의 내재적 구성부분인가?

쉬리신(徐立新)과 공동연구한 "금융구조와 경제발전"의 글에서, 〈중국 경제 분석〉 제9강 및 다른 학자와 공동 연구한 최신 연구(Lin, Sun and Jiang, 2011)에서, 린이푸 교수와 그 공동연구자들 모두 금융구조와 경제발전, 기술혁신, 산업업그레이드와의 관계를 아주 전반적으로 고찰하고 탐구했는데, "금융이 현대 경제발전 과정에서 가장 중요한 한 부분과 부문이다"라고 주장했다(린이푸, 2012c, 192쪽). 그들은 금융구조는 산업구조에 내생되는데, 산업구조는 상대적 요소부존 가격으로 결정된다고 생각했다. 그들은 또한 "경제체가 각 발전단계에서 모두 최적의 금융구조가 존재한다", 게다가 고효율의 금융구조는 반드시 실체경제의 수요를 반영하고, "근본적으로는 요소부존 상황(노동력, 자본과 자연자원)이 산업구조를 결정하며, 역으로 산업구조 또한 특정 발전단계에 서로 적합한 금융구조의 지지를 벗어날 수가 없다"고 명확하게 지적했다(린이푸, 2012a, 219-220쪽).

현대사회에서, 한 나라의 산업구조가 금융부문의 지원과 지지를 벗어날 수 없는 점에 대해, 국제경제학계와 금융계는 이미 대량의 연구를 하였고, 린이푸와 공동 연구자가 작성한 논문에서도 아주 좋은 종합서술을 했다. 하지만, 린이푸의 NSE를 및 그와 다른 공동 연구자들이 했던 관련 연구에 금융구조와 경제발전 간의 관계와 관련된 논술을 종합적으로 고찰하여, 나는 다음 일련의 문제에 진일보한 탐구와 명확한 해석이 필요할 것 같다고 생각하는데: "산업업그레이드"는 제조업 내부 상품생산의 업그레이드를 지칭할 뿐인가 아니면 도구영역(器物層面)에서 농업

- 수공공장 - 기계화 생산 - 첨단 과학기술 산업의 업그레이드를 지칭하는가? 이는 한 나라 경제구조 안에 농업, 제조업에서, 서비스업으로 가는 과도기를 포함하는가? 또는 더 좁게 말해: 금융서비스업의 발전 자체는 산업업그레이드의 하나의 내재적 구성부분인가?16)

여기에 이러한 문제를 제기하는 것은, 린이푸의 신 구조경제학 이론 틀을 종합적으로 고찰하여 볼 수 있는데, 이 틀에서 말하는 산업업그레이드는 대개 여전히 주로 과학발명과 기술혁신에 따라 추진되는 상품제조업의 업그레이드를 지칭하며, 한 나라 경제구조에서 제1산업, 제2산업과 제3산업이 한 나라 GDP총량의 비율의 변화를 가리키는 것이 아니기 때문이다. 바로 이 점 때문에, 쉬리신 등 저자와 공동 연구한 논문에서, 린이푸와 그 공동연구자들은 금융서비스업은 생산구조에서 내생된다고 하지만 NSE이론 틀에서 금융서비스업의 발전이 여전히 그가 인식하는 제조업 부문의 과학기술 혁신, 산업업그레이드를 주요특징 사실로 하는 경제발전에 하나의 외생적 촉진요소라고 주장한다.

인류 근 현대 경제사, 특히 현대 경제사를 회고해 보면 각국의 경제발전과 사회번영이 과학기술 진보, 제조업 부문의 산업업그레이드로 나타날 뿐 아니라 시장분업은 더욱더 세분화 되고, 생산이 더욱더 우회하여, 더 많은 거래부문과 서비스 부문이 출현한 것으로 나타났으며, 결과적으로 제3산업 생산액이 GDP를 차지하는 비중은 점점 더 커졌고, 특히

---

16) 이 점에 대해서, 왕용과 나의 서신교환에서 설명하기를: "포함하는 것이다. NSE분석 틀에서, 금융업의 발전은 내생적이다. 왜냐하면 다른 내생적인 산업이 금융에 대한 서비스와 수요는 다르고, 산업이 자본집약형과 기술 집약형으로 업그레이드함에 따라, 자본수요량과 투자위험은 모두 지속적으로 상승하기 때문에, 상대적으로 최적의 은행규모, 주식시장, 위험 투자시장이 전체 금융구조에서의 비중이 모두 계속해서 내생적으로 변화할 수 있다. 나와 린교수는 이런 'demand story'라는 하나의 이론모델을 쓰고 있는데, 금융제도도 발전단계에서 이탈해 과도하게 추월할 수 없음을 강조하며, 발전 초기에는 미국의 금융체계를 그대로 따라, 그들과 같이 많은 벤처투자를 하는 것이 아니라, 중소은행을 더 발전시켜 당시의 산업구조에 적응하여야 할 것"이라고 했다.

금융 서비스업의 비중이 더욱더 커졌는데, 이는 모두 현대 경제성장의
내재적 구성이나 구성부분이라 말할 수도 있음을 우리가 알게 된다.

예를 들자면, 근래 몇 년 동안 중국 물질생산 부문의 많은 상품의 총
량은 세계 1위가 되었지만, 현재 중국 GDP총량은 미국 GDP 현재가치의
절반 정도일 뿐이다. 이는 왜 그런가? 예컨대 국제 철강협회 2012년 연
초 발표한 숫자에 따르면, 2011년 중국의 조강(粗钢)생산량은 이미 6.955
억 톤(중국 산업정보부 2012년 3월 발표한 숫자에 근거하면, 2011년 중국
의 철강 생산량은 7.3억톤)에 달했는데, 전세계 조강 총 생산량 15.27억
톤의 45.5%를 차지한다. 일본, 미국, 러시아와 인도의 총합보다도 더 많
다. 2011년, 중국의 시멘트 생산량도 20.85억 톤에 달해 세계 총 생산량
점유비율이 이미 60%를 넘어섰다. 2011년, 중국 석탄생산량은 석유환산
(oil equivalent)19.56억 톤으로 세계 제2위의 미국(석유환산(oil equiv-
alent) 5.56억 톤)을 훨씬 제치고, 전 세계 생산량에서 비율이 대략 50%까
지 상승했다. 중국 자동차 생산량이 2011년에 1840만 대에 도달해, 미국
1370만대보다 470만 대가 더 많다. 2011년, 중국의 조선 톤수 완공량은
6800만 톤에 달하고, 또한 세계 1위의 자리를 지키고 있었다. 그 밖에
2011년 3월 4일 중국 국가통계국이 발표한 숫자에 따르면, 2010년에 이
르러 중국은 이미 220종 산업상품 생산량이 세계 1위를 차지했다. 그렇
다면 중국 GDP는 왜 세계 1위가 되지 못하고 미국의 절반인가? 그 원인
은 중국 서비스업 - 특히 금융서비스업 - 발전의 낙후에 있다.[17] 서비스
업이 창출하는 생산가치가 GDP에서 차지하는 비중은 서방 선진국에 비

---

17) 황요우광 교수는 필자와 서신교환 중에, 현재 중국의 통계 숫자 중에서 서비스업의
발전이 "심각하게 저 평가"되었을 수 있다고 지적했다. 필자는 황요우광 교수의 이
판단이 일리 있다고 생각하지만, 중국의 서비스업이 저평가되는 부분이 있다 해도,
서방의 일부 선진국가, 더 나아가 전세계 평균수준과 비교하면 여전히 비교적 낮다.
이것은 적어도 중국 주식시장, 채권시장 시가, 중국경제의 증권화율 더 나아가서는
금융증권 업종의 취업자수 및 생산가치 등의 비교적 계산과 통계가 쉬운 데이터로
증명될 수 있다.

해 아주 낙후 되어있으며, 심지어는 인도 등의 개발도상국보다도 낮다.
(도표1.1-1.3 참조)

〈도표 1.1〉 2011년 세계 주요국가 제3산업 생산치

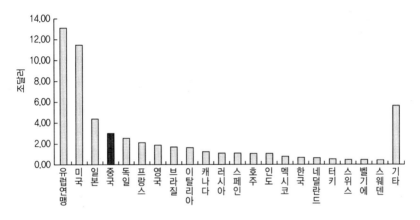

자료출처: Wind, 중국 국제금융 주식유한회사데이터

〈도표 1.2〉 2011년 각국 제3산업 생산가치의 전세계 제3산업 생산치 점유비중

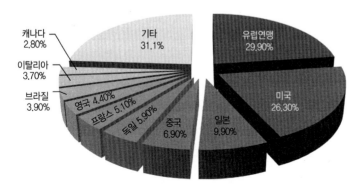

자료 출처: Wind, 중국 국제금융 유한회사 데이터

〈도표 1.3〉 2011년 각국 제3산업 생산치의 각국GDP 점유비중

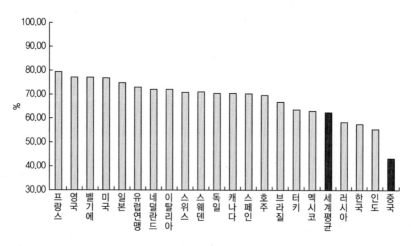

자료 출처: Wind, 중국 국제금융 유한회사 데이터

이상의 세 가지 도표에서, 우리는 명확하게 볼 수 있듯이, 중국의 실
체부문의 생산치 미국을 아주 많이 초월했지만, 서비스업과 제3산업의
발전에서, 중국은 아직도 미국과 기타 선진국보다 아주 낙후 되어있는
데, 세계 평균수준보다 낮고 심지어는 인도보다 낙후되어 있다(비율에
근거). 예를 들어 2011년 중국 서비스업이 창출한 GDP는 전체 GDP 총
량에서 차지하는 비율이 미국과 세계 일부 선진국가보다 아주 낮은데
후자 평균은 이미 70%이상을 차지했다. 2011년 미국 15.9조 달러의 GDP
중에서 서비스업이 창출한 가치는 76%를 넘어섰는데, 같은 해 중국은
대략 7.5조 달러 GDP총량에서, 서비스업이 창출한 비율은 43.1%만을
차지하고 있다. 특히 금융서비스업이 창출한 GDP점유비율은 7%에도
미치지 못하고 있다(중국홍콩의 이 지표는 22-25%, 싱가폴은 26%, 왕리
(王力), 황위화(黃育华), 2012 참고). 이 예는 서비스업 특히 그 중에서
큰 부분을 차지하는 금융서비스업이 비로소 현대 경제성장의 주요 구성
부분이라는 것을 충분히 설명하고 있다. 이밖에 CEIC DATA 데이터베이

스의 통계 숫자에 근거하면, 1950년 미국 제조업의 규모는 GDP점유비
중의 27.3%에 달했는데, 금융서비스업은 11.49%만을 차지했다. 60년 후
2010년에 이르러서는 제조업의 생산치가 미국 GDP비중의 11.72%에 불
과할 정도로 하락했는데, 금융서비스업의 점유비율은 20.7%로 상승했
다. 이것으로 보면 현대 경제성장이 주로 실체경제 부문 내부의 산업업
그레이드로 추진된 것이라 인식하기보다는, 주로 제1산업에서 제2산업
으로 특히 제3산업인 금융서비스업으로의 이행과 전환으로 실현된 것이
라 인식하는 것이다.

상술한 사실에 기반하여 우리는 린이푸의 NSE틀에서 금융서비스업이
문자 그대로 산업구조에서 내생된 것으로 보는데, 또 역으로 산업구조
업그레이드와 경제발전을 촉진하고 추진하는 내생변수라고도 생각한다.
하지만 이 새로운 발전경제학의 틀에서 실제로는, 금융구조 및 금융서
비스업을 하나의 외생요소로 보고 처리했다. 어떻게 인류 경제사회의
발전에 따라, 실제로 제1산업 특히 제2산업 내부의 기술혁신과 "협의의"
제조업 부문의 산업업그레이드가 야기한 경제성장만을 고려하는 것이
아닌, 한 국가의 제1산업과 제2산업이 위축되고 있는데 제3산업이 국민
경제에서의 비율이 지속적으로 커지는, 이 현대 경제발전의 또 다른 주
요 특징적 사실을 NSE의 경제 구조변천의 틀에 넣고 분석처리 할 것인
가? 이것은 린이푸의 NSE가 진일보하게 고려해야 하는 - 적어도 진일보
한 설명이 필요한 - 문제이다.[18] 만약 이렇게 하게 되면, 린이푸 NSE의

---

18) 이점에 대해 왕용과 나의 서신교환에서 더 나은 설명을 했다: "서비스업의 내생발전
은 확실히 'Kuznets Facts'의 일부분인데, 문헌에도 토론이 있다. 예를 들어 최근 나온
AER(American Economic Review)에서 한 편의 'The Rise of Service Economy'라는
제목의 논문은 원래 시카고대학을 졸업하고 '구조변천'(structural change)연구에 종사
하는 몇 명의 경제학자들이 공동 저술한 것이다(Buera and Kaboski, 2012). 현재
중국과 많은 개발도상국은 아직도 '산업화'(industrialization)의 발전단계에 있지만;
선진국가는 '탈 산업화'(de-industrialization)의 단계에 있는데, 미국 서비스 부문은
이미 GDP의 75%이상을 차지하고 있고, 중국홍콩 구역을 포함한 이것 모두 내생된

전체 분석맥락과 틀을 개선할 수 있을까?

여기까지 우리는 양샤오카이(楊小凱) 생전에 분업과 전문화 이론을 기초로 공들여 구축했던 "신흥고전 경제학"(NCE)의 발전경제학 틀과 린이푸가 "ECVSE"의 맥락 위에 수립한 "신 구조경제학"(NSE)의 발전경제학 틀의 다른 점과 같은 점, 각자 장점과 가능한 상호보완을 아마 더 명확히 할 수 있을 것 같다. 애덤 스미스-알렌 영-양샤오카이의 분업과

결과이다. 중국의 제조업은 현재 대량으로 내륙과 국외로 이전하고 있고 연해 선진지역도 점점 더 서비스업이 주도하고 있다. 또 한편으로는 서비스업이 대부분 'non-tradable'에 속하는데, 즉 수출할 수가 없어서 내수가 관건이다. 따라서 서비스업 발전은 대체로 어떻게 효율적으로 내수를 상승시키는가 하는 문제로 귀결될 수 있을 것이다. 당신이 인도를 이야기한다면, 나는 인도의 서비스업이 상대적으로 발달한 것은 일종의 의미에서 제조업이 과도하게 발달하지 않은 결과라고 생각한다." 왕용은 여기에서 인도의 서비스업이 GDP점유비중에서 중국에 비해 높은 것은 주로 제조업이 발달하지 않았고 산업화 정도가 부족해서라고 이야기하는데, 이것은 정말 이치에 맞다. 하지만 또 보아야 할 것이 있는데 인류 모든 사회현대화의 일반법칙 혹은 선진국가의 현대경제 성장의 보편특징적 사실은, 한 나라의 경제가 발전할수록 사회는 더욱 현대화되고, 1인당 평균소득과 국민생활 수준이 더 높아지게 되어 서비스업과 제3산업의 GDP 점유비중이 더 커진다. 이 또한 역으로 우리가 현재 중국 경제 증가속도 둔화와 미래 중국경제 발전과정에 대한 하나의 기본적 판단을 증명했는데: 과거 20-30년 세계경제 글로벌화의 흐름에서, 국내 경제시장화 발전, 국민생활 수준. 소비품 수요 증가 및 대외무역수출을 신속히 증가시킨 쌍끌이(double drive) 아래서 중국 제조업의 신속한 증가와 신속한 산업화는, 과거 중국경제가 신속하게 증가한 하나의 주요원인이 되었다. 중국 제조업 능력이 이미 많은 산업에서 성장함에 따라, 생산량은 이미 세계 제1위가 되었는데, 국민이 현대 생활방식에서 사용하는 가전제품, 자동차, 주거개선과 세계 각 국 시장용량의 제약을 받아 필연적으로 중국 일부 제조업의 증가속도는 둔화되어, 중국은 갈수록 더 서비스업의 증가에 의존해 미래 경제성장의 과정을 실현하는 길로 가게 된다. 비록 현재 중국에서 "de-industrialization"을 논하는 것이 시기상조라 하지만, 중국이 중등소득 국가로 이행에 따라 "industrialization"의 과정은 속도가 느려지고 있는데 서비스업과 제3산업의 비율은 계속 증가할 수 있거나, 미래 중국은 갈수록 더 서비스업 성장에 의존하여 GDP와 1인당 평균GDP의 성장을 실현한다고 말할 수 있는데, 이것은 지금 발생하고 있고 변화 불가한 큰 추세이다. 중국 경제사회의 이 큰 전환을 인지하지 못하고, 빠른 제조업의 팽창과 "industrialization"에 기대어 미래 중국의 경제성장을 계획하려고 다시 기대한다면, 우리가 아주 큰 역사적 잘못을 범할 수 있어, 심지어 중국경제를 대공황에 빠지게 할 수 있다

우회 생산(round-about)의 경제학 분석맥락에 따라, 인류사회가 더 진화할수록, 분업은 더 세밀해지고, 생산은 더 우회하며, 시장은 더욱 심화되어, 한 국가의 경제체 총량은 더욱 커지고, 경제도 더욱더 발전한다. 그리하여 양샤오카이의 NCE분석틀에서, 현대 서비스업 부문의 지속적 출현과 서비스업 부문이 창출한 GDP비율은 갈수록 커져서, 경제발전에서 하나의 내생과정과 자연과정이 될 것인데; 린이푸의 NSE이론 틀에 따르면, 현대 경제성장은 주로 과학기술혁명, 기술혁신과 제조업 내부의 산업업그레이드를 주요 추진력으로 삼아 보편적 특징사실을 구성한 것이다. 그래서 린이푸의 NSE틀에서, 그와 공동 연구자들이 금융서비스업을 산업구조에서 내생되는 것으로 보았지만, 실제로는 (제조업의) "산업구조"에서 내생되었지만, 역으로 산업구조 업그레이드와 기술변천에 대해 중대하고 깊은 영향을 주는 "외생변수"로 삼아 처리하는 것이다.19) 이것으로 볼 때 양샤오카이의 NCE분석 틀과 린이푸의 NSE이론 틀이 각자의 치중점과 각자의 장점이 있다. 그러므로 필자는 여기에서 양자를 결합하는 것으로 상호 절장보단하는 것까지 고려하였는데, 더 진일보하게 분업시장 심화이론에서 더 나아가 제도분석까지 진정하게 린이푸의 발전 경제학 틀에 융합하여, NSE이론 틀을 진일보하게 개선하고 완벽하게 하여야 진정하게 미래 발전경제학의 새로운 이론 "패러다임"을 구축하여, 미래의 각 개발도상국을 위해 실행 가능한 "경방제세"의 정책지도 "로드맵"을 제안할 수 있다.

---

19) 이 문제에 대해서, 린이푸의 NSE틀에서 "산업업그레이드"가 도대체 - 혹은 주로 - 제조업과 실체부문의 "상품제조 즉 기술의 업그레이드"를 가리키는 것인지, 국민 경제 부문에서 제1산업의 위축, 제2산업 특히 제3산업의 확장을 보편적 특징사실로 하는 국민 경제구조 전환을 가리키는 것인지 질문해야만, 대략 이에 대해 판단할 수 있을 것이다.

여담: 인류사회 경제 운영의 필연 왕국에서 경제이론은 상록수

〈번영의 모색〉과 기타 연구에서, 린이푸는 당대 경제학의 "루카스 의문": "인류사회 경제발전의 비밀과 메커니즘은 도대체 무엇인가?"의 인용을 아주 좋아했다. 많은 곳에서, 린이푸는 또한 직접 루카스(Lucas, 1988: 5)교수 본인의 말을 인용했는데: "일단 한 사람이 이 문제를 사고하기 시작하면, 그는 다른 어떤 문제도 다시 생각하기 아주 어렵게 된다." 경제학에서 루카스 의문과 루카스 본인의 이런 표현은, 린이푸 교수가 하나의 세계적 경제학자로서의 이론적 지향, 학술적 목표와 현실적 포부를 더 분명히 나타낸 것이다. 최근 몇 년 동안 린이푸도 이 거대한 학술목표를 향해 확실히 본인이 몸소 성실한 노력을 하였고, 모든 사고를 소진할 정도로 이론적 탐구를 진행하여 아주 훌륭한 성과가 축적되었다.

하지만, 아마도 린이푸도 관심을 가졌겠지만, 경제학에서의 이 "루카스 의문"외에 연방준비제도 주석 버냉키(Ben S. Bernanke)도 1995년에 "거시경제학의 성배" 설을 제기했는데: "대공황을 명확히 설명하는 것이 거시경제학의 성배(the Holy Grail)이다. 대공황은 하나의 연구영역으로 삼는 거시경제학 탄생을 유도하였을 뿐만 아니라 1930년대 이후 거시경제학자의 신념, 정책제안과 연구 진행과정에 지속적 영향을 주었다."(Bernanke, 1995: 3) 버냉키는 계속해서: "우리는 아직 아예 이 성배근처에도 가보지도 못했지만, 과거 15년 동안 사람들은 대공황에 대한 이해는 이미 실질적인 진전이 있었다"고 지적했다. 주의할만한 것은, 하나의 걸출한 거시경제학자로서, 루카스 본인도 아주 경제주기 이론연구에 열중하였고, 다년간 이 영역에서 대량의 논문을 발표하였으며, 1981년에는 한 권의 〈상업주기 이론연구〉 문집을 출판했다. 이 문집의 결론편 "상업주기 이론에서의 방법과 문제"의 글에서, 루카스(Lucas, 1980: 712)는: "사람들이 주목하지 않는 한 학문에서 모종의 응용영역의 발전목표를 서술하려는, 그 야심 찬 포부가 사람들을 위협하는 것과 같지만, 상업주기 이론의 발전목표 묘사에서, 그다지 야심이 없는 방식이 존재하는가?"라고 말한 적이 있는 것을 보면, 루카스 본인도 상업주기 이론의 연구를 아주 중시한 것 같다.

한편으로는 경제학에서 각국 경제성장 비밀과 관련된 "루카스 의문"이고, 또 한편으로는 대공황과 관련된 거시경제학 연구에서의 "성배"설이 있다. 이 두 가지 매혹적인 영역은 뛰어난 지능을 가진 인류를 매료시켜 평생 연구에 힘을 쏟게 했다. 하지만, 현재 세계경제의 기본구조를 자세히 살펴보면, 당대 경제학에서 이 큰 두 가지 매혹적인 연구영역을 말하자면, 이론적 상아탑 안에서 경제학자들이 한가한 지적 유희가 아니라, 세계 수 십억 인구복지와 관련된 현실적인 큰 문제인 것을 알 수 있는데; 한편으로는 2008년 하반기 이후부터, 서방국가는 1929-1933년 세계 대공황 이후의 제2차 세계적 경제 대불황에 빠져 지금까지 경제회생이 어렵고 갈 길이 멀고; 또 한편으로는, 많은 개발도상국은 또 장기적으로 경제성장의 무기력, 발전둔화, 채무누적, 절대빈곤 인구가 여전히 증가하고 있는 (소로스와 아베드의 최근 예측(Soros and Abed, 2012)에 따르면 2015년에 이르러 세계는 여전히 10억이 넘는 인구가 극단적 빈곤상태에서 생활하게 된다) 곤경에 처해 있다. 특히 근래 1-2년 동안, 과거 20-30년 동안 빠르게 성장한 중국, 인도, 브라질, 러시아와 남아프리카와 같은 브릭스 5개국도 거시경제 성장속도가 둔화되고 하락하는 증상이 나타나기 시작하여, 전체 세계경제의 경제전망이 또 암울하고 불투명하게 변하는 것 같다.

이러한 세계경제 국면아래서, 서방경제학자 아이켄그린(Barry Eichen green)이 이번 "대불황"을 평가 할 때: "금융의 황금시대는 이미 끝났다"고 말한 적 있다(린이푸, 2012a, 재인용). 최근 저명한 경제학자 우징롄(吳敬璉)(2012a)도 30년 동안 고속 성장한 중국경제에 대해 일부 비관적 관점을 나타냈는데: "중국경제 사회모순은 거의 임계점에 도달했다", 그리고 그는 "중국경제, 중국 경제의 발전, 중국기업과 중국 기업가가 현재 엄준한 도전에 …… 직면하고 있다"라고 주장했으며, 과거에 했던 "빠른 돈 벌기, 큰 돈 벌기의 시대는 곧 끝나게 될 것이다"라고 주장했다(우징

렌, 2012b). 그렇지만, 처음부터 인류사회 발전전망에 대해 낙관적 정신
이 충만한 린이푸 교수는: "하지만, 내가 보기에는 개발도상국 산업화의
황금시대는 오히려 이제 막 시작되었다"(린이푸, 2012a, 291쪽)고 주장
했고, 게다가 많은 매체에서 미래 20년 중국은 여전히 GDP성장이 8%를
넘을 가능성이 더 있다고 밝혔다.

   미래 중국과 세계경제의 성장전망을 어떻게 판단할 것인가? 경제학자
들은 각자의 이론축적, 지식부존, 연구시각 및 자신이 확보한 자료와 데
이터에 기반해, 개인적 비관이나 낙관의 관점과 판단이 있기 마련이다.
필자는 경제사상, 경제사에서 비교 제도사까지 연구하는 학자로서, 지금
은 일부 경제학자가 아주 동의하지 않을 수 있는 판단을 다음과 같이
얻었는데: 애담 스미스의 〈국부론〉출판 이후에 200년 넘은 시간 동안,
무수히 많은 위대하고 뛰어난 두뇌를 가진 경제학자가 끊임없이 인류사
회 경제운영의 기본법칙과 메커니즘에 대해 많은 탐구와 해석을 했지만,
인류사회의 경제운영은 경제학자 전체에 심지어 전체 인류 자신에 대비
해 보면, 마치 여전히 하나의 "필연왕국" 같아서 이미 하나의 "자유왕국"
이라 말할 수는 없는 것 같다."[20]이로서 나는 18세기 위대한 독일 시인

---

20) 필자가 이러한 판단을 얻은 것은 두 가지 부분을 고려했기 때문이다. 첫째는 2008-
    2009년의 세계경제 불황 후에, 미국의 실업률은 몇 년 동안 고공행진을 하였고, 대다
    수 경제학자 모두 미래의 수년 동안 8%아래로 떨어질 가능성은 크지 않다고 판단했
    는데, 유럽연맹 각국의 실업률 또한 대부분 10%이상으로 고공행진 하였고, 그리스와
    스페인의 실업률은 다년간 20%를 초과했다. 1차 세계대전 후의 "영국병"에 대해,
    연륜이 있는 사람들에게 여전히 생생한 기억을 떠오르게 하듯이, 1990년대 초 이후
    발생한 "일본병"은 지금 보기에도 아직도 끝나지 않았는데, 현재에 와서는 또 "미국
    병"과 "유럽병"이 출현했다. 현재 거의 어느 경제학파도 현재 경제불황과 경제회생
    곤란에 빠진 "일본병", "유럽병" "미국병"까지도 "유효한 처방"을 내릴 수 없다. 예를
    들면, 서방의 많은 국가가 이미 다년간 케인스 본인 더 나아가 케인스 주의 "저이율"
    심지어 "제로이율"의 화폐정책을 채택하여, 투자와 소비수요를 자극하려 했지만, 전
    체 서방세계는 "유동성 함정"에 빠져 경제는 어떤 기색도 없는 것 같다. 게다가,
    서방국가 정부가 경제불황과 정부 재정적자가 계속해서 높아지는 것에 직면해 거의
    예외 없이 대규모로 기초화폐를 추가발행하고 있지만, 수 년 동안 서방국가에서

괴테(Johann Wolfgang von Goethe)의 명언이 생각나는데: "모든 이론은 회색이며, 오직 영원한 것은 저 푸르른 생명의 나무다." 현재의 세계에서 한편으로 서방 선진국의 실업률이 고공행진하여, 대다수 가정자산은 줄어들고, 일반가정과 실업가정 생활은 곤궁하여, 총수요는 불경기이고, 정부부채는 산더미 같아서, 경제회생이 어렵고, 갈 길은 먼데, 대다수 개발도상국은 장기성장에 무기력하여, 주민소득 상승은 둔화되고, 10억에 가까운 인구가 극단적 빈곤에 처해, 사회적 혼란, 긴장, 충돌, 정변까지 수시로 발생할 수 있으며; 다른 한 편으로는, 세계 범위의 이론경제학자들의 학술 탐구는 오히려 계속해서 깊어져, 새로운 이론 구축과 새로운 수학과 계량모형에 이르기까지 지속적으로 대량 출현했다. 그리하여, 나는 괴테의 이 명언이 **현재 세계**에서 역설적으로 이렇게까지 말할 수 있는데: "인류의 경제생활 세계는 항상 회색이며, 오직 영원한 것은 푸르른 경제학 이론의 나무다".

2012년 10월 5일 복단에서

현재까지도 심각한 물가 상승이 나타나지 않았다. 이러한 사실은 한편으로는 케인스주의 경제학의 실패를 나타내고; 다른 한 편으로도 의심할 바 없이 밀턴 프리드만으로 대표하는 화폐주의 경제학의 파산을 선고한다. 둘째로는 제2차 세계대전 이래 각양각종의 발전경제학의 이론과 모델이 출현했지만, 린이푸와 많은 경제학자들이 주목한 것과 같이, 20세기 후반기 전반에 걸쳐서, 세계에서 13개의 원래 비교적 빈곤했던 국가와 지역만이 비교적 빠른 경제성장을 실현하여 선진국과의 격차를 축소했다. 게다가, 이러한 국가와 지역(그 중 4개 경제체는 한어 또는 기타 중국언어를 사용하는 경제체) 경제의 신속한 성장 원인에 대한 경제학적 해석이 있다 해도 의견이 분분하여 일치된 결론이 없다. 상술한 두 가지 부분의 고려를 기반으로, 우리는 인류 모든 사회는 자신의 발전 과정에서 아주 복잡한 현대적 생산, 시장 교환, 무역, 화폐, 금융, 신용의 경제체계를 자발적으로 발생시켜 변화시켰지만, 이러한 "경제 하부시스템"으로 구성된 전체 경제체계 자체 운행의 메커니즘과 법칙은 인류가 완전히 이해하고 이론적 해석을 할 수 없어, 더더욱 이론에 기대 현대경제의 운행을 조종하고 통제한다고 말할 수 없다.

참고문헌

Bernanke, B. 1995. "The Macroeconomics of the Great Depression: A Comparative Approach," *Journal of Money, Credit, and Banking*, 27(1): 1-28.

Buera, F., and J. Kaboski. 2012. "The Rise of the Service Economy," *American Economic Review*, 102(6):2540-2569.

Helpman, E. 2004. *The Mystery of Economic Growth*. Cambridge, Mass.: Harvard University Press. (중역본: 헬프맨(Helpman), 〈경제성장의 비밀〉, 왕시화, 우샤오(王世华、吴筱)번역, 중국런민대학 출판사 2007판.)

Kelly, M. 1997. "The Dynamics of Smithian Growth," *The Quarterly Journal of Economics*, 112(3): 939-964.

Kuznets, S. 1996. *Modern Economic Growth: Rate, Structure, and Spread*. New Heaven: Yale University Press.

Lin, Justin Yifu, X. Sun, and Y. Jiang. 2011. "Toward a Theory of Optimal Financial Structure," World Bank, Washington, DC.

린이푸, 〈경제발전과 전환: 사조, 전략과 자생능력〉, 베이징대학 출판사 2008년판.

린이푸a, 〈신 구조경제학: 경제발전과 정책을 재고한 이론 틀〉, 베이징대학 출판사 2012년판

린이푸b, 〈번영의 모색: 개발도상 경제는 어떻게 굴기할 것인가〉, 베이징대학 출판사 2012년판.

린이푸c, 〈중국경제 분석〉, 베이징대학교 출판사 2012년판.

Lucas, R. 1980. "Methods and Problems in Business Cycle Theory," *Journal of Money, Credit and Banking*, 12(4): 696-715.

Lucas, R. 1988. "On the Mechanism of Economic Development," *Journal of Monetary Economics*, 22(1): 3-42.

Lucas, R. 2002. *Lectures on Economic Growth*. Cambridge. MA. : Harvard University Press.

Mokyr, J. 1990. *The Lever of Riches: Technological Creativity and Economic Progress*. Oxford: Oxford University Press. (중역본: 모키르〈자산 레버리지〉, 천샤오바이(陈小白)번역, 화샤출판사 2008년판.

Ng, Yew-Kwang. 2005. Division of Labour and Transaction Costs: An Introduction," *Division of Labour & Transaction Costs*, 2005, 1(1): 1-13.

North, D. 2005. *Understanding the Process of Economic Change*. Princeton, NJ. : Princeton University Press. (중역본: 노스, 〈경제 변천과정 이해〉, 종정성, 싱화(钟正生、邢华) 등 번역, 중국런민대학 출판사 2008년판.)

Parker, W. 1984. *Europe, America, and the Wide World*. Cambridge: Cambridge

University Press.

Smith, A. 1976/1930. *An Inquiry into the Nature and Causes of the Wealth of Nations.* Vol. one: 421. London: Wmethuen & Co. Ltd.

Soros, G., and F. Abed, "법치만이 빈곤을 제거할 수 있다", FT중문사이트, 2012년 9월 29일 머리기사, http://www.ftchinese.com/story/001046814, 2012.

왕리, 황유화(王力, 黄育华), 〈중국금융센터 발전보고: 중국금융 중심도시금융경쟁력 평가(2010-2011)〉, 사회과학문헌 출판사 2012년판.

웨이슨a(韦森), "스미스 역학(the Smithian Dynamics)과 브로델 유리덮개 (the Braudel Bell Jar): 서방 근대흥기와 후기 청 제국이 상대적으로 정체된 역사의 원인을 연구한 한 가지 가능한 새로운 시각", 〈사회과학 전선〉, 2006년 제1기.

웨이슨b(韦森), "하이에크(Friedrich Hayek)의 '자발-확장질서'이론에서 본 스미스 역학(the Smithian Dynamics)과 브로델 유리덮개 (the Braudel Bell Jar)", 〈동위에룬총(东岳论丛)〉, 2006년 제 4기.

웨이슨(韦森), "현재 세계경제의 심층적 원인과 중국의 적합한 거시정책 선택", 원래 〈문회보文汇报〉, 2009년 5월 9일 제 8판에 실렸고, 〈신화문적新华文摘〉, 2009년 제 7기에 전재되었으며, 나중에 웨이슨, 〈대전환: 중국개혁의 다음 단계〉, 중신출판사 2012년판, 제227-242쪽에 수록.

웨이슨(韦森), "현재 중국경제의 맥 진단", FT 중문사이트, 2012년 8월 10일 머리기사, http://www.ftchinese.com/story/001045942.

Wong, R. 1997. *China Transformed: Historical Change and the Limits of European Experience.* Ithaca: Cornell University Press. (중역본: 왕궈빈(王国斌), 〈전환 중의 중국: 역사변천과 유럽경험의 한계〉, 리보충, 롄링링(李伯重, 连玲玲)번역, 쟝수런민출판사 1998년판.)

우징롄a(吴敬琏), "중국경제사회 모순은 거의 임계점에 도달했다"〈재경(财经)〉, 2012년 9월 제22기.

우징롄b(吴敬琏), "우징롄: 빠른 돈 벌기, 큰 돈 벌기의 시대는 곧 끝나게 될 것이다", 〈신경보(新京报)〉, 2012년 5월 10일.

양샤오카이, 〈경제학: 신흥고전과 신 고전 틀〉, 장딩셩, 장용셩, 리리밍(张定胜, 张永生, 李利明)번역, 사회과학문헌 출판사 2003년판.

Yang, X. 2003. *Economic Development and the Division of Labour.* Blackwell, Mass.: Malden.

장위옌, 까오청(张宇燕, 高程), "해외 은괴(silver bullion), 초기 제도조건과 동방세계의 정체: 중국이 왜 경제 비약의 역사적 기회를 '놓쳤는지'에 관한 추측", 자이화민 웨이슨, 장위옌, 원관중(载华民, 韦森, 张宇燕, 文贯中)등, 〈제도변천과 장기 경제발전〉, 푸단대학교 출판사 2006년판, 제107-180쪽.

쉬용딩(徐永定): 경제 발전학의 재구성[21]

중국학자들은 "경제 성장이론"과 "발전경제학"에 대해 비교적 익숙하다. 하지만 어떤 것이 "구조경제학"인지에 대해서는 막연한 느낌이다. 2009년, 나는 용감하게도 무엇이 구조경제학인지 한 차례 설명했는데: 경제학의 하부학문으로서, 구조경제학(Structural Economics)의 출현은 상당히 최근의 현상이다. 1990년대 전에, 나는 구조경제학의 논법을 들어 본적이 없다. 내가 알고 있었던 것은 경제학에서의 구조주의에 불과했다. 경제학 구조주의의 창시자는 저명한 좌파경제학자, 라틴아메리카 경제위원회 주임인 프레비시(Raul Prebisch)이다. 구조주의 경제학은 경제학의 하부학문이라기 보다는 발전경제학에서 경제의 구조적 특징을 강조하는 하나의 학파라고 한다. 1983년 하버드 대학 교수 테일러(Lance Taylor)는 유명한 저서 〈구조주의 거시경제학〉을 출판하였다. 그는 이 책의 서문에 요지를 명확히 밝혔는데: "한 경제체에서, 그 제도와 구성원의 행위가 일종의 특정 자원배분과 진화방식(pattern)이 다른 방식보다 훨씬 더 출현 가능성 있게 하면, 이 경제는 구조를 갖게 된다."고 했다. 다시 말해, 모든 경제체가 특정한 제도를 가지고 있는데, 그 구성원이 경제인이면서 정치인, 사회인이다. 경제이론은 경제인에 관한 일련의 상호 연관된 최대화 문제와 이들 문제에 대해 설명하는 토론의 집합만은 아닐 것이다. 하지만 테일러는 일종의 특정경제의 제도와 구조를 전문적으로 연구하지 않았다. 〈구조주의 거시경제학〉은 한 동안 사람들의 관심을 끌었지만, 경제학의 주류로 진입한 적이 없다. 구조경제학의 정식출현은 1990년대일 것이다. 1992년 미국 뉴욕대학의 페이 듀친(Faye Duchin)은 "산업투입 - 산출분석: 산업생태학에 관한 시사점"(Industrial Input-Output Analysis: Implications for Industrial Ecology)라는 제목으로

---

21) 중국사회과학원 세계경제와 정치 연구소. 주소: 北京建国门内街5号中国社会科学院世界经济与政治研究所, 100732; E-mail: yongdingyu@gmail.com.

한 편의 논문을 발표했다. 이 글에서 그녀는 구조경제학이 한 경제체의 구체적이고 관측 가능한 구성성분 및 상호관계에서 출발하여, 전체 경제체에 대한 일종의 세부적, 세분화된 묘사라고 지적했다. 한 경제체의 구조적 특징은 형식화된 수학모델로 묘사할 수 있는데, 그 중에서 가장 중요한 수학도구는 투입 - 산출분석이다. 실제로 듀친은 1998년에 구조경제학(Structural Economics)이라는 제목의 전문저서를 출판했는데: 〈구조경제학: 기술, 생활방식과 환경변화의 측량〉(Structural Economics: Measuring Change in Technology, Lifestyles, and the Environment, Washington DC: Island Press, 1988). 이 저서에서 듀친은 정성방법(qualitative methods)과 투입 - 산출분석 및 사회계산을 기초로 하는 정량방법(quantitative methods)을 결합하여, 주민생활 방식, 기술선택 및 양자의 자원이용 영향에 대한 연구를 진행했다. 구조경제학을 제목으로 하는 최신 저서는 네덜란드 틸뷔르흐 대학 라(Thijs ten Raa)의 〈구조경제학〉(Structural Economics, Routledge, 2004)일 것이다. 라(Raa)는 경제구조는 세 가지 요소: 생산자가 소유한 기술, 자원부존과 주민소비 선호를 포함한다고 생각했다. 구조경제학의 임무는 상술한 세 가지 요소를 포함한 일종의 국민계산 틀을 제공하여, 이를 도구로 서비스업 비중상승이 경제성장 속도에 어떤 영향을 미칠 지와 같은 문제를 분석한다. 라의 〈구조경제학〉은 대체로 레온티예프(Vassily W. Leontief) 투입 - 산출분석에 대한 더 나은 발전과 응용이다. 이 밖에도, 우리는 또한 일부 각종 논문에 분산되어 있는 구조경제학의 연구대상에 대한 토론이 있다. 예를 들면 윌리엄스(Bob Williams)는 "구조경제학이 연구하는 것은 경제체 자산의 비축량(자본)과 유동량(소득)의 불균등한 분배가 전체 경제운영에 미치는 영향이다."라고 제기했다. 종합적으로 보면, 경제구조 문제를 토론한 문헌이 엄청나고, "구조변화", "구조불균형", "구조조정"과 "구조개혁"이 현대 경제학에서 사용빈도가 제일 높은 용어지만, 현재까지, 서방경제학의 이론발전에서, 구조경제 이론연구는 지금까지도 하나의 독립된 학문으로 발전하지 못했다.

그렇다면, 린이푸 교수의 "신 구조경제학"은 또한 어떻게 정의를 내릴 것인가? 〈신 구조경제학: 경제발전과 정책을 재고한 이론 틀〉에서 보면, 린교수가 토론한 문제는 기본적으로 발전경제학의 문제이다. 그가 지적한 바와 같이, 총량생산 함수(aggregate production function)를 기반으로 이용한 성장이론(Growth Theory)과 다르게, 발전경제학에서의 각 유파는 모두 경제성장에 대한 구조와 구조전환의 중요성을 강조하였다. 린교수와 전통 발전경제학의 다른 점은, 그가 요소부존 구조와 이런 구조변화의 경제발전에 대한 결정적 역할을 강조한 데 있다. 그의 정책주장은 "한 특정국가 산업구조의 업그레이드는 요소부존 구조의 업그레이드와 신기술의 도입을 필요로 하며, 동시에 기반시설도 경제운행에 유리하도록 적절히 개선할 필요가 있다"이다. 다시 말해, 한 국가는 "당시 정해진 부존구조로 결정된 비교우위에 근거해 산업을 발전시켜야 한다"는 것이다. 분명히, 린이푸는 고전경제학의 방법론과 일부 기본원리, 특히 비교우위 이론으로 최근 몇 십 년 동안 개발도상국의 발전경험을 분석하고, 개발도상국 정부에 상응하는 정책제안을 제공하려 노력했다. 린이푸의 이러한 노력이 중요한 이론적, 실천적 의의가 있다는 것은 의심할 여지가 없다. 로드릭이 평론에서 말한 바와 같이: "구조주의 최고 핵심관점은 개발도상국은 본질적으로 선진국과 다르다는 것이다. …… 하지만 신 고전경제학의 중심사상은 사람들이 인센티브에 반응하는 것이다. …… 두 사상을 결합시킨다면, 하나의 새로운 발전경제학을 만들 수 있다." 내 소견으로는, 린이푸의 이론을 "신 구조주의 발전경제학"으로 지칭하는 것이 "신 구조경제학"보다 더 적당한 것 같다고 생각한다.

내가 린이푸 사상을 다음과 같이 이해해도 되는지 모르겠지만: 경제성장 과정도 하나의 산업업그레이드 과정이다. 한 국가의 산업업그레이드는 정해진 시점에서 특정 요소부존상태("요소부존 구조")의 기반에서 구축되어야 한다. 시장왜곡이 없는 상태에서, 시장가격은 필요한 신호를 보내고, 요소부존 구조의 변화에 근거해 ("선도")기업을 이끌어, 자원을 재분배하여 산업업그레이드를 실현할 것이다. 하지만, 시장왜곡이 존재하기 때문에, 국가가 개입해 일련의 정책조치를 통해 이러한 왜곡을 교정하여, 기업이 요소부존 구조변화에 부합하는 산업업그레이드를 실현하도록 해야 한다. 분명히, 린이푸의 사상은 대체로 과거 30여 년 동안 중국개혁, 개방의 경험을 반영했다.

린이푸의 저서에서, 그의 관점에 비평을 제기한 글을 대가답게 받아들였다. 이 글들과 린이푸의 답변을 보는 것이, 우리가 린교수의 관점을 더 이해하는데 아주 도움이 될 수 있다. 기본적으로 린교수 사상에 동의를 표함과 동시에, 로드릭은 린교수에게 다음과 같은 질문을 제기했는데: "린이푸는 정부가 '전통적 의미의' 수입 대체전략을 선택해 '국가 비교우위를 위배'하는 자본집약형 산업 육성을 바라지 않았다. 하지만 그런 비교우위를 위배하는 산업육성은 바로 일본과 한국이 전환시기에 시행했던 일이 아닌가? 바로 중국이 계속해서 성공적으로 진행해 온 것이 아닌가?" 스티글리츠가 제기한 유사한 질문은 "국가는 전통적인 자원부존으로 결정되는 발전방식에 제약될 필요는 없다. 더 중요한 것은 지식과 기업관리의 '부존(稟賦)'이다. …… 만약 한국이 시장을 자체운영하도록 했다면, 성공적으로 발전할 수 없었을 것이다. 정태적 생산효율은 한국이 쌀을 생산하기를 요구한다. 한국이 정말 이와 같이 했다면, 오늘날 최고 효율의 쌀 생산국 중 하나로 칭해질 수 있었겠지만, 여전히 가난했을 것이다."

나의 개인적 관점은, 비교우위 이론은 국제분업의 장점을 증명하였지만, 산업업그레이드의 지도이론으로 삼을 수 없다는 것이다. 비교우위 이론은 세 가지 기본버전이 있는데, 스미스의 절대우위 이론, 리카르도의 비교우위 이론과 헥셔-오린의 요소부존 설이 있다. 중국의 일반 독자들은 종종 비교우위 이론과 절대우위 이론을 혼동한다. 현실에서 우리의 정책도 비교우위가 아닌 절대우위를 지침으로 삼는 것이다. 이 문제는, 여기서 우리는 논하지 않겠다. 헥셔 - 오린의 요소부존 설은 비교우위 이론의 현대판인데, 린이푸의 근거는 주로 요소부존 설이다. 나는 요소부존 설에 세 가지 문제가 존재한다고 생각한다. 첫째, 가설전제가 지나치게 엄격하다; 둘째, 완전히 정태적인 것이다; 셋째, 산업측면에 응용이 어렵다. 요소부존 설은 마찰이 없는 대동세계에 적용한다. 하지만 민족국가가 많은, 약육강식의 현대세계에서는 적용하기가 아주 어렵다. 그렇다면 과연, 요소부존설에 근거해 중국은 우주산업을 발전시켜야 하는지? 중국은 충돌형 입자가속기를 만들어야 하는지? 당시 중국이 대형 비행기에 대한 연구와 개발을 쉽게 포기하지 않았다면, 중국이 어떻게 이후 30여 년 동안 천억 달러 정도까지 들여 대형 비행기를 살 수 있었겠는가? 수십 년의 노력으로도 중국은 항공엔진 부분에서 여전히 세계 최고의 선진적 수준을 따라잡지 못하고 있다. 분명히 중국은 항공엔진 연구개발에서는 비교우위가 없었는데, 당초 중국은 항공엔진 연구개발을 하지 말아야 했는지, 혹은 현재도 포기해야 하는지?

　린이푸는 비교우위 이론의 정태적 성질을 완전히 이해하여, 요소부존 구조의 업그레이드 문제를 특별히 강조하였다. 요소부존 구조 업그레이드는 산업업그레이드의 기초이다. 하지만 요소부존 구조는 어떻게 업그레이드 되는가? 린이푸는 자본/노동비의 변화를 요소부존 구조변화의 주요성과 (증례)로 생각하는 것 같다. 문제는, 경제성장 이론에서 자본은 동질적인데, 산업업그레이드에 관여하는 것은 이질적 자본이다. 자본/노동비의 변화는 자본과 노동의 한계비용과 한계소득의 변화를 유도할 수 있지만, 기술전환(산업업그레이드)을 설명할 수 없다. 린이푸가 요소부존 구조개념을 거시차원에서 산업차원으로 구체화할 수 있어서, 요소부존 구조업그레이드와 산업업그레이드의 논리적 관계를 구축하기를 바란다. "12.5"계획에서 중국정부는 에너지 절약, 환경보호와 신세대 정보기술 등의 7대 "전략적 신흥산업"을 확정하였다." 7대 산업의 확정과 중국 현재 요소부존 구조에 어떤 관계가 있는지 묻고 싶다. 아무 관계가 없다면, 정부가 7대 산업을 "전략적 신흥사업"으로 확정하는 자체가 잘못된 것인가? 이밖에, 중국정부가 최근 자발적 혁신능력을 강화하는 정책을 제기한 것과 요소부존 구조 업그레이드는 또 어떤 관계가 있는가? 없다면, 요소부존 구조 업그레이드 설이 산업업그레이드에 관한 충분한 해석력과 예측력이 없다고 말할 수 있는가?

요소부존 구조에 근거해 산업업그레이드의 시간순서와 경로를 결정해야 함을 강조했지만, 린교수는 정부가 산업정책을 이용하는 것에 대해 지지하였는데, 다만 정부가 산업정책을 남용하는 것은 바라지 않았음을 알 수 있다. 나는 개인적으로 개발도상국의 추월단계에서, 산업정책이 필수적이라는 산업정책의 중요성을 믿는다. 추월단계에 있기 때문에, 개발도상국 정부는 선진국의 경험을 전적으로 교훈 삼아, 본국 산업발전을 위한 방향을 명확히 제시하고, 조건을 창출하여, 경제가 이후의 비약을 위해 견실한 기초를 다지게 하기 때문이다. 중국이 당초 비교우위나 요소부존 이론으로 산업화를 추진했는데, "기초가 빈약하고 과학이 낙후"되었던 50년대에 구축하기 시작한 비교적 완벽한 산업체계와 상응하는 과학과 교육기초가 없었다면, 오늘날의 중국은 어떤 형태가 되었을까 상상할 수 없다. 물론, "진리도 앞을 향해 더 나아가면 오류로 변할 수 있다". 정부 산업정책이 산업발전을 사양길로 인도한 예도 헤아릴 수 없다. 개발도상국의 발전수준이 선진국에 더 가까워질수록, 산업정책이 역할을 발휘할 여지는 더 작아진다. 현재의 중국에 있어서는 산업정책이 여전히 필요하다. 하지만 산업정책은 정부가 직접 사업을 조정하는 것이 아니며 "1등 선택"도 아니다. 경제가 이미 도약의 단계에서, 산업업그레이드는 기업, 기초 연구기구와 정부를 포함한 전체체계의 학습과 혁신에 의존해야 한다. 학습과 혁신의 동력은 "공평한 경쟁"에서 나온다. "공평한 경쟁"의 환경은 상응하는 정치와 경제제도로 조성되는 것인데 - 처가 자본주의와 패거리 자본주의(Crony capitalism)로는 이러한 환경을 조성할 수 없다. 필요한 제도환경이 없다면, 산업정책은 아마도 시장왜곡을 증가시키고, 부패를 가중시키기만 할 것이다. 예를 들어, 정부구매는 원래 산업업그레이드를 촉진하고 자주혁신 능력강화를 돕는 중요한 조치였다. 하지만 사익을 위한 부정행위가 성행하는 상황에서, 정부구매는 경쟁억제, 낙후산업 보호, 특정개인, 기업과 사회집단을 위한 이익 전달수단이 된다. 이러한 "정부구매"는 없어도 된다.

산업정책 역할을 인정하는 동시에, 개발도상국이 발전과정에서 자신의 요소부존 특징을 확실히 충분하게 중시하고, 이러한 특징으로 유발된 경쟁우위를 최고로 발휘하게 해야 한다. 노동집약형 상품의 생산이 중국경제의 비약에서 발휘한 거대한 역할을 누가 부정할 수 있을까? 노동집약형 산업의 발전이 없었다면, 중국은 취업문제를 해결할 수 없었고, 세계시장에 진입할 수도 없었으며, 국제경쟁의 검증을 받을 수 없어서, 필요한 자금과 상응하는 제조기술을 축적할 수 없었다. 하지만 요소부존 구조 분배에 따라 산업발전 결정되는 이론과 실천은, 산업이 어떻게 업그레이드 할 것인지 문제는 해결하지 못하였다. 중국은 국제생산 네트워크 가입과, 국제 가공자와 조립자를 충당하는 것을 통해, 노동요소가 풍족한 우위를 발휘하였다. 가공무역은 물론 둥관(东莞)으로 대표되는 연해지역에 번영을 가져다 주었지만, 20여년의 실행을 거친 후의 오늘날, 중국은 전 세계 가치사슬의 하단에 놓여있는 상황이 근본적인 변화가 없고, 개선도 어려운 것 같다. 이와 비교해, 또 다른 경로를 따라 발전하는 삼성 등의 한국기업은 오히려 기술의 최첨단으로 상승하여, 애플에게 엄중한 도전을 하고 있다.

물론, 린교수의 토론은 일반적인 개발도상국에 관한 것이지, 중국과 같은 특수 개발도상국의 발전경험이 아니다. 요소부존 구조에 근거해 우선발전의 산업을 확정하는 사상은 일반적인 개발도상국가에게, 특히 강대국의 꿈이 없는 대다수 개발도상국에게는 아마도 아주 정확할 수 있다고 그는 강조했다. 중국은 대국이며 풍부한 다양성과 거대한 차이성이 존재하며, 그 발전적 초기조건이 일반적인 개발도상국과도 아주 다르다. 따라서, 중국은 대략 두 가지 이상의 발전패턴을 수용할 수 있다. 일부 성(省)과 산업부문은 요소부존 구조의 특징에 근거하여 발전을 모색한다; 또 다른 성(省)과 산업부문은 국가의 산업정책에 근거해 발전을 모색한다. 하지만 일반적인 개발도상국, 특히 수많은 개발도상중인 작은 국가에 있어서는, 부존구조에 따라 산업구조 업그레이드(혹은 우리는 여전히 어떻게 업그레이드 하는지 명확하지 않기 때문에 업그레이드를 모색하지 않는데)를 실현하는 길로 가는 것은 최선의 선택이 될 것이다. 이런 의미에서 나와 린이푸는 근본적으로 차이가 없다. 우리의 차이점은 대체로 문제를 보는 각도와 치중점이 다를 뿐이다.

과거 5년 동안, 린교수는 세계은행 수석 경제학자 재임기간에 전 세계 경제발전을 위해, 특히 개발도상국 경제발전을 위해 대단한 공헌을 하였다. 린이푸는 세계은행 재임기간 동안 축적된 경험과 경제발전 이론에 대한 사고는 중국경제학계에 귀중한 자산이다. 충심으로 린이푸가 더 큰 성취를 이루기 바란다.

장슈광(張曙光): 시장주도와 정부 유인[22]

린이푸 교수의 〈신 구조경제학〉이 출판되었는데, 베이징대학 경제연구센터와 〈경제학〉(계간)에서 나에게 평론을 부탁했다. 이는 필자가 린이푸의 저서를 세 번째로 평론한 것이다. 1차는 〈중국의 기적〉(1995) 평론이었고, 2차는 〈충분한 정보와 국유기업 개혁〉(1997)평론이었다. 하지만 나는 여전히 내가 정한 규칙에 따라 일을 하는데: 첫째, 책을 읽고 나서 평론여부를 결정한다. 따라서 5-10일 전에 반드시 책을 가져올 것을 요구한다; 둘째, 본대로 설명하고, 본심을 속이며 설명하지 않는다.

---

22) 베이징 톈저(天則) 경제연구소. 주소: 北京市海淀区万柳东路怡水园2号楼601室北京天则经济研究所, 100089; E-mail: zhangsg@mx.cei.gov.cn.

1차는 긍정이 비평보다 많았고, 2차는 비평이 호평보다 많았는데, 이번에도 호평과 비평을 모두 얘기하려 한다; 셋째, 성과를 간략하게 언급하고, 문제를 이야기하면서 분석할 필요가 있다. 학술적 비평은 학술적 발전을 촉진하기 위해서는 꼭 거쳐야 하는 과정이기 때문이다. 오늘도 여전히 이러한 정신으로 〈신 구조경제학〉을 평론하려 한다.

방법과 방법론에 관해

〈신 구조경제학〉에서, 린이푸교수는 발전경제학의 역사를 회고하였다. 최초의 발전경제학은 구조주의를 기반으로, 시장실패에서 출발하여, 정부개입을 주장해, 일부 개발도상국의 위기를 초래하고, 계획경제의 구축과 실패도 재촉했다. 신 고전경제학에 근거한 신 자유경제학은, 정부실패에서 출발하여 정부개입을 반대하고, 자유시장 경제를 주장하였는데, 개발도상국이 위기를 모면하여 성공적인 경제발전을 이루지도 못하게 했다. 오히려 아시아 "네 마리 용"과 다른 일부 개발도상국(중국포함)은 자신의 국가 실제에 근거해, 자유시장과 정부역할을 결합하여 경제발전의 성공을 이루어, 저개발국을 중진국이 되게 하였고, 심지어 일부 국가는 선진국의 대열을 차지했다. 린교수는 이러한 국가의 실천에 근거해, 발전경제학 이론발전을 평론에서, 신 고전경제학의 전통을 지키면서 구조주의의 정수를 흡수하여, 새로운 발전경제학의 분석 틀을 제시하고 구축하였다. 이는 유익한 시도이며 대담한 탐구이다. 나는 린이푸의 노력에 감탄과 지지를 표한다.

실질적 토론이 없었던 이전에, 나는 방법론에서 두 가지를 지적하려 한다.

발전경제학뿐만 아니라, 전체 경제학이론과 경제정책 실천에도, 배후에는 모두 자신의 사회적 철학기초가 있다. 요약하면, 자유주의와 개입주의에 불과하다. 경제이론 발전과 경제정책 실천과정은 이 양극단 사이에서 움직이는데, 비교적 완벽한 경제이론은 양극단에 있지 않을 뿐만 아니라, 효율적인 정책실천은 일종의 상태의존 아래서의 더 구체적 선택이다. 이것이 첫째이다.

둘째는, 고전(old) 구조주의 발전경제학이든, 신 자유주의 발전경제학이든 모두 인류인식이 반드시 거쳐야 할 단계인데, 한쪽으로 편향된 분석과 발전 이후, 필연적으로 새로운 종합도 출현할 수 있다. 그래서 〈신 구조경제학〉은 시대의 요구에 맞게 생겨났는데, 앞의 양자를 완전히 부정하는 것이 아니고, 앞의 양자의 단순한 합도 아니며, 선구자가 이미 얻은 이론인식의 기초에서, 개발도상국의 실천경험을 요약하여, 얻어낸 새로운 사상적 비약과 이론적 개요이다.

〈신 구조경제학〉의 성공한 부분

〈신 구조경제학〉이 신 고전경제학의 이론적 가정과 구조주의의 분석방법에 근거하여, 발전경제학의 새로운 분석 틀을 제기하였다. 그 이론의 발전부분은 주로 다음의 몇 가지가 있다.

발전경제학 토론은 경제의 단기성장과 파동이 아니며, 전통경제 형태에서 현대경제 형태로 전환하는 장기적 성장과정이다. 이 과정의 결과와 표징은 GDP의 지속성장과 경제규모의 지속적 확대이지만, 실질과 관건은 경제와 산업구조의 변천과 업그레이드이다. 〈신 구조경제학〉은 전통 발전경제학의 전통 농업경제에서 현대 산업경제로 전환하는 사상을 계승하고 있는데, 경제산업 구조변천, 이 발전이론과 실천을 업그레이드하는 실질과 관건을 명확히 제시하고 잘 파악하였다.

요소부존과 비교우위 이론의 출현은 아주 이르지만, 지금까지 무역이론의 분석부분에 머물러왔는데, 린이푸는 이를 경제발전과 발전경제학에 운용하고, 일부 새로운 함의를 부여했다. 동시에 경제발전의 실질과 관건으로, 경제 산업구조 변천과 업그레이드는 요소부존 및 구조의 상황에서 시작해, 동태 비교우위가 제시하는 방향을 따라, 지속적으로 혁신하는 하나의 과정이라고 명확히 지적했다. 이것은 요소부존과 비교우위가 모두 고정불변하는 것이 아니라, 지속적으로 발전하고 변화하는 과정에 있음을 나타낸다. 경제발전은 이 두 요건을 확실히 파악하고, 내부구조의 조정 및 상호간의 변동관계를 잘 처리해야 한다.

고전(old) 구조주의와 신 자유주의의 양극단이 존재한다 해도, 시장실패와 정부실패는 기본적으로 경제학자의 합의인데, 차이점은 양자의 유무가 아니라, 피차 서로 많고 적음에 있을 뿐이다. 시장실패와 정부실패의 존재는 성공한 경제발전이 반드시 시장메커니즘을 운용하게 하고, 정부관리도 필요하게 하며, 양자의 협조와 상호작용을 정확히 처리해야 한다. 이 점에 있어서, 〈신 구조경제학〉은 고전(old) 구조주의와 신 자유주의를 적절히 종합했는데, 시장을 근본적인 기초 메커니즘으로 삼고, 정부가 맞춤형 성장촉진의 보충역할을 발휘할 것을 강조했다.

정책조작 차원에서 보면, 〈신 구조경제학〉도 자체적인 창조와 발전이 있다. 저자가 제기한 성장선별의 6가지 순서와 제약선별의 방법은, 채택 실행할 만한 유효한 제안인데, 개발도상국의 정책제정과 실시를 위한 실제 조작 가능한 지침을 제공했다.

결론적으로, 〈신 구조경제학〉틀의 제기는 발전경제학 연구의 새로운 성과이며, 새로운 발전이다.

토론할 만한 몇 가지 문제

〈신 구조경제학〉은 아주 큰 타파와 진전이 있었고, 명확하게 부족한 점과 더 탐구할 만한 문제도 있었다. 이는 내 평론의 중점이기도 하다.

첫째는 시장기초와 정부주도의 모순과 협조에 관한 것이다. 린교수가 제기한 "맞춤형 성장촉진 형 정부"는 비교적 좋은 개념이고, 충분히 전개하고 발휘해야 한다. 하지만 동시에 "정부주도"의 논법을 사용했고, 이는 한 가지 문제를 제기했는데 맞춤형 성장촉진과 정부주도가 하나인지 여부로, 린이푸는 하나라고 생각하고, 나는 아니라고 생각한다. 시장이 효율적 자원배분의 근본 메커니즘이라고 생각한다면, 정부의 주도적 지위와 역할은 없는 것이며; 반대로 정부의 주도적 지위와 역할이 있다면 시장이 자원배분의 기초와 근본 메커니즘이 될 수 없다. 상반된 두 상황의 경험 모두 이것을 증명했다. 실제로 시장은 근본적이고, 주도적인 것이다. 과거 우리는 "농업을 기반으로, 산업을 주도로"하는 것을, 다년간 이야기 해왔는데, 여전히 양자의 관계를 원만히 처리하지 못했다. 하지만 개혁개방 이후에, 시장을 기초적, 주도적 지위에 놓고, 정부가 시장의 역할발휘를 둘러싸고 운행해야, 나중에 발전이 있었는데 오늘날의 경제 불균형은 주로 정부가 시장을 대체하여 경제발전 과정을 주도한 결과이다. 개발도상국에서, 정부의 과도한 강세와 적극성은 보편적 문제인데, 명확하게 정부주도를 주장하면, 과도한 강세와 적극적인 정부를 제약할 방법이 없게 된다. 우리가 공유제, 심지어 국유제의 주도적 지위를 강조하는 것도, 시장평등 경쟁의 기초를 위배하고 파괴하여, 일종의 특권을 갖게 한다. 실은 일반적 상황에서, 정부의 맞춤형 성장촉진 역할은 보조적인데, 이 보조적 역할이 중요하고, 필수적이지만, 주객이 전도될 수는 없다; 위기가 발생한 중요한 시기에서만, 정부의 주도적 역할을 말할 수 있다. 하지만 이러한 주도적 역할은 단시간이어야 하고, 일회적이어야 한다.

토론 중에, 린이푸가 "정부주도"는 번역의 문제일 수 있다고 말했지만, 한 곳에서만 이러한 논조가 있는 것이 아니다. 개정할 수 있기 바라며, 또한 이에 대한 명확한 표현과 분석을 하길 바란다.

둘째로 이상과 현실(应然和实然 - ideal and real)에 관한 문제이다. 〈신 구조경제학〉은 요소부존 구조가 경제 산업구조를 결정하고, 경제산업 구조의 변천과 업그레이드가 저소득에서 고소득으로 경제의 발전을 결정하는 점을, 현실적 문제로 보고 토론해, 실증적 분석 방법을 채택한 것으로 그 논리 자체가 나름대로 잘 맞는다. 그런데 정부역할을 토론할 때, 대체로 이상적 문제로 간주하고 토론하거나 이상적 문제를 위주로, 이상적 문제와 현실적 문제를 섞어 토론하였는데, 실증분석과 규범분석

도 구분하기 아주 어렵고, 논리는 비약되고 혼재되어 있다. 이는 아마
〈신 구조경제학〉의 최대 결함일 수 있고, 많은 외국의 논평자가 질문을
제기한 원인이기도 하다.

예를 들어, 안네 크루거는, 린이푸가 "기반시설 투자에 대한 협조를
제창하며, 그가 말하길, '……'. 이것을 어떻게 실시할 것인지 우리는 아
직도 명확하지 않다. 린이푸는 계속해서 주장하기를, 기반시설이 비교
우위 미래 변화발전 방향과 일치하기만 하면, 경제성장을 따라 업그레
이드할 것이다. 하지만, 그는 미래 변화방향의 선별방법을 깊이 연구하
지는 않았다."고 지적했다.

또 다른 예로 더크 · 윌리엄 · 트레버(Dirk Wilem te Velde)가 6개 선별
순서를 토론할 때, "제2보에 대해 말하자면, 이 단계는 정부지지(성장의
구속적 제약조건 제거)에 관한 것이지만, 현재는 한 국가가 어떤 조건에
서 어떤 정책이나 도구가 최고로 효율적(이 문제도 성장 진단이론에 적
용한다)인지 어떻게 알 수 있는지 명확하지 않다. 따라서 적합한 업종과
제약조건을 선별했다 해도, 잘못된 정책도구는 여전히 의외의 결과를
초래할 수 있다. 이는 본문에서 강조가 부족했지만 아주 중요한 관점을
이끌어냈는데, 즉 한 나라의 비교우위를 준수하는 정책의 필요로서(제1
보에서 제6보까지에 내포), 정책실행의 의존조건(정부능력, 정치적 인센
티브 메커니즘, 정부기업 관계의 성질)도 산업정책 성공의 아주 중요한
요소이다."라고 말했다.

또 다른 예를 들면, 수레쉬 텐덜카(Suresh Tendulkar)는, 저자가 역사
분석에서 대량 실패의 사례와 성공사례를 열거하였고, 종종 정부행위의
폐단을 열거했는데, "이들 요소가 흔히 시장운영의 활력을 말살할 수 있
어서, 지대추구행위의 창궐을 초래할 수 있다. 요소부존 구조와 비교우
위에 부합하는 산업에 대한 사전선택은 오류가 나타날 수 있지만, 정책
(보조금과 관세보호 포함)이 확실히 효과가 없거나 성공하지 못한 상황
에서 관련정책을 적시에 취소하기가 오히려 아주 어렵다. 문제는 어떻

게 과도하게 열성적인 정부를 통제하여, 자신이 효율적으로 장악할 수 없는 정책을 채택하지 않도록 할 것인지의 아주 풍자적 의미로 변하게 된다"고 주장했다.

대부분의 평론가가 모두 공통된 문제를 제기한 만큼, 〈신 구조경제학〉의 약점이 여기에 있음을 알 수 있다. 이는 저자가 열심히 사고할만한 문제이다.

셋째는 발전 틀과 행위과정에 관한 문제이다. 상술한 문제를 야기한, 하나의 중요한 원인은, 〈신 구조경제학〉이 발전이론 틀에 관한 설계만 있고, 주체행위 과정에 대한 분석이 부족한데 있다. 정부가 맞춤형 성장촉진으로, 협조를 진행해야 하는데 이것이 정확하고 필요하지만 어떤 상황인가? 상황은 한 가지가 아니고, 여러가지인데, 어떤 상황에 따르는가? 무엇을 협조하는가? 어떻게 맞춰 촉진할 것인가? 어떤 방법을 채택해 협조할 것인가? 이것은 구체적 선택이 필요한 것이다. 왜 어떤 정부는 시행하고, 어떤 정부는 시행하지 않았는가; 어떤 정부는 잘 했고, 어떤 정부는 부족했는가; 어떤 정부는 심지어 상반된 방향으로 노력을 하는가? 설마 인식의 문제이거나 주로 인식의 문제에 불과해서, 정부와 관리가 어떻게 발전하고 어떻게 선택할 것인지 이해하지 못한 것인가? 린이푸의 대답은 그렇다고 한다. 필자는 완전히 그렇지는 않다고 생각한다.

토론에서, 린이푸가 특별히 강조한 것은 지식문제이며, 동기의 문제가 아니다. 나는 지식과 동기를 대응하여 토론하는 것이 적당한 방법이 아니라고 생각한다. 필자는 정부와 관리의 동기에 의문을 가지지 않지만, 바로 나중에 바이종은(白重恩)교수가 말한 것 같이, 인식문제는 필요조건이지 충분조건이 아니다. 어떻게 정부가 좋은 일을 하게 하고, 잘못되고 나쁜 일을 하지 않게 격려할 것인가. 여기에 제도조건 문제가 있는데, 제도는 경로의존과 제도관성이 있어, 하나의 조건에서는 효율적인 제도이지만, 조건이 변화한 후, 무효한 제도로 변할 수 있다. 제도선택은 결국 행위선택과 행위과정 문제가 또 있는데, 즉 어떤 조건아래, 행위주체가 어떻게 자신의 행위를 선택하고 효율적 제도를 구축하여 정확한 정책을 실시하며, 적시에 제도를 개선하여, 정책을 조정할 것인지이다. 이는 경제학자가 아주 심혈을 기울여 사고하고 해결해야 하는 문제일 것이다.

넷째는 정부행위 가설문제에 관해서이다. 린이푸는 반복해서 자세히 설명하기를, 신 고전경제학의 패러다임에 따라 사고를 진행하고 문제를 토론하지만, 정부행위 가설에서는 이와 같이 완전하지 않거나 엄격하지 않다고 했다. 〈신 구조경제학〉에서, 저자는 실제로 하나의 호인정부에 입각해 있는데: 정부와 관리는 한 마음으로 발전을 모색한다. 실제로는 정부관리의 이익 최대화와 발전의 목표가 일치한다면, 발전을 열심히 모색할 수 있다; 만약 불일치한다면, 발전을 모색하지 않을 수 있다. 인센티브 메커니즘이 효율적이면, 정부관리가 발전을 모색하는 노력이 경제발전의 번영과 구조의 업그레이드를 촉진할 수 있다; 인센티브 메커니즘이 왜곡되었다면, 정부관리가 발전을 모색하는 노력이 구조의 불균형을 초래하고 경제의 불안정을 악화시킬 수 있다. 무수한 역사적 사실이 모두 이 점을 증명한다.

이뿐만 아니라, 〈신 구조경제학〉에서 정부는 추상적 정부이고, 구체적인 개인이 구성한 조직이 아니며, 다른 이익집단이 상호쟁탈 하는 권력의 중심이 아니다. 이렇게 아주 복잡한 사물에 대해서는 추상적 토론이 아닌, 구체적 분석이 필요한데 인식과 지식은 하나의 문제이지만, 근본적 문제가 아닐 수도 있으며, 조건, 메커니즘, 이익이 비로소 중요한 것이다. 그렇지 않으면 상황의 발전은 제도조정과 정책개정을 필요로 하는데, 정부는 일부러 조정과 개정을 하지 않고, 이미 무효화된 제도와 시대에 뒤떨어진 정책을 여전히 지속하려고 하면서, 실패를 맛보고, 위기가 발생할 때야 비로소 정신을 차리게 될 것이다. 이뿐만 아니라 위기는 모두 시장실패만으로 발생하는 것이 아닌데, 이번에 미국으로 인해 유발된 국제금융위기는, 정부도 중요한 유발자이며 공모자였다. 따라서 린이푸가 신 고전의 가정을 고수하려면, 이를 철저하게 끝까지 관철해야 하고, 각 부분에서 구현해야 진정한 가치 있는 발전경제학을 구축할 수 있을 것이다.

마지막으로 〈신 구조경제학〉의 논리와 린이푸의 중국 미래 20년에 대한 경제성장 예측 간의 모순에 관한 것이다. 지금까지, 세계적으로 반세기 동안 8%이상의 성장을 지속하며, 위기가 발생하지 않은 선례가 없었고, 아시아의 "네 마리 용"도 그러했다. 〈신 구조경제학〉이 1인당 평균 소득의 비율 비교를 이용해 증거로 삼는 것도 근거가 부족하다. 중국경제가 30년동안 9% 넘는 고속성장을 거쳐, 현재 구조는 이미 심각한 불균형 상태인데, 사회적 모순이 상당히 첨예하고, 시장메커니즘은 억제 왜곡되어, 제약을 받지 않는 정부와 국유기업의 강력한 확장이 이미 발전을 저해하는 중요한 문제가 되었다. 린이푸의 예측은 무의식중에 문제를 덮고 마비시키는 역할을 한다.

토론 중에, 린이푸 본인은 중국 경제성장 잠재력이라고 말했는데, 대중매체가 단장취의(斷章取義), 심지어는 단구취의(斷句取義)하여(역주: 왜곡된 편집), 대중매체 보도에서 "잠재력"이라는 글자를 없앴다고 말했다. 물론, 성장잠재력과 성장실적은 근본적인 차이가 있다. 하지만 린이푸는 20년 동안 8% 성장한 잠재력이 어떻게 계산되어 나왔는지 제공하지 않았다. 성장잠재력은 인구조건, 시장조건, 자원조건, 자금축적, 인적자본 개선, 혁신 인센티브 등의 아주 많은 요소로 결정된다는 것을 알아야 하는데, 이러한 요소의 일부는 눈에 띄게 악화되었고, 어떤 개선은 조건과 메커니즘이 필요한데, 어떻게 창조하고, 어느 정도까지 창조할 수 있는지는, 모두 아주 확정적이지 않다. 중국은 운이 좋아, 과거 30년 동안 기본적으로 큰 문제에 부딪히지 않았지만, 몇 차례 위기폭풍의 외곽에 있었는데, 미래 20년은 어떻게 해야 위기가 발생하지 않게 보장할 수 있는가? 린이푸는 과거 많은 사람들이 여러 차례 늑대가 왔다고 하는 것처럼 위기가 발생할 것이라고 말했지만, 늑대가 오지 않았듯이 위기도 발생하지 않았다고 말하였다. 하지만 과거에 늑대가 오지 않았던 것이 이후에도 오지 않을 것을 의미하지는 않으며; 과거 위기를 피했다는 것이 미래에 위기가 발생하지 않을 거라는 것을 의미하지도 않는다. 따라서 "잠재력"이라는 글자를 추가한다 해도, 린이푸는 사람들에게 믿을 만한 근거를 제공하지 않은 것이다.

어떻게 진일보한 사고와 연구를 할 것인가

린이푸는 〈신 구조경제학〉의 틀을 만들었는데, 내 생각에는 괜찮은 틀이지만, 역시 틀일 뿐이다. 뼈만 앙상하고 살이 없는, 혹은 어떤 사람들이 말하듯이 아주 약간의 살이 있다. 그래서 만들어야 하는 과정이 아직도 많다. 계속 고수하고 심화하여, 튼튼한 골격과 실속 있게 살을 만들 때까지 지속할 것인지, 중도포기하고 그만둘 것인지; 자신이 주도하여 착수하든지, 다른 사람이 대신하여 초보자가 중임을 맡든지는 모두 현재 결정해야 하는 중요한 선택이다.

내 생각에는 아주 좋은 기초가 있는 만큼, 계속해서 사고하고 깊이 연구해 일정한 시간 안에 결과를 얻어, 더 가치 있고 무게 있는 발전경제학의 대표적 저서를 내놓아야 할 것이다. 물론 자신이 하거나 다른 사람이 할 수도 있다. 하지만 나는 자신이 주도하고 직접 착수하는 것이 좋다고 생각한다. 린이푸는 이 일을 잘 할 만한 충분한 필요조건을 갖추었기 때문이다. 그는 현대경제학의 체계적 훈련을 받았고, 세계은행에서 일한 실천적 경험도 있고, 중국 경제문제와 경제발전에 대한 장기적 관찰과 사고를 했으며, 특히 국내외의 대가들과 교류하며 토론을 진행할 수 있다. 이 모든 것은 어떤 부분에서는 린이푸가 아주 뛰어나지 않다 해도 종합적으로 살펴 보면 국내 경제학계에서는 그를 초월할 수 있는 사람이 없기 때문이다.

어떤 사상이론의 발전도 모두 정확한 방향성이 필요하고, 자신의 선도자가 필요한데 경제학도 예외가 아니다. 1920-30년대에, 천인커(陈寅

恪) 등 칭화대학교 네 명의 교수가 시대를 선도하며 새로운 바람을 일으켰는데 지금까지도 사람들에게 흥미로운 미담이 되었으며, 학술사상사의 중요한 연구대상이 되기도 했다. 20세기 후반에, 타이완 경제학계에 장쉐제(蔣碩杰), 싱무환(邢慕寰) 등과 같은 선도자가 출현하였다. 특히 장쉐제는 다문화의 영향을 받았고, 프리드리히 하이에크(Friedrich August Hayek)에게 사사 받았으며, 또한 IMF근무경험과 미국대학의 동종 업계와 교류할 조건에 있어서, 대부자금 문제 등의 금융이론 영역에서 자신의 공헌과 창조를 이뤄냈다. 1940년대부터 시작하여, 그는 케인스의 유동성 선호이론과 저축량 분석방법에 대해 비평을 제기했는데, 그의 "발라스 법칙(Walras' Law)" 및 오용에 대한 분석은 케인스주의의 이론적 기초를 흔들었을 뿐 만 아니라 신 고전경제학의 한계를 드러냈다. 그는 자본 포트폴리오 균형이 화폐이론의 기초가 되는 것이 적당하지 않으며, 저축량 분석방법이 유량분석방법을 대체하여 화폐시장분석의 주요 방법이 될 수 없다고 주장했는데, 이를 국제경제학에 적용하여 선물환율 결정이론을 제기하여, 외화투기와 국제자금 유동이론 틀을 구축했다. 장쉐제는 그의 이론을 중국 타이완의 경제발전에 응용해, 20세기 후반기 타이완의 경제정책을 주도했다. 타이완 경제발전의 성공은 장쉐제 이론에 대한 경험적 실증이며 그의 이론 또한 풍부하게 했다. 〈신 구조경제학〉은 장쉐제의 이론을 충분히 중시해야 한다.

이에 비해, 중국대륙의 경제이론 발전은, 아주 큰 우여곡절을 거쳤을 뿐만 아니라, 진정한 선도자도 부족했다. 구세대의 쉐무챠오(薛暮橋), 순예팡(孫冶方), 동푸렁(董辅礽), 리우궈광(刘国光), 우징롄(吳敬璉)은, 시대적 한계와 지식구조의 편파성으로 인해, 세계경제학의 주류밖에 놓이게 되었고, 현대경제학 논문이 한 편도 없는데, 누가 장쉐제와 비교할 수 있는가? 젊은 세대의 출중한 인물이 현대경제학의 체계적 훈련을 받고, 현대경제학 분석도구와 분석방법에 정통하여, 유명세를 타기 전에 경제학의 이론연구도 하고, 한 두 개의 괜찮은 작품이 있었다 해도 일단 유명해지면 많은 사람들이 학술연구를 떠났다.

이를 감안해, 어떤 선택을 할지는 린이푸 앞에 놓여 있다. 현재 린이푸 관직에 대한 전망은 좋아 보이고, 정부에서도 적극적으로 끌어줄 수 있다. 필자가 보기에는 관학양서는 또 다른 생존의 길이지만, 진정한 의지가 있는 학술적 학자에게는 오히려 죽음과 같다. 특히 현행제도에서, 아주 많은 비극이 이미 발생하였는데, 다시 잘못된 전철을 밟지 않기 바란다. 사후약방문이 되지 않도록 미리 언급하고자 한다.

황샤오안(黃少安): 〈신 구조경제학〉 측면적 평론23)

린이푸교수의 〈신 구조경제학〉은 장기간에 걸친 이론적 사고이며, 개발도상국에 대한 장기적 관찰과 연구의 결과이다. 이는 중요한 이론과 응용의 가치가 있는 성과이다. 그의 기존 발전경제학에 대한 재고는, 개발도상국의 발전역사와 현실에 대한 관찰과 사고에 기초하여, 발전경제학의 혁신을 모색해 개발도상국이 더 신속하고 더 나은 발전을 하도록 추진하거나 이끌었다.

주요관점에 대해 나는 모두 찬성한다. 예로, 경제구조 및 그 변화의 내생성을 강조하였는데, 한 나라의 경제구조 및 그 변화는 요소부존 구조와 그 변화로 인해 내생 결정된다는 것이다; 한 나라의 경제발전 과정은 본질적으로 요소구조 업그레이드와 변화이므로 경제구조(산업구조) 업그레이드와 변화의 과정이다; 요소부존 및 그 구조는 국가의 총예산 및 상대가격을 결정하여 한 나라의 비교우위를 결정한다; 한 나라가 발전전략을 제정하는데 반드시 자신의 비교우위를 선별하고 이용해야 할 것을 특히 강조한다; 시장 메커니즘의 기초적 역할을 발휘하는 것과 동시에, 정부의 역할을 발휘하는 것을 강조한다; 금융구조는 금융서비스

---

23) 산둥대학 경제연구원. 주소: 济南市山大南路27号山东大学经济研究院, 250100; E-mail: shaoanhuang@sdu.edu.cn.

수요에 대한 경제구조에서 내생된 것인데, 한 나라의 다른 발전단계는 다른 특정한 금융구조를 필요로 한다; 등등. 이런 이론 관점이 일부는 사람들의 합의 혹은 아주 쉽게 합의에 도달할 수 있지만, 린이푸 교수는 모두 깊이 분석하고 상세히 서술하여 독창적 사고를 했다. 더 중요한 점은 그가 발전경제학 이론과 발전실천에 관한 재고를 기반으로, 신 고전적 방법을 이용하거나 신 고전의 틀 내에서, 일련의 사상을 과거 발전경제학과 다른 이론의 한 틀로 집약했다. 나는 이런 이론 탐색과 이미 제공된 이론 틀이 최소한 일정 정도는 개발도상국에 "처방"과 "메뉴 정하기"역할을 할 수 있을 것이라 생각한다. 물론 이 틀은 여전히 비평받을 수 있고 완벽해질 필요가 있다.

다음은 내가 몇 가지 측면에서만 나의 사고를 드러내거나 평론을 진행하려 하는데:

첫째는 〈신 구조경제학〉 자체의 논리에 관한 것이다.

린이푸 교수의 이론에서, "정부"는 어떤 성질인가? 정부에 부여된 직책에서 보면, 정부는 "좋은 정부"이고, 능력이 아주 강한 정부이거나 표준이 아주 높은 정부인 것 같다 - 정태적 의미에서 한 국가에 현존하는 비교우위를 발견하고, 우위산업을 선택하여 육성해야 한다. 또한 동태적 의미에서는 이미 변화된 비교우위를 지속적으로 발견하여, 요소구조와 산업구조를 제때에 업그레이드하고, 협조문제와 외부성 문제도 해결해야 한다. 문제는: 정부의 인센티브나 원동력은 어디에 있는가? 이러한 능력 - 정보취득과 비교우위 선별능력 유무에 있는가? 린이푸 교수가 강조한 "신 고전방법" 및 그의 기타 저서 안의 사상에 따르면, 정부는 당연히 또한 반드시 "신 고전"적 정부여야 하는데, 그렇지 않다면 전체이론에 논리적 불일치성이 있을 수 있다. 하지만 신 고전적 의미상의 정부라면, 자신의 이익에서 비교우위를 이용하지 않고, 좋은 제도를 채택하지 않을 수 있는데, 이것이 정부에 더 좋거나 단기적으로는 더 좋을 수 있다. 신 고전적 정부가 아니라면, 정부의 원동력 메커니즘 문제에 답해야 하는데, 신 고전적 구조경제학 틀과의 논리적 일치성 문제도 고려해야 한다. 평론가 안네 크루거는 정부의 정보와 판단능력 문제를 지적했고, 대니 로드릭은 정부의 인센티브 문제를 지적했지만 이론 틀과의 논리적 일치성 문제는 지적하지 않았다.

현실에서 정부가, 하나의 신 고전적 정부일지라도 거대한 역할이 발생하고 있는 것이 확실하며, 이를 부인할 수 없는 것이다. 그래서 린이푸 교수는 적합한 부분에 일부분의 내용을 여전히 추가해야 하며, 이것만 필요하기도 한데, 정부의 신 고전적 성질을 명확하고 상세히 설명하고, 증명을 논술하고 실증한다: 신 고전적 정부가 어떤 때는 자신의 이익에서 고려하거나 자신의 능력 때문에 최선의 선택(발전에 상대적으로 보자면)을 할 수 없다 해도, 정부의 역할이 여전히 중요하고 필수불가결한데, 빈곤상태에 있는 개발도상국가에서는 특히 그렇다. 하나의 빈곤한 개발도상국이 정부역할 없이 어떻게 발전할 수 있을지 우리는 상상할 수 없다.

둘째는 신 구조경제학과 깊이 연관되고, 신 구조경제학에서도 언급된, 하지만 깊이 논술하지 않았던 문제이다.

린이푸 교수는 노스(Douglass C. North)교수 등으로 대표되는 신(고전)제도 경제학에 대해 아주 많은 연구를 했다. 개발도상국을 연구하는 신 구조경제학으로서 확실히 제도를 소홀히 할 수 없다. 하지만 그는 정부의 역할을 논할 때 제도를 언급했는데, 정부가 당연히 전력, 항구 등의 하드웨어 환경과 법제환경, 금융제도 등의 소프트웨어 환경을 포함해서 "각종 기반시설"을 제공해야 한다고 주장했다. 발전 중인 제도문제에 비하면 이런 분석은 아직 부족한 것이다. 경제발전 과정은 일정한 의미에서는 제도와 제도구조의 변화과정이기 때문이다. 제도 및 제도구조와 경제구조를 반드시 연계해야 하는데, 제도구조가 내생화되는 이론이 있다. 제도구조 및 그 변화와 경제구조 및 그 변화는 어떤 관계인가? 제도구조 자체는 내생적인가 외생적인가? 제도구조의 내생성은 이중적

의미가 있는가: 첫째 미시적 의미에서 특정제도와 관련된 다른 이익 주체의 선택에 의해 내생되는데, 신(고전)제도 경제학은 이미 이러한 내생성을 밝혀서 왜 어떤 시기는 양호한 제도혁신이 출현하고, 어떤 시기는 저 효율의 제도가 비교적 장기간 존재하여 이른바 제도의 저효율 내시 균형(Nash equilibrium)을 형성하는지 설명할 수 있다; 둘째 거시적이고 장기간의 역사적 의미상 경제구조에서 내생되는데, 다시 말해, 경제발전과 경제구조 변화가 제도구조 및 그 변화를 결정한다. 거꾸로 제도구조 및 그 변화도 경제구조 및 그 변화에 영향을 주는 상호 인과관계가 있다. 이는 사실 마르크스 경제학과 역사 유물주의 표현체계에서도 토론할 수 있다.

셋째는 신 구조경제학을 확장하는 의미에서, 요소구조와 산업구조를 수량구조의 의미에서 공간구조의 의미로 확대하도록 제안한다. 다른 개발도상국의 발전문제를 토론한 만큼, 하나의 현상이 객관적으로 존재하는 것, 즉 다른 국가의 요소가 공간분포 상에서 다르기 때문에, 총량과 수량비율이 같은 요소라도, 공간구조가 달라서 발전에 다른 영향을 미칠 수도 있다. 큰 나라에 있어서는 공간구조의 의미가 더 클 것이다. 이러한 영향은 아마도 질적 차이는 없어도, 양적인 차이가 있을 것이다. 따라서 정책과 전략을 선택할 때 고려해야 할 것이다.

장쥔(張軍): "비교우위 설"의 확대와 한계[24]

본래, 현대경제학 교육을 받은 모든 경제학자들은 자원분배와 효율적 배분 실현에서 가격메커니즘이 제일 중요함을 깊이 이해하는데, 이는 바로 신 고전경제학의 기본원리와 사상이다. 그렇지만 경제학자가 "전쟁 후"일본 경제의 고속성장과 "동아시아 기적"을 마주할 때, 오히려 합

24) 푸단(复旦)대학 중국사회주의 시장경제 연구센터. 주소: 上海市国权路600号复旦大学中国社会主义市场经济研究中心, 200433; E-mail: junzh_2000@fudan.edu.cn.

의에 도달하기 어려운 논쟁이 있다. 논쟁의 초점은 정부의 지도와 선택적 산업정책의 효과적 실시를 벗어난 이런 "기적"이 가능한가에 있다. 왜 이러한 논쟁이 있을 수 있는가? 한편으로는 경제학자는 "전쟁 후"에 선두국가 경제를 추월하는데 성공할 수 있었던 국가가 숫자상으로 소수에 불과했고, 대다수 아프리카와 라틴아메리카 국가가 이후에 정통한 "워싱턴 컨센서스"(Washington Consensus)로 요약된 방법을 준수했더라도, 경제성장이 항상 일시적으로 나타났다 사라졌고 지속적 경제성장을 실현할 수 있는 경제는 거의 드물었음을 관찰했기 때문이다. 또 한편으로 우리가 "경제발전"(economic development)을 하나의 동태효율에 기반한 구조 업그레이드의 세대교체 현상으로 이해할 때, 정태효율 최적화를 강조하는 신 고전경제학의 분석도구는 아주 큰 한계에 부딪히게 되기 때문이다. 따라서 경제발전 사고를 대상으로 하는 경제학자들은, 구조변화와 업그레이드에 관한 동태효율을 어떻게 실현할 것인가의 문제로 자연스럽게 주의를 전환하여, 일본과 동아시아 경제의 정부가 경제구조의 지속적 변화와 업그레이드를 어떻게 효율적으로 촉진할 수 있었는지 연구했다. "발전전략"(development strategy)은 본래 정통 경제학 이론의 범주와 경제학자의 시야에 있지 않았지만, 상술한 일본과 "동아시아 기적"에 대한 논쟁으로 인해 경제학자의 시야에 들어오게 되었다.

발전전략에 관한 연구문헌에서, 무역정책과 발전전략 연계는 최초의 연구시도라고 볼 수 있는데 지금으로부터 적어도 반세기는 지났다. 이 문헌에서 비교우위에 기반한 수출지향전략 강조와 비교우위를 위배한 수입대체 전략 강조는 경제학자들이 광범위하고 진지한 토론을 하게 했다. 이 부분과 관련된 문헌에서, 크루거(Krueger, 1984)가 논문 "비교우위와 발전정책: 20년 후"에서 아주 좋은 평론을 했으며, 여기서는 다시 장황하게 설명하지 않겠다. 무역정책으로 경제발전과 정태 비교우위를 서로 연결시키는 것은 이 시기 경제학자의 발전전략 토론에서 기본적 단서였다. 이 토론의 동기 중 하나는 정태효율 최적화의 원리를 경제발전 현상이해에 사용하려 한 것임을 쉽게 이해할 수 있다. 하지만 전쟁 후 성공적으로 경제발전을 실현한 경제체는 대부분 동아시아 지역경제이기 때문에 일본, 동아시아 "네 마리의 용" 및 중국, 베트남 등을 포함한 신흥시장경제의 성공방법이 비교우위를 준수한 발전전략 실행한 것으로 해석할 수 있는지 여부와 어느 정도 해석할 수 있는지는, 경제학자들에게는 장기적 논쟁주제이다. 논쟁에서 얻은 중요한 결론은, 이들 경제는 모두 다른 시기 융통성 있게 다른 무역전략과 발전정책을 사용하여, 정태 비교우위의 분석 틀을 이용하여 개괄하기는 어렵다.

  의심할 바 없이, 수출지향과 수입대체라는 "양분법"은 오늘날에는 이미 더 이상 유행하지 않는데, 더 많이 남아있는 것은 이 토론에 대한 재고이다. 이와 긴밀하게 서로 연결된 것은 또한 정부와 시장의 경계와 상대적 역할에 관한 토론이 있다. 마찬가지로 이 토론도 결론을 내기 어렵다. 특히 세계은행에서 1994년 〈동아시아 기적: 경제성장과 공공정책〉(중문 판, 1995)의 연구보고를 출판했을 때, 신 고전경제학으로 경제발전 현상 해석을 주장하지 않았던 경제학자들은 발전경제학에서 주류 경제학의 거대한 한계에 더 직면하게 되었다. 최근 별세한 경제학자 앨리스 앰스덴(Alice Amsden)은 이 반대파의 대표적 인물이다(Amsden, 2001, 2007; Amsden and Chu, 2003). 타이완 "중앙연구원"의 취완원(瞿宛文)교수도 이 학파의 적극적인 제창자이며 추진자이다. 이 학파의 기본사상 및 신 고전학파와의 분야에 관해서는 취완원 교수의 저서 〈글로벌화에서의 타이완 경제〉(2003)를 참고할 수 있다.

  하지만 어떻게 말하든, 과거 20여 년 동안 "경제발전"을 주제로 연구하는 열정 또한 서서히 식어가고 있는데, 소위 발전경제학자들이 대부분 개발도상국의 "미시적 발전"영역(예로 빈곤, 소득분배, 노동력 시장, 민간신용대출 등)에 대한 경험실증 연구로 전환하여 자체적으로 그 안에서 즐거움을 찾고 있다. 주류 경제학자들은 다른 길을 따라 성장, 법률과 금융, 무역, 제도 등의 많은 분야에서 각자의 연구작업을 전개하고 있는데, 이들 연구가 "발전전략"에 관한 지식을 제공하고자 한 것은 아니지만, 경제성장 차이현상을 더 깊이 해석하고 이해하는데 오히려 모두 아주 중요한 문헌이기도 하다. 하지만 여전히, 오늘날 유럽과 미국 경제학의 주류시장에서, "발전경제학"은 하나의 경제발전 전략과 경제수렴 현상을 토론하는 중요한 영역이나 학과로서 "전쟁 후" 초기의 두각을 여전히 보이지 않는 상태라고 말할 수 있다. 존 윌리암슨(John Williamson)(1990)이 "워싱턴 컨센서스"로 요약한 정책제안일지라도, 경제학 발전에 대한 일반이론의 요약은 아니지만, "발전경제학"을 종결하는 표지로 확실히 간주할 수 있다.

그런데 중국 경제학자 린이푸는 20년 동안 시종일관 "발전경제학"을 써 내려가는 노력을 포기하지 않았다. 그의 이런 노력의 시작점은 초기 경제학자들의 비교우위 무역전략에 관한 사상을 개발도상국의 전체 경제구조변화 업그레이드의 전면적 고려 안에서 일반화했는데, 자체 비교우위에 부합하는 발전전략을 핵심으로 하는 발전경제학을 구축하려 했다.

중국 당대에 중국경제 연구로 국내외에 유명한 경제학자가 아주 많지만, 린이푸 교수는 아주 특별하다. 1990년대 중기 전에, 그는 많은 중국 경제학자들처럼, 중국의 제도전환과 경제발전 부분에서 구체적이고 흥미로운 문제 연구에 노력을 기울였고 상당한 성취를 이뤘다. 실제로 1980년대, 린이푸는 최초로 중국 농업개혁에 관한 일련의 경험적 실증 연구의 논문을 발표하여 국제경제학계의 주목을 받았다. 이들 성과는 나중에 중문으로 번역되어, 〈제도, 기술과 중국농업 발전〉(1992)으로 중국에서 편집출판 되었다. 당시 아주 많은 젊은 경제학자들이 중국 경제발전과 전환부분과 관련된 다양화된 과제에 대한 흥미가 여전히 줄어들지 않았을 때 린이푸 교수는 연구의 중심을 중국 경제전환과 발전중인 다양한 구체적 과제의 경험적 연구에서 경제발전 전략에 대한 더 전반적인 사고로 전환하여, 일반적 의미를 가진 발전전략에 관한 경제학 틀을 구축하려 했다. 그가 1994년의 〈중국의 기적: 발전전략과 경제개혁〉을 시작으로, 2008년 캐임브리지에서 "마셜강좌"를 발표할 때까지, "비교우위"를 핵심으로 형성된 발전전략의 분석논리를 기본적으로 정형화했다. "마셜강좌"에 기반해 출판된 〈경제발전과 전환: 사조, 전략과 자생능력〉(2008)은 린이푸 교수가 경제발전 전략문제에서 새로운 경지에 도달한 표지로 간주할 수 있다. 그 후 린이푸 교수가 세계은행에 4년 재직하는 동안 비교우위에 기반한 경제발전 전략의 분석논리를 보류하지 않았을 뿐만 아니라, 오히려 계속해서 준수하고, 확대 발전시켜, 50년동안의 발전경제학 연구문헌의 진전단계를 절묘하게 연결해, "신 구조경제학" 분석 틀의 초기형태를 만들었다. 따라서 경제발전의 범주로서는, 〈신 구조경제학〉은 하나의 참신한 시도이다. 〈신 구조경제학〉은 수십 년간 중단되었던 "발전경제학"을 계속 써 내려간 것이다.

〈신 구조경제학〉은 린이푸가 경제발전 연구작업을 주도하고 전세계 저개발국 경제체의 경제발전 프로젝트에 헌신하여 체득한 바를 하나의 측면에서 요약한 것일 뿐만 아니라 과거 20년 동안 줄곧 제창해온 경제발전에 관한 비교우위의 분석논리를 확대 발전시켜, 하나의 이론분석 틀을 형성하고 이를 통해 과거 반 여세기 이후의 발전경제학 연구를 새로운 단계로 끌어 올렸다. 세계은행의 고위 부행장으로서, 재임 기간과 그 이후에도 여러 편의 학술저서를 출판했는데, 이는 보통사람은 할 수 없는 것이다. 2012년 10월 13일 저녁, 나는 린이푸 교수 60세 생일의 저녁연회에서, 린교수에게 주어진 몇 십 년 동안 이렇게 바쁜 업무리듬과 풍부한 연구성과를 내면서도, 수면시간을 유지할 수 있었던 비결이 무엇인지 아주 궁금하다고 말했다.

〈신 구조경제학〉을 읽으면 분석 틀의 핵심은 여전히 린이푸 교수가 과거 20년 동안 시종일관 변하지 않고 계승한 "비교우위"의 개념과 분석논리임을 아주 쉽게 알 수 있다. 그래서 〈신 구조경제학〉을 통해 당신은 〈중국의 기적〉과 〈경제발전과 전환〉의 그림자를 볼 수 있는데, 이는 이

상한 일이 아니다. 린이푸 교수는, 경제발전을 촉진하는 아주 많은 요소 중에서 전략선택과 정책을 제일 중요한 요소로 생각한다. 자신의 비교우위와 부합하고 위배하지 않는 발전전략을 선택한 것은 낙후된 경제에서 잰 걸음으로 빨리 뛰는 방식의 경제발전 실현 여부의 관건이라고 린이푸 교수는 생각했다. 린이푸 교수는 초기 일부 경제학자들이 주장한 "대약진"전략을 비평했는데, 바로 이런 전략은 경제자신의 초기 조건과 부존을 잘 고려하지 않아, 국정을 이탈하고 선진 경제체 산업구조를 기계적으로 모방할 우려가 존재해서, 자연히 자신의 비교우위를 위배하게 되었기 때문이다. 린이푸 교수는, 비교우위 전략을 준수한 경제발전이란, 정부가 자신의 부존조건에 부합하는 산업을 선택해, 이에 적합한 산업구조를 형성하게 되면, 이러한 산업은 비로소 자생할 수 있어서, 정부 보조금으로 그 존재를 유지할 필요가 없는 것이라 보았다. 그러므로 일정 정도에서 자신의 부존조건을 초월하고, 일정한 가격왜곡과 선택적인 산업정책으로 일부 산업의 초고속발전 장려를 주장하는 "수정학파"와는 다르게, 린이푸 교수는 정부가 비교우위의 발전전략을 따라 산업정책을 실시한다면, 경제구조의 변화는 점진적이며, 지속적으로 진보하며, 대약진과 비약적 변화는 아니라고 보았다. 린이푸 교수는 이를 잘 해낼 수 있다면, 경제는 이러한 구조변화에서 발전되어, 기술과 산업업그레이드도 이러한 발전진화 형식으로 실현된다고 주장했다. 〈신 구조경제학〉이 구조변화의 논리를 경제발전의 다른 방면까지 연장할 수 있는데 예를 들면 금융구조는 경제발전의 단계와 서로 조화되어 경제발전과 구조변화를 더 잘 지지하도록 해야 한다. 〈신 구조경제학〉이 내놓은 중요한 사상은, 성공한 발전전략은 비교우위 및 변화규칙을 동태적으로 준수하고, 각 발전단계에서 이에 상응하는 발전정책을 실시하여, 경제구조의 변화가 시종일관 부존조건의 변화에서 이탈하지 않도록 보장할 수 있는 것이다. 이것이 바로 린이푸 교수가 강조하는 핵심적인 논점인데, 즉 경제가 어떤 산업구조인지는, 요소부존의 상대가격에서 기원하며; 또한 경제성장은 요소부존의 상대가격을 점차 변화시킬 수 있어, 산업구조의 변화를 유발한다.

그렇다면, 정부가 경제발전에서 어떤 역할을 해야 하는가? 이는 〈신 구조경제학〉의 또 다른 중요한 내용과 관련된다. 사실상, 〈신 구조경제학〉은 린이푸 교수 본인 및 다른 사람과 공동연구한 7편의 논문수록이지만, 나는, 우리가 신 구조경제학의 이론적 공헌을 인식하는데, 특히 정부가 어떻게 행동해야 할 것인지 같은 문제에 답변하는데에 2편의 논문이 제일 중요하다고 생각한다. 이 2편의 논문은 각각 제1편과 제3편이다. 그 중에서 제3편 안의 "성장선별 및 맞춤형 성장촉진 틀"(Growth Identification and Facilitation Framework, GIFF)에 대해 정부의 역할과 구체적 행동지침을 참신하게 제공하였다. 그 사상을 말하자면 〈신 구조경제학〉은 제창하기를, 정부역할이 시장대체, 시장왜곡을 하는 것이 아니라 시장결함을 보완하는 것으로, 기반시설, 공공서비스 등을 제공하는데서 중요한 역할을 담당할 뿐만 아니라 비교우위에 부합하는 산업의 발전을 발견, 유인, 촉진하는데 중요한 역할이 있다는 것이다. 이는 신 고전경제학 사상을 고수하는 경제학자들의 관점과 또 아주 큰 차이가 있는 것 같은데, 후자에게 있어서는 정부가 시장보다 그 부분에서 더 잘 할 수 있음을 믿지 않기 때문이다.

〈신 고전경제학〉에서 실무적 발전정책을 토론하고 개발도상국 정부에 조작성을 가진 지침을 제공한 여러 논문이 있지만, 총체적으로 제공한 것은 여전히 경제발전 전략과 관련된 사고 틀(thinking framework)이다. 이 틀에 기초한 경제발전 이론이 형성되어 확장되기를 여전히 기다리고 있다. 내가 말한 이러한 이론은 정태 비교우위에 기반한 분석논리로, 경제구조 변화 업그레이드와 경제수렴을 설명하고 처리하는 동태적 이론이다. 이 이론은 요소부존이 선진 경제체와 아주 다른 경제에서 그 정부가 어떻게 매 단계에서 부존조건에 부합하는 발전정책을 선택해, 경제구조에서 선진경제와의 수렴을 신속하게 실현할 수 있을지 우리에게 알려줄 수 있어야 한다. 나는 이 이론이 구조적으로 어떻게 될 것인지 아주 궁금하다. 현재의 문헌에서, 경제학자들이 정태 비교우위 학설에 기반하여 구축한 무역이론(H-O모델)과 국제무역의 패턴 및 구조가 갈수록 더 일치하지 않는다는 것을 발견했을 때, 크루그먼(Krugman (1979, 1986))등은 정태 비교우위 이론을 초월해 새로운 무역이론을 발전시켰는데, H-O모델과 새로운 무역패턴 현상 사이의 불협화음을 조율하려 했다. 이론적으로, 새로운 무역이론은 자연부존과 정태 비교우위에 기반한 것이 아니라 규모수익의 점진적 증가와 독점경쟁 이론 틀에 기반하였는데, 후자는 분업과 전문화 등과 같은 동태효율과 동태 우위 변화 등 문제에 대한 이론 처리에 비교적 적합했기 때문이다. 심지어 양샤오카이(杨小凯)가 열심히 부흥을 모색했던 또 하나의 새로운 고전 경제학(이른바 inframarginal analysis)을 포함해, 동태적 구조와 변화와 관련된 무역, 성장과 경제발전의 많은 영역에서, 우리가 보는 이론발전 방향이 모두 정태효율 최적화의 비교우위 이론을 초월해 구조의 동태적 변화와 전환 업그레이드의 경험현상을 해석한 것 같다. 이와 반대로, 린이푸 교수는 20년 동안 계속해서 제창했던 비교우위에 기반한 산업정책과 발전전략의 사유 틀을 분명히 고수한 것이지, 정태적 비교우위 학설의 이론적 기반을 초월한 것은 아니다. 따라서 이론적으로 정태효율에 기반한 비교우위 이론을 무역부문에서 직접적으로 전체산업 범위로 어떻게 변화 발전시켜, 한 나라 국내 산업정책과 산업구조 변화 업그레이드 영역에 운용할 수 있을 것인지는 신 구조경제학의 기초이론 작업이 될 것이다.

   이밖에도 현재까지, 우리에게는 아서 루이스와 레이니스 - 페이(Arthur Lewis(1954)와 Ranis-Fei(1961,1964))가 제안한 경제발전 이론과, 로버트 솔로우(Robert Solow(1962))가 제안한 경제성장 수렴모델이 이미 있고, 로버트 루카스(Robert Locus(1988))가 제안한 경제발전의 새로운 이론도 있다. 현재까지 성장과 발전에 관련된 이 모든 이론은 우리가 중국을 포함한 신속한 경제성장을 실현한 경제체의 이해에 중요한 이론 틀이지만, 본질적으로는 아직도 성장메커니즘에 관한 학설에 불과하며, 우리에게 가르쳐 준 것은 어떤 요소가 어떤 방식을 통해 경제성장에 공헌했는가 이지만, 경제발전 전략에 관한 일반이론은 아니었다. 우리가 발전전략을 그러한 성장요소와 메커니즘을 충분히 효율적으로 이용할 수 있는 정책조합으로 이해한다면, 발전전략과 관련하지 않고서는, 아주 많은 경제가 성장요소 조건을 구비한 것 같은데도 지속된 경제성장을 왜 여전히 실현하지 못했는가 하는 사실을 설명할 수 없을 것 같다. 흥미로운 것은 〈신 구조경제학〉에서 이론적으로 중대한 혁신이 있다면, 무역에서 비교우위 학설을 필연적으로 고수하면서, 이 학설을 널리 보급하여, 부존조건, 산업구조의 동태발전, 성장과 경제수렴 등의 부분에서 초월이 아닌, 정태효율 최적화에 기반한 경제학이론을 제공한 점인 것 같다. 이는 신 구조경제학의 추종자들이 앞으로 노력해야 할 방향일 것이다. 이는 어쩌면 오늘날 경영대학의 경제학자들이 정통적인 미시경제학을 "관리경제학"(Managerial Economics)이나 "상업전략 경제학"(Economics of Business Strategy) 같은 교재로 개편하려 하는 것과 약간 비슷한데, 정태효율 최적화에 관한 정통적인 경제학원리는, 우리가 비즈니스 세계를 이해하는데 도움이 되고, 비즈니스 정책결정 개선에 참고의 가치가 있기를 모두 바라지만, 이러한 시도는 진정한 비즈니스 세계의 정책결정자에게 있어서는 한계가 아주 크다.

이렇다 할지라도, 신 구조경제학이 이 방향을 향해 시작한 노력 또한 있음을 나는 주의하고 있다. 예를 들면, 신 구조경제학은 경제발전 과정을 연속된 산업과 기술의 업그레이드의 과정으로 정의했다. 경제발전 과정이 연속적인가에 관해서는 나는 다수 경제학자들이 의견을 보류할 것이라고 믿는다. 하지만 린이푸 교수의 이러한 정의는 분명히 신 고전 경제학의 기본사상과 부합한다. 신 고전경제학의 시스템 내에서 모든 경제변량의 변화는 모두 연속 미분할 수 있는 것이기 때문이다. 하지만

잇달아 문제가 나타났는데, 경제발전이 특정한 대상이 되면서 신 고전
경제학의 개념범주 안에 있지 않게 된다. 따라서 신 고전경제학 이론
시스템에 기반해 저개발국가의 경제발전 현상을 사고하고 대하면, "워
싱턴 컨센서스"가 내포했던 것처럼, 시장화만이 유일한 해결방안이어서,
정부가 경제발전 정책과 전략을 선택할 수 있는 자유와 기회를 극도로
제한하게 된다. 따라서 경제발전이 시장에 의해 유도된 자발적 변화과
정(하이에크가 말한 "자발적 질서")과 비슷해지면, 발전경제학의 특정
토론 대상과는 서로 아주 멀어지게 된다. 신 구조경제학이 발전경제학
의 3.0버전으로서, 발전전략을 사고하는 이론이 되었는데, 발전전략의
존재를 위해 어떻게 중대한 공간을 남겨둘 지는 이론의 도전이 될 것
같다.

　또한, 신 고전경제학의 사유 틀에서 출발해 경제발전을 하나의 연속
된 자연진화 과정으로 간주한다면, 우리가 관찰한 동아시아 경제기적에
관한 현상과 일치시키기는 어려울 것 같다. 현재까지, 우리가 관찰할 수
있는 경제발전을 성공적으로 실현한 국가와 지역은, 모두 공통적인 사
실이 있는데 그들이 모두 초고속 경제성장(hyper growth)을 실현한 것이
다. 이른바 초고속은, 일부 서방(유럽과 미국) 선진 경제체의 최초 발전
단계 경험과 비교해 말한 것이다. 실제로, 역사적으로 매디슨(2003)과
펜실베니아 대학 세계 표(Penn World Tables)에서 제공한 데이터에 근
거하여 추산할 수 있는데, 서방 선진경제는 하나의 총체로, 1820-1950년
의 130년의 시간 안에, 경제규모가 평균 5배 정도만 확대되었는데, 일본,
동아시아 "네 마리의 용"과 중국의 경제총량은 각자 발전단계 진입 후
30년 내에 각각 8배와 13배 정도의 성장을 실현했다. 이런 경험현상이
내포하는 경제발전 속도는 아주 다르다. 우리가 서방 선진 경제체의 초
기 발전단계를(1820년대 후 산업혁명이 가져다 준 기술적 충격이 성장
을 가속화했지만, 여전히 일반적인 성장일 뿐인데, 평균 약 4%정도였다)
일반적이고 자연스러운 진화현상으로 이해한다면, 전쟁 후 경제학자들

이 "경제발전"을 중시한 원인은 이를 "초고속 성장"의 현상으로 정의한 데 있으며, 초고속 성장의 동력 메커니즘이 정확한 가격과 시장경쟁에서만 유래한 것은 아니었을 것이다. 초고속 성장을 실현한 모든 경제체는 발전전략에서 어느 정도의 왜곡된 영역이 존재했다. 예를 들면, 신용대출, 토지, 투자와 세수에 광범위하게 존재한 인센티브정책, 장기적으로 억제된 금리와 환율정책 등이다. 이론상으로, 이러한 현상을 신 고전경제학 시스템에 내포된 경제 자연진화 과정과 동등하게 보기는 아주 어려울 것 같다. 〈신 구조경제학〉이 신 고전경제학의 틀 안에서 "경제발전"현상을 설명하는데, 경제발전을 연속적인 구조변화의 과정으로 해석하는 것은, "경제발전"을 특정 성장현상으로 하는 연구가치를 낮출 우려가 있지 않을까?

마지막으로 내가 말하고 싶은 바는, 〈신 구조경제학〉은 정부와 정치구조에 대해 어떠한 토론도 제공하지 않았다는 것이다. 어찌됐든, 일본, 동아시아 경제와 중국의 경험에서 보면, 한 경제 안에서 정부의 행동여부와 어떻게 행동할지는 우리가 경제발전 결과를 이해하는데 아주 중요하다. 〈신 구조경제학〉은 비교우위에 부합하는 발전전략의 경제 성공발전에 대한 중요성을 특별히 강조한다. 발전전략의 선택이 타당한지, 정부가 변화된 조건에 근거한 발전전략 조정여부 같은 화제는, "전후"경제발전의 경험과 교훈을 이해하는 데에 더 중요할 뿐만 아니라, 정부와 정치구조에는 아주 가혹한 요구이다. 예일대학의 구스타프 레이니스 (Gustav Ranis)교수는 1995년 동아시아 경제가 장기발전의 성공경험을 유지할 수 있음을 요약할 때 이미 다음과 같이 지적한 적이 있는데, 경제발전을 성공적으로 실현한 모든 동아시아 경제에 대해 말하자면 우리가 산업을 핵심으로 하는 "정부인지 시장인지"하는 편협한 관념을 반드시 초월해야 한다는 것이다. 그는 "중요하고 설득력을 가진 점은 정책결정자의 오래된 가소성인데, 과거 40년 동안, 정책결정자가 항상 식별할 수 있는 성장전환의 각 단계에서 경제가 변화하고 있는 요구에 상응하는 정책수정을 할 수 있었다. 이 가소성 때문에, 전체 시스템은 동력을 상실하는 것을 피하게 되면서 매 단계의 끝에서 다시 궤도로 들어오게 할 수 있었고 …… 매 10년마다 10년의 도전이 있었고, 10년마다 정부는 모두 정책수정을 할 수 있었는데, 쿠즈네츠(Kuznets)말을 인용하면, 이런 정책수정은 개인경제에 요구된 변화에 적응을 위한 것이지 저해하기 위한 것이 아니었다."라고 서술했다(Ranis, 1995: 509-510). 동아시아의 경험이 우리를 일깨워 줬는데, 경제발전의 성공적인 실현과 발전단계 간의 성공적 전환유지는, 정해진 것이거나 자동적으로 완성된 것이 아니며, 경제발전 과정은 정부에 아주 가혹한 요구를 했고, 정부도 이로 인해 시종일관 엄준한 도전에 직면했다는 것이다. 어떤 의미에서는, 이것이 아마도 경제발전 전략에 관한 아주 핵심적인 명제일 수 있지만, 분명히 이미 신 고전경제학의 범위를 초월했다. 하지만 나는 〈신 구조경제학〉이 신 고전경제학의 기본분석 패러다임을 고수하고 있는 만큼, 당연히 이 같은 명제를 피할 수 없을 것이라 믿는다.

참고문헌

Amsden, A. 2001. *The Rise of "The Rest": Challenges to the West from Late-Industrializing Economies*. Oxford: Oxford University Press.

Amsden, A. 2007. *Escape from Empire: The Developing World's Journey through Heaven and Hell*. Cambridge: MIT Press.

Amsden, A., and Wan-Wen Chu. 2003. *Beyond Late Development: Taiwan's Upgrading Policies*. Cambridge. MIT Press.

앵거스 매디슨(Angus Maddison), 〈세계경제 천 년사〉, 우샤오잉, 쉬셴춘, 예옌페이, 시파치(吳曉鷹·许宪春·叶燕斐·施发启)번역, 베이징대학 출판사 2003년판.

Krueger, A. 1984. "Comparative Advantage and Development Policy 20 Years Later," in Syrquin, M., L. Tayor, and L. Westphal (eds.), *Economic Structure and Performance*. Academic Press, Inc.

Lewis, A. 1954. "Economic Development with Unlimited Supply of Labor," *The Manchester School of Economic and Social Studies*, 47(3): 139-191.

Lucas, R. 1988. "On the Mechanics of Economic Development," *Journal of Monetary Economics*, 22:3-42.

취완원(瞿宛文), 〈글로벌화에서의 타이완 경제〉, 타이완 사회연구 총간(11), 2003년.

Ranis, G. 1995. "Another Look at the East Asian Miracle," *World Bank Economic Review*, 9(September): 509-534.

Ranis, G., and J. Fei. 1961. "A Theory of Economic Development," *American Economic Review*, 51(4): 533-565.

Ranis, G., and J. Fei. 1964. *Development of the Labor Surplus Economy: Theory and Policy*. Homewood, Ill.: Richard D. Irwin.

세계은행, 〈동아시아 기적: 경제성장과 공공정책〉, 중국재정경제 출판사 1995년판.

Solow, R. 1962. "Technical Progress, Capital Formation, and Economic Growth," *American Economic Review*, 52(May): 76-86.

Williamson, J. 1990. "What Washington Means by Policy Reform," in Williamson, J. (ed.), *Latin American Adjustment: How Much Has Happened?* Washington D.C.: Institute for International Economics.

린이푸: 평론에 대한 답변

오늘날의 관점에서 보면, 18세기 서방국가 산업혁명 발생 전의 세계는 비슷해서, 최고 선진국과 최저 개발국의 1인당 평균소득으로 평가된 발전수준 격차는 많아도 4-5배에 불과했다. 산업혁명 이후, 세계적으로 큰 분기점이 출현하였는데, 서방국가 과학기술은 나날이 발전하여, 경제발전 속도가 아주 빨랐고; 아시아, 아프리카, 라틴아메리카의 많은 국가는 여전히 전통적이고 낙후된 생산방식을 답습하여 경제발전은 갈수록 낙후되었으며, 국가능력이 저하되어 서방 산업화 강권의 식민지와 반식민지가 되었다. 19세기 이후 국가독립, 민족진흥 추구는 개발도상국 사회 각계 엘리트들의 공통된 꿈이 되었다. 제1차 세계대전에 이르러서는 민족주의가 막강한 기세로 시작되었으며, 제2차 세계대전 이후까지, 개발도상국에서는 몇 세대의 정치지도자와 전 국민이 열정적 헌신과 끊임없는 노력을 통해, 결국 잇달아 식민통치를 벗어나 민족해방과 정치독립을 맞이해 자신의 국가적 현대화를 추구하기 시작했다. 개발도상국은 하루 빨리 빈곤하고 낙후된 면모를 탈출하여, 선진국과 함께 세계강국의 집단에 나란히 서게 되길 모두 희망했다.

개발도상국의 수요에 발맞춰, 발전경제학이 현대경제학에서 독립해 나와, 현대경제학의 한 갈래가 되었다. 발전경제학자가 각종 이론을 제기한 것은, 국제발전 기구가 새로 독립한 낙후국가의 경제발전과 개발도상국 정부의 발전정책 제정을 지도하는 근거가 됐다. 하지만 60여년의 시간이 지난 후, 개발도상국의 발전성과는 실망스러웠다. 앵거스 매디슨이 정리한 데이터에 근거하면, 2차 세계대전 후에 고대해오던 회복이 시작되었던 1950년부터 전후 제일 심각했던 국제금융 경제위기가 터진 2008년까지, 전 세계에서 중국타이완과 한국 두 나라의 경제체만 현대화의 꿈을 실현했고, 저소득 경제체제에서 고소득 경제체로 도약했으며; 13개 경제체만 중등소득에서 고소득 경제체로 진입했는데, 그 중 일본, 한국, 싱가포르, 이스라엘, 중국 타이완과 중국 홍콩만 석유생산국(지역)이 아니거나, 2차 세계대전 전에 이미 선진국가와 격차가 크지 않았던 유럽국가(지역)였다; 전 세계적으로 또한 28개 경제체만 미국의 1인당 평균소득과 10% 또는 그 이상의 축소를 실현했는데, 그 중 12개 국가만 석유, 다이아몬드 생산국이 아니거나 유럽국가였다; 게다가 아르헨티나와 베네수엘라, 두 개의 라틴아메리카 국가는 고소득에서 중등소득 국가로 하락했다. 제2차 세계대전 전에 이미 선진국이었던 20개 가까운 국가를 제외하고, 전 세계 200여개 국가의 절대다수는 모두 저소득이나 중등소득의 함정에 빠졌다.[25]

---

25) 나는 저소득 경제체에 대한 정의는 구매력평가(Purchasing Power Parity) 에 따라 계산한 1인당 평균소득이 미국의 10%보다 작거나 같은 것으로, 고소득 경제체의 정의는 1인당 평균소득이 미국의 50%보다 크거나 같은 것으로 내렸다. 자료출처는 Maddison, A. 2012. "Historical Statistics of the World Economy: 1—2008 AD"이다.

2008년 6월 나는 세계은행의 고위 부은행장과 수석경제학자를 겸임하게 되었다. 세계은행은 1945년 말에 설립되었는데, 목적은 세계 각국 경제발전을 돕고, 빈곤을 퇴치하는 것이었다. 하지만 중국의 개혁개방 이후 1일 1.25달러의 국제 빈곤표준으로 계산하면, 빈곤을 탈출한 6억 여 명을 제외해도, 전 세계의 빈곤인구는 감소하지 않았을 뿐만 아니라, 오히려 증가하고 있다. 세계은행 재임기간 중에 나는 아프리카, 아시아, 라틴아메리카의 수십 개 개발도상국을 방문하여, 정부지도자, 학술계, 기업가, 노동자, 농민을 깊이 접촉하고 교류할 기회가 있었고, 그들과 중국의 정부 지도자, 지식인, 기업가, 노동자, 농민은 똑같이 모두 강렬한 열망이 있으며, 그들 자신의 노력으로 개인과 국가의 운명을 개선하기를 희망하면서, 또한 극도로 힘든 각종 시도를 해왔다는 것을 알게 되었다. 하지만 사실은 그들의 경제발전은 완만했고, 경제, 사회, 정치위기는 계속되어, 국민생활 수준의 개선에 한계가 있어, 선진국과의 격차는 갈수록 더 커졌다.

세계은행 매 시기의 정책은 그 시기의 주류 발전이론 사조의 영향을 크게 받았고, 다른 개발도상국의 정책도 그랬다. 이론의 목적은 사람들이 세계를 인식하고, 세계를 개조하도록 돕는 것이다. 이론이 현상의 배후원인을 인식하는 것을 돕지 못하거나, 이론적 인식에 근거하여 해왔던 노력과 소망에 어긋나면 이론을 재고하여 사람들의 더 좋은 세계인식, 세계개조를 도울 수 있는 새로운 이론을 제안해야 한다. 실제로 발전경제학이 현대경제학의 독립 하부학문이 된 이후, 그 이론적 진전도 상술한 논리를 따라 발전해 온 것이다.

발전경제학의 제1물결 이론사조 혹은 제1버전의 발전경제학을 구조주의로 칭한다. 당시의 발전경제학자들은 개발도상국이 빈곤하고 낙후된 것은 개발도상국이 선진국가의 선진적 현대화 자본집약형 대형산업이 없었기 때문이며, 그 원인은 시장실패인데, 시장의 자발적 역량에 의존하여, 현대화된 산업에 자원배분을 할 수가 없었기 때문이라고 인식했다. 그들은 수입대체 전략을 사용하여, 정부주도로 직접 자원을 동원하여 자원을 배치하고 현대화된 자본, 기술집약형 대형산업을 발전시키기를 주장했다.

1970년대 말, 80년대 초에 이르러, 경제학계에서 구조주의 정책의 실패를 재고하고, 발전경제학의 제2물결의 사조 - 신 자유주의 탄생을 촉진했다. 당시 주류관점은 개발도상국의 완만한 경제발전과 누적된 위기는 선진국처럼 완벽한 시장경제 체제가 없어, 정부의 시장에 대한 과도한 개입이 잘못된 자원배분을 초래하고, 지대추구, 부패가 만연하게 되었기 때문이라 주장했다. 따라서 신 자유주의는 충격요법으로 사유화, 시장화, 자유화 등 급진개혁 조치를 포함한 워싱턴 컨센서스를 추진하여 완벽한 시장경쟁 체제를 구축하기를 주장했다. 하지만 추진결과는 개발도상국 경제발전 성과를 한 걸음 후퇴하게 하여, 80, 90년대의 경제성장률이 60, 70년대보다 낮아졌고 위기발생의 빈도도 이전 시기보다 높아졌다. 일부 경제학자는 이러한 이유로 워싱턴 컨센서스 개혁을 추진한 80, 90년대를 개발도상국가의 "잃어버린 20년"이라고 칭한다.[26]

흥미로운 것은 경제발전이 자랑할 만한 성과를 얻은 동아시아 경제체는, 2차 세계대전 후의 발전수준이 보편적으로 라틴아메리카와 아프리카보다 낮았는데, 이들 지역은 자원이 결핍되고 인구가 많아, 당시 제일 발전희망이 없는 지역으로 인식되었다. 동아시아 경제체가 50, 60년대 수출지향 전략을 선택하여, 전통적 노동집약형 중소규모의 산업을 발전시키는 것부터 시작해 경제발전을 추진했는데, 당시 주류 발전이론에서 보면, 이는 잘못된 전략선택이었다. 80년대에 이르러 개발도상국이 연달아 개혁을 진행하기 시작할 때, 중국, 베트남, 캄보디아와 70년대에 개혁을 진행하기 시작한 모리셔스가 채택했던 것은 주류이론에 의해 본

---

26) Easterly, W. 2001. "The Lost Decades: Explaining Developing Countries' Stagnation in Spite of Policy Reform 1980-1998," *Journal of Economic Growth*, 6(2): 135-157.

래 정부개입의 계획경제체제보다 더 나쁘다고 인식되었던 점진적 이원화 제도개혁이었다. 하지만, 이론상 최적의 선택이라 인식되던 충격요법을 추진한 국가는, 경제가 붕괴되었고, 사회, 정치위기가 잇달아 계속됐는데, 이론상 최악의 개혁경로라 인식되던 것을 추진한 국가는 오히려 안정적이고 신속한 발전의 두 가지 목표를 이뤄냈다. 물론 이원화 제도를 추진한 국가는 신속한 발전과정에서 많은 문제와 모순도 누적되었는데, 예를 들면 소득분배 불균형, 부패문제의 악화 등이다. 하지만 충격요법을 추진한 국가에도 같은 문제가 보편적으로 존재했고, 심지어 더 심하기도 했다.

모순이 누적된 상술한 이론과 정책실천 앞에서, 세계적으로 제일 중요한 발전기구에서 발전이론과 정책연구를 선도하는 수석 경제학자로서, 나는 세계은행 업무와 많은 개발도상국 발전정책을 지도하며 유행한 워싱턴 컨센서스에 대해 재고를 진행하지 않을 수 없었다. 사실, 이러한 재고는 내가 세계은행 업무를 하기 전부터 이미 일찍이 시작되었다. 1980년대 초, 나는 시카고 대학에서 스승인 노벨상 수상자 슐츠와 베커 등의 대가로부터 현대 경제학 선도이론에 관한 좋은 교육을 받았다. 1987년 귀국 후 나는 운좋게도 업무에서 많은 개혁정책의 토론에 참여할 수 있었는데, 정부가 내놓은 많은 정책은, 주류이론에서 보면 완벽하지 않았고, 심지어 잘못됐지만 오히려 효과적이었음을 발견했다. 이론상 정확한 정책을 추진했지만 결과가 실망스러웠던 국가의 경험사실에 비해, 기존의 완벽한 것 같아 보였던 주류이론을 어쩔 수 없이 포기하고, 경제발전과 전환의 본질이 무엇인지 스스로 다시 인식하게 되었으며, 당시 조건에서 어떤 정책이 중국이 기회를 잡아 난관을 극복하도록 돕고, 중국시장이 개혁을 향해 한걸음씩 나아가게 할 수 있는지 사고해 보게 되었다.

2007년 영광스럽게도 케임브리지 대학의 초청으로 연간 1회의 마셜강좌를 발표했는데, 이 기회를 이용해 나는 재고결과를 체계적으로 논술했다. 세계은행 재임 이후 2009년, 베이징대학 출판사와 케임브리지 대학출판사가 각각 중, 영문으로 나의 강좌를 〈경제발전과 전환: 사조, 전략과 자생능력〉이라는 제목으로 전집을 출판했고, 다섯 분의 노벨상 수상자가 이 책의 영문판에 추천하여, 케임브리지 대학출판사의 기록을 깼다. 동시에 중국발전과 개혁이 해결할 문제는 기타 개발도상국과 많은 유사점이 있어서, 중국의 경험은 기타 개발도상국의 참고가 될 수 있는데, 주류 경제학계와 기타 개발도상국은 중국에 대한 이해에 심각한 한계와 많은 오해가 있음을 감안해, 나도 케임브리지 대학 출판사에서 〈중국경제 분석〉을 출판했다. 이 책도 적지 않은 호평을 받았고, 세 분의 노벨상 수상자가 이 책을 추천했는데, 그 중 2000년 노벨상 수상자인 헤크만은 "이 책은 많은 전통적 신 고전경제이론의 믿음에 도전을 제기했으며, 현실에서 이 원리를 그대로 모방하여 많은 전환국가에 재난적 결과는 어떠했는지 설명했다"라고 서술했다.

상술한 두 권의 저서를 기반으로 나의 세계은행 재임기간 세계은행 내부의 경제학자 및 많은 선진국, 개발도상국 경제학계와의 진일보한 토론을 결합해, 나는 세계은행에서 재임 1주년이 됐을 때 공식적으로 신 구조경제학의 이름을 내걸고, 이를 틀로 삼아 주류 발전이론과 정책을 재고하였고, 제3버전의 발전경제학을 구축했다. 저명한 예일대학 경제성장 센터에서도 신 구조경제학이라는 제목으로 2011년도의 쿠즈네츠 강좌에 나를 초청했다.

발전경제학계가 함께 재고를 진행하여 한 걸음 더 나아가도록, 나는 주류 발전경제학 간행물에서 여러 저명한 경제학자들을 초대해 신 구조경제학에 대해 세 차례의 토론과 변론을 진행했고, 이 글과 몇 편의 관련논문은 내가 세계은행 4년 임기를 마친 후 이임 전 2012년 초에 편집되어 〈신 구조경제학: 경제발전과 정책을 재고한 이론 틀〉이라는 제목으로 세계은행에서 출판되었다. 두 분의 노벨상 수상자가 이 책을 추천했는데, 2001년 노벨상 수상자 스펜스는: "이 책은 전 세계학자와 정책입안자들에게 아주 유용한 참고가 될 것이며, 개발도상국뿐 아니라 선진 국에서도 갈수록 더 중요성을 인정받게 될 것이다."라고 썼다.

각계 인사가 신 구조경제학을 어느 정도 이해하여, 더 큰 사회영향력 을 만들게 하기 위해, 나는 또한 〈번영의 모색: 개발도상 경제는 어떻게 굴기할 것인가〉를 저술했는데, 2012년 9월 프리스턴대학 출판사에서 출판했다. 이 책은 알기 쉬운 언어로 신 구조경제학의 중심사상을 설명했고, 세계은행에서의 업무경험과 젊은 시절부터 시작된 발전문제에 대한 사색을 결합해 더 쉽게 읽도록 했다. 세 분의 노벨상 수상자가 이 책을 추천했고, 그 중 2001년 노벨상 수상자인 애컬로프는 "이 책보다 더 우수하고, 더 중요한 작품을 저술할 수 있는 다른 경제학자가 또 있을 수 없을 것이다."라고 썼다. 이 책도 영국〈금융시보〉의 저명한 평론가 마틴 울프(Martin Wolf)와 〈블룸버그 통신〉의 서평가 클리브 크룩(Clive Crook) 의 호평을 받았다. 전자는 "이 책은 야심만만하면서도 우수한 책이다"라고 했고, 후자는 이 책은 2012년 읽은 "최고 가치 있는 새로운 책이다"라고 인정했다.[27]

나의 신 구조경제학에 대한 사고는 국내에서 다년간의 업무, 학습 및 많은 학자들과의 절차탁마에서 시작되었다. 나는 2012년 6월 세계은행 임기를 마치고 국내로 돌아와, 야인헌폭(野人獻曝)의 미미한 공헌이라도 하고자, 중국 경제학자들과 본인이 일부 새롭게 체득한 내용을 절차탁마 할 수 있기를 간절히 바랬다. 베이징대학 출판사의 전폭적 지원과, 수젠(蘇劍)과 장젠화(張建華)교수의 도움으로, 상술한 세 권의 중문판 책이 연속해서 출판되었다. 아주 고무적인 것은 중국세계 경제학회가 "신 구조경제학: 발전문제를 재고한 하나의 이론 틀" 이란 논문에 이 학회의 그 해 최고 영예로 대표되는 2012년 "푸산(浦山)세계경제학 우수논

---

27) 마틴 울프의 글은 http://www.ftchinese.com/story/001047131;
    클리브 · 크룩의 글은 http://read.bbwc.cn/NC8zNC82Ojsw.html 참조.

문상"을 수여한 것이었다.

나는 〈경제학〉(계간)이 이번에, 다년간 경제학 연구, 교육에서 성과가 큰 황샤오안(黃少安), 웨이슨(韦森), 쉬용딩(徐永定), 장쥔(张军), 장슈광(张曙光)의 다섯 분의 학우를 초청했고, 바쁜 와중에도 이분들이 신 구조경제학의 이론 틀과 부족한 점에 평론을 진행해 주신 것에 특히 감사드린다. 이중에서도 웨이슨 학형은 방대한 글 2만 7천자를 거침없이 써 주었는데, 한여름 더위에다 부모상을 치르는 상황에서 땀 흘려 완성했고, 나를 깊이 아껴줘 경탄하게 했다. 이 몇 분 학우의 신 구조경제학에 대한 칭찬은 나에 대한 격려와 기대라고 생각한다. 그들의 질의, 비평 중에서 일부는 신 구조경제학이 새로운 틀로서 충실하고 완벽하게 해야 할 부분이고, 일부는 이미 발표된 논술이 충분하지 않고, 분명하지 않았으며, 일부는 여전히 낡은 시각으로 내가 토론한 문제를 보고 있어, 더 나아가 교류하고 분명히 밝힐 필요가 있다. 다음으로 나는 신 고전경제학의 실질, 현대적 경제성장의 본질, 정부의 경제발전에서 역할, 신 구조경제학의 이론이 선량한 정부라는 가설에서 구축되는지 여부 등 네 가지 측면의 문제로 이상의 다섯 분 학우와 교류하며 절차탁마 하였다.

신 고전경제학의 실질

웨이슨은 신 구조경제학의 이론 틀이 "경제학의 고전전통과 신 고전경제학의 분석이치를 따른 하나의 혁신과 발전"라고 인정했는데, "신 구조경제학은 자원배분에서 시장의 핵심적 역할을 강조"했기 때문이다. 웨이슨은 동시에 신 고전경제학이 "자유방임"(laissez-faireist) 정신의 전통을 내포한다고 생각했는데, 신 구조경제학은 정부가 적극적이고 유망하게 맞춤형 성장촉진의 역할을 발휘해야 할 것을 주장했음으로 신 구조경제학에서 신 고전경제학의 전통을 버렸다고 생각했다.

웨이슨이 상술한 평론은 분명히 기존 선진국의 경제학자들이 발전시킨 이론성과의 비축량을 신 고전경제학의 범주로 삼아 신 고전경제학을 스스로 제한선을 그었다는 것이다. 애덤스미스 이후, 현대경제학의 발전은 서방선진국의 경제학자들이 주도했기 때문에, 발전은 선진국가의 주요 사회경제의 문제가 아니었다. 선진국가의 경제학자들은 자원배분을 분석할 때 보통 정해진 산업, 기술을 전제로 했고, 외부성과 정보의 불확실성은 존재하지 않는 것으로 가정했으므로, 경쟁적 시장이 인류사회 자원배분의 최적의 메커니즘임을 도출했으며, "자유방임"은 신 고전경제학이 잠재 내포한 정신의 전통이 되었다. 정말로 장쥔이 말한 것과 같이 "경제발전이 하나의 특정한 대상으로서(선진국가의 경제학자들이 연구한) 신 고전경제학의 개념범주 안에 있는 것은 아니다"[28], 기존의 신 고전이론 체계로 "후진국의 경제발전 현상을 사고하고 대하면, 워싱턴 컨센서스가 내포한 것처럼, 시장화가 유일한 해결방안이 될 수 있고, 정부는 경제발전 정책과 전략을 선택할 수 있는 자유와 기회에 큰 제한이 있을 수밖에 없다".

하지만 이론의 역할은 사람들의 세계인식, 세계개조를 하도록 돕는 것이다. 개발도상국에서 온 경제학자로서, 우리는 경제발전이 연구대상으로서 선진국 일부 신 고전경제학자들의 개념적 범주 안에 있지 않기 때문에, 신 고전경제학 기존 이론체계로 신발에 맞춰 발을 깎는 방식처럼 "후진국 경제발전 현상을 사고하고 대응"하기만 할 수는 없다. 신 고전경제학의 기존이론은 선진국의 경제학자들이 이성적 인간이라는 기본가정을 접점으로 선진국의 중요한 사회경제 현상을 연구, 분석하여 얻은 성과이다. 개발도상국의 경제학자도 이성적 인간이라는 기본가정에서 출발하여 개발도상국가에 아주 중요한 발전문제를 연구할 수 있다. 현대경제 성장은 18세기 후반 산업혁명 이후 출현한 기술, 산업, 하드웨어 기반시설과 소프트웨어 기반설비(제도) 등의 구조가 끊임없이 변천하는 과정이었다.[29] 외부성, 협조와 정보 불확실성은 이러한 과정

---

28) 괄호 안의 글자는 저자가 추가한 것임.

의 내생적 문제인데, 복지경제학의 제1정리에서는 정부가 적극적으로 행동하여, 단일기업의 자발적 발전과정에서 필연적으로 출현하는 외부성을 극복하게 도우면서 서로의 이익이 완전히 같지 않은 여러 기업행위의 시장실패의 문제를 조율해야 함을 도출해 낼 수 있는데, 이렇게 할 때 발전이 순리적으로 진행될 수 있다. 따라서 신 구조경제학에서 정부가 적극적으로 행동하고, 맞춤형 성장촉진 역할을 발휘해야 함에 대한 강조는 신 고전경제학 연구방법이 발전문제 상에서 운용된 결과이고, 신 고전경제학 연구전통에 대한 포기가 아닌 발전인 것이다.

현대경제 성장의 본질

나는 웨이슨의 관점에 동의하는데, "인류의 근 현대사 특히 당대 사회에서, 스미스형 성장과 슘페터형 성장을 완전히 구분하는 것은 아주 어렵다. 우리가 두 가지 개념의 정의에 강제로 인위적인 구분을 한다 해도, 양자의 구분이 아주 어렵거나 또는, 스미스형 성장 즉 분업, 무역, 노동생산율 제고가 가져 온 경제성장 자체는, 기술혁신과 조직혁신이 가져 온 경제성장(즉 슘페터 형 성장)과 항상 서로 뒤얽혀 상호작용 한다"는 것이다. 신 구조경제학은, 현대경제 성장에서 기술혁신과 산업업그레이드에 따라 생산의 경제규모, 상품의 시장범위와 거래의 가치가 끊임없이 확대되고, 기업은 자금에 대한 수요가 갈수록 더 많아지면서, 직면하는 위험도 갈수록 더 커지게 되어, 교통, 전력, 통신, 항구 등과 같은 하드웨어 기반시설이 지속적으로 개선되어야 하는, 동시에 금융, 법률 등의 제도 같은 소프트웨어 기반시설도 반드시 적절한 보완을 해야 하는데, 이런 경우에 비로소 각종 거래비용이 인하될 수 있고, 기술혁신과 산업업그레이드가 생산을 증가시키고 발전을 촉진하는 효용을 충

29) Kuznets, S. 1996. Modern Economic Growth. New Haven, CT: Yale University Press.

분히 발휘할 수 있다고 주장한다. 분명히, 신 구조경제학의 분석은 동시에 슘페터형 성장과 스미스형 성장을 함께 결합한 것이다.

웨이슨은 엄격한 의미에서, 현대경제 성장 혹은 19세기 서방 산업혁명 이후의 경제성장을 말하자면 과학기술 혁명과 기계화 산업의 대량생산을 첨가한 후의 스미스 동태적 경제성장에 불과하거나 "슘페터형 성장"을 포함한 광의의 "스미스 동태 경제성장"이라 한다. 이에 대해 나는 이의를 제기한다. 현대 경제성장에 대한 더 적당한 묘사는 "스미스형 성장"을 포함하는 "슘페터형 동태성장"이라고 생각한다. 왜냐하면 웨이슨이 지적한 것과 같이 스미스의 분업은 거래기술의 혁신에 유리하지만 거래기술의 혁신은 신상품, 새로운 산업의 혁신을 얻어 낼 수 없기 때문이다. 따라서 현대경제 성장을 광의의 "스미스 동태 경제성장"으로 요약하는 것은 현대경제에서 신상품, 새로운 산업이 끊임없이 쏟아지는 주요특징과 부합하지 않는다. 슘페터형 성장은 지속적으로 새로운 상품과 산업의 혁신이 있을 수 있지만, 신상품과 새로운 산업의 출현은 위험과 자금의 수요, 생산규모와 시장범위의 확대로 인해 거래기술과 제도개선에 대한 수요가 내생될 수 있다. 이 두 가지는 다른 개념이기 때문에 다른 정책 치중점을 도출할 수 있음을 명확히 해야 한다.

웨이슨은 또한 선진국에서 서비스업이 비중이 크고, 제조업의 성장보다 빠르다는 이유로 현대 경제성장이 "주로 실체 경제부문 내부의 산업 업그레이드로 추진하게 되는 것이라기보다는 주로 제1산업에서 제2산업, 특히 제3산업으로의 과도와 전환에서 실현된 것"이라 주장했다. 웨이슨의 논리가 정확하다면, 합리적 추론은 한 국가의 제3산업 비중의 제고는 당연히 이 국가 경제성장 속도를 제고해야 하며, 동일한 발전수준에서의 제3산업 비중이 높은 국가는 경제성장 속도가 비중이 낮은 국가보다 당연히 높아야 하지만, 사실은 그렇지 않다. 선진국 제3산업의 비중이 개발도상국보다 높지만, 발전성과가 좋은 개발도상국의 성장속도가 오히려 발전이 좋은 선진국의 몇 배가 될 수 있다. 게다가 아시아,

아프리카, 라틴아메리카의 많은 저소득 국가의 제3산업의 비중은 중국
보다 훨씬 높은데, 경제성장 속도는 오히려 중국보다 훨씬 낮다.

웨이슨의 현대경제 성장본질에 대한 인식이 단편적으로 스미스형 성
장을 강조했기 때문에, "현대 입헌민주 정치제도는 시장제도처럼 현대
경제를 지속 성장하게 하는 하나의 필수 불가결한 기초적 제도조건"으
로 간주해야 한다고 주장했다. 하지만 미국과 유럽 등 오래된 선진국이
라도, 입헌민주 정치제도는 점진적으로 발전해 온 것이어서 영국과 미
국의 산업화 초기에는 소수의 자산이 있는 남성시민만 투표권이 있었
다. 19세기 스페인 식민지 통치를 벗어나 직접 미국헌법을 모방하였던
라틴아메리카 국가와 2차 세계대전 후 식민지 통치를 벗어나서 직접 영
미 현대 민주헌법 정치제도를 계승하였던 필리핀, 인도, 파키스탄, 방글
라데시 및 많은 아프리카 국가와 같은 개발도상국들은 발전된 산업화
국가로 수렴을 실현하지 못했을 뿐만 아니라, 장기적으로 중등소득의
함정과 저소득 함정의 늪에 깊이 빠졌다. 2차 세계대전 후, 저소득에서
고소득으로 부상한 유일한 두 개의 경제체는 바로 추월과정에서 서방
선진국의 입법민주 정치제도를 실행하지 않았던 한국과 중국 타이완이
다. 미국의 저명한 정치가 후쿠야마(Francis Fukuyama)의 최근 논문 "무
엇이 거버넌스인가"에서 입헌민주는 좋은 관리의 필요조건도, 충분조건
도 아니라고 지적하며, 서방학자가 보편적으로 입헌민주제가 좋은 관리
의 필요조건이라 보는 관점이 사실은 "실증적 사실이라기 보다는 이론
에 불과하다"(more of a theory than an empirically demonstrated fact)라
고 체계적으로 논증하였다.30)

발전수준이 높든 낮든, 한 국가 상부구조로서의 각종 제도장치는 내
생적인 것이다. 경제발전, 생산력 수준의 제고, 생산과 거래규모의 확대,

30) Francis Fukuyama. 2013. "What Is Governance?" Center for Global Development, Working Paper 314, Washington, DC.

국민자산의 보편적 증가에 따라, 상응하는 규범적 시장거래와 사람 사이, 사람과 정부가 상호작용하는 제도장치도 시대에 맞게 반드시 완벽해져야 한다.31) 특히 중국과 같은 전환 중인 국가는 경제체제에서 각종 낡은 제도가 남긴 제도적 왜곡이 여전히 존재해서, 전환과정에서 가능성과 필요성에 근거하여 지속적인 심화개혁을 해야, 경제가 안정되고 건강하게 발전을 지속할 수 있다. 하지만, 한 국가가 고소득의 발전단계에 이르러, 상응하는 현대 입헌 정치체제가 있을지라도 일노영일(一勞永逸)을 보장할 수 없다. 일본의 1991년 이후 20여년에 이르는 정체와 2008년 영미 선진국에서 터진 금융경제 위기는 서방국가의 학자들이 생각하는 이상적인 현대 입헌 정치제도가 있었어도, 정부와 지도자가 이익집단에 의해 좌지우지 되지 않고, 경제가 건강하게 지속적인 발전을 할 수 있음을 보장할 수 없다는 것을 설명했다.

　이 밖에도, 웨이슨은 신 구조경제학이 금융구조를 외생변수로 간주한다고 생각했지만, 사실은 신 구조경제학에 대한 하나의 오해이다. 신 구조경제학의 틀에서, 산업구조는 요소부존구조에서 내생된 것인데, 다른 산업구조는 적절한 기반시설(전력, 교통 같은 유형적인 것과, 금융, 법률 같은 무형적인 것을 포함)을 필요로 하여 투자, 운영, 거래비용 인하를 지원해야 한다. 산업업그레이드, 자본수요, 생산규모, 위험과 시장범위가 지속적으로 확대됨에 따라, 소프트웨어, 하드웨어 기반시설도 반드시 지속적으로 실체경제의 생산운영 수요에 근거해 적절히 개선해야 한다. 따라서 금융제도를 포함하여 적합한 소프트웨어 하드웨어 기반시설은, 실체경제의 수요에서 내생된 것이다. 신 자유주의가 성행하던 제2물결 발전사조 영향아래, 개발도상국 실체경제에서 기업의 규모와 위험특성

---

31) 제도가 내생적이라는 것은 신 제도경제학의 주요 결론 가운데 하나인데, 신 제도경제학의 또 다른 하나의 주요결론은 제도가 영향력이 있다는 것이다. 신 제도경제학 이론을 받아들인 학자들은 항상 후자만을 강조하고 전자를 소홀히 했다.

에도 불구하고, 소위 현대 금융체계로 발전하여, 선진국에서 실체경제를 이탈한 금융혁신을 진행한 것은 바로 현대 금융이론이 80년대 이후 개발도상국과 선진국 경제위기가 빈번해진 원인 중의 하나이다.

정부의 경제발전에서 역할

웨이슨은 현대경제 성장이 "슘페터형 성장"을 반드시 포함해야 한다고 인식했었지만, 평론에서 오히려 무의식중에 스미스형 성장으로 논점을 밝혀서, 정부의 현대 경제성장에서의 역할에 대해 여전히 애덤스미스가 주장한 자유방임의 관점을 견지하고 있다. 그는 본국의 과학기술 진보, 산업업그레이드와 각 산업의 발전전망, 시장수요 등의 경제운영 방면에서, 정부의 정통한 지식과 도출한 판단이 "본국 기업, 일부 대기업 관리자와 과학기술자가 구비한 지식보다는 더 많을"수 없으며, "그 판단이 더 출중"할 수 없을 것이라고 생각한다. 하지만 외부성, 협조와 정보가 불확실한 시장실패의 문제는 현대 경제성장 중의 기술혁신과 산업업그레이드 과정에서 내생된 만큼, 모든 것을 기업 자체에 의존한다면, 이 과정은 아마 발생하지 않거나, 발생의 속도가 너무 느려서 사람들의 취업, 생활개선, 특히 개발도상국에서 희망하는 선진국 초월의 소망을 만족시킬 수 없다.[32] 칠레정부는 80년대 워싱턴 컨센서스의 개혁을 추진한 이후, 바로 이런 자유방임 철학을 엄격히 신봉했는데, 결과적으로 30여 년 동안 새로운 산업이 출현하지 않았고, 구조변천은 둔화되어, 중등소득의 함정에 깊이 빠져 있다. 2012년 10월 나는 한국 서울에 가서 카자흐스탄 정부위탁으로, 아시아 개발은행에서 주최한 산업정책 심포지엄에 참가했는데, 카자흐스탄 상무부의 차관이 개막 인사에서, 우리는

---

32) 쉬용딩은 신 구조경제학이 정부가 맞춤형 성장촉진의 역할발휘를 주장한 것은 시장 왜곡이 존재하기 때문이라고 생각했는데, 사실 더 중요한 원인은 경제발전, 구조전환에서 필연적으로 존재하는 시장실패 때문이다.

세계은행의 제안을 따라 정부에서 시장에 대한 각종 개입을 모두 취소해, 기업 경영환경이 개선되었지만,[33] 국내기업은 경제구조 전환을 추진하는 새로운 산업, 신기술에 투자를 하지 않고, 외국기업이 들어와 광산자원을 개발하는 것 외에는 다른 투자도 하지 않아서, 도리어 아시아 개발은행에 도움을 청하고 있다고[34] 불평했다.

사실, 오늘날의 영, 미, 독, 일 선진국이 그보다 더 발달한 국가의 단계를 추월할 때, 예외 없이 특정산업에 맞는 많은 정책조치를 이용해 국내의 일부 추월할 산업의 발전을 지원했다. 영국 케임브리지 대학에서 교수로 재임하고 있는 국제발전 경제학계에서 유명한 한국계 경제학자 장하준은, 선진국이 개발도상국은 자유방임 정책을 준수해야 한다고 제창하는 것은 일종의 "사다리에 올라가서 사다리를 차버리고"(kicking away the ladder), 개발도상국의 선진국 추월을 막는 정책주장이라고 생각했다.[35] 또한 사실상 선진국이 오늘날에도 자유방임 정책을 신봉하지 않고, 여전히 특허보호, 기초연구 보조, 정부구매, 일정 기간 내 시장에서 일종의 기술과 상품만을 사용하도록 규정하는 조치 등으로, 그들의 기업이 기술혁신과 산업업그레이드를 진행하도록 지원했다. 개발도상국

---

33) 세계은행 2011년 〈기업경영 지표〉에 따르면 카자흐스탄이 전 세계에서 47위를 차지했는데, 30여개 선진국을 제외하고, 카자흐스탄은 개발도상국의 선두에 있다. 앞에서 언급한 칠레는 40위를 차지했다.

34) 장슈광은 "고전(old) 구조주의와 신 자유주의 두 가지 극단이 존재하지만, 시장실패와 정부실패는 기본적으로 경제학자들의 합의가 되었는데, 그 차이는 양 자의 유무에 있지 않고, 각각 많고 적음에 있을 뿐이다"라고 주장한다. 이러한 관점을 가진 학자들은 보통 정부실패가 시장실패보다 훨씬 더 많고, 심각하여 정부가 적극적으로 유능한 역할을 발휘하는 것을 반대한다고 생각할 수 있다. 사실, 문제의 관건은 "각각의 많고 적음"에 있지 않고 시장실패가 어디서 발생했는지 어떻게 알 것인 지와, 정부개입이 어떻게 정부실패로 변하지 않게 할 것인지에 있는데, 이는 바로 신 구조경제학이 도달하고자 하는 목표이다.

35) Chang, Ha-Joon. 2002. *Kicking Away the Ladder: Development Strategy in Historical Perspective*. London: Anthem Press.

의 정부가 기술혁신, 산업업그레이드에서 맞춤형 성장촉진 역할을 발휘하지 않아야 한다는 관점은 사실 개발도상국이 그 내공을 상실하게 하는 것이다.

그렇다면, 정부가 정부개입 반대자의 질문처럼 "본국 기업, 일부 대기업의 관리자와 과학기술자가 구비한 지식보다 더 많은가?" "판단이 더 출중한 것인가"? 정부가 기업이 기술혁신과 산업업그레이드의 외부성을 극복하고 기업 간 협조문제를 돕도록 이용할 수 있는 자원이 제한된 상황에서, 정부는 기술혁신의 방향과 업그레이드가 필요한 산업에 판단을 하지 않을 수 없는데, 이 판단이 반드시 기업의 판단보다 뒤떨어진 것인가? 기업이 이들 정보를 취득하는데 자금과 인원을 투입해야 하고, 정부도 마찬가지로 자금과 인원을 투입해야 하는데, 정부는 기업보다 더 많이, 더 좋은 전문가들을 초빙하고, 더 많이, 더 전반적인 정보를 수집할 능력이 있을 것이다. 또한 정보수집과 처리의 비용이 아주 높고, 공유하는 비용이 제로에 가까워서, 공공재의 특성을 가지게 된다. 기업 자체에서 수집한다면, 기업은 다른 기업과 공유하지 않아, 각 기업이 모두 자체 수집, 처리해야 할 것이므로, 사회 전체적으로 보면 중복투자이며, 정부가 수집, 처리 후에 기업과 공유하는 것이 더 낫다. 또한 정부는 이들 정보에 근거해 맞춤형 성장촉진의 지원조치를 채택할 수 있어, 제한된 자원은 기술혁신, 산업업그레이드를 지원하고, 경제발전을 촉진하는 효용을 최대한 발휘하게 한다. 사실상, 선진국이 채택한 기술혁신과 산업업그레이드 지원의 네 가지 상용 조치에서, 특허보호가 사후장려인 것을 제외하고, 기초연구 보조, 정부구매, 일정기간 내 시장에서 일종의 기술, 상품만을 사용하도록 규정한 조치 등을 포함한 다른 세 가지 항목도 모두 정부가 지원이 필요한 기술과 산업을 사전 판단해, "승자 선택"을 해야 하는 것이다.[36]

---

36) 쉬용딩은 개발도상국에서 산업정책이 여전히 유용하다고 생각하지만, "경제가 이미

웨이슨은 정부가 맞춤형 성장촉진 역할을 발휘하려면, "이 이론은 실제로 각국 정부와 각 지역 지도자 및 계획위원회, 발전위원회나 다른 정부부문에 있는 관리가 완벽한 지식이 있다고 가정한다"고 주장했다. 전 세계 기술과 산업경계(frontier)에 있는 선진국에서는 정보불완전 가능성으로 구더기 무서워 장 못 담그는 식으로, 기술혁신과 산업업그레이드에 필요한 지원을 주지 않거나, 제한된 자원을 임의로 선택한 기술이나 산업 프로젝트에 사용해서는 안 된다. 개발도상국 정부가 신 구조경제학의 제안을 준수해, 요소부존으로 결정되는 비교우위를 따라 기술혁신, 산업업그레이드를 추진한다면, 정보문제는 후발자의 우위를 이용하여 극복할 수 있다. 실제로 비교우위는 자신과 동일한 시대의 다른 국가와 비교를 통해 나온 것이기 때문이다. 신 구조경제학이 제창하는 "성장선별 및 맞춤형 성장촉진" 6보법의 제1보는 자신의 요소부존과 유사하고, 소득수준이 자기보다 1배 정도 높으며, 경제가 20-30년 신속한 발전을 이룬 국가의 기존산업을 참고로 한다. 한 국가가 20-30년의 신속한 성장을 유지할 수 있다면, 이 국가에서 무역 가능한 부문의 산업과 서비스업이 필연적으로 국가의 비교우위와 부합할 수 있기 때문이다. 동시에, 한 국가가 이렇게 장시간의 고속성장을 유지할 수 있다면, 자본은 필연적으로 빠르게 축적되고, 임금이 배로 증가했을 것이며, 원래 비교우위에 부합했던 산업은 점차 사양산업이 되는데, 비교우위가 유사하고, 발전수준이 비교적 낮은 개발도상국가의 신흥산업이 될 것이다. 이 정보를 이용하면, 개발도상국 정부는 맞춤형 성장촉진 역할을 발휘할 때 성급하게 일을 처리하거나, 사소한 일로 중대한 일을 포기하는 잘못을 범할 확률을 아주 크게 낮출 수 있을 것이며, 정부는 이익집단의 로

비약하는 단계에서, 산업업그레이드는 기업, 기초연구 기구와 정부를 포함한 전체 체계의 학습과 혁신에 의존해야 한다. 학습과 혁신의 동력은 '공평한 경쟁'에서 나온다'. 그의 이 관점은 분명히 선진국의 사실과 부합하지 않는다.

비, 지대추구로 인해 비교우위에 부합하지 않는 산업을 지원하는 것을 방지할 수도 있을 것이다.

특별히 강조해야 할 것은 신 구조경제학의 "산업선별 및 맞춤형 성장촉진" 틀은 정부가 한 나라에서 어떤 산업을 발전시켜야 하는지 주제넘은 결정을 하는 것이 아니라, 기업과 공동으로 어떤 산업을 발전시켜야 하는지를 결정한다는 점이다. 이 틀의 제2, 3, 4보, 모두 국내외 기업의 자발적, 능동적 선택에 달려있는데, 정부의 역할은, 유한한 자원으로 잠재적 비교우위를 갖는 부문 안에 있는 기업이 스스로 해결하기 어려운 외부성을 갖추거나 여러 기업의 협조가 있어야 성공적으로 해결할 수 있는 성장 병목현상의 제한을 제거하도록 돕는 것이다.[37] 또한 이들 산업은 해당 국가의 요소부존과 그 구조에 근거하여, 생산 요소비용이 이미 국제비교에서 우세를 가져야 하며, 정부의 맞춤형 성장촉진역할은 주로 관련기업이 산업업그레이드에 필요한 소프트웨어, 하드웨어 기반시설 완비에 투자를 제공하거나 협조하는데 있어, 기업의 거래비용 인하를 도와, 국가의 잠재 비교우위를 진정한 비교우위로 바꾸게 하여, 이 산업이 국가의 경쟁우위가 되게 한다. 따라서 신 구조경제학의 틀에서, 맞춤형 성장촉진의 정부는 웨이슨이 걱정하는 "거대한 정부투자와 개발자금을 장악"하거나, 쉬용딩이 걱정하는 "진리가 앞을 향해 한 걸음 더 나아가면 오류로 변할 수 있고, …… 시장왜곡을 크게 하고 부패를 가중시킨다"라는 말은 불필요한 것이다. 이 틀도 정부가 이익집단의 로비를

---

37) 쉬용딩은 "요소부존 구조에 따라 배분하여 산업발전을 결정하는 이론과 실천은 산업이 어떻게 업그레이드할지의 문제를 해결하지 않았다'고 주장했지만, 사실은 신 구조경제학의 "성장선별 및 맞춤형 성장촉진"틀에서 바로 이 문제를 해결하려 했다. 이밖에 장쥔과 쉬용딩 모두 어떻게 정태, 동태 비교우위를 관련지을 것인지 질의하였는데, 신 구조경제학에서 이러한 연결은 자본축적을 통해, 하나의 경제체가 각 시점에서 모두 정태 비교우위에 따라 산업을 발전시킨다면, 잉여가 최대가 되어, 투자수익이 최고로 높고, 자본의 축적, 요소부존 구조와 비교우위의 업그레이드가 최고로 빠를 수 있을 것이다.

받아, 정부가 대량의 임대료로 보호하고 보조해야만 생존할 수 있는 추월산업을 발전시키는 것을 방지할 수 있다.[38]

정부행위의 가설

웨이슨, 황샤오안, 장쥔, 쉬융딩 모두 장슈광이 "〈신 구조경제학〉에서, 저자는 실제로 하나의 호인 정부에 기반해: 정부와 관리가 모두 한마음으로 발전을 도모한다"라고 주장한 것과 같다. 실제로 나는 신 구조경제학에서 정부 지도자를 포함한 모든 행위자들이 이성적이고, 그 행위, 선택은 자신의 이익 목표를 만족시키기 위한 것이라고 가정했다. 나 개인의 역사에 대한 이해 및 많은 개발도상국 정부 지도자와의 개인적 교류경험에 근거해, 신 구조경제학에서, 내가 정부 지도자의 행위 동기에 대해서 여전히 2007년 마셜 강좌에서 주장했던 것처럼 정부 지도자 개인목표는 두 가지이다: 첫째는 장기집권; 둘째는 장기집권 목표가 문제되지 않는 상황에서는, 역사에 이름을 남기고자 한다. 이 두 가지 목표를 동시에 이루는 최적의 선택은 집권기간 동안 통치지역에 번영을 이뤄, 국민들이 안거낙업 하게 하는 것이다. 이 목표를 진정 이룰 수 있다면, 이러한 정치지도자는 "호인"이라 말할 수 있다. 하지만 아주 오랫동안 애덤 스미스 이후의 200여 년을 포함해 그렇게 많은 연구가 있었어

---

38) 장슈광은 "맞춤형 성장촉진과 정부주도는 같은 것인가? 린이푸는 같다고 생각하지만, 나는 아니라고 생각한다"라고 평론했다. 내가 신 구조경제학의 토론에서 정부의 역할을 "맞춤형 성장촉진"의 범위 내로 한정한 것은 분명히 해야 한다. 하지만 정부의 역할이 맞춤형 성장촉진이기 때문에 정부가 주도적 역할을 절대 할 수 없는 것은 아니다. 예를 들면, "성장선별 및 맞춤형 성장촉진"틀의 제3보에서, 하나의 개발도상국이 외자를 유치하거나 국내기업 육성을 위해 현재 존재하지 않는, 새로운 잠재적 비교우위를 가진 산업을 발전시킨다면, 정부는 주도적 역할을 발휘하여야 한다. 그렇지 않으면 이러한 산업은 아마 출현할 수 없을 것이고, 경제구조도 전환이 아주 어려울 것이다. 이점은 농업경제에서 현대 제조업으로 전환한 저소득 국가 및 자원이 풍부한 국가의 구조전환에 대해 특히 중요하다.

도, 정치지도자가 지침으로 삼아, 정치가 국가에 번영을 가져 오게 하고, 국민이 안거낙업 하게 할 만한 성숙한 이론이 아직까지 없었다. 발전경제학의 제1물결 사조 - 구조주의와 발전경제학의 제2물결 사조 - 신 자유주의는 그 예이다. 이 논리로 보면 일리 있어 보이는 주류사조의 영향으로, 정치지도자는 "호의로 나쁜 일을 하는" 잘못을 아주 쉽게 범하여, 국가와 국민들은 손실과 불행을 당하게 된다 된다. 결국 연속 집권을 위해, 이들 정치지도자는 각종 필요한 조치를 이용해 파벌을 만들고, 이익단체를 매수하여 지위를 공고하게 한 다음, 부패와 횡령으로 개인재산을 축적하여 권력이양 후의 생활이나 권토중래를 위한 자본을 준비하게 될 것이다. 결국은 국가에 번영과, 국민들에게 안거낙업을 가져다 주는 목표와는 갈수록 더 멀어져, 그 행동도 "나쁜 사람"으로 변하게 된다.

이성적 인간이라는 가정에서, 정부지도자의 "좋고", "나쁨"이 필연적인 것은 아닌데, 관건은 정부 지도자가 실사구시, 시대에 맞는 정책결정을 하도록 지도할 수 있어서, 진정으로 국가에 지속적 번영, 장기적 안정을 가져다 줄 수 있으면서, 국민들이 안거낙업 하여, 복지가 지속적으로 증가하게 할 수 있으며, 장기집권과 역사에 이름을 남기고자 하는 개인적 목표와 전체 국민의 목표를 동시에 실현하게 할 수 있는 이론이 있는지 여부에 있다. 어떤 종류의 체제에서든, 지도자에게는 모두 일정한 자유재량권이 있다. 선진국과 개발도상국이 현대사회에서의 경제발전 성공 및 실패 경험을 종합하여, 이성적인 정부 지도자가 참고할 만한 이론을 제안하여, "호인"이 되게 하고, 자유재량권을 운용하여 개인의 목표를 추구하는 동시에, 사회와 국민의 목표도 만족시킬 수 있게 하는 것은 경제학자의 책임이다. 나는 애덤 스미스가 그의 현대경제학의 시작 작품을 왜 〈국민자산의 성질과 원인에 관한 연구〉라 명명했는지 그 근거가 바로 여기에 있다고 생각한다.

이 밖에도, 신 구조경제학이 강조하는 맞춤형 성장촉진도 웨이슨의 생각과 같지 않은데, "강한 정부"여야만 그 역할을 할 수 있다. 신 구조경제학은 개발도상국의 기술혁신과 산업업그레이드가 요소부존 구조로 결정된 비교우위에 근거하며, 후발우위를 충분히 이용해, "잰 걸음으로 빨리 뛰는"방식으로 진행해야 한다고 주장한다. "성장선별 및 맞춤형 성장촉진"틀에서 정부는 외부성을 극복을 위해 잠재적 비교우위 산업으로 업그레이드된 선도기업에 세수혜택을 주고, 외환통제 시 기계설비 수입에 소요되는 외화를 취득하게 하고, 금융억제가 있을 때 우선대출을 받아, 소프트웨어, 하드웨어 기반시설의 부족을 극복하기 위해 발전된 공업단지와, 그 안에서 원 스톱서비스 등을 실행하는 것은, 발전경제학 제1물결 사조 구조주의의 수입대체 전략에서 주장하는 각종 정부의 왜곡과 보호보조금으로 자본집약형 산업을 발전시키는 것보다 간단하고 시행이 쉽고, 효과가 나타나기 쉬울 것이다. 경제전환에서, 신 구조경제학이 주장하는 점진, 이원화도 마찬가지로 발전경제학의 제2물결 사조의 신 자유주의가 주장하는 충격요법, 즉 현대시장 경제체제를 한번에 목표에 도달하는 식으로 구축하려는 것보다 간단하고 시행이 쉽고, 효과가 나타나기가 쉬울 것이다.

웨이슨은 "과거 30여 년의 중국경제 고속성장 시기에, 현재 중국사회 내부에는 다년간 대량의 경제, 사회문제가 누적되었다"라고, 쉬용딩도 "가공무역은 물론 둥관(东莞)으로 대표되는 연해 지역에 번영을 가져다 주었지만, 20여년의 실행 후 오늘날, 중국은 전 세계 가치사슬의 하단에 놓여있는 상황이 근본적 변화가 없으며, 변화되기도 어려울 것 같다"라며 신 구조경제학 이론의 타당성에 이의를 제기했다. 반드시 설명해야 할 것은, 신 구조경제학 이론은 중국과 기타 개발도상국 경제발전 성공과 실패경험에 대한 요약에서 나온 것인데, 이것은 중국 각급 정부의 모든 행동이 모두 신 구조경제학 이론적 요구에 부합함을 대표하는 것은 아니다. 신 구조경제학이 발전이론의 제3물결 사조로서 이제 제기한 것에 불과해서, 중국 각급정부는 기타 국가의 정부와 같이 여전히 제1물결사조와 제2물결 사조의 영향을 받고 있다. 신 구조경제학의 시각에서 보면, 중국의 점진적 이원화제도 개혁은 많은 부분이 여전히 제대로 실시되지 않아서, 많은 부패와 소득분배 격차가 끊임없이 확대되는 사회경제 문제를 유발했으며,[39] 각급정부의 정책도 여전히 적지 않은 "과유불급"과 "불급유과"한 부분이 있다. 나는 신 구조경제학 이론이 더 광범위하게 전파되어, 중국정부의 지속적인 심화개혁을 돕고, 시장경제를 향한 과도기를 완성하고자 한다; 또한 미래 발전에서는 "호의로 나쁜 일을 하는" 잘못을 적게 범하여, 지속적이고 신속하고, 건강하고 포용적인 발전을 실현하기를 희망한다.

마지막으로, 웨이슨은 과거 반세기 동안, 13개 국가와 지역만이 25년 넘게 지속적으로 7%이상의 고속 경제성장을 실현한, "현대세계 경제발전 변화사실과 구조자체"를 근거로 신 구조경제학의 원리를 질의했는데, 특히 그 중에서 성장선별 및 맞춤형 성장촉진 틀을 많은 저개발국과 개발도상국으로 적용하기 아주 어렵다는 증거가 될 것이라 했다. 사실 이들 증거는 재고를 진행하고, 새로운 발전이론과 정책 틀을 제기하여 중국 및 기타 개발도상국 정부에 참고가 되었고, 그들이 현대경제 성장을 실현하도록 돕는 중요성을 한걸음 더 나아가 설명했다. 경제학은 현대 사회과학에서 현학이지만, 애덤스미스 이후 2세기 정도 지나, 특히 발전경제학이 현대경제학의 하나의 독립적 하부학문이 된 이후 3/4세기 동안 무수한 연구에도, 지금까지 경제학자들은 정치가가 부민강국의 목표를 실현하게 돕는 행동지침으로서의 효율적 이론을 여전히 제기하지 않고 있다. 현재의 연구성과는 노벨상 수장자인 마이클 스펜스 교수의 견해에 따라, 한 국가의 경제발전에 많은 중요한 식자재(ingredient)만 제공했을 뿐, 좋은 요리를 만들 레시피(recipe)로 따르기에는 아직 부족하다. 실제상황은 앞서 정부주도로 시장실패를 극복하여 현대산업을 구축하기를 주장하는 구조주의든, 현재 정부실패를 극복해 현대시장 제도를

---

39) 나의〈중국경제 분석〉(베이징대학출판사 2012년 판)에서의 토론을 참고.

구축할 것을 주장하는 신 자유주의든, 이들 주류이론에 따라 정책을 제정한 국가는 보편적으로 실패에 직면했고, 경제발전이 둔화되어, 위기가 끊이지 않아 선진국과 격차는 갈수록 더 커졌다. 하지만 경제발전을 성공하여 선진국과의 수렴을 실현한 개발도상국의 발전과 전환정책은 주류이론으로 보면 오히려 잘못된 것이었다.

　주류이론에 따르지 않은 정책제정은 많은 외부(예로 국제통화기금(IMF), 세계은행, 외국정부와 국외여론)와 내부(주류이론을 받아들인 지식계와 여론)의 압력을 감당해야 했다. 이 압력을 감당할 수 있으면서, 자주적으로 정책을 제정한 국가는 아주 적었다; 이 소수 국가 안에서, 정확한 이론적 지침이 부족해, 정책이 정확할 수 있었던 것은 더 극소수였다. 실제로, 동아시아 경제체의 성공은 대체로 엥겔스가 말한 "자유왕국"이 아닌 "필연왕국"의 결과였다. 마셜강좌에서 나는 이들 동아시아 경제체는 마찬가지로 구조주의의 영향을 받았다고 지적했다. 하지만 "네 마리 용"은 자원이 부족하고, 인구 규모가 적었는데, 일본은 미국에 점령되어, 미국정부에서 정책제약을 받고 있었기 때문에, 정부가 기업에 제공할 수 있는 보조금이 아주 적었고, 비교우위에 부합하지 않는 산업 중에서 자생능력이 없는 기업에 지원해 줄 수 없었다. 결과적으로, 정부의 적극적 개입으로 제공된 소량의 보조금은 "양적인 변화에서 질적으로 변화된" 신 구조경제학에서 주장한 외부성 보상과 맞춤형 성장촉진의 조치가 되었다. 신 구조경제학이 "필연왕국"의 성공과 기타 국가의 실패경험을 요약하고, 정부가 준수할 수 있는 정책 "메뉴"를 제공하여, 각국의 구체적인 조건에 근거해, 각종 유용한 "식재료"를 배합해서 적합한 정책이 되게 해, 지속적이고, 건강하고, 신속하고, 포용적인 경제발전이, 자신의 이익을 추구하는 지도자의 "자유왕국"의 선택이 되기를 바란다.

맺음말

현대화 국가가 되는 것은 중국의 꿈일 뿐만 아니라 여전히 세계 총 인구의 85%를 차지하는 개발도상국의 공통된 꿈이기도 하다. 장기적으로 개발도상국의 지식인은 항상 선진국이 한 권의 "경서"를 가지고 있어 선진국가가 현대화를 실현하는데 도움이 됐으며, 이 경서를 잘 터득해 개발도상국으로 가져와 경건하게 읽어 본다면 개발도상국이 빈곤과 낙후에서 벗어나 현대화를 실현하는데 도움을 줄 수 있을 것이라 생각했다. 하지만, 실제로는 이러한 경서가 존재하지 않았고, 현대경제학을 예로 들자면, 특정시기에 유행한 이론 사조도 항상 이후의 학설에 의해 버려지게 된다.[40] 선진국에서 발전시킨 이론이 선진국에서도 "이견이 없는 이론(百世以俟圣人而不惑)"이 있기 어려운데, 개발도상국에서 "보편적인 이론(放诸四海而皆准)"이 되기는 더 어렵다. 개발도상국의 경제학자가 개발대상국이 현대화를 실현하도록 돕고 싶다면, 자신이 개발도상국의 경제현상과 문제 안에서 배후의 이론을 이해할 필요가 있으며, 기존의 선진국이 발전시킨 이론으로 간단하게 개발도상국의 현상과 문제를 보지 않아야 한다. 이렇게 해야만 진정하게 세계를 인식하고, 개발도상국을 도와 세계를 개조할 수 있다. 나는 신 구조경제학에 관한 이 토론이, 중국의 경제학계에서 신 고전경제학의 함의와 현대경제 성장의 본질을 명확히 정리하고, 경제학자들이 중국 자신의 사회경제 현상 배후의 논리를 깊이 연구하도록 추진하며, 이론혁신을 진행하는데 도움이 되어, 개인, 기업, 정부의 정책결정에 참고를 제공하고, 중국이 조속히 현대화의 꿈을 실현하도록 돕기를 희망한다. 이론의 타당성은 조건의

---

40) 본문에 토론한 발전경제학 이외에, 거시경제학을 예로 들면, 1930년대 이후 케인스학설이 40년 가까이 성행하였는데, 후에 가서 합리적 기대학파의 이론으로 대체되었으며, 합리적 기대학파의 이론은 후에 신 고전종합학파의 이론으로 대체되었고, 2008년의 국제금융 경제위기 폭발 또한 경제학계가 기존 거시경제학 이론에 대해 새롭게 재고하도록 했다.

유사성으로 결정되는데, 나는 중국 경제학자들이 중국발전과 전환문제에 기반한 연구에서 제기한 이론이, 중국이 자신의 문제를 인식하고 해결에 유리할 뿐만 아니라, 선진국에서 발전시킨, 다른 개발도상국 문제 해결에 사용된 이론보다 더 참고와 교훈적 가치가 있을 것이라 믿는다.

참고문헌

Chang, Ha-Joon. 2002. *Kicking Away the Ladder: Development Strategy in Historical Perspective*. London: Anthem Press.

Easterly, W. 2001. "The Lost Decades: Explaining Developing Countries' Stagnation in Spite of Policy Reform 1980-1998," *Journal of Economic Growth*, 6(2): 135-157.

Fukuyama, F. 2013. "What Is Governance?" Center for Global Development, Working Paper 314, Washington DC.

클라이브 크룩(Clive Crook), "린이푸가 맞다", 〈펑보(彭博)상업주간〉, 2013년. http://read.bbwc.cn/Nc8zNC82O jsw.html

Kuznets, S. 1996. *Modern Economic Growth*. New Haven, CT: Yale University Press.

린이푸, 〈경제발전과 전환: 사조, 전략과 자생능력〉, 베이징대학 출판사 2009년판.

린이푸, 〈중국경제 분석〉, 베이징대학 출판사 2012년판.

린이푸, 〈신 구조경제학: 경제발전과 정책을 재고한 이론 틀〉, 베이징대학 출판사 2012년판.

린이푸, 〈번영의 모색: 개발도상 경제는 어떻게 굴기할 것인가〉, 베이징대학 출판사 2012년판.

Maddison, A. 2010. "Historical Statistics of the World Economy: 1-2008 AD," www.ggdc.net/Maddison/Historical_Statistics/horizontal-fie_02-2010.xls

World Bank. 2011. *Doing Business 2011*. Washington, DC: World Bank.

마틴 울프(Martin Wolf), "번영의 길을 찾아서", 〈금융시보〉, 2012년. http://www.ftchinese.com/story/001047131

2

성장보고서와 신 구조경제학
The Growth Report and New Structural Economics

세레스틴 · 몽가와 공동연구[1]

들어가는 말(Introduction)

경제주기와 장기성장은 인류의 복지에 모두 아주 중요해서, 경제학자들이 그 안에서 자신의 연구영역을 선택할 때는 아주 모순된 경향이 있다. 세계경제가 얼마 전 심각한 금융 경제위기[2]를 경험했는데, 이 위기는 학술계가 안정된 정책에 관심을 집중시켰던 정당성을 증명했다. 특

---

1) 세레스틴 몽가(Célestin Monga), 카메룬 출신으로, 세계은행 고위 부 은행장과 수석 경제학자의 고위고문이다. 그는 세계은행 13년 재직 중에, 실제 업무부문과 연구부문 모두에서 일한 적이 있다. 그는 매사츄세츠 공과대학(Massachusetts Institute of Technology)의 슬론 경영대학(Sloan School of Management)의 이사회 성원(슬론이사)를 역임했고, 미국 보스턴 대학과 프랑스 보르도 대학(Université de Bordeaux)에서 교편을 잡았었다.

2) 금융위기로 초래된 손실은 엄청났다. 세계 주식시장의 시가는 2008년에 반 토막 났는데 - 대략 32조 달러. 2008년 미국 가정의 손실자산은 대략 11조 달러(금융자산 손실 8.5조 달러, 주택자산 손실은 2.5조 달러), 영국은 대략 1.5조 달러(금융자산 6천억 달러, 주택자산 9천억 달러)이다. 소비와 저축에 대한 이렇게 큰 손실은 아주 큰 자산효과를 갖는다. 많은 선진국과 신흥국 산업생산이 급격히 하락했고, 세계무역은 1929년 이후 2009년에 처음으로 하락했다. 자료출처: Global Stability Reports, *IMF Survey Magazine*, June 24, 2009.

2. 성장보고서와 신 구조경제학 **219**

히 현재의 큰 환경에서: 일치 협조된 결단력 있는 단호한 화폐정책과 재정정책은, 전세계 불황이 세계적 공황으로 변하는 것을 성공적으로 막게 했다. 하지만 세계적으로 많은 지역에서 지속되는 빈곤과, 이번 위기의 전세계 빈곤퇴치 활동에 대해 장기적으로 존재할 수 있는 영향도, 경제의 지속적이고 포용적 성장추진을 돕는 정책의 중요성을 부각시켰다.[3] 경제성장은 실제로 세계 각 국가, 지역 간의 생활 수준격차를 유발하는 주요원인이다. 배로와 살라이 마르틴(Barro and Sala-i-Martin (1995)) 이 말한 것 같이: "우리가 정부의 어떤 정책항목이 장기 성장률에 영향을 주는지 인식할 수 있다면, 아무리 작다해도, 우리의 생활수준을 상승시킨 공헌은, 카운터 순환정책과 미세조정에 대한 연구를 진행한 전체 거시경제 분석사가 이룬 공헌보다는 훨씬 더 클 것이다."

사실상, 경제성장은 경제학자들이 현재 직면하고 있는 제일 중요한 문제일 것이다. 국가 간 국민소득과 노동자평균 산출의 격차는 여전히 수수께끼이다. 매디슨(Maddison(2001))계산에 근거하면, 과거 천 년 동안, 세계인구가 22배 증가했고, 1인당 평균소득은 13배 증가했으며, 전세계 GDP는 300배 가까이 증가했다. 이는 그 이전의 천 년과는 선명한 대조를 이룬다 - 과거 천 년 동안에는 세계인구가 1/6만이 증가했는데, 1인당 평균소득은 증가하지 않았다. 오늘날의 생활수준으로 판단하면, 18세기 초기 세계 모든 국가는 모두 빈곤국가였다. 1인당 평균소득의 지속적 성장은 1820년 후에야 시작되었으며, 지금까지 1인당 평균소득은 8배 넘게 증가했다.

---

3) 전 세계 금융위기 전에 생활수준이 1일당 1.25달러인 국제빈곤선 보다 낮은 인구는 14억이었다. 국가별 성장예측을 조사데이터에 적용해 더하면, 세계은행의 전문가들은 금융위기 영향으로 2009년 이 국제빈곤선보다 낮은 인구가 5000만 증가하고, 생활수준이 일당 2달러보다 낮은 인구는 5700만 증가할 것으로 계산했다. 현재 2010년에 대한 예측에 따라, 금융위기는 더한 영향이 있을 것이고, 2010년에 이르러 생활수준이 일당 1.25달러보다 낮은 인구는 6400만 누적증가 될 것이며, 생활수준이 일당 2달러보다 낮은 인구는 7600만 누적증가 될 것이다.

하나의 잘 알려진 사실이 최근 이번 위기로 증명되었는데, 고 성장률을 유지한 국가는 전세계적 위기에 직면해서도 성과가 더 좋았다는 것이다. 그들의 활력이 충만한 성과는 경제가 더 유연성을 가지게 했다. 위기발생 전에, 양호한 대외수지와 재정상황으로 카운터순환 정책을 채택하여 외부충격에 대항할 수 있게 했다. "한 차례 위기는 어렵게 얻은 하나의 기회다."라고 유명한 성장이론가 폴 로머(Paul Romer)는 말했다. 심각한 인력, 금융, 경제비용을 야기했지만, 최근의 이 위기는 최근 몇 십 년 동안의 성장연구 성과검증을 위한 유일무이의 기회를 제공했고, 우리는 성공한 국가의 경험에서 학습하고, 계속해서 전진할 새로운 방법을 탐구할 수 있을 것이다.

데이터를 관찰해 보면, 이번 위기가 너무 부각되어, 그 존재가 특히 과거 십 년 동안 아주 많은 빈곤국가의 탁월한 경제성과, 즉 시대의 거시경제의 큰 환경을 모호하게 했다는 것에 사람들이 놀라게 될 수 있을 것이다. 세계인구 제3위인 대국 미국을 제외하고, 기타 네 개의 세계인구 최다 국가(브라질, 중국, 인도와 인도네시아)는 모두 도약식 발전을 했는데, 연평균 성장률이 6%를 초과했다. 이는 40%의 세계인구 생활수준이 크게 향상되었음을 의미한다. 이 같은 추세는 많은 기타 남미국가(칠레, 콜롬비아, 페루)와 일부 아프리카 국가(보츠와나, 모리셔스, 튀니지와 가나)에도 발생했다.

의심할 바 없이, 빈곤퇴치는 여전히 대단히 도전적인 하나의 발전문제이다. 나날이 글로벌화 하는 세계에서 빈곤에 대한 저항은 하나의 도덕적 의무일 뿐만 아니라, 국경을 넘어 전 세계에 불안을 야기시킨 문제(질병, 영양불량, 불안전과 폭력)에 대항하는 책략이다. 이런 상황에서, 경제성장을 실현하고 유지하는 새로운 방식을 사고하는 것이 경제학자들의 중요한 임무가 되었다. 그러므로 자산창출 메커니즘에 대해 계속해서 새로운 사고를 진행해야만 한다. 과거 50년 동안, 우리는 이 부분에 이미 아주 큰 진보를 이뤘고, 최근의 성과는 경제성장 위원회 보고서

(Growth Commission Report)[4]에서 구체적으로 나타났다. 하지만 일부 대원칙에 대한 합의와 "보편적 이론"(one-size-fits-all) 방법에 대한 반대를 제외하고, 경제학자들은 여전히 중요한 도전에 직면해 있는데, 특정 국가에 맞춰 집행 가능한 정책지렛대를 어떻게 선별할 것인가이다.

　본문은 성장에 관한 지식의 진전과정을 재조사하고, 신 구조경제학 방법을 사용해 이 문제를 분석하기를 제안한다. 제2부분은 성장연구에서 얻은 경험적 교훈에 대해 간략한 비판적 고찰을 제공하고, 우리가 여전히 직면해야 하는 도전, 특히 정책측면의 도전을 탐구했다. 제3부분은 최근의 경제성장 위원회 보고서의 중요 공헌과, 지속 가능하고 포용적인 성장과 관련된 특징적 사실의 선별문제를 요약했다. 제4부분은 신 구조경제학의 시각에서 그의 핵심적 결론을 이해한 일관된 틀을 제공했다. 제5부분은 일부 결론적 사고를 제안했다.

성장에 대한 탐구: 일부 미완결의 여정

　경제성장 진전의 역사 고찰에서, 경제사학자들은 이를 완전히 다른 세 가지 단계로 나누는 경향이 있는데: 제1단계는 인류 대부분 역사를 차지하는 18세기 중엽이전으로, 인구성장 존재 - 이른바 맬서스(Thomas Robert Malthus) 조건이 있었지만, 불변한 생활수준을 표지로 삼는다. 제2단계는 1750년 정도부터 1820년대까지 지속된, 생활수준의 상승과 인구추세의 변화(더 높은 출생률과 더 낮은 사망률)를 특징으로 한다. 제3단계는 1820년대 중기에 잉글랜드에서 처음으로 나타났는데, 바로 현대

---

4) 이 보고서는 2008년에 발표되었고, 제목은 〈성장보고서: 지속적 성장과 포용적 발전 전략〉이다. 이 위원회는 20명의 경험 많은 정책입안자와 두 명의 노벨 경제학상 수상자(Michael Spence와 Robert Solow)로 구성되었다. 이 연구작업은 호주, 스웨덴, 네덜란드, 영국 4개국의 정부와 윌리엄 앤 플로라 휴렛 재단 및 세계은행그룹의 지원을 받았다.

경제 성장(Cameron, 1993)시기이다. 현대경제 성장의 신비 분석과 수렴과 발산 설명은, 특히 1950년대에서 지금까지 이미 학술연구에서 중요한 논제가 되었다. 이론과 실증영역에서 우리는 이미 적지 않은 성취를 이뤘지만, 정책 선두(policy front)에서는 아직도 많은 문제에 더 나은 이해와 탐구가 필요하다.

역사적 시각에서 본 성장분석

18세기 초기에, 경제성장 및 성장유지의 구체적 원인과 동반된 구조변화에 대한 분석은, 사상가들 특히 경제학자들이 흥미를 갖는 중요한 논제가 되었다. 로스토우가 "첫 번째 현대 경제학자"(Rostow, 1990:18)로 칭한 데이비드 흄(David Hume)은 경제분석을 인류상황 분석의 핵심위치에 놓았다. 그가 제기한 일부 경제학 개념은 "성장의 동태적 특징에 대해 합리적이고 일치 연관된 이론을 형성한"것으로 인식된다. 그의 족적을 따른 애덤 스미스(Adam Smith), 알프레드 마셜(Alfred Marshall), 데이비드 리카르도(David Ricardo)와 알렌 영(Allen Young)같은 고전 경제학자들도 경제성장에 대한 연구에 심취했다. 계몽시대 인류의 진보사상에 매료됐을 수 있기 때문에, 이들 고전 경제학자들이 경제발전 결정요소와 번영추진 부분에서 정책입안자가 할 수 있는 역할을 탐구했다. 그들의 개척 성과는 요소축적, 요소대체, 기술변천이나 전문화 같은 현대 성장이론의 많은 핵심개념을 제안했다.

그렇지만 성장에 관한 연구는 대공황 이후 감소해왔는데, 연구중점은 장기문제에서 단기문제로 전환되었다. 사실상 로버트 솔로우(Robert Solow)의 저명한 창조적 성과 이외에도, 60~70년대를 포함한 20세기의 대다수 시간 동안, 거시경제학자들은 전후 시기의 특징인 경제주기 문제를 연구하는 경향이 있었다. 그들은 경제를 안정시키는 정책(즉 화폐와 재정정책인데, 당시 파괴적이면서도 대가가 아주 높은 통화팽창을 피하는데 사용)을 이해하려 했지만, 장기성장의 결정요소를 분석한 사람은 아주 적었다.

80년대까지, 많은 유능한 연구자들이 다른 국가 간 경제성과의 격차에 관심을 가지기 시작함에 따라, 이 모든 변화가 비로소 일어나게 되었다. 경제성장에 대한 조사결과와 세계 각 지역의 완전히 다른 경제성과는, 다른 국가와 지역 사이에서 성장이 확실히 불균등했던 것으로 나타났는데: 1900년부터 2001년까지, 서유럽 1인당 평균 GDP는 5.65배(서방 부속국가는 5.7배 성장)성장했으며, 이에 비해 라틴아메리카는 이 수치가 4.2, 동유럽은 3.2였는데, 아프리카는 1.5에 불과했다.[5] 과거 30년 동안, 경제성장이 높은 국가에서 생활하거나 OECD국가 1인당 평균소득 수준에 상당하는 국가의 인구수는 이미 10억에서 40억으로 증가해, 3배 증가했다(경제성장 위원회, 2008).

해로드와 도마(Harrod & Domar)의 연구성과에 기반해, 솔로우 - 스완 모델은 체계적 성장분석의 제1물결 사조를 불러 일으켰다. 이 연구사조의 목표는 성장메커니즘 이해, 결정요소 선별, 경제성장 계산기술 개발로, 성장동력의 변화와 경제정책의 역할을 이해하는데 도움이 될 것이다. 제1대 성장 연구자들은 자본의 핵심역할을 강조했다. 그 모델은 신고전 생산함수를 특징으로 하며, 생산함수는 다음과 같은 특징이 있는데: 규모수익 불변, 한계수익 체감 및 투입품 간 존재하는 일정한 대체탄성이다. 경제에 관한 일반균형 모델을 내놓기 위해, 이 연구자들은 저축률 불변가설을(constant saving rate rule) 채택했다. 이는 어설픈 가설이긴 했지만, 모델구축에 중요한 단계였으며, 일반균형 이론이 실제세계 문제에 믿을만하게 적용되도록 명확하게 설명했다. 이들 모델에서 하나의 중요한 예측은 조건수렴이었는데: 1인당 평균자본이 비교적 적은(그

---

5) Maddison(2007), 〈세계경제 천 년 통계〉도 참고할 수 있다. http://www.ggdc.net/maddison/). "서방 부속국가"(Western offshoots)은 Maddison(2001)에서 사용한 하나의 용어로, 호주, 캐나다, 뉴질랜드와 미국을 포함한다.

들의 장기적 또는 안정적 상태의 1인당 평균자본 저축량에 비해) 빈국에서 성장이 더 빠를 것이라는 점이다.[6] 이 예측은 자본 한계수익 체감의 가정에서 추론한 것이다.

이 성장 연구학파의 주요장점은 기술을 (자본과 노동제외) 이론분석과 실증분석에 명확히 도입한 데 있다. 하지만 당시 연구도구의 한계로 인해 이 방법에 하나의 중요한 결점이 있게 됐는데: 기술을 외생적으로 주어진 공공재로 간주했던 것이다. 모델의 주요예측은, 자본 한계수익이 체감하므로, 기술진보가 지속적으로 존재하지 않는다면, 1인당 평균 산출성장이 정체될 수 있을 것이다. 이 가설은 모델이 "조건수렴"이란 중요한 예측을 유지하게 했지만, 좀 이상해 보였는데: 기술이 장기성장의 주요 결정요소이지만, 오히려 전체 성장모델에서 외생된다는 것이다.[7]

경제성장 모델구축의 새로운 사조는 기술변천에 관한 믿을만한 이론을 내놓아, 이 장기성장의 주요결정 요소인 기술이 신 고전모델의 외생성(exogeneity) 가설을 벗어나게 해야 한다. 제1보는 경제가 지속성장하는 하나의 이론을 설계하는 것으로, 이 이론은 투자를 광범위하게 물질자본과 인적자본 투자로 구분하면서, 이들 투자에 대한 수익이 체감하지 않는다고 가정하여 이를 경제성장의 동력으로 삼는다. 경제성장에 따라서 투자수익이 체감하지 않으면, 이 과정은 의심 없이 영원히 지속

---

6) 조건수렴은 솔로우-스완 모델에서 주요한 특징 중의 하나이다. "조건 있는"것은 이 모델에서 1인당 평균 자본과 1인당 평균 산출의 안정상태 수준이 각 국의 다음 특징으로 결정되기 때문인데: 저축률, 인구성장률과 생산함수의 위치. 최근의 많은 실증연구가 밝히길, 정부정책과 초기 인적자본 비축량과 같은 많은 국가별 다른 기타 변수도 고려해야 한다.

7) 카스와 쿠프먼스(Cass(1965)와 Koopmans(1965))버전의 신 고전모델은 렘지(Remsey)의 소비에 대한 최적화 분석을 기반으로 구축했고, 저축률의 내생결정 문제를 연구하려 시도했다. 이들 연구는 조건수렴을 얻는데 도움이 되었지만, 여전히 경제성장이 외생적 기술 진보로 결정되는 문제를 해결하지 않았다.

될 수 있다(Romer, 1986). 제2보는 더 효과적 방법이기도 한데, 완전경쟁 가설의 속박을 벗어나서, 경제성장 모델에 불완전 경쟁이론과 연구발전(R&D) 이론을 도입한 것이다. 이렇게 하는 이론적 근거는, 이들 대담한 기술적 시도는 왜 경제에 연이어 새로운 사상이 있을 수 있는 지와 왜 장기간 플러스 경제 성장률을 유지할 수 있었는지를 해석하는데 도움이 된다(Romer, 1987, 1990; Aghion and Howitt, 1992).

바로 이것이 나중에 알려진 내생성장 이론이다. 이는 기술이 비경쟁적이라고 가정하는데, 기술은 확실히 자본, 노동과는 다른 요소라서 - 한계비용이 제로가 된 상황에서, 다른 사람들에 의해 무한히 사용될 수 있기 때문이다. 하지만 중요한 것은 다음의 논리적 연결고리와 기술의 공공재적 특징에 대한 더 깊은 이해인데, 기술을 부분적인 배타적 비경쟁적 상품으로 간주한 점이다. 따라서 이 경제성장 이론흐름은 기술을 일종의 공공재로 간주하는 동시에, 또한 일정 정도에서 개인통제를 받을 수 있는 상품이라 인식했다. 기술이 부분적으로 배타적 비경쟁적 상품이 되게 해, 일정 정도 배타성이나 특수성(appropriability)을 갖게 하고, 우리가 기술을 생산하고 사용하는 인센티브를 보장할 수 있을 것이다. 따라서 완전경쟁 가설을 포기하는 것이 필요한 것이다. 이러한 처리는 이미 연구방법에서 답을 얻었다. 신 고전모델이 기술과 요소축적을 외생변수로 간주한 것에 비해, 내생성장 모델은 기술이 왜 새로운 사상의 출현을 통해 시간에 따라 진보하는지 설명했고, 기술 프런티어 모델(models of the technological frontier)에 미시경제학적 기초를 제공했다.

또 다른 하나의 중요한 문제는 기술확산이 어떻게 일부 국가 간에 일어나서 경제성장을 유발하거나 유지하는지 - 및 왜 기타 국가 사이에서는 일어나지 않았는가를 이해하는 것이다. 이런 중요한 문제에 답하고자 할 때, 사람들은 이미 다양한 흥미로운 가능성을 탐구하였다. 하나의 가능성은, 기술이전 채널을 내생성장 모델의 하나의 새로운 부분으로 생각하는 것, 즉 다른 국가가 각종 중간 자본품을 사용할 능력을 얻는

메커니즘을 내생화하는 것이다(Jones, 1998). 또 다른 하나의 비교적 유
행하는 방법은 정치경제학 모델을 통해 경제성장의 기본 결정요소를 선
별하는 것이다. 이전 성장모델링의 두 가지 사조와 달리, 이 연구유파는
경제성장의 직접 결정요소에 관심을 두지 않았고, 제도나 관리구조 질
량과 같은 요소의 성장에 대한 영향에 관심을 가진 것이다(Acemoglu
and Robinson, 2001; Glaeser and Shleifer, 2002). 경제성장 연구에서 일
부 기타 방법도 현대경제 성장의 신비를 이해하는데 각종 다양한 시각
을 제공했다(Barro and Sala-i-Martin, 2003; Jones, 1998).

수렴 – 발산을 설명하는 도전

최근 몇 십년동안, 우리는 이론적 경계든 실증적 경계든 관계없이, 경
제성장을 이해하는 이 문제에서 이미 일정한 진보를 이뤄냈다. 이론적
선두(the theoretical front)에서는, 내생 기술변혁과 규모수익 체증에 관
한 분석은 경제학자들에게 경제성장 전모와 그 내재 메커니즘을 파악할
틀을 제공했다. 솔로우의 연구성과는 우리가 성장과정에서 자본축적(물
질자본과 인적자본을 포함)과 기술변천의 중요성을 이해하게 했다. 베
커, 헤크먼, 루카스(Becker, Heckman, Lucas)[8]와 기타 많은 사람들의 연
구공헌에서, 마찬가지로 우리는 인적자본의 중요성을 이해하게 되었다.
인적자본 역할의 실현은 새로운 지식확산이나 "경험학습(on-the-job learn-
ing)"(이들 연구성과는 통상 무역자극을 통해 만든 것) 및 이른바 고등교
육 임금프리미엄에 의존해야 한다. 노스(North(1981))와 애스모글루와
로빈슨 (Acemoglu and Robinson(2001)), 그리프, 글레이저와 슐라이퍼
(Grief (1993) & Glaeser and Shleifer(2002))등의 지지이론과 실증분석의
사례 증명을 통해, 우리는 성장이 대체로 혁신과 각종제도로 추진된 것

---

8) Becker(1992), Heckman(2006)와 Lucas(2004)참고,

이며, 이들 제도는 혁신활동이 촉진되고, 변혁발생에 필요한 조건이 이미 구비된 국가들에서 끊임없이 진화한 것임을 알고 있다. 로머 및 내생 성장 이론가들로부터, 우리는 성장이론의 초점을 요소축적에서 지식창조와 혁신으로 전환해야 함을 알게 된다. 요컨대 우리는 경제성장의 일부 기본요소에 대해 이미 상당한 인식을 가지고 있다.

실증연구 부분에서, 표준화 데이터 집합 취득가능성, 특히 펜실베니아대학 세계 경제표(the Penn World tables)가, 이미 많은 사람들이 국제비교 연구에 관해 흥미를 갖게 했다. 이들 연구는 고 성장국가와 저 성장국가의 일부 체계적 차이를 집중적으로 고려했는데: (1)초기조건, 예를 들면 노동생산율, 인적자본, 인구구조, 기반시설, 금융발전상황 및 불평등 상황; (2)각종 정책변수, 예를 들면 무역개방도, 거시경제 안정성, 공공지출의 수준과 구성, 세수 및 규제상황; (3)제도변수, 예를 들면 전체 관리구조, 행정관리 능력, 법제상황, 재산권 보호 상황 및 부패행위를 포함한다.

하지만, 성장연구는 여전히 방법론상의 어려움에 직면해있고, 다음과 같은 도전에도 직면해 있는데: 일부 특정국가에 대해 집행할 수 있는, 성장지속과 가속에 도움이 되는 정책 지렛대를 선별하는 것이다.[9]

디턴(Deaton(2009))은 경제학자들 간에 존재하는 실망의 정서를 표현했다. 그는 "과거의 1/4세기에서, 실증연구와 이론연구 간의 거리가 과거 어느 시기보다도 컸다. 하지만 재통합이 하나의 선택이 될 수는 없을 것 같은데, 차이가 없으면 장기적인 과학적 진보는 불가능하기 때문이

---

9) 이런 상황은 발전경제학에 존재할 뿐만 아니라, 거시경제학의 아주 많은 기타 하부학문에도 출현했다. 2008-2009년의 전세계 위기 이후, 기존의 주류모델과 정책제안의 적절성에 대해, 경제학자들 간에 뜨거운 토론이 일어났다. 예를 들면, 블랜치플라워, 크루그만(Blanchflower(2009), Krugman(2009))나 스티글리츠(Stiglitz(2009))를 참고할 수 있다. 발전경제학의 방법론과 정책문제의 논쟁의 평가는 디턴(Deaton(2009))과 라발리온(Ravallion(2009))을 참고한다.

다"라고 말했다. 몇 십 년의 이론과 연구방법의 발전은 개발도상국의 정책입안자가 성장이 직면한 체계적 제약을 선별하는데 도움이 됐지만, 학술과 정책의제(policy agenda)의 미래의 추세는 여전히 애매모호하다.

대다수 신 고전모델의 예측과 상반된 점은, 세계 다른 경제체 간의 수렴이 아주 드문 현상(Pritchett, 1997)이라는 것이다. 2008년 미국(세계에서 제일 부유한 국가)의 1인당 평균 GDP는 이웃나라인 멕시코의 3배, 인도의 16배, 콩고 민주공화국의 145배이며, 격차는 여전히 날로 확대되고 있다. 과거 1세기의 대다수 시간 동안 개발도상국의 소득은 이미 선진국보다 아주 낙후되었는데, 상대비율로 보든 절대수치로 보든 모두 그러했다.[10]

하지만 실증적 관찰은, 산업화 국가와 개발도상국 경제발산(divergence)의 추세가 역전이 불가한 것만은 아니라고 보여줬는데: 과거 2세기 동안 일부 국가는 최고로 발달한 경제체(가장 유명한 예로는 독일, 프랑스, 19세기 말 미국, 북유럽 국가, 일본 및 경제성장위원회 보고서에서 분석했던 20세기의 13개 경제체)를 이미 추월할 수 있었다. 18세기 중엽 영국의 산업혁명 이후 실험실에서 진행한 과학실험이 제일 중요한 기술발명과 혁신의 원천이 되었다(Lin, 1995). 이러한 큰 발명에서 보자면 이 점은 무엇보다 정확하다. 이 큰 발명들은 바로 모키르(Mokyr (1990))가 정의한 것과 같이 근본적인 새로운 사상을 포함했으며, 크고, 분산된, 참신한 변화와 연관됐기 때문이다. 선진국에서는 이러한 발명이 기술진보에 아주 중요했다. 연구개발에 대한 투자를 통해 혁신이 내생변량으로 전환되었다(Romer, 1986; Lucas, 1988). 산업구조의 지속적 업그레이드, 생산율이 제고되었으며, 그 결과는 선진국이 경제적 비약을 실현하기 시작하여, 남북 간 격차가 나타나기 시작했다(Baumol, 1994).

---

10) 1970년에서 1990년까지 최부국과 최빈국의 1인당 평균 소득의 비율은 대략 5배 증가했다. 프리쳇(Pritchett(1997))참고.

역사적 증거는, "아시아 네 마리 용"(한국, 싱가포르, 중국 타이완과 중국 홍콩)과 같이, 20세기 후반에 선진 서방국가 소득수준을 추월한 개발도상국의 성장과정이 비슷한 것으로 밝혀졌다. 같은 발전과정은 그 후 중국, 베트남, 보츠와나, 모리셔스 등의 격차가 아주 큰 국가들이 1980년대와 90년대에 빠르고 지속적인 성장을 실현하게 했다(Lin, 2003, 2009; Rodrik, 2005). 상술한 국가를 제외하고, 대다수 개발도상국은 2차 세계대전 후 경제성장의 웅대한 목표를 실현할 수 없었다. 사실상 개발도상국 정부가 노력을 기울이고, 국제발전 기구가 원조를 제공했지만, 아주 많은 국가가 여전히 빈번한 위기에 봉착했다. 하지만 이들 국가의 경험은 차선의 미시경제정책, 비교적 뒤떨어진 제도장치 및 사유재산권이 불완전한 전체적 환경에서도, 개발도상국이 기술진보와 경제성장에 유리하도록 어떻게 조건을 창출할 수 있었는지 이해할 필요성을 부각시켰다.

수렴방식 예언에서 성장연구의 실패는, 대체로 이들 이론이 개발도상국의 수렴실현 여부를 결정하는 근본적 요소를 찾아내지 못했음을 보여준다. 일부 연구자들은 최근 각 국가의 경제성과의 진화는 조건수렴(conditional convergence)으로 결정된다고 제기했다. 조건수렴의 의미는 정상상태 특징(steady-state characteristics)을 결정하는 모든 기타 거시경제 변수가 불변하고 있는 상황에서, 각국이 수렴하는 것인데; 다시 말해, 세계소득의 분포가 국가간에 수렴클럽(convergence club)[11]이 존재함을 보여줬다. 하지만 깊이 있는 국가별 연구와 역사경험에 기반한 비교분석을 통해서 이런 경제발산의 수수께끼를 더 쉽게 해석할 수 있는데: 성공한 경제체가 수렴을 실현한 관건요소는 동시에 부존구조를 변화시켜,

---

11) 이것은 배로와 살라이 마르틴(Barro and Sala-i-Martin(1992)과 보몰(Baumol(1996))이 표명한 관점이다. 프레스콧(Prescott(1999))은 더 낙관적이기까지 했는데, 지속적 발산은 불가능하고, 세계소득의 분배는 최종적으로 수렴할 것이라고 생각했다.

새로운 의견채택에 속도를 내고, 산업업그레이드를 가속하여, 제도장치를 개선하는 능력에 있을 수 있다. 전 세계의 경제학자들과 정책입안자들에게는 후발주자들이 선진국을 추월하게 하는 경제전략과 정책을 이해하고 복제하는 것은 여전히 엄청난 도전이다.

성장연구를 적용한 새로운 방향

성장연구에서 사람들을 실망시킨 부분 - 특히 정책입안자가 번영을 실현하는 구체적 행동방안을 찾는 시각에서 보면, 이미 기존지식의 타당성과 유용성에 대한 재평가 및 참신한 연구 사고방식의 출현과 발전을 야기했다. 세계은행(2005)의 중요한 연구 중 하나는 1990년대의 교훈에 초점을 맞췄는데, 경제성장의 복잡성을 강조하며, 간단한 공식으로 경제성장을 설명할 수 없음을 인식했다. 이 보고서는 동시에 90년대 많은 개발도상국에서 출범한 개혁의 관심분야가 너무 협소해서, 자원의 효율적 이용에만 관심을 뒀고, 오히려 생산능력의 확장과 경제성장을 등한시했다고 언급했다. 기존 생산능력의 더 나은 이용을 실현해, 장기 지속 성장의 기반을 구축한다 해도, 생산능력의 확장을 위한 충분한 인센티브를 제공할 수 없다.[12] 이 보고서의 요약에서 말하길, 정책입안자를 지도하는 데는 유일하고 보편적 규칙이 존재하지 않는다고 했다. 또한 정책입안자는 간단한 공식과 "최적의 실천"에 대한 알기 어려운 탐색에 과도하게 의존하지 말고, 각 국가 경제체 자체에 대해 더 심층분석을 진행하는 것에 더 많이 의존해, 이로써 한 두 개의 경제성장의 구속적

---

12) 바로 자가(Zagha) 등(2006)이 지적한 바와 같이: "개혁이 효율증진을 실현하는데 도움이 된다 해도, 개혁이 동시에 생산 인센티브 강화, 시장실패나 정부실패와 같은 자본축적과 생산력 제고에 영향을 주는 요소를 해결하지 못하면, 경제를 지속성장의 궤도에 놓을 수는 없다." 프리쳇(Pritchett(2006))은 경제학자들이 단일의 성장이론을 계속 찾지 말고, 각국의 국정에 맞게 일련의 성장과 전환이론을 발전시킬 것을 제안했다.

제약조건(binding constraints)을 찾도록 제안했다.

이 연구노선은 성장진단 틀에서 증명되었다. 이 틀은 임의의 개발도 상국가에서 한 두 가지의 경제성장 구속적 제약조건을 선별하는데 주력한 후, 이 조건을 어떻게 해소할지에 초점을 두고 고려한다. 그 주요원리는 경제개혁이 경제환경에 따른 일치성을 확보하는 것이다. "많은 개혁진행이 필요하다고 인식될 때, 정책입안자는 한번에 모든 문제해결을 시도하거나, 그 국가성장 잠재력에 큰 영향이 없는 개혁에 착수한다. 여기서 항상 나타나는 상황은 각각의 개혁이 서로 간섭하여, 한 영역의 개혁이 또 다른 영역에서 예상하지 못한 왜곡을 만들어낸다. 경제성장에 최대장애가 되는 한 영역에 초점을 맞춰, 이 국가들이 더욱더 개혁성공을 이룰 가능성이 있다."(Hausmann, Rodrik and Velasco, 2008) 이 사고방식(the proposed approach)은 일종의 의사결정나무 방법을 제공해, 각 국가가 구속적 제약을 선별하도록 돕는다. 이 방법이 다른 개혁전략의 정치비용과 수익을 선별할 수 없더라도, 대립가설에 대한 관심은 정책입안자가 채택 가능한 선택 항을 분명히 해 정치제약에 대처하도록 돕는다. "우리는 주로 단기제약에 관심이 있다. 이런 의미에서, 우리가 주목하는 점은 어떻게 성장을 유발하고, 경제확장에 따라 필연적으로 출현할 수 있는 제약을 선별하는 것이지, 성장이 미래에 어떤 제약에 직면하게 될지를 예언하는 것이 아니다."(Hausmann, Rodrik and Velasco, 2008).

이 사고방식의 중요한 교훈은, 성장촉진에 있어, 다른 국가(심지어는 같은 국가의 다른 시점에서)가 각각 다른 정책선택이 필요한데; 경제성장에 필요한 "큰 원칙들" - 견실한 화폐(sound money), 재산권, 개방, 자유시장 - 의 표현형식이 각양각색이고, 그 실현은 각국 특정한 환경과 정보에 의존한다. 특히, 이런 원칙이 어떤 특정제도나 정책형식으로 나타날 필요는 없다. 각 국가는 모두 성장잠재력을 속박하는 일부 제약이 존재할 것이라 생각되는데, 만약 이 제약들을 효율적으로 선별하여 해소할 수 없다면, 기타 생산요소가 만족스럽다 해도 경제발전을 저해할 것이다. 성장진단 방법은 성장분석에 중요한 하나의 진보임이 틀림없다. 하지만 그 모델은 "구속적 제약조건"의 개념을 충분히 구체화할 수 없다.13) 변수에 대한 정의가 의도적으로 부정확해서, 이 방법을 조작하는데 아주 도전성 있게 한다.

또 다른 하나의 영향력 있는 새로운 사고방식은 메사츄세츠 공과대학의 빈곤실험실의 연구원들이 채택한 것인데, 성장에 대한 탐색은 하나의 발전계획이나 프로그램의 영향(명확하고 다른 조건아래 발생할 수 있는 결과를 참고로)을 평가하는 것을 중심으로 새로워져야 한다고 주장했다. 그들은 제일 효과적인 프로그램이 국가 또는 국제 수준으로 제고될 수 있도록 보장하기 위해, 이 영향에 대해 믿을만한 평가를 진행해야 한다고 믿었고, 그래서 어느 프로그램이 실행가능하고 어느 프로그램이 실행불가능한지 알 수 있도록 무작위 통제실험(RCT)이나 사회실험을 설계했다(Dufflo, 2004). 이 사고방식은 다음의 관념에 기반했는데: 표준적 총량성장 연구패러다임은 합리적 대리인 가설에(the assumption of a rational representative agent) 대체로 의존했으면서도, 잘못되게 의존했다는 것이다. 이 새로운 연구 사고방식은 국가환경과 미시적 개체의 이질성을 강조하며, 발전분석과 발전정책에서 단일가정과 기업의 이질성을 명확하게 도입하려 시도했다.14) 이 방법은 일부 특정 미시프로

---

13) 성장의 구속적 제약조건을 선별하는데 사용하는 방법은 그림자가격에 의존한다. 그림자 가격을 광범위하게 얻을 수 있는 국가에서도, 각 국가가 가장 발전이 필요한 것이 어느 영역에 있는지 정확하게 선별가능한지 여부는 명확하지 않다. 예로 기술과 인적자본에 상호보완 관계가 존재하는 저소득국가에 대해, 하나의 간단한 성장모델을 구축할 수 있는데; 이러한 국가에서는 교육과 기술의 수익이 모두 비교적 낮을 수 있는 것은, 자본과 인적자본 수준이 모두 비교적 낮기 때문이다. 그림자 가격만 고려하고, 국가별 비교를 소홀히 하면 교육수준 제고, 기술채택 장려가 불필요하다는 제안을 내놓을 수 있다.

14) 바네르지와 더플로(Banerjee and Dufflo(2005))참고. 부르기뇽(Bourguignon (2006))은

젝트의 유효성을 이해하는데 유용한 도구를 제공했다. 하지만 그들이 국지적인 발전경험을 다른 지리적이거나 문화적인 범위로 일반화할 수 있다 가정해도,[15] 무작위 통제실험은 여전히 정책입안자들에게 발전전략을 설계할 때 유용하면서도 전반적인 지침을(guidance) 제공해줄 수는 없었다.

이런 성장연구의 새로운 방법은 일부 중요한 문제를 설명했지만, 정책입안자들에게 어떻게 산업업그레이드와 구조변천 과정을 시작할지 충분한 지침을 제공해주지 않았다. 따라서 경제성장 결정요소에 대한 구조분석으로 이들 방법을 보충할 필요가 있는데 – 특히 빈곤 경제체가 하나의 발전단계에서 또 다른 발전단계로 도약하게 하는 요소를 선별하는 것이다.

성장보고서의 독특한 공헌

우리가 이미 학술적 진전을 이뤘다 해도, 현재 성장연구에서 봉착한 일부 중요한 문제와 몇 세대 이전의 연구자들이 봉착했던 문제는 같은데: 성장이 대체로 혁신으로 촉진된다면, 왜 일부 국가는 혁신하고 각종 변화에 적응하는데 성공을 이뤘고 일부는 그렇지 못했는가? 어떤 힘이 수렴을 촉진하고, 어떤 원인이 실질적인 진보를 억제했는가? 저소득 국가가 중등소득 국가가 되고 고소득 국가가 되기까지의 구조변화에 필요한 조건은 무엇인가? 경제성장의 제일 중요한 결정요소(초기조건, 제도, 정책)는 무엇인가? 성장의 동태과정에서 정부와 시장은 어떤 역할을 해야 하는가?

여기에 아주 설득력 있는 이론 틀을 제공했다.

15) 무작위 통제실험의 비판자들은 다음과 같은 사실을 지적했는데: 그 출발점은 보통 특정한 방법이 가장 보완해야할 지식공백을 어떻게 보완할 수 있는지에 대한 명확한 전략평가에 있지 않다. 라발리온(Ravallion(2009))참고.

　이런 절박한 문제에 명확하게 대답하기 어렵고, 성장분석에서 실행
가능한 정책제안을 얻는 것이 불가능한데, 이러한 곤경에 직면해, 일부
성장연구자들은, 하나의 유용한 방법이 경제성장의 견실한 결정요소를
찾는 것을 피하고, 개발도상국 경제정책을 지도할 특징사실을 찾는 것
이라 분석했다. 이 방법은 몇 십 년 전으로 거슬러 올라가, 제일 유명한
것이 바로 칼도(Kaldor(1961))가 미국과 영국 거시경제 데이터에서 귀납
해낸 20세기 경제성장의 6가지 특징으로, 다음과 같은데: (1)노동 생산
율의 지속적 제고; (2)1인당 평균자본의 지속적 상승; (3)안정적 실질이
율이나 자본 수익률; (4)안정적 자본 산출 비율; (5)안정적 자본소득과
노동소득의 국민소득 점유비율; (6)신속히 성장한 경제체의 증가속도 차
이는 비교적 큰데, 차이가 2-5%에 달한다.

　최근, 존스와 로머(Jones and Romer(2009))는 또 다른 특징사실들을
귀납해냈는데: (1)시장화 정도 상승 - 글로벌화와 도시화를 통해; (2)성
장속도가 빨라져서, 제로성장에 가까운데서 상대적으로 비교적 빠른 성
장률에 도달; (3)1인당 평균GDP 증가속도가 기술 프런티어(frontier)에
접근함에 따른 하락; (4)소득과 모든 요소생산율의 차이가 비교적 커짐;
(5)노동자 평균 인적자본의 증가; (6)상대임금의 장기적 안정이 있다.

　〈성장보고서: 지속성장과 포용적 발전전략〉(*The Growth Report: Strategies
for Sustained Growth and Inclusive Development*)은 성장발전 위원회가
2008년 발표한 이정표식 연구성과이며, 이는 유사한 연구 사고방식을
답습했지만, 새로운 수준으로 발전될 것이다. 이 보고서는 세계은행이
과거 20여 년 동안 제안된 기타 일부 실증연구의 발견에 기반하여, 과거
경제성장과 빈곤퇴치 이론을 재평가하고, 개발도상국에 대한 정책제안
을 재고하였다.[16] 이 항목은 2006년 4월에 시작하여, 성장발전 위원회가

---

16) 이러한 이전의 연구는: East Asian Miracle(1993), Growth in the 1990's(2005), World
　　Development Report on Agriculture for Development; 등등을 포함한다.

정부, 비즈니스계와 정책입안 영역의 22명의 지도자를 소집했는데, 대다수가 개발도상국 출신이었고, 노벨 경제학상 수상자 마이클 스펜스(Michael Spence)와 세계은행 부 은행장 대니 라이프지거(Danny Leipziger)가 위원장을 담당했다. 2년 정도의 시간 동안, 위원회는 "경제의 지속되는 신속한 성장, 빈곤퇴치를 지지하는 정책과 전략에 대한 최적의 이해를 수집"하고자 했을 것이다.

　위원회의 설립목적은 경제성장에 관한 기존이론과 실증지식에 대해 요약, 평가, 재고를 진행하여, 일부 정책제안을 얻을 수 있기를 희망했고, 순수이론 탐구에 매몰되는 것을 피하는 것이었다. 위원회가 구체적 원인이라고 생각할 수 있는 것은 다음과 같은데: (1)빈곤퇴치는 경제성장과 서로 분리될 수 없지만, 그 연결고리가 많은 발전전략에서 소실되었다고 느껴지고; (2)더욱더 많은 증거는, 사람들이 신속하고 지속된 경제성장 배후의 경제와 사회역량에 대한 이해가 사람들이 일반적으로 인식하는 것보다 그렇게 많지 않음을 보여준다 - 개발도상국에 주어진 경제제안에서는, 기존의 지식은 사람들이 그에 대한 믿음을 지지하기에 부족하며; (3)그들은 과거 20년 동안 깊이 관련된 성장경험(성공한 것과 성공하지 못한 것을 포함)의 축적이 사람들에게 독특한 학습원천을 제공했다고 인식했으며; (4)더욱더 많은 사람들은 중국과 인도 및 기타 신속한 성장의 동아시아 경제체 이외에, 개발도상국이 경제성장 속도를 현저히 제고하여, 그 소득수준이 산업화 국가를 추월하도록 하고 전세계 자산과 기회의 분포가 더 균형 있게 해야 한다고 의식했다.

　위원회의 독특성은 그 구성의 다양화로 드러날 뿐만 아니라, 성장분석을 재고하는 방식에도 있다. 그 사고방식은 "경제성장과 발전분야에 누적된 경험 및 각 영역에 존재하는 정교하고 신중한 정책분석을 소화흡수하려 시도한 후; 이런 이해를 개발도상국의 정치지도자와 정책입안자(다음 세대의 지도자들을 포함)와 공유하며, 국제사회의 고문과 공유하고, 선진국의 투자자, 정책입안자와 지도자 및 같은 목표가 있는 기타 국제기구와 공유한다"[17](성장위원회, 2008: x).

보고서의 서문에는 다음의 관찰결과가 있는데, "신속하고, 지속된 경제성장은 자발적으로 만들어진 것이 아니며, 한 국가의 정치지도자의 장기적 약속이 필요하고, 이 약속은 인내심, 꾸준함과 현실주의로 실현되어야 한다"(성장위원회, 2008:2). 그 후 보고서는 2차 세계대전 이후 7%를 초과한 성장율로 25년 이상 지속성장 했던 13개 고성장 경제체의 특징을 종합했다.[18] 이러한 성장속도로, 한 경제의 규모가 매 10년마다 두 배가 될 수 있을 것이다.[19] 보고서는 계속해서 기타 개발도상국들이 어떻게 이들 국가를 모방할지 문제를 제기했다. 각 국가는 모두 특정한 자신의 특징과 역사경험이 있음을 인식하고, 또한 성장전략에 반영할 것이기 때문에 보고서는 정책입안자에게 통용되는 공식을 제공하려 시도하지 않았다. 하지만 정책입안자를 위한 하나의 발전전략을 설계한 틀을 제공했다. 보고서는 하나의 완전한 답안을 주지는 않았지만, 해결해야 할 문제를 제기했다.

결론은 낙관적인데: 신속하고, 지속적인 성장이 세계의 일부 지역에 국한된 기적이 아닌, 모든 개발도상국에서 실현될 수 있다. "성장요소"

---

17) 이 위원회가 연구업무를 조직하는 방식도 아주 특별한데: 먼저 그들이 성장과 발전에 중요하다고 생각하는 주제와 문제를 확정한다. 그 다음 세계 지명도 있는 학자들, 실제 업무종사자와 전문가를 초청하여 논문을 집필하고, 이 주제와 문제에 관한 기존지식을 탐구하며; 이런 논문은 몇 차례의 워크숍에서 평가와 토론을 진행한다. 학자와 위원회 성원과 서로 교류하는 실무 그룹이, 이 과정에서 이러한 논문에 심사와 평론을 진행한다. 이 실무 그룹은 중기 보고서 심사와 평론제공을 통해 위원회 위원장의 최종 보고서 작업 초안작성에 협조한다.

18) 이러한 국가와 지역은 보츠와나, 브라질, 중국내륙, 중국홍콩, 인도네시아, 일본, 한국, 말레이시아, 몰타, 오만, 싱가포르, 중국타이완과 태국을 포함한다.

19) 이렇게 장시간 높은 성장률을 지속한 것은 20세기 후반 전에는 출현하지 않았기 때문에, 저자들은 그들의 작업이 "경제기적"에 대한 하나의 보고서로 지칭될 수 있지만, 이런 용어가 여기서 완전히 합당하지는 않다고 인식했는데: 기적과 다른 점은, 지속된 고속성장은 설명될 수 있고, 반복될 수도 있다는 것이다.

(효과는 특정환경과 조건으로 결정된 각종 정책처방을 포함)목록보다 더 중요한 점은, 이 보고서에서 모든 성공한 국가의 "5가지 놀라운 유사점"을 나열했다는 것이다:

• **세계경제에 개방** 이들 국가는 신속한 성장시기에, 세계경제를 충분히 이용했다. 그들은 최소 2가지 부분에서 다음과 같이 했는데: 먼저 그들은 세계 - 2차 세계대전이 끝난 이후 세계는, 갈수록 더 개방되고 있었고, 더욱더 긴밀해져 하나가 되어 - 기타 지역에서 창의, 기술과 전문기능을 도입했다. 그 다음 전세계의 수요를 개척하여, 그 상품에 거의 무한히 큰 시장을 제공했다. 결론적으로, 모든 성공한 경제체는 모두 "세계 기타 지방에서 잘 아는 것을 수입하고, 세계 기타 지방에 필요한 것을 수출했다". 성공하지 못한 국가는 이와 정반대로 시행했다. 이 점이 우리에게 시사하는 바는 명확한데: 지속적 동태 고속성장을 실현하기 위해서는, 개발도상국은 반드시: (1)그 비교우위에 의존한다. (다시 말하면 세계 기타 지방에서 필요한 것을 수출하고, 경제경쟁력을 유지하기 위해, 부존구조의 변화에 따라 그 산업구조를 단계적으로 업그레이드한다); (2)후발우위의 잠재력을 이용한다(산업업그레이드 과정에서 세계 기타 지역에서 창의, 기술과 전문기능을 도입한다).

• **거시경제 안정 유지** 고성장국가의 두 번째 특징적 사실은 안정적 거시경제 환경을 유지했다는 것이다. 그들이 제일 성공한 시기에 모든 13개 국가는 개인부문 투자에 손실을 줄 수 있는 재정정책과 화폐정책의 예측 불가성을 피했다. 경제성장이 일부 국가에서 어떤 때는 온화한 통화팽창(1970년대의 한국, 90년대 중기의 중국), 재정적자나 비교적 높은 채무 - GDP비율이 동반됐지만, 상황은 통제를 상실한 적이 없었다.

• **높은 저축과 투자율** 고성장 국가의 또 다른 하나의 특징은 당기 소비를 포기하고 미래의 더 높은 수준의 소득을 추구하기를 원한 것이다. 높은 저축률과 높은 투자율은 서로 어울린다. 일부 국가, 예를 들어 싱가포르와 말레이시아는 강제 저축계획을 채택했는데, 일부 연구자들이

정부의 의도적 저축정책을 이들 국가의 높은 저축률과 투자율의 주요원인이라고 강조하게 했다(Montiel and Serven, 2008). 사실상, 주요원인은 아마도 이들 국가들이 대량의 경제잉여 생산할 수 있었고, 충분히 높은 투자수익률을 만들어내서, 저축을 위한 강력한 인센티브를 제공하게 되었을 것이다. 1970년대, 동남아와 라틴 아메리카의 저축률은 아주 비슷했다. 20년 후 동남아시아의 저축률은 라틴 아메리카보다 20% 높았다.

• **시장자원 배분** 보고서는 20세기 이미 시장시스템을 대체하려는 실험이 많이 시도되었다고 언급했다. 이들 실험은 모두 실패했고, 모두 개발도상국의 지속성장을 도울 수 없었다. 성공한 국가는 재산권 시스템 강도와 보호역량 정도면에 차이가 존재할 수 있지만, 예외 없이 모두 운영이 양호한 시장메커니즘을 채택했다. 시장메커니즘은 적당한 가격신호, 투명한 정책결정 제정과정과 양호한 인센티브를 제공했다. 자본과 노동이 다른 부문, 다른 산업간에 재배치되는 과정에서 이들 국가의 정부는 시장메커니즘의 운행을 억제하지도 않았다.

• **리더쉽 시스템과 관리구조** 빈곤퇴치를 돕는 지속성장은 보통 몇 십년을 뛰어넘는 과정인데, 안정적이고 양호하게 운행되는 투자환경에서만 발생할 수 있다. 이는 적당한 정치 지도체제와 효과적인 실용주의를 신봉하는, 심지어 어떤 때는 급진주의를 신봉하는 정부가 필요하다.

성장위원회 보고서도 동시에 정책입안자가 발전전략을 제정 시 당연히 피해야 하는 일련의 "나쁜 아이디어"를 나열했다. 이들 "나쁜 아이디어"는 적어도: 에너지에 대한 보조금; 행정부문에 의존한 실업문제 해결; 기반시설 투자지출 감소로 재정적자 감소; 국내기업에 무제한 보호제공; 가격관리 제도를 이용한 통화팽창 관리; 장기적 수출금지; 도시화 억제, 기반시설 변화를 통해 교육의 발전측정; 환경문제 등한시, 이를 "지불불가한 사치품"으로 간주; 은행시스템에 규제채택; 본위화폐의 과도한 평가절상 허용을 포함한다.

결론적으로, 성장위원회 보고서는 하나의 중요한 진전이라고 말할 수 있다. 이는 정책입안자에게 확실하게 실행 가능한 방법을 제공하여, 경제가 추월하는 동태과정을 이해하도록 돕는다; 이는 또한 끊임없이 진화하는 성장과정을 촉진하고 유지하도록 도대체 어떤 구체적 메커니즘(이들 메커니즘은 국가마다 다를 수 있다)이 적합한 기반시설, 인센티브 체계와 제도를 만드는지 선별했다. 동시에 성장연구자들에게 새로운 도전을 제안했는데: 반드시 하나의 이론 틀을 구축해 이 보고서의 주요발견을 이해해야 한다는 것이다.

성장보고서에 대한 신 구조분석

성장위원회가 종합한 이들 전형적 특징사실은 경제성장 과정에서 보면, 내생변수일 수도 있고, 외생변수일 수도 있다. 그 중 인과관계를 풀어내, 공공정책에 대해 우선순위를 정하기 위해, 우리는 이들 전형적 특징사실이 제기한 간단한 관계를 넘어서, 가능한 인과관계의 동태과정을 자세히 고려할 필요가 있다. 바로 젤너(Zellner(1979))가 제기한 바와 같이, 일종의 보편적으로 받아들여지는 경제이론이 필요하다. 신 구조경제학의 방법은 바로 이러한 이론 틀이다.

신 구조경제학의 기본원리

신 구조경제학 틀(Lin, 2010)의 기반은 각국 경제성장 과정에 대한 현대적 분석이다. 그 출발점은 다음과 같은 관찰결과인데: 현대 경제발전의 주요특징은 지속적인 기술혁신과 구조변화이다. 하나의 경제체가 어떤 시점에서도 모두 최적인 산업구조는, 그 경제가 국내시장과 국제시장에서 제일 강한 경쟁력을 실현할 수 있게 하는 산업구조이다. 이러한 최적의 산업구조는 그 경제 비교우위로 결정되는데, 후자 또한 그 시점에서의 경제 부존구조로 결정된다.[20] 기존산업에 대해 더 많은 물질자본이나 노동을 투입하는 것에만 의존해 성장을 실현한다면, 경제는 최종적으로 수익체감의 제약에 직면하게 되는데 비교우위를 이탈한 경제는 흔히 성과가 형편없다.

임의의 시점에서 최적의 산업구조는 기존의 요소부존 구조로 결정된 것이기 때문에, 한 국가가 기술발전의 단계에서 끊임없이 상승하고자 한다면, 먼저 그 요소부존 구조를 변화시켜야 한다. 자본의 축적에 따라, 경제 요소부존 구조가 끊임없이 진화하여, 그 산업구조는 이전의 요소부존 구조로 결정된 최적 산업구조 이탈을 추진한다. 시장경쟁력을 유지하기 위해, 기업은 산업과 기술을 업그레이드할 필요가 있다.

산업발전 과정에서, 경제가 비교우위를 따른다면, 그 산업이 모두 국내와 국제시장에서 제일 강한 경쟁능력을 실현할 수 있을 것이다. 그리하여 이들 산업은 최대 가능한 시장점유율을 차지하고, 가장 많은 잠재잉여를 획득해, 자본투자도 최대 가능한 수익을 얻게 될 것이다. 그 결과는, 가정은 최고의 저축성향이 있어, 더 나아가 그 국가의 요소부존 구조가 더 빠른 속도로 업그레이드 되게 할 수 있을 것이다.

비교우위 원칙에 따른 산업발전의 개발도상국도 산업업그레이드 후

---

20) 한 국가가 "경쟁우위"를 가진다는 것은 본국 산업이 다음 4개 조건을 만족시키는 상황을 가리키는데: (1)그 산업들은 본국의 풍부하고 상대적으로 저렴한 생산요소를 집중사용 한다; (2)그 상품은 아주 큰 국내시장이 있다; (3)각 산업은 하나의 클러스터를 구성한다; (4)각 산업의 국제시장이 경쟁적이다(Porter, 1990). 한 국가가 "비교우위"를 갖는다는 다음의 상황을 지칭하는데: 일종의 상품이나 서비스를 생산하는 기회비용이 경쟁자보다 낮다. 이 조건의 기반은 해당 국가가 임의의 주어진 시점에 그런 상품이나 서비스를 생산하는데서 그 부존구조로 결정된 비교우위를 갖는 것이다(Lin, 2010). 포터(Porter)가 나열한 경쟁우위의 제1조건은 이들 산업이 해당 경제의 부존구조로 결정된 비교우위에 부합해야 한다고 가정한다. 제3과 제4조건도 그 산업이 비교우위에 부합하는 상황에서만 비로소 성립된다. 따라서 이 4가지 조건은 두 가지 상호 독립된 조건으로 단순화할 수 있는데: 비교우위와 국내시장 규모이다. 이 두 가지 조건 사이에, 비교우위가 제일 중요한데, 한 산업이 국가의 비교우위에 부합하면, 이 산업의 상품이 전세계 시장을 점유할 수 있기 때문이다. 이는 바로 세계의 아주 많은 최고 부유국가가 모두 아주 작은 원인인 것이다(Lin and Ren, 2007).

발우위에서 이득을 얻어 선진국보다 더 빠른 성장을 실현할 수 있을 것이다. 개발도상국의 기업도 선진국 산업과 기술 격차에서 이득을 얻어, 선진국을 학습하고 본보기로 삼아, 자신의 새로운 비교우위와 일치하는 산업과 기술혁신을 얻게 될 것이다.

따라서 성장의 중요한 문제는 경제가 비교우위와 일치하는 방식에 따라 성장할 수 있도록 어떻게 확보할 것인가로 전환된다. 대다수 기업의 목표는 이윤 최대화를 실현하는 것이며, 기타 조건이 불변하는 상황에서, 이윤은 투입하는 요소 상대가격의 함수이다. 기업이 산업과 기술을 선택하는 표준은 일반적으로 자본, 노동과 자연자원의 상대가격이다. 따라서 기업이 경제 비교우위의 원리에 따라 기술과 산업을 선택한다는 전제는, 부존구조에 생산요소 상대적 희소성을 반영할 수 있는 상대가격 체계가 존재한다는 것이다. 이러한 상대적 가격체계는 경쟁시장 체계에만 존재할 뿐이다. 개발도상국에서, 이러한 조건은 자주 만족될 수 없어서, 정부가 조치를 취하여 시장제도를 완벽하게 하고, 상품시장과 요소시장의 효율적 경쟁을 창조하고 유지할 필요가 있다.

산업업그레이드 과정에서, 기업은 생산기술과 상품시장에 관련된 정보를 얻을 필요가 있다. 관련정보가 자유로이 취득되지 않는다면, 각 기업은 자원을 투입해 이런 정보를 탐색하고, 수집하며 분석해야 한다. 따라서 개발도상국의 개인기업에서 보자면 산업업그레이드는 고위험, 고수익의 과정이다. 첫 번째로 새로운 산업에 진입한 선도자들은 실패할 가능성이 있는데 - 산업을 잘못 찾았기 때문이다. 또는 성공할 수도 있는데 - 국가의 새로운 비교우위와 일치하는 산업에 진입했기 때문이다. 성공한 사람의 경험은 잠재적 후발주자들에게 가치 있는 정보를 무상으로 제공한다. 하지만 새로운 기업이 그 업종에 진입하여 경쟁하기 때문에, 선도기업이 독점 임대료를 취할 수 없을 것이다. 또한 이들 선도자는 종종 새로운 상업과정과 기술에 정통하도록 자원을 투입하여 노동자들을 훈련해야 하지만, 이후에 경쟁자에 의해 고용될 수도 있을 것이다.

선도자는 원래 존재하지 않았던 새로운 활동과 인적자본의 수요를 유발한다. 선도자가 실패해도, 실패경험도 다른 기업에게 유용한 지식을 제공하게 된다. 하지만 오히려 그들 스스로 실패비용을 부담해야 한다. 다시 말해 선도자가 투자한 사회가치는 일반적으로 개인가치보다 훨씬 크고, 투자 성공수익과 실패비용은 비대칭이다. 한 경제체 산업업그레이드의 성공은 또한 신형 금융, 법제 및 기타 "소프트웨어"(또는 무형의)와 "하드웨어"(또는 유형의) 기반시설로 생산과 시장거래를 촉진하여, 경제가 생산가능성 경계에 도달하도록 요구한다. "소프트웨어"와 "하드웨어" 기반시설의 개선은 협조가 필요한데, 이러한 협조는 개인기업의 정책결정으로 할 수 없는 것이다.

따라서 경제발전은 하나의 동태과정인데, 외부성을 포함하며, 협조가 필요하다. 발전의 모든 단계에서, 시장은 항상 자원을 효율적으로 배분하는 기초메커니즘이지만, 경제가 다른 단계로 비약을 추진할 때, 정부가 적극적이고 능동적인 역할을 하고, 이러한 비약에 대한 편리를 제공해야 한다. 정부는 반드시 경제에 개입해 시장이 정상 운행되게 해야하며, 다음의 조치로 이를 시행할 수 있는데: (1)신흥산업과 관련된 정보를 제공하여, 기업이 경제 부존구조로 결정된 새로운 비교우위와 일치하는 산업이 무엇인지 알게 한다; (2)관련산업 투자와 필요한 기반시설 구축에 협조한다; (3)산업화와 구조전환 과정에서 외부성 있는 활동에 보조금을 지급한다; (4)육성이나 외국인 직접투자 유인을 통한 신흥산업 발전을 촉진하여, 사회자본의 부족과 다른 무형의 제약을 극복한다.

요약하면, 신 구조경제학의 세 가지 흐름은: 한 나라의 비교우위에 대한 이해를 포함하며, 이러한 비교우위는 요소부존 구조의 끊임없는 변화에 제약을 받는다; 발전의 모든 단계에서 시장을 최적의 자원배분 메커니즘으로 삼는다; 산업업그레이드 과정에서 정부는 맞춤형 성장촉진 역할을 해야 한다는 것이다. 신 구조경제학은 제일 성공한 개발도상국의 경제성과를 설명하는데 도움이 된다.

성장위원회의 주요발견에 대한 신 구조분석

성장위원회 보고서는 5가지 특징적 사실을 제시했는데: (1)대외개방을 통한 세계경제 이용; (2)거시경제 안정유지; (3)높은 저축률과 투자율을 유지; (4)시장메커니즘을 이용한 자원배분; (5)견고하고, 신뢰할 수 있고 능력 있는 정부를 갖는 것이다. 5가지 특징적 사실을 둘러싸고 일부 외생성과 내생성 문제가 나타나게 되었다. 신 구조경제학은 이 문제를 이해하기 위해 하나의 분석 틀을 제공했다. 앞의 3가지 특징적 사실은 한 국가가 발전하는 각 단계에서 요소부존 구조로 결정된 비교우위에 따라 경제발전을 할 때의 합리적 결과이다. 네 번째 특징적 사실, 즉 시장 메커니즘은, 한 국가가 비교우위에 따라 경제발전 하는 전제조건이다. 마지막 하나의 특징적 사실, 즉 견고하고, 신뢰할 수 있고, 능력 있는 정부는, 비교우위를 준수한 경제발전의 합리적 예측이며, 동시에 필연적 결과이기도 하다.

먼저, 한 국가가 발전전략21)에서 자신의 비교우위를 준수한다면, 경제는 대외 개방된 것이며, 기존의 부존구조와 일치하는 상품과 서비스를 생산하고 국제시장까지 수출하며,22) 자신의 비교우위와 부합하지 않는 상품과 서비스를 수입할 수 있다. 이런 경제체의 무역의존도는 자신의 비교우위에서 내생하며, 기타 어떤 상황에서의 무역의존도보다 클 수 있을 것이다. 이 경제체는 가장 경쟁력 있는 상태에 도달할 것이며, 부존구조와 산업구조는 최대한 빠른 속도로 업그레이드 될 것이다. 산업업그레이드 과정에서, 이 국가는 선진국의 기술과 산업을 본보기로 삼아, 충분히 자신의 후발우위를 발굴하여, 선진국가보다 더 빠른 경제

---

21) 우리의 발전전략에 대한 정의는 로드릭(Rodrik(2005))과 같이, 개발도상국의 정부가 채택한 정책과 제도장치를 지칭하는데, 그 목적은 선진국 생활수준에 접근하게 하는 것이다.

22) 수출 가능한 제조업 상품은 특히 중요한데, 산업화 과정중인 후발주자는 선진국에 비해 저임금과 기타 경쟁우세를 가진 산업을 선택할 수 있게 하기 때문이다.

성장률을 실현할 수 있는데, 이는 혁신비용이 이미 글로벌 기술의 프런티어(frontier)에 있는 국가보다 적을 것이기 때문이다. 따라서 이러한 경제체는 고소득 국가와 수렴을 실현할 수 있을 것이다. 이런 차원에서, 대외개방을 통한 세계시장 이용(특징사실1)은 한 국가의 부존구조로 결정된 비교우위에 따라 산업업그레이드를 추진하는 성장전략의 결과이다.

거시경제 안정(특징사실2)도 한 국가가 발전전략에서 비교우위를 준수한 결과이다. 만약 한 국가가 이것을 할 수 있다면, 경제는 경쟁력이 있을 수 있고, 산업도 개방되고 경쟁적인 시장에서 살아남을 수 있을 것이다(Lin, 2009). 산업업그레이드는 주로 자신의 자본축적 과정에 의존할 것이다. 정부가 건전한 재정상황을 갖출 수 있는 원인은 다음과 같은데: 첫째, 유력한 경제성장에서 이익을 얻을 수 있을 것이다; 둘째, 정부가 자생능력이 없는 기업에 보조금을 지원할 필요가 없다; 셋째, 경제는 더 많은 취업기회를 창출할 수 있고, 실업이 비교적 적다. 동시에 이런 국가는 산업 경쟁력 부족, 통화불일치(currency mismatch)나 재정위기로 인해 유발된 내원성 위기(homegrown crises)가 비교적 적게 출현할 수 있다. 해당 경제체의 대외 경쟁력이 비교적 강하고, 경제성장이 자본유입에 대한 의존도가 높지 않아서, 그 국가의 대외수지 상황도 더 좋을 수 있다. 따라서 전세계적 위기가 해당 국가 경제에 외부충격을 줄 때, 정부가 카운터 순환정책을 채택하는데도 유리한 위치에 있게 될 것이다.

비교우위와 일치하는 산업을 발전시키는 또 다른 하나의 논리적 결과는 높은 저축률과 높은 투자율이다(특징사실3). 이러한 일종의 발전전략은 개발도상 경제체가 제일 강한 경쟁력에 도달해 최대한 경제잉여(이윤)를 생산해 낼 수 있게 한다. 이는 경제에 최고의 저축수준을 얻게 한다. 경쟁력 있는 산업은 동시에 고투자 수익도 의미하며, 이는 역으로 또한 저축과 투자를 위한 별도의 인센티브를 제공했다. 이밖에 성공한 공공투자는 한 경제체의 성장잠재력을 높이고, 개인부문의 거래비용을 감소시켜, 개인투자의 수익률을 제고하고, 미래에 충분한 세수소득을 생산하여 초기 투자비용을 상환할 수 있다.

시장 메커니즘을 채택하여 자원배분을 하는 것(특징사실4)은 경제가 발전하는 중에 비교우위를 준수하는 필요조건이다. 대다수 기업은 이윤을 추구하기 위해 생겨났다. 만약 상대가격이 부존구조 안에 각종 요소의 상대적 희소성을 반영할 수 있다면, 기업은 기술과 산업선택에서 경제의 비교우위를 준수할 수 있다. 그런데 이 조건은 경쟁적 시장경제에서만 성립할 수 있다(Lin, 2009; Lin and Chang, 2009). 따라서 발전의 각 단계에서, 경쟁적 시장은 항상 한 경체제 자원배분에서 최적의 메커니즘이다.

견고하고, 신뢰할 수 있고 능력 있는 정부를 구축(특징사실5)하는 것, 즉 맞춤형 성장촉진 역할이 있는 정부를 창조하는 것은, 경제발전 과정에서 비교우위를 준수하는 전략을 채택한 하나의 조건이기도 하다. 하나의 개발도상국의 산업구조가 끊임없이 업그레이드 하려면, 정부는 맞춤형 성장촉진 역할을 발휘하고, 소프트웨어와 하드웨어 기반시설 건설을 개선하고, 정보, 협조와 외부성 등의 문제를 극복해야 한다. 따라서 하나의 견고하고, 신뢰할 수 있고 능력 있는 정부는 성장을 지속할 수 있는 전제조건이다. 하지만 능력 있는 정부도 이 발전전략 결과의 하나로 간주할 수 있는데: 정부의 목표가 국가 비교우위와 일치하는 발전과정을 촉진하는 것이라면, 경제에 대한 개입을 더 쉽게 실시하고 더 성공할 수 있어, 정부의 공신력을 강화할 것이다. 따라서, 견고하고, 신뢰할 수 있고 능력 있는 정부 또한 하나의 국가가 비교우위를 준수해서 경제를 발전시킨 결과로 간주된다.

이런 특징적 사실을 제시한 것 이외에, 성장위원회 보고서는 동시에 개발도상국 정책입안자들이 피해야 하는 "나쁜 아이디어"도 제시했다. 이 보고서는 신중하게 경고하기를, 부분적으로 나열된 정책은 어떤 상황과 조건아래, 일정하거나 일시적인 이유가 있겠지만, 이 또한 "압도적

다수를 차지한 증거가 보여주길, 이러한 정책은 엄청난 비용이 있으며, 그들이 공언한 목표는 - 일반적으로 매우 매력적인 - 기타 방식을 통해 더 좋게 실현할 수 있다"고 지적했다. 이들 "나쁜 아이디어"는 대가가 아주 높거나 지속할 수 없는 정책을 포함하는데, 예를 들면 에너지 보조금, 공공부분에 의존한 실업문제 해결, 기업에 무제한 보호제공, 기반시설 건설 투자지출 감소를 통한 재정적자 인하 및 본위화폐의 과도한 평가절상 허용이 있다.

신 구조경제학에서 도출한 정책제안은 개발도상국 정부가 이들 "나쁜 아이디어"를 피하는데 도움이 된다. 그 예는 에너지 보조금인데, 대다수 국가가 이 정책을 채택하는 목적은 자생능력이 없는 기업(정치경제학 근거에 기반해)을 지원하거나 가난한 사람(공평한 사고에 기반해)을 돕는 것이다. 개발도상국에 거대하고, 값비싸며 지속할 수 없는 정부 보조금이 존재하는 근원은 바로 발전전략이 최적 산업구조를 심각하게 이탈한 것이기 때문이다. 한 국가의 발전전략이 비교우위를 준수한다면, 자생능력이 없는 국유기업과 개인기업은 거의 없을 것이고, 정부도 이들 기업에 보조금을 지급할 필요가 없다. 경제는 동태 고속성장을 실현해서, 빈곤을 빨리 감소시킬 수 있을 것이다. 이로 인해 정부도 가격왜곡으로 가난한 사람들을 보조할 필요가 없다. 신속한 성장을 통해 경제도 아주 많은 취업기회를 창출할 것이다. 자생능력이 있는 개인기업은 최적의 실업보험이 되기 때문에, 정부는 공공부문 취업 증가를 실업대처 수단으로 할 필요가 없다. 또한 정부도 자생능력이 없는 기업에 지원이나 보조를 위해 무제한의 보호조치를 채택할 필요가 없을 것이다.

국가 전체의 양호한 경제성과로, 정부는 건전한 재정상황에 있을 것이라서, 잘못된 재정예산정책(지출삭감, 공공투자 지연, 지불연체, 임금동결 등)을 채택할 이유도 없는데, 이는 종종 거액 재정적자로 유발된 것이었다. 마찬가지로 비교우위와 일치하는 발전전략을 채택한 정부는 본위화폐 환율 고평가 수단에 의지해 자생능력이 없는 기업을 보조할 필요가 없는데, 이런 기업은 종종 비교우위에 부합하지 않는 정책과 수입대체 정책의 산물이다.

결론

적어도 18세기 이후, 경제성장에 대한 탐구는 이미 많은 경제학자들과 정책입안자들의 시선을 사로잡았다. 과거 50년간, 이론영역이든 실증영역이든 우리는 이미 거대한 진보를 이뤘다. 이론적 선두에서, 내생 기술진보와 규모수익 체증에 대한 연구는 경제학자가 경제성장의 전모를 파악하고, 내재메커니즘 이해하는데 내용이 풍부한 큰 틀을 제공했다. 실증적 측면에서는 펜실베니아대학 세계 경제표등과 같은 표준화 데이터 집합의 출현이 사람들에게 국제연구에 대한 흥미를 유발했는데, 이들 국제연구는 고 성장국가와 저 성장국가의 초기상태, 정책과 제도 변수 등의 부분에서 체계적 차이를 강조했다.

그렇지만 우리가 이미 이런 성취를 이뤘다 해도, 전 세계 정책입안자, 특히 개발도상국의 정책입안자가 빈곤퇴치에 필요한 동태적 경제성장률을 자극하고 유지할 수 있는 실행 가능한 구체적 정책도구를 찾는 것이 여전히 어렵다. 최근에, 성장연구자는 각양각색의 새로운 도전을 해결하는 것을 통해 이들 정책입안자들의 기대에 답하려 했는데: 각국 경제수렴 부족; 경제성과의 견실한 결정요소 선별; 혁신과 기술진보에 도움이 되는 제도를 설계하고, 이런 제도는 구조변천과 경제번영의 기초라고 광범위하게 인식된다; 경제발전의 구속적 제약조건 선별; 무작위 통제실험으로 성공한 발전항목을 평가해 가능한 시기가 도래할 때 일반화되기를 기대했다.

완전히 다른 성장분석 방법을 통해, 성장보고서는 사람들의 지식확대에 중요한 공헌을 했다. 보고서는 개발도상국 정책입안자를 지도할 만한 5가지 특징사실(대외개방, 거시경제 안정유지, 높은 저축률과 투자율,

시장메커니즘, 견고하고 믿을 수 있고 능력 있는 정부)을 찾아냈다. 이것
들을 만들어냈지만 성장보고서는 그 안의 인과관계를 정확하게 풀어내지
못했다.

린이푸(2010)가 제기한 신 구조경제학은 이 5가지 특징사실을 둘러싼
내생적 외생적 문제를 해결하는데 도움이 된다. 이 논문을 관통하는 하
나의 핵심명제는 자신의 비교우위를 위배하는 정책을 실행한 개발도상
국은 종종 경제성과가 좋지 않았고, 거시경제 불안정을 겪고 있다. 그들
은 글로벌화의 장점을 최대한 이용하지 않았다. 이러한 발전전략의 전
형적 특징은: 정부가 자생능력이 없는 기업을 지원하여 야기된 거액의
재정적자, 과도한 소비로 초래된 통화팽창 정책, 금융억제 및 저생산율
환경에서 환율 고평가를 포함한다. 이와 대조적으로, 비교우위를 준수
하는 발전전략을 채택한 국가는 종종 경제의 유력성장을 실현할 수 있
었다. 그들은 발전의 모든 단계에서 시장이 자원을 배분하는 핵심 메커
니즘이 되고, 신뢰할 수 있고 능력 있는 정부도 있을 것이다. 바로 비교
우위의 원칙을 준수하였기 때문에, 비로소 이들 국가는 대외개방 경제
를 가질 수 있었고, 거시경제 안정을 실현했고, 기록을 갱신한 높은 저축
률과 투자율을 얻었다.

참고문헌

Acemoglu, D. and J. A. Robinson. 2001. "The Colonial Origins of Comparative
Development: An Empirical Investigation," *American Economic Review*,
September.

Aghion, P. and P. Howitt. 1992. "A Model of Growth through Creative
Destruction," *Econometrica*, vol.60, no.2, March: 323-351.

Banerjee, A. and E. Dufflo. 2005. "Growth Theory through the Lens of Develop-
ment Economics," In Philippe Aghion & Steven Durlauf (eds.), *Handbook
of Economic Growth*, vol.1, chapter7.

Barro, R.J., and X. Sala-i-Martin. 1995. *Economic Growth*, Cambridge, MIT Press.

Baumol, W. 1994. "Multivariate Growth Patterns: Contagion and Common Forces as Possible Sources of Convergence," In W. Baumol, R. Nelson and E. Wolf(eds.), *Convergence of Productivity, Cross-National Studies and Historical Evidence*, New York: Oxford University Press.

Baumol, W. 1986. "Productivity Growth, Convergence, and Welfare: What the Long-Run Data Show," *American Economic Review*, vol.76, December: 1072-1085.

Becker, G. S. 1992. "Education, Labor Force Quality, and the Economy: The Adam Smith Address," *Business Economics*, vol.27, no.1, January: 7-12.

Blanchflower, D. 2009. "The Future of Monetary Policy," Speech at Cardiff University, March 24.

Bourguignon, F. 2006. "Economic Growth: Heterogeneity and Firm-Level Disaggregation," PREM Lecture, Washington, D.C., World Bank, April.

Cameron, R. 1993. *A Concise Economic History of the World*, 2d ed., Oxford, Oxford University Press.

Cass, D. 1965. "Optimum Growth in an Aggregative Model of Capital Accumulation," *Review of Economic Studies*, no.32, July: 233-240.

Deaton, A. 2009. *Instruments of Development: Randomization in the Tropics, and the Search for the Elusive Keys to Economic Development*, Princeton, N.J., Princeton University Center for Health and Wellbeing, January.

Gerschenkron, A. 1962. *Economic Backwardness in Historical Perspective, aBbook of Essays*, Cambridge, Mass.: Belknap Press of Harvard University Press.

Glaeser, E. and A. Shleifer. 2002. "Legal Origins," *Quarterly Journal of Economics*, vol.117, November: 1193-1229.

Growth Commission. 2008. *The Growth Report: Strategies for Sustained Growth and Inclusive Development*, Washington D.C.

Hausmann, R., D. Rodrik, and A. Velasco. 2008. "Growth Diagnostics," In N. Serra and J. E. Stiglitz(eds.), *The Washington Consensus Reconsidered: Towards a New Global Governance*, New York, Oxford University Press: 324-354.

Heckman, J.J. 2006. "Skill Formation and the Economics of Investing in Disadvantaged Children," *Science*, vol.312 (5782), June: 1900-1902.

Jones, C. I. and P. M. Romer. 2009. *The New Kaldor Facts: Ideas, Institutions, Population, and Human Capital*, working paper no.15094, NBER, June.

Jones, C. I. 1998. *Introduction to Economic Growth, New York*, W.W Norton.

Kaldor, N. 1961. "Capital Accumulation and Economic Growth," In F.A. Lutz and D.C. Hague (eds.), *The Theory of Capital*, New York, St. Martin Press: 177-222.

Koopmans, T.C. 1965. "On the Concept of Optimal Economic Growth," In: *The Econometric Approach to Development Planning, Amsterdam*, North Holland.

Krugman, P. 2009. "How Did Economists Get it so Wrong?" *New York Times Magazine*, September 2.

Lin, J. Y. 2010. *New Structural Economics: A Framework for Rethinking Development*, Policy Research Working Papers, no.5197, Washington D.C., World Bank.

Lin, J.Y. 2009. *Economic Development and Transition: Thought, Strategy, and Viability*, Cambridge, Cambridge University Press.

Lin, J.Y. 2003. "Development Strategy, Viability and Economic Convergence," *Economic Development and Cultural Change*, Vol. 53, (2): 277-308. (A version of this article appears in chapter Ⅵ of this volume.)

Lin, J.Y. 1995. "The Needham Puzzle: Why the Industrial Revolution Did Not Originate in China," *Economic Development and Cultural Change*, Vol.41, (2):269-292.

Lin, J. Y., and H. Chang. 2009 "DPR Debate: Should Industrial Policy in Developing Countries Conform to Comparative Advantage or Defy In?" *Development Policy Review*, Vol. 27, No.5: 483-502. (Reprinted in chapter Ⅱ of this volume.)

린이푸, 런뤄은(林毅夫, 任若恩), "동아시아 경제성장패턴 관련 논쟁의 재 탐구", 〈경제연구〉, 2007년 제8기, 제 4-12쪽.

Lucas, R. E. 2004. *Lectures on Economic Growth*, Cambridge, MA., Harvard University Press.

Lucas, R. E., Jr. 1988. "On the Mechanism of Economic Development," *Journal of Monetary Economics*, Vol.22: 3-42.

Maddison, A. 2001. *The World Economy: A Millennial Perspective*, Paris, OECD.

Maddison, A. 1991. *Dynamic Forces in Capitalist Development: A Long-Run Comparative View*, Oxford, Oxford University Press.

Mokyr, J. 1990. *The Lever of Riches: Technological Creativity and Economic Progress*, New York and Oxford: Oxford University Press.

Montiel, P. and L. Serven. 2008. "Real Exchange Rates, Saving, and Growth: Is There a Link?" Background paper, Commission on Growth and Development, Washington D.C.

Porter, M. E. 1990. *The Competitive Advantage of Nations*, New York: Free Press.

Prescott, E. 1999. "Interview with Edward Prescott," In B. Snowdown and H. Vane (eds.), *Conversations with Economists: Interpreting Macroeconomics*, Edward Elgar.

Pritchett, L. 2006. "The Quest Continues," *Finance and Development*, Vol.43, no.1.

Pritchett, L. 1997. "Divergence, Big Time," *Journal of Economic Perspectives*, vol.11. No. 3, summer: 3-17.

Ravallion, M. 2009. "Evaluation in the Practice of Development," *The World Bank Research Observer*, vol.24, no.1, February: 29-53.

Rodrik, D. 2005. "Growth Strategies," In Philippe Aghion & Steven Durlauf (ed.), *Handbook of Economic Growth*, vol.1, chapter14: 967-1014, Elsevier.

Romer, P.M. 1986. "Increasing Returns and Long-Run Growth," *Journal of Political Economy*, vol.95, no.5, October: 1002-1037.

Romer, P. M. 1987. "Growth Based on Increasing Returns Due to Specialization," *American Economic Review*, vol.77, no.2, May: 56-62.

Romer, P.M. 1990. "Endogenous Technological Change," *Journal of Political Economy*, vol. 98, no.5, October, part II: S71-S102.

Rostow, W.W. 1990. *Theorists of Economic Growth from David Hume to the Present - With a Perspective on the Next Century*, New York, Oxford University Press.

Stiglitz, J. 2009. Freefall: *America, Free Markets, and the Sinking of the World Economy*, New York, W. W. Norton & Co.

World Bank. 2005. *Economic Growth in the 1990s: Learning from a Decade of Reform*, Washington D.C.

Zagha, R., I. Gill, and G. Nankani. 2006. "Rethinking Growth," *Finance and Development*, vol.43, no.1.

Zellner, A. 1979. "Causality and Econometrics, Policy and Policymaking," *Carnegie-Rochester Conference Series on Public Policy*, vol.10, pp. 9-54.

개발도상국 산업정책의 비교우위 준수와 위배에 관하여
- 린이푸와 장하준의 변론[1][2]

린이푸

들어가는 말: 성장과 산업업그레이드

현재, 주기적 불안이 사람들의 주의력을 지속성장과 발전을 촉진하는 장기목표에서 벗어나게 했을 때, 나는 아주 기쁘게도 친구 장하준과 이 중요한 논제에 대해 한차례 토론을 진행할 수 있었다. 노벨 경제학상을 수상자 로버트 루카스(Robert Lucas(1988))는 "일단 한 사람이 이 문제 (경제성장 문제)를 사고하기 시작하면, 다른 어떤 문제도 생각하지 못할 수 있다."고 말한 적이 있다. 그가 사고한 것은 바로 일부 국가, 특히

---

1) 이는 〈발전정책 평론〉잡지 시리즈의 하나인 토론회의 제1차 토론원고이다. 이 일련의 토론회의 목적은 국제발전정책의 일부 구체적 문제를 탐구하는 것이다. 각 토론의 참여자는 두 명의 저명한 연구자나 종사자인데, 그들에게 3회의 토론기회를 주어 상대방의 관점에 대한 검증과 도전을 한다. 이 토론회의 구상에 따라 발언은 차분하면서도 힘이 있으며, 이해하기 쉬워야 하고, 엄격한 연구에 바탕을 두어야 하는데, 동시에 〈발전정책 평론〉의 많은 독자들에게도 도움이 될 수 있어야 한다.
장하준은 케임브리지 대학교 경제대학 발전정치경제학 전공의 고위 강사이다. 그의 저작은: Kicking Away the Ladder: Development Strategy in Historical Perspective (Anthem Press, 2002); Bad Samaritans: Rich Nations, Poor Policies, and the Threat to the Developing World (Random House, 2007); 등등이 있다.
2) "Should Industrial Policy in Developing Countries Conform to Comparative Advantage or Defy It? A Debate Between Justin Lin and Ha-Joon Chang," Development Policy Review, 27(5), August 2009 (DOI: 10.111/J. 1467-7679, 2009. 00456.X).ⓒ2009 Justin Lin, Ha-Joon Chang에서 각색
ⓒ2009 Overseas Development Institute. John Wiley and Sons/Blackwell Publishing 재인쇄 허가를 거침.

동아시아 국가의 최근 몇 십 년 동안 생산력과 생활수준에서 놀랄만한 지속성장 및 이와 대조되는 기타 개발도상국 경제의 침체였다(적어도 그 시대에는 그랬다).

　루카스 교수의 평론에 대해, 나는 약간 보충하고자 한다: 일단 당신이 경제성장을 사고하기 시작하면, 지속적 경제성장의 특징인 산업 및 기술의 연속적 업그레이드에 집중하지 않기가 어렵다. 이론적으로, 사람들은 가난한 국가가 다른 국가의 현대기술과 제도를 도입하는 것으로 자신의 후발우위를 발휘해야 함을 이미 일찍이 인식했다. 하지만 일부 국가가 이 점을 이미 아주 잘 했다 해도, 아직도 산업업그레이드에서 그렇게 성공하지 못한 다른 국가들이 많이 있기 때문에, 빈곤퇴치에서도 성공하지 못한 것이다. 그렇다면, 어떤 요소가 한 국가에서 1, 2세대 시간 내, 가발과 합판수출에서 기술의 최고 선진적 영역에 참여해 경쟁할 만큼 발전하도록 했는가?

　그 답으로는 "하나의 활기찬 개인부문"를 최종 촉진요소라고 할지라도 그렇게 간단하지는 않다. 역사적인 예는, 답이 개인부문의 성장을 촉진하도록 반드시 효과적인 정부정책을 포함해야 할 것이라고 분명히 밝혔다. 각국 정부가 각종 조치를 채택해, 산업화와 기술 업그레이드를 촉진했지만, 그 결과는 분명히 달랐다. 잘 활용한다면, 정부가 가진 유일무이한 권력으로 생산요소와 생산력이 장기적으로 지속되는 개선을 시작하고 지원할 수 있다. 발전경제학자로서, 우리의 핵심임무는 역사적 예와 경제이론과 실증연구에서 학습해, 현재 비교적 가난한 국가가 지속성장의 길을 찾아 가도록 도울 수 있게 하는 것이다. 이 논문에서 산업 업그레이드와 기술진보에 최적의 촉진자는 "맞춤형 성장촉진형 정부"(facilitating state)라고 지칭했던 정부인데, 이 정부는 개인부분이 그 나라 비교우위를 이용하게 하기 위해 여러 가지 편리한 조건을 제공한다고 지적했다. 내가 말하고자 하는 바와 같이, 그 관건은 그 국가 현재의 비교우위를 이용해야 하는데 – 미래의 어느 날 소유할 수 있는 생산요소를 이용하는 것이 아니라, 현재 이미 소유한 생산요소를 이용하는 것이다.

정부개입의 이유: 혁신을 방해하는 시장실패

하지만 맞춤형 성장촉진형 정부의 사상은 정부가 하는 일이 자유방임 정부보다 훨씬 더 많기를 요구하려 하기 때문에, 먼저 정부가 발전과정을 주도하는 것이 왜 필요한가를 설명해야겠다. 개발도상 경제체는 시장실패에 시달리고 있는데, 우리는 정부실패가 두렵다는 이유만으로 이 점을 등한시할 수 없다. 첫 번째 시장실패는 중요한 "정보 외부성"이 초래한 것이다. 경제혁신이 성공하든 실패하든 실익 있는 시장기회와 실익 없는 시장기회에 관련된 정보를 모두 제공할 수 있다. 하지만 대부분 정보는 혁신자 본인이 취득할 뿐 아니라, 동시에 경쟁상대와 잠재적 모방자의 손에도 들어가게 되는데, 어떤 혁신비용도 부담할 필요도 없어서, 종종 시장에 공급부족을 야기한다. 정부보조금은 혁신장려와 선발열세를 상쇄할 수 있는 하나의 메커니즘인 것이다.

두 번째 시장실패는 "협조문제"로 초래된 것이다. 개발도상국은 선진국보다 낙후되어 있는데, 기술과 산업구조 측면에서뿐만 아니라, 인적자본, 기반시설과 제도측면에서도 낙후되어 있다. 한 국가가 산업과 기술의 단계를 업그레이드하고 싶다면, 기타 많은 변화도 필요하다: 기술은 더 복잡해지고, 자금 증가가 요구되고, 생산규모 확대, 시장규모 증대 및 원거리시장 교환은 더욱더 빈번해 진다. 따라서 원활하고, 거침없는 하나의 산업과 기술 업그레이드 과정은 동시에 교육, 금융과 법률제도 및 기반시설 개선이 필요하다. 단일기업 내부에서는 분명히 효율적 비용으로 모든 이런 변화를 내부화할 수 없는데, 이 변화를 실현하기 위해 많은 기업 간의 상호협조 또한 종종 불가능한 것이다. 이런 원인으로 인해 정부개입이 필요한데, 정부 자신이 직접 이런 변화를 실현하거나 기업행위를 조정한다.[3]

이 상황에서 기업진입과 실험으로 생산된 긍정적 외부성 및 각 기업활동에 협조를 진행하는 수요는, 정부개입에 정당한 이유를 제공하고, 그 개입방식은 신 고전주의 경제이론과 완벽하게 맞는다. 확실히, 이 관점의 설득력은 정부실패의 높은 위험성으로 인해 약화됐지만, 정부관리 부실에 대한 염려는, 우리가 효과적 전략을 설계하여 경제발전을 촉진하려 시도할 책임에서 벗어날 수 없게 한다. 또 다른 한 명의 노벨 경제학상 수상자 아더 루이스(W. Arthur Lewis(1955))는, "정부가 경제생활에 대한 개입에 실수가 있을 수 있다"고 경고했지만, "현명한 정부의 긍정적 인센티브 없이, 경제적 진보를 이룰 수 있는 국가는 하나도 없었다"고 정확히 지적했다. 반세기 후 다음 관점은 여전히 정확한데: "정부가 자유방임 정책을 채택하고 시장실패를 해결하지 않은 국가가 성공했다 해도 그 수가 아주 적었는데, 정부가 효율적으로 주도한 국가가 신속한 성장을 이룬 예는 오히려 아주 많다. 따라서 정책입안자와 연구자는 도의적 책임을 갖고 있어서, 경제발전에 필요한 생산력 성장과 산업구조 변화를 촉진하는 최고 효과적 경로를 찾아내야 한다.

맞춤형 성장촉진형 정부: 개인부문이 비교우위를 이용하도록 돕는다

결론적으로 이 심각한 시장실패 문제는 정부 경제개입, 성장시작을 위한 이유를 제공한다. 하지만, 어떤 개입을 진행해야 하는가? 이 문제

---

3) 이는 과거에 항상 제기되었던 개발도상국 정부의 협조작용과 다른 논법이라는 것에 주의해 주기 바란다. "대약진"(big push)이론이 강조하는 것은, 각 잠재기업의 생존능력이 다른 존재하지 않는 기업에서 나온 투입으로 결정된다면, 이러한 잠재기업은 출현할 수 없다는 것이다. 이 상황에서, 정부는 이론상으로 상류와 하류기업이 동시 출현하도록 할 수 있는 "대약진"을 이용하여, 경제가 하나의 복리수준이 더 높은 균형에 도달하도록 추진할 수 있다(Rosenstein-Rodan, 1961; Murphy et al, 1989). 하지만 끊임없이 변화하는 글로벌 조건은 전통적 대약진 이론이 사람들의 관심범위 밖으로 밀려나게 했다. 근 몇 십 년 이래, 운송비용과 정보비용의 인하는 전세계 생산 네트워크를 형성하여, 선진국과 개발도상국을 포함한 많은 국가들 모두 각자의 비교우위에 근거하여 최종상품의 어떤 부분만 생산하게 하였다".

에 답하는 관건은, 최적 산업구조는 한 국가의 요소부존 구조에서 내생
되는데, 요소부존 구조는 그 국가의 노동력과 노동기능, 자본 및 자연자
원의 상대적 풍요도로 나타남을 인식하는 것이다. 산업구조 업그레이드
는, 먼저 요소부존 구조의 업그레이드가 필요한데, 그렇지 않으면 만들
어진 산업구조가 발전을 옭아맬 수 있다. 따라서 정부의 임무는 경제가
이러한 내생적 업그레이드 과정에 구축되도록 확보하는 것이다.

  나는 이 관점을 설명해 보려 한다. 맞춤형 성장촉진형 정부의 임무는
일단 일부 구축되면, 그 국가 현재의 비교우위를 효율적으로 이용할 수
있는 기업, 산업과 부문의 출현을 장려하는 것이다. 많은 가난한 국가에
서, 이는 중점을 노동력과/혹은 자원집약형 생산활동과 서비스에 놓는
것을 의미할 것이다. 몇 십 년 이래, 국제자본 유동이 증가했지만, 저비
용 자본은 여전히 상대적으로 부족한데, 노동력과 자원은 상대적으로
풍부하고 비용이 더 낮다. 노동과 자원집약형의 생산활동을 중점으로
하는 것이 가난한 국가의 기업이 국내와 국제시장에서 경쟁력을 가질 수
있게 한다. 맞춤형 성장촉진형 정부는 필요한 협조를 제공하여, 이들 기
업과 관련 산업에서 나타난 장애를 제거하고, 외부성 극복을 돕고, 이들
기업이 자신의 비교우위에 근거하여 유기적으로 성장할 수 있게 한다.

  이들 경쟁력 있는 산업과 기업의 발전에 따라, 이들은 더 큰 시장점유
율을 얻고, 이윤과 임금의 형식으로 가능한 최대 큰 경제잉여를 창출할
것이다. 잉여는 재투자 시 최고의 수익률도 얻을 수 있는데, 그 산업구
조가 그 요소부존 구조에서 최적이기 때문이다. 시간추이에 따라 이 전
략은 그 경제체에서 물질과 인적자본을 끊임없이 축적시켜, 요소부존
구조 및 산업구조가 업그레이드되고, 국내기업은 자본과 기술이 더 집
약형인 상품에서 더욱더 강한 경쟁력이 있게 된다.

  비교우위를 준수하는 사고방식은 듣기에는 점진적이기 때문에, 빈곤
의 거대한 도전을 고려할 때, 사람들을 만족시킬 수는 없겠지만, 선진국
에서 이미 개발된 기존의 기술과 산업을 이용할 수 있으므로, 실제로는

진보가 가속된다. 개발도상국의 기업은 발전의 각 단계에서 이들 기술을 취득할 수 있고, 자신의 요소부존 구조에 적합한 산업에 진입하여, 자신이 선두(frontier)혁신을 할 필요가 없다. 바로 이렇게 기존기술을 이용하고 기존산업에 진입하는 능력은, 일부 동아시아 신흥산업화 경제체가 8%에서 심지어 10%까지의 GDP 연성장률로 지속성장이 가능하게 했다.

정부는 영원한 보모가 아닌 조산사가 되야 한다

너무 많은 시기에, 개발도상국의 정책입안자들은 산업과 기술이 업그레이드하는 내생적 과정에서 지름길을 가려 했다. 그들은 시선과 정책을 현대화와 관련된 하나의 이상적 산업구조에 고정시켰지만, 이런 구조는 당연하게 일반적으로 자본 및 기술 집약형이었는데, 자신의 국가에 비해, 상대적으로 비교적 고소득국가인 특징이 있다. 내가 마셜 강좌에서 주장한 바와 같이(Lin, 2009), 새로 독립한 개발도상국이 1950년대와 60년대의 산업전략을 잘못 이끌었으며, 그들을 오도한 것은 발전의 구속적 제약조건에 대한 잘못된 인식이었다. 이들 국가가 채택한 발전전략은 자본집약적 중공업 우선발전이었는데, 즉 이들 국가에서 대량으로 부족한 요소를 집중적으로 이용했지만, 비숙련 노동력과 자연자원같이 그들에게 풍부한 요소 사용을 등한시 했다. 실제로 이들 정책입안자들은 최적 산업구조를 경제의 특징 및 이 특징의 시간에 따른 변화로 결정된 것이 아닌, 외생적으로 강제될 수 있는 것이라 간주했다.

이런 사고방식은 비교우위를 위배한 것이었으며, 금융과 정부관리의 질적 측면에서 모두 비교적 높은 비용이 들었다. 이 전략을 실시하기 위해, 정부는 정부 보조금과 보호를 떠나서는 생존불가하여 국제경쟁력을 신속하게 얻을 수 없는 기업에게 대량의 보호와 보조금을 반드시 제공해야 했다. 이러한 기업은 사회에 어떠한 실질잉여도 생산할 수 없었다. 연속된 잉여흐름이 없으면, 생산요소 - 특히 자본과 숙련노동력 - 개선에 대한 자금지원 제공이 더 어렵게 될 것이며, 더 고도의 산업구조가 중기 내에 자생능력을 갖도록 하려면 이러한 개선은 필수적일 것이다. 시장신호 왜곡을 통해, 자원을 경쟁력 있는 부분에서 경쟁력이 없는 부분으로 전이하는데, 이러한 높은 수준의 정부보호와 보조금은 그 나라의 물질 및 인적 자본의 축적을 더디게 하며, 동시에 기업이 그 에너지를 생산적 창업에서 지대추구(rent seeking)로 돌리도록 장려해, 제도가 부패하고 자본축적은 더욱 둔화되게 된다.

정부가 자본집약형 산업이나, 그 국가에 비교우위가 없는 기타 산업의 성장을 보호하고 보조하려 한다고 가정하면, 이런 상황에서는 자본축적과 요소부존 구조의 업그레이드를 저해하여, 최적 기술/산업구조 업그레이드가 둔화된다. 정부는 자신이 건전한 신흥 산업의 조산사 역할을 담당하는 것이 아닌, 점점 더 장기적으로 근무하는 보모 같이, 영원히 성숙할 수 없는, 허약하고 병약한 유치산업을 돌보고 있는 것을 발견하게 될 것이다. 나타날 수 있는 지대추구(rent seeking) 문화가 보호망을 더 견고하게 해 이후 개혁을 더 어렵게 할 것이다.

비교우위와 경쟁우위

국내기업이 한 나라의 비교우위 개발에 자리잡도록 하는 것이, 듣기에는 합리적이지만, 다소 시대에 뒤떨어져 있는 것 같다. 마이클 포터(Michael Porter(1990))가 과거 20년 동안 일반화한 "경쟁우위"전략과 비교해, 비교우위 전략은 어떤 다른 점이 있는가? "경쟁우위"전략의 문헌에서 경쟁우위의 네 가지 주요 근원은:

- 국내에 풍부한 요소를 잘 이용할 수 있는 부문/산업;
- 방대한 국내시장으로 기업이 규모화를 실현할 수 있게 한다;
- 산업클러스터;
- 활력이 넘치는 국내경쟁으로 효율과 생산율 성장을 촉진한다.

그렇지만 내가 보기에는 이 요구들은 단순화할 수 있다. 먼저 국내경쟁을 고려한다: 만약 한 국가의 전략이 비교우위를 위배하면, 보통 경쟁에 참여할 수 없는데, 이는 자생능력이 없는 기업은 보호가 필요할 것이기 때문이다. 산업클러스터도 구축과 유지가 어려운 것은 정부가 보조금과 보호를 제공하지 않으면 기업이 이 업종에 진입할 수가 없기 때문이다. 하지만 정부는 한 업종의 많은 기업에게 동시에 보조금과 보호를 제공해 산업클러스터를 형성할 능력이 없다. 한 국가가 자신의 비교우위를 준수하면 거대한 국내시장이 필요 없는데, 이는 산업과 기업이 글로벌 시장에서 경쟁에 참여할 능력이 있기 때문이다. 따라서 이 4가지 방면의 요구는 주로 하나의 처방으로 종합할 수 있다: 당신의 비교우위를 이용하라.

맺음말

나는 친구 겸 동료 하준과 이번 교류를 전개할 수 있어서 아주 기뻤다. 우리는 사람들이 경제의 신속성장의 근원과 빈곤퇴치를 어떻게 할지에 대한 이해에 깊이 관심을 갖고 있고, 우리들은 모두 과거 2세대 시간 내에 동아시아 경제성장 성공을 신중하게 고려했다. 의심할 바 없이 우리가 무역과 산업정책 측면에서 얻은 결론은 차이가 있지만, 확실한 것은, 우리 모두 국가가 경제발전을 촉진하는데 중대역할을 한다는 것에 이의가 없다. 아마도 이것은 우리가 아주 깊이 이해한 국가 - 중국과 한국에서, 경제성장의 관건요소가 유능하고, 대체로 발전지향적인 정부였기 때문이다. 문제는 이들 국가와 신속히 성장한 기타 국가에서 정부가 맡은 중요한 역할을 확정해야 하는 것이다. 나는 이들 사례에 대해, 이들이 적극적 조치를 채택해, 산업업그레이드를 빠르게 했지만, 이들 경제가 성공을 이루게 한 주요요소는, 비교우위를 각 발전단계에서 모두 효율적으로 이용할 수 있게 한 하나의 정부였다고 이해한다.

참고문헌

Lewis, W. Arthur. 1955. Theory of Economic Growth. London: Allen & Unwin.

Lin, Justin Yifu. 2009. Economic Development and Transition: Thought, Strategy, and Viability. Marshall Lectures, 2007/8. Cambridge: Cambridge University Press.

Lucas, Robert E., Jr. 1988. "On the Mechanics of Economic Development," Journal of Monetary Economics 22(1): 3-42.

Murphy, Kevin M., Shleifer, Andrei and Vishny, Robert W. 1989. "Industrialization and the Big Push," Journal of Political Economy 97(5): 1003-1226.

Porter, Michael E. 1990. The Competitive Advantage of Nations. London: Free Press.

Rosenstein-Rodan, P. 1961. "Notes on the Theory of the 'Big Push'," In H. S. Ellis and H C. Wallich (eds), Economic Development for Latin America. New York: St Martin's Press.

장하준

나는 린이푸와 이 문제를 변론할 수 있어 아주 기쁘다. 린이푸는 학술적 관심분야가 아주 넓고, 이론적 입장이 신 고전경제학에 기반을 두고 견고하게 구축되어 있지만, 전혀 교조적이지 않다.

린이푸의 여는 글에서는, 경제성장과 발전에 대한 산업업그레이드의 중요성을 상세히 설명했다. 이는 현재의 정태 분배효율을 강조하는 주류 발전경제학에서 종종 등한시되었기 때문에; 산업업그레이드에 대한 이푸의 중시는 확실히 아주 환영 받았다.

가장 중요한 점은 이푸가 산업업그레이드 추진에서 국가개입이 적극적인 역할을 발휘할 수 있다고 상세히 설명한 것인데, 새로운 과학지식의 공급에서 중요한 시장실패, 예를 들면 혁신자가 새로운 사물을 시도해 생산한 외부성 및 다른 투입요소 시장 간의 협조실패(예로 교육, 금융, 법률제도와 기반시설)가 존재하고 있기 때문이다. 이푸는 정부실패의 가능성도 정확히 경고하고 있으며, 그는 또한 "정부가 자유방임 정책을 채택하여 시장실패를 해결하지 않은 국가는 성공했다 해도 그 수가 아주 적었지만, 정부가 효율적으로 주도한 국가에서 신속한 성장을 이룬 예는 아주 많다"고 지적했다.

여기까지는 우리의 관점이 일치한다. 하지만, 우리의 관점은 일부 중요한 차이도 있다. 우리의 주요한 차이는, 이푸는 국가개입이 중요하지만, 주로 한 국가의 비교우위의 이용을 촉진해야 한다고 믿었는데, 나는 비교우위가 중요하긴 하지만, 하나의 기준선일 뿐이고, 한 국가가 산업을 업그레이드하려면, 비교우위를 위배할 필요가 있다고 주장했다.

비교우위의 개념은 최초로 데이비드 리카르도가 제기했는데, 경제학에서 일반상식보다 높은 소수 몇 가지 개념 중 하나이다(기타 개념은 케인스의 유효수요와 슘페터의 혁신을 포함). 이 개념에서 절묘한 부분은, 모든 산업에서 절대 국제비용 우위가 없는 국가가, 가장 일반적인 업종에 전문적으로 종사하는 것으로 어떻게 국제무역에서 이득을 얻을 수 있는지 보여준데 있다. 사실상, 바로 리카르도의 이 훌륭한 개념이 나를 매료시켜 경제학 영역에 들어오게 했다. 또한 기존의 부존에서 한 국가 현재의 소비기회를 최대화하도록 최적의 방법을 찾는 지침으로는, 우리가 이보다 더 잘 만들 수 없다.

모두에게 잘 알려진 이 이론, 특히 이푸가 사용한 헥셔-오린-새뮤얼슨(Heckscher-Ohlin-Samuelson, HOS)버전은 어떤 엄격한 가설에 기반한 것이다. 물론 모든 이론에는 모두 가설이 있기 때문에 이론 자체에 어떤 엄격한 가설이 있다는 사실을 비평해서는 안 될 것이다. 하지만 모델이 설정한 특정가설이 우리가 답해야 할 문제에 적당한지 여부는 여전히 질문할 필요가 있다. 나의 관점은, 단기배분 효율에 관심을 가졌을 때(즉 우리가 한 국가가 주어진 자원을 최대한 효율적으로 이용할 수 있는가를 연구하려 할 때), HOS이론이 제기한 가설은 받아들일 수 있겠지만, 우리가 중기조정과 장기발전에 관심을 둔다면, 이들 가설은 받아들일 수 없는 것이다.

먼저, 우리들은 중기조정의 문제를 살펴보도록 하자. HOS이론의 주요 가설중의 하나는, (각 국가 안에서의)생산요소의 완전 유동성이다. 이 가설아래서는, 외부충격으로 유발된 무역구조의 변화로 인해 손해를 입은 사람이 없다. 따라서 정부가 철강상품에 대해 징수하던 관세를 감소시켰기 때문에 하나의 철강공장이 도산했다고 가정하면, 그 업종이 원래 사용하던 자원(노동자, 건축, 용광로)은 이미 상대적으로 더 실익이 있게 된 또 다른 하나의 업종(예로 컴퓨터 업종)으로 흡수(같거나 더 높은 수준의 생산율로 인해 더 높은 수익이 있는)될 수 있다. 이 과정에서 사람들은 모두 손해가 없다.

하지만, 현실에서는 생산요소의 물리적 성능은 종종 고정된 것이다. 도산한 철강공장의 용광로는 컴퓨터 업종에 필요한 기계로 다시 개조할 수 없다. 철강노동자도 컴퓨터 업종에 적합한 기능이 없는데: 재훈련을 받지 않는다면 지속적 실업상태일 것이다; 기껏해야, 그들은 최종적으로 낮은 기능의 일자리를 찾을 수 있지만, 기존 기능이 완전히 낭비될 수 있다. 다시 말해서, 전체국가가 무역자유화에서 이득을 얻는다 해도(단기간 안에 항상 발생하는 것은 아니지만), 전문적인 보상이 없으면 유동성이 비교적 낮은, 심지어 유동성이 없는 생산요소의 소유자까지도 이로 인해 손해를 입게 될 것이다. HOS이론의 예언이 이와 일치하지 않았지만, 이것이 바로 무역자유화가 이렇게 많은 "패자"를 만들어 내게 된 이유였다.

이 문제는 개발도상국에서 더 심각한데, 보상 메커니즘이 있어도 아주 약하기 때문이다. 선진국에서는, 복지국가는 일종의 메커니즘으로서, 실업구제금, 의료와 교육보장 심지어 최저소득 보장 등의 방식으로 무역조정 과정에서의 피해자에게 부분적 보상을 한다. 스웨덴과 기타 북유럽 국가와 같이, 실업노동자들을 위해 제정한 고효율 재훈련 계획 또한 있다. 하지만 대다수 개발도상국에서는 이러한 메커니즘이 아주 취약해서, 종종 거의 존재하지 않는다. 따라서 이들 국가에서는 무역조정의 피해자는 사회의 기타 그룹에게 이미 희생했지만, 심지어는 부분적 보상조차 받지 못한다.

생산요소가 완전 유동성을 갖는다는 가설이 HOS이론을 중기조정 분석에서 만족시키지 못하게 되면, 기술과 관련된 이 가설은 특히 장기 경제발전 분석에 부적합하게 된다.

HOS모델의 가설은 모종의 특정상품 생산에 있어서, 최적의 기술은 하나뿐인데, 더 중요한 것은 모든 국가가 동일한 능력으로 그 기술을 사용한다는 것이다. 따라서 HOS이론에서, 에콰도르가 BMW를 생산하지 않아야 한다면, 생산할 수 없어서가 아니라, 차를 만들기 위한 기회비용이 너무 높아서, BMW를 생산에 너무 많은 부족한 생산요소 - 자본을 써야 하기 때문이다.

하지만 이는 공교롭게도 한 국가가 선진국인지 여부를 결정하는 아주 중요한 요소가 가설에서 없어졌는데, 이는 바로 각국이 기술을 개발하고 이용하는 차별화된 능력이나 이른바 "기술능력"(technological capabilities)이다. 최종결과는 부국은 부유하고, 빈국은 가난해서, 전자는 기술을 사용하고 개발할 수 있고, 후자는 개발은 고사하고 기술도 사용할 수 없을 것이다.

이밖에 더 높은 기술능력을 취득하는 과정의 본질은, 기술이 더 선진적인 국가를 추월하고자 하는 국가는, 비교우위가 없는 산업을 구축하고 보호할 필요가 있다는 것이다. 왜 이렇게 해야 하는가? 이 국가가 충분한 물질 및 인적 자본이 축적될 때까지 기다려, 물질 및 인적 자본을 더 선진적이고, 더 집약적으로 사용하는 업종에 재진입 할 수 없는가?

불행하게도, 그 국가는 완전히 이렇게 할 수 없다. 요소축적 발생은 하나의 추상적 과정이 아니다. 한 나라가 축적해서 어떤 필요한 곳에 배분할 수 있도록 보편성이 있는 "자본"이나 "노동"같은 것은 존재하지 않는다. 자본축적은 일정한 구체적 형식으로 진행되는데, 그 예로 자동차부품 업종의 선반, 용광로, 방직기계가 있다. 이것은 한 국가가 이미 자동차 업종에 필요한 자본 - 노동 비율을 소유하고 있다 해도, 그 자본이 방직기계 등의 형식으로 축적된 것이라면, 자동차 업종에는 진입할 수 없음을 의미한다. 마찬가지로, 한 국가의 축적된 인적자본이 자동차 업종 진입에 필요한 것보다 많다 해도, 모든 엔지니어와 노동자가 모두 방직업종 훈련을 받았다면, 자동차 생산을 시작할 수 없을 것이다.

대다수(전부가 아닐지라도) 기술능력은 구체적 생산경험을 통해 축적한 것으로, 그 형식이 조직관례와 제도기억에서의 "집단지식"(collective knowledge)으로 체현된다. 한 국가가 모든 적당한 기계, 엔지니어와 노동자(내가 이전에 설명한 것과 같이, 이는 어떻게 해도 불가능한 것이다)를 소유하고 있다 해도, 여전히 하룻밤 사이에 국제경쟁력을 가진 기업으로 조합될 수가 없는데, 실제로 하나의 (아마도 아주 지루할 수 있는) 학습과정을 거쳐야만 모든 필요한 기술능력을 얻을 수 있기 때문이다.

이것은 일본이 불가피하게 40년 가까이 오랫동안 높은 관세를 사용하여 자동차 산업을 보호하고, 대량의 직간접적인 보조금을 제공하여, 그 산업이 세계시장에서 경쟁력을 갖추게 될 때까지 그 업종의 외국인 직접투자를 거의 금지한 이유였다. 동일한 이유로, 노키아 그룹 전자계통의 자기업은 어떤 이윤을 벌어들일 수 있기 전까지 부득이하게 그 자매기업에서 17년 동안 교차보조했다. 18세기의 영국에서 20세기의 한국까지 역사상 많은 이러한 예가 있다.

당연히 이푸가 비교우위의 과도한 이탈을 막아야 한다고 말한 것은 절대적으로 정확하다. 비교우위는 확실히 유용한 지침을 제공하면서, 국가가 유치산업을 보호하기 위해 얼마나 큰 희생을 감수해야 하는지 우리에게 알려준다. 비교우위를 이탈할수록 새로운 산업에서 기술능력을 얻기 위해 필요한 비용은 더 크다.

하지만 이것이 이푸가 말한 것처럼, 국가가 비교우위를 준수해야만 한다는 의미는 아니다. 나는, 요소축적 과정의 성질과 기술능력의 구축을 고려하여, 비교우위를 위배하고, "정확한"요소부존을 소유하기 전에 실제 그 산업에 진입하지 않는다면, 하나의 낙후된 경제는 근본적으로 새로운 산업에서 기술능력을 축적할 수 없다고 말한 적이 있다.

이를 감안해, 하나의 좋은 신 고전주의 경제학자는 한 국가가 하나의 새로운 산업에 진입을 결정하기 전에, 한 차례 비용 - 수익분석을 해야만 하는데, 기술업그레이드의 비용과 미래의 기대수익을 비교해 보고, 비교 우위를 하나의 측량기준으로 생각해야 한다고 인식하는 경향이 있을 것이다. 하지만 이것이 논리에 부합한다 해도 최종적으로는 잘못된 것이다. 문제는 얼마나 긴 시간이 지난 후에야 필요한 기술능력을 얻을 수 있는지, 최종적으로 얼마나 많은 "수익"을 가져다 줄 수 있는지 예측이 아주 어렵다는데 있다. 그래서 노키아가 1960년에 전자업종에 진입한 것이, 17년의 시간에 걸쳐 얼마나 투자해 전자산업(교차보조금을 통해)을 발전시켜야 할지, 그 후 얼마나 큰 금액의 거대한 미래수익을 얻을 것인지를 분명히 계산했기 때문이라고 말하지 않았다. 노키아는 17년의 시간이 지난 후에야 전자산업에서 이윤을 얻을 수 있다는 것을 인식하지 못했을 것이고, 최종수익이 얼마나 큰지 알지도 못했을 것이다. 유한 이성과 근본적인 불확실성이 충만한 세계에서, 이것이 창업 의사결정의 본질인 것이다. 다시 말해, 당신이 하나의 업종에 실제로 진입하여 발전하지 않으면, 국가가 얼마나 긴 시간이 지난 후에야 필요한 기술능력을 장악할 수 있어 국제경쟁력을 갖게 되는지 알 수 없을 것이다.

가장 일반적인 측면에서는, 이푸와 나는 같은 정책결론을 가지고 있다. 우리는 산업업그레이드가 경제발전에 필요하다는 것에 동의한다. 우리는 이것이 순수하게 시장의 힘을 통해 발생할 수 없고, 정부개입이 필요하다는 데 동의한다. 정부는 경제를 현재의 구조에서 너무 멀리, 너무 빠르게 이탈하도록 추진하지 않아야 한다는 데도 우리는 모두 동의한다.

하지만 우리 두 사람 사이에도 일부 중요한 차이가 있다. 이푸가 사용하는 신 고전주의 비교우위 이론에서, 생산요소 유동성이 유한한 문제를 소홀히 하여, 무역자유화 비용이 체계적으로 저평가되었고, 이로 인해 양호한 재분배 메커니즘이 필요하게 되었다. 더 중요한 것은 기술능력을 이 이론에서 등한시 했는데, 이것이 바로 선진국가와 개발도상국을 구분하게 하는 것이다. 일단 우리가 아주 많은 기술능력이 산업전용 방식으로, 실제 생산경험을 통해 얻어진 것이라고 인식한다면, 한 국가가 새로운 업종에 진입하고, 산업구조를 업그레이드 하려면, 비교우위 위배는 피할 수 없음을 깨닫기 시작할 것이다. 또한 이러한 보호의 시간과 강도는 아주 클 것이며, 바로 도요타, 노키아와 기타 무수히 성공한 초기산업의 예가 보여주는 것처럼 내재적 예측도 아주 어려울 것이다.

린이푸

하준은 우리의 의견이 일치된 중요한 영역을 아주 훌륭하게 요약했는데: 정부는 기술과 산업업그레이드를 촉진하는 과정에서 일정한 역할을 하고 있지만, 국가의 비교우위를 너무 멀리 이탈하는 것도 위험이 있다는 것이다. 우리의 차이는 어떻게 "너무 멀다"를 정의할지에 있다 - 어떻게 무역모델과 역사증거를 설명하고, 어떻게 저비용으로 기술학습을 촉진할 것인가.

조정비용과 기술차이가 비교우위 이론을 정말 동요시키는가

하준은, 요소의 불완전 유동성(실제로는 조정비용)과 기술에 관한 단순화 가설 때문에 표준무역 모델에 기반한, 유치산업 보호를 반대하는 논점(예 Baldwin, 1969)이 정책에 양호한 지침을 제공하지 않았다고 주장했다. 분명히, 노동력 시장이 산업 경쟁력의 변화에 대응해 진행한 조정은 마찰이 존재하며, 유형자본도 흔히 산업전용인 것이다. 노동자는 하나의 산업이 다른 산업으로 전이되거나, 하나의 지역에서 다른 지역으로 전이되는 것 모두 비용이 없지 않은데, 많은 개발도상국의 정부는 실패자에게 거의 보상해주지 않는다. 하지만 기본적인 비교우위 이론이 흔들리지 않는 상황에서, 조정비용을 표준적 무역모델에 도입하는 것이 어려운 일은 아니다(Mussa, 1978). 이밖에 한 국가가 기존산업에서 비교 우위를 잃는다면, 산업전용 자본은 외국인 직접투자의 형식으로 다른 국가로 재배치할 수 있으며, 이는 동아시아와 세계 많은 기타 지역에 출현했었던 경제발전의 안진패턴(flying-geese pattern)이다(Akamatsu, 1962).

하준의 두 번째 논점은 헥셔-오린-새뮤얼슨 모델의 잘못된 가설로, 동일한 기술을 모든 국가의 생산자가 이용할 수 있다는 것이다. 하지만 비교우위 이론은 각국이 동일한 기술을 소유할 것을 요구하지 않는다. 예로 리카르도의 원시 비교우위 모델은 잉글랜드와 포르투갈이 다른 기술로 포도주와 천을 생산했다는 것을 인식했다. 이밖에 이론모델 자체가 일종의 단순화이다; 실증무역 모델에서, 부국과 빈국은 항상 다른 기술을 사용하는 것으로 간주한다. 정보와 운송비용이 큰 폭으로 인하되어 다른 발전단계에 있는 국가는, 심지어 자신의 비교우위에 근거하여, 에너지를 동일 업종의 다른 부문(segments)에 집중하고, 각각 다른 기술을 사용하여 다른 상품을 생산할 수 있다. 정보산업을 예로 들자면: 미국과 같은 고소득 국가가 전문적으로 상품/기술을 개발진행하며; 말레이시아와 같은 중등소득 국가는 전문적으로 칩 제조를 진행했는데; 중국과 같은 저 중등소득 국가는 부품생산과 최종상품의 조립에 집중했다.

하준은, 현실에서 무역자유화가 과거 20년 동안 아주 많은 실패자들을 만들어냈다는 것을 정확하게 지적했다. 하지만 이는 이들 국가가 비교우위에 부합하지 않는 많은 산업에서 시작했기 때문인데, 이는 그 정부가 과거에 채택했던 비교우위 위배형(comparative advantage-defying, CAD)전략의 결과인 것이다. 충격요법의 방식으로 보호를 취소하면, 자생능력이 없는 기업의 붕괴를 초래한다. 하지만 자유화 과정에서, 한 국

가의 정부는 그 국가가 비교우위를 가진 부문을 개방하고, CAD산업에
대한 보호를 점진적으로 폐지한다면, 내가 마셜 강좌(Lin, 2009)에서 주
장한 것과 같이, 그 국가는 이 과정에서 동시에 안정적이고 동태 고속성
장을 실현할 수 있어서 파레토 개선을 이루게 될 것이다. 사실상, 이것
은 바로 중국이 계획경제에서 시장경제로 넘어온 방식이다.

성공사례에서, 우리가 기술 업그레이드에 대해 무엇을 배울 수 있는가

하준의 논점 기반은, 제일 신속하게 산업화를 실현한 일부 경제에 대
한 그와 다른 사람들의 연구이다. 여기서는 나는 한국의 사례를 논평하
여, 그가 예로 든 노키아의 사례에 대해 간략히 설명할 것이다.

한편으로는 적극적 산업과 무역정책이 한국의 경제성장을 아주 크게
방해했다고 논쟁하기는 아주 어렵다. 한국은 확실히 높은 무역장벽의
방식으로 어떤 산업은 보호했고, 어떤 경우에서는 자본집약형 산업으로
업그레이드를 하도록 적극적인 태도를 취했다. 과거 40년 동안, 한국은
주목할만한 GDP성장률을 이뤘고, 자동차와 반도체 등의 업종으로 산업
업그레이드 중에서 한국정부의 역할도 사람들에게 깊은 인상을 남겼다.

하지만, 우리는 한국이 자체 비교우위를 앞지른 정도를 과장하지 않
아야 할 것이다. 예로 자동차 산업에서 성장초기에, 한국공장은 주로 수
입부품의 조립에 집중했다 - 이는 당시 노동집약적인 것이고 자신의 비
교우위에 부합했다. 마찬가지로 전자산업에서, 중심이 최초에는 가전제
품, 예로 텔레비전, 세탁기, 냉장고 등이었는데, 이후 정보산업에서 기술
복잡성이 가장 낮은 구간에 있는 메모리 칩으로 전이되었다. 한국의 기
술업그레이드는 줄곧 아주 신속했고, 물질자본과 인적자본의 축적도 그
러했는데, 이것은 한국 주요산업 부문이 당시의 비교우위를 준수한 덕
분에, 그 비교우위가 변화됐다.

이와 같이 중요한 것은 한국정부가 보호받은 부분을 관리할 때, 이들
부문이 줄곧 시장제약을 따르게 해, 한국경제가 큰 폭으로 비교우위를

2. 성장보고서와 신 구조경제학 269

이탈할 수 없게 했다. 보호와 보조금에서 이익을 얻은 업종은, 수출시장
에서 그들의 경쟁력은 시간의 추이에 따라 성장한 것으로 증명해야 한
다. 이밖에 정부는 한국 제조업체가 세계시장 가격으로 중간투입을 얻
을 수 있도록 보장하려 노력했는데, 그 예로는 세금환급과 면세계획 및
수출 가공구역을 통한 것이 있다. 그래서 한국정부는 비교우위가 중요
한 것이며, 성공한 기술 업그레이드는 투입품과 산출품의 세계가격 영
향을 받는 기업에 달려있음을 분명히 인식하고 있었다. 한국정부가 하
나의 맞춤형 성장촉진형 정부의 역할을 담당했다는 증거를 밝혔는데,
바로 내가 여는 글에서 설명한 것과 같다.

  내가 노키아의 예를 보충설명 하면, 노키아 예에 대한 해석이 하준과
약간 다르다. 노키아의 기술 업그레이드 - 목재기업에서 제화기업으로,
필립스 생산에 이르기까지, 그 후 자체브랜드(own-brand)가전제품의 제
조업체가 되어 최종적으로 핸드폰 생산에 이르는 - 과정과 핀란드의 물
질 및 인적 자본비축량의 성장과정과 대체로 일치한다. 핀란드 정부의
도움은 선견지명이 있었지만, 나는 이에 대해, 핀란드 정부가 비교우위
를 준수하는 전략아래 맞춤형 성장촉진의 역할을 했다고 설명하려 한
다. 핀란드정부는 1970년대에 핸드폰 업종의 연구개발과 경쟁을 추진했
고, 하나의 범 북유럽 이동 네트워크를 구축했다(Ali-Yrkkö and Her-
mans, 2004). 노키아는 "경험학습"(learning by doing)에서 획득한 경험
이 아주 귀중했지만, 이 전략의 핵심요소는 국내시장에 대한 고도의 보
호가 아니었다. 노키아는 분명히 기타 영역에서의 이윤을 이용하여 핸
드폰 부문의 발전을 교차보조 했다. 하지만 1990년대의 구매력 평가
(purchasing power parity)로 계산하면, 핀란드 1970년대의 1인당 평균소
득이 이미 9600국제달러에 도달했고, 같은 해 독일 10800국제달러의 수
준과 비슷해졌다(Maddison, 2006). 노키아의 결정과 하나의 개방적이고,
경쟁적인 고소득 국가의 이윤 최대화를 추구하는 개인기업의 기술/산업
업그레이드 모델은 완전히 일치한다.

동태 비교우위와 유치산업 보호는 산업정책의 합리적 근거인가

마지막으로, 우리는 하준이 무역정책을 산업업그레이드 촉진도구로 사용하는 이론 기반문제를 논해야겠다. 그 관점의 기반은 동태 비교우위와 유치산업 보호사상이다. 하지만 산업업그레이드가 비교우위의 변화에 따라 단계적으로 추진된다면, 학습비용은 국가가 한 번에 대약진을 시도하는 상황보다 낮을 것이다. 수학학습을 예로 들어보자. 통상적으로, 학생은 먼저 대수를 학습한 후, 미적분을 학습하고, 실제분석(real analysis)을 학습한다. 상반되게 그가 시작부터 실제분석을 학습한다면, 결과적으로 정통한다 해도, 학습비용은 다른 상황보다 훨씬 높을 것이다. 이와 같이 한 기업이 자전거 제조를 시작한 후, 오토바이 제조, 최종적으로 자동차 제조로 전환한다면, 총 학습비용은 직접 고효율 자동차 생산을 시작한 상황보다는 아주 낮을 수 있다.

정부가 20여년 후에야 자생능력이 있을 부문에 보호와 인센티브 조치를 제공하려 한다면, 현재 비교우위를 갖고 있는 부문에서 자원추출을 피할 수 없을 것이다. 이는 벌어들일 수 있는 잉여를 감소시킬 것인데, 이로 인해 자본축적 및 해당 국가의 요소부존 구조와 비교우위의 업그레이드를 둔화시켜, 유치산업이 유치상태에 머무는 시간이 더 길게 될 것이다(Baldwin, 1969; Saure, 2007).

이밖에, 과도한 보호는 지대추구 문화를 제도화하는 위험이 있다. 제도와 관리의 질은 발전에 아주 중요함을 감안해, 관리가 좋지 않은 상황에서는, 보호의 간접영향이 심지어 직접영향보다 더 파괴적일 수 있다.

참고문헌

Ali-Yrkkö, Jyrki and Hermans, Raine. 2004. "Nokia: A Giant in the Finnish Innovation System," In Gerd Schienstock (ed.), *Embracing the Knowledge Economy: The Dynamic Transformation of the Finnish Innovation System.* Cheltenham: Edward Elgar Publishing.

Akamatsu, Kaname. 1962. "A Historical Pattern of Economic Growth in Developing Countries," *The Developing Economies*, Preliminary Issue No.1: 3-25.

Baldwin, Robert E. 1969. "The Case Against Infant-Industry Tariff Protection," *Journal of Political Economy* 77(3): 295-305.

Lin, Justin Yifu. 2009. *Economic Development and Transition: Thought, Strategy and Viability*. Cambridge: Cambridge University Press.

Maddison, Angus. 2006. *The World Economy*. Paris: OECD.

Mussa, Michael. 1978. "Dynamic Adjustment in the Heckscher-Ohlin- Samuelson Model," *Journal of Political Economy* 86(5): 775-791.

Saure, Philip. 2007. "Revisiting the Infant Industry Argument," *Journal of Development Economics* 84(1): 104-117.

장하준

우리는 다른 이론적 전통에서 왔지만, 이푸와 나는 산업업그레이드 분석의 일반적 틀에서 의견이 일치한다. 하지만 우리들 사이에 차이도 있다. 우리 모두 비교우위는 중요한 원칙이라 주장할 수 있는데, 나는 비교우위를 하나의 "기준선"으로 간주할 뿐이고, 이푸는 완벽히 준수할 수 없어도, 아주 엄격하게 그 원칙을 지속할 것을 주장한다. 우리는 모두 조정비용과 기술학습의 중요성을 인정하지만, 그 중요성에서는 다른 관점이 있고, 분석방법도 다르다.

하지만, 이 차이를 규명하는 것은 우리가 일부 세부사항을 납득하고 지식을 증진하도록 돕는 것이지, 의미없는 논쟁을 유발하려는 것이 아니다.

먼저, 조정비용에 대해서이다. 이푸가 이들 비용이 주류 무역모델에 (일부 상황에서 이미)포함될 수 있다고 말한 점은 정확하다. 하지만 나의 문제는: 조정비용이 중요하다면, 왜 실제에서는 주류경제학자들에 의해 이렇게 등한시 되었는가? 그들은 줄곧 무역자유화를 추천하고, 조정비용에 주목했을 지라도, 무성의한 태도를 유지했다. 조정비용을 주류

모델로 포함시킬 수 있다고 말하는 것은 불충분하다. 이푸와 같은 주류 진영의 학술 지도자들은, 사람들이 이 일들을 먼저 하고, 분석결과를 무역정책 설계 개혁에 충분히 응용하도록 장려해야 한다. 이것을 똑같이 동일기술 가설에 적용한다. 동일기술이 더 좋다고 가정하지 않았다면(바로 이푸가 암묵적으로 인식한 것처럼), 왜 주류 경제학자들이 기술차이가 다른 국가 비교우위를 결정하는 리카르도 버전을 사용하지 않고 줄곧 비교우위의 HOS버전을 사용하였는가?

이푸의 - 조정과정에서 산업전용 자산이 완전히 그 가치를 상실할 수 없는데, 이는 다른 국가로 전이될 수 있기 때문이라는 관점에 관해서는, 그가 나에게 이 요점을 상기시킨 것에 감사한다. 하지만 이것은 제한된 범위 내에서만 주로 물질자산에 적용된다. 모든 물질자산이 모두 외국으로 운반될 수 없으며, 그 중 많은 것은 모두 상호보완적 자산과 기능이 있을 때만, 생산 잠재력을 충분히 발휘할 수 있다. 이밖에 특정기능을 가진 노동자(혹은 인적자본, 당신이 이렇게 말하는 경향이 있다면)는 제한된 숫자의 기술직원이 새로운 주최국 공장에 초청되어 제안해 줄 수 있는 것을 제외하고 "안진 상의 그 다음 하나의 국가('next-goose' country)"로 전이 될 수 없다. 노동자에게는 과거 업무에 사용했던 물질자산이 다른 하나의 국가로 전이될 때, 그 부분적 가치가 남을 수 있다는 것을 안다 해도, 위로가 될 수 없다. 더 나쁜 것은, 물질자산의 소유자에 비해 노동자의 자산은 보통 더 적고 자산의 다양성이 더 부족하다(그들 자신의 인적자본을 포함해도). 그래서 상대적으로, 노동자가 자본 소유자와 받는 충격(비율에 따라 계산) 크기가 같아도, 노동자는 조정이 유발한 결과에 대응하는 측면에서는 능력이 더 약하다.

여기서, 이푸의 "안진(flying geese)"관점이 조정비용을 무역정책 설계에 포함할 필요성을 감소시키지 않았다는 것을 알 수 있다. 다른 점이 있다면, 실제로 특정기능을 보유한 노동자를 위한 더 좋은 보상방안(예로 재교육 계획에 대한 지원제공)을 제공할 필요가 있음을 강조했다는 것이다.

이푸는 과거 20년의 무역자유화가 많은 실패자를 만들어냈는데, "이들 국가는 그 비교우위에 부합하지 않는 많은 업종에서 시작했기 때문이며", 이것은 바로 과거의 잘못된 정책에서 기원한다고 주장했다. 사실 보통(항상은 아니지만)은 이렇지만, 이것이 과거 20년 동안 무역자유화를 진행했던 방식의 정확성을 증명할 수는 없다. 우리가 한 국가가 이미 비교우위에서 "너무 멀리" 이탈했다는 것을 안다면, 신중한 행동방침은 무역자유화를 너무 많이, 너무 빠르게 시도하지 않게 할 것이며, 그렇지 않을 경우는 조정비용이 아주 높을 수 있다.

오류로 오류를 교정할 수 없다.

이는 자연스럽게 내가 이푸의 두 번째 논점을 생각하도록 하는데 - 한 국가가 비교우위를 얼마나 이탈할 것인지 어떻게 확정할 것인가? 이것은 도전성 있는 논제이다. 한국과 핀란드의 예를 이용해, 그는 이들 국가의 성공은 자신의 비교우위를 너무 많이 이탈하지 않았기 때문이라고 주장했다. 그는 한국이 국제노동 분업의 "계단"을 따라 위로 이동 시에, 보폭이 비교적 작은데(비교적 빠르기도 하다면) 이것은 정확한 것이라고 주장했다. 산업업그레이드 특징에 대한 이런 묘사(예로, 철강, 조선 등의 업종으로 이전하는 것은 대약진이고, 거의 "중간"단계가 없다)에 완전히 동의하지는 않지만, 나도 지나친 약진은 과도한 학습비용을 유발할 수 있다는 것에 동의한다.

여기서, 우리는 하나의 경제가 그 비교우위에서 이탈하는 정도와 해당 경제의 성장률 간에 일종의 역 - U형 관계가 존재함을 가정할 수 있다는 것을 알 수 있다. 너무 적게 이탈했다면, 단기간 내에 효과가 있을 것이지만, 장기성장은 업그레이드가 없어서 둔화될 것이다. 따라서 어느 한 지점에 도달하기 전까지는, 비교우위에 대한 이탈이 클수록, 성장률도 더 높을 것이다. 이 지점을 지난 후, 보호의 부정적 영향(예로, 과도한 학습비용, 지대추구)은 "유치"산업으로 야기된 생산율 성장의 가속을 초과해 전체에서의 마이너스 성장을 초래할 수 있다.

나는 이푸가 상술한 문제를 보는 방식에 동의할 수 있으리라 생각한다. 하지만, 이 아이디어를 실시하는데 있어서는, 우리 두 사람 간에 비교적 큰 차이가 존재한다. 그 차이는 다음의 문제이다: "(비교우위에서 이탈이) 얼마일 때 너무 큰 것인가?" (혹은, 역-U형 곡선의 꼭지점이 어디인가?)

핀란드를 예로, 이푸는 노키아가 전자업종으로 진군한 것은 정확했음이 증명되었고, 당시 핀란드는 이미 상당히 부유한 국가여서, 1인당 평균 국민소득(국제달러로 계산)은 1970년에는 독일보다 13%만(9577달러 대 10839달러) 낮았다고 말했다. 하지만 관련 년도는 1970년이 아니라 1960년이다. 그 해에는 노키아의 전자 자기업이 설립되었고, 또한 그 해에는 핀란드와 독일의 소득격차는 훨씬 컸는데, 23%(7705달러 대 6230달러)였다.[4] 어찌 되었든, 이들 수치는 구매력 평가(PPP)로 계산된 것으로, 하나의 비교적 가난한 국가의 소득을 자주 과장할 수 있다. 구매력 평가 데이터는 우리가 상대적 생활수준 평가에 대해 흥미가 있을 때 선호하지만, 우리가 국제무역에서의 비교우위에 흥미가 있다면, 구매력평가 데이터가 아니라 현재의 달러 데이터가 더 적당하게 사용되는 데이터일 것이다.

만약 우리가 당기의 달러를 사용한다면, 그림이 상당히 다르게 변할 것이다.[5] 1960년 핀란드 1인당 평균소득은 미국의 41%에(1172달러 대 2881달러) 불과했는데, 미국은 당시에 전자산업과 전체에서 모두 세계 선두에 있었다. 이는 겉으로 보기에는 하나의 비교우위를 엄격하게 지

---

4) 모든 구매력평가 소득 데이터는 모두 Maddison 인용(2006, Tables 1-c, 유럽, 2-c, 미국, 5-c, 한국).
5) 모든 당기 달러 소득 데이터는 모두 http://www.nationmaster.com/red/graph/eco_gdp_percapeconomy-gdp-per-capita에서 인용했는데, 그 중에서 세계은행과 미국중앙 정보국의 데이터를 사용했다.

킨 예가 아닌 것 같다. 핀란드의 노키아에 대한 결정이 겉으로 보기에 그렇게 "잘못"한 것이 아니라면, 일본은 어떤가? 1961년, 일본의 1인당 평균 소득이 미국의 19%에 (563달러 대 2934달러) 불과했지만, 일본은 그때 각종 "잘못"된 산업 - 자동차, 철강, 조선 등을 보호하고 추진했다.

한국의 예는 더 분명하다. 한국(당시)의 국유 철강공장, 즉 1968년에 설립한 포항제철은, 1972년에 생산을 시작했는데, 당시 1인당 평균소득은 겨우 미국의 5.5%에(322달러 대 5838달러)불과했다.[6] 더 나쁜 것은, 같은 해 한국은 더 나아가 비교우위 이탈을 결정하고 야심차게 중공업화와 화학공업화 계획을 추진하여, 조선, (국내에서 설계한)자동차, 기계와 많은 기타 "잘못"된 산업발전을 촉진했다. 1983년 말에만 해도, 삼성이 자신의 반도체 상품설계를 결정했을 때, 한국의 소득도 미국의 14%에(2118달러 대 15008달러) 불과했다. 이것이 이푸가 말한 "비교우위 준수형" 전략같이 들리는가?

이푸의 논증에서 더 심각한 어려움은, 이들 비교우위를 위배한 모든 예에 있는데, 시장은 핀란드, 일본과 한국에 이들 산업을 추진하지 않아야 한다는 명확한 신호를 주었고; 이들 산업에서 모든 기업이 손실을 입거나 장부상에서만 이윤을 얻었는데, 이것도 단지 동일기업 그룹의 영리기업과/혹은 정부(직접보조금과 간접보호, 진입제한을 통한)의 보조금을 받았기 때문이다. 하지만 이푸가 노키아의 경험이 "개방적이고, 경쟁적인 고소득 국가의 이윤극대화를 추구하는 개인기업의 기술/산업 업그레이드 모델과 일치한다"고 주장한다면, 그는 시장신호에 열심히 대응하지 않아야 한다고 말하고 있는 것인가? 신 고전주의의 틀 안에서, 관련기업의 이윤과 손실을 고찰하는 것 이외에, 우리는 또 어떤 다른 방법으로 한 국가가 자신의 비교우위를 준수하는지 여부를 판단하는가?

---

6) 구매력 평가 계산에 따르더라도, 그 소득도 미국의 16%에(2561달러 대15944달러) 불과했다.

나는 결국은 이푸와 나의 의견이 실제로는 일치한다고 생각한다. 우리는 각국이 비교우위를 이탈하여 자신의 경제를 상승시켜야 함에 동의하는데 이푸가 이러한 이탈이 상당이 작아야 한다고 주장하지만, 나는 비교적 클 수 있다고 주장한다. 하지만 이푸가 신 고전경제학에 너무 충실하였기 때문에, 그는 소득수준이 겨우 선두국가의 5%에 불과한 국가가 자본이 제일 집약된 산업 중의 하나(한국과 철강산업)에 진입하는 것과 비교우위 이론이 일치한다고 부득이하게 말했다. 일단 이푸가 자신을 신 고전경제학의 질곡에서 해방시킬 수 있다면, 우리의 변론은 두 명의 목수처럼 어떤 형태의 경첩과 손잡이를 사용해 하나의 새로운 캐비닛을 조립해야 하는가에서, 우호적 차이가 생겼지만, 기본설계에서는 의견이 일치되었다.

린이푸

나는 이 광범위하고 깊은 교류과정을 아주 즐기고 있는데, 우리 사이의 차이를 분명히 했고, 일치점도 찾아냈다. 하준의 최근 의견에 답하기 위해, 다음의 두 가지에 집중하는 것이 아주 유용할 것 같다: 산업업그레이드의 동태특징과 이를 촉진하는 정부의 역할.

하나의 동태과정으로 간주한 산업업그레이드

첫째, 나는 혁신은 산업업그레이드와 발전에 필수적이고, 정부는 당연히 이러한 혁신을 지원해야 하는데, 이러한 혁신은 긍정적 외부성을 만들어 경제발전을 촉진하기 때문이라 거듭 천명한다. 하준과 다른 사람들의 비유를 사용해 말하면, 과학기술 단계상승은 아주 어려운 작업이다. 기술 프런티어에 있는 선진국가는 이 점을 인식하게 되었다. 그들은 선두 산업의 기업에게 대량의 공공지원을 제공한다 - 직접적 지원은 새로운 발명에 특허를 부여하는 것을 포함하고, 어떤 때는 국방계약서의 방식으로 제공하는데; 간접지원은 대학의 기초연구를 지원하는 것을 포함하며, 이들 연구성과는 최종적으로 상품개발로 스필오버되어, 기술 프런티어에 있는 기업과 산업에 혜택을 줄 수 있다. 개발도상국의 혁신은 많은 부분이 기술 프런티어에 있는 내부의 혁신인데, 이러한 혁신은 유사한 위험과 외부성과 관련되기 때문에, 공공지원은 이 상황에서도 바람직하고 합리적이다. 신중한 보조금은 맞춤형 성장촉진형 정부의 역할과 일치할 뿐만 아니라, 심지어는 바로 이러한 관점이 함축된 것이다. 하지만 내가 첫 번째 글에서 지적했듯이, 혁신형 기업 외부성을 보상하는데 사용되는 보조금은, 비교우위를 위배하여 보호해야만 생존할 수 있는 기업에 대한 보조금보다는 작을 것이다.

둘째, 경제에서 산업업그레이드는 하나의 지속적 과정이다. 정부가 선도기업이 외부성 문제와 협조문제를 해결하게 도와야 하지만, 그들의 업그레이드는 다음 사실에 기반하는데: 그 경제가 기존의 비교우위와 요소부존 구조, 비교우위의 전이를 이미 성공적으로 이용했다. 한국정부가 1968년에 세계적인 수준의 국유 포항제철회사를(하준의 예를 사용) 설립했을 때, 이 투자는 의류, 합판, 가발, 신발류와 기타 노동집약형 산업의 성공적인 발전을 기반으로 구축된 것이다. 이들 노동집약형 산업의 성공으로 한국이 자본을 축적하고, 요소부존의 자본집약도를 증가시켜, 비교우위 준수형 전략의 각도에서 보자면, 몇 개 기업이 업그레이드해 더 자본집약적 산업에 진입하게 할 필요성이 있었다.

"안진(flying geese)"의 비유는 국내환경 및 국제환경에서 모두 유용한데: 하나의 경제체가 경제발전에서 비교우위를 준수할 때, 요소부존 구조와 비교우위는 동태적으로 변화할 수 있다. 일부 기업은 "선두기러기"의 역할을 하여, 새로운 산업으로 솔선하여 업그레이드하고 진입해야 한다. 이것은 하준과 나 사이에 차이점이 있는 영역인 것 같은데: 나는 선두기러기를 동태과정에서의 하나의 작고 중요한 쐐기로 보고, 그는 이것이 하나의 경제에서는 수량이 비교적 큰 부분이며, 크고 개별적인

(discrete) 기술도약을 진행하고 있다고 주장한다. 수량의 차이는 본질적 차이를 유발할 수 있다. 선두 기러기가 동태과정에서 하나의 작은 쐐기일 때, 경제의 성질과 자신의 비교우위는 서로 일치한다. 내가 첫 번째 글에서 토론했던 비교우위 위배형 전략에서의 업그레이드와 달리, 선두 기러기에 주는 보조금은 대부분 기업내부의 이윤에서 나오며, 이들 이윤은 경쟁시장에서 기타 상품업무에서 나오는데, 그 예로 삼성과 노키아가 있다

셋째, 전세계 기술 프런티어는 끊임없이 밖을 향해 나아간다. 예컨대 철강생산과 조선업종이, 19세기에 전 세계 최선진 산업이었지만, 20세기 중엽에 이르러서는 더 이상 선두지위에 있지 않았다. 항공, 정보와 중화 공업품 등의 새로운 업종에 비해, 그 기술들은 이미 성숙해졌다. 이들 성숙한 산업의 투자는 전통적 노동집약형 산업에 비해, 대량의 자금이 필요하지만, 자본집약도는 여전히 신흥산업보다 많이 낮았다. 따라서 후진적 금융부문을 가진 경제체에 있어, 정부의 지원아래 대량의 자금을 동원하는 어려움을 극복한다면, 이들 업종이 저 중등소득을 이미 실현했거나 이와 비슷한 국가에는 자생능력이 있는 점이 이상하지 않을 것이다. 하준이 지적한 것과 같이, 한국이 포항제철을 설립할 때, 달러로 산출한 1인당 평균소득은 미국의 5.5%에 불과했다. 내가 또 언급하고 싶은 것은, 중국이 2000년에 이미 세계에서 최대 철강생산자가 되었는데, 당시 달러로 산출한 1인당 평균소득은 미국의 대략 2.5%에 불과했다.[7] 한국과 중국이 상대적으로 비교적 낮은 소득수준에서 철강업종의 성공을 이룬 것은, 철강생산이 이미 전 세계산업 스펙트럼에서 성숙하고 자본집약 정도가 상대적으로 낮은 산업이 되었기 때문이다.

---

7) 여기서 나는 하준이 시장환율에 기반한 비교방법을 사용했지만, 내가 보기에는 구매력평가 소득이 더 적합한 비교기반이다. 시장환율이 국제무역을 지배하고 있지만 구매력평가 데이터는 경제발전과 생산능력수준에 더 좋은 지표이므로 산업업그레이드의 토론에 더 적합하다.

관련된 점은 일부 산업내부에서, 어떤 부분은 기타 부분보다 개발도상국에 더 적합할 수 있다. 제조업은 각종 다른 단계 - 상품개발, 설계, 복잡한 부품의 생산, 간단한 부품의 생산 및 조립을 포함하는데, 각 다른 부분이 다른 요소수요를 갖고 있고, 다른 비교우위에 부합한다. 국가도 따라서 안진형 패턴으로, 업종 내의 각 부분의 기술수준과 자본집약도를 동태적으로 측정한다. 삼성이 1983년에 64키로바이트(kb) 디램 (DRAM) 칩의 개발에 진입했는데, 당시 마이크로 칩의 기술 스펙트럼에서 그 기술함량은 상대적으로 비교적 낮았고, 미국의 마이크론(Micron)과 일본 샤프의 특허기술을 사용하여 생산을 진행했는데, 이때 소비류 전자제품은 이미 15년을 성공적으로 운영했다. 주의할 만한 것은 1983년에 마이크로 칩 영역에 성공적으로 진입했지만, 삼성은 지금까지도 더 복잡하고, 더 선진적인 CPU칩 영역에 진입하지 못했지만, 줄곧 소비류 전자제품의 성공적 운영을 유지하고 있다.

비교우위 발휘의 촉진, 양 극단 동시고려: 이상과 현실

내가 이번 교류의 논점을 요약하면, 비교우위 준수형 방법은 본질적으로 동태적인데, 정부가 이 과정에서 촉진역할을 발휘해야 한다는 것을 거듭 표명한다. 이것은 한 국가의 경제발전은 한 나라의 비교우위 영역에 내재된 기존의 기회들을 실용적으로 이용해야 하며, 그 영역의 비교우위를 충분히 이용한 후, 동시에 산업업그레이드의 잠재력을 인식해야 한다는 것을 의미하고 있다. 선진국이든 개발도상국이든 산업업그레이드는 위험 및 외부성과 관련된 혁신이므로, 정부가 모두 촉진역할을 발휘해야 한다. 내가 첫 번째 글에서 토론한 바와 같이, 개발도상국의 정부는 정보, 협조와 외부성에 대한 보상 등을 제공하는 채널로 이 역할을 발휘할 수 있다.

하준의 수사적 조롱을 받았지만, 신 고전경제학은 이 모두에서 제약적 요소가 아닌 하나의 유용한 도구이다. 이것은 유연해서, 정부가 중요한 역할을 하게 하는 요소인 외부성, 동태성과 협조실패를 모델로 충분히 분석할 수 있고; 동시에 하나의 표준을 제공하여, 정부가 비교우위를 과도하게 이탈한 산업을 지원했는지 여부를 판단한다. 전자가 없다면, 개발도상국은 우위산업을 발전시킬 기회를 잡고 지속 가능한 산업업그레이드와 발전을 위한 기반을 닦는데 상응하는 지혜가 부족할 수 있다. 하지만, 후자가 없다면, 역사기록이 강조하는 바와 같이, 정부는 대가가 아주 높은 많은 오류를 범할 수 있는데, 제일 잘 알려진 것으로는 규모가 크고, 실제에 맞지 않고, 지속 불가능한 비교우위 위배형 프로젝트와 산업에 자금을 제공하는 것이다. 국내기업이 그 안에서 생존하고 발전할 수 있는 산업업그레이드 촉진을 통해서, 정부가 최대의 사회수익을 얻을 수 있는 개입방식을 채택할 수 있다.

장하준

이번 교류가 보여준 것과 같이, 이푸와 나는 많은 상황에 같은 관점을 가지고 있다. 우리는 모두 "사다리 오르기"가 하나의 험난한 여정이며, "가격교정"보다 더 많은 것과 관련되어 있다고 인식하고 있다. 이는 현명한 산업정책, 조직건설 및 연구개발, 훈련과 생산경험을 통한 기술능력 축적 등의 일련의 노력이 필요하다. 우리는 사다리 오르기 과정에서, 한 국가가 산업정책의 도움아래 일부 단계를 뛰어오를 수 있지만, 너무 많은 단계를 넘으려 시도하면, 미끄러지거나, 넘어지거나, 심지어 사망할 수 있다고 동의한다. 이푸가 말한, 나도 동의한 비교우위 원리는, 우리에게 한 국가 "고유의" 사다리 오르기 능력을 알려줄 수 있어서, 일정한 수량의 단계를 뛰어 넘으려 시도하는 것이 얼마나 위험이 큰지 우리가 아는데 도움이 된다.

하지만, 우리는 일부 중요한 차이가 있다.

이푸가 신 고전경제학에 충분한 유연성이 있어, 우리가 발전과정에서 발생한 모든 복잡한 문제를 처리할 수 있게 한다고 강조했다. 나는 이것이 여전히 부족하다고 생각한다.

나는 신 고전경제학이 많은 비평가들이 통상 주장하는 것보다는 훨씬 유연하다는 데 동의한다. 이는 대다수 유형의 국가개입의 합리성을 증명할 수 있고, 심지어 상당한 "비정통적" 국가개입을 포함한다. 결국 1930년대에 유명한 마르크스주의자 오스카랑게(Oskar Lange)는 이미 신 고전의 일반균형 모델을 사용하여 사회주의 계획경제의 합리성을 증명하려 시도했다.

하지만, 신 고전경제학의 이성적 선택과 개인주의 기반은, 기술 학습 과정에서의 불확실성과 집단성을 분석하는 능력을 제한했는데, 이러한 불확실성과 집단성이 경제발전에서 핵심적 위치에 있다. 나는 발전과정에서 유한이성, 근본적인 불확실성(산출가능한 위험뿐 아니라)과 집단지식의 중요성을 강조했다. 이는 산업업그레이드의 과정이 혼란스러운 것을 의미한다. 한 국가가 긴밀하게 시장신호를 준수하고, 적합한 요소부존을 구비할 때 하나의 산업에 진입하는 것은, 바로 이푸가 주장한 평온한 비교우위 준수형 전략에서 발생할 수 있다는 것만큼 불가능하다. 현실세계에서 산업업그레이드를 실현하고 싶다면, 전망이 불확실한 기업을 설립, 보호, 보조와 육성해야 할 것인데, 이는 몇 십 년의 시간이 필요할 것이다.

실제로, 나와 이푸의 차이는 주로 우리가 보기에 비교우위에 대해 어느 정도의 이탈이 현명한지에 있다. 이푸는 사다리 오르기에서 단계의 도약은 아주 작아야 한다고 주장하지만(그의 말로 하면 "비교우위 준수형"), 나는 도약이 가능하고 어떤 때는 부득이하게 커야 한다고 믿는다 (그의 말로 하면 "비교우위 위배형"). 물론 이러한 시도가 성공하지 못할 수도 있지만, 순수한 개인활동이든 국가의 도움이 있든 간에 이것은 어떤 새로운 활동을 탐색할 때의 자연현상일 것이다.

이푸가 정확히 지적했듯이, 한국이 철강, 조선과 마이크로 칩 등과 같은 업종에 진입한 것은, 처음 봤던 것만큼 드라마틱하지는 않았다. 한국이 이러한 업종에 진입할 때, 철강, 조선 등의 기술이 이미 성숙하여, 나는 그것이 자본집약도가 필연적으로 비교적 낮은 것을 의미하는지 여부를 확정할 수 없지만, 이푸가 가정한 것과 같이; 기술성숙은 자본집약도를 증가시킬 수 있는데, 그 원인은 자본품의 기술함량이 더 크기 때문이지만, 자본집약도를 인하할 수도 있는데, 그 원인은 관련 자본품의 상대가격이 인하될 수 있기 때문이다. 칩 생산부분에서도 한국이 진입한 이 구간, 즉 DRAM 칩은 기술상으로는 (현재도 여전히) 제일 간단한 것이다.

하지만, 이 모든 것들은 여전히, 한국이 이들 산업에 진출한 것은 비교우위를 준수했음을 의미하지 않는다. 먼저, 기술성숙 여부와 무관하게, 여전한 사실은, 철강과 같은 산업은 당시의 한국(또는 이 문제에 대해서는, 오늘날의 중국)에게는 여전히 자본집약이 과도했다는 것이다. 더 흥미로운 것은, 한국의 철강분야에서의 성공은 특히 다음의 사실 덕분인데: 최고로 선진적이고 자본집약적인 기술(신일철에서 구매)을 전문적으로 추구하여 최대 규모의 경제(economies of scale)를 얻게 된 것이다.

가장 중요한 것은 시장이 명확한 신호를 제공하여, 이들이 진입하지 않아야 할 "잘못"된 산업이라고 밝혔는데 예를 들면 생산자가 손해를 입게 하거나, 정부나 관련기업 그룹이 보호와 보조를 통해 그들에게 "인공적"이윤을 만들게 하는 것이다. 나는 어떤 버전의 신 고전경제학 이론도 한 산업이 40년이나(예로 일본과 한국의 자동차) 보호되거나 손해나는 자기 업을 17년(노키아)동안 교차 보조하는 것이 합리적이라 주장한다고 생각하지 않는다.

나는 이번 이푸와의 교류에서 많은 것을 공부했다. 우리는 다른 학술 전통에서 왔지만, 우리는 진실하고 아주 성과 있는 변론을 진행했고, 토론에서 어떤 유쾌하지 못하거나 편협된 감정이 없었다. 나는 〈발전연구평론〉과 다른 곳에서 더 많은 이러한 교류가 있기를 희망한다.

3
성장선별 및 맞춤형 성장촉진
- 구조변천 동태 메커니즘에서 정부의 역할

세레스틴 몽가와 공동연구[1]

들어가는 말

최근 발생한 글로벌 위기는 대공황 이후 제일 심각했던 하나의 경제 위기였다. 이는 경제학자들과 정책결정자들이 과거에 채택했던 거시경제 관리수단을 재고하지 않을 수 없게 했다. 개발도상국에 있어서는 자신이 초래하지도 않은 금융과 경제불안 환경에서, 앞길에 어려움이 산적한 것 같았다. 고소득 국가의 경제회복이 아주 완만한데다, 이 위기가 덮쳐 각국에서 심각한 대가를 지불하도록 했기 때문에, 개발도상국은 수출과 융자조건이 더 불리한 글로벌 환경을 직면할 수밖에 없었을 것이다. 하지만 지속적으로 빈곤문제의 거대한 도전에 대응하고 경제수렴을 실현하기 위해서는, 개발도상국이 반드시 위기발생 이전의 활기가

1) 본문은 "DPR Debate: Growth Identification and Facilitation: The Role of the State in the Dynamics of Structural Change," Development Policy Review, 29(3), May 2011(DOI: 10.1111/j. 1467-7679. 2011.00534.x)을 각색. ©2011 Lin, J., Monga, C., te Velde, D. W., Tendulkar, S. D. , Amsden, A., Amoako, K. Y., Pack, H. , and Lim, W. ©2011 Overseas Development Institute. John Wiley and Sons/Blackwell Publishing를 통한 재판인쇄 허가.

넘치는 경제성장의 길로 돌아가야 한다.

애덤 스미스의 〈국부론〉이 1776년에 출판된 이후, 경제성장을 어떻게 촉진할 것인지가 경제학 저술에서 하나의 큰 주제가 되었다. 시장메커니즘은 자원을 효율적으로 배분하도록 기본적 생산요소 평가, 정확한 가격신호와 적당한 인센티브 메커니즘을 제공하는데 있어서 필수적임이 증명되었다. 하지만 현대 경제성장 - 하나의 상당히 새로운 현상(Maddison, 2001) - 은 지속적 기술혁신, 산업업그레이드와 다양화의 과정이며, 각종 기반시설과 제도장치(institutional arrangements)(이들 기반시설과 제도장치는 기업발전과 자산창출 환경을 제공한다)가 끊임없이 개선되는 과정이기도 하다(Kuznets, 1966).

서부유럽과 북미와 같이 오래된 산업강국(the old industrial powers)이든, 동아시아와 같은 신흥산업화 경제체이든 간에, 그들이 발전해온 역사적 경험이 보여준 것은, 국가가 농업경제에서 현대경제로 전환을 실현하는 과정에서, 단일기업이 불가피한 협조와 외부성 문제를 극복하도록 도울 때, 정부는 모두 적극적이고 능동적인 역할을 발휘했다는 점이다. 사실상, 현재의 많은 고소득 국가의 정부는 여전히 이 역할을 하고 있다. 각 개발도상국 정부가 이미 이런 시도를 했지만, 불행히도 대다수가 실패했다. 본문에서는, 개발도상국 정부의 이러한 전반적 실패는, 주로 그 나라의 요소부존 구조와 발전수준에 맞는 업종을 찾게 하는 좋은 업종 선택표준이 없었기 때문이라 생각했다. 사실상, 정부는 과도하게 선진적이지만 본국의 비교우위와 서로 맞지 않는 업종을 선택하는 경향이 있는데, 이는 대체로 왜 정부가 "승자 선택의(picking winners)"의 목표에서 출발했지만 "패자 선택(picking losers)"의 결과로 끝나는가를 설명했다.[2] 이에 비해, 성공한 개발도상국의 정부는 의식적이든, 무

---

2) 취업기회를 보장하기 위해, 개발도상국이든 선진국이든 정부는 모두 본국에서 이미 비교우위를 상실한 사양산업을 지원할 수 있는데, 이러한 정책은 똑같이 실패의

의식적이든(spontaneously or intentionally) 특정국가의 성숙한 업종을 선택했는데, 이들 특정국가의 요소부존 구조와 본국이 유사하고, 발전수준도 본국에 비해 너무 많이 초월하지 않았다. 상술한 국가의 경험적 교훈은 일목요연한데: 본국 산업의 업그레이드와 다양화를 촉진하기 위해, 정부는 반드시 본국의 잠재적 비교우위와 부합하는 산업정책을 제정하여, 새로운 산업이 일단 구축되면, 신속하게 국내와 국제시장에서 경쟁력을 가질 수 있을 것이다.

본문은 두 가지 유형의 정부개입 간의 중요한 차이를 소개하여, 산업정책 분석범위를 확장하게 했다. 첫 번째 유형의 정부개입의 목적은 구조변화를 위해 편리한 조건을 제공하는 것인데, 그 방법은 정보제공, 외부성 보상 및 "하드웨어"와 "소프트웨어"기반시설[3]의 개선에 협조하는 것이다 - 개인부분이 비교우위에 부합하는 동태변화의 방식으로 성장하려면, "하드웨어"와 "소프트웨어"기반시설의 개선이 필수적이다. 두 번째 유형의 정부개입은 본국이 선정한, 본국 비교우위를 위배(본국의 요소부존 구조로 결정)하는 일부 기업과 산업을 보호하려는 목적이 있는데, 이들 산업 또는 과도하게 선진적이거나, 과도하게 쇠락하여 이미 비교우위를 상실하였다.

본장의 나머지 부분의 구조는 다음과 같은데: 제2부분은 잘 운행되는 시장의 중요성과, 동태 경제성장 과정에서 정부의 맞춤형 성장촉진 역할의 이론적 근거를 소개했다. 제3부분은 세계적 범위 안의 초기산업 발전전략의 중요한 경험적 교훈을 간략하게 회고했고, 오늘날 선진 경제체의 구조변천에서 정부역할을 분석했다. 이 부분은 또한 각 개발도

불행에 직면할 수 있다.

3) 하드웨어 기반시설의 예는 고속도로, 항구시설, 비행장, 전신시스템, 전력망과 기타 공용사업이 있다. 소프트웨어 기반시설은 제도, 법규, 사회자본, 가치시스템 및 기타 사회경제 장치를 포함한다. 양자가 경제발전에 미친 영향에 대한 진일보한 토론은, Lin(2010)을 참고한다.

상국 정부가 채택한 산업업그레이드와 경제 다양화를 위해 편리를 제공한 각종 정책개입 조치를 고찰하고, 그 성패의 원인을 분석했다. 신 구조경제학(Lin, 2010)의 기초에서 제4부분은 "성장선별 및 맞춤형 성장촉진"이라 칭해지는 새로운 방법에 기반하여, 산업정책 제정을 위한 하나의 틀을 제공했다. 제5부분은 일부 결론적 사고를 제시했다.

구조변천, 효율적 시장 및 맞춤형 성장촉진형 정부

오랫동안, 경제학자들이 현대경제 성장의 수수께끼에 매료되었는데, 이 수수께끼는 국가 간 1인당 평균 국내생산 총액의 발산과정 관찰을 통해 발견된 것이었다. 세계경제는 대략 1820년경 급성장을 시작하였다(Maddison, 2001). 그 이후, 세계경제 성장률은 기본적으로 안정적인 수준에서 유지됐고, 그 정점은 이른바 "황금시대"(즉 1950-1973년)에 나타났는데, 성장률이 3%에 가까웠다. 하지만, 이러한 성장은 각각 다른 지역, 다른 국가와 다른 시간에서 불균형한 것이었다. 지속성장이 생활수준의 상승을 가져왔는데, 이러한 현상은 먼저 서유럽, 북미와 일본에서 발생했고, 최근에는 신흥산업화 경제체(NIE)와 기타 신흥 시장경제에서 발생했다. 다른 국가 간에서 처음부터 계속해서 확대된 소득분배 격차가(1870년에서 1990년까지, 최대부국과 최빈국간의 소득격차는 전년 동기 대비 5배 많게 증가했다)(Pritchett, 1977) 최근 몇 십 년이래 일부 국가그룹 간에는 그 격차가 다소 줄어들었다. 소득분배 양극단의 격차가 축소됨에 따라 국가 간에 "수렴클럽" 현상이 출현한 것 같았다(Evans, 1996). 하지만 많은 최빈국 은 여전히 수렴과정에서 제외되었는데, 특히 아프리카 국가가 그러했다.

현대 성장이론은 세계 각국 경제성장의 발산경로에 대해 설명하려고 시도한다. 연구 사고방식과 방법이 다르지만, 이론계에는 이러한 공식이 존재하는데: 다른 국가와 다른 시간의 생활수준 변화는 자본 축적률

과 생산율 성장(productivity growth)의 차이를 주로 반영했다. 성장계산
시각에서 진행한 실증연구는, 이 두 가지 큰 요소 사이에서, "국가 간
생산율의 차이가 각국 소득차이를 만든 주요원인이라고 밝혔다. 유사하
게, 생산율 성장격차는 각국 소득성장률 격차의 아주 중요한 설명이 된
다"(Howitt and Weill, 2010:43-44). 장기적으로 생산율 성장은 기술[4], 구
조변천과 함께 연결되어 있는데, 다시 말해, 같은 산출수준에서 더 좋은
지식을 이용해 생산비용을 인하하고, 자원을 저부가가치의 산업에서 고
부가가치의 산업으로 재배분한다.[5]

그래서, 우리는 다음과 같은 결론을 얻을 수 있는데: 지속적 기술혁신,
산업업그레이드, 경제 다양화와 소득증가 가속이 현대 경제성장의 주요
특징이라는 점이다(Kuznets, 1966; Maddison, 2006).[6] 각 국가는 어느 특
정 시점에 주어진 요소부존(given factor endowments)을 가진다. 이들
요소부존은 토지(자연자원), 노동력과 자본(물질자본과 인적자본을 포
함)으로 구성되며, 국가가 상품생산과 서비스를 제공하도록 1차, 2차, 3
차 산업 안에 분배하는 총 예산제약인 것이다. 이들 부존은 시간에 따라
변화할 수 있다. 이론상으로, 원래의 부존에 "하드웨어"와 "소프트웨어"
기반시설을 더하는 것이 유익하다(Lin, 2010)[7]. 이들 기반시설은 국내기

---

4) 기술은 여기서 기본투입 요소를 최종 효용(final utility)으로 어떻게 전환할 것인가
   하는 지식(무형의 인적자본)으로 정의된다. 기술의 비 경쟁성은 기술을 인력자원이
   나 물질자본과 다르게 한다. 효율은 기술이 운용되는 방식이고, 그 목적은 최적화인
   데 특히 자원배분의 최적화이다.

5) 경제성장 문헌에서, 구조변천은 기술변화처럼 많은 주목을 받지 못했다. 이는 표준성
   장 회계(accounting)와 회귀분석에서 단일부문 모델을(One-sector model) 이용했기
   때문에, 후자가 구조변천과 관련된 문제를 처리할 방법이 없었다.

6) Maddison(2006)추정은, 서유럽에서 1인당 연평균소득의 성장률은 18세기 전에는 약
   0.05%였는데, 이 비율은 18세기와 19세기에 약 1%까지 증가했고, 20세기에는 2%까지
   증가했다. 그래서 1인당 연평균소득이 배가 되는데 필요한 시간이 18세기 전의 1400
   년에서 18세기와 19세기에는 70년으로 줄었으며, 더 나아가 20세기에는 35년으로
   줄었다.

업의 경쟁력에 아주 중요한데, 이들은 거래비용 및 투자의 한계수익률에 영향을 주고 있기 때문이다.

어느 특정시점에, 기타 조건이 불변하는 상황에서, 한 나라의 요소부존 구조(또는 그 나라가 소유한 생산요소의 상대적 풍족도)는 요소 간의 상대가격을 결정했고, 더 나아가 최적의 산업구조를 결정했다(Ju et al., 2009). 풍부한 노동력이나 자연자원을 가졌지만, 자본이 부족한 저소득 국가는 노동이나 자원집약형 산업에서 비교우위와 경쟁력을 가진다. 유사하게, 풍부한 자본요소와 부족한 노동력을 가진 고소득 국가는 자본집약형 산업에서 경쟁력과 비교우위를 가질 수 있을 것이다. 따라서 한 나라가 최고의 경쟁력을 갖게 되는 최적의 산업구조는 그 국가의 요소부존 구조로 내생 결정된 것이다. 선진국의 소득수준에 도달할 수 있기 위해, 개발도상국은 자본집약도에 근거하여 자신의 산업구조를 업그레이드해야 한다. 하지만 이 목표를 실현하려면, 개발도상국은 반드시 선진국과의 요소부존의 격차를 축소해야 하는데, 이 격차축소를 실현하는 전략은 발전의 각 단계에서 모두 자신의 비교우위를 준수하는 것이다. 기업이 그 국가의 비교우위와 서로 부합하는 산업에 진입할 것을 선택해, 그 국가의 비교우위와 서로 부합하는 기술을 채택할 때, 경제는 최고의 경쟁력이 있는 것이다. 이들 기업은 최대 가능한 시장점유율을 차지하여, 이윤과 임금의 형식으로 최대 가능한 경제잉여를 창출할 것이다. 그들이 경쟁력이 있기 때문에, 이들 잉여의 재투자는 최고의 수익을 얻을 수 있다. 긴 시간이 지나면, 경제체는 더 많은 물질 및 인적 자본을 축적할 수 있다. 이러한 동태과정은 선순환으로 이어질 것인데: 이는 해당 국가의 요소부존 구조와 산업구조를 시간의 추이에 따라 끊임없이 업그레이드하게 하고, 또한 해당 국가는 생산자본과 기술집약도가 더

---

7) 생산요소와 기반시설의 차이는: 전자의 수급은 가정과 기업에서 개별적으로 결정되는데, 후자의 수급은 대다수 상황에서 정부나 대중적 단체행동으로 결정된 것이다.

높은 상품분야에서 더 경쟁력이 있게 될 것이다.

기업의 목표는 그 국가경제의 비교우위를 발휘하는 것이 아니라 이윤을 극대화하는 것이다. 발전과정에서, 요소 상대가격이 요소의 상대적 풍족도를 반영하는 상황에서만, 기업이 비로소 본국의 비교우위에 근거해 적합한 산업과 기술을 선택할 수 있다(Lin, 2009; Lin and Chang, 2009). 하지만 이러한 요소 상대가격은 경쟁적 시장체계에서만 존재할 수 있다. 따라서 동태발전의 과정에서 효율적인 시장 메커니즘은 경제가 그 비교우위에 따라 발전하게 하는데 필요한 제도보장인 것이다.

하지만 시장메커니즘이 이렇게 중요하다 해도, 다음과 같은 정보, 협조, 외부성 방면의 원인으로 인해, 발전과정에서 정부는 산업업그레이드와 다양화에 편리를 제공하는데서, 여전히 적극적이고 주동적인 역할을 발휘해야 한다.

먼저, 업그레이드와 다양화의 결정을 내리는 것은 결코 뻔한 선택이 아니었다. 하나의 선도기업은 새로운 산업이 상호보완 생산요소나 충분한 기반시설이 부족하여 실패할 수도 있고, 혹은 단지 목표산업과 그 국가 경제의 비교우위가 서로 부합하지 않아서 성공하지 못할 수도 있다. 따라서 이러한 시행착오 연습이 후발우위가 있어도, 산업업그레이드와 경제 다양화는 아마도 더 높은 대가의 "시행착오"(trial and error)연습 같을 수 있을 것이다(Hausmann and Rodrik, 2003). 경쟁적 시장에서 성공을 이루기 위해, 개발도상국 기업은 다음의 정보가 필요하다: 글로벌 산업 선두 안에 있는 어느 산업과 본국의 잠재적 비교우위가 서로 부합하는가.

정보는 공공재와 같은 성질을 가지고 있다. 정보의 수집과 처리비용은 엄청나다. 하지만, 정보가 일단 형성되면, 한 기업에서 이미 얻은 정보공유를 허가하면 한계비용이 제로가 된다. 따라서 정부가 정보수집과 처리에 투자하여, 관련 신흥산업의 정보를 기업에 무료제공 등의 방식으로 기업에 편리를 제공할 수 있을 것이다. 이 밖에 새로운 산업의 선택은 또한 경로 의존방식으로, 특정한 인적자본과 사회자본의 축적을 통해, 미래의 경제성장 잠재력을 구체화시킬 수 있다. 물론 이들 정보를 분석하고 정보를 대중에 고지하는데 있어서는, 각 민영기업보다 정부가 확실히 더 잘 한다.

그 다음으로, 기술혁신, 산업 다양화와 산업업그레이드는 통상 기업 자본과 기능에 대한 요구의 변화를 수반하고, 시장범위와 기반시설 요구에 대한 변화도 수반하지만, 후자는 이 과정에서 생산활동이 구현한 발전성질로(evolving nature) 결정된 것이다. 다시 말해, 산업업그레이드와 다양화는 보통 소프트웨어, 하드웨어 기반시설에 대한 요구의 변화를 수반한다. 예로, 경제발전 과정에서, 농업에서 제조업으로, 단순 제조업에서 고급 제조업으로 변천함에 따라 한 나라의 생산규모와 시장범위가 갈수록 더 커져, 운송과 전력에 대한 수요도 점점 더 커지게 된다. 단일기업이 이러한 시설제공을 내부화할 힘이 없고, 다른 부문간 기업의 협조를 조정하여 이들 지속성장 수요를 만족시키는 것도 어렵다.[8] 일부 대기업이 그 나라의 도로나 전력망을 건설하기 위한 자금을 제공하기를 원하더라도, 일치성, 효율을 확보하고, 경제성장에 따라 출현할 수 있는 자연적 독점방지를 위해, 정부협조도 필요하다. 저소득 국가의 소규모, 노동집약형의 농업과 제조업에서는, 하드웨어 기반시설을 제외하고, 기업은 노동력이 얼마나 숙련됐는지, 융자와 시장체계가 얼마나 성숙했는지는 불필요하다. 하지만, 경제발전이 현대제조업의 단계에 이르면, 높은 기능의 노동력, 1회성 설비투자에 필요한 거액자금, 유동자

---

8) 예로 밀과 벼 심기 중에 사용하는 화학비료는, 현대의 반 왜성 품종(semi-dwarf varieties)으로 쓰러짐 문제를 극복해야 한다. 현대 종자의 사용은 통상 즉시 관개(灌漑)를 요구한다. 개인 농장주는 이를 자력으로 시행할 수가 없다. 필요한 신용대출 규모도 개인 농장주의 능력을 초과한다. 유사하게 농장에서 비 농장산업으로, 혹은 소규모 전통산업에서 현대산업으로의 다양화도 많은 새로운 투입요소의 제공 및 소프트웨어, 하드웨어 기반시설의 개선이 요구되는데, 이들은 모두 임의의 단일기업의 정책결정에서 내부화할 수 없다.

본과 수출융자 및 새로운 시장계획이 필요하게 된다. 하지만 많은 단일 기업은 통상 필요한 소프트웨어 기반시설의 변화를 내부화할 능력이 없다. 이것은 또한 정부가 제공하거나 이들 경제부문의 변화에 협조하여, 단일기업의 업그레이드와 다양화를 위한 편리를 제공해야 한다.[9]

마지막으로 혁신은 산업업그레이드와 다양화 과정의 기초이지만, 본 질적으로는 아주 위험한 행위이다. 정부가 필요한 정보와 협조를 제공하여 기업을 돕기를 원하고 할 수 있더라도, 기업이 꼭 성공한다고는 여전히 보장할 수 없다. 기업은 목표산업이 너무 선진적이거나 시장이 너무 작거나 협조부족으로 인해서도 실패할 수 있다. 하지만 이 실패한 사례라도 다른 기업에 유용한 정보를 제공하고, 그 목표산업이 부적합하면 재심사해야 한다는 것을 보여주게 된다. 따라서 선도기업이 실패의 대가를 지불한 것은 기타 기업에 가치 있는 정보를 제공하게 된다. 반대로 그들이 성공했다면, 그 경험은 기타 기업에게 더 정보 외부성을 제공하여, 새로운 산업과 경제의 새로운 비교우위가 서로 일치하는 것을 증명하고, 더 나아가 더 많은 새로운 기업이 그 산업에 진입하는 것을 격려할 것이다.[10]

대량의 새로운 기업이 진입함에 따라 선도기업(the first mover)이 누릴 수 있었던 임대료는 사라지게 된다. 단일기업의 차원에서 보면, 선도

---

9) 에콰도르의 생화수출이 1980년대에 성공한 것은 하나의 아주 좋은 예이다. 1970년대, 에콰도르에서 생화를 생산하여 미국에 수출하는 산업은 잠재적 비교우위가 있었다. 하지만 1980년대까지 에콰도르 정부가 정기적 항공편을 배치하고, 비행장 부근의 저온시설에 투자하여 도움을 주기 시작하고 나서야, 비로소 이 산업은 확장하게 되었고, 수출이 비약할 수 있었다(Harrison and Rodríguez-Clare, 2010). 유사한 이야기는 에티오피아가 유럽시장에 생화를 수출한 것에도 적용된다. 숙련된 노동력의 공급문제에서, 독일의 이원제 직업교육과 훈련은 이 나라 경제가 과거 60년 동안 성공을 이룬 하나의 주요요소이다.

10) 우리가 최근에 잠비아의 현장조사에서, 그곳의 한 기업가가 성공적으로 물결무늬 지붕 판을 생산하기 시작한 것을 발견했다. 1년 이내에 이미 20곳이 넘는 기업이 더 진입하였다.

기업이 되는 동기가 억제되는 것인데, 실패의 비용이 너무 높고, 성공의 우세가 제한적이라, 양자가 비대칭적이기 때문이다. 선도기업이 창출한 정보 외부성에 보상을 제공하지 않는다면, 기업이 동기를 가지고 선도기업이 되는 일이 거의 없을 것이다. 결과적으로 산업업그레이드와 다양화 및 경제성장의 발걸음은 저해될 것이다(Aghion, 2009; Romer, 1990). 글로벌산업 선두에 있는 선진국 중에서 성공한 선도자(first mover)는 보통 특허를 부여 받아, 일정 시간 내에 혁신이 가져 온 독점임대료를 향유하게 된다. 개발도상국에게는 새로운 산업이 글로벌 산업의 선두 안에 있는 성숙한 산업일 수 있다. 이렇게 선도기업이 새로운 산업에 먼저 진입했기 때문에 특허를 받는 일은 아주 어렵다. 따라서 정부가 기꺼이 위험을 무릅쓰고 새로운 산업에 진입한 선도기업에 일부 직접 지원을 주는 것이 정당하고 합리적인 것이다.[11]

선진국의 산업은 글로벌 선두에 있고, 그 산업업그레이드와 다양화는 자신의 시행착오 과정을 통해 창출한 새로운 지식에 의존한다. 이에 비해, 추월과정에 있는 개발도상국은 글로벌 산업 선두 안에 있고, 후발우위가 있다. 다시 말해, 개발도상국은 선진국의 기존기술과 산업이념을 본보기로 삼아 산업의 업그레이드와 다양화를 진행할 수 있다. 혁신을 습득한 이런 방법은 선진국 기업이 사용한 방법보다 비용이 더 낮고, 위험이 더 작다(Krugman, 1979).[12] 따라서 하나의 시장메커니즘을 구축하려고 노력하는 개발도상국에서 기업이 후발우위의 잠재력을 어떻게

---

11) 바로 이러한 긍정적 정보 외부성 때문에, 선진국 정부도 혁신을 하는 기업에 각종 형식의 맞춤형 지원을 제공하는데, 예를 들면 기초연구의 경비지원, 세수혜택, 권한 부여, 국방계약 및 구매정책이 있다.

12) 기존의 기술을 차용할 수 있지만, 개발도상국이 자기혁신을 할 필요가 없다는 것을 의미하지는 않는다. 성공하려면, 그들은 혁신을 진행해야 하며, 본보기가 된 기술이 현지조건에 부합하고, 또한 세계적 선두에 있거나 선두에 가까운 부문에서 상품혁신을 전개하거나, 세계적 선두수준에서 너무 많이 낙후되지 않도록 할 필요가 있다. 자세한 토론은 린과 런(Lin and Ren(2007))을 상세히 참고한다.

이용할지 알고, 또한 정부가 적극적이고 능동적으로 산업업그레이드와 다양화 과정에서 정보, 협조와 외부성 보상을 제공한다면, 그 국가의 성장속도는 선진국보다 훨씬 빠르게, 고소득 국가로 다가서는 목표에 도달할 수 있을 것이다(Lin, 2009). 실제로 18세기 전의 영국, 19세기의 독일, 프랑스와 미국, 20세기의 북유럽 국가, 일본, 한국, 중국타이완, 싱가포르, 말레이시아와 기타 동아시아 경제체가 모두 이렇게 발전했다 (Amsden, 1989; Chang, 2003; Gerschenkron, 1962; Wade, 1990).

승자 선택 vs 패자 선택(Picking Winners or Losers): 역사적 교훈

경제사학자들 사이에는 다음과 같은 광범위한 합의가 있는데: 정부는 구조변천을 촉진하면서 선진국의 지속성 측면에서 그 변천을 유지하는데 중요한 역할을 발휘할 수 있다는 것이다. 하지만 2차 세계대전 후의 일부 성공한 사례를 제외하고, 대다수 개발도상국의 정부는 사람들의 기대를 만족시킬 수 없었다. 따라서 우리는 정부개입에 관한 역사상 경험과 당대의 경험을 간략히 회고하며, 다수의 실패와 소수의 성공한 사례에서 경험적 교훈을 받아들일 필요가 있다.

선진 경제체의 구조변천에서 정부역할

오늘날의 최고 선진적 경제체 모두 심각하게 정부개입에 의존해 경제적 도약과 추월의 과정을 시작하여 추진했던 것을 충분한 역사적 증거는 밝히고 있다. 정부개입은 그들이 강대한 산업기반을 구축하게 했고, 장기간 성장추세를 유지하게 했다. 서방세계의 조기 경제전환을 야기했던 무역과 산업정책에 대해서는, 리스트(List(1841))가 하나의 유명한 조사를 한적이 있다. 이 조사 보고서에는 정부가 국내산업 보호하거나 특정산업 발전을 지원하는데 사용한 각종 정책도구를 열거했는데, 그 중에 많은 산업이 성공을 이뤘고, 민족산업의 발전에 초석을 다졌다.[13]

유사하게, 장하준은(2003) 현재 대다수 선진 경제체 자신의 산업혁명 시기(1815년 나폴레옹 전쟁이 끝난 후 시작되어, 1914년 1차 세계대전 발발까지)에서의 경제발전 상황을 회고했다. 그는 이들 국가가 추월(catch-up)전략을 완성하게 한 각종 정부개입 패턴을 기재하였다. 전통적 관념은 항상 서방산업의 성공을 자유방임과 자유시장 정책 덕분이라고 강조했지만, 역사적 증거는 산업정책, 무역정책과 기술정책의 운용이 이들 국가가 구조전환을 성공적으로 완성하게 한 주요요소로 나타난다. 이들 정책은 수입관세 심지어 수입금지령을 빈번하게 사용해 유치산업을 보호했고, 독점권한 부여, 정부공장의 원료 염가공급, 각종 보조금, 민관합작경영, 직접 정부투자 등을 통해 산업발전을 촉진하는 것을 포함했는데, 이런 상황이 영국과 미국에서는 더 심했다(Trebilcok, 1981). 영국을 따라잡으려 했던 모든 유럽국가는 기술정책에 노력을 쏟았다. 1차 산업혁명의 중기에 이를 때까지, 새로운 지식을 가진 숙련노동자의 유동이 기술전이의 주요경로였다. 산업화 과정의 후발주자, 예를 들면 프랑스는 영국에서 대규모로 숙련노동자를 얻고자 했지만, 1719년부터 시작된 1세기에 이르는 긴 시간 동안 영국정부는 숙련노동자의 이민을 금지했다.[14] 새로운 기술이 기계자체에서 구현되기 시작할 때, 기계도 정부의 통제아래 있었는데: 18세기에서 19세기까지, 영국정부는 각종 법률을 통해, "도구와 기구"의 수출을 금지하였다.

모든 선진 경제체의 정부는 모두 대외기술 취득을 지원했는데, "어떤 때는 시찰단과 견습생 실습 등을 지원하는 합법적 수단을 통해, 어떤 때는 산업 스파이활동 지원, 금지된 기계 밀수 및 외국특허 승인거절을 포함한 비합법적인 조치"를 통해서였다(Chang, 2003:18). 그 예로, 독일

---

13) 리스트(List)의 저작은 각종 상황에서 경제강국이 굴기한 과정을, 베니스로 대표되는 이탈리아 도시에서 함부르크나 뤼베크 등의 함부르크 동맹도시 및 네덜란드, 잉글랜드, 스페인, 포르투칼, 프랑스, 독일과 미국 등의 국가에 이르기까지 소개하였다.

14) 금지령은 1825년까지 지속되었다. 랜더스(Landers(1969))참고.

(프러시아(Prussia))에서, 프리드리히 대제가 실레지아(Silesia)의 산업이 강한 지역을 병탄하여, 철강과 아마산업의 발전을 추진하였다. 그 후, 제철, 코크스 난로와 증기 기관 등과 같은 선진기술이 더 성공한 국가로부터 수입됐다(Kindleberger, 1978).

초기산업화 진행과정에서, 정부는 여러 가지 개입방식을 채택했다. 일본에서는 정부가 조선업, 광산업, 방직업 등의 부문에서 많은 공장("실험공장")을 설립했는데, 대다수 공장들은 그 후에 아주 낮은 가격으로 민영부문에 팔렸고, 정부는 또한 진일보한 보조금을 제공하였다. 이런 조치는 일본 산업화와 다양화의 진행과정이 시작되는데 도움이 되었다. 국영기업은 성과가 좋지 않았지만,[15] 그 중에 많은 실패사례가 민영기업을 탄생하게 했다. 일본 메이지 유신기간에[16] 활력이 충만했던 방직업은 국유기업의 참담한 경영실패에서 발전이 시작됐는데, 이는 가장 유명했던 사례였다. 개인기업의 성공은 국유기업의 기술과 관리경험을 학습하고 각종 생산 공정 혁신을 도입해, 값싼 노동력으로 값비싼 설비를 대체하였기 때문인데, 이것은 당시 일본의 비교우위에 부합한 것이었다(Otsuka et al., 1988).[17]

이들 정책이 공식적으로 "산업정책"의 팻말을 걸 수 없었지만, 선진국 정부는 각종 조치를 계속해서 채택하여 산업의 업그레이드와 다양화를

---

15) 이론적 해석은 존스 외 공저(Jones et al. (1990))와 세계은행(1995)참고.

16) 메이지 시기(1868-1912)는 중대정치, 경제와 사회변혁 시대의 개막을 상징한다. 전통적 관점에 따르면, 이들 변화는 일본의 현대화와 서구화를 유발했다. 비슬리(Beasley (1972))참고.

17) 국유기업 실패의 흔한 원인 중의 하나는: 정부가 국유기업을 일종의 수단으로 삼아, 본국의 비교우위와 부합하지 않는 산업과 기술을 발전시키려 했기 때문이다(Lin and Tan, 1999). 이러한 시도는 국유기업에게 정책부담을 초래했다. 이로 인해 정부는 국유기업에 보조금과 보호를 제공할 수 밖에 없게 된다. 정보 비대칭은 정부가 적당한 보조금과 보호수준을 정확히 알 수 없어, 국유기업이 정책부담을 구실로 더 많은 보조금과 보호를 모색하게 하기 때문에, 연성예산(soft-budget constraint 재량예산)제약 문제를 유발한다(Kornai, 1986).

지원했다. 산업 중성적(industry-neutral) 특허제도를 제외하고, 기타 유사한 조치는 보통 기초연구 지원, 권한부여, 국방계약과 대형 공공구매를 포함했다. 지방정부는 똑같이 개인기업에게 각양각색의 인센티브정책을 제공해, 특정한 지리적 지역으로 가서 새로운 투자를 만들어 내도록 유인했다. 이러한 모든 조치의 채택은, "승자 선택"의 목적에 맞게 구체적 산업, 상품과 금액을 확정할 필요가 있었다.

미국은 아주 좋은 예이다. 미국정부는 개인기업과 학술기구에 강력한 인센티브를 계속 제공해서, 지속된 경제성장을 위한 귀중하고 새로운 사고방식을 탐색하게 하여, 이런 사고방식들을 비경쟁화했다 – 이 밖에도 미국정부는 또한 교통업종 같은 주요 경제부문의 기반시설 건설 및 교육과 훈련에 자금지원 제공, 각 산업에 기능적 기반 구축을 진행했다. 이들 정책은 일반적으로 연구개발 보조금 제공을 통해 완성됐고, 특허권과 판권부여를 통해서도 완성됐다. 그 예로는, 선진 기술계획(The Advanced Technology Program)이 1990년에 실시되기 시작했는데, 전망 있는 고 위험 기술(high-risk technologies)영역의 연구개발에서는 아주 중요했다. 정부보조금은 국방, 에너지, 운송과 주택건설 등과 같은 영역에도 적용됐다.

최근 몇 십 년 동안, 미국산업 정책의[18] 필요여부에 관한 변론을 계속

---

18) 1984년 대통령 경선기간에 민주당 입후보자 월터 먼데일은 그 국가의 경제정책이 "산업건설이 아니라 산업파괴"를 하고 있으며, 연방정부의 원조는 "경제변혁의 영향을 제일 심각하게 받는 지역으로" 유도되어야 한다고 주장했다(Mckenzie, 2007). 경제학자 블루스톤과 해리슨(Bluestone and Harrison(1982))은 진행되고 있는 탈산업화(deindustrialization) 과정이 "국가생산 능력부분의 광범위하고 체계적인 투자의 회수(disinvestment)"를 유발한다고 주장했다. 일본의 전후 경제적 성공을 언급하면서, 서로(Thurow(1980))는 이것을 일본국제무역과 산업부(Ministry of International Trade and Industry, MITI)가 만든 산업정책 장치(arrangement) 덕분이라 했다. 그는 걱정스럽게 말하기를, 정부가 관리하지 않으면, "우리의 경제와 제도는 업무를 하고자 하는 각각의 사람에게 직위를 제공할 수 없다"했고, 또한 "우리가 충분한 취업을 보장하는데 도의적인 책임이 있다"고 지적했다. 그는 또한 "중대투자 정책결정이 너무 중요해서, 결정권을 완전하게 개인시장에 남겨둘 수 없으며 …… 일본기업은 미국기업에

해서 진행하고 있지만, 연방정부와 각 주 정부가 산업발전에서 중요한 역할이 있다는 엄연한 사실은 변함이 없다. 정부개입은 국방구매 및 전체 경제체에 대한 거대한 스필오버 효과가 있는 연구개발 활동에 대량 공공자금을 배분하는 것을 포함한다(Shapiro and Taylor, 1990). 사실상, 1930년에 연방정부의 연구개발 지출은 미국 전체 연구개발 할당액의 16%에 불과했는데, 2차 세계대전 후의 시기에, 이 할당액은 50%에서 66% 사이를 유지했다(Owen, 1966; Mowery and Rosenberg, 1993). 장하준의 관찰에 따르면, "컴퓨터, 우주비행과 네트워크 등과 같은 산업에서, 미국의 전반적인 기술 리더쉽이 다소 하락했지만, 이들 산업에서 여전히 국제적 선두에 있다. 연방정부가 이들 산업에 국방 관련 연구개발 기금을(defence-related R&D funding) 제공하지 않았었다면, 이들 산업은 존재할 수 없었을 것이다". 보건부문 같은 기타 중요한 경제부문에서는 정부지원도 아주 중요한데: 미국정부가 국가보건 연구원(the National Institutes of Health)에 대한 자금지원을 제공하여, 후자 또한 생물기술기업에 대량의 연구발전 지원을 제공했으며, 이는 미국이 그 산업의 선도적 지위 유지에 아주 중요한 것이었다.

같은 상황은 유럽에서도 발생했다. 2차 세계대전이 끝난 후, 적극적 산업정책에 관한 토론이 줄곧 진행되고 있다.[19] 실제로, 유럽의 많은 탁

가까워져야 한다'고 하였다. 어떤 사람은 국가와 지역경제 개발은행 창립과 같은 여러 가지 조치를 채택할 것을 제안했고, 이 생각과 허버트 후버 대통령이 제기한 부흥 금융회사(Reconstruction Finance Corporation)는 서로 유사한데, 이들 은행은 보조금과 연방대출 담보를 운용하여, 불황산업의 수축을 둔화시키고, 신흥산업의 발전을 빠르게 한다; 국가, 지역과 기업차원(firm levels)의 "노사정 협의회"(Tripartite councils)를 가동하여, 자본투자 배분의 합의에 도달하도록 관리층, 노동자와 정부대표가 공통적으로 이사회 성원을 담당한다. 정책은 항상 보호주의자의 제안에 양보하게 되지만, 여전히 일부 경제학자들과 정치가들은 어떤 체계적으로 연관된 산업정책 방안도 강력하게 반대하고 있다.

19) 유럽 석탄철강 공동체(ECSC)는 1951년에 설립되었고, 유럽 원자력공동체(EURATOM)는 1957년에 설립되었다.

월한 산업적 성취(아리안 우주계획, 항공기 제조사 에어버스 회사 등)는 정부간 합작 및 유럽연맹이 결정적 역할을 가진 정치적 지원 덕분이다. 1990년대 초 이후에, 유럽 위원회(European Commission)가 이 문제에 관한 몇 가지 정책문건을 이미 발행했는데, 1994년 유럽연맹 산업 경쟁력 보고서를 포함하여, 이 보고서는 더 확고한 정부개입을 위한 길을 개척했다. 기타 정부당국 전략문건은 탈산업화(de-industrialisation)의 위험, 규제부담, 유럽연맹(EU)이 유럽기업의 경쟁력 및 그 지위에 대한 영향을 확대하는 면에 집중됐다. 2005년 3월, 리스본 전략(Lisbon Strategy)에 대한 심사환경에서, 유럽연맹 회원국은 "견실한 산업기반 창출"의 목표를 세워, 각종 연구개발(R&D)과 혁신 및 정보와 통신기술이 날로 성장하는 중요성을 재천명하였다.[20]

프랑스는 정부지원의 경제방안을 일관되게 찬성했는데, 이들 방안은 공공부문과 민영부문이 서로 협조하여 신기술과 신 산업을 개발하게 했다. 프랑스 정부는 통상 직접 보조금, 세수혜택과 정부가 운영하는 개발은행을 사용해 민영부문에 융자와 자본금을 제공하였다.[21] 영국에서는

---

20) 2005년 10월 유럽연맹 위원회는 7가지 새로운 조치를 선포했고, 목표는: "(1)유럽연맹이 지식재산권 영역의 법률적 틀을 공고히 한다, (2)경쟁력과 환경보호 문제 간의 연관성을 고려한다, (3)무역정책을 조정하고, 유럽산업의 경쟁력을 발전시킨다, (4)특정산업 부문(예로, 건축업과 식품산업)의 법률을 단순화한다, (5)특정부문(예로, 신기술과 방직업) 숙련노동자 부족문제를 해결한다, (6)산업구조의 변화를 예측지원하고, 유럽연맹의 기타 정책(특히 구조기금)에서 이 목표를 고려한다, (7)산업연구와 혁신에 있어서 유럽일체화의 방법을 채택한다"에 있다.

21) 현재, 프랑스 정부는 혁신과 성장을 자극할 목적이 있는 몇 가지 제안을 고려하고 있다. 최근, 두 명의 프랑스 전임총리(former Prime Ministers)(한 명은 사회당 출신, 한 명은 보수당 출신)가 발표한 주페 - 로까르 보고서(Juppé-Rocard Report)에서 프랑스는 공개 차관으로 350억 유로화(520억 달러 상당)를 조성해, 경제성장을 자극하도록 이 경비를 대학교 및 과학연구(그들에게 자원과 인센티브를 제공하여, 민영단체를 합병시키거나 독립 민영단체를 설립하게 했다), 친환경 경제와 첨단기술 산업에 사용해야 한다고 제안했다. 이들 항목에는 일부 계획이 있는데, 고속 인터넷 확장, 친환경 도시발전, 혁신형 소기업 지원 및 프랑스 첨단 우주항공과 핵산업 지원을 포함했다.

정부가 자신을 "시장 형성자"(market shaper)로 정의하며, 최근 새로운 산업정책을 발표했고, 그 목적은: 기업활동과 창업활동을 지원하는데, 시작과 성장단계에 있는 기업에 필요한 융자경로 제공; 지식의 창조와 응용 촉진; 미래에 취업과 창업에 편리하도록 사람들의 업무기능 제고 지원; 현대 저탄소 경제에 필요한 기반시설 건설에 투자; 혁신과 생산력 제고를 촉진하도록 시장의 개방성과 경쟁성 확보; 영국에서 특별한 전문기술을 갖거나 비교우위를 얻을 수 있고, 정부행위가 영향을 줄 수 있는 업종이 산업우세를 구축하는 것을 포함한다(영국정부, 2009).

또 다른 하나의 흥미로운 예는 핀란드이다. 핀란드에서는 산업화 발생이 비교적 늦었지만, 성공을 이뤘고, 정부가 주도한 것이었다. 이 목표를 실현한 경제정책은 바로 강력한 정부개입과 개인 인센티브의 조합이었는데; 정부개입은 산업자본을 신속하게 구축하여, 하나의 견고한 제조 기지를 확보하려는데 목적이 있었다(Jäntti and Vartiainen, 2009). 그 국가의 성장제도 주요 특징은: (1)높은 자본축적률인데, 이는 종종 신용대출의 행정적 배급(administrative rationing)이 필요하며, 방법은 이율통제 및 "자본설비 투자(capital equipment investment)"에 대한 선택적 대출심사 승인이다; (2)특정제조업 영역의 고투자율인데, 특히 제지, 펄프와 금속가공 등의 영역이 있다. 국유 기업이 기초금속, 화학비료 업종 및 에너지 부문에서 구축되었다. 1980년대에 이르러 국유기업 부가가치가 전국산업 부가가치의 18%를 차지했다(Kosonen, 1992).

거의 모든 개발도상국은 정부주도형 구조변천의 초기모델을 복제하려 시도했는데, 이러한 현상은 2차 세계대전 후 특히 보편적이었다. 동유럽과 아시아의 계획경제에서, 라틴 아메리카, 아시아, 아프리카를 거쳐, 전체 아랍세계의 좌파성향(left-leaning) 심지어 자유주의체제(liberal

---

조성된 350억 유로 중에서, 130억 유로는 앞으로 프랑스 각종 은행에서 상환받을 긴급 구제자금이고, 남은 200억 유로는 금융시장에서 융자할 것이다.

regimes)에 이르기까지, 많은 정부가 모두 각종 정책조치를 채택해 산업 발전과 산업업그레이드를 촉진하였다(Chenery, 1961). 동아시아의 일부 국가는 성공을 이뤘지만, 대다수 이러한 시도는 모두 기대한 결과를 실현하지 못했다(Krueger and Tuncer, 1982; Lal, 1994; Pack and Saggi, 2006). 하지만 개발도상국의 정부는 계속해서 시도할 것이다. 따라서 왜 일부 국가는 성공하고 기타 대다수 국가는 실패했는지 더 깊이 이해하는 것이 아주 중요해 보이는데; 이를 해낼 수 있다면, 우리가 정부에 더 좋은 제안을 제공해, 그들이 정확한 일을 하고, 잘못을 범하는 것을 피하게 할 수 있을 것이다(Rodrik, 2009).

성공의 비결

개발도상국의 산업정책에 있어 논쟁과 혼란이 존재하는 주요원인은 두 가지이다. 첫째, 경제학자들은 흔히 성공한 사례의 목표 및 더 광범위하게 시행된 전략선택이 아닌, 이미 실시된 실패한 정책에 주의를 기울인다. 둘째, 다른 유형의 정부개입은 종종 회귀분석에서 한 덩어리가 되면서, 어느 유형의 정부개입이 잠재적 비교우위를 가진 산업의 흥기를 촉진했는지 구체적으로 고려하는 사람들은 극소수이다.

어떻게 구조적 변화, 사상전파와 지식축적을 통해 지속적 성장을 이루는가에 대해, 로머(Romer)가 기존의 연구성과를 요약했다. 그는 "도전은 더 좋은 정부개입 형식을 찾는데 있으며, 이들 개입형식은 더 좋은 경제효과가 있고, 더 적은 정치위험과 제도위험이 있다"고 지적했다(1990:66). 그는 또한, "이렇다 해도, 경제학자들에게 있어서 최대 유혹은 이러한 분석이 가져온 복잡한 정치문제와 제도문제를 항상 회피하는 것일 수 있다. 그래서 그들은 역발상을 하게(work backward) 되는데, 먼저 자신이 원하는 정책을 확정하고, 이 정책을 지지하는 하나의 간단한 경제모델을 구축한다"고 지적했다. 실제로 어느 나라에서나 경제학자들과 정책결정자들이 직면한 진정한 도전은, 본국 비교우위(그 비교우위 자체는 요소부존 구조의 변화에 따라 변화하는 것이다)와 서로 부합하는 새로운 산업선별일 수 있다.

산업업그레이드와 다양화 전략에서 성공을 이룬 국가는 선진국과 2차 세계대전 후의 동아시아 신흥산업화 경제체(NIE)를 포함하는데, 하나의 공통된 특징은 모두 본국의 1인당 평균소득보다 너무 많이 앞서지 않은 선진국의 성숙산업을 목표로 선택한 것이다. 이는 그들이 성공한 제일 중요한 원인일 수 있다. 인류역사 전반에 걸쳐, 선도국가가 보통 그렇게 하고 싶지 않았어도, 줄곧 후발주자에게 "경제나침반"(economic compass)역할을 해왔다. 16세기로 거슬러 올라가면, 네덜란드는 영국에 그 역할을 했고; 19세기말 20세기 초에는 영국이 또 역으로 미국, 독일과 프랑스에 그 역할을 했고, 20세기 중기에는 일본에 이 역할을 했다. 유사하게 1960년대와 70년대에, 또한 한국, 중국타이완, 중국홍콩과 싱가포르가 일본을 모방했다. 1970년대, 모리셔스는 중국홍콩을 추월전략 실행의 "나침반"으로 삼았다. 1980년대에 중국내륙은 한국, 중국타이완과 중국홍콩을 선택해 "나침반"으로 삼았다.

이러한 정부주도의 구조변화 전략의 성공사례에서 우리는 두 가지 큰 경험을 얻을 수 있는데: 먼저, 정부가 실시한 새로운 산업발전을 촉진한 정책은 그 국가의 요소부존 구조로 결정된 잠재적 비교우위와 서로 부합한 것이었다. 따라서 정부가 제공한 정보, 협조, 어떤 때는 제한된 보조금 등의 지원 아래, 일단 기업이 구축되면, 이는 일반적으로 경쟁력이 있는 것이다.[22] 그 다음으로, 더 중요한 것은 잠재적이고, 끊임없이 변

---

22) 동태 비교우위의 주장은 항상 산업정책 및 정부의 기업에 대한 지원을 위한 이론적 근거를 제공하는데 사용되어 왔다(Redding, 1999). 하지만 우리의 분석에서 정부의 도움을 정보비용, 협조비용 및 선도기업 관련의 외부성 문제를 극복하는 것으로만 제한될 때, 이 관점이 성립될 수 있다. 목표산업은 경제의 비교우위와 서로 부합해야 하며, 새로운 산업에 있는 기업은 자생능력이 있어야 한다. 그렇지 않으면, 일단 정부가 지원을 취소하면, 기업은 실패할 수 있다. 목표산업이 본국의 비교우위와 부합하지 않는다면, 이들 기업에 대한 끝없는 지원이 비교우위와 서로 일치하는

화하는 비교우위를 아주 잘 이용할 수 있도록 보장하기 위해, 정부는 일부 국가의 성숙산업에 맞게 선택해서 발전목표로 삼는데, 이들 국가의 1인당 평균소득(구매력 평가를 사용해 측정)은 대체로 본국의 1인당 평균소득보다 1배 높았다.[23] 16, 17세기에, 영국이 산업정책을 채택하여 네덜란드를 따라잡았을 때, 1인당 평균소득은 대략 네덜란드 1인당 평균소득의 70%였다. 19세기에는 독일, 프랑스, 미국이 산업정책을 채택하여 영국을 따라잡았을 때, 1인당 평균소득이 영국 1인당 평균소득의 약 65-75%였다. 유사하게, 1960년대에 일본이 미국의 자동차 산업에 맞춰 산업정책을 제정할 때, 1인당 평균소득은 대략 미국 1인당 평균소득의 40%였다. 1960년대와 70년대에 한국과 중국타이완이 산업업그레이드 촉진정책을 제정할 당시, 그들은 미국이 아닌 일본의 산업에 맞춰 선택했다. 이에 대해 그들은 아주 좋은 이유가 있었는데: 당시, 그들의 1인당 평균소득은 일본 1인당 평균소득의 약 35%였고, 미국 1인당 평균소득의 약 10%에 불과했다.[24]

성공적인 추월전략(catch-up strategies)의 각 요소를 되돌아보면, 정부 개입의 구체적 세부사항은 새로운 산업의 특정 구속적 제약(binding constraints) 및 국가상황으로 결정되는 것으로 보인다. 하지만, 개입조치가 항상 다르다 해도, 국가간 산업발전의 패턴은 비슷했다. 그들은 발전 초기에 모두 노동집약형 산업, 그 예로 의류, 방직, 완구, 전자상품 등에

일부 산업에서의 기타 기업의 자원을 점용할 수 있다. 분명히, 이는 경제성장과 자본축적의 속도를 둔화시킬 것이다; 비교우위를 준수하는 전략과 비교해서, 이는 경제가 동태우위 정책에서 기대하는 단계에 도달하게 하는데 더 긴 시간이 필요할 것이다 (Lin and Zhang, 2007).

23) 이 논문의 목적에 근거하여 구매력평가를 사용해 측정한(measured) 1인당 평균소득이 시장환율로 측정한 1인당 평균소득보다 더 좋은데, 이것은 국가와 국가 사이의 비교에서 전자는 발전수준과 생산비용을 더 잘 반영했기 때문이다.

24) 이들 국가 산업정책과 관련된 토론은 장(Chang(2003))을 참고한다; 상술한 국가의 1인당 평균소득의 추정은 Maddison(2006)을 참고한다.

서 시작해 산업단계를 점차 상승시켜, 자본집약도가 더 높은 산업으로 발전했다.25) 예로 동아시아 신흥산업화 경제체는 자신의 요소구조와 일본이 비슷하다는 것을 발견해, 안진형 패턴(flying geese pattern)으로 일본의 발전을 뒤쫓았다(Akamatsu, 1962; Kim, 1988). 이 전략이 실행가능했던 것은, 이들 국가와 지역의 1인당 평균소득과 일본의 격차가 크지 않기 때문이다(Ito, 1980).26)

한국의 이야기는 이 전략의 아주 좋은 예이다. 한국정부는 적극적이고 능동적인 태도를 취해 산업업그레이드를 진행했고, 전략을 조정해 한국이 본국 잠재적(변화 중인) 비교우위와 서로 부합하는 산업에 진입하도록 했다. 그 예로는, 자동차 영역에서, 한국의 발전초기에, 국내의 제조사는 대다수 수입부품의 조립에 집중되어 있었는데, 이 산업은 노동집약형이었고, 한국의 당시 비교우위와 서로 부합하기도 했다. 비슷하게, 전자제품 영역에서, 초기의 중점은 가전제품, 예로 텔레비전, 세탁기, 냉장고 등이었고, 그 후 메모리 칩으로 전이되었는데, 이는 정보영역에서 기술이 가장 복잡하지 않은 부문이었다. 한국의 물질과 인적자본 축적과 같이, 한국의 기술진보는 신속했는데, 이는 한국의 주요 생산부

25) 비슷한 발전단계의 국가는 다른 산업에서 분업을 진행할 수 있다. 하지만, 이들 국가의 자본집약도 수준은 비슷하다. 예로, 근래 몇 년간, 중국은 전자상품, 완구, 방직업 등의 노동집약형 제조업에서 전문적 분업을 진행함을 통해, 동태 경제성장을 이뤘다. 인도의 성장은 콜 센터, 프로그래밍 및 업무 프로세스 서비스에서의 전문적 분업에 의존했는데, 이들 영역은 정보산업 내의 노동력 집약형 활동이다.

26) 같은 정신에 입각해, 하우스만과 클링거(Hausmann and Klinger(2006))는 한 나라 수출상품의 복잡정도의 변화발전을 조사했다. 그들은 수출상품이 상품공간 중의 "근접"상품으로 전이 될 때, 이 과정이 더 간단하다는 것을 발견했다. 이는 각 산업이 일부 고도의 전용투입을 필요로 하기 때문인데, 그 예로는 지식, 유형자산, 중간투입, 노동기능, 기반시설, 재산권, 관리감독 요구 혹은 기타 공공상품이 있다. 이들 투입품의 공급을 보장하는데서, 기존의 업종은 이미 어느 정도 많은 잠재적 문제를 제거했다. 새로운 산업 흥기를 저지하는 이들 장애가 근접산업에서 보면 제약이 더 적은데, 이들 산업이 기존투입의 미세한 조정만 요구되기 때문이다.

문과 기존의 비교우위가 서로 부합했기 때문이고, 따라서 잠재적 비교 우위의 변화와도 서로 부합했다.[27] 그리하여 과거 40년의 시간 동안, 한 국의 국내생산 총액은 고속성장을 실현했고, 자동차와 반도체 등 업종 으로의 산업업그레이드에서 인상적인 성과를 나타냈다.

세계 기타 지역의 일부 개발도상국가는 같은 경로를 선택하여, 아주 좋은 결과를 얻었다. 칠레는 환태평양 국가중의 하나로, 자신의 비교우 위와 서로 부합하면서 더 발달된 국가에서 이미 성숙한 산업을 성공적 으로 선택했다. 그 비교우위는 자연부존으로 결정된 것이었다. 1970년 대 초기에 도입한 자유시장 개혁이 이 국가에 많은 혜택(benefits)을 가 져다 주었지만, 나중에 시장실패의 현상도 서서히 출현하게 되었다 (Diaz-Alejandro, 1985). 이 문제들을 인식한 후, 칠레정부는 일련의 정책 도구를 채택하여 민영부문의 발전을 지원했는데, 정부기관이 농업공공 재(Servicio Agricola Granadero) 제공; 소기업 대출에 대한 담보진행; 하 나의 준 공공 창업기구(칠레재단 Fundacion Chile)에 연어산업의 발전 책임부여; 새로운 수출품에 보조금을 제공하는 "단점 단순화"(simplify drawback) 메커니즘; 칠레 생산진흥청(Corporacion de Fomento de la Produccion, CORFO)이 제공하는 여러 계획; 및 국가 경쟁력 혁신 위원회 (the National Council on Innovation for Competitiveness)를 포함했다.

최근 몇 년 동안, 칠레는 "수출을 통해 발견한 대량의 새로운 비교우 위"를 경험했고(Agosin et al., 2008), 동태 고속성장도 경험하였다. 칠레 전통적 자원주도형 산업, 예를 들면, 광산업, 임업, 어업과 농업의 다양 화 및 칠레의 강렬한 수출성장 열망이 성공을 이룬 관건이었다. 칠레는 동에 대한 의존이 점차 감소했는데, 알루미늄 제련이 증가하였다. 임업 상품이 연어 수산양식으로 확대되고, 농업은 포도주 양조, 과일채소 냉

---

27) 한국 산업업그레이드와 변화중인 비교우위가 서로 부합한지에 관한 변론은, 린이푸 와 장하준 간의 교류를 참고한다(Lin and Chang, 2009).

동과 통조림 보관으로 확대되었다. 그 나라의 제조업이 줄곧 크게 성공하지 못했지만, 많은 외자기업이 모두 칠레에 입지를 선정했는데, 이는 전체 남미시장에 공급할 수 있는 안전플랫폼을 제공했기 때문이다.

모리셔스는 아프리카에서 최고 성공한 경제체중의 하나인데, 노동집약형 산업(예로 방직업과 의류업)의 발전을 통하여, 1970년대에 경제적 비약을 실현했다. 이들 산업은 중국홍콩에서 - 모리셔스의 "경제나침반" - 이미 성숙하였다. 두 개의 경제체가 동일한 요소부존 구조를 소유했는데, 1970년대 모리셔스 1인당 평균소득은 대략 중국홍콩의 절반이었다.28) 정부가 모리셔스 산업발전국(MIDA)과 수출 가공구역 발전국을 창설했는데, 수출 가공구역에서 중국홍콩의 투자를 유인하는데 목적이 있었다. 그 비전은 모리셔스를 중국홍콩의 모델을 준수한 세계 일류의 수출중추로 자리 매기는 것이었다. 이들 조건이 그 국가가 경제강국이 되는 시작을 함께 촉진했다.

이와 상반되게, 많은 국가는 "커맨딩 하이츠(commanding heights)"를 구축하기 위해, 발전수준에 비해 상대적으로 너무 과격한 추월전략을 설계하고 집행하였다. 역사상 몇 국가는 이런 잘못을 범했는데, 예를 들면 헝가리와 러시아이다. 그들은 19세기 후기 당시 영국의 산업을 복제하려 시도했다(Gerschenkron, 1962). 일부 국가는 국내생산 총액의 통계수치가 비교적 부족했지만, 매디슨(Maddison(2006))이 추정한 구매력 평가는 1990년 그들의 1인당 평균 GDP가 각각 영국의 25%와 30%로 나타났다. 이렇게 큰 격차는 그들이 영국산업을 발전시키려는 어떤 노력도 실제에 부합하지 않았던 것이다.29)

2차 세계대전 후에, 대다수 개발도상국가는 똑같은 함정에 빠졌다. 1

---

28) Maddison(2006)에 근거하여, 1990년 국제달러로 측정하면, 1970년 중국홍콩의 1인당 평균소득은 5695달러였는데, 모리셔스 1인당 평균소득은 2945달러였다.

29) 이전에 토론한 것과 같이, 당시에 유사한 추월정책이 독일, 프랑스 및 미국에서 모두 성공했다. 그들의 1인당 평균소득은 영국 1인당 평균소득 비율의 60-75%사이에 있었다.

인당 평균소득이 고소득 국가의 아주 작은 비율을 차지할 때, 그들은 종종 선진 경제체의 선진산업을 목표로 선택했다. 많은 식민국가가 독립 후, 선진 중공업의 발전을 자유의 중요한 상징과 실력의 표지로, 국제무대에서 정치적 명예의 체현으로 간주했다. 라틴아메리카, 아프리카와 남아시아에서 일부 새로운 독립국가는 좌익성향이 있는 정치지도자가 지도했다. 정치파벌이 어떻든 간에, 이들 지도자는 모두 국가 주도 산업화인 스탈린모델을 선택해, 선진적인 중공업을 우선 발전시켰다. 국가 자원은 산업화를 추진하는데 사용되었고, 각종 투자에 직접배분됐고, 각 경제부문에서 거의 모두 대형 공영기업을 구축했다 - 이 모든 것은 국가의 생존과 현대화에 전략적 의미를 가진 것으로 간주되었다. "민족주의에 관한 거시경제학"(Monga, 2006)에서는 산업정책 설계, 정부개입 부문 선정의 표준이 거의 모두 정치적이었다.

중공업 발전의 정치적 소망이 존재하는 동시에, 학술계 내에서는 "시장실패"에 대한 망상이 여전히 존재한다 - 특히 라틴 아메리카에서 많은 영향 있는 경제학자들 및 정책결정자들은(Albert Hirschman, Raul Pre-bisch, Roberto Campos와 Celso Furtado 등) 모두 구조 경직성(structural rigidities)과 협조문제가 존재하기 때문에, 산업화와 경제성장은 개발도상국에서 자발적으로 나타날 수 없다고 생각했다.[30] 그들은 선진국을

---

30) 발전경제학의 새로운 영역에 저개발국이 포함된다고 인식되는 것은, "전통경제학"이 이 영역에서 적용되지 않기 때문이다(Hirschman, 1982). 초기의 무역과 발전이론 및 정책처방의 기초는 개발도상국과, 보편적으로 받아들여지는 일부 특징적 사실과 전제가설에 관한 것이었는데(Krueger, 1997), 다음을 포함한다: (1)개발경제체의 생산구조는 심각하게 초급상품의 생산에 치중된다; (2)개발도상국이 자유무역 정책을 선택한다면, 그들의 비교우위가 영원히 초급상품 생산에 있을 수 있을 것이다; (3)전 세계에서 초급상품에 대한 수요소득 탄성과 수요가격 탄성이 모두 비교적 낮다; (4)자본축적은 경제발전의 관건이고 발전초기에는 자본축적이 자본품의 수입으로만 실현될 수 있다. 이러한 특징사실과 전제가설에 기반해, 우리는 경제발전 과정이 바로 산업화의 과정인데 국내생산의 완성품이 수입품을 대체하는 것을 포함한다고 아주 자연스럽게 믿을 수 있다(Chenery, 1958).

따라잡기 위해 선진국과 얼마나 큰 소득격차가 있든지 정부가 제조업에
지원을 제공해야 한다고 제안했다.

　이러한 산업정책은 많은 가난한 국가의 비교우위를 너무 자주 위배했
는데, 그 요소부존 구조의 특징은 노동력이 풍부한 것이었다. 자본집약
형 중공업 지향 발전전략 집행을 통해, 개방된 경쟁적 시장환경에서 충
분히 생존할 기업을 구축할 능력이 없었다. 비교적 높은 자본수요와 구
조적으로 높은 생산비용 때문에 이들 공영기업은 자생능력이 없었다.
관리가 양호해도, 그들이 벌어들인 이익수준은 왜곡되지 않은 경쟁적
시장 안에서 조차도 사회에서 받아들여질 수 없는 것이었다. 이집트의
1950년대 산업화 계획은 아주 좋은 예인데, 이 산업화는 철, 강철과 화학
품 등의 중공업을 특징으로 했다. 이 나라의 1인당 평균소득은 당시 가
장 중요한 철강 생산국이었던 미국의 대략 5%정도였다. 정부가 높은 대
가의 보조금과/혹은 보호를 지속적으로 제공하지 않았다면, 이집트의
기업은 개인투자를 유인할 방법이 없었다. 국가의 재정자원 능력이 한
계가 있어서, 장기적으로 이렇게 큰 규모의 보호와 보조금을 부담할 수
가 없었다. 이러한 상황에서, 정부는 행정조치 - 이른바 우선 영역에서 기
업 시장독점 허가, 이율억제, 본국화폐의 고평가, 원자재 가격 통제 - 만
을 채택할 수 있어서 투자비용을 인하하고, 자생능력이 없는 공영기업을
지속적으로 운영하도록 했다.

　이들 다른 실험은 경제정책에 귀중한 경험적 교훈을 제공했고, 산업
정책의 성패를 결정하는 다른 조건을 부각시켰다. 국가가 과도하게 선
진적이고, 잠재적 비교우위와 동떨어진 산업정책을 선택할 때, 실패가
발생할 수 있다. 이러한 상황에서 정부가 지원한 기업은 개방된 경쟁적
시장 안에서 자생능력을 가질 수가 없었다. 그들의 생존은 높은 관세,
쿼터 제한(quota restrictions)과 신용대출 보조금 등의 방식으로 실시한
고도의 보호와 거액의 보조금에 달려있었다. 이들 조치에 포함된 거액
의 임대료는 아주 쉽게 정치적 포획목표가 되어, 관리가 어려운 문제를

초래했다(Lin, 2010).[31]

성장선별과 맞춤형 성장촉진 틀

모든 성공한 국가에서, 정부는 산업업그레이드와 다양화를 지지에서 모두 중요한 역할을 했다. 이 논점의 증거에 관해서 역사상의 것이든 현대의 것이든, 논쟁이 오래된 관점을 증명하기에는 여전히 부족할 수 있다. "정부개입이 구조전환의 필요요소"라는 관점에 동의하는 많은 경제학자들은 여전히 산업정책에 대해 반대하는데, 우리가 정책제정을 지도하는데 사용할 하나의 전체적 틀이 부족하기 때문이다. 미국대통령 카터의 경제고문위원회 의장 찰스 슐츠(Charles Schultze)는 이미 언급한 적이 있는데:

> 정부가 산업정책을 제정하는데 첫 번째 문제는, 하나의 산업구조가 "우승"(winning)할 산업구조라는 것을 어떻게 판정할지 사전에 알지 못한다는 것이다. 우리는 한 국가가 어떤 산업을 발전시켜야 할지 확정할 일련의 경제적 표준이 없고, 어떤 낡은 산업이 보호나 개편(restructure)이 필요한지 확정할 표준도 없다(Schultze, 1983).

그래서 비교우위 이론과 후발우위 이론 및 앞의 글에서 토론했던 산업정책 실천에서 얻은 성공과 실패 두 부분의 경험에 근거해, 산업정책 설계를 지도하는데 사용할 수 있는 기본원칙을 정리할 필요가 있다. 첫째는 한 나라가 잠재적 비교우위를 가질 수 있는 새로운 산업을 확정하고, 둘째는 이들 산업흥기를 저해할 만한 제약들을 제거하고, 이들 산업

---

31) 개발도상국 산업정책 실패의 또 다른 하나의 원인은: 정책보호를 받은 산업은 비교우위를 일찍이 상실한 산업이지만, 정부는 사회정치적 원인으로 인해 이를 보호해야 했던 것이다(예로, 취업제공, 특히 도시의 취업).

이 그 나라의 실질적 비교우위가 되도록 하는 조건을 조성하는 것이다. 여기서 우리는 6단계 과정(six-step process)을 제안했다:

첫째, 개발도상국 정부는[32] 하나의 무역상품과[33] 서비스 목록을 확정할 수 있다. 이들 상품과 서비스는 다음 조건을 만족시켜야 한다: 본국과 유사한 요소부존 구조를 가지고 있고, 1인당 평균소득은 본국보다 100%-200% 높은 고속성장의 국가 중에서, 이들 상품과 서비스의 생산이 이미 20년을 넘었다.[34]

---

32) 여기서 말하는 정부는 중앙과 지방정부를 포함한다. 그들이 개발도상국의 산업업그레이드와 다양화를 촉진하고자 한다면, 이 토론은 다자 발전기구 및 비 정부조직에도 적용될 것이다.

33) 무역상품이 지칭하는 것은 완제품, 농산품과 어업상품 및 기타 자연자원 상품이다. 국제생산 네트워크가 제조업에 출현하고 지배적 지위를 차지했기 때문에, 여기서의 완제품은 최종상품을 가리킬 뿐만 아니라, 제조업 최종상품의 중간투입도 포함한다.

34) 앞 글에서 토론했던 것과 같이 개발도상국이 산업업그레이드와 다양화를 실현하고, 후발우위를 이용하는데 있어서, 이는 아주 중요한 원칙이다. 이는 동태성장의 경제에서 임금률의 신속한 성장은 그 경제에서 다년간 생산한 산업이 비교우위를 잃기 시작할 수 있기 때문이다. 따라서 그 산업은 유사한 요소부존 구조를 가지고 임금이 비교적 낮은 국가에서 잠재적 비교우위를 가질 수 있다. 현재 1인당 평균소득이 약 1000달러(구매력 평가지수로 측정)인 저소득 국가에 있어 현재 1인당 평균소득이 약 2000달러인 국가의 성숙 무역상품을 찾아내는 것 외에도, 대책을 강구해 대략 20년 전에 유사한 1인당 평균소득을 가졌던 나라이면서, 그 이후로부터 아주 크게 성장한 국가의 성숙 무역상품을 찾아 낼 수 있다. 구체적으로 말해 30년 전의 중국, 베트남과 인도는 현재 가난한 사하라 이남의 국가와 비슷했고, 심지어는 더 낮은 1인당 평균소득 수준에 있었다. 따라서 현재의 가난한 국가에는 중국, 베트남과 인도가 20년 전 생산한 상품과 서비스 목록을 선택해 참고할 수 있다. 그들도 자신의 수입품을 심사하고, 그 중에서 다음의 특징을 가진 비교적 간단한 완제품을 찾아내서 산업업그레이드와 다양화의 목표산업으로 삼을 수도 있다: 이들 완제품은 모두 노동집약적인 것이며, 규모경제의 정도가 크지 않고, 자금수요도 크지 않고, 또한 자신의 발전 정도에 상당하고, 1인당 평균 국내생산 총액의 수준이 100-200%에 있는 기타 개발도상국에서 생산된 것이다. 여기서 제안한 방법은 하우스만과 클링거(Hausmann and Klinger(2009))가 제기했던 "원숭이가 가까운 나무로 도약하는 것"과 유사하지만, 그들이 제안한 상품공간 분석법에 비하면 여기서 제안한 방법에 필요한 단계(step)가 더 쉽게 집행된다.

둘째, 그 목록에 있는 산업 중에서, 정부는 국내 개인기업이 이미 자발적으로 진입한 산업을 우선 고려하여,[35] 확인하려 할 수 있다: (1) 이들 기업이 그 상품품질을 제고하는 장애; 혹은 (2) 다른 개인기업이 그 산업에 진입을 저해하는 장애[36]이다. 이는 가치사슬 분석이나 하우스만(Hausmann (2008))등이 제안한 성장진단 틀과 같은 예로 각종 방법을 조합을 통해 해낼 수 있다. 그 다음 정부는 조치를 채택해 이들 구속적 제약조건을 제거하고, 무작위 대조실험으로 이 과정의 영향을 검증하여, 이들 정책을 국가차원으로 확대한 후의 유효성을 확보한다(Duflo, 2004).

셋째, 국내기업에게는, 목록에 있는 어떤 산업은 참신한 산업이거나 수출에 아주 적게 종사하는 기업일 수 있다. 이 상황에서, 정부는 특정 조치를 취할 수 있는데, 본국의 노동력 비용이 낮은 우세를 이용하도록 첫째 단계에서 확정한 고소득 국가의 기업이 본국에 와서 이들 산업에 투자하는 것을 격려한다. 정부는 또한 육성계획(incubation programmes)을 세워, 국내 개인기업이 이들 업종에 진입하도록 촉진할 수 있다.[37]

---

35) 이는 각 산업 모두 일부 전용투입이 필요하기 때문인데, 그 예는 지식, 유형자산, 중간투입, 노동기능 등이다. 산업에서 일부 개인기업의 존재는 그 나라 경제가 적어도 부분적으로 이들 중요한 투입을 가지고 있다는 것을 분명하게 밝힌다.

36) 칠레는 포도주를 이미 아주 오랫동안 생산했다. 최근 포도주 산업에서의 성공은 아주 좋은 예이다. 1970년대, 칠레는 아주 작은 포도주 수출국에서 세계 5대 수출국으로 전환되었는데, 이는 대체로 정부의 계획 덕분이다. 정부는 기술이전 그룹(Grupos de Transferencia Tecnológica)을 통해 현지 농민과 포도원에 외국기술을 전파하였고, 수출촉진 사무실(Export Promotion Office, ProChile)을 통해 외국에 칠레포도주를 보급하였다(Benavente, 2006).

37) 여기서 아시아 국가의 성공경험은 일정한 본보기의 의미가 될 수 있을 것이다. 아시아 본토기업이 특정영역 안에 역사지식이 없을 때, 이 문제를 해결하기 위해, 국가는 통상 외국인 직접투자를 유치하거나 합자기업을 만들도록 촉진한다. 예로, 중국내륙이 1980년대에 시장경제로 전환 시에, 중국정부는 적극적으로 중국홍콩, 중국타이완, 한국과 일본으로부터의 직접투자를 요청했다 - 이 정책은 본토경제가 각 업종에서 첫걸음을 시작하는데 도움을 제공했다. 1970년대 방글라데시의 활력이 충만한 의류

넷째, 첫째 단계의 무역상품과 서비스 목록에서 확정된 산업 외에, 개발도상국의 정부가 또한 본국에서 자기발견을 성공적으로 실현한 기타 개인기업에 세심한 관심을 두고, 이들 산업의 규모확대를 위해 도움을 제공해야 한다.[38)]

산업이 똑같이 한국제조사 대우의 직접투자에서 시작되었다. 몇 년 후, 지식이전이 이미 완료되고, 직접투자도 "육성"의 사명을 완료할 때, 현지의 의류공장은 우후죽순 발전하기 시작했는데, 대부분 공장의 발전은 첫 번째 한국기업으로 거슬러 올라갈 수 있다(Mottaleb and Sonobe, 2009; Rhee, 1990; Rhee and Belot, 1990). 에콰도르가 1980년대 생화(cut-flower)수출이 크게 발전했는데, 이 산업도 콜롬비아 꽃 재배농가가 설립한 세 개의 기업에서 발전해 온 것이다(Sawers, 2005). 정부는 또한 공업단지를 설립해 새로운 산업을 육성할 수 있다. 전자와 정보산업의 발전을 위해 설립된 중국타이완의 신죽(新竹)과학 공업단지(Mathews, 2006) 및 칠레상업 연어양식 시범을 위해 구축된 재단(Katz, 2006)이 정부가 새로운 산업을 육성한 두 가지 성공적 예이다.

38) 인도의 정보산업은 아주 좋은 예이다. 1980년대 실리콘밸리(Silicon Valley)에 있는 인도 전문인사가 인도기업이 미국에서 아웃소싱된 정보산업의 확장기회를 잡을 수 있도록 도움을 줬다. 소프트웨어 수출잠재력이 출현하자, 인도정부는 고속데이터 전송 기반시설을 구축을 도와, 해외의 인도인이 귀국해 미국고객을 위한 오프쇼어 센터(Offshore center)을 구축할 수 있게 했다. 인도의 소프트웨어 산업의 연 성장률은 20년동안 30% 넘게 지속되었는데, 2008년의 수출액은 600억 달러에 가까웠다(Bhatnagar, 2006). 에티오피아가 생화수출에서의 성공은 또 다른 하나의 예이다. 정부가 1990년대에 생화수출을 선택하고 산업정책 도움을 제공하기 전에, 현지의 한 해적기업이 이미 유럽시장에 생화를 10년 넘게 수출하였다. 페루의 아스파라거스도 아주 좋은 하나의 예이다. 아스파라거스는 일종의 외국작물로서, 한 페루농민이 1950년대에 그것을 재배할 수 있음을 발견하였다. 하지만 아스파라거스 산업과 아스파라거스 수출은 이로 인한 비약 없이, 1985년까지, 미국 국제개발처(USAID)가 한 농민협회에 보조금(grant)을 제공하여, 이 보조금은 농민협회가 캘리포니아대학 데이비스 분교 한 전문가의 제안을 받게 했다. 이 전문가는 최근 미국시장에 적합한 UC-157품종을 발명하였다. 이 보조금은 그 협회가 또 다른 전문가의 제안을 받게 했는데, 이 전문가가 그 협회의 시험장 구성원에게 대규모 생산에 필요한 모판(seedbeds) 구축 및 수출에 필요한 상품포장 준비를 어떻게 할지 시범을 보여줬다. 정부는 또한 페루 아스파라거스 연구소와 냉동협회 등과 같은 합작기관이 연구, 기술이전, 시장조사, 수출추진과 품질제고에 참여하도록 지원했고, 신선한 아스파라거스 수출의 80%를 처리하는 냉동공장과 포장공장에 투자하였다. 이들 개입으로 페루는 이미 중국을 추월하여, 세계 최대의 아스파라거스 수출국이 되었다(O'Brien

다섯째, 기반시설이 낙후되고, 상업환경이 불량한 개발도상국에서 정부가 공업단지와 수출 가공구역에 투자하고, 필요한 개선을 해, 목표산업에 투자하고자 할 만한 국내 개인기업이나 외국기업을 끌어들일 수 있다. 기반시설과 상업환경에 대한 개선은 거래비용을 인하하고, 산업 발전을 촉진할 수 있다. 하지만 예산제약과 능력의 한계로 인해, 대다수 정부는 합리적인 시간 안에 전체경제를 위한 이상적 개선을 해낼 수 없었다. 따라서 공업단지나 수출가공 구역의 기반시설과 상업환경 개선에 집중하는 것은, 실현이 더 쉬운 하나의 선택이 되었다.[39] 공업단지와 수출가공 구역도 산업 클러스터를 장려하는 장점을 갖고 있다.

여섯째, 정부도 첫째 단계에서 확정된 산업목록 중에서의 국내 선도기업이나 국외투자자에게 인센티브를 제공해, 그 투자가 창조한 비경쟁적 공공지식을 보상할 수 있다. 이러한 조치는 시간제한과 재무비용의 제한이 있어야 한다. 인센티브는 일정 시간 내의 기업소득세 감면이나[40], 합작투자에 대한 직접혜택이나 외화획득(관건설비를 수입하는) 우선권이다.[41] 인센티브는 독점임대료, 고관세나 기타 왜곡된 형식으로 출현 해서도 안되고 그럴 필요도 없다. 이로 인해 지대추구와 정치적 포획의 위험을 피할 수 있다.[42]넷째 단계에서 자신의 노력을 통해 새로

---

and Rodriguez, 2004).

39) 예로 기반시설 외에, 많은 아프리카국가는 경직된 노동법규의 제약에 직면해 있다. 이 문제를 극복하기 위해 모리셔스는 수출가공구역에서 유연한 취업형식을 채택을 허가하고, 동시에 국내경제의 기타 지역에서는 원래의 법규를 유지한다(Mistry and Treebhohun, 2009).

40) 중국에서 외국인 직접투자를 유치하는 일반적 방법은 처음 2년은 기업소득세 징수면제, 나중 3년은 기업소득세 세수를 반으로 줄여준 것이다.

41) 금융억제와(financial depressions) 외환관리(foreign-exchange control)가 존재하는 국가에는 직접대출과 외화획득의 우선권은 아주 환영 받는 조치였다.

42) 정치적 포획의 가능성과 보호와 보조금 정도는 정비례한다. 목표산업과 그 국가의 내재된 비교우위와 서로 부합하면, 선도기업이 제공하는 정보 긍정적 외부성을 보상하는데 사용하는 보호와 보조금은 아주 적어야 할 것인데, 엘리트들도 그 정치자본으

3. 성장선별 및 맞춤형 성장촉진 313

운 산업을 성공적으로 발견한 기업에 대해, 정부는 조치를 채택해 그들
의 국가경제발전에 대한 공헌을 인정할 수 있다.[43]

상술한 과정을 통해 확정된 산업은 본국의 잠재적 비교우위에 부합해
야 한다. 선도기업이 일단 성공하면, 많은 기타 기업도 그 산업에 진입
할 것이다. 정부의 맞춤형 성장촉진 역할은 주로 정보제공, 소프트웨어,
하드웨어 기반시설 개선협조, 및 외부성 보상으로 제한된다. 이상의 방
법으로 진행된 정부촉진은 아마도 개발도상국이 후발우위의 잠재력을
발굴해, 활력 있고 지속 가능한 성장을 실현하는데 도움이 될 것이다.

상술한 틀은 소득수준이 비교적 낮은 개발도상국이 효과적인 시장의
기반에서, 정부가 적극적이고 유능한 역할을 발휘하게 하고, 둘째에서
넷째 단계까지 기업가 정신이 있는 기업이 후발우위를 이용하여 경제발
전을 가속하게 도울 수 있다. 중등소득 국가에서 보면, 다수산업이 선진
국과 여전히 격차가 있는데, 소수 산업은 국제적 선진수준에 근접했거
나 이미 도달했을 수 있다. 전자 유형의 산업업그레이드에 대해서는, 상
술한 6가지 단계가 여전히 적용된다; 후자 유형의 산업에 대해, 신기술
이나 새로운 상품이 있으려면, 기업은 자기개발을 해야 하는데, 개발도
상국 정부는 기술산업이 모두 이미 국제적 선두에 있는 선진국 정부와
같이, 신기술과 신상품 개발에 필요한 기초 과학연구에 지원을 할 필요
가 있다. 지적할 것은, 선진국의 정부가 예산제약으로 인해, 기초과학
연구에 대한 지원은 다소 선택이 필요하다는 것이다. 동시에, 선진국도

로 이렇게 적은 임대금을 포획하는 것에 인센티브가 있을 수 없다. 이밖에 일단
선도기업이 성공하면, 많은 새로운 기업이 새로운 산업에 진입할 수 있고, 시장은
경쟁성을 가질 수 있어, 이는 더 나아가 엘리트에 의한 포획의 위험을 낮출 것이다.
반대로 정부의 목표가 본국 비교우위를 위배하는 산업의 발전을 지원하는 것이라면,
목표산업의 기업은 경쟁적 시장에서 자생능력을 가질 수 없어, 필요한 보조금과
보호는 아주 큰데, 이 부분의 보조금과 보호도 지대추구와 정치적 포획의 목표가
될 수 있을 것이다(Lin, 2009).

43) 우리의 이 "사후장려를 주는" 아이디어는 웨이샹진(魏尚进) 교수 덕분이다.

세수와 정부구매 등을 이용하여 신기술, 신상품의 혁신을 지원하고, 정
부자금을 이용해 혁신기업을 지원한다. 모두가 흥미진진해 하는 잡스를
예로 들면, 1976년 출시한 애플 I 형 컴퓨터는 1960년대와 70년대에 미국
정부의 공공자금으로 지원한 계산기술의 연구개발 성과에서 구축되었
고, 2001년 출시한 iPod과 그 후의 iPhone도 정부자금으로 지원하여 연
구개발 된 위성 자동위치 시스템(GPS), 음성제어와 대규모 저장 등의
신기술에서 구축되었는데, 잡스의 천재성은 이들 신기술을 조합하여 소
비자가 좋아하는 신상품을 개발한 것에 있다. 언급할 만한 것은 애플회
사가 상장되기 전에, 위험투자 자금을 취득한 것 외에도, 미국 소기업국
에서 50만 달러의 위험 출자금 투자를 얻은 것이다. 이와 같이, Google
핵심 계산기술도 정부지원의 연구 프로젝트에서 온 것이다. 미국이 현
재 전 세계적으로 선도적 지위를 차지한 우주항공, 정보, 생화학, 나노,
의약 등의 각종 신기술, 신제품 개발에서, 정부가 지원한 기초연구는 중
요한 역할을 발휘했다.[44] 이미 비교우위를 잃은 무역 가능한 제조업에
대해, 정부는 이들 산업 중에서 조건이 되는 기업이 부가가치가 비교적
높은 연구개발, 브랜드, 마케팅의 스마일 곡선 양극단에 종사하게 전환
하거나, 부가가치가 비교적 낮은 가공생산 부분을 임금수준이 비교적
낮은 지역이나 국가로 이전 생산하여, 기업이 그 기술, 관리, 자금, 시장
채널의 우세에 계속해서 의존해 해외에서 제2의 봄을 만들게 도울 수
있다.

제약(Binding Constraints)을 선별하는 방법

그동안 계속해서, 산업성장을 어떻게 촉진시킬 것인지는 많은 연구의
주제가 되어왔다. 이에 대해, 최근 일부 학자들은 몇 가지 사고방식을

---

44) 관심 있는 독자는 Mariana Mazzucato, The Entrepreneurial State: Debunking Public
vs. Private Sector Myths, Anthem Press, 2014.를 참고한다.

제기하였다.[45] 이들 제안이 모두 유용한 결과를 만들지라도, 개발도상
국 내에서 잠재적 비교우위를 가질만한 산업을 어떻게 선별할지 특별히
관심을 가진 사람이 없었다. 본국 비교우위에 부합하지 않는 기반에서
구축한 발전전략은 실패를 야기할 수 있는데, 이 실패는 일종의 지식유
산으로서, 많은 경제학자들이 틀림없이 다음과 같은 결론을 내리게 할
수 있을 것이다: 어떤 정부도 성공적인 "승자 선택"은 아마도 불가능할
것이다.

산업선별 틀이 부족한 환경에서, 기존의 연구는 모두 상업환경과 기
반시설을 개선하는 방법을 찾는 것으로 국한되었다 - 이 두 가지는 기업
의 운영비용과 거래비용에 확실히 영향을 주고 있다. 기업실적에 관해,
우리는 정량 데이터(quantitative data)가 있으며; 개발도상국의 기업이
직면한 많은 잠재적 제약의 심각한 정도에 관해, 우리는 인지에 기반한
데이터가 있는데; 이 두 종류의 데이터는 강력한 실증자료로 구성된다.
예를 들면, 이들 데이터는 대다수 사하라사막 이남의 아프리카국가에서,
기업은 비우호적인 투자환경을 업무발전과 복잡한 기술 채택의 주요장
애로 보는 경향이 있음을 밝혔다. 소기업은 특히 융자와 토지취득 등의
문제에 주목하는 것 같다; 비교적 큰 기업은 노동법규와 숙련노동력 획
득이 쉽지 않은 점을 활동의 주요장애로 보았다; 모든 기업은 부패와
기반시설의 문제에 주목한다 - 특히 전력, 전기통신, 교통, 물 등의 네트
워크 공용사무의 문제이다(Gelb et al., 2007).

투자환경에 관한 조사는 기업이 그 안에서 운영하는 정책과 제도환경
을 자세히 기록하려 했고, 이들 조사는 유용하지만, 오용되거나 곡해될
수도 있다. 개인이 복지에 대한 견해는 주관적이고, 소득이나 소비 등
객관적 지표와 꼭 연관되었다고 할 수는 없는데; 개인처럼, 기업의 그
발전 구속적 제약조건에 대한 견해도 자주 실제적인 결정요소와 부합하

---

45) 예로 디 마이오와 애고신 외 공저(Di Maio(2008)& Agosin et al.(2009))를 참고한다.

지 않는다. 이 제한은 투자환경 데이터의 성질 및 이것을 운용하는 방식
으로 야기된 것이다. 전형적인 조사에서, 샘플기업의 관리책임자는 투
자환경에 영향을 주는 각 부분을(예로 "기반시설", "융자채널", "부패정
도" 등) 1에서 4점으로 매길 것을 요구받아, 기업운영의 저해정도 반영
에 사용된다.[46] 어느 부분에서 평점평균이 비교적 높으면, 이 부분은 성
장에 대한 장애가 비교적 심각하다는 것으로 이해된다.

  하지만, 사실은 그렇지 않을 수 있다. 기업이 업무 프로세스와 경영환
경에 대해 아주 익숙해도, 주요문제의 진정한 근원을 충분히 인식할 수
없을 수 있고, 오히려 다른 비교적 불분명한 문제의 증상을 직면한 제약
으로 잘못 간주할 것이다. 이런 결함이 존재하기 때문에, 점점 더 많은
사람들이 세계은행의 비즈니스 환경(Doing Business)지표를 보완책으로
사용한다. 이 지표는 전문가 조사에 기반하여 얻은 것인데 (기업차원의
인지데이터뿐만 아니라), 일정범위 내에서, 더 비교 가능성 있는 국제적
시각을 제공한다.

  문제가 여전히 존재하고 있는데, 조사결과가 보통 같지 않을 수 있기
때문으로, 이는 피조사자가 제일 중요하게 생각하는 제약을 열거하도록
요구받을지, 아니면 각종 제약에 대해 순서배열을 요구 받을지에 달려
있다. 많은 방법을 고찰한적 있는 연구원들은 순서배열의 방법을 더 주
목하는데, 이 방법이 피조사자가 더 강한 표현을 하고, 더 강한 관계를
제시하게 강요하기 때문이지만, (Alvin and Krosnick, 1985) 이 방법은
완전히 신뢰할만한 것이 아닐 수 있는데: 제약에 대한 순서배열을 요구
받은 기업이나 전문가는 첫 번째로 열거된 제약이 심각한지 여부를 결
정할 수 있는 하나의 좋은 기반이 없을 것이다. 현지기업이 하나의 특정

---

46) 80개국가의 6000개가 넘는 기업샘플에 대한 조사에 근거하여, 아야가리 외 공저
  (Ayyagari et al.(2008))는 일부 투자환경 변수의 평균값을 제공하였다. 총 샘플에서
  세수와 법규, 정치적 불안정, 통화팽창 및 융자는 기업성장의 최대장애로 간주된다.

한 제약에 대한 순서배열을 진행할 때, 견고하고 의미 있는 참조체계가 없다면, 이 순서배열은 유용한 정보를 제공할 수 없을 것이다. 이밖에 어떤 상황에서, 어떤 단일 수량표준 선택이 오류를 유발할 수 있는데, 기업이 통상 동시에 몇 가지 제약에 직면하기 때문이다. 모든 요소가 동일하게 중요하다고 간주하는 것은 아마도 정책제정에 도움을 줄 수 없을 것이다. 성장분석에서 기업 이질성의 주요역할을 고려하기 위해, 우리는 반드시 평균값 법을 초월해야 하는데 - 즉, 기업차원의 조사 데이터에서 투자환경 변수의 평균값을 추출하는 방법이다. 따라서 기업의 실적에 대해 자세한 경제계량 모델링을 진행해, 어느 변수가 성장에 가장 큰 영향이 있는지 선별할 필요가 있다. 다시 말하자면, 경제적 영향을 최대로 가진 정책변수는 인지 값이 최고인 변수가 아닐 수 있다.[47]

투자환경 조사는 두 가지 국한성이 있다. 먼저, 아직 존재하지 않는 산업에 대해, 어떤 정보도 제공할 방법이 없지만, 이들 산업이 해당 국가가 잠재적 비교우위를 가진 산업일 수 있다. 또한 조사된 기존산업이 아마도 국가 비교우위와 부합하지 않을 수 있는데, 과도하게 선진적이기 때문이거나(비교우위를 위배한 발전전략의 유산으로), 근본적으로 경쟁력이 이미 없어졌기 때문이다(발전과정에서 임금이 보편적으로 상승한 결과로). 이 두 가지 국한성은 투자환경 조사가 자생능력 표준을 만족시키는 일부 기업만 특히 커버할 필요가 있고, 경제의 진정한 잠재력을 반영할 수 있게 할 것이다.

성장장애를 선별하는데서, 또 다른 중요한 문제는, 상업발전의 많은

---

47) 부르기뇽(Bourguignon(2006))의 관찰은: "나는 '평균값 추출'을 사용하여 세계은행이 진행하고 있는 투자환경 평가 업무의 특징을 묘사하고자 한다. 비즈니스 환경처럼 이들 방법이 확실히 유용하다. 하지만 이것이 우리에게 준 것은 참신하고, 더 좋은 우측변수 지표 데이터(right-hand side variables)인데, 다국적회귀에 사용할 수 있지만, 국가별 분석진행에 더 좋은 데이터가 반드시 아닐 수도 있다. 우리의 목표는 다른 유형 기업의 투자환경 변수에 대한 민감도를 측정하여, 어느 변수가 성장의 주요장애인지를 결정하는 또 다른 하나의 방법으로 삼아야 한다"는 것이다.

제약이 개발도상국의 목표산업에서 내생할 수 있는 것이다. 좋은 예는 특정유형의 인적자본, 융자도구나 기업이 일부 특정산업으로 전이할 때 필요한 기반시설을 포함한다. 이들 장애를 선별하고 제거하는 것은 몇 가지 상호보완적 분석도구를 사용해야 할 수 있다. 하나의 유용한 도구는 하우스만(Hausmann)등(2008)이 제기한 성장진단 틀이다. 이는 이와 같은 관찰에 기반했는데: 시급한 개혁이 필요한 아주 긴 목록을 열거한 후, 정책결정자들은 모든 문제를 한번에 열심히 해결하려 하거나, 그 국가성장 잠재력에 대해 중요한 영향이 없는 개혁을 먼저 진행한다. 한 영역의 개혁은 또 다른 하나의 영역에 예측하기 어려운 왜곡을 만들어 낼 수가 있기 때문에, 성장에 영향을 주는 가장 큰 장애에 에너지를 집중하여 해결하는 것이 성공을 이루는 최고 효율적인 방식일 것이다. 따라서 정부는 경제발전의 1-2가지 최대장애를 찾아내야 하며 이를 제거해야 하는데 힘을 써야 한다.

어느 특정국가(any given country)를 도와 관련 구속적 제약조건(binding constraints)을 선별하기 위해, 성장진단 틀은 정책결정나무 방법을 제공했다. 이 방법은 먼저 개발도상국 저성장의 가능한 원인에 분류를 진행했는데, 이들 개발도상국의 저성장은 융자비용이 높거나(경제와 사회 수익이 비교적 낮거나, 사회수익과 개인수익 간 격차가 큰 데서 기원), 개인 투자수익이 낮기 때문이었다. 진단분석의 주요단계(step)는, 이들 조건 중에서 어느 것이 더 정확하게 경제특징을 설명할 수 있는지 분명히 하는 것이다. 이 틀의 사용은 이러한 사실을 부각시켰는데: 일부 국가에서, 성장전략은 저 투자수익률을 초래하는 원인을 확정해야 하고, 동시에 다른 국가에서 투자하여 고수익을 얻기 위한 국내저축이 왜 상승하지 않는지도 반드시 설명해야 한다. 성장진단 틀이 경제성장 정책의 토론을 한 발 더 나아가도록 시도했지만, 모델의 관심초점 및 설정은 여전히 거시경제 범위에 속했다. 이는 이해할 수 있는 것인데, 결국 성장은 하나의 거시경제 개념이라, 분석을 부문차원(sector level)으로 내리면, 부문간의 상호작용과 상호균형(trade-offs)문제를 야기할 수 있기 때문이다.

이밖에 경제에 성장과정을 촉진하는 일부 제도가 존재하는데, 성장진단 틀과 이들 제도의 관련이 부정확하다. 성장의 구속적 제약조건을 선별을 위해 제기한 방법도 항상 단도직입적이지 않다. 그림자 가격(shadow prices)의 데이터는 보편적으로 얻어질 수 있더라도, 각 국가에 제일 필요한 진보가 어떤 영역에서 발생해야 할지 정확하게 선별할 수 있는가도 분명하지 않다. 예로, 한 저소득 국가의 간단한 성장모델을 가정할 수 있는데, 이 국가에서 기술과 인적자본은 상호보완적이다. 인적자본 수준과 기술수준은 모두 비교적 낮아 그 국가의 교육과 기술의 수익도 모두 높지 않게 된다. 그림자 가격에만 관심을 갖고, 인적자본 수준과 기술수준의 국제비교를 소홀히 하면, 다음과 같은 결론을 얻을 수 있는데: 교육수준을 높일 필요가 없고, 신기술 채택을 장려할 필요도 없다는 것이다.

사실상 어떤 상황에서 성장진단 방법이 어느 특정 국가의 성장의 구속적 제약조건을 상대적으로 확실하게 선별한다 해도, 정부가 직면한 정책옵션은 여전히 아주 많다. 따라서 정책입안자에게는 어떤 한가지 방법에 의지할 뿐 아니라, 몇 가지 다른 거시, 미시적 도구를 채택해 성장의 구속적 제약조건을 선별해야 할 필요가 있다. 성장에 대한 미시적 분석은 차별화된 기업발전 동태과정이 총 생산율 성장과 자본축적의 양호한 추진요소라고 밝혔다. 전체수준에 맞춘 진단은 미시차원에서 발생하는 상황에 대한 양호한 이해가 필요하다. 구체적으로, 아주 강한 구조변천에 직면한 경제에 있어서, 이 경제의 총 생산율의 증진을 이해하려면, 기업의 업종 내 진출상황 및 진출에 영향을 미치는 정책변수 모니터링은 아주 중요하다(Bourguignon, 2006). 우리는 반드시 국정과 미시개체의 이질성을 고려해야 한다. 이는 국가별 분석을 통해 더 효과적으로 완성될 수 있다.

마지막으로, 우리가 비교우위를 가진 산업 내에서 산업발전의 관련 구속적 제약조건을 찾고, 국가의 상업환경을 개선할 수 있을 지라도, 선도기업이 부딪힌 외부성 및 협조 등 중요한 문제는 여전히 해결되지 않는다. 이들 구속적 제약조건을 제거한다 해도, 한 나라의 산업업그레이드와 다양화 문제는 여전히 해결하지 못할 것이다. 따라서 성장진단 틀, 산업업그레이드 장애를 제거하는데 목적이 있는 기타 방법 및 성장선별과 맞춤형 성장촉진 틀을 결합하여 사용할 필요가 있다.

결론

현재의 위기는 세계각국 경제가 모두 심각한 대가를 지불하게 했다. 많은 국가의 실업률은 최고치에 도달했고, 많은 국가의 재정도 위기로 인해 빈약해지고, 산업의 생산 능력 이용률이 여전히 위기 전의 수준보다 아주 낮다. 많은 개발도상국은 선진국가보다 더 빠르게 성장할 잠재력이 있는데, 현재의 다원적 성장세계에서 그들은 경제성장의 새로운 원천을 찾아내야 한다(Zoellick, 2010). 이 점에 있어서 개발도상국 정부는 구조변천(산업업그레이드와 경제다양화)을 유도하고 촉진하는 것을 통해 성장촉진, 취업증가와 빈곤퇴치의 역할을 다시 중심위치로 돌려야 한다. 사실상 역사경험과 경제이론은 모두, 시장메커니즘은 자원을 생산율이 최고인 부문과 산업에 배분하는데 필수적이지만, 정부개입은 - 정보제공, 소프트웨어와 하드웨어 기반시설의 개선 협조 및 외부성 보상을 통해 - 경제체가 하나의 발전단계에서 다른 하나의 발전단계로 가도록 돕는 것 역시 필수적이다(Lin, 2010)라고 밝혔다.

2차 세계대전 후의 산업정책이 전세계에서 아주 여러 차례의 실패에 부딪혔기 때문에, 많은 경제학자들과 정책입안자들은 모두 산업정책에 대해 엄중한 질의를 제기했다. 오브라이언과 키더(O'Brien and Keyder (1978:15))의: "(가능하면)각국이 다른 역사단계의 독특한 발전능력을 연구해야 한다"는 제안을 고려해, 본문은 현재 선진 경제체 구조변화의 메커니즘 및 동아시아와 기타 지역의 일부 개발도상국이 성공한 원인을 연구했고, 정부 경제개입의 한 이론 틀을 제기했다.

　본문은, 산업정책의 실패는 성장선별 과정에서 정책결정자들의 실책에서 나올 가능성이 더 있다고 생각했다. 선진국가와 개발도상국 정부가 실시한 산업정책은 통상 크게 다음의 두 가지로 나눌 수 있다: (1)그들은 일부 새로운 산업의 발전을 촉진하려 했지만, 선정한 이들 새로운 산업은 과도하게 선진적이어서 본국 잠재적 비교우위에서 너무 멀거나, 과도하게 진부하여 비교우위를 상실했다; (2)그들은 일부 새로운 산업의 발전을 촉진하려 했고, 선정한 새로운 산업과 본국의 잠재적 비교우위가 서로 부합했다. 후자 유형의 정책만 비로소 성공할 수 있을 것이다. 성과가 양호한 선진국과 개발도상국 정부는 산업업그레이드와 다양화 과정에서 적극적이고 능동적으로 기업이 시장기회를 이용하도록 도왔다. 이들 정부의 일반적인 방법은, 정보, 협조와 외부성 등의 문제를 해결하고, 개인에게 충분한 소프트웨어와 하드웨어 기반시설을 제공하는 것이었다. 우리는 개발도상국의 정부가 구조전환을 촉진하는 과정에서, 본문에서 제기한 성장선별 및 맞춤형 성장촉진 방법이 개발도상국의 본국 발전에 적합한 산업을 찾는데 도움이 될 수 있기를 희망한다.

참고문헌

Aghion, P. 2009. Some Thoughts on Industrial Policy and Growth. Working Paper No. 2009-09. Paris: OFCE-Sciences Po.

Agosin, M., Larraín, C., and Grau, N. 2009. "Industrial Policy in Chile," Working Papers wp294, University of Chile, Development of Economics.

Akamatsu, K. 1962. "A Historical Pattern of Economic Growth in Developing Countries," The Development Economies, Preliminary Issue No. 1: 3-25.

Alvin, D. F. and Krosnick, J. A. 1985. "The Measurement of Values in Surveys: A Comparison of Rating and Rankings," Public Opinion Quarterly 49(4): 535-552.

Amsden, A. H. 1989. Asia's Next Giant. New York and Oxford: Oxford University Press.

Ayyagari, M., Demirgüç-Kunt, A. and Maksimovic, V. 2008. "How Well Do Institutional Theories Explain Firms' Perceptions of Property Rights?" Review of Financial Studies 21(4): 1833-1871.

Bhatnagar, S. 2006. "India's Software Industry," In Vandana Chandra (ed.), Technology, Adaptation, and Exports: How Some Developing Countries Got It Right. Washington, DC: World Bank.

Beasley, W. G. 1972. The Meiji Restoration. Stanford, CA: Stanford University Press.

Benavente, Jose Miguel. 2006. "Wine Production in Chile," In Vandana Chandra (ed.), Technology, Adaptation, and Exports: How Some Developing Countries Got It Right. Washington, DC: World Bank.

Bluestone, B. and Harrison, B. 1982. The Deindustrialization of America: Plant Closings, Community Abandonment, and the Dismantling of Basic Industry. New York: Basic Books.

Bourguignon, F. 2006. Economic Growth: Heterogeneity and Firm-Level Disaggregation. PREM Lecture. Washington, DC: World Bank.

British Government. 2009. "Going for Growth: Our Future Prosperity," London(www.bis.gov.uk/wp-content/uploads/2010/01/GoingForGrowth.pdf).

Chang, H. -J. 2003. Kicking Away the Ladder: Development Strategy in Historical Perspective. London, Anthem Press.

Chenery, H. B. 1961. "Comparative Advantage and Development Policy," American Economic Review 51(1): 18-51.

Chenery, H. B. 1958. "The Role of Industrialization in Development Programmes," In A. N. Agarwala and S. P. Singh (eds.), *The Economics of Underdevelopment*. Bombay: Oxford University Press.

Diaz-Alejandro, C. 1985. "Good-Bye Financial Repression, Hello Financial Crash," *Journal of Development Economics* 19: 1-24.

Di Maio, M. 2008. Industrial Policies in Developing Countries: History and Perspectives. Working Paper No. 48-2008. Italy: Macerata University, Department of Finance and Economic Sciences.

Duflo, E. 2004. "Scaling Up and Evaluation," In F. Bourguignon and B. Pleskovic (eds), *Annual World Bank Conference on Development Economics* 2004. Washington, DC: World Bank.

Evans, P. 1996. "Using Cross-country Income Differences," In P. Aghion and S. N. Durlauf (eds), *Handbook of Economic Growth*, vol.1. Amsterdam: North-Holland.

Gelb, A. et al., 2007. What Matters to African Firms? The Relevance of Perception Data. Policy Research Working Paper No. 4446.

Washington, DC: World Bank. Gerschenkron, A. 1962. *Economic Backwardness in Historical Perspective: A Book of Essays*. Cambridge, MA: Belknap Press of Harvard University Press.

Harrison, A. and Rodríguez-Clare, A. 2010. "Trade, Foreign Investment, and Industrial Policy for Developing Countries," Handbook of Development Economics 5: 4309-4213.

Hausmann, R. and Klinger, B. 2006. Structural Transformation and Patterns of Comparative Advantage in the Product Space. Working Paper No. 128. Cambridge, MA: Harvard University Center for International Development.

Hausmann, R. and Rodrik, D 2003. Economic Development as Self- Discovery," *Journal of Development Economics* 72(December).

Hausmann, R., Rodrik, D. and Velasco, A. 2008. "Growth Diagnostics," In N. Serra and J. E. Stiglitz (eds.), *The Washington Consensus Reconsidered: Towards a New Global Governance*, New York: Oxford University Press.

Hirschman, A. O. 1982. "The Rise and Decline of Development Economics," In M. Gersovitz and W. A. Lewis (eds), *The Theory and Experience of Economic Development*. London: Allen and Unwin.

Howitt, P. and Weil, D. 2010. "Economic Growth," In S. N. Durlauf and L. E. Blume (eds), *Economic Growth*. New York: Macmillan Palgrave.

Ito, T. 1980. "Disequilibrium Growth Theory," *Journal of Economic Theory 23*: 380-409.

Jäntti, M. and Vartiainen, J. 2009. The Finnish Developmental State and its Growth Regime. Research Paper No. 2009/35. Helsingki: United Nations University.

Jones, L. et al., 1990. *Selling Public Enterprises: A Cost-Benefit Methodology.* Cambridge, MA: MIT Press.

Ju, J., Lin, J. Y. and Wang, Y. 2009. Endowment Structures, Industrial Dynamics and Economic Growth. Policy Research Working Paper No. 5055. Washington, DC: World Bank.

Katz, J. 2006. "Salmon Farming in Chile," In Vandana Chandra (ed.), *Technology, Adaptation, and Exports: How Some Developing Countries Got It Right.* Washington, DC: World Bank.

Kim, Y. H. 1998. Higashi Ajia Kogyoka to Sekai Shihonshugi (Industrialisation of East Asia and World Capitalism). Tokyo: Toyo Keizai Shimpo-sha.

Kindlerberger, C. 1978. "Germany's Overtaking of England, 1806-1914," *In Economic Response: Comparative Studies in Trade, Finance, and Growth.* Cambridge, MA: Harvard University Press.

Kornai, J. 1986. "The Soft Budget Constraint," Kyklos 39(1): 3-30.

Kosonen, K. 1992. "Economic Growth," In J. Pekkarinen et al. (eds.), *Social Corporatism.* Oxford: Clarendon Press.

Krueger, A. O. 1997. "Trade Policy and Economic Development: How We Learn," *American Economic Review* 87(1): 1-22.

Krueger, A. O. and Tuncer, B. 1982. "An Empirical Test of the Infant Industry Argument," *American Economic Review* 72: 1142-1152.

Krugman, P. 1979. "A Model of Innovation, Technology Transfer, and the World Distribution of Income," *Journal of Political Economy* 87(2): 253-266.

Kuznets, S. 1966. *Modern Economic Growth: Rate, Structure and Spread.* New Haven, CT and London: Yale University Press.

Lal, D. 1994. *Against Dirigisme: The Case for Unshackling Economic Markets.* San Francisco: International Center for Economic Growth, ICS Press.

Landes, D. 1969. *The Unbound Prometheus: Technological Change and Industrial Development in Western Europe from 1750 to the Present.* Cambridge: Cambridge University Press.

Lin, J. Y. 2010. New Structural Economics: A Framework for Rethinking Development. Policy Research Working Paper No.5197. Washington, DC: World Bank.

Lin, J. Y. 2009. *Economic Development and Transition: Thought, Strategy, and*

Viability. Cambridge: Cambridge University Press.

Lin, J. Y. and Chang, H.-J. 2009. "DPR Debate: Should Industrial Policy in Developing Countries Conform to Comparative Advantage or Defy It?" *Development Policy Review* 27(5): 483-502.

린이푸, 런뤄은(林毅夫 · 任若恩), "동아시아 경제성장모델 관련 논쟁의 재탐구", 〈경제연구〉, 2007년 제 8기, 제 4-12쪽.

Lin, J. Y. and Tan, G. 1999. "Policy Burdens, Accountability, and the Soft Budget Constraint," *American Economic Review: Papers and Proceedings* 89(2): 426-431.

Lin, J. Y. and Zhang, Pengfei. 2007. Development Strategy, Optimal Industrial Structure and Economic Growth in Less Developed Countries. CID Working Paper No. 19. Cambridge, MA: Harvard University Center for International Development.

List, F. (1841 [1930]) Das Nationale System der Politischen Ökonomie (The National System of Political Economy). Vol.6. Schriften, Reden, Briefe. A. Sommer(ed.). Berlin: Reinmar Hobbing.

Maddison, A. 2006. *The World Economy.* Paris: Organisation for Economic Cooperation and Development.

Maddison, a. 2001. *The World Economy: A Millennial Perspective.* Paris: OECD.

Mathews, J. A. 2006. "Electronics in Taiwan: A Case of Technological Learning," In Vandana Chandra(ed.), *Technology, Adaptation, and Exports: How Some Developing Countries Got It Right.* Washington, DC: World Bank.

McKenzie, R. B. 2007. "Industrial Policy," in D. R. Henderson (ed.), *The Concise Encyclopedia of Economics.* Liberty Fund(www.econlib.org/library/Enc1/IndustrialPolicy.html).

Mistry, P. S and Treebhoohun, N. 2009. *The Export of Tradeable Services in Mauritius: A Commonwealth Case Study in Economic Transformation.* London: Commonwealth Secretariat.

Monga, C. 2006. "Commodities, Mercedes-Benz, and Adjustment: An Episode in West African History," In E. K. Akyeampong (ed.), *Themes in West Africa's History.* Oxford: James Currey.

Mottaleb, K. A. And Sonobe, T. 2009. "Inquiry into the Rapid Growth of the Garment Industry in Bangladesh," Tokyo: Foundation for Advanced Studies on International Development (mimeo).

Mowery, D. And Rosenberg, N. 1993. "The US National Innovation System," In R. Nelson (ed.), *National Innovation Systems: A Comparative Analysis.* Oxford: Oxford University Press.

O'Brien, T. M. And Rodriguez, A. D. 2004. "Improving Competitiveness and Market Access for Agricultural Exports through the Development and Application of Food Safety and Quality Standards: the Example of Peruvian Asparagus," San Jose: Agricultural Health and Food Safety Program, Inter-American Institute for Cooperation on Agriculture.

O'Brien, P. and Keyder, C. 1978. *Economic Growth in Britain and France 1789-1914: Two Paths to the Twentieth Century.* London: George Allen and Unwin.

Otsuka, K., Ranis, G. and Saxonhouse, G. 1988. *Comparative Technology Choice in Development: The Indian and Japanese Cotton Textile Industries.* London: Macmillan Press.

Owen, G. 1966. *Industry in the USA.* London: Penguin Books.

Pack, H. and Saggi, K. 2006. "Is There a Case for Industrial Policy? A Critical Survey," *World Bank Research Observer* 21(2): 267-297.

Pritchett, L. 1997. "Divergence, Big Time," *Journal of Economic Perspectives* 11(3): 3-17.

Redding, S. 1999. "Dynamic Comparative Advantage and the Welfare Effects of Trade," *Oxford Economic Papers* 51(1): 15-39.

Rhee, Y. W. 1990. "The Catalyst Model Development: Lessons from Bangladesh's Success with Garment Exports," *World Development* 18(2): 333-346.

Rhee, Y. W. And Belot, T. 1990. Export Catalysts in Low-income Countries. World Bank Discussion Papers No. 72. Washington, DC: World Bank.

Rodrik, D. 2009. "Industrial Policy: Don't Ask Why, Ask How," *Middle East Development Journal* 1(1): 1-29.

Romer, P. M. 1990. "Endogenous Technological Change," *Journal of Political Economy* 98(5): part Ⅱ, S71-S102.

Sawers, L. 2005. "Nontraditional or New Traditional Exports: Ecuador's Flower Boom," *Latin American Research Review* 40(3): 40-66.

Schultze, C. 1983. "Industrial Policy: A Dissent," *Brookings Review*, October: 3-12.

Shapiro, H. and Taylor, L. 1990. "The State and Industrial Change," *World Development* 18(6).

Thurow, L. 1980. *The Zero-Sum Society: Distribution and the Possibilities for change.* New York: Basic Books.

Trebilcok, C. 1981. *The Industrialization of Continental Powers, 1780-1914.* London: Longman.

Wade, R. 1990. *Governing the Market*. Princeton, NJ: Princeton University Press.

World Bank. 1995. *Bureaucrats in Business: The Economics and Politics of Government Ownership*. New York: Oxford University Press.

Zoellick, R. B. 2010. *The End of the Third World?* Modernizing Multilateralism for a Multipolar Growth. Washington, DC: World Bank.

더크 윌렘 터벨드(Dirk Wilem te Velde)[2)]

들어가는 말

린이푸와 몽가가 했던 것 같은, 구조변천 과정에서의 정부역할 평가는 신선한 일은 아니다. 하지만 그들의 논문에서 가장 가치 있는 공헌은 하나의 실용적인 순서(procedure)를 제공한 것에 있는데, 즉 6가지 단계로 성장을 선별하고 촉진한 점이다. 이러한 방법과 기존의 성장진단법(Hausmann et al., 2005), 경쟁력법(Porter and Schwab, 2008), 투자환경조사법(세계은행, 2005), 생산능력법(Cantore et al., 2011)등은 상호보완적이다.

제1보, 각국 정부는 다음과 같은 일부 국가를 선택해야 한다: 이들 국가는 고속 성장했고, 본국과 유사한 요소부존 구조를 가졌으며, 1인당 평균소득이 본국보다 1배 정도 높다. 그 다음 과거 20년간 이들 국가의 어떤 무역품 산업이 아주 좋은 발전을 이뤘는지 찾아낸다.

제2보, 이들 업종 중에 일부 국내 개인기업이 이미 진입했다면, 그 업종의 기술 업그레이드나 더 많은 기업진입의 제약을 분명히 하고, 이들 제약을 제거할 방법을 강구해야 한다.

제3보, 국내기업이 발을 들여놓지 않은 업종에 관해, 정책입안자는 제

---

1) 본문은 "DPR Debate: Growth Identification and Facilitation: The Role of the State in the Dynamics of Structural Change," Development Policy Review, 29(3), May 2011(DOI: 10.1111/j. 1467-7679. 2011. 00534. x). 에서 각색했다. © Lin, J., Monga, C., te Velde, D. W., Tendulkar, S. D. , Amsden, A. , Amoako, K. Y., Pack, H., and Lim, W. ©2011 Overseas Development Institute. John Wiley and Sons/ Blackwell Publishing를 통한 재인쇄 허가를 받았다.

2) 더크 윌렘 터벨드(Dirk Wilem te Velde)는 런던 해외발전연구원 투자, 성장과 무역계획의 주임이다.

2보에서 열거한 국가로부터 외국인 직접투자를(FDI) 유치하거나, 새로운 기업육성 계획을 실시해볼 수 있다.

제4보, 제1보에서 확정한 업종 이외에, 정부는 개인기업의 자주적인 자기발견에 관심을 두고, 발견한 새로운 업종에서 성공한 개인기업 발전에 대해 지원을 제공해야 한다.

제5보, 기반시설이 낙후되고 상업운영 환경이 비교적 좋지 않은 국가에서, 경제특별구나 공업단지를 이용해 진입장애와 외국인 직접투자 장애물을 극복하고, 산업클러스터의 형성을 장려할 수 있다.

제6보, 상술한 업종의 선도자에 대해, 정부는 일정시기의 세수혜택, 공동 융자 투자(cofinancing for investments)나 외화 취득권을 주어야 한다.

이 글을 자세히 읽지 않는다면, 독자는 이 틀에 대해 분명하게 보이는 문제들을 제기할 수 있다. 예를 들면, 새로운 틀의 제1보는 개발도상국이 유사한 국가의 20년 전에 생산된 상품과 서비스에 근거해 그 국가가 비교우위를 가진 업종을 선별하도록 요구한다. 하지만 현재의 조건이 이미 근본적으로 변화하여, 과거에 비해 이미 어떤 의미 있는 정보(그 예는, 신흥역량의 굴기, 광케이블 등의 새로운 통신기술의 출현, 새로운 생산공정, 새로운 글로벌 규칙과 제도 및 기후변화)를 얻을 수 없다면, 어떤 상황이 될 것인가? 수요패턴이 근본적으로 변화가 발생(그 예는, 중국과 인도 중산계급의 굴기, 글로벌 금융위기)했고, 과거의 상품에 비해, 다른 상품이 더 성공했다면, 어떤 상황이 될 것인가? 측량문제가 있다면, 예를 들어 정보통신기술(ICT) 서비스의 수출은 상당히 측량이 어렵지만, 아마도 이 업종이 바로 양질의 광케이블을 사용하는 작은 내륙국가의 비교우위 소재일 수 있다면, 어떤 상황이 될 것인가? 참조국가가 지리적 혹은 제도적으로 본국과 아주 큰 차이가 있으면 또 어떤 상황이 될 것인가? 따라서 사람들은 제1보가 모든 상황에서 모두 충분한 정보를 얻을 수 있는지 여부를 의심할 수 있을 것이다.

제2보에 있어서, 정부지원(성장의 구속적 제약조건을 제거)에 관한 것

이지만, 현재는 한 국가가 어떤 상황에서 어느 정책이나 도구가 최적의
효율(이 문제는 성장진단 이론에도 적용)인지 어떻게 알 것인지는 여전
히 불분명하다. 따라서 적합한 업종과 제약조건을 선별했다 하더라도,
잘못된 정책도구는 여전히 의외의 결과를 초래할 수 있다. 이는 본문에
서 강조가 부족했지만 아주 중요한 관점을 이끌어 냈는데, 즉 한 나라의
비교우위를 준수하기 위한 정책적 필요에서(이는 제1보-제6보에서 함
축), 정책 시행에 의존하는 조건(정부능력, 정치적 인센티브 제도, 정부
와 기업관계의 성질)도 산업정책의 성공에 아주 중요한 요소이다.

하지만, 이들 문제 이외에, 성장선별 및 맞춤형 성장촉진 틀은 또한
기존분석 틀의 대체물로 묘사되었다. 우리는 다섯 분의 출중한 전문가
에게 평론을 진행해 줄 것을 요청했다.

전문가 평론

수레쉬 텐덜카(Suresh Tendulkar)는 델리대학 경제학원을 퇴임한 경
제학 교수인데, 경제성장 촉진과 성장원천을 선별하는 두 가지 측면에
서 정부가 담당하는 역할구분을 평론했다. 텐덜카는 성장촉진에서 정부
의 중요한 역할을 인정하지만, 성장선별 측면에 대한 정부의 역할이 그
렇게 확정적이지 않다. 그는 어떻게 해야 자신의 능력을 초월해 행동하
지 않도록, 과도한 열정의 정부를 제약할 수 있는가에 대해 질문했다.
그는 남아시아를 예로 이 문제를 질문했다. 그는 또한 시간제한이 있는
인센티브는 직접 작용을 할 수 없다고 경고했다.

메사츄세츠 공대의 앨리스 앰스덴(Alice Amsden)은 세 가지를 제기했
다. 첫째, 그녀는 중동의 에너지 국가에서 아시아 제조업 회랑(corridor)
과 브릭스 4국(브라질, 러시아, 인도와 중국)에 이르기까지, 산업정책이
실제로 린이푸와 몽가가 묘사한 것보다 더 성공했다고 주장했다. 둘째,
그녀는 저자의 이원화(선별 및 맞춤형 성장촉진)가 포터(Michael Porter)
의 가치 사슬분석과 하우스만(Hausmann)의 "도약하는 원숭이(jumping-

monkey)"모델보다 더 좋은데, 이는 상업지식을 구축하는 것과 관련되기 때문에, 다른 개념이 함축하는 방법보다 더 완벽하다고 주장했다. 셋째, 그녀는 산업정책을 해외투자와 노동기능의 도입에 응용하면, 린이푸와 몽가의 모델은 강화될 수 있다고 주장했다.

아모아코(K. Y. Amoako)는 아크라에 위치한 아프리카 경제전환 연구센터 (ACET) 의 창시자겸 총재인데, 그는 린이푸와 몽가의 방법이 실제와 부합하는 유용한 지침이며, 이 실무적 방법이 환영 받을 만한 것은, 특히 줄곧 적극적인 산업정책을 신뢰하지 않던 세계은행에서 나왔다는 점이다. 하지만, 아모아코도, 논문이 비교우위를 준수하는 상품을 지원해야 한다고 과도하게 강조하지만, 신기술 취득과 학습에 대한 관심이 너무 적다고 생각했다. 그들이 자신의 비교우위를 준수했다 하더라도 성공한 산업화가 항상 경쟁적 시장에 기반했던 것이 아니었고, 아프리카 국가도 항상 성공한 것이 아니었다.

펜실베니아대학 와튼스쿨 비지니스와 공공정책 학과의 하워드 팩 (Howard Pack)은 부유한 참조국가를 선택하고, 다시 이에 근거해 업종을 선택한 후, 그 국가의 비교우위를 준수하는, 이런 방법은 문제가 있다고 생각했다. 부분적 원인은 비교적 부유한 국가의 경제구조가 왜곡성 정책의 결과일 수 있으며, 또 다른 부분적 원인은 성공한 정책은 잠재적 상품을 선별할 뿐만 아니라, 보통 하나의 방대한 정책집합이기 때문이다. 정부는 일련의 문제를 해결해야 하는데, 이는 아마도 어떠한 정부의 능력도 넘어설 수 있다.

임원혁은 한국개발연구원 국제발전센터 정책연구 주임으로 다음의 관점에 찬성했다: 발전초기 단계에서, 비교우위, 자기발견과 맞춤형 성장촉진 정부 세가지 요소에 기반해 제공한 정책제안은 정책결정자에게 도움이 될 것이다; 하지만 그는 많은 일을 더 해야만 한 국가가 중등소득의 함정을 뛰어 넘을 수 있게 한다고 주장했다. 한국은 본국의 비교우위를 포기했으며, 전문기능 배양과, 가치사슬 중의 일부 특정공백 보충

에 의존하고, 심혈을 기울여 선택한 일련의 기업그룹과 전략선택에 의
존해, 중공업과 화학공업에 진입했다.

답변

변론의 마지막에, 린이푸와 몽가가 하나의 답변을 내놓았다. 그들은
많은 질의에 직접 답변했는데, 예로 그들은 성장선별 및 맞춤형 성장촉
진은 암묵적으로 관련된 것이라고 지적했다. 그들도 일부 건설적 의견
에 대해 동의를 표시했는데, 예로 앰스덴 교수가 지적한 기업조직 관리
경험의 취득의 중요성 및 산업정책을 해외투자에 응용하는 것은 이 모
델이 개선되게 하는 방식이다.

하지만 일부 관점은 독자들이 판단하게 남겨둬야 할 것도 있다. 예로,
린이푸와 몽가는 그들의 모델이 "잠재적 비교우위와 서로 일치하는 산
업발전"에 관심을 둔다는 것을 반복해서 강조했다. 그들의 의도는 반대
를 할 수는 없겠지만, 대다수의 사람들은 그것이 실천에서 실현 가능한
지 의문을 가질 수 있다. 혹은, 린이푸와 몽가가 "이는 분명하고, 투명하
면서, 엄격한 표준을 제정할 필요성을 간단히 지적한 것뿐이며, 이러한
표준은 …… 경쟁력이 없는 업종에 대한 지원을 감소시킬 수 있다"고
표명했는데, 그 중요성에 의문을 가질 수 있는 사람은 거의 없겠지만,
많은 사람들은 텐덜카가 강조한 것처럼, 정부가 성공적으로 이들 표준
을 실시할 능력이 있는지 여부를 질의할 수 있을 것이다.

하나의 진일보하고 여전히 완전하게 끝나지 않은 토론은, 정부가 어
느 정도에서 정태 비교우위를 준수해야 하는지, 혹은 아모아코가 암시
한 것처럼, 그들이 동태 비교우위를 구축해야 하는지 여부이다.

또 다른 하나의 미해결로 남은 토론은 지식과 관련이(팩(Pack)이 제기
한 것과 같이) 있다. 정부관리가 충분한 지식을 갖지 못해서, 그 의도대
로 각 산업을 지원할 수 없고, 그 잠재적 비교우위와 부합하는 산업을
선정할 충분한 지식도 없을 것이다. 언제쯤이면 정부의 지식이 충분해

지는가?

결론

린이푸와 몽가의 논문은 각국 정부 성장촉진을 위해 유용하고, 실제에 부합한 6단계 계획을 제공했는데, 이 계획은 기존 틀(성장진단 틀, 경쟁력 분석, 생산능력 분석, 투자환경 분석)에 대한 믿을만한 대체물과 같다. 이는 성장정책의 발전 중 역할에 관한 토론을 다시 불러 일으켰고, 이 화제는 또한 발전경제학 분야에서 다시 한번 주목받는 문제가 되게 했다.

린이푸와 몽가가 문헌에 대한 공헌을 평론할 때, 대다수 의견이 그들의 관점을 인정하는데: 정부가 성장을 촉진하는 측면에서 중요한 역할을 발휘할 수 있다는 것이다. 많은 사람들도 이 사고방식에 포함된 실행 가능한 정책제안을 높이 평가했다. 하지만, 정부가 경제성장에 대해 선별을 진행할 능력이 있는지 여부에 관해서는 여전히 의견이 엇갈린다.

이밖에 린이푸와 몽가가 제안한 이원화 6보법은 하나의 전제에 의존하는데, 즉 국가가 자신의 비교우위를 준수해야 한다는 것이다. 하지만 일부 의견제안은 국가가 실제로 비교우위 위배가 필요하며, 이 틀이 제안한 정책보다 더 복잡한 일련의 정책과 관련될 것이라고 인식한다.

요컨대 대다수 사람들은 그 방법이 성공적 산업발전을 위한 원료를 제공하는데 도움이 되고, 성장에 관한 하나의 메뉴에 다가갔다고 생각한다. 하지만 어떤 이들은 "요리사"가 이 메뉴를 응용해 원재료를 맛있는 요리로 변하게 하는 능력에 의문을 갖기도 한다. 어쨌든, 사람들은 6단계 순서의 응용이 관련 정보를 생산하고, 각 국가 성장을 더 빠르게 하는데 도움이 되기를 희망한다. 사실상 한 국가 발전을 제약하는 구속적 제약조건이 무엇인가를 분명히 하는 것 외에도, 개발도상국의 정책 입안자는 항상 질문할 수 있다: 과거에, 기타 국가는 우리가 현재 실현하고자 하는 목표를 어떻게 실현했는가?

참고문헌

Cantore, N., Ellis, K., Massa, I., and te Velde, D. W. 2011. "Managing Change and Cultivating Opportunity: The Case for a Capability Index Measuring Countries' Ability to Manage Change Effectively," KPMG-ODI report. London: KPMG and Overseas Development Institute.

Hausmann, R., Rodrik, D., and Velasco, A. 2005. *Growth Diagnostics*. Cambridge, MA: Harvard University Center for International Development(www.hks.harvard.edu/fs/rhausma/new/growthdiag.pdf).

Porter, M. and Schwab, K. 2008. *The Global Competitiveness Report 2008-2009*. Geneva: World Economic Forum.

World Bank. 2005. *World Development Report on the Investment Climate*. New York: Oxford University Press for the World Bank.

수레쉬 텐덜카[3]

린이푸와 몽가는 경제학자들이 경제성장의 수수께끼에 빠져들었다고 생각했는데, 이것은 정확한 것이다. 1950년대, 로스토우(Walter Rostow)는 각 저개발국가에 예측 가능한, 명확한 성장 로드맵을 제공했다. 로스토우를 이렇게 자신 있게 했던 좋은 날은 이미 지나갔고 다시 돌아올 수도 없다. 얼마 지나지 않아, 대량의 경제이론 분석모델이 우후죽순 발전하기 시작했다. 로스토우 자신의 시대는 논란의 여지가 없었던 것은 (쿠즈네츠와 거센크론(Kuznetz & Gerschenkron)을 즉시 생각할 수 있다) 아니었지만, 대량의 데이터가 이미 존재한다 해도(혹은 존재하기 때문에), 경제학자들은 그 시기부터 더 신중해졌다. 이렇게 하는 것이 정확한 것이었다. 18세기 네델란드와 영국의 1인당 평균 소득은 매년 1.5%에서 2%의 속도로 성장하기 시작했는데, 미국, 독일, 프랑스도 19세기에 그 대열 안으로 들어섰고, 그 후, 이 단체의 규모가 신속히 팽창했다:

---

3) 수레쉬 텐덜카(Suresh Tendulkar)는 인도 델리대학 경제학원의 퇴임교수이다.

1950년대의 일본, 60년대의 중국홍콩, 싱가포르, 한국과 중국타이완, 70년대의 중국내륙, 태국, 말레이시아와 인도네시아, 80년대의 인도와 기타 신흥 경제체 모두 성장의 대열에 들어섰다. 인구가 제일 많은 두 개의 국가 - 중국과 인도 - 의 가입에 따라, 인구 가중치법으로 계산한 국가 간 1인당 평균 국내생산 총액의 불평등이 환영받을 만큼 하락한 것으로 나타난다. 하지만 성장대열에 있는 국가는 여전히 많지 않았다. 우리가 추후에 신속한 성장에 대한 공통특징을 상당히 확정했지만, 20년이상 지속적으로 신속한 성장을 유지할 수 있었던 국가는 아주 드물었다(예를 들어, 연간 1인당 평균 GDP증가 속도가 3% 혹은 더 높게 도달했다). 우리는 도대체 어떤 촉발요소가 어떤 특정국가의 지속성장을 촉진할 수 있는지 알 수도 없고, 확실히 예측할 수도 없다.

린이푸와 몽가는 이들 문제에도 불구하고, 야심있고, 탄복할만한 사업을 시작했다. 개발도상국의 정부개입을 위한 두 가지 측면의 안건을 제정했는데, 첫째는 성장지원(소프트웨어, 하드웨어 기반시설을 제공), 둘째는 성장선별(예측성 있는 산업정책을 통해 지속적이고 끊임없는 기술 업그레이드와 다양화를 실현)로, 개발도상국가가 신속한 경제성장을 이용해 빈곤퇴치를 할 수 있게 했다. 이 목표는 의심할 것 없이 확실히 칭송 받을 만했다. 2차 세계대전 전후 국가개입 성패의 경험교훈에 대한 상세한 사후분석에서 그들이 얻은 결론도 그들의 관점을 지지한다. 나는 마음속으로 그들의 성공을 희망했지만, 이성적으로는 여전히 불만족스럽다. 따라서 내가 불만족스러운 이유에 대해 자세히 설명하는 것을 허락해주기 바란다. 나는 일부 자기 반성식 평론을 할 것인데, 물론 나는 남아시아(특히 인도)색안경을 쓰고 있을 것이고, 동시에 나는 저자도 동아시아와 동남아시아(중국을 포함)의 시각이 있을 것으로 봤다.

논쟁이 비교적 적고 사람들이 쉽게 받아들이는 관점은, 경제성장 측면에서 정부의 맞춤형 성장촉진 역할인데, 하드웨어(도로, 철로, 공중수송과 통신, 전력 및 기타 공공사업 네트워크)와 소프트웨어(기본 관리구조는, 경쟁적 시장제도, 금융체계 및 관리감독, 기본의료를 포함 및 초중등 교육 서비스는, 직업훈련을 포함)기반시설을 제공하는 것이다. 이들 기반시설의 외부성과 공익성질 때문에, 상술한 임무는 확실히 정부의 핵심 법정임무이다. 충분한 실물시설, 효과적 운영비용 및 상응하는 공용서비스의 제공은 개인부문의 거래비용을 낮출 수 있고, 동시에 경제구조를 위한 경쟁우위를 제공한다.

더 어렵고, 더 불확실해서 더 논쟁이 되는 것은 성장선별의 역할이다. 린이푸와 몽가는 그들의 뛰어난 역사적 분석에서, 대량 실패사례와 소수 성공사례를 열거했고, 각종 정부행위의 폐단을 열거하였다. 예로 선의이지만 과도하게 적극적인 정책, 강압적인 비공격적 정책조합, 분별없이 과거에 성공했던 정책연기, 공공부문 임의적 확장(최저한도와 자유재량권을 훨씬 초월하게 함)이 있다. 이들 요소는 흔히 시장운영의 활력을 말살해, 지대추구 활동의 창궐을 초래할 수 있다. 요소부존 구조와 비교우위에 부합하는 산업에 대한 사전선택은 잘못이 나타날 수 있는데, 사람들이 이 잘못을 승인하게 하는 것은 어렵지 않지만, 정책(보조금과 관세보호를 포함)이 분명히 무효하거나 성공하지 않는 상황에서 즉시 관련정책을 취소하는 것은 아주 어렵다. 문제는 아주 풍자적으로 변하게 되는데: 어떻게 과도하게 열정적인 정부를 통제하여, 자신이 훨씬 더 효과적으로 장악할 수 없는 정책을 선택하지 못하게 할 것인가? 내 예측으로는, 남아시아의 경험에 기반해 먼저 성장선별을 진행한 후, 선발된 승자를 미리 육성하는데, 이를 엄격한, 시간제한이 있는 제약아래 놓는 것은, 어렵고 위험이 높은 사업이다. 우연한 행운의 성공을 배제하지 않지만, 이 성공이 도대체 진짜인지도 실제경험과 학문에 대한 믿음에 근거하여 판단해야 한다.

앨리스 · 앰스덴[4]

린이푸와 몽가는 정부역할에 관한 중요한 논문에서, 비교우위의 개념에 주목하여, 이를 저개발(underdevelopment)을 제거하는 단서로 삼았다. 이들은 일보 전진한 것인가 아니면 제자리 답보상태인가?

하나의 추상적 개념으로, 또는 밑바닥부터 생겨 나오듯, 비교우위는 연역법으로 설명할 수 있고, 귀납법으로 설명할 수도 있다. 경제학자들은 통상 연역법으로 이를 이해한다. 린이푸와 몽가는 대다수 개발도상국이 실패한 것은, 주로 정부가 요소부존 구조와 발전수준(즉 잠재적 비교우위)에 부합한 업종을 찾아내도록 하나의 좋은 표준을 설계해낼 능력이 없었기 때문이라 지적했다. 하지만 두 개의 넓은 탈식민지화 지역(de-colonised regions) - 극동과 중동은, 성공한 산업정책, 빠른 GDP성장, 급속한 빈곤퇴치를 갖췄지만, 그 이웃나라의 상황을 조사해 자신의 비교우위를 준수했다; 한 산업이 이웃나라에서 흥기했다면, 이는 사실상 이웃나라 비교우위에 대한 강력한 증명이며, 생각해 보면 이보다 더 구체적인 증명을 찾을 수 있을까? 하나의 수출 가공구역이 성공했다면, 어느 나라의 석유기업이 국제적인 석유기업에 비해 국내공급과 세수를 증가시켰다면, 다른 국가가 모방할 수 있으며, 자신이 더 쉽게 성공할 수 있도록 이 발전의 청사진(모방은 주로 남쪽 - 남쪽국가간에 발생)을 준수할 것이다.

참가자의 변화 및 외생적 충격의 영향에 따라, 두 개의 큰 지역의 역할모델이 이미 다소 변화했고, 그들의 "산업정책"에 관한 함의도 변화하고 있다. (나는 세계무역 기구의 보조금에 대한 제한이 이미 "신흥"국가와 "이미 굴기한" 국가의 산업정책을 음성화하게 해, 일종의 "공평한 경쟁의 장"의 구실을 만들었음을 지적하고 싶다.) OPEC발전 역할모델

---

4) 앨리스 앰스덴(Alice Amsden)은 메사츄세츠 공대의 바턴 웰러(Barton L. Weller)정치경제학교수이다.

(OPEC 가격 카르텔과 다름)이 이란과 사우디아라비아에서 시작됐는데, 이 두 국가는 1938년 멕시코 석유업종의 국유화를 범례로 삼아, 가장 멀게는 방글라데시에서 온 수 백만의 노동자를 고용했으며, 흘라 민(Hla Myint)이 1950년대 묘사한 "노동력 희소, 자원풍부의 경제"와 비슷했다. 극동아시아 모델은 아서 루이스(Arthur Lewis)가 분석한 노동력이 풍족한 경제의 노선을 따라 운영했는데, 2차 세계대전 후의 일본에서 형성됐지만, 일본은 그때 선진국도 저개발국도 아니어서, 그들이 목표산업을 선택한 표준은 린이푸와 몽가의 표준보다 간단했다: 정부는 더 큰 관련이 있고 국제적으로 생산율 성장이 비교적 빠른 산업을 지원했는데, 첫 번째로는 명주 방직업이었다(Amsden and Suzumura, 2001). 브릭스 국가 같은 큰 국가의 산업정책은 아시아 제조업 회랑(corridor)과 중동의 에너지 벨트를 뛰어 넘어(straddle), 사실상 그들의 산업정책은 "대부분 모두 실패"한 것이 아니라, 린이푸와 몽가가 말한 것 보다 더 성공했을 수 있다.

루이스(Lewis), 민(Myint)과 기타 고전 경제학자들의 세 번째 원시모델(the third prototype) - 농업수출 경제에서, 산업정책은 실패했지만, 초고속 인구성장 때문에 이 모델 자체가 실행가능한지에 의문을 가질 만 했다(2002-2010년 인구성장률이 제일 높은 30개 국가 중에서, 24개는 소농경제, 23개는 아프리카에 있었다). 토지부족, 고실업이지만, 노동력 비용도 충분히 낮지 않고, 제조업 경험도 충분히 풍부하지 않아서, 인도와 같은 노동력이 풍부한 경제와 경쟁할 수 없게 했다. 인구계획 이외에, 농업경제(그 중에서 많은 국가가 최근에 에너지와 광산자원을 발견했는데, 예로, 수단, 앙골라, 카메룬, 가나가 있다)에 도움이 되는 최적의 산업정책은 또 무엇인지, OPEC발전 역할모델(인접한 나이지리아에서 그들에게 어떤 것을 하지 말지 가르쳐 준다) 인가? 아니면 린이푸와 몽가가 말한 두 가지 정부개입 조치의 "중요한 차이"인가? 후자는 두 가지 정책으로 구분했는데: 첫째는 정보, 협조와 외부성을 해결을 통해 구조변천을 촉진하는 정책이다. 둘째는, 기존의 요소부존 구조로(동태 비교 우위라 칭해졌었던) 결정된 비교우위를 위배한 특정 선정 산업과 기업에 대해 보호를 진행하려는 목적의 정책이다. 그들의 구분은 보기에는 의미가 있지만, 실제로는 아주 모호하고 적어도 거대한 에너지와 채광 부문(이 두 부문은 운영 불가한 농업경제 메커니즘의 거대한 희망)에 있어서는 그렇다.

무한한 노동력 공급, 풍부한 자연자원이 있거나 신뢰할 만한 역할모델에 근접한 개발도상국가, 예로 콜롬비아, 모로코, 니카라과, 네팔이, 어떻게 "승자 선택(pick winners)"을 할지에 관한 제안이 필요하다. 린이푸와 몽가의 표준은 포터(Porter)(가치사슬)와 하우스만(Hausmann)(도약하는 원숭이, the jumping monkey)표준의 도전에 직면해 있다. 나는 린이푸와 몽가의 이원화 6보법이 이보다 좋다고 생각하는데, 내가 이 광범위한 함의를 이해했다면, 비교우위는 "비즈니스 지식"을 소유하는 것으로 귀결될 수 있으며, 후자는 업종발전 추세 로드맵, 생산 공학 기술과 프로젝트 집행능력을 기반으로 하는 일종의 경험지식이어서, 이러한 지식은 투자 프로젝트가 실시 운영되게 할 수 있다. (정부연구 개발이 제한적 특허를 피해감에 따라, 일본이 DVD를 점차 생산하기 시작한 것으로 인식돼서, 세계가격이 하락하고 있었지만 중국 타이완의 전자기업은 CD-ROM을 투자 생산했다.) 반대로, 원숭이가 어디로 도약할지, 한 국가가 자신의 가치사슬 상의 위치를 어떻게 정할지는, 주로 협의의 요소 비례표준으로 결정된다.

린이푸와 몽가가 직면한 도전은, 전문화 관리의 비즈니스조직과 그 특유기능의 성장을 어떻게 가속화할 것인가이다. 비즈니스 지식은 경험에 달려 있지만, 내가 보기에 동아시아 지역의 전쟁 전 제조업 문화(이 문화는 일본의 국지전 준비로 강화된다)가 부족했던 경제에 있어서는 심각하게 소홀했던 요소였다. 학습곡선을 사용해 경험을 이해할 수 있지만, 이러한 학습은 반복적이지 않다. 경험은 다양한 활동에 관한(이

활동은 동시에 변화할 수 있다) 묵시적인, 기록 되지 않은 지식에 대한 취득에 의존하고 있는데, 이는 정보 획득보다 더 힘든 임무이다(이는 사실이다). 그렇다면, 산업정책이 어떻게 경험의 획득을 빠르게 할 수 있는가?

나는 다음의 두 가지 가능성이 린이푸와 몽가의 관점을 앞으로 추진할 수 있을 것이라 생각하는데: 동아시아 모델과 중동모델의 방법을 따라, 산업정책을 이용해: (1)해외투자(대외 지향적인 외국인 직접투자); (2)인재유출 국면을 역전시켰는데(reverse)(또한 현지인에게 공평한 경쟁환경을 만들어), 이는 하룻밤 사이에 하나의 작은 국가의 비교우위를 변하게 할 수 있다. 말레이시아 정부의 산업정책은 말레이인이 말레이시아에서 소유한 기업에 보조금을 제공하는 것이 아닌 말레이시아 인구에 주목하는 것으로 전환될 때, 그들이 외국기업을 매입하기(acquire) 시작하여, 이들 기업의 주식(equity)을 취득했다; 이는 특정 해외자산을 선택하여 구매하는 기능을 상승시켰는데, 이는 국내에서 성공한 투자를 진행하는데 똑같이 필요한 "비즈니스 지식"이다. 사우디아라비아 국유 석유화학 기업 SABIC도 이와 같이, 이 기업이 중국에 있는 제너럴 일렉트릭(General Electric)의 화학품 업무를 매입했는데, 석유화학과 화학품 원료비용에 대한 추정은 석유 수요공급에 관한 정보를 모두 이용해야 한다. 따라서 대외 직접투자는 국내의 다음 분야에 대한 긍정적 스필오버 효과가 있다: 소득, 취업, 소득분배(말레이시아의 상황과 같이)와 승자 선택이다.

인재유출 국면을 역전시켜(reverse) 본국에서 더 많은 경제기회를 창출하는 것은, 비용이 아주 큰 도전이지만, 잠재적 수익도 아주 높은데, 이는 귀국인재의 경험이 정부가 어떤 구체적 산업을 지원해야 하는지 알려줄 수 있기 때문이다. 이 밖에도, 글로벌주의의 불완전성은 이미 일부 전문인사가 귀국발전의 소망을 갖게 했다. 장종모(張忠謀)는 텍사스 인스트루먼트(Texas Instruments)의 고위 관리직이었으며, 중국타이완으로 돌아와 새로운 국유반도체 기업을 운영했는데, 그는 텍사스 인스트루먼트에서 "황인종 유리천장(yellow glass ceiling)"에 부딪혔기 때문이라고 밝혔다. 유니레버(Unilever)의 서아프리카 고위관리도 "흑인종 유리천장(black glass ceiling)"을 이야기 한적 있다. 산업정책은 민족주의 경향을 내재적으로 갖고 있는데, 정부의 역할은 생산형의 민족주의를 배양하는 것이다.

참고문헌

Amsden, A. H. and Suzumura, K. 2001. "An Interview with Miyohei Shinohara: Nonconformism in Japanese Economic Thought," *Journal of the Japanese and International Economies* 15: 341-360.

아모아코[5]

린이푸와 몽가의 논문은 기술혁신, 산업업그레이드와 다양화 및 기반시설과 제도의 개선의 지속성장에 대한 중요성을 강조하였다. 그들은 시장메커니즘이 자원의 효과적 배분에서 아주 중요하지만, 여전히 기업이 정보, 협조와 외부성의 문제를 극복하게 하기에는 부족해서, 이들 문제는 종종 개발도상국의 기술혁신, 산업업그레이드와 다양화 및 기반시설과 제도의 개선을 방해해, 이들 국가경제의 지속성장을 방해할 수 있다고 지적했다. 저자는 역사적 증거가 밝히기를, 거의 모든 성공한 국가(즉 산업화 국가와 최근 동아시아의 성공사례)에서, 정부가 모두 적극적이고 능동적인 역할을 발휘했고, 계속 발휘하고 있어, 기업이 이들 난제를 극복하게 돕는다고 지적했다. 그들은 같은 원인으로 인해, 거의 모든

---

5) 아모아코 (K. Y. Amoako) 는 가나 아크라에 위치한 아프리카 경제전환 연구센터 (ACET) 의 창시자 겸 총재이다.

개발도상국의 정부도 경제에 개입을 시도했지만, 대부분은 모두 실패했다고 진일보하게 지적했다. 논문의 중심논점이 설명하고자 한 것은, 이들 국가의 실패는 정부의 경제개입 조치가 그 경제 기존의 비교우위를 위배했기 때문인데, 이것은 그들이 상대적 요소부존 구조(특히 자본과 노동력)와 부합하지 않는 상품을 발전시키려 했던 것을 의미한다. 이 문제를 해결하기 위해, 그들은 하나의 방안을 제기했는데, 개발도상국 정책입안자들이 이 방안에 따라 산업이나 상품을 선택하고, 조치를 채택해 이들 상품이나 산업의 발전을 촉진하고 추진할 수 있게 했다.

저자는 개발도상국이 수출을 다양화게 하려면, 정부는 "무역상품과 서비스 목록을 확정해야 한다고 주장했다. 이들 상품과 서비스는 다음 조건을 만족해야 한다: 본국과 유사한 요소부존구조를 갖고, 1인당 평균 소득이 본국보다 100% 높은 고속성장 국가 중에서, 이들 상품과 서비스 생산이 이미 20년을 넘었다", 그 다음 이들 구속적 제약조건을 제거하거나 필요한 조치를 채택해 수출의 발전을 촉진하는데, 외국인 직접투자 유치를 포함한다. 동시에, 정부는 국내기업이 성공적으로 발견한 업종이나 상품을 적극적으로 찾아 적당한 지원을 제공해야 한다. 이 글은 정부가 제공할 수 있는 각종 지원이나 편리한 조건의 예를 제시했다.

전반적으로, 나는 이 제안이 수출 다양화와 수출업그레이드에 열중한 정부에 있어서는, 아주 실용적이고 유용한 지침이라고 생각한다. 이 논문은 실무적인 태도로, 산업화 과정에서 정부의 역할을 주시했으며, 이는 환영받을 만하다; 특히 이 논문이 세계은행에서 나왔는데, 세계은행은 1980년대와 90년대의 대부분의 시간 동안 산업화 과정에서 정부의 어떠한 긍정적이거나 적극적 역할을 부정하고, 자유화와 사유화 계획을 실행해, 이 관점을 지지했다. 최근, 동아시아 국가의 (예로 한국, 중국타이완, 싱가포르와 중국홍콩) 탁월한 경제성과를(그 중에서 한국, 중국타이완, 싱가포르 관련부문은 적극적인 산업정책을 신봉)본 후, 세계은행은 부득이하게 그 입장을 수정하고, 동아시아 기적을 연구하기 시작했다(세계은행, 1993). 우리는 린이푸와 몽가의 이 논문이 세계은행이 실용주의의 길을 따라 진일보 전진하는데 도움이 되기를 희망한다. 바로 그들이 로드릭(Rodrik(2009))의 관점을 인용하여 서술한 것과 같이: "······ 개발도상국의 정부가 맞춤형 성장촉진의 역할을 포기하라고 건의하기보다는 '왜 일부 국가는 성공하고 기타 대다수 국가는 실패했는지를 더 깊이 이해하는 것이 아주 중요해 보인다; 만약 이를 할 수 있다면, 우리는 정부에 더 좋은 제안을 제공할 수 있을 것이며, 그들이 정확한 일을 해, 잘못을 피하게 할 수 있다'."

나는 저자의 관점에 완전히 동의하고, 정부가 산업화를 촉진하는 데에 적극적 역할이 있다고 생각하며, 그들의 제안에 찬사를 보내지만, 그들이 비교우위(즉 상대적 요소 비율)를 사용하여 다양화와 산업업그레이드의 성패사례를 평가할 때, 융통성을 좀 더 많이 볼 수 있기를 여전히 희망한다. 내가 보기에, 헥셔 - 오린 - 새뮤엘슨(HOS)의 틀로 산업정책을 설명하는 것은 너무 이론에 국한되었고, 이들 국가의 경험도 충분한 설명이 없는 것 같다.

이론적으로 이야기하면, 한 국가가 집중 생산한 상품에 필요한 요소는 그 국가에 상대적으로 풍족한 요소여야 하는데, 이 관점은 아주 일리가 있다. 하지만 이러한 관점은 하나의 전제 가설이 있는데, 바로 국제와 국내에 모두 경쟁적 시장이 존재하는 것이지만, 현실은 이와 같지 않을 수 있다. 이밖에 이 관점도 정태적이라서, 수요, 가격, 기술변혁 전망 및 세계시장에서 상품에 대한 학습전망을 고려하지 않았다. 상품 B에 비해, 한 국가가 오늘날 그 요소부존을 이용한 A 생산이 더 싼 것은, 중기에서 장기까지 여전히 B가 아닌 A 생산이 최적임을 의미하지는 않으며, 사실상 B는 더 많은 수요 및 더 좋은 기술변혁과 학습전망을 가질 수 있다. 실로, 오늘날 A 생산이 국민소득을 올릴 수 있어 저축을 증가시키고 그 국가의 자본량을 커지게 한다. 하지만 그 국가의 목표가 산업화 차원에서 다른 국가를 "추월(catch up)"하는 것이라면, 어떤 시점에서 부득이하게 기존의 비교우위를 위배하여, 현재의 생산구조를 벗어나, 비한계 단계(non-marginal steps)를 채택해 기존의 생산구조를(즉 B생산을 시도) 이탈할 것이다. 물론 이는 더 위험한 움직임이지만, 고위험이 고수익을 의미할 것이다. 따라서 나에게는 정책문제는 이중적이다: (1)임의 특정시간에, 산업정책 중에서 A와 B상품이 어떤 조합을 진행하고, 어떻게 시간에 따라 변화해야 하는가? (2)하나의 특정상품 조합을 선정하는데, 특히 B상품을 포함할 때, 어떤 정책보완이 최대한도로 위험을 감소시키고 성공의 기회를 높일 수 있는가? 두 번째 질문은 기술과 기술능력의 획득문제를 표면화한다. HOS이론은 "모든 생산자가 같은 기술을 얻어 효율적으로 사용할 수 있다" 는 가설을 사용해 이 문제를 회피했다; 린이푸와 몽가는 이 방법을 계승한 것 같다. 이 가설은 아주 분명히 문제가 된다. 사실상 내가 보기에는, 산업정책이 해결해야 하는 핵심 발전문제는 바로 기술의 획득 가능성, 효율적 이용, 흡수와 개조이다 (Lall, 2003, 2004). 이 도전에 대응하기 위해, 상대자본 노동비율로 결정되는 기존의 비교우위만을 주시해서는 안 된다.

사실상, 한 국가가 산업업그레이드와 다양화를 실현하는 방법이, "산업단계(industrial ladder)"에서 자신의 앞에 있으며, 노동력 비용상승으로 인해 경쟁력이 하락한 국가의 시장에만 진입하려고 하는 것뿐이라면, 각국의 산업순위는 시간에 따라 기본적으로 불변함을 의미한다. 이럴 경우 거의 어떤 "추월(catch up)"의 사례도 없게 되는데, 미국과 독일이 산업화 측면에서 영국을 추월할 수 없었고, 일본이 자동차 수출분야에서 주도적 지위를 차지하는 국가가 될 수 없었고, 한국도 최고효율의 강철 생산국이 될 수 없었을 것이다. 내가 일본과 동아시아 국가를 연구한 경험은, 정부가 A와 B 두 가지 다른 업종을 동시에 촉진하여, 양자의 조합이 시간의 추이에 따라 끊임없이 변화했고, 지원정책은 대량의 재정, 환율, 무역과 신용도구를 포함한 것에 불과한 점이었다. 그들은 또한 강력한 제도를 구축하여, 적극적인 기술정책과 외국인 직접투자 정책을

신봉하면서, 적극적으로 노동기능을 개발해서, 적극적으로 산업재건
(Industrial Restructuring)에 참여했다. 이렇게 많은 정부개입 수단의 작
용 아래, 기업이 비교우위에 의존해 발전하게 하는 경쟁적 시장이 여전
히 유효한지는(Johnson, 1982; Amsden, 1989; Wade, 1990; Evans, 1995;
세계은행, 1993; Chang, 2006), 누구도 확정할 수 없다. 또한, 비록 아프
리카의 많은 산업이 생산한 것은 방직품과 기타 간단한 소비품이었고,
이들 산업이 상대적 요소부존 구조에 기반한 비교우위에 부합한 것이었
다 해도, 아프리카의 수입대체 시기에 구축한 많은 산업은 모두 실패했
음을 지적해야 할 것이다.

받아들일 만한 경험적 교훈은, 비교우위 준수가 아주 중요하다는 것
이다. 하지만 이는 하나의 전체정책, 제도, 능력과 방식(arrangements)
중의 하나일 뿐인데, 이 전체시스템은 산업정책 성공의 기회를 증가시
키도록 통일된 부서가 있어야 한다. 또한 한 국가에 있어서, 산업추월
속도를 더 빠르게 하려면, 어느 정도에서 현재의 비교우위를 위배해, 정
성껏 선택한 하나의 작은 "하이테크(high-tech)"상품 부분집합(subset of
product)의 발전(그 국가 현재의 생산구조에 근거해서 보면)을 촉진할
필요가 있다. 이는 하나의 능력 있고, 조직적이며, 규율이 있으며, 개인
부문과 밀접한 합작을 준비하면서, 엄격한 성과표준을 따르는 정부가
필요하다.

이상은 개별적이고 미세한 문제에 대해 토론한 것에 불과하다. 바로
이미 지적한 것처럼, 나는 국가가 산업정책을 제정하기 위한 실제에 부
합하는 공정하고 합리적인 방식을 제공하는데 확실히 본문이 귀중한 공
헌을 했다고 생각한다. 아프리카 경제전환 센터(ACET)에서, 우리가 연
구한 것은 바로 어떻게 합리적인 산업정책(및 기타 정책)을 이용해 아프
리카 국가의 경제전환을 실현할 것인가 였다. 따라서 우리는 린이푸와
몽가의 공헌을 환영하는 바이다.

참고문헌

Amsden, A. H. 1989. *Asia's Next Giant*. New York and Oxford: Oxford University Press.

Chang, H. -J. 2006. *The East Asian Development Experience: The Miracle, the Crisis and the Future*. London: Zed Books, and Penang, Malaysia: Third World Network.

Evans, P. 1995. *Embedded Autonomy - States and Industrial Transformation*. Princeton, NJ: Princeton University Press.

Johnson, C. 1982. *MITI and the Japanese Miracle: The Growth of Industrial Policy, 1925-1975*. Stanford, CA: Stanford University Press.

Lall, S. 2004. "Selective Industrial and Trade Policies in Developing Countries: Theoretical and Empirical Issues," In C. Soludo, O. Ogbu and Ha-Joon Chang (eds.), *The Politics of Trade and Industrial Policy in Africa-Forced Consensus?* Trenton, NJ and Asmara, Eritrea: Africa World Press, Inc.

Lall, S. 2003. "Reinventing Industrial Strategy: The Role of Government Policy in Building Industrial Competitiveness," Paper prepared for the Intergovernmental Group on Monetary Affairs and Development (G-24).

Rodrik, D. 2009. "Industrial Policy: Don't Ask Why, Ask How," *Middle East Development Journal* 1(1): 1-29.

Wade, R. 1990. *Governing the Market*. Princeton, NJ: Princeton University Press.

World Bank. 1993. *The East Asian Miracle: Economic Growth and Public Policy*. New York: Oxford University Press.

하워드 팩[6]

 린이푸와 몽가는 이러한 흥미로운 논문에서 많은 양의 문제를 토론했다. 그들은 적극적인 정책으로 산업화 정도가 가장 낮은 경제체의 제조업 발전을 자극할 필요가 있는지 여부를 재고해야 하는데, 특히 사하라 사막 이남의 아프리카 지역에서, 제조업의 GDP 비중이 상대적으로 비교적 낮았지만, 소규모의 제조업이 거의 없었음을 정확히 지적했다. 주목할 만한 점은 아랍국가의 경제에서도 같았다는 것이다(Noland and Pack, 2007). 인구와 노동력이 증가하고 있어, 새로운 일자리 원천을 찾아야 하는데, 이 상황에서, 이 문제는 아주 중요해 보인다. 이 논문의 주요공헌은 다음의 관점을 재표명한 것인데: 한 국가는 경제가 더 고도의 단계로 전환하게 하려면, 그 발전과정에서 반드시 비교우위를 준수해야 한다. 이 관점은 린이푸가 마셜강좌에서 적절하게 제기한 적이 있다. 본문의 새로운 의미는 성공한 산업을 선별하는 방법을 제시한데 있고, 이 방법은 동아시아 경험의 영향을 깊이 받은 것 같다. 그 설명이 너무 노골적일 수 있지만, 이는 개발도상국이 본국보다 선진적이지만 자신보다 너무 많이 선진적이지는 않은 국가의 일부 산업을 고찰할 것을 제안했다 - 예로 한국과 중국타이완이 일본의 산업구조를 목표로 했는데, 이는 일본이 "단지"그들보다 세 배 부유했기 때문이다.

 이 방법은 문제가 있다. 먼저, 이 부국의 경제구조는 본국에 모두 최적이 아닐 수 있고, 아마도 자체가 왜곡된 정책의 결과일 것이다. 1868년에서 1941년 사이에, 일본의 일부 산업발전은 강대한 군사 잠재력을 발전시키려는 절박한 심정을 반영했는데, 이는 확실히 일본이 1905년의 러일전쟁에서 전함을 배치하도록 했다. 일본의 야금능력(부분적으로 1950년 후 일본의 산업발전을 반영)은 1930년대 개발된 기능의 기반에

---

6) 하워드팩(Howard Pack)은 펜실베니아대학 와튼스쿨 비즈니스와 공공정책 교수이다.

서 구축돼, 이 능력이 2차 세계대전 초기 일본의 승리에 공헌했다. 이와 같이 1920년대와 30년대에, 소련은 중공업을 강조했고, 강대한 군사능력 을 구축하려고 했다; 하지만 이것도 산업성공에서 하나의 경로로 간주 되었다. 1950년대 초 인도는 소련도로를 모방했고; 소련도로는 일부 인 도인에게 깊이 영향을 줬는데, 예를 들면 그시기 계획위원회 의장인 마 할라노비스(Mahalanobis)이다. 인도는 린이푸와 몽가의 관점을 준수해 노동집약형 산업을 발전시키지 않았지만, 인도의 경험(이 경험은 수입 대체로 산업화를 실현하고자 시도한 국가에서 복제된 적이 있다)은 "선 진"국가를 모방하는 위험을 확실히 밝혔고; 국민이 엄격한 경제이성을 포기하도록 유인해, 기술적으로 선진적 자본집약형 업종을 추구할 수 있는데 그 예로는 1950~60년대의 철강과 현재의 하이테크(high-tech) 업 종이 있다. 일단 모방의 길을 가게 되면, 기술관리들은 지도자의 행보를 멈출 수 없을 것이다. 한국 경제학자들은 이미 우리에게 1970년대와 80 년대 한국 중공업과 화학공업 프로젝트 발전에 지불한 엄청난 대가를 보여줬고, 또한 과도기 비용이 아주 커서 보호조치가 밀 - 바스테이블(Mill-Bastable)검증을 만족시킬 수 없게 되었음을 우리에게 알려줬다(Yoo, 1990).

이밖에 이들 국가의 산업정책은 경제성장에 유리한 거시경제 틀에서 운행되는 것인데, 다음을 포함한다(세계은행, 1993):

• 40년 동안 고 저축률과 투자율을 지속하여, 자본노동비율의 고속성 장을 야기했다;

• 교육이 신속하게 성장(연간 평가)해, 과학과 수학교육이 비교적 큰 성취를 이뤄(국제시험 성적으로 평가), 이공과 공학류 고등교육의 입학 숫자가 지속적으로 성장했다;

• 기반시설이 큰 폭으로 확장됐는데, 운송, 항구와 도로와 같이 하나 의 업종 혹은 일부 업종에 맞춰 편향되지 않은 기반시설을 포함한다;

• 세계각지에서 온 기술이전에 대한 중시: 기술허가의 형식이나 외국

인 직접투자, 외국고문 및 일부 상황에서는 역공학(reverse engineering)을 채택할 수 있다;

• 수출성장을 기업에 지속적 원조를 제공하는 필요조건으로 간주해, 수출상황으로 어떤 기업이 정부계획에 혜택을 볼 수 있는지 확정한다. 이는 기업이 생산율을 제고하고 더 선진적인 기술을 수입하도록 강제한다. 하지만 수출성장은 여전히 다음 거시정책의 영향을 받는다: 국내의 도입된 기술에 대한 흡수제한, 상대적으로 고정된 실질환율(이는 잠재적인 수출회사가 잠재수익을 계산할 때 환율파동을 걱정할 필요가 없게 한다). 이들 거시적 요소는 각 부문에 대한 영향이 일치하며, 각 부문 간에 차이는 있을 수 없다. 수출촉진 계획실시를 책임진 정부부문은 기업으로부터 정치적 압력을 받지 않을 것인데, 기업은 세밀한 감시에 직면하는 동시에, 이 문제에 대량의 정보를 제공하게 되었다.

자신의 산업기반 확대가 필요한 대다수 국가에 있어서 이러한 정책은 모방이 어렵다.

다른 문제도 출현했다. 예를 들면, 야마무라(Yamamura(1986))(1950년대 초기에 일본산업 정책에 관한 하나의 상세한 연구 중에서)가 통산성이 미국의 잠재경쟁 상대를 확정하는데 사용한 표준을 찾았다. 장려를 받은 상품은 고소득 탄력성을 갖고 있고(이런 경우, 일본이 별도로 증가시킨 공급량은 최초의 국제가격을 낮출 수 없다), 또한 시장이 커야만 규모경제를 실현할 수 있다. 이 정책을 시행하기 위해, 일본정부는: (1)이율보조금 제공; (2)관세를 통한 국내시장 보호; (3)현지의 새로운 경쟁상대 진입을 제한하거나 배제하여, 수혜기업이 자신의 규모경제 실현능력을 상실하지 않도록 한다; (4)촉진된 부문에서 외국인 직접투자 금지; (5)현지의 잠재적 경쟁상대가 현지 금융기구에서 차입하는 것을 저지해, 기업의 규모경제가 손실을 입는 것을 피한다. 한국과 중국타이완, 즉 두 국가가 성공한 산업정책을 채택한 것으로 생각되는 또 다른 두 개의 모범국가와 지역은, 모든 부분이 아니며, 그 중에서 부분적 조치를 실시한 것뿐이다. 분명히, 이는 실시하기 아주 어려운 정책이고, 완전한 정책계획은 간단하게 부유한 국가를 본받는 것보다 훨씬 복잡하다. 이 계획은 어떤 국가에서도 모두 실시가 어려운데, 특히 산업화 정도가 가장 낮은 국가들은 보통 교육기반이 좋지 않고, 정부 합법성이 제한적이고 부패가 보편적이다.

일본이 정책을 실시하기 시작했을 때, 초점을 맞춘 것은 안정적인 상품이었는데, 이들 상품의 특징은 변화가 느려서, 오늘날에는 이러한 업종이 거의 없다. 알아둬야 할 것은, 심지어 저렴한 의류와 신발까지도 모두 스타일의 빠른 전환을 진행하고 있는데, 이는 성공적 기업이 참여해 공급업체 최신유행과 품질표준의 국제공급 사슬을 따라잡을 수 있도록 요구한다. 이밖에 현재에도, 개별 부문을 육성하고자 하는 관리가 어떻게 상품을 선택할지는 여전히 분명하지 않다. 국제무역 통계 데이터에서, "신발"품목을 찾을 수 없고, 찾을 수 있는 것이 50여종의 상품이었는데, 이것들은 다른 기술을 채택해, 다른 생산과 마케팅기능이 필요했다. 하나의 산업부문의 정부직원 중에 이러한 선택을 할 수 있으면서, 사회비용 - 수익분석을 진행할 수 있는 사람이 몇 명이나 있을 것인가? 이밖에 상품선택은 기타 부문의 가격과 비용구조 및 본 업종의 가격과 비용구조의 국제 전망을 아주 잘 이해할 필요가 있다. 린이푸와 몽가는 구조전환을 촉진을 희망하는 정부가 해결해야 하는 문제는, 즉 "정보, 협조와 외부성문제인데, 이는 산업업그레이드와 다양화의 내재요구"라고 정확히 지적했다. 카말사기(Kamal Saggi)와 나(2006)는 우리의 산업정책 문헌에 관한 종합서술에 근거해, 이들 문제를 처리하는데 필요한 부분적 지식을 열거했는데 다음을 포함한다:

• 어떤 기업과 업종이 지식 스필오버를(Knowledge Spillovers) 발생시키는가

• 어떤 기업과 업종이 동태 규모경제 덕을 보는가 - 정확하고 구체적인 경로는 무엇인가와 각 학습단계의 비용열세는 얼마나 있는가

- 어떤 부문이 장기적 비교우위가 있는가
- 각 기업과 부문의 규모경제의 크기는, 이들 지식이 투자협조에 유리하다
- 각 기업 자체보다 그들의 잠재적 경쟁력을 이해할 능력이 더 있다
- 자본시장 실패의 성질과 정도
- 업종 간 스필오버 효과(inter-industry spillover effect)의 크기와 방향
- 기타 기업이나 자신의 경험에서 얻은 학습의 상대량
- 선 진입자가 잠재적 진입자에게 가져다 주는 이점의 크기
- 기업 학습능력의 이질성 정도
- 생산비용을 인하하려 시도하는 기업이 비교적 높은 명예를 얻도록 동시에 그 상품의 품질을 높이려고 노력하기 시작할지 여부
- 외국인 직접투자나 국제무역이 협조문제를 해결하는 것에 대한 잠재적 영향은, 다음 문제에 관한 상세한 지식을 포함하는데: 수많은 중간상품 중에서 어떤 것이 무역상품인가이다.
- 어떤 기업이 새로운 지식을 창출하고 더 좋은 생산 방법을 발견할 수 있을지 예측
- 외국인 직접투자의 스필오버 효과 및 외국인이 국내 중간상품을 구매 가능 강도

이것은 분명히 막중한 임무여서, 실현 가능성이 크지 않은데, 정부가 몇 개의 큰 국제자문회사를 초빙한다 해도, 직원들 중 많은 박사와 경영관리 석사가 있다 해도 그들은 여전히 그 계획을 실시할 수 없을 것이다. 게다가 공무원의 교육정도와 임금수준이 그렇게 높지 않고, 장악하고 있는 자원도 그렇게 많지 않은 정부는 더 실행할 수 없다. 이것이 정확하다면, 정부는 반드시 하나의 대체방법을 찾아내야 한다. 이것이 린이푸와 몽가의 다음 견해가 정확하지 않다는 것을 의미하지는 않는다: 그들은 정부가 하드웨어 기반시설(예로 도로), 소프트웨어 기반시설(예로 법률시스템) 및 상업에 유리한 환경구축에서 적극적 역할이 있다고

주장했다. 하지만 거의 모든 산업화 정도가 가장 낮은 국가에게는, 이들
중요한 요구가 아마도 그 정부의 능력(과 재력)을 소진할 가능성이 높다.

참고문헌

Noland, Marcus and Pack, Howard. 2007. *The Arab Economies in a Changing World*. Washington, DC: The Peterson Institute for International Economics.

Pack, Howard and Saggi, Kamal. 2006. "Is There a Case for Industrial Policy? A Critical Survey," *World Bank Research Observer*, Fall.

World Bank. 1993. *The East Asian Miracle: Economic Growth and Public Policy*. New York: Oxford University Press.

Yamamura, Kozo. 1986. "Caveat Emptor: The Industrial Policy of Japan," In Paul R. Krugman (ed.), *Strategic Trade Policy and the New International Economics*. Cambridge, MA: MIT Press.

Yoo, Jung-Ho. 1990. "The Industrial Policy of the 1970s and the Evolution of the Manufacturing Sector." Working Paper No.9017. Seoul: Korea Development Institute.

임원혁[7]

발전은 증진된 인적자본과 신지식 간의 협동작용의 결과로 이해될 수 있는데, 물질자본과 사회자본의 상호보완적 투자와 관련이 있다. 정부가 직면한 근본적 정책도전은 비정부 개체 및 시장과 합작하여, 혁신과 협조의 외부성 문제를 해결하는 동시에 정부의 부정적인 외부성을 최저로 줄이는 것이다. 산업혁명 이후, 혁신과 협조의 도전에 효과적으로 대응한 국가는 모두 성공을 이뤘다. 관건은, 국가가 자기 발전과정에 대한 통제력을 유지하고, 자신이 자체가치를 상승시키는 능력, 외부충격에 대응하는 능력을 적극 발전시켜야 하는데, 국가가 적극적으로 외부세계를

[7] 임원혁은 한국발전연구원 국제발전연구센터 정책연구주임이다.

학습하고, 능동적으로 외부세계와 교류하고 합작할 때에도 이렇게 해야 한다는데 있다. 경험과 성과 간에 하나의 피드백 메커니즘이 존재하는데, 성공한 경험은 이 메커니즘의 강화작용아래, 시간의 추이에 따른 거대한 변화를 가져올 수 있다(Lim, 2011).

개발도상국은 통상 초기상품을 수출하거나, 산업화 과정을 시작할 때, 의류 등의 노동집약형 산업 가치사슬의 조립과 생산부문(production segment)에 있었다. 절대다수 국가가 가치사슬을 따라 위로 이동하여 부가가치가 더 높은 부분이나(예로 상품설계) 부문(예로 기계와 설비)으로 도달하지 못한 이유는 두 가지가 있다. 이 국가들이 기술교육, 연구개발과 기반시설 발전의 외부성 문제를 해결하는 것을 소홀히 했거나, 인력기능 축적과 규모경제가 부족한 상황에서 서둘러 복잡한 산업으로 상승했기 때문이다. 국가가 그들의 비교우위를 상승시키려 계획할 때, 요소부존 구조와 정부, 개인부문 간의 긴밀한 협상에 기반한 국제기준이 정보와 인센티브 문제를 해결하는 관건이다.

발전사와 경제학 이론을 감안해, 린이푸와 몽가는 개발도상국에게 실제에 부합하는 제안을 제공했다. 개발도상국은 일반적으로 전망 있는 부문선별과 구조전환을 촉진하는 도전에 직면할 수 있다. 그들은 성공한 개발도상국은 일반적으로 모두 그들과 유사한 부존구조를 가졌지만, 발전수준이 본국을 너무 많이 앞서지 않은 국가의 성숙산업을 목표로 선택한다고 지적했다. 구체적으로, 그들은 개발도상국의 정부는 "본국과 유사한 부존구조를 갖고, 1인당 평균소득이 본국보다 약 100% 높은(구매력 평가로 측정) 고속성장 국가가, 20년 동안 생산한 무역상품과 서비스에 중점을 두고 주시해야 하는 동시에 기타 부문의 성공경험도 면밀하게 주의해야 한다"고 제언했다. 그들은 또한 정부가 제약제거, 테스트지원, 선도기업에 직접 인센티브 제공 등 방식으로, 개인기업의 실험, 자기발견과 발전을 장려하기를 제안했다.

이 일련의 정책제안은 비교우위, 자기발견과 맞춤형 성장촉진형 정부의 사상에 기반했는데, 이는 개발도상국 정책입안자들이 발전 전기에 "후발우위(advantage of backwardness)"를 이용하도록 도울 것이다. 하지만, "중등소득함정(the middle-income trap)"을 뛰어넘기 위해, 추월형 경제는 어쩔 수 없이 커다란 전략적 위험을 감행하면서, 비성숙한 산업에 뛰어 들어 선진경제와 경쟁할 수 밖에 없고; 이와 동시에, 이들 비교우위 준수형 국가도 더 많은 노력을 해야 할 것이다. 이는 간단한 임무가 아니다. 사실상, 상품공간에서 이동 시, 각국은 모두 그들이 생산하고 있는 상품과 비교적 유사한 상품을 연구 개발하는 경향이 있지만, 상품공간의 핵심에 도달하려 하면, "반드시 경험상 아주 보기 드문 거리를 지나야 한다", 이것은 아마 빈곤국가의 소득수준이 왜 부유국가로 수렴되지 않았는가를 설명할 수 있을 것이다(Hidalgo et al., 2007:482).

한국의 사례는 이 분야에서 하나의 예가 될 수 있다. 한국이 잠재적 비교우위를 이용해 1960년대에 성숙하고, 노동집약형인 하류산업을 발전시킨 것은, 린이푸와 몽가가 제기한 제안에 아주 부합했다. 하지만, 한국은 소득수준과 인력기능 수준의 상승이 경제를 고부가가치 업종으로 끌어들이는 것을 기다리고 있지만은 않았다. 반대로, 한국은 무엇을 해야만 국내가치 사슬의 부족한 연결고리를(missing links) 보충할지와, 무엇을 해야만 품질등급을 제고할지 체계적으로 연구했고, 시작부터 국제경쟁력을 목표로 삼아, 의식적이고도 일관된 노력을 했다. 한국은 기술획득, 인력자원 발전, 글로벌 시장을 겨냥한 최적규모 공장을 구축하는 등의 방식을 통해, 외국 상류산업에서 수입한 중간상품을 국산화하려 모색했다. 예를 들면, 화공방직 가치사슬에서, 체계적으로 산업사슬을 뒤로 확장했는데, 방직제품 수출에서 합성섬유의 생산에 이르러, 또다시 기본적인 석유화공 상품의 개발에 이르렀다.

한국이 1973년 중공업과 화공산업의 발전을 촉진하기로 결정했을 때, 경공업 영역에서 이미 강대하면서도 점차 분명해지고 있는 비교우위가 있었다. 한국은 자신을 자연부존이 자기와 유사한 일본 같은 선진공업화 국가와 비교했는데, 자신이 기계와 설비 업종에서 잠재적 비교우위를 갖고 있음을 인식해, 이 목표에 도달하기 위해 복잡한 업종에 필요한 기술자와 엔지니어 부족과 같은 장애를 제거하기 시작하였다. 정부는 하나의 계획을 만들었는데, 기술자를 1969년의 24만 명에서 1981년의 170만 명까지 증가시켰고, 가난하지만 천부적 자질이 있는 젊은 학생들을 위해 전액 장학금을 제공하는 기계기술자 학교를 설립했다. 국립대학에도 부근의 산업센터와 관련된 하나의 전문공학 분야에 주목할 것을 호소했다.

1970년대 상류산업을 추진시킬 때, 한국은 반드시 전략적 선택을 해야 했다. 국내의 작은 시장을 위해 중화학 공업 산업을 안정적으로 발전시켜, 차선의 규모와 뿌리깊은 보호주의로 야기된 저효율의 위험을 감당할 수 있었다. 또한 글로벌시장을 향해 이들 산업을 발전시켜, 생산능력 이용부족과 재정곤란의 위험을 감당할 수 있었다. 한국이 후자를 선택한 것은 상당히 큰 위험이 있었지만, 규모경제와 상호보완적 투자가 야기한 재정부담이 감당할 수 없어지기 전에, 필요한 각종 노동기능을 개발해 낼 수 있어야만, 한국은 효율적인 고속성장의 길을 갈 수 있었기 때문이다. 자본집약형 산업을 구축 시, 시간을 가능한 단축하고 규모경제를 이용하기 위하여, 정부는 성공한 기록을 가진 국가기업과 가족기업(chaebol) 그룹을 선택해, 그들에 의지하여 자본집약형 산업을 발전시키기로 결정했다. 한국은, 수요가 유효경쟁을 지지할 만큼 커질 때까지 규모경제는 이들 업종의 시장유형은 통제를 받는 독점이나 과두독점(monopoly or oligopoly)일 것을 요구한다고 생각했다(Lim, 2011).

한국의 사례는 하나의 예이지만, 이는 산업업그레이드에 필요한 조건이 비교우위, 자기발견과 규모발전을 기반으로 하는 국제기준보다 훨씬 많다는 것을 밝혔다. 구조변천에서의 혁신과 외부성 협조문제는 공공부문과 개인부문의 전략적 모험이 필요하다.

참고문헌

Hidalgo, C., Klinger, A. B., Barabasi, A. -L. and Hausmann, R. 2007. "The Product Space Conditions the Development of Nations," *Science* 317: 482-487.

Lim, Wonhyuk. 2011. "Joint Discovery and Upgrading of Comparative Advantage: Lessons from Korea's Development Experience," In Shahrokh Fardoust, Yongbeom Kim and Claudia Sepulveda (eds.), *Postcrisis Growth and Development: A Development Agenda for the G-20*. Washington, DC: World Bank.

린이푸와 몽가의 답변

앰스덴, 텐딜카와 팩, 세 분의 교수 및 아모아코 박사와 임원혁 박사는 우리의 논문에 아주 견해 있는 평론을 했고, 우리는 이에 아주 감사드린다. 우리는 먼저 그들의 분석에서 보편적 의미가 있는 문제를 토론하고, 계속해서 각각의 평론에 답변할 것이다.

일반적 평론

• **범위와 정당성에 관해** 먼저 강조해야 할 것은, 의식적이든 아니든, 세계에서 각 국가가 모두 산업정책을 실시하고 있다. 사람들은 통상 중국, 싱가포르, 프랑스와 브라질 등의 국가가 산업정책을 채택하고 있다고 생각하는데, 실제로는 영국, 독일, 칠레와 미국 등의 국가도 이와 같다. 당신이 산업정책의 다음 정의에 동의한다면 이 점도 이상하지 않다: 산업정책은 대체로 특정산업이 진행하고 있는 활동이나 투자를 장려하려는 목적이 있는 정부정책과 법률규칙을 가리킨다. 결국, 경제발전과 지속성장은 지속적 산업업그레이드와 기술 업그레이드의 결과인데, 산업업그레이드와 기술업그레이드 과정은 공공부문과 개인부문의 합작이 필요하다. 산업정책의 이론근거는 상당히 강하고, 적어도 애덤 스미스에서부터 시작되어 문헌에서 이에 대한 설명이 있었다. 애덤 스미스의

〈국부론〉에서 잘 알려지지 않은 제5편은 이 문제(그 안에서 그는 요소 부존과 기반시설 부존을 토론했다)를 토론했다; 알프레드 마셜은 외부성과 협조문제를 이해하는 하나의 분석 틀을 제시하였다.

오늘날, 새로운 흐름의 질의는 이러한 생각, 즉 산업(부문)정책과 경쟁정책은 모순되거나, 적어도 상호 대체품이라는 생각에 의존한다. 이들 논법은 텐덜카, 팩 교수와 아모아코 박사의 일부 평론에 내포되어 있다. 우리는 성장선별 및 맞춤형 성장촉진 틀(GIFF)에 기반한 산업정책이 실제로 경쟁을 촉진한다고 생각한다. 협조에 대한 편리를 제공하고 외부성 문제해결을 통해, 산업정책은 많은 국내외 기업이 그 국가의 잠재적 비교우위와 서로 부합하는 부문에 진입하게 돕고, 이것은 실제적 비교우위로 전환되며, 더 나아가 산업 내 경쟁을 강화시켜, 그 국가경제의 국제적인 경쟁력을 제고할 것이다(Lin and Chang, 2009). 이밖에, 아기옹 외 공저(Aghion et al. (2010))가 제시한 것과 같이, 경쟁이 불량 프로젝트를 없애서, 패자 선택의 위험을 낮추게 된다. 동시에, 기업은 자연스럽게 수평적 차별화를 진행해, 시장경쟁력이 증가하도록 시도할 수 있다. 이러한 상황에서, 업종 내 상품 시장경쟁이 더욱 치열할수록, 그 업종의 혁신성은 더욱 강해져, 경쟁력에 대한 촉진작용도 더욱 커진다.

• **규율과 실시에 관해** 모든 유형의 공공정책 집행은 모두 정치경제학적 어려움에 직면하게 되는데, 이는 모두 알고 있는 사실이다. 우리가 받은 의견 중에서 그 부분의 어려움을 강조했는데: 선진국가를 초월하려는 열정에 끌려서, 국가는 경제이성을 소홀히 하고 더 선진적인 부문을 추구할 수 있으며; 성공한 정책이 그 유효시한을 초과할 때까지 연장되는 것으로, 지대추구 활동을 위한 기회를 창출하게 된다. 이 일반적 의미에서의 관리문제들은 경제와 정치학 문헌연구에 의해 더욱더 확실해진다(Tollison and Congleton, 1995; Robinson and Torvik, 2005).

이 염려들은 합리적이지만, 전통적 산업정책에만 한정되어 있는데, 기업이 비교우위를 위배한 산업에 진입하는 것을 장려하기 때문이다.

이들 산업에서의 기업은 개방적 경쟁시장 안에서 자생능력을 갖추지 않은 것이다. 그들의 진입과 경영지속은 통상 대규모의 보조금과 보호에 의존하는데, 이는 지대추구와 부패를 위한 기회를 창출해, 정부가 개입을 포기하고, 왜곡을 중단하기 어렵게도 한다(Lin and Tan, 1999). GIFF는 분명히 다른 측면을 촉진하게 되는데: 경제의 잠재 비교우위에 부합하는 산업의 발전이다. 일단 기업의 진입장애와 경영장애가 제거되면, 기업은 자생능력을 갖게 되는 것이다. 정부가 선도기업에 제공하는 인센티브는 일시적이고 소규모인데, 정보 외부성만을 보상하기 위한 것이다. 이런 상황에서, 보편적 지대추구와 정부개입이 최초시간표를 초과하는 문제는 완화될 것이다.

구체적 의견

텐덜카 교수가 정부가 성장촉진과 성장을 위해 새로운 산업을 선별하는데 두 가지 역할 간의 차이를 평론했다. 그는 정부가 성장촉진 측면에서 중요한 역할이 있음을 받아들였지만, 성장선별 측면에서 정부의 역할을 파악하지 못했다. 구체적으로 남아시아의 상황을 이야기할 때, 그는 또한 "어떻게 과도하게 열정적인 정부를 통제해, 자신이 더 효과적으로 파악할 수 없는 정책을 선택하지 않게 할 것인가?"라고 질문했다.

우리는, 선별을 진행하지 않는다면, 정부가 적합한 맞춤형 성장촉진 조치를 확정하기 가 아주 어려울 것이라 믿는다. 산업업그레이드 촉진에 필요한 적합한 소프트웨어, 하드웨어 기반시설은 통상 특정산업에 맞춰진 것이다. 정부가 필요한 기반시설(맞춤형 성장촉진)을 결정하고 제공하는데 역할을 발휘하고자 하면, 정부관리는 어떤 특정산업에 이들 기반시설(선별)이 필요한지 반드시 판단하고 결정해야 한다. 따라서 이 두 가지 역할은 상호보완적이고, 어떤 때는 구분이 어렵기까지 하다. 이 밖에, 자원과 능력은 유한하기 때문에, 정부는 반드시 개입에 대한 우선순위 배열을 진행해야 하는데 - 이는 명시적이거나 암묵적으로 어떤 형식의 성장선별에 관련되어 있다.

정부가 과도하게 열정적인 문제는 남아시아에만 국한된 것이 아니라, 라틴아메리카, 아프리카, 아시아(심지어 1979년 이전의 중국까지)에서의 많은 국가 모두 열성적 국가 신드롬(zealous state syndrome)이 있었는데, 이들 국가의 정부는 성장촉진 방면에서 다소 과도했다. 이러한 위험이 실제 존재하지만, 이것이 외부성과 협조문제를 처리할 필요성을 말살하지는 않는다. 이는 우리가 분명하고, 투명하며 엄격한 표준을 설정해, 정부의 과도한 개입이나 경쟁력이 없는 산업을 지원하는 경향을 감소시켜야 함을 지적했을 뿐이다. 우리가 GIFF모델을 제공한 것은, 바로 정책결정자와 대중에게 산업정책을 실시하는 정확한 방법을 제안하고, 잘못된 방법을 변별해, 정부가 과도하게 열성적일 가능성을 낮추게 하는 것이다.

앰스덴교수는 중동에너지 지대에서 아시아의 제조업 회랑(corridor)에 이르기까지, 또 이른바 브릭스 경제체(브라질, 러시아, 인도와 중국)에 이르기까지, 이들 국가의 산업정책은 실제로 본문에서 묘사한 것보다 더 성공했다. 실로, 많은 OPEC국가가 에너지의 저주를 넘어서, 사람들이 칭찬할 만한 1인당 평균소득 수준에 도달했다. 하지만, 기타 자원이 풍부한 국가에 비해, 예를 들면 북유럽국가, 미국, 캐나다 혹은 오스트레일리아 같은 나라들 중의 대다수 국가는 자원 임대료를 사용해 자신의 구조전환을 촉진할 수 없었다.

우리는 만약 자원집약형 국가가 GIFF모델을 사용하여 구조전환을 지원한다면, 그들의 성과가 진일보하게 강화될 수 있음을 제기했다. 이는 그들이 자연자원에서 얻은 소득의 적당비율을 인적자본, 기반시설과 사회자본에 투자하고, 비자원 부문의 산업업그레이드와 발전을 촉진하는 측면에서 국내외 기업을 위한 인센티브를 제공하도록 요구할 것이다. 그들의 책략은 통상 하는 것처럼, 양호한 관리를 유지, 자연자원 소득을 국부펀드(sovereign funds)에 예치하고, 외국 주식시장에 투자해 상품가격 파동을 상쇄하는 것으로만 국한되지 않아야 한다.

앰스덴 교수도 마찬가지로 GIFF들이 인구성장 속도가 아주 빠르고, 토지가 없으며, 실업과 취업 부족현상이 심각하지만, 노동력 비용과 생산경험이 오히려 노동력 과잉인 경제체(예를 들면 인도)와 서로 경쟁할 수 없는 국가에 대한 적용성을 질의했다. 인구성장에 관해, 1960년대 경제비약 전의 아시아 경제체도 같은 상황에 직면했다. 가난한 국가의 많은 가정에 있어서는, 아이의 숫자가 양로보험 상황을 반영하고, 1인당 평균소득의 성장이 보편적으로 출산율을 낮추는데, 이는 보험수요가 감소했지만, 임금성장에 따라 아이를 양육하는 기회비용이 상승했기 때문이다. 동아시아 경제체는 계획출산(중국내륙과 다르게)이 없었지만, 유사한 인구성장률의 하락을 경험했다. 아프리카 정부는 각종 개입조치를 사용해 아동사망률을 감소시킨 것처럼, 어떻게 경제성장을 촉진할지 전력을 다해 관심을 기울여야 한다. 노동력 비용에 관해서는, 바로 앰스덴이 관찰한 것처럼, 특히 아프리카 국가에서 정규부문의 비용이 낮지 않을 수 있다. 하지만 비정규 부문에서, 노동력 비용은 아주 높을 수 없다. 이밖에 이들 국가가 이런 곤경을 벗어난 일종의 방식은, 모리셔스의 1970년대 실천을 준수했는데(Subramanian and Roy, 2003), 즉 경제특구 안에서 유연한 임금의 존재를 허가해, 경쟁력 있는 노동집약형의 새로운 산업의 발전을 촉진했다.

앰스덴 교수는 비즈니스 조직관리에서 경험의 중요성을 강조했는데, 이는 확실히 아주 중요하다. 잠재적 비교우위가 있는 산업발전 촉진을 통해, GIFF들은 더 많은 기업가가 경쟁적인 제조업 부문에 진입하도록 허가해서, 경험을 얻고 그 기업이 더 고급산업으로 업그레이드하게 할 것이다. 일본(토요타, 소니, 혼다), 한국(삼성, LG, 대우), 중국타이완(포모사FPCC), 중국홍콩(최고갑부 리카싱)의 많은 성공한 비즈니스 거물은 몇 명의 고용인만으로, 몇 천 달러 투자의 소기업으로 시작했다. 그들이 이런 어려움을 극복한 것은, 그 설립자가 모두 아주 천부적인 자질이 있는 선도자였기 때문이지만; 그들도 비즈니스 관리에서 경험을 얻었는데, 이는 지속적 성장에 유리한 환경에서 운영했기 때문이다.

동시에 그녀는 해외투자와 노동기술을 유인한 산업정책을 이용해 우리의 모델을 강화시킬 수 있다고도 제기했다. 우리는 이 견해에 동의한다. 역동적으로 성장한 국가에서는, 정부가 대외투자를 이용해 다음의 업무에 편리를 제공할 수 있다: (1)사양산업에서 운영되던 기업을 기타 유사한 부존구조를 가진 저소득 국가로 이전해, 수출기지로 삼는데, 그들의 저렴한 노동력에서 이득을 얻거나, 그 국내시장에 진입할 채널을 얻을 것이다; (2)국내기업은 기타 고소득 국가에서 관련부문의 기업을 인수해(acquisition) 그들의 기술, 관리경험과 시장채널을 획득한다; (3)(자원이 희소한 국가)국내기업은 자원이 풍부한 국가에서 자원을 얻는다.

아모아코 박사는 성공한 산업화가 항상 경쟁적 시장에 기반하는 것만은 아니어서, 아프리카 국가는 그들의 비교우위를 준수했지만, 모두 성공하지는 않았다고 지적했다. GIFF틀은 정부개입을 위한 하나의 이원화 전략을 제공하였다. 비교우위는 GIFF의 첫 번째 궤도일 뿐인데; 비교우위 준수는 산업정책 성공의 한 가지 필요조건이다. 하지만 충분조건은 아니다. 산업정책이 한 국가의 성장과 구조전환에 대해 공헌을 하게 하려면, 정부는 또한 선도자들에게 인센티브를 제공하고, 성장의 구속적 제약조건 제거를 도우며, 필요한 소프트웨어, 하드웨어 기반시설 투자협조 하는 것 같은 방법으로 맞춤형 성장촉진역할을 할 필요가 있다. 아프리카 국가가 그들의 비교우위를 준수했지만, 여전히 성공을 이루지 못했는데, 그 원인은 아마도 그들의 정부가 맞춤형 성장촉진 역할을 하지 않았기 때문일 것이다.

아모아코 박사는 우리의 이 논문이 비교우위를 가진 상품의 지원에 과도하게 관심을 가졌는데, 어떻게 기술능력을 얻고 학습하는지에는 너무 관심이 부족했다고 지적했다. 그는 GIFF법이 정태 비교우위를 촉진한다고 생각하는 것 같다. 사실은 바로 정반대이다. 우리의 틀은 새로운

산업으로 향하는 업그레이드와 다양화를 촉진하므로, 본질적으로는 동
태적이다. GIFF와 아모아코 박사 마음 속의 동태 비교우위 이론 간에는
주요한 차이가 있다. 후자는 일반적으로 기업이 한 국가의 미래에 비교
우위가 있는 업종에 진입하게 도우려 시도한다. 요소부존의 제약 때문
에, 이들 업종의 기업은 정부가 그들을 도와 협조를 진행하고 외부성에
대해 보상을 한다 해도, 경쟁적 시장에서 여전히 자생능력이 없다. 이와
반대로, GIFF의 목적은 기업이 잠재적 비교우위가 있는 산업에 진입하
도록 돕는 것이다. 이러한 상황에서, 일단 정부가 협조 서비스를 제공하
고 외부성에 대해 보상을 진행한다면, 기업은 자생능력을 갖게 되어, 보
조금이나 보호가 다시 필요하지 않을 것이다. 지적해야 할 것은, 아프리
카 국가가 잠재적 비교우위가 있는 산업에서 성공할 수 없다면, 그들은
비교우위가 없는 산업에서 성공할 확률도 아주 적다는 점이다.

　GIFF의 방법에 따라, 개발도상국은 잠재적 후발우위를 이용할 수 있
는데, 고소득 국가에 비해, 그들의 성장률은 더 높고, 산업구조, 소득수
준과 요소부존 구조의 상승속도도 더 빠를 수 있다. 일단 그들의 소득수
준과 요소부존 구조가 고소득 국가와 유사하면, 선진적 산업에서 비교
우위를 획득하여, 이는 그들이 고소득 국가와 직접 경쟁하고, 심지어 초
월할 수 있는 능력을 갖게 할 것이다. 따라서 아모아코 박사가 예언한 "한
국가가 산업업그레이드와 다양화를 실현하는 방법이 '산업단계(industrial
ladder)'에서 자신을 앞서 있고, 노동력 비용상승으로 인한 경쟁력이 떨어
지는 국가의 시장에만 진입하려 시도할 뿐이라면, 각국의 산업순위는
시간에 따라 기본적으로 불변한다는 것을 의미한다"는 것과 반대로, 후
발자에게는 이는 사실상 선진국을 추월할 수 있는 가장 빠른 길이다.

　팩 교수는 부유한 참조국의 산업을 목표로 삼은 다음, 본국의 비교우
위에 맞게 준수하는 이 방법은 문제가 있다고 생각했다. 그 이유는 두
가지가 있는데: 첫째, 부국의 경제구조는 왜곡된 정책의 결과일 수 있고;
둘째는 정책이 성공하게 하려면, 하나의 강력한 정책세트가(formidable

set of policies) 필요하고, 잠재적 상품선별만으로는 부족하다. 이 관점을 지지하기 위해, 그는 일본과 소련의 예(인도가 소련을 모방했지만 성공하지 못했다)를 제공했다. 이는 하나의 근거 있는 경고이다. 성공한 사례에서도, 산업정책은 하나의 영원히 순탄한 과정은 아니다. 산업정책은 정부의 시행착오 조치를 항상 포함하는데, 정부는 양호한 메커니즘과 채널을 설립하여, 실수에서 학습하고, 경제전략을 조정하며 잘못된 정책결정이 야기하는 잠재비용을 최소화해야 한다.

하지만 우리 틀의 제안 중에, 목표국가는 더 부유해야 하는 것 외에, 장기적인 고성장이 있어야 하며 또한 그 성공한 산업에서의 고소득과 생산율 증진이 최종적으로 임금을 상승시켜, 산업경쟁력을 저하시킬 수 있다. 그들이 성공적으로 수십 년의 고성장을 이뤘다면, 비교우위를 위배하는 전략을 채택했을 가능성은 크지 않다.

메이지 유신 이후의 일본은 줄곧 프로이센의 게르만국(German king-dom of Prussia)을 본보기로 삼았다. Maddison(2010)의 추정에 근거해, 1890년 독일의 1인당 평균소득은 2428달러였는데, 일본은 1012달러였다.[8] 일본의 1인당 평균소득은 독일의 42%에 불과했다. 따라서 일본의 전략과 GIFF에서 제안한 방법이 일치한다. 팩 교수의 1950년대와 60년대 통산성의 정책에 대한 요약은 듣기에 상당히 일리가 있지만, 일련의 통계숫자 배후의 이야기도 똑같이 GIFF의분석과 완전히 일치한다: 일본이 1950년, 1960년과 1965년의 1인당 평균소득이 각각 1921달러, 3986달러와 5934달러였는데, 같은 기간 미국의 이 숫자는 9561달러, 10961달러와 13419달러였고, 비율은 각각 20%, 36%와 44%였다. 1960년과 1965년의 숫자와 GIFF원리는 서로 일치했는데, 1950년의 데이터는 GIFF에서 제기한 정상표준보다 낮았을 것이다. 이는 아마도 당시 일본이 여전히

[8] 모든 이들 1인당 평균소득 추정치는 1990년 국제달러로 계산한 것이며, 데이터는 Maddison(2010)에서 나왔다.

전쟁으로부터 회복과정에 있었으며, 또한 그 인적자본, 소프트웨어, 하드웨어 기반시설은 1인당 평균소득이 밝힌 것보다 컸을 것이기 때문인데; 강력한 하나의 증거는 1930년대 일본의 1인당 평균소득이 이미 미국의 약 40%(예로, 1935년에 각각 2120달러와 5467달러였다)에 도달했던 것이다.

일본과 다르게, 인도가 50년대의 소련을 모델로 삼은 것은 잘못된 것이다. 이는 두 가지 원인이 있다. 첫째, 이 두 국가는 유사한 요소부존구조가 없었다: 소련은 자원이 풍부했는데 인도는 자원이 척박하였다. 둘째, 소련은 인도보다 훨씬 더 선진적이었다. Maddison의 통계에 근거하면, 소련은 1955년의 1인당 평균소득이 3313달러였는데, 인도는 676달러였다(소련의 20%에 불과했다). 따라서 GIFF는 참조국과 목표산업을 선택할 때, 후발국가는 약간은 실무적이어야 한다고 제안했다(심지어 약간은 겸손하기까지 해야 한다).

팩 교수는 세계무역의 형식도 상당이 급속한 변화를 경험했음을 관찰하였다. 수십 년 전에 비해, 현재는 상품과 산업이 안정적인 목표로 간주될 수 있는 것이 거의 없다. 그렇지만, 세계무역의 형식이 이미 다소 달라졌고, 게다가 상품의 개성화(customization) 문제가 존재한다 해도, 다른 발전단계에 있는 국가 간의 노동분업이 여전히 같다고 우리는 생각한다. 예를 들면 텔레비전이 흑백에서 컬러로 진화해 다시 현재의 평면에 이르렀는데, 주요생산국도 1950년대의 미국에서 1960년대에서 80년까지의 일본으로, 80년대에서 21세기까지 한국으로, 다시 오늘날의 중국으로 변화한 것이다. 현재의 텔레비전 시장에 진입하고자 하는 후발자는 노동집약형의 평면 텔레비전 조립생산에서 시작할 수 있는데, 수십 년 전, 선도자가 흑백과 컬러 텔레비전 시장에서 경쟁을 시작하기로 결정하고, 점차 성공을 이룬 방법과 같다.

글로벌화는 한 나라의 전문화를 통한 산업화 실현에 거대한 잠재력을 제공했다. 몇 십 년 전에, 많은 저소득 국가는 모두 시장규모의 제한,

높은 운송비용과 무역장벽의 제약에 직면했고, 대규모 생산이 가져다
준 기회를 이용할 수 없었다. 그런데 현재는, 글로벌화 추세 아래서, 거
의 어느 국가나 모두 명시적이거나 잠재적으로 비교우위를 가진 생산활
동을 찾고 발전시켜, 세계시장에서 자신의 생존공간을 창출할 수 있다.
바로 글로벌화 때문에, 각 국가의 경제발전 전략은 모두 그 비교우위를
단단히 고수해야 한다. 이와 동시에, 그들의 생산지와 구매지를 확정하
는데에서, 국제기업은 생산비용상의 어떠한 작은 차이라도 더 이용할
수 있을 것이다. 글로벌화도 정부의 맞춤형 성장촉진 역할이 더 중요하
게 하는데, 이는 양호한 소프트웨어, 하드웨어 기반시설을 제공하여 거래
비용을 인하시켜야, 요소부존 구조와 전문화를 기반으로 하는 비용우위를
실현할 수 있기 때문이다.

목표산업에 대해, 팩 교수는 일련의 인상 깊은 지식요구를 제공했다.
그는 성공한 산업정책을 제정하기 위해, 정부관리가 이들 지식에 정통
할 필요가 있다고 주장했다. 그는 개발도상국에서, 정부의 능력이 이들
요구를 충분히 만족시키는지 질의했다. 먼저, 정의에 따르면, 저소득국
가의 능력이 모두 높지 않다. 장(Chang(2008))은 얼마 전에도 항상 "게으
른 일본인과 도둑질 잘하는 독일인(Lazy Japanese and Thieving Ger-
mans)"이라는 논법이 있었음을 우리에게 상기시킨 적이 있다. 어느 사
회나 경제발전 과정에서 능력은 모두 강화될 것이다. 더 중요한 것은,
그가 제기한 일부 요구는 아마도 고소득 국가의 선진산업하고만 관련이
있을 것이다. 기술함량이 낮은 산업에 대해, 이들 요구를 큰 폭으로 줄
여야 한다. 이밖에, 개인기업과 정부관리는 또 후발우위에 기대어, 각
업종의 기술성질을 분석하여 그들을 지탱할 수 있는 관련지식을 찾도록
할뿐만 아니라, 유사한 부존구조를 가진 고성장 국가가 어떻게 했는지
관찰할 수 있다. 이들 국가가 분명히 이미 시행착오나 분석 등의 방법을
통해 이들 도전을 성공적으로 극복했기 때문이다.

임원혁 박사는 발전의 초기단계에서 비교우위, 자기발견과 맞춤형 성

장촉진형 정부의 사상을 기반으로 제기한 정책제안이 정책결정자를 도울 수 있겠지만, 더 많은 작업을 해서 중등소득의 함정을 벗어날 필요가 있다고 생각했다. 그는 한국이 전문기능 배양, 가치사슬에서의 특정 공백보충, 심혈을 기울여 선택한 일련의 기업클러스터와 전략에 의존해, 본국의 비교우위를 위배하여, 중공업과 화학공업에 뛰어들었다고 썼다. 우리는 그의 다음 견해에 동의하는데: 고속성장의 중등소득 국가에서, 일부 업종은 글로벌 기술 프런티어에 가 있었고, 최종적으로 기술혁신과 제품혁신 위험을 감당하는 도전에 직면했을 것이다. 이들 산업에 대해, 정부는 맞춤형 성장촉진 역할을 지속적으로 발휘하며, 고소득 국가와 유사한 정책도구를 사용해야 한다. 예로 대학이나 공공연구소의 기초연구 지원을 통하여 기업의 연구개발 비용보조, 새로운 발명에 특허권 부여, 세금혜택 제공, 국방구매와 정부수매 증가 등이 있다. 하지만 이들 국가는 그 발전수준에서도 여전히 글로벌 기술 프런티어 안에 남아있는 다른 산업에 대해서는, GIFF가 외부성과 협조문제를 해결하도록 사용될 수 있다.

1970년대, 한국정부는 자본/기술집약도가 더 높은 산업의 발전을 장려하였고, 임(Lim)이 토론한 것과 같이, 실제로 이들 조치는 비교우위의 변화가 가져온 산업업그레이드의 수요와 서로 일치한 것이다. 60년대, 한국은 방직, 의류, 합판, 가발 등의 노동집약형 산업에서 비교우위가 있어서, 국제적으로 아주 경쟁력이 있었다. 이들 노동집약형 산업의 성공은 한국의 인적자본과 금융자본을 축적할 수 있게 했다. 따라서 한국의 요소부존 구조도 업그레이드 되었다. 이러한 과정은 원래 있었던 산업의 비교우위를 점차 상실하게 했고, 경제가 자본과 기술이 더 집약된 새로운 산업으로 이동하게 했다. 70년대, 한국의 산업업그레이드 목표는 일본의 성숙산업에 맞춘 것이지, 미국의 최선진의 산업이 아니었는데, 임(Lim)의 이 현상에 대한 자세한 설명은 사실 아주 좋은 하나의 예이고, 어떻게 GIFF방법을 이용해 그 국가의 경제적 성공을 해석할지 설명하였다.

참고문헌

Aghion, P., Dewatripont, M., Du, L., Harrison, A., and Legros, P. 2010. "Industrial Policy and Competition: Disproving a Fallacy?" Unpublished presentation. Washington, DC: World Bank.

Chang, H. -J. 2008. *Bad Samaritans: The Myth of Free Trade and the Secret History of Capitalism.* New York, Bloomsbury Press.

Hausmann, R. and Rodrik, D. 2005. "Self-Discovery in a Development Strategy for El Salvador," *Economía* 6(1): 43-101.

Lin, J. Y. and Chang, H. -J. 2009. "DPR Debate: Should Industrial Policy in Developing Countries Conform to Comparative Advantage or Defy It?" *Development Policy Review* 27(5): 483-502. (본서 제 2장 참조.)

Lin, J. Y. and Tan, G. 1999. "Policy Burdens, Accountability, and the soft Budget Constraint," *American Economic Review: Papers and Proceedings* 89(2): 426-431.

Maddison, A. 2010. "Historical Statistics of the World Economy: 1-2008 AD" (www.ggdc.net/maddison/).

Robinson, J. A. and Torvik, R. 2005. "White Elephants," *Journal of Public Economics* 89: 197-210

Rodrik, D, and Hausmann, R. 2003. "Economic Development as Self-Discovery," *Journal of Development Economics* 72(2): 603-633.

Subramanian, A. and Roy, D. 2003. "Who Can Explain the Mauritian Miracle? Mede, Romer, Sachs, or Rodrik?" In D. Rodrik (ed.), *In Search of Prosperity: Analytic Narratives on Economic Growth.* Princeton, NJ: Princeton University Press.

Tollison, R. D. and Congleton, R. D. (eds.) 1995. *The Economic Analysis of Rent-Seeking.* Cheltenham: Edward Elgar Publishing.

4
성장선별 및 맞춤형 성장촉진 틀의 응용
- 나이지리아의 사례

볼커 트라이헬과 공동연구[1]

들어가는 말

나이지리아는 갈수록 더 취업위기에 직면하고 있다. 비석유 산업은 지속적이면서도, 고속으로 광범위한 성장을 경험했지만, 실업률이 1999년 이후 뚜렷하게 하락했던 적이 없다. 더 심각한 문제는, 청년 노동력의 실업률이 같은 시기에 아주 분명하게 상승한 것이다. 일자리와 노동력의 수량이 동시 성장한 것처럼 보이지만, 새로 증가한 대다수 일자리는 모두 비공식 가정농업 부문 안에 있는데, 임금을 지급받는 취업은 실제로는 감소했다. 나이지리아는 취업강도와 경제성장의 지속 가능성을 제고하도록 하나의 전략을 설계할 필요가 있다.

---

1) 저자는 Doerte Doemeland, Hinh Dinh, John Litwack, Ngozi Okonjo-Iweala Brian Pinto, David Rosenblatt와 Sunil Sinha의 의견과 제안에 감사 드린다. Frances Cossar와 Dimitris Mavridis는 우수한 연구보조 업무를 해줬다.

볼커 트라이헬(Volker Treichel)은 2012년 12월부터 세계은행 수석 경제학자 겸 고위 부행장 사무실의 주임 경제학자가 되었다. 그 전에 그는 나이지리아의 수석 경제학자를 담당했었다. 2007년 전에, 그는 국제화폐기금(IMF)에서 일했고, 도고(Togo)대표단 단장과 주 알바니아(Albania) 대표를 담당했었다.

경제성장을 어떻게 촉진할 것인가는 경제학 연구 안에서 오랫동안 지속되어온 논제이다. 현대 경제성장은 하나의 지속적 기술혁신, 산업업그레이드와 다양화의 과정이고, 상업발전과 자산창출을 촉진하는 각종 기반시설과 제도장치가 지속적으로 완벽해지는 과정이기도 하다. 과거의 이론은 종종 시장메커니즘이 상대가격을 교정해, 요소의 효율적 배분을 촉진하는데 있어서 중요한 역할을 강조했지만, 많은 국가의 성장경험은 정부가 산업전환을 추진하는데 항상 중요한 역할이 있었다고 밝혔다.

신 구조경제학[2]은 고전(old) 구조경제학의 일부 사상을 통합하여, 성장의 다음 측면을 이론화했는데: 한편으로는, 경제발전 과정을 분석 시 개발도상 경제체의 구조특징을 고려해야 하며; 또 다른 측면으로는, 개발도상국의 정부가 구조변천을 촉진하는 역할이 있음을 포함한다. 신 구조경제학의 중대혁신은 선진국과 개발도상국의 구조적 차이가 그 요소부존 구조의 차이에서 내생된 것이라 생각하는데 있다. 각기 다른 발전단계의 경제체에 다른 요소부존 구조(자연자원, 노동력, 인적자본과 물질자본의 상대적 구조로 정의)가 주어지고, 각 발전단계의 최적 산업구조도 그에 맞게 약간 다르다. 하나의 단계에서 그 다음 단계로 발전하기 위해, 시장은 산업업그레이드 및 그에 맞는 하드웨어와 소프트웨어 기반시설 양 측면에 개선을 요구한다.

성장선별 및 맞춤형 성장촉진(GIFF)은 하나의 방법을 제기하여, 신 구조경제학의 주요사상을 실제조작 할 수 있게 변화시켰는데, 이 방법은 경제체에서 잠재 비교우위가 있는 산업을 선별하고, 경제발전의 구속적 제약조건을 제거해, 개인기업이 이들 산업에 진입하도록 촉진할 수 있다. 본문은 GIFF를 나이지리아 분석에 응용하려 한다. 나이지리아를 선택해 분석의 대상으로 삼은 것은, 그 국가가 날로 심각한 취업위기에

---

2) 본서 제1장을 참조한다.

직면한 것 이외에도, 이 국가가 아프리카의 인구대국이고 하나의 지역 경제 성장거점(growth pole)이기 때문이다.[3]

본문은 먼저 나이지리아 최근 경제상황 및 취업에 대한 영향을 대략 서술하고, GIFF 및 그 방법론의 기본원리를 자세히 설명한다. 제3부분은 일련의 GIFF표준에 근거하여 어느 업종과 상품이 나이지리아의 잠재적 비교우위와 서로 부합하는지, 이에 따라 산업정책을 통해 지원해야 하는지 토론했다. 제4부분은 이들 업종의 성장에서 직면한 구속적 제약조건을 분석하고 이들 제약을 제거할 수 있는 정부개입 조치(개인부문과 협조가능)를 토론했다. 나이지리아의 관리결함이 종종 정책개입의 효과를 약화시킬 수 있음을 감안해, 본 부분은 또한 개입의 책임 메커니즘과 투명도를 어떻게 확보할 것인지 탐구했다.

나이지리아 최근의 경제발전 근황

2001년부터, 나이지리아는 독립 이후 가장 오래 지속적으로 비석유 부문 확장을 경험했고, 경제 각 부문은 모두 빠르게 성장했다. 1995-2000년 비석유 부문의 연평균 성장률은 약 3-4%가 되었고; 최근 몇 년 사이, 성장률은 더 배가 되어 7%이상, 심지어 8-9%까지 되었다. 현재 글로벌 금융위기 환경에서도, 비석유 부문 성장률이 2009년과 2010년에 여전히 8%이상의 수준을 유지하였다. 석유경제가 최근 니제르 삼각주의 동란으로 다소 위축되었지만, 2009년 이래, 니제르 삼각주의 공헌은 석유생산에 대한 사면의 긍정적 효과로 인해 개선되었다(표4.1).

---

3) Global Development Horizons(2011)도 참조할 수 있다.

〈표 4.1〉 거시경제 총량, 2003-2009년 (백분율)

총량	2003	2004	2005	2006	2007	2008	2009
실질GDP	10.2	10.5	6.5	6.0	6.4	6.00	7.0
석유GDP	23.8	3.3	0.5	-4.4	-4.5	-6.2	0.5
비석유 GDP	5.8	13.2	8.6	9.4	9.5	9.0	8.3
통화팽창률	14.0	15.0	17.9	8.0	5.4	11.6	12.5
(CPI의 연평균 성장률)							

자료출처: 세계발전지표와 각종 IMF보고서.

이 밖에도 과거 5년 동안, 나이지리아 비석유 부문의 성장도 사하라사막 이남 아프리카의 대다수 석유수출국과 비석유 수출국을 넘어섰다(표 4.2).

〈표 4.2〉 비석유 실질GDP 성장, 2003-2009년 (년간 백분율)

국가	2003	2004	2005	2006	2007	2008	2009
나이지리아	5.8	13.2	8.6	9.4	9.5	9.0	8.3
석유생산국							
앙골라	10.3	9	14.1	27.5	20.1	14.7	8.1
카메룬	4.9	4.9	3.2	2.9	4.1	3.2	3.0
가봉	0.8	2.3	4.3	4.9	6.2	3.0	2.3
차드	6.0	-0.5	11	4.7	3.1	3.2	-0.5
콩고	5.4	5.0	5.4	5.9	6.6	5.4	3.9
적도기니	3.7	15.4	25.8	29.8	47.2	18.1	27.6
비석유 생산국							
가나	5.2	5.6	5.9	6.4	6.3	7.3	3.5
케냐	2.9	5.1	5.7	6.1	6.9	2.1	3.8
탄자니아	5.7	6.7	7.4	6.7	7.1	7.4	6.0
남아프리카	3.1	4.8	5.1	5.0	4.8	3.7	-1.8

자료출처: 세계발전지표와 각종 IMF보고서.

성장원천에 대한 하나의 분석은, 나이지리아의 전요소 생산율(total factor productivity, TFP)이 2000년 이래 현저한 성장이 있었지만, 미국에 비해 다소 하락했고, 최근에서야 다소 개선된 것으로 나타났다 (도표4.1과 도표 4.2)

〈도표 4.1〉 전 요소생산율의 변화, 기준시기 1960=1

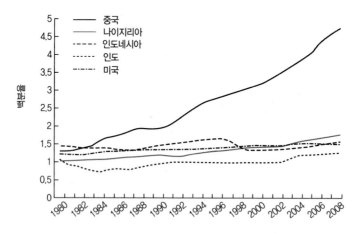

자료출처: Bosworth and Collins(2003).

〈도표 4.2〉 미국 대비 전 요소 생산율

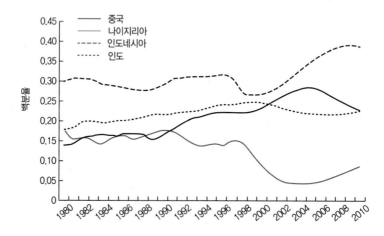

자료출처: UNIDO, World Productivity Database.

비석유 부문의 성장은 대체로 농업부문에서 촉진되었는데, 후자의 공헌비율이 50%를 초과했다(표4.3). 농업부문 다음으로는 도소매부문(약 20%)이었고, 그 다음으로는 제조업과 금융업(4-5%) 및 통신업(약 3-4%)이었다.

2001년 이래, 서비스업의 변화가 나이지리아 경제의 변화를 이끌었는데, 통신업, 교통운수업, 숙박요식업, 건축과 부동산업 및 금융업이 대폭 성장한 것으로 나타났다.

성장이 제일 빨랐던 것은 통신업(연평균 성장률 30%초과)이고, 그 다음으로 도소매업(약 15%)과 건축업(약 13%)순이었다. 고체광업의 평균 성장속도는 10%가 넘었는데, 제조업 성장속도는 약 8-9%였다. 농업 연평균 성장률은 6-7%로 십여 년 동안 아주 강력하게 지속된 성장이었다.

⟨표 4.3⟩ 비석유 GDP에 대한 공헌   (백분율)

업종	2004	2005	2006	2007	2008	2009
농업	55.3	54.5	53.5	52.3	51.1	49.9
고체광업	0.4	0.4	0.4	0.4	0.4	0.4
제조업	5.0	5.0	5.0	5.0	5.0	5.0
통신업	1.6	1.9	2.4	2.9	3.5	4.4
금융과 보험업	5.5	5.2	5.0	4.8	4.6	4.4
도소매무역업	17.4	18.2	19.2	20.2	21.1	21.7
건축업	2.0	2.01	2.1	2.1	2.2	2.3
기타	13.1	13.0	12.7	12.5	12.2	12.1

자료출처: WDI/IMF.

나이지리아는 십 년 가까이 경제가 빠르게 성장했지만, 수출과 생산구조에서 여전히 다양성이 부족했다. 나이지리아의 수출은 석유와 천연가스(98%)에 집중되었는데, 비석유 측면은 주로 국내수요를 위주로 서비스하는 농업과 도소매업이었다.

강력한 경제성장에 대한 취업과 소득의 반응

표4.4는 1999년 이래의 노동력 상황변화를 나타낸다.

〈표 4.4〉 노동력 상황　　　　　　　　　　　　　　　　　　　　　　(가중백분율)

노동력 상황	1999	2004	2006
노동력에 속하지 않음	25.3	23.0	25.2
노동력에 속함	74.7	77.0	74.8
실업상황			
취업	97.8	97.0	97.4
실업	2.2	3.0	2.6

자료출처: Francis Teal/Luke Haywood NLSS 2003-2004 and General Household Survey(GHS) 1999-2006. 샘플은 연령이 15-65세의 재학 중이 아닌 인구를 포함했다.

나이지리아 노동연령 인구의 주요특징은 그 안의 아주 높은 비율(약 1/4)의 인구가 노동력에 속하지 않는다는 것이다. 기타 아프리카 국가와 같이, 정식 실업률(직업을 찾지 못한 구직자 숫자로 평가)은 아주 낮다. 노동력 이외의 대부분 인구는, 낙심(discouraged)한 구직자이거나, 전망에 대한 자신감을 상실해 원래 직업을 찾지 않는 사람이다. 노동력 밖 인구비율이 공식적인 실업률보다 더 좋은 실업평가 지표인데, 후자는 단지 직업을 찾으려 하지만 찾지 못한 사람들을 포함한다. 노동력 시장 밖의 사람들이 확실히 직업에 흥미가 없다고 생각한다면, 실업률은 25% 이하로 낮아질 수 있을 것이다. 하지만 나이지리아가 보편적으로 가난한 상황을 감안하면, 이런 상황은 아주 많지 않을 것이다.

표4.4는 경제가 빠르게 성장해도, 노동력 밖 인구비율은 기본적으로 변하지 않는 것을 설명한다. 이것은 일자리 수가 기본적으로 노동력과 함께 성장하는 것을 의미해서 실업률은 기본적으로 변함없이 유지된다.

표4.5는 가정농업 취업, 비농업 자기고용(대부분은 도시인구)과 임금지급 취업의 변화를 나타냈다.

〈표 4.5〉 샘플인구 중에서 다른 유형의 취업비율   (가중백분율)

취업유형	1999	2004	2006
가정농업	30.8	36.6	37.8
비농업 자기고용	24.1	25.8	22.9
비농업 임금 비지급 가정취업	0	0.1	0.1
임금지급 취업	15.0	10.4	10.0
견습	2.1	1.1	1.9
실업	1.7	2.4	1.9
노동력에 속하지 않음	26.4	23.7	25.5

자료출처: Francis Teal/Luke Haywood NLSS 2003-2004 and GHS 1999-2006.

1999년에서 2006년 사이, 나이지리아 노동력의 가장 중요한 구조적 변화(structural changes)는 임금지급 취업에서 농업취업으로 전환된 것이다: 15-65세 샘플인구 중에서(전일제 학생제외) 임금지급 직업을 가진 비율이 다소 낮아졌다(1999년 15%에서 2006년 10%로 줄어들었다). 비농업 자기고용도 그러하다(그 비율은 24.1%에서 22.9%로 줄어들었다). 가정농업 취업인구의 비율은 30.8%에서 37.8%로 대폭 상승했다.[4]

표4.6은 1999년 이래 임금지급 취업의 변화를 더 진일보하게 나타냈는데: 준 국유기업, 정부부문과 공공기업중의 임금지급 취업은 감소했지만, 개인부문과 기타 부문(비정부 기구, 국제기구와 협회를 포함)중의 임금지급 취업이 증가했다.

---

4) 이 발견은 사람들이 임금지급 취업에서 가정농업 생산으로 전이됨을 반드시 의미하지는 않는 것에 주의하기 바란다. 이는 이전의 보고서에서 취업도 아니고 실업도 아닌 것으로(즉 노동력시장 밖에 있는) 반영됐지만, 가끔 농업생산에 참여하는 사람이 일정 정도 농업생산 활동에 참여하기 시작해서, 가정농업 생산취업 인구로 보고된 것을 의미할 수도 있을 것이다. 이는 그들이 취업부족에서 취업으로 전환된 것을 의미한다. 로드릭(Rodrik(2010))은 증거를 찾아 노동력이 도소매업 부문(이 부문은 합리적인 고 생산율이 있다)에서 농업으로 전이된 것을 증명하였다.

〈표 4.6〉 임금지급 취업유형   (가중백분율)

취업유형	1999	2004	2006
기타	22.8	25.2	29.6
준 국유기업과 정부부문	48.6	42.2	45.6
민영기업	17.0	20.5	18.0
공공기업	11.6	12.0	6.9

자료출처: Francis Teal/Luke Haywood NLSS 2003-2004 and GHS 1999-2006.

임금지급 취업의 감소는 세 가지 발전추세를 반영한다: (1)공무원의 축소와 많은 준 국유기업(parastatals)의 사유화가 공공서비스 부문의 취업을 급격하게 감소시켰는데, 공공서비스 부문의 취업이 정규부문 취업에서 장기적으로 주도적 지위를 차지하여, 계속해서 임금지급 취업의 최대 비율을 차지하게 될 것이다; (2)임금지급 취업량이 비교적 큰 많은 개인 부문, 특히 방직업에서, 다년간의 지속적 쇠락은 상당히 많은 고용수량을 감소시켰다; (3)도매/소매, 건축과 농업과 같은 성장이 빠른 부문은, 대체로 비정식 취업인데, 금융업, 숙박 서비스업 같은 정식부문은, 비노동력 집약형이거나, 하나의 아주 작은 기수(base)에서 시작해서 근로자 수를 증가시키기 때문에 임금지급 취업을 현저히 증가시킬 수 없다.

두 가지 분명한 특징:

• 젊은 사람들 중 가정농업 취업이 1999년부터 2006년까지 거의 두 배에 가깝다.

• 2006년까지, 도시 젊은 인구 중에 노동력에 속하지 않는 비율이 현저히 증가했다.

이 문제에 관한 하나의 상세한 연구는, 이들 중의 대부분이 가사노동에 종사하는 여성과 어떤 직장 경험도 없는 남성이라는 것을 밝혔다.

이는 기본적으로 1999년 이후 청년 실업률이 상승했다는 결론을 지지했는데, 최근에 경제가 강력히 성장한 환경에서의 이 문제는 경계할 만하다.

나이지리아의 성장패턴 및 그 노동력 시장변화와의 관계는 아래와 같이 묘사할 수 있다:

• 최근 나이지리아의 강력한 성장에서, 농업부문은 주도적 지위를 차지한다. 노동력 시장에서, 취업이 가정농업으로 전이된 것을 반영한다. 농업취업의 대폭 증가도 농업생산율이 현저히 상승하지 않은 것과 서로 일치한다.

• 빠른 성장부문이 창출한 계약제 임금지급 일자리는 공공부문(public sector), 준 국유기업과 정부부문 임금지급 취업의 감소를 보상할 수 없어서, 임금지급 취업이 전체적으로 하락하게 됐다.

인구에서 노동력에 속하지 않는 비율이 전체적으로 변화 없이 유지되고, 젊은이들 중에서의 비율도 다소 상승한 것을 감안하면, 나이지리아의 경제성장이 그 인구의 취업기대를 아주 분명하게 만족시킬 수 없었다.

나이지리아의 빠른 성장은 주로 두 가지 요소를 반영하는데: (1)안정적인 거시경제 정책이 개인투자를 위한 양호한 환경을 창출하며; (2)부문정책, 예로 은행합병, 일부 부문의 성장을 직접적으로 촉진한다. 거시경제 정책과 부문구조 정책은 동시에 사람들의 나이지리아 경제에 대한 믿음을 대폭 상승시켜, 투자를 촉진했는데, 주요자금 출처는 외국인 직접투자와 송금이었다.

하지만, 투자는 노동집약형 산업이 아닌 자본집약형에 더 많이 집중돼서, 주로 수익률이 아주 높은 석유 천연가스와 통신산업이었다. 그래서 취업집약형이면서 비교우위를 가진 산업생산율은 거의 상승하지 않았는데, 예를 들면 노동집약형의 제조업이다. 따라서 기반시설이 이들 산업발전의 주요제약이 되어, 생산율과 경쟁력의 제고를 제한했으며, 더 나아가 취업창출 능력을 제한했다. 전망 있는 발전전략은 취업집약형 산업생산율 제고에 주목할 필요가 있다.

아래 부분은 GIFF에 근거해 나이지리아가 발전시켜야 했던 목표산업을 지적했다.

성장선별 및 맞춤형 성장촉진 틀

신 구조경제학은 현대 경제성장이 지속적인 기술혁신, 산업업그레이드와, 다양화의 과정이며, 상업발전과 자산창출을 촉진하는 기반시설과 제도장치가 끊임없이 개선되는 과정이기도 하다고 지적했다. 정해진 어떤 시점에서, 한 나라의 부존구조(즉 한나라가 소유한 요소의 상대적 풍요 정도)는 요소의 상대가격과 최적의 산업구조를 결정했다. 노동력이나 자연자원이 풍족한 저소득 국가는 노동집약형이나 자원집약형 산업에서 비교우위와 경쟁력을 가진다. 따라서 한나라가 최고 경쟁력을 갖게 하는 최적 산업구조는 그 부존구조에서 내생된 것이다. 개발도상국이 선진국가와 같은 소득수준에 도달하려 하면, 반드시 산업구조 업그레이드를 진행해야 하며, 자본의 집약정도도 선진국의 수준에 도달하게 해야 한다.

한 나라의 부존구조는 고정불변이 아니고, 자본의 축적과 기술의 진보로 결정되는 것이다. 이들 변화가 유발한 상대가격의 변화는 그 국가가 잠재적 비교우위를 가진 산업유형에 영향을 줄 수 있고, 더 나아가 최적 산업구조에 영향을 줄 수 있다. 한 산업에서 경쟁력을 가지고자 한다면, 그 국가의 잠재적 비교우위와 서로 맞아야 한다.[5] 잠재적 경쟁우위에 대해 특히 중요한 것은 임금수준이다. 모방이나 권한부여를 통해 기술을 얻는 것이 보통 자기가 연구개발 하는 것보다 더 싸기 때문에, 저소득 국가는 조건이 갖춰진 상황에서 선진국보다 상당히 낮은 비용으로 동일 상품을 제조할 수 있다. 이와 같이, 한 나라는 그 부존구조와 유사하고, 고속 발전한 비교적 선진국인 국가에서의 성숙산업 발전을 통해 충분히 그 후발우위를 이용할 수 있다. 세심하게 선택한 선행국가 추종을 통해, 후발국가는 선도자 - 추종형(leader-follower)의 안진패턴(flying-geese pattern)을 모방할 수 있는데, 이 패턴은 18세기 이후 이

---

5) 본서의 제 2장을 참조한다.

를 준수한 모든 경제에서 성공을 이루게 했다.

요소부존 구조와 서로 일치하는 산업업그레이드는 단지 시장메커니즘에만 의존할 수는 없다. 예를 들면, 해당 목표업종이 바로 그 경제체 비교우위와 일치한다 해도, 새로운 산업 시작단계에서는 상호보완적 투입품과 필수적인 기반시설이 부족하기 때문에 그 진행이 어렵다. 개인기업은 업그레이드나 정책결정 다양화를 진행할 때 이들 투자를 내부화할 능력이 없다. 따라서 정부는 기반시설 투자와 상호보완적 투입품의 생산을 제공하거나 협조하는데 중요한 역할이 있게 된다.

이 밖에도, 산업업그레이드와 다양화를 추진하는 혁신과정은 위험이 있는데, 선도자의 문제가 존재하기 때문이다. 성공하든 실패하든, 선도자는 항상 외부성을 창출한다. 예를 들어, 선도자가 실패에 대가를 지불하였다면, 기타 회사에 가치 있는 정보를 제공한 것이다. 마찬가지로, 선도자가 성공하면, 그 경험도 해당 국가의 기타 시장 참여자에게, 해당 산업영리 능력에 관해 대단한 가치를 가진 정보를 제공할 것이다. 하지만, 일단 새로운 기업이 대규모로 밀려들어오면, 선도자들이 얻을 수 있는 임대료(rents)는 사라지게 될 것이다. 선진국에서는, 선도자들이 통상 특허를 부여 받을 수 있어서 성숙한 산업에서 얻은 임대료를 취득할 수 있다. 하지만, 개발도상국가에서 그 산업은 글로벌 선두수준에 있지는 않기 때문에 새로운 특허는 얻을 수 없을 것이다. 하나의 새로운 업종에 진입한 기업이 특허를 얻지 못한 것을 감안해서, 정부가 어떤 직접적 지원을 제공한다면 합리성이 있게 될 것이다.

GIFF는 하나의 새로운 방법을 제기하여, 경제체 중에서 잠재적 비교우위를 가진 산업을 선별하고, 구속적 제약조건을 제거해서, 개인기업이 이들 산업에 진입하도록 촉진하거나, 그 국가에 이미 존재하는 이들 산업을 더 빠르게 성장하도록 추진한다. 이런 상황에서, GIFF는 승자 선택을 피할 수 없게 되는데, 구속적 제약조건은 산업 고유의 것일 수 있으며, 개인부문 자신이 이를 제거할 수 없기 때문이라고 주장한다. 따라서 주요문제는 잘못된 업종 선택의 가능성을 감소시키는 데 있다. 중요한 위험요소는, 한 국가가 선택한 목표산업이 너무 과도하게 선진적이어서 그 국가의 잠재적 비교우위와 멀리 떨어져 있거나, 한 국가가 그 산업에서 이미 비교우위를 상실했다는 데 있다.

GIFF는 성장선별 및 맞춤형 성장촉진의 6보법을 제기하였다. 그 중 3보는 업종선택을 목적으로 하고, 그 후의 가치사슬 분석은 개인기업이 이들 산업에 진입하고 성장을 실현할 때 직면하는 구속적 제약조건을 확정하는데 사용될 수 있다(칼럼4.1).

• 제1보: 다음 조건을 만족하는 무역상품과 서비스 선별(identify): 한 국가를 찾는데, 이 국가의 1인당 평균GDP는 나이지리아의 100-300%를 초과하고, 나이지리아와 유사한 부존구조를 소유했으며, 또한 빠르게 성장했다; 다시 이런 한 국가 중에서 20년 정도 활력 있게 성장한 무역상품과 서비스 산업을 찾는다. 대다수 상황에서, 임금수준은 경제발전에 따라 성장하기 때문에, 하나의 고속성장 국가가 20년의 발전을 거친 후 그 업종에서 이미 비교우위를 다시 갖지 못할 것이다.[6] 이밖에, 나이지리아는 일부 간단하고, 노동집약형, 규모경제 한계가 있으며, 아주 적은 투자를 필요로 하는 여전히 수입중인 제조품을 자체 생산할 수 있다. 이 단계도 나이지리아에는 신흥산업이지만 양호한 상업전망이 있는 산업을 선별할 수 있다.

---

6) 유사한 요소부존 구조를 가진 국가는 유사한 비교우위를 가진다. 따라서 임금수준이 비교적 낮은 국가는 경쟁상대와 비교해 더 낮은 비용으로 상품을 생산할 수 있다. 동일 업종 내에서, 관련기술의 복잡성은 확연히 다를 것이고, 따라서 한 국가는 어떤 상품에서 비교우위를 가지고 다른 상품에서는 없을 수 있다. 예로, 한국이 1980년대 메모리 칩 시장에 진입할 때, 일본의 메모리 칩 업종은 여전히 확장 중이었다. 한국이 그 업종에 성공적으로 진입할 수 있었던 원인은 생산한 것이 간단했고, 기술이 성숙한 칩이었는데, 이는 일본이 10년 전에 생산했던 것이다. 동시에 다른 자본집약도에 근거하여, 하나의 업종이 다른 부분(segments)으로 나뉘어질 수 있었다. 예로, IT업종은 자본집약도에 근거하여 연구개발, 칩, 부품과 조립으로 나눌 수 있다. 저소득 국가는 노동집약형의 조립부분에서 시작하여 그 업종에 진입할 수 있다.

칼럼 4.1 GIFF의 응용: 가치사슬 비교분석(Comparative Value Chain Analysis)

세계은행이 출판한 아프리카 경공업에 관한 한 보고서(2011)는, 어떻게 창조적 가치사슬 분석을 진행해, 한 업종의 경쟁력을 판단하고, 정부와 개인부분이 국제시장에서 본국 상품의 경쟁력을 가장 심각하게 약화시킨 제약조건을 변별하는데 협조할 것인지 소개하였다.

일반적 가치사슬 분석에서, 우위, 병목과 정책문제는 한 국가의 범위 안에서 분석을 진행하고, 그 경제체 범위 내에서 기타 업종과 비교를 진행해야 한다. 새로운 방법에서, 중국과 베트남이 아프리카가 생산하는 특정상품의 비용 효율성을 비교하는 기준으로 선택되었고, 최대한 비슷하게 구했다.

GIFF를 응용분석해 사하라 사막 이남 아프리카(SSA; 에티오피아, 탄자니아와 잠비아를 샘플국가로 한다)에서 성공할 수 있는 하위부문을 얻은 후, 또한 각 하위부문에서의 특정상품에 대한 깊이 있는 가치사슬 분석을 진행하여, 그 하위부문의 경쟁력과 제약 한계소재를 대표성 있게 이해하게 한다. 본 분석은 각 투입품의 비율과 비용, 효율적 투입품 사용, 물류비용, 노동생산율, 생산손실과 효율을 계량화 분석했다. 데이터는 5개 국의 5개 하위부문에서 유사상품을 생산하는 합리적 수량의 샘플 기업에서 나왔다. 비용과 경쟁력에 영향을 주는 각 부분은 또한 중국, 베트남과 SSA사이에서 비교해, 동아시아와 SSA간 변화가 아주 큰 비용요소를 아주 명확하게 찾았고, 이에 따라 정부개입의 방향도 찾아냈다. 이 밖에도, 이 방법은 국내자원 비용계산을 통해 그 국가가 비교우위를 갖추지 않은 산업을 제외했다.

최근 몇 년 동안, 나이지리아의 몇 가지 주요산업에 대해 이미 가치사슬 분석을 진행했고, 이들 산업에서의 기회와 제약을 찾아냈다. 하지만, 본문에서 제기한 새로운 방법은 잠재 비교우위든 현시(revealed) 비교우위든, GIFF를 사용해 나이지리아가 비교우위를 가질 수 있는 업종을 선별(identify)하는데 목적이 있다. 계속해서, 이들 산업에 대한 가치사슬 비교분석을 진행할 수 있는데, 이는 정밀한 증거를 제공해 정부와 개인부문이 이들 부문에 존재하는 주요제약을 극복하기 위해, 실행할 우선 계획을 지속할 것이다. 예로, 가치사슬 비교분석은 특정산업에서 임금과 노동생산율 차이에 확실한 증거를 제공하여, 다음과 같이, 우리는 다음 문제에 대한 결론을 얻을 수 있었는데: 이 산업 확장의 빈곤퇴치에 도움이 되는 취업에 대한 영향 및 노동력 비용우세(혹은 열세)에서, 후자는 한 업종이 경쟁력이 있는지 여부를 결정하는데 아주 중요하다.

• 제2보: 위의 1보에서 얻은 목록 중에서, 정부는 국내 개인기업이 이미 자발적으로 진입한 산업을 우선 발전시키고, (1)원래 기업이 상품품질을 제고하는 주요장애; (2)기타 기업이 그 산업에 진입하는 주요장애 선별을 시도할 수 있다. 이들 산업에 대해, 정부는 조치를 채택하여 비교적 고소득 국가에서 온 외국인 직접투자 진입을 장려할 수도 있다.

• 제3보: 제1보에서 선별한 무역상품과 서비스 산업 이외에, 개발도상국 정부는 개인기업 자신이 성공적으로 발견한 산업을 면밀히 주시하고 이들 산업이 강대해질 수 있도록 지원해야 한다.

이 방법의 나이지리아에서 응용은 다음 내용을 참고한다.

부문 선택(Selecting Sectors)

1인당 평균GDP가 나이지리아의 100-300%를 초과하는 국가를 선택한다. 표4.7은 1인당 GDP가 나이지리아의 100-300%인 국가 명단을 나타낸 것이다. 성장이 완만한 국가는 배제하고(즉 연평균 성장률이 6%보다 낮은 국가), 남은 국가는 인도네시아, 중국, 베트남과 인도이다.

〈표 4.7〉 2009년의 구매력 평가(PPP) 1인당 평균GDP   (2005년 고정가 국제달러)

국가	1인당 평균GDP	나이지리아의 백분율
나이지리아	2001	100
베트남	2682	134
인도	2970	148
필리핀	3216	161
인도네시아	3813	191
모로코	4081	204
파라과이	4107	205
이집트	5151	257
중국	6200	310
튀니지	7512	375

자료출처: 세계발전지표.

요소부존 표준에 근거하면, 이들 국가 중에서 인도네시아와 나이지리
아가 제일 유사한데 - 양자 모두 풍부한 자연자원을 가지고 있고 전
OPEC국가이지만, 노동력집약형 생산에 종사하고 있다.[7] 인도네시아는
자연자원과 풍부한 노동력을 성공적으로 동시에 사용하여 그 잠재적 비
교우위와 일치하는 산업을 발전시켰다. 필자는 한 편의 블로그 글에서
(Lin, March 2011), 자원과 노동력이 모두 풍부한 국가에 대해서, 자원
풍부형 국가와 노동력 풍부형 국가 양자 모두 비교대상으로 사용될 수
있다고 주장했다.[8]

자원이 풍부한 국가에 속하지 않지만, 베트남의 고 성장률도 특히 노
동력집약형 경제의 시각에서, 하나의 적합한 비교대상이 되게 한다. 강
력한 경제성장과 그에 따른 노동력 비용증가는 베트남의 일부 노동집약
산업 비교우위를 빠르게 사라지게 했다.

또 다른 참조국가는 중국이다. 중국의 1인당 평균GDP는 나이지리아
의 약3배이며 자연자원이 풍부한 국가가 아니다. 하지만 중국의 빠른
경제성장, 방대한 인구와 국내시장 및 중국의 기술 부가가치 사슬
(technological value-added ladder)에서의 신속한 상승을 감안하면, 이전
에 중국 경제성장을 이끌어 낸(drive) 일부 산업은 비용우위를 잃고 있을
수 있어서, 중국의 생산구조는 아마 적합한 모방 대상일 것이다. 특히
나이지리아가 자연자원이 가져다 준 임대료를 이용하여 그 기반시설과
교육을 개선할 수 있을 때에 그렇다.

마지막 참조국은 인도이다. 인도는 그 비교우위 - 풍부한 비숙련 노동
력을 완전히 이용하지 않았지만, 숙련노동력이 일부 참신한 영역에 성
공적으로 응용됐는데, 예로 콜 센터이다. 따라서 어떤 분야에서, 인도

7) 나이지리아와 인도네시아의 유사점은 세계은행 이전의 한 출판물에서 인식되었고,
   이 출판물은 두 나라의 1960-1980년의 경제성과를 고찰했다(Bevan, Collier and
   Gunning, 1999).
8) 린(Lin(2011))과 본서의 마지막 장을 참고한다.

산업구조도 그 잠재적 비교우위와 서로 일치한 것이다.

이들 국가는 어떤 상품을 수출하였는가

표4.8은 상술한 참조국가의 노동력집약이나 자원집약형 산업을 제시했고, 나이지리아의 이들 산업에서 잠재력을 간단명료하게 평가했다.

〈표 4.8〉 성장부문 선별: 중국, 베트남, 인도와 인도네시아의 주요 수출품

중국	베트남	인도	인도네시아	나이지리아(잠재)
			팜유	대규모 국내생산. 상세한 가치사슬 분석은 비교적 높은 잠재력을 가진 것을 설명한다. 하지만 2009년 수출액이 낮아, 30만 달러에 불과했다.
고무제품	생고무			타이어 업종은 수년 전에 수입품과 경쟁할 수 없어서 사라졌다. 천연고무는 나이지리아의 10번째 큰 수출품이다. 십자강(Cross River)의 칼라바르(Cala bar)에는 대규모의 고무 재배원이 있다
의류 및 액세서리; 방직용 실, 직물 등; 염색 및 제혁	의류 및 액세서리; 방직용 실, 직물 등	의류 및 액세서리; 방직용 실, 직물 등	의류 및 액세서리; 방직용 실, 직물 등	나이지리아 방직업의 쇠락은 비싼 전력으로 인해 방직업이 수입품에 비해 경쟁력이 부족했고, 게다가 대규모 생산의 참조국가와 비교해, 임금차이가 크지 않았기 때문이다.
신발류; 여행용품, 핸드백; 피혁가공	신발류			피혁 - 이미 개인 부문이 출현했다; 신양/작은 산양피 피혁은 이미 4번째로 큰 수출품이다; 이 산업은 이미 카노(Kano) 지역에 출현했고 더 좋은 조건이 필요하다.
텔레콤 및 녹음설비; 촬영설비		텔레콤 및 녹음 설비	텔레콤 및 녹음 설비	2010년 12월부터, 두 개의 공장이 이미 라고스(Lagos) 지역에서 텔레비전 전 부품 조립을 시작했다. 토지공급이 충족되기만 하면, 확장잠재력이 아주 클 것이다.
사무실 설비와 자동데이터 프로젝터 (projectors)	전자 집적회로 (electronic integrated circuit), 텔레콤		인쇄회로 (printed circuit), 전자집적회로, 절연 도선과 광섬유	IT업 - 컴퓨터의 부품조립은 이미 성공적으로 출현했다.
화학비료				현지 비료생산 업체는 이미 존재하

중국	베트남	인도	인도네시아	나이지리아(잠재)
제조				며 신속히 발전했는데; 나이지리아는 정유공장과 화학비료 공장을 소유하고 있지만, 석유보조금 취소 같은 일부 유리한 조건이 필요하다. 이밖에 석유화학 상품의 생산은 특정한 정제 생산 능력과 서로 조화될 필요가 있다.
물고기, 갑각류 동물의 처리	물고기, 갑각류 동물의 처리		물고기, 갑각류 동물의 처리	식품과 음료: 국내시장을 목표로 하고 신속하게 발전했는데; 코코아 콩은 3번째로 큰 수출품이고, 냉동갑각류 동물은 5번째로 큰 수출품이다.
채소와 과일	곡물 및 곡물처리; 커피, 차, 코코아, 향료의 생산	곡물 및 곡물처리; 채소와 과일	고정성 식물지방; 커피, 차, 코코아, 향료의 생산	양자는 나이지리아에서 모두 이미 활성화 됐는데; 규모를 확대하려면, 전력과 냉동창고 같은 일부 필수 조건이 필요하다.
도로차량		도로차량; 기타 운송 설비		아남브라주(Anambra state)의 오니차(Onitsha) 클러스터에서 집중적으로 자동차부품을 생산하는데; 이미 오토바이와 트랙터의 부품을 조립하고 있다.
가구 및 부품; 코르크와 목제품	가구 및 부품			가구업은 나이지리아에서 이미 비교적 활성화 됐고, 빠르게 성장하고 있다.
종이, 판지 등			종이, 판지 등	이미 비교적 활성화 됐고, 성장 중이다. 물류지원이 빠른 성장에 도움이 될 것이다.
의약상품		의약상품		산업이 이미 구축됐지만, 비교적 분산되어 있다. 합병은 아마 비용을 인하할 수 있을 것이다.
기기제조 - 전기, 금속가공이나 발전	기기제조 - 전기, 공업기기	기기제조-전기 일반 공업이나 발전	전기	금속공업이 이미 있지만, 너무 작고 너무 분산되어 비용이 비교적 높다. 산업클러스터 창립은 그 성장에 도움이 된다.
유기화학제품; 화학재료와 상품; 인공수지, 플라스틱; 무기화학제품		유기화학제품		유기화학 공업은 아마도 풍부한 원자재 공급덕분일 것이지만; 석유보조금은 아마 더 많은 외국인 직접투자 진입을 저해하는 주요 왜곡요소일 것이다.

자료출처: 저자는 COMTRADE 데이터에 근거하여 체감수출 배분(shares)법을 응용하여 계산.

규모보수가 유한하고, 아주 적은 투자만 필요한 노동력집약형 제조품에 대한 수입

표4.9는 규모 보수가 유한한 노동력집약형 제조품(4자리수 SITC수준에서)에 대한 수입을 제시했다.

〈표 4.9〉 2010년 나이지리아의 상위 15위 수입품

상품(4자리수)	1000달러	백분율
곡물 및 곡물처리	863917	10.7
텔레콤 및 녹음	330136	4.1
어류, 갑각류, 연체동물 및 처리	276152	3.4
기타 운송설비*	255846	3.2
의약제품	241312	3.0
금속제조업	214157	2.7
인조합성수지, 플라스틱재료, 섬유소	151868	1.9
정유(Essential oils)및 향수재료	104932	1.3
전문설비, 과학설비 및 통제설비	101065	1.3
유제품 및 조류 알	99125	1.2
기타 완제품	98169	1.2
고무제품 및 공급	96489	1.2
종이, 판지 및 종이제품	91269	1.1
방직용 실, 직물 및 완제품	82120	1.0
음료	58480	0.7

자료출처: COMTRADE 데이터 베이스, 4자리수 SITC 제2판 수정.
* 운송설비가 특허보호가 있을 수 있기 때문에, 나이지리아는 시작할 때 통용상품을 생산할 수 있었다.

개인부문이 활성화(active) 되고 이미 자기발견을 성공적으로 실현한 산업

세 번째 표준은 나이지리아 개인부문이 이미 비교적 활성화 됐고 자기발견을 성공적으로 실현한 산업을 선택했는데, 그 예로 정보 및 통신기술(ICT), 경공업, 식품가공업, 도소매업, 건축 및 자동차 부품업, 육류 및 가금류, 팜유 및 코코아 생산이 있다. 상술한 산업은 모두 현재 수출이 없다. 하지만 모든 이들 상품의 생산은 모두 충분한 취업과 성장 잠재력이 있고 수출품으로 업그레이드 될 수 있다.

도표4.3은 구역 및 지리 요소가 어떻게 하나의 산업성장과 취업잠재력을 다르게 만드는지 명시했다. 예를 들면 카노(Kano)지역 쌀 생산의 취업과 성장잠재력은 카두나(Kaduna) 지역보다 낮다. 또 다른 예로 광범위한 시장을 소유한 라고스(Lagos) 지역의 도소매업의 성장 잠재력은 시장이 비교적 작은 카노보다 훨씬 크다. 나이지리아 각 지역의 상황이 다르기 때문에, 이러한 상세한 구역분석은 아주 중요해 보인다.

〈도표 4.3〉 사용된 가치사슬 순서의 진일보한 연구

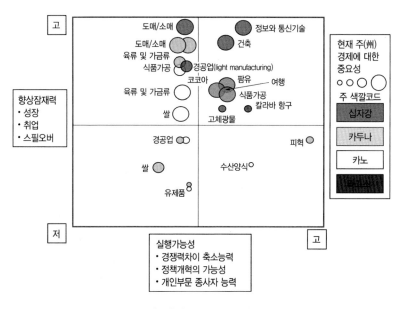

자료출처: Treichel(2010).

이들 산업을 제외하고도 일부 부문은 성공한 자기발견이 있다. 예로 여행트렁크 생산은 최근에 성공적으로 출현해 신속 확장되었다. 현단계에서 60%의 부품은 국내에서 제조된 것이어서, 트렁크 한 개의 평균비용을 현저히 인하시켰다; 국내수요의 약 50%도 국내생산으로 만족시켰다. 성공적으로 자기 발견한 또 다른 하나의 산업은 2010년 12월에서야 갓 시작된 텔레비전 조립업이었다. 이 두 가지 산업은 미래에 모두 빠르게 확장될 수 있는데, 정부가 금융촉진 등과 같은 수단을 통해 그 규모 확대를 촉진한다면, 수출품이 될 가능성도 있을 것이다.

이 분석에 근거하면, 나이지리아는 어느 산업이 잠재적 비교우위를 가졌는가

위에서 세 가지 표준을 사용해 개입목표가 될 수 있는, 고성장과 취업 잠재력을 갖춘 산업을 선별할 수 있다. 먼저, 고속성장하고 있으며, 나이지리아와 유사한 요소부존 구조를 가지고, 1인당 평균GDP가 나이지리아의 100-300%보다 높은 참조국가 중에서 왕성하게 발전한 무역품 산업을 확정한다. 그 다음, 나이지리아의 수입을 분석하여 소량의 투자만 필요하고, 규모경제 한계 때문에, 국내에서 생산 가능한 상품을 확정한다. 마지막으로, 국내에서 이미 성공적으로 자기 발견을 실현했거나 성장이 신속했지만, 비교적 큰 취업영향력이 있으면서 더 빠르게 성장할 수 있는 산업을 찾아낸다.

제1조의 표준에 근거해, 우리는 부존구조가 유사한 참조국가 중에서 진일보한 분석이 필요한 7개 산업이 있다고 생각하는데: 운동화를 포함한 신발류; 방직품; TV리코더(TV recorders); 수산품; 자동차 부품; 식물유; 화학비료가 있다. 이밖에 오토바이; 육류 및 육제품, 오일시드(oil seeds); 화학비료, 석유제품; 피혁; 여행용품; 사무실 설비; 의약제품; 유기화학 제품도 있다.

제2표준에 근거해, 다음의 4개 산업은 주요 관심을 받아야 하는데: 자동차부품; 컬러TV; 타이어; 금속제조업이 있다.

제3표준은 이미 신속 성장하고 있는 산업에 역점을 두고 고려하여 나온(yield) 목표산업과 앞의 두 가지 표준으로 선별해(identify) 얻은 것이 약간 다른데, 그것은: 경공업(light manufacturing), 식품가공업, 육류 및 가금류(meat and poultry), 팜유와 쌀, 텔레콤, 피혁, 도소매업과 건축업이다.

나이지리아는 자연자원이 풍부한 국가인데, 특히 석유, 천연가스가 풍부하지만, 고체광물도 아주 풍부하다. 이와 관련된 산업은 특히 정제 석유 제품, 석유화학 제품, 화장품과 플라스틱인데, 현재 나이지리아에서는 활성화돼 있지 않다. 하지만, 이들 상품이 현재 대량수입 되고 국내원자재 공급이 충분한 것을 감안하면, 상세한 가치사슬 분석법 (detailed value chain analysis)을 사용하여 나이지리아에서 이들이 비교우위가 있는지 여부를 평가해야 한다.

상술한 목록 중에서 어떻게 목표산업을 얻을 것인가? 중요한 표준은 업종의 성장과 취업창출 잠재력, 개인부분 능력성장의 가능성 및 공공부문의 규제(regulatory) 틀이다. 이들 문제는 최종적으로 상세한 가치사슬 분석으로 해결할 수 있는데, 방법은 칼럼1이 제시하는 것과 같다. 하지만 먼저, 하나의 초보적 유사성으로, 앞에서 제기한 아프리카 경공업에 관한 보고서에서 개발된 일련의 사전 심사기준(a set of prescreening criteria)을 사용해 목표업종을 선발하면, 선택범위를 축소할 수 있다.

첫째, 대규모 자본투입이 필요하지만 국내시장이 협소한 산업은 제외해야 하는데, 나이지리아는 자본 충족형 국가가 아니며, 최초에 성공할 가능성이 있는 산업이 국내시장 수요를 만족시키는 산업이 되어야 하기 때문이다. 둘째, 목표산업은 참조국가에서 주로 중소기업으로 구성되어야 하는데, 대형기업이 나이지리아에서 보편적이지 않기 때문이다. 하지만 외국인 대규모 직접투자에 유리하도록 나이지리아의 상업환경이 개선될 수 있음을 감안해, 우리는 참조국가 안의 대기업에서 생산한 상품을 고려할 수도 있다. 셋째, 각 상품에 대해서, 국내시장에 모두 공급사슬이 존재해야 한다. 넷째, 국내시장이 원자재를 공급하거나 원자재를 아주 쉽게 수입할 수 있다. 다섯째, 노동기능은 전환이 쉬워야 한다.

표4.10은 사전 선택에서 얻은 산업이 상술한 표준에 부합한지 비교했다: 도소매업과 건축업은 여기에 포함되지 않았는데, 이 두 가지 산업은

기타 국가 모방에 기대어 시작할 수 없기 때문이다. 하지만 이 두 가지
산업은 정부의 목표를 가진 개입에 혜택을 받을 수 있어서, 이는 더 높
은 수요반응에 더 민감하여, 취업강도가 더 높게 된다.

　대다수 산업은 모두 사전 선택 표준에 부합하여, 성장잠재력이 있고
실행 가능성 표준에 부합한다. 주의할 만한 예외는 운동복이 있다: 국내
시장에서 원자재 PVC를 얻을 수 없어, 비교열세를 야기해 이미 국내생
산의 중단을 초래했다. 그 산업경쟁력의 제고는 국내 화공산업의 구축

〈표 4.10〉 고성장 잠재능력 하위부문 선별의 표준

상품군	표준1: 상품에 필요한 자본투입은 비교적 적고, 국내시장이 비교적 크다.	표준2: 상품은 참조 국가에서 중소기업이 생산한다.	표준3: 나이지리아가 부분 요소부존을 갖고-국내시장에 공급사슬이 존재 한다(원자재는 국내자급이거나 수입일 수 있다); 노동력 기능 전환이 쉽다.
신발류, 운동화, 여행가방을 포함	그렇다	그렇다	피혁공급사슬을 가지고 있지만, 운동화 생산에 필요한PVC가 부족하다. 가죽신발과 여행가방은 이미 생산되고 있으며, 성장은 강세이다.
텔레비전 전자	그렇다	일부 지역은 그렇다	원재료 수입이 편리하지만, 고기능 생산은 아니다.
타이어와 자동차 부품	그렇다	그렇다	고무 및 관련 공급사슬을 소유했다. 국제적 회사가 나이지리아에서 아주 활성화 됐다.
식물유, 수산양식, 팜유와 쌀; 식품가공, 육류 및 가금류	그렇다	그렇다	그렇다
오토바이와 트랙터	그렇다	그렇다	그렇다
화학비료, 석유화공과 유기화공품	그렇다	아니다	나이지리아는 풍부한 석유와 천연가스가 있다. 노동력 기능은 전환할 수 있다.
경공업	그렇다	그렇다	그렇다. 국내생산이 활성화되었고, 이미 관련기술 노동자가 있다.
피혁	그렇다	그렇다	그렇다
약품	그렇다	그렇다	그렇다
판지	그렇다	그렇다	그렇다

자료출처: 세계은행(2011).

에 달려있을 것이다. 이와 같이 참조국가에서의 화학비료, 화공상품과 텔레비전은 중소기업에서 생산하는 것이 아니지만, 유리한 조건을 만든 다면, 외국인 직접투자는 나이지리아에서 대형기업(합자기업을 포함)을 설립할 것이다.

제2보, 나이지리아는 이들 산업에서 기본임금의 경쟁력을 고찰하여, 나이지리아가 후발우위가 있는지 여부를 판단해야 한다.

표4.11은 중국, 베트남과 나이지리아의 업종에 따라 분류한 임금 데이터를 요약했다.

이들 데이터가, 상술한 산업 중에서, 나이지리아는 저렴한 노동력이 야기한 상대적 비용우위가 있음을 증명했다.

〈표 4.11〉 각 업종 평균임금(복지포함)

(달러)

부문	숙련노동자					비숙련노동자				
	나이지리아	에티오피아 (독립생품 분석)	에티오피아	베트남	중국	나이지리아	에티오피아 (독립생품 분석)	에티오피아	베트남	중국
식품	135	82	89-141	181-363	398-442	87	45	26-52	78-207	192-236
의류	85	82	37-185	119-181	331-370	54	48	26-48	78-130	237-296
방직	120	71				71	20			
기계 및 설비	163					125				
화공	212					127				
전자산업	119					79				
비금속 광공업	106					66				
목재, 목제품 및 틀가구	102	151	81-119	181-259	393-442	67	35	37-52	85-135	206-251
금속 및 금속상품	107	181		168-233	265-369	82	89		117-142	192-265
기타 제조업	130	154				87	67			

자료출처: Nigeria - Productivity and Investment Climate Survey, 2009; Ethiopia Investment Climate Survey, Manufacturing 2006(보고값은 샘플 평균값을 재택); Others - Light Manufacturing in Africa(2001), vol Ⅱ(보고값은 샘플기업이 보고한 데이터 평카를 재택).

주: 에티오피아는 또 다른 하나의 아프리카 국가로서 도표에 포함돼 나이지리아의 참조로 삼았다.

어떻게 목표 가치사슬의 성장을 촉진할 것인가

상술한 목표산업 확정방법을 제기한 것 외에, GIFF는 또한 일련의 목표산업 성장을 촉진할 수 있는 단계(steps)를 확정했다(identity). 상술한 바와 같이, 가치사슬 분석이나 하우스만, 로드릭, 벨라스코(Hausmann, Rodrik and Velasco(2005))가 제기한 성장진단 연구법을 통해, 정부는 이들 기업의 상품품질 향상 장애요소나 업종진입의 장애요소 선별을 시도할 수 있다. 이 밖에, 정부는 일부 구체적 조치를 채택해, 제1보에서 선별한 비교적 고소득 국가의 기업이 이들 산업에서 투자를 진행하도록 장려한다. 이 밖에, 공공시설이 낙후되고 상업환경이 비교적 좋지 않은 (unfriendly) 개발도상국가에서, 정부는 공업단지나 수출가공 구역을 설립할 수 있다. 이들 공업단지나 수출가공 구역은 통상 전문적으로 IT나 경공업 같은 일부 부문이나 업종에 편리한 조건을 제공하면서 종종 기존산업 클러스터를 중심으로 구축된다. 마지막으로, 정부는 제1보에서 찾아낸 관련산업의 국내 선도기업이나 국외투자자에게 일정한 인센티브 메커니즘을 제공하여, 그들의 투자로 창출한 비경쟁적 공공지식을 보상한다. 구체적 방법은 기업 소득세 혜택기간, 직접적인 세수혜택이나 주요 설비를 수입할 외환준비금의 우선 취득권리를 포함할 수 있다. 문헌 중에서, 전자의 개입유형은 소프트산업 정책으로, 후자는 하드 산업정책으로 지칭된다.

계속해서, 목표 가치사슬을 제약하는 주요요소 및 나이지리아의 구체적 상황에 맞게 어떤 구체적 조치를 채택할 수 있는지 계속 논의할 것이다. 기존의 가치사슬 연구는 이러한 가치사슬 성장의 구속적 제약조건을 다수 분석했다[9] 이들 구속적 제약조건은 대략 5가지로 구분된다. (1)

---

9) 2010년 8월 아부자(Abuja)에서 열린 업무정상회담은 각 가치사슬 성장의 중요한 구속적 제약조건을 확정했다. 정부부문과 개인부문이 이들 구속적 제약조건을 어떻게 완화할지에 관해 하나의 양해각서를 체결했다. 이들 조치는 그 후 정부의 비준을

실물 기반시설, 특히 전력과 도로의 부족; (2)상업환경(번거로운 절차); (3)융자채널 부족; (4)시장수요에 적응하는 기술과 직업교육 체계 부족; (5)제한적 무역정책. 첨부된 표는 각종 구속적 제약조건 및 채택 가능한 조치를 요약했다.

각 제약의 구체적 대응조치는 다음과 같다:

• **실물 기반시설(Physical Infrastructure)**: 전용전력과 운송노선을 갖춘 공업단지를 구축한다. 이미 고도로 집중된 전망 있는 가치사슬이 있으며, 아주 높은 성장 잠재력이 있는 지역에 독립 발전소(IPP: independent power plants) 건설하여, 정부가 긴밀하게 합작하는 산업은행을 통해 진행할 수 있다.

• **비지니스 환경**: 선택적으로 일부 정부 주요부문에 일정 권력을 부여해 주는데, 그 예는 나이지리아 표준기구(Standards Organization of Nigeria, SON)이며, 그 직능은 품질표준 실시, 비지니스 라이센스 발행개혁과 토지 거래가 있다.

• **기술과 직업교육 및 훈련**: 나이지리아의 기술교육위원회가 제안 구축한 기업혁신 기구(Innovation Enterprise Institutions, IEI)를 통해 성장부문과 기능발전을 연결시킨다. 국가직업 자격인증(National Vocational Qualification) 틀을 구축과, 국가 청년서비스 계획(National Youth Service)에 협조는, 청년단체 참여자가 자질에 맞는 직업을 찾을 수 있게 한다. 업종협회(trade associations)를 통해, 전통적 견습생 훈련표준의 발전과 채택을 장려했다.

• **융자채널**: 토지분배 제도개혁을 통해, 담보대출 취득 가능성을 높이고, 담보대출 융자를 촉진한다. 우대이율로 직접신용대출 계획을 도입한다.

• **무역정책 개혁**: 수입금지령과 고 관세는 많은 가치사슬의 경쟁력에

받고, 현재 실시 중이다.

대한 나쁜 영향이 있다. 관세를 사용해 최대 성장잠재력이 있는 일부 부문에 대한 마이너스 영향이 있는 수입금지령을 대체하는 것은, 몇 가지 산업의 발전에 대해 아주 유리할 것이다. 여전히 발전시켜야 할 고성장 잠재력을 가진 일부 부문에 대해, 적당한 보호를 채택하는 것은 여전히 필요하다.

각 부문의 주요제약

정부와 개인부문의 제일 중요한 도전 중 하나는, 일단 완화되면 산업발전을 최대로 촉진할 수 있는 제일 중요한 제약을 찾아내는 것이다. 첨부된 표에서는 각 가치사슬의 제약요소 및 이들 제약요소를 어떻게 제거해야 할지 열거했다. 다음은 라고스의 기업가들과 회담에서 얻은 일부 발견을 토론할 것이다. 전력부족은 거의 모든 업종에 존재하는 제약이기 때문에 특별히 언급하지 않았다. 나이지리아 정부의 급선무는 공업단지에서 단독발전소의 문제를 해결하여, 높은 전력비용 해결의 주요방법으로 삼는다.

일반적으로, 기업가들은 더 큰 수입관세 보호를 얻기를 바란다. 과거에 나이지리아는 고 관세와 수입금지령을 통해 지속적으로 국내산업에 대한 보호를 진행해왔다. 하지만 국내생산 개선이 실현되지 못한 것은, 생산율을 높이는 중요한 제약요소가 여전히 해결되지 않았기 때문인데, 특히 전력부족의 문제였다. 이런 환경에 대해 계속해서 보호하는 동시에, 정부는 점진적으로 보호무역을 취소하고, 포괄적 조치로 일부 중요한 구속적 제약조건을 해소하는 것을 약속해야 한다. 즉, 단독 발전소를 건설하여, 수입제조업을 위한 신속처리 창구(fast-track window)를 설립하고, 중요한 가치사슬인 융자채널을 편리하게 하기 위해, 일부 구체적 금융개입조치를 채택한다. 관세를 이용하여 수입금지령을 대체해야 하는데, 수입금지령은 대부분 시행될 수 없었고, 밀수를 조장했을 뿐이라는 사실이 증명됐다.

식품가공(과즙, 육류 및 가금류, 국수, 스파게티와 토마토 페이스트를 포함)은 근래에 아주 큰 성장을 이뤘고, 생산자는 더 나은 성장전망에 대한 믿음이 충만하다. 토마토페이스트 생산업체는, 국내 토마토 생산량이 비교적 큰 성장을 이룬다면, 이 업종의 성장잠재력을 아주 크게 높일 것이라고 밝혔다. 이밖에, 연구개발 인센티브, 수출 확대 보조금(EEG:Export Expansion Grant) 전면적 추진, 종자배포 협조와 같은 정부의 구체적 인센티브 정책으로 생산을 더 확대하도록 할 것이다.

건축업은 취업기회를 창출하는 데에서 아주 큰 잠재력이 있다. 이 산업의 신속한 성장의 가장 주요한 제약 중 하나는 담보대출 융자를 받기가 어렵다는 것이다. 토지 거래과정 개혁과 담보대출 관련 금융도구 발전과 같은 이들 구체적 개입조치는 이런 융자 취득가능성을 개선하여, 그 산업발전을 아주 크게 촉진할 수 있다. 이밖에 이 산업은 또한 숙련노동자 부족문제로 고전하고 있다. 이 문제에 맞는 개입조치는 직업훈련의 질을 대폭 상승시키는 것인데, 이는 청년실업을 감소시키고 건축기업의 비용을 인하하는데 도움이 될 것이다.

오토바이, 트랙터와 텔레비전 조립업은 빠르게 확장될 것이다. 주요 제약은 무역 협조부족(수입과정의 지연을 초래) 및 생산을 확대할 충분한 토지를 취득할 수 없어, 제조업체가 규모의 경제에서 이득을 얻을 수 없게 하는 것이다.

컴퓨터 조립업도 빠르게 발전 중이다. 노동자 기능부족 문제 해결에서 정부와 개인부문의 합작은 비용 인하에 관건이 된다. 이밖에 정부는 대학과 기타 학교가 광대역 인터넷 접속을 채택하도록 추진할 수 있다.

수입상품에 비해 경쟁력이 부족하기 때문에, **타이어 산업**은 해마다 쇠락을 겪으며 2008년에 생산을 중지했다. 생산율을 제고하는 주요 제약은 다음을 포함한다: (1)천연가스로 단독 발전소의 운영을 보장해야 한다; (2)블랙카본(black carbon)(타이어 생산의 주요 투입품)을 얻기 쉽도록 와리(Warri)의 정제공장(refinery)을 개조해야 한다; (3)거액 채무문제를 해결할 긴급 구제자금(bail-out fund)이 필요하다. 니제르 삼각주(the Niger Delta)의 소동으로 인해 천연가스 공급이 중단되었다. 동시에, 정제공장 개조는 제때 완성되지 못했다. 정부자금 투입은 특히 기타 조치와 함께 한다면, 그 업종을 구제하는 관건으로서, 와리의 정제공장 재건과 대출우대(개인계약자와의 성과협의에 기초한)를 포함한다.

금속업은 전력부족 문제와 국외에서 발생한 가격경쟁으로 고전했다. 이런 상황에서도 주철(cast iron), 망간강 같은 생산의 어떤 부분은 이미 크게 발전했는데; 알루미늄 등과 같은 기타 부문은 계속해서 쇠락하고 있다. 주요장애는 전력공급 외에, 관세청이 수입원자재의 통관수속 과정을 지연시키는데 있다. 하지만, 이 산업성장의 제일 중요한 도전은 여전히 전력부족이다.

이들 조치실시 시 어떻게 거버넌스 이슈(governance issues)를 해결할 것인가

산업정책에 대한 아주 중요한 비평 중의 하나는 엘리트들이 정책개입 효과에 손해를 주는 방식으로 개입권의 잠재적 가능성을 통제한다는 것이다. 나이지리아는 거버넌스 이슈에서 성과가 아주 좋지 않았고, 오랫동안 글로벌 부패지수 순위(the global Corruption Perception Index)에서 꼴찌에 가깝다. 이런 상황에서, 중요한 것은 일부 원칙을 확립해, 정부가 이들 정책조치를 실시할 때 거버넌스와 관련된 이슈를 적당히 처리하게 하는 것이다. 기타 국가의 경험에 근거해, 다음 조치는 아마도 정부가 거버넌스 측면에서의 성과를 높일 수 있을 것이다:

• 공개된 과정을 통해 합의에 도달하고, 이들 합의에 도달한 조치를 실시할 때 대중들이 계속해서 따라가게 해, 투명성과 책임메커니즘 (accountability)을 최고로 보장할 수 있다. 예를 들어, 먼저 하나의 고위

층 업무 회의를 열어, 주요산업의 개인부문 대표와 정부대표가 특정부문 발전을 촉진하는 중요한 개입조치에 토론을 진행하여 일치된 의견을 얻게 하는데, 선별기준과 그에 맞는 실행 메커니즘을 포함한다. 그 후 이들 양해각서를 공개 발표하고, 공개포럼에서 정기적으로 그 집행상황을 토론하여 심사한다.

• 협의는 예상결과를 상세히 설명해야 한다. 이밖에 또 규정해야 할 것은, 예상결과가 실현되지 않았다면, 개입조치는 취소되어야 한다.

• 개입정책의 규모통제는 투명도와 책임 메커니즘을 진일보하게 증가시킬 수 있다. 비교적 소규모 개입조치는 대규모 개입보다 더 높은 투명도를 가질 수 있다. 이는 엘리트가 개입을 통제하는 잠재적 가능성과 정부보조금과 기타 보호정책의 지대추구 공간이 정비례이기 때문이다.

• 업종의 선택은 정부가 진행하는 것이 아니라(칠레의 예처럼), 자문회사에 위탁할 수 있다.

결론

본장의 목적은 고 성장과 취업잠재력이 있는 업종을 선별하고, 일부 개입조치를 확정해 이들 업종의 성장이 직면한 구속적 제약조건을 제거한다. 본장의 결론은 많은 산업이 - 어떤 산업은 이미 나이지리아에서 상당히 활성화 돼있고, 어떤 것은 새로운 산업 - 성장과 취업창출에서 아주 큰 잠재력이 있을 수 있는데, 이들 산업에 대해 상세한 가치사슬 분석을 진행해, 어떤 개입조치가 나이지리아에게 경쟁상대와 효율적 경쟁을 전개하도록 할 수 있는지 확정해야 한다. 선정된 성장을 촉진하는 경제조치는 주로 다음에 집중해 있어야 하는데: (1)실물 기반시설을 제공, 특히 전력, 급수와 오수처리; (2)상업환경 개선; (3)맞춤형 직업교육과 훈련의 발전; (4)경제에 대한 규제개선; (5)무역정책 개혁; (6)선정된 부문에 세수 인센티브, 융자채널과 외화획득 채널제공이 있다.

이들 개입조치를 실시하는 동시에, 아주 중요한 점은, 위에 언급한 양호한 거버넌스를 지원하는 일련의 조치를 채택하는 것이다. 이렇게 여러 가지를 병행해, 나이지리아가 강력한 성장을 유지하고 성장의 취업에 대한 견인작용을 제고하는데 유리한 위치에 있을 수 있다.

〈표 4.A1〉 각 영역 성장제약, 개입조치와 예상결과

잠재력이 있는 부문	성장제약	개입조치	자료풀 자생산물의 노동력 투입	융자	배려성 무역 정책	상품표준 규제시행 효과 부족	환경보존 조치와 시행부족	신뢰성 없으며 고비용인 기반시설	자료풀의 물류 및 관련조직 절차	인가 군연 행정 절차	기술과 정보 비대칭성
신뢰할 수 없으며 고비용인 기반시설 서비스(전력 급수와 운송을 포함; 물류가 원활하지 않고, 관련조작(Handling)이 불량하고; 후진적인 화물운송 서비스 체계		정부부문과 개인부문이 긴밀하게 합작하여, 전력부문과 기타 주요 기반 시설 영역의 개혁을 진행한다(관제와 규제개혁).						X			
		이미 고도로 집중된 전망 있는 가치 사슬을 갖든, 고성장 잠재력이 있는 지역에 단독 발전소를 설립한다.							X		
부동산과 건축업: 수요가 계속해서 성장하고, 신흥 중산계급이 이 업종에 영향 한 상속공간을 가져다 준다.		관세를 이용해 주요 투입품(예로 철근의 수입금지령을 대체)(15% 관세는 정상부역의 인센티브를 최대화 할 것이다).			X						
		세관절차 개혁으로, 리스크에 기반 한 통관수속 서비스를 포함한다.									
		행정개혁 방안을 착수해 관련기구의 업무절차를 간소화하여 승인과정을 빠르게 한다.							X		
	번거로운 행정절차, 계획 승인과 건축하가; 부담스러운 상업규제 조례로, 수출수당 포함	병목에 기반해, 신물을 기용인 공정도(process mapping)와 우선도(stream-line)분석을 통해 업무과정을 재설계하거나 개혁한다.									
		준비/설계 단계에서, 강대한 기술지원을 제공하고 이후 이해관계자들(stakeholders)과 긴밀하게 합작하여 실시한다.									

잠재력이 있는 부문	성장제약	개입조치	자금조달 자원산물의 노동력 투입	융자	왜곡성 무역 정책	생산표준 규제시행 효과 부족	환경보호 조치와 시행부족	신뢰성 없으며 고비용인 기반시설	자료물의 물류 및 관련조사	반거 문안 행정 절차	기술과 정보 비대칭성
	질 낮고 저 생산율인 노동력 투입: 숙련공무부족, 직업훈련 부족, 비숙련노동자 생산율이 낮음	"기업혁신 기구(Innovative Enterprise Institutions)"를 이용해 훈련을 진행하도록 시도한다. 새롭게 설립하여 기존의 고등직업 대학을 강화해, 비숙련, 비정규 노동력의 훈련제를 증가시키는데, 실습 프로그램을 포함(예로 라고스의 건설업에 맞는 "우수직원 직업훈련센터")	X								
	상품표준 시행 효과가 부족: 나이지리아 표준 기구(SON), 현지 도시계획구	역량 구축 프로그램(capacity building program)을 실시해, 관련당국이 건설업종의 질과 안전 표준에 대한 검사를 강화한다.					X				
	담보매출 시장이 발전이 불충분	토지거래 제도의 개혁과 금융업 발전을 통해, 담보매출과 관련 금융서비스의 발전을 촉진한다.		X							
	비교적 부족한 환경보호 실천과 시행: 건축과세 처리절차가 부적당	환경보호 부문에 기술지원을 제공하여, 그 자원수준과 전문기능을 높이며; 각 관련 부문이 환경구제의 법적 책임을 지게 한다.						X			
식품가공: 소득이 지속적으로 증가하여	수입금지령은 현지 원자재 비용이 비교적 높게 해, 상품가격이 높고 경쟁력이 없게 됨	관세를 사용하여 주요한 투입품의 수출금지령을 대체하여, 세관업무 절차를 개혁하는데, 리스크 기반의 통관수속 서비스를 포함한다.		X							

정책력이 있는 부문	성장제약	개입조치	자본집 자본(생산물의) 노동력 투입	융자	왜곡성 무역 정책	상품표준 규제시행 효과 부족	환경보호 조건와 시행부족	신뢰성 없으며 과용인 기반시설	저층운이 물류 및 관련조차	변가 문은 행정 절차	기술과 정보 비대칭성
알코올과 비알코올 음료, 가공 식품의 수요증가 자극	협조실패로, 가공자와 생산자 간의 연결이 비교적 약함	산업협회를 구축하여, 정보와 지식이 중소기업에 전달되는 문제를 해결한다.									X
		행정개혁 방안을 착수해 관련기구의 업무절차를 간소화하여 승인과정을 더 빠르게 한다.									
	부담스런 행정절차: 토지 등기	법률에 기반해, 신뢰을 기울인 공정 도와 우선도 분석을 통해 업무 절차를 재설계하거나 개혁한다.									
		준비/설계 단계에서, 강력한 기술지 원을 제공하고 이후 각 관계지들 (stakeholders)과 긴밀하게 협작하 여 실시한다.									
	물류가 원활하지 못하고 관련조자이 부족하다; 각 지역에 분포된 소농장이 모 가는 농촌로 상황이 좋지 않고, 취급과정이 부적당은도조정이 없고, 포장이 부적당하고, 보관이 부적당; 낙후된 화물운송 서비스 시스템; 상업환경 부족(전력, 급수와 도로); 대용향 식품 가공 능력을 가진 공업단지에 단독발	식료부문에서 종합물류 방안을 시 행한다; 농장 때문에서 시작하여 가 공단계까지(농장저장, 운송, 도매시 장, 농촌도로, 가공업자에게 운송포 함), 완비된 온도 조절설비를 제공 한다.									

4. 성장선별 및 맞춤형 성장촉진 틀의 응용   403

잠재력이 있는 부문	성장제약	개보조치	저품질 자생산물의 노동력 투입	융자	외부성 무역 정책	상품표준 규제시행 효과 부족	환경보호 조치와 시행부족	신뢰성 없으며 고비용인 기반시설	지료율의 물류 및 관련조직	법규 운영 행정 절차	기술과 정보 비대칭성
	전소와 기타 관련 기반시설이 없음	"기업혁신 기구(Innovative Enterprise Institutions)"를 이용해 훈련을 진행하도록 시도한다						X	X		
	숙련노동자 부족: 식품가공 직업 기술 훈련을 강화하도록 지원; 질 낮고 생산물이 낮은 노동력 투입; 숙련노동자 부족, 직업기기술 훈련 부족, 비숙련 노동자 생산물이 낮음	새롭게 설립하고 기존의 고등직업 대학을 강화하여, 비숙련, 비정규노동자의 훈련 채널을 포함(예로 라고스의 실습교프로그램을 포함한(예로 "우수 직업 훈련 센터"); 나이지리아 제조업 협회(MAN)와 중소기업협회(NASSI)를 이용하여 개인부분 개입에 확장된 서비스를 제공한다.	X								
		종교와 전통실천을 겸한 국내부표 그룹 소계지에(예로 두바이), 말레이시아, 남아프리카에서, 무슬림이 경영하는 도살장 기술고문센터을 파견한다.					X				
	상품표준 시행이 부족하다: SON, 국가농업부, 수의사 서비스, 가축과 기타 류 서비스, 농정서비스, 병충해 방지, 어장서비스; 식품과 약품관리국(NAFDAC).	역량 구축 프로그램을 실시해, 관련 당국어 능력, 가축 기금류와 식품공예에 대한 품질과 안전표준의 검사를 강화한다; 특히 농업부, 위생부와 NAFDAC등 식품염증 검사부문의 긴밀한 협력에 협조하는 것이다.									

정책력이 있는 부문	성장제약	개입조치	자본질 자생산물의 노동력 투입	융자	왜곡성 무역 정책	상품표준 규제시행 효과 부족	환경보호 조치와 시행부족	신뢰성 없으며 고비용인 기반시설	저효율의 물류 및 관련조치	반기 문의 관정 행정 절차	기술과 정보 비대칭성
	비교적 부족한 환경보호 실천과 시행; 공공 도심장의 등물 배설물 통제 부족	환경보호 부문에 기술지원을 제공하여, 자원순환과 전문가능을 제고 하며; 관련 각 부문이 환경규제의 법적체임을 지게 한다.						X			
육류 및 가금류: 도시화, 신흥 중산계층과 고소득 탄력성은 육류의 수요를 늘였으며; 패스트 푸드 및 양 증은 중요한 수요 요인(성임)	도산장 기능발취 부족	도산장을 민영화한다.					X				
	수입금지령은 국내생산 경쟁력을 약화시킴	육류 수입금지령을 취소한다.			X						
	공공부문 능력이 약한데, 특히 수의사 서비스 및 기타 지원적 서비스 부문	주요 정부부문에서 맞춤형 역량 구축을 추진한다.					X				
	기술선택과 가격정보	기술증진과 기구설계에 대한 지원을 제공한다.			X						
	융자제약	소규모 기업 단기매출 채널을 확대한다.		X							
수산양식: 비교적 낮은 기수(基數)에서 가하여, 수요성 장을 반영	특수품 공급과 상업발전 서비스	기반시설, 기술과 정보시스템 개선을 통해 상성영역 이해관계자들의 역량(capacity)을 높인다.			X						X
	신뢰할 수 없는 고비용 기반시설 서비스(전력, 급수와 운송을 포함), 관련 조사이 부족하지 않고, 관련 분포된 소 농장으로 가는 농촌 도로 상황이 좋지 않음	이미 고도로 집중된 전망 있는 가치 사슬이 있으며 고성장 정책력을 가진 지역에 단독발전구를 설립한다.						X	X		

잠재력이 있는 부문	성장제약	개혁조치	자금조달 자생산물의 노동력 투입	융자	왜곡성 무역 정책	생산표준 규제시행 효과 부족	환경보호 조처와 시행부족	신뢰성 없으며 고비용인 기반시설	자료품의 물류 및 관련조치	법규 준수 행정 절차	기술과 정보 비대칭성
고품질이며, 국 제시장 잠재력 이 있는 상품은 업그레이드가 필요하다	왜곡된 무역정책에 더 영 향인 국정통제가 더해져 관세 서: 요소투입품의 수입금 감 세, 국내상품을 보호하 는 관세와 기타 세수: 허 술한 점이 많은 국정선은 무역정책의 효과를 훼손 한다	관세를 이용하여 주요 투입품이 수 입금지대상을 대체한다(15%의 관세 는 정식 무역의 인센티브를 최대화 할 것이다). 세관업무절차를 개혁하는데, 리스 크 기반의 통관수속 서비스를 포함 한다. 행정개혁 방안을 착수해 관련기구 의 업무정차를 간소화하여 승인과 정을 더 빠르게 한다.			X						
피혁: 번거로운 행정 절차: 부담 스러운 상업규제로서, 수 출할때 보조금(EEG)을 포 함	법률에 기반해, 심법을 기업인 공정 도와 순환도 분석을 통해 업무과정 을 재설계하거나 개혁한다. 준비/설계 단계에서, 강력한 기술지 원을 제공하고 이후 관련된 각 부문 과 긴밀하게 합작하여 실시한다.									X	
질 낮고 저 생산률인 노동 력 투입: 숙련공부족, 저 임훈련 부족, 비숙련노동 자 생산률이 낮음	"기업혁신 기구"를 이용해 훈련을 진행하도록 시도한다. 새롭게 설립하고 기존의 고등직업 대학을 강화하여, 비숙련, 반정규노 동력의 훈련 채널을 증가시키는데, 실습교프로그램을 포함한다(예로 다 교스의 견습원에 맞은 "우수직원 직 업훈련 센터").	X								

잠재력이 있는 부문	성장제약	개입조치	자본질 자생산물의 노동력 투입	융자	왜교성 무역 정책	상품표준 규제시행 효과 부족	환경보호 조치와 시행부족	신뢰성 없으며 고비용인 기반시설	저효율의 물류 및 관련조직	반거 곤란 운영 행정 절차	기술과 정보 비대칭성
		종교와 전통성신켱을 겸한 국내무표 그룹 소제지에(예로 두바이, 말레이시아, 남아프리카에서, 무슬림이 경영하는 도살장) 기술고문님을 파견한다.									
	비교적 부족한 환경보호 실 처리 및 시행; 피혁공장은 화학폐기물에 대한 처리가 부적당(뭇 중에 3포은 화학품 처리설비가 없음)	환경보호 부문을 위해 기술지원을 제공하고, 자원수출과 전문기능을 높임; 관련 각 부문에서 환경 규제의 범적제임을 지게 한다.					X				
	상품표준 집행이 부족; 수의사 서비스 가축 기급부 서비스	역광 구축 프로그램을 실시해, 농축산업 상품 품질과 안전 표준 부문의 검사합동을 강화한다.					X				
정보와 통신기술: 기타 부문의 통신비용과 거래비용을 인하하며 기타 부문 생산력을 높일 수 있는 관건임; 금융부문과 밀접하게 관련되어 있고, 시장이 넓어 외국투자자에게 흡인	정책과 규제 개혁: 나이지리아 통신협회(NCC)가 발행한 새로운 허가증으로 끌어들인 운영자로 인해 시장용량을 조과하게 됐다; 스페트럼 관리 체제을 명포할 필요가 있다; 합리적 서비스 요금수준을 평가하는 능녀이 부족하며; 법체를 기관의 역할이 명확하지 않다.	통신부문에서 역광 구축 프로그램을 실시하고, 새로운 규제 간소화를 실시한다.									

잠재력이 있는 부문	성장제약	개입조치	자원집약적 자원생산물의 노동력 투입	융자	외부성 무역정책	상품표준 규제시행 효과 부족	환경보호 조치와 시행부족	신뢰성 없으며 고비용인 기반시설	자료욕의 물류 및 관련조치	변가 문의 운영 행정 절차	기술과 정부 정부 비대칭성
잠재력이 있음; 최근 경쟁력 제고 생산물 제고와 생산물 혁신을 야기 했음 자역특자의 기회 였고, 언어기능을 웹 센터 개선이 가능하게 함	시장실패가 존재해, 제무 융자와 주식융자 채널이 원활하지 않게 함	텔레콤 부문의 특수 금융상구를 개통한다.		X							
	기술 노동자 부족	맞춤형 훈련을 추진한다.	X								
	원자재 비용이 높음 (경쟁력이 없는 첨강상품)	관세를 이용해 수입 금자령을 대체한다.			X						
경공업 (금속, 목재가공과 가구제조): 건축업종에서 지속적으로 증가하는 수요가 구조목제와 철강상품에 대한 수요를 지속적으로 증가하게 한다.	기술노동자 부족	맞춤형 직업훈련을 추진, 특허 기업혁신 기구(Innovative Enterprise Institutions)를 통해서 추진한다.	X								
	현지 정부부문의 정제 실책은 공공투자를 낮게 함	산업클러스터 지역의 에너지 수요는 단독발전소를 통하여 제공하고 전문적 급수와 전용도로를 제공한다.							X		
	정보채널이 균일하지 않은데, 특히 소상공인(micro and small business) 정보채널이 부족	업종협회가 업종의 시장 정보유통을 증가시켜야 하고, 성공한 혁신적 정보를 공유하여 기술정답 기구를 개선한다.										X
	융자채널이 부족	단기대출을 취득하는 정보를 증가 시킨다.		X							
타이어	융자채널	긴급구제기금을 구축하는 첫을 고									

경쟁력이 있는 부문	성장제약	개입조치	자품질 재생산물의 노동력 투입	융자	왜곡성 무역 정책	상품표준 규제시행 효과 부족	환경보호 조치와 시행부족	신뢰성 없으며 고비용인 기반시설	자료율이 물류 및 관련조직	먼거리운 행정 절차	기술과 정보 비대칭성
	전력과 급수 기반시설	권하여 이자혜택으로 일정액의 신용대출을 제공한다.									
		단독발전소를 건립한다.									
	불체가된 부족으로 와리 정체공장은 운행을 회부한다 없음	와리 정체공장의 운행을 회부한다.									
자동차 부품 생산, 오토바이 조립	노동자 기술수준을 엄고 메이도	훈련비용을 인하한다.									
	에너지와 급수의 기반시설	공업단지에 단독 발전소를 건립한다.									
	통관수속 절차	제조업의 빠른 통로를 개설한다.									
약품	제조상이 너무 작고 너무 분산되어 경쟁력이 부족	인수합병(merger and acquisitions)을 장려한다.									
컬러 텔레비전 수신기	통관수속 절차	제조업체를 위한 빠른 통로를 구축한다.									
	토지의 취득	토지취득을 위한 편리를 제공한다.									

자료출처: 세계은행 / DFID(2008).

참고문헌

Bevan, David, Paul Collier, and Jan Willem Gunning. *The Political Economy of Poverty, Equity, and Growth: Nigeria and Indonesia*. New York: Oxford University Press. 1999.

Bosworth, Barry, and Susan Collins. 2008. "Accounting for Growth, Comparing China and India," *Journal of Economics Perspectives* 22, no.1 (Winter): 45-66.

Hausmann, Ricardo, Dani Rodrik and Andres Velasco. 2008. "Growth Diagnostic," *The Washington Consensus Reconsidered: Towards a New Global Governance*, eds. Narcis Serra and Joseph E. Stiglitz. Cambridge, Massachusetts.

Lin, Justin Yifu. 2011. "Economic Development in Natural Resource-Rich, Labor-Abundant Countries," Let's Talk Development Blog, February 28 (http://blogs.worldsbank.org/developmenttalk/economic-development-inresource-rich-labor-abundant-economies).

Rodrik, Dani. 2010. "Globalization, Structural Change and Productivity Growth," Working Paper 17143. National Bureau of Economic Research, Cambridge, MA.

Treichel, Volker, ed. 2010. *Putting Nigeria to Work: A Strategy for Employment and Growth*. Washington, DC: Word Bank.

World Bank. 2011. *Global Development Horizons: Multipolarity: The New Global Economy*. Washington, DC: World Bank.

World Bank. Forthcoming. "Light Manufacturing-Focused Policies to Enhance Private Investment and Create Productive Jobs," Washington, DC: World Bank.

World Bank/DFID. 2008. "Nigeria Value Chain Analysis: Sector choice and market analysis report." EME consultants, London.

5

제도 변천의 경제학 이론
- 유인적 변천과 강제적 변천[1]

들어가는 말

본문은 경제학의 새로운 진전을 참고했는데 - 특히 정보경제학, 재산권, 거래비용, 유인적 혁신, 가정생산, 공공선택 등의 영역 및 국가이론에 관한 연구에서 얻은 진전으로 - 사회제도의 기능과 그에 대한 선택을 분석했으며, 제도변천의 메커니즘의 문제를 진일보하게 사고했다. 이렇게 한 목적은 제도가 우리에게 유용한 서비스를 제공할 수 있고, 우리가 "수요 - 공급"틀에서 제도선택 및 제도변천 문제를 분석할 수 있음을 설명하는데 있다. 본문은 특히 제도변천에서 국가의 중요한 역할을 강조했다.

제도와 변천에 관한 연구는 마르크스주의 경제학 중점중의 하나이다. 이와 반대로, 전통적 신 고전경제학은 현대서방 경제제도를 등한시했다 (Sweezy, 1970). 경제모델을 구축할 때, 명확한 재산권 규정, 완벽한 정

1) 저자는 록펠러(Rockefeller)기금(GAPS 8618)에서 제공한 후원에 감사를 표시했다. 본문 영문원고는 Cato Journal, 1989년제9권 제 1기, 1-33쪽에 발표했다. 중문 원고는 알. 커스(R. Coadse), 에이. 알체인(A. Alchain), 디. 노스(D. North)등의 저서에 수록되었다: 〈재산권리와 제도변천 - 재산권학파와 신제도학파 번역문집〉, 리우쉬잉(처 守英)등 번역, 상하이 산렌서점, 상하이 런민출판사 1994년판, 371-440쪽. 본문의 원본은 후좡쥔(胡庄君)번역, 문집 수록 시 장펑페이(张鹏飞), 루간진(路乾进)이 교정을 진행했다.

보와 마찰 없이 진행되는 거래 모두 종종 함축적 가설로 간주된다. 생산함수와 효용함수 특성(이른바 "고전환경"[2])에 대한 가설을 더 추가해, 우리는 복지경제학 안에서 아주 유명한 두 가지 최적성 원리(optimality principle)가 시장경제에서 실현 가능한 것을 증명할 수 있다. 먼저 완전경쟁이 존재한다면, 시장 자체가 파레토 최적(Pareto optimality)의 자원배분을 실현할 수 있다; 그 다음, 우리가 얻고자 하는 모든 것과, 기술상 실행 가능한 파레토 최적배분 모두 자유시장을 구축하고 합당한(요소) 소유제 형식 보완을 통해 실현될 수 있다. 이 상황에서 기업은 생산함수의 동의어에 불과한 것이다(Williamson, 1980). 또한 시장이 최고 효율의 자원배분 메커니즘이라고 생각되기 때문에 기타 대체 가능한 제도장치도 중요하지 않다. "고전"환경가설이 성립하지 않아서, 시장실패를 초래할 때만, 정부가 이유 있는 개입을 진행할 수 있다.

하지만, 현실에서는 상이한 제도와 시장이 동시에 병존한다. 그 예로, 대형 현대 관료주의(bureaucracy) 기업은 선택 가능한 제도로서, 생산협조와 자원배분에서 시장제도와 상호경쟁 한다. 사실상, 일종의 제도혁신으로서, 현대적 관료주의 기업이 미국경제 성장의 중요한 원천 중의 하나였고,[3] 또한 우리는 이 제도혁신을 간단하게 기업가가 독점세력을 확대하려는 욕심 탓이었다고 할 수 없을 것이다(Williamson, 1975). 정부의 기능도 이들 법률과 질서를 제공하고, 재산권을 보호하는 "최소국가"에 요구되는 범위로만 제한되던 것을 크게 넘어섰다. 상이한 제도가 제도시장에서 상호경쟁한다. 슐츠(Shultz 1968: 1114)가 지적한 바와 같이:

---

2) 이들 가설은 다음을 포함한다: 외부성, 규모경제와 규모 불경제의 비존재, 상품의 완전분리 가능성, 관련집합과 선호와 기술을 설명하는 함수를 만족시키는 분명함 (convexity)및 일부 기타 수학적 특징이다. 후르비치(Hurwicz(1972))는 이들 가설을 "고전환경"으로 종합했다.

3) 챈들러(Chandler(1977))는 기술진보가 미국철로 1870-1910년간 생산율 성장의 50%만을 설명할 수 있고; 나머지 50%는 조직혁신, 즉 하나의 관료기구(bureaucracy)를 만들어 하나의 복잡한 시스템을 감독, 평가, 협조한 것으로 귀결됨을 관찰했다.

"특정한 제도는 확실히 아주 중요한 역할을 하고, 변화가 발생할 수 있음이 아주 분명하며; 실제로도 변화가 발생하고 있다. 사람들은 대체 가능한 제도변천에 있어서 진일보하게 경제효율과 시회복리를 높이도록 사회적 목표 선택을 더 명확히 하려 시도한다."[4] 전통경제학이 여전히 제도결핍이라는 전제아래 분석을 진행하고, 시장제도를 고정불변의 가설로 생각하기만 한다면, 일련의 중요한 경제학의 문제를 처리할 방법은 없을 것이다.

저개발 지역(이곳의 요소와 상품시장은 불완전하다)의 많은 경제문제 연구와 역사의 변천과정을 이해할 때, 마찰 없는 거래, 완벽한 정보와 명확한 재산권 규정 등의 가설조건이 특히 부적합한 것처럼 보인다. 과거 몇 년 동안, 일부 경제학자들은 신 고전 틀 확장으로 제도의 내생적 문제를 분석하려고 시도했다. 정보와 거래비용이 시장경제(Arrow, 1974; Williamson, 1975, 1985), 원시사회(Posner, 1980) 및 농촌경제(Binswanger and Rosenzweig, 1980)의 효율적 제도를 결정하는데 담당하고 있는 역할은, 이미 더욱 더 중시되고 있다. 같은 분석틀 또한 시간의 추이에 따라 발생한 제도의 변화를 설명하는 것으로 확장된다(Shultz, 1968; Davis and North, 1970; North and Thomas, 1970; North, 1981; Hayami and Ruttan, 1971; Binswanger and Ruttan, 1978; Hayami and Kikuchi, 1981).

---

4) 1968년 개최된 미국농업 경제학연회에서, 슐츠는 "제도와 사람의 경제가치의 제고" 논문을 발표하였다. 그 후 이 논문은 같은 해〈미국농업 경제학잡지〉에 발표되어 훌륭한 논문상을 받았다. 내가 아는 바에 따르면, 슐츠는 처음으로 현대경제학의 분석방법을 응용해 제도 및 제도변천을 탐구하려 시도한 당대 경제학자였다. 1953년 출판된〈농업의 경제조직〉에서, 슐츠는 "다양한 종류의 선택 가능한 조직의 형식이 있다. 하지만, 어떤 조직을 채택해도 모두 대가를 지불해야 한다. 다시 말해, 어떤 조직을 구축하고 유지해도 모두 투입이 필수불가결한 것이다"고 저술했다(2449-2450쪽). 슐츠는 또한 관련정치와 사회변수를 처리하는데 가치 있는 사회조직 이론이 부족하기 때문에, 경제학자들이 모두 제도문제에 대한 분석을 회피했는데: "그 결과는, 경제학자들의 관점이 항상 시장, 기업과 가정 자체로 충분히 실행 가능한 경제조직을 만들 수 있었던 것 같은 인상을 준다"고 지적했다.(254쪽)

본문은 끊임없이 쏟아지고 있는 문헌 중에서 자신의 공헌을 만들어 내고자 했다.

본문의 기본 논점은 다음과 같다: 어떤 사회에서도 - 원시사회와 자본주의 사회 또한 이와 같은데 - 개인 모두가 불확실성과 재난발생의 가능성에 직면해 있다; 동시에 개인의 업무능력은 모두 생명주기성을 가진다. 하지만, 누구든지 자신이 생존해 나갈 수 있으면서, 높은 수준의 만족을 얻을 수 있기를 바란다. 제도는 사회성원이 준수하는 행위규칙으로 정의할 수 있다. 제도는 인류가 미래불확실성을 처리하고 개인효용을 증진시키려 하는 일종의 수단이다. 이런 의미에서 말하면, 제도는 - 시장제도이든 비시장 제도이든 모두 유용한 서비스를 제공할 수 있다. 기타 모든 서비스와 마찬가지로, 우리는 일정한 비용을 지불해야만 제도적 서비스를 얻을 수 있다. 주어진 기술아래, 거래비용은 한 사회의 경쟁적 제도장치를 선택하는데 있어서 가장 중요한 관심사가 된다. 최소 비용으로 정해진 수량의 서비스를 제공하는 제도장치는 우리가 기대하는 결과이다.

모종의 현행 제도장치에서 또 다른 제도장치로의 전환은 대가가 아주 높은 하나의 과정이다; 새로운 제도장치에서 얻게 되는 사람들의 순수익이 제도변천이 야기한 모든 비용을 초과하지 않는다면, 자발적인 제도변천은 발생할 수 없을 것이다. 제도변천은 통상 단체행동이 필요하다. 따라서 "무임승차(hitch-hike)"는 제도변천 고유의 문제인 것이다. 게다가, 일단 일종의 새로운 제도장치를 도입하면, 공공재로 변하게 된다. 따라서 자발적 제도변천이 제공하는 새로운 제도장치의 수량은 사회에서 필요한 최적의 제도 공급량보다 적을 수 있다. 한 사회에서 각종 제도장치는 서로 관련돼 있는 것이다. 사회 안의 기타 관련 제도장치를 언급하지 않고서는, 우리는 어느 특정 제도장치의 효율을 평가할 수 없다. 한 사회에서 효율적인 제도장치를 직접 다른 사회로 이식하는 것도 반드시 효과적이지는 않을 수 있다.

정부는 한 사회의 모든 제도장치에서 제일 중요한 하나이다. 정부는 행동을 선택해 제도공급의 부족을 보완할 수 있다. 하지만, 우리는 국가에 관한 이론으로 정부에서 이런 행동을 채택할 동기가 있는지 여부를 이해해야 한다. 새로운 제도가 유발한 수익이 야기된 비용보다 클 때만, 정부가 이런 범위 안에서 새로운 제도를 구축할 수 있다. 의식형태, 단체이익 충돌 및 사회과학 지식제한 등의 영향을 받아서, 정부가 최고로 효율적인 제도장치를 구축하지 못할 수도 있다. 경제성장이 제도적 서비스의 수요와 공급에 변화를 초래할 수 있기 때문에, 모종의 기존 제도장치는 시대에 뒤떨어지게 될 수 있다. 경제성장이 가져다 준 수익기회를 잡기 위해서 사람들은 새로운 제도장치를 도입할 수 있다. 따라서 제도변천은 발전과정에서 불가피한 현상이다.

본문의 내용 배치는 다음과 같다: 다음 부분은 왜 로빈슨 경제가 가상 세계에만 있을 수 있는가를 설명할 것이다. 이 부분에서, 나는 개인의 행위가설 및 개인이 직면한 환경에 대해 명확한 가정을 했다; 동시에 한 사회 안의 제도장치 결정요소에 대해 상세한 설명을 했다. 계속해서, 나는 공급 - 수요 틀을 이용해 유인적 제도변천을 분석하고, 제도불균형을 유발하는 근본원인을 식별하여, 유인적 제도변천의 동력메커니즘을 진일보하게 토론하고자 한다. 그 다음에, 나는 국가에 관한 이론을 제기해, 정부가 왜 항상 효율적인 제도장치를 성공적으로 구축할 수 없었는지에 역점을 두고 설명하고자 한다. 본문은 유인적 제도변천과 강제적 제도변천에 대해 구분했다. 유인적 제도변천은 개인들의 그룹(a group of individuals)이 제도의 불균형으로 초래된 수익기회에 반응할 때 만들어진 자발적 변천이고; 강제적 변천은 정부의 의도에 의해 발생된 변천을 지칭한다. 자발적 제도변천도 통상 정부행동으로 촉진되어야 하지만, 분석상 편의를 위해, 본문은 두 유형의 제도변천을 구분할 것이다.

제도의 역할

가장 일반적인 의미에서 이해하면, 제도는 사회에서 개인이 준수하는 일련의 행위 규칙으로 간주될 수 있다.[5] 유감스럽게도, 경제학 교과서에서 제일 많이 강의하는 것은 로빈슨에 관한 이야기이다. 이 이야기는 각 정책입안자가 직면하는 선택과 제약을 설명하지만, 이를 경제행위 탐구의 시작점으로 삼는 것은 사람들을 잘못된 길로 빠지게 할 수 있다. 로빈슨의 세계에서는 원래 제도가 필요하지 않지만, 인류역사의 기원에서부터 지금까지, 모든 개인은 시종일관 사회 안에서 생활해 왔고, 부득이하게 다른 개인과 관계가 발생해 왔다. 전통적 관점은 인류를 "사회적 동물"로 간주하거나, 사람들이 단체에 가입하려는 "본능"을 갖고 있다고 생각한다.[6] 이런 견해는 제도에 대한 우리의 인식을 증진시킬 수 없다. 인류가 반드시 단체에서 생활해야 하기 때문에 제도가 필요한 것이 아니라, "인류가 물물교환, 한 상품을 사용해 다른 상품으로 교환하려는 경향을 가지고 있기 때문에"(Smith, 1937: 13) 제도가 필수적이게 된 것이다. 만약 "둘 혹은 둘 이상의 사람이 다른 사람과 상품을 교환한다면, 일반적으로 각 개인이 얻는 결과는 자신의 행동으로 결정될 뿐만 아니라 동시에 다른 사람의 행동으로도 결정된다"(von Neumann and Morgenstern, 1953: 11). 따라서 교환이 진행되게 하려면, 개인의 합작과 경쟁 전개를 제약하는 적절한 행위규칙이 있어야 한다. 제도의 역할연구와 제도의 결정요소를 탐구하기 전에, 우리는 제도존재를 유발하는 개인의 행위특징과 환경특징에 대해 상세한 설명을 할 필요가 있다.

---

5) 이는 슐츠(Schultz 1968)가 아주 저명한 논문에서 정의한 것이다. 또한 루탄 (Ruttan(1978)), 필드(Field(1981)) 와 노스(North(1981 제15장))를 참조할 수 있다.
6) 올슨(Olson(1965: 16-22))의 전통적 관점에 대한 토론을 참고한다.

416 신 구조경제학

제도에 대한 수요

제도가 사람에게 왜 필수적인 것인지를 설명하려면, 반드시 인류능력의 국한성 및 개인의 생활환경에서 이유를 찾아야 한다.

경제학에 최고로 생명력 있는 하나의 가설은: "인간은 이성적이다." 소위 이성이란, 경제학자들은 개인이 교환 중에 현실적 선택에 직면할 때, "더 적게"가 아닌 "더 많이"를 선택할 수 있음을 지칭한다.[7] 베커 (Becker)의 견해에 따르면, 이 방법으로 인류의 행위를 분석하는 것은 경제학이 기타 사회과학과 서로 구분될 수 있게 한다(Becker, 1976, 제1장). 사실상, 최근 몇 십 년 동안 절대 부분의 경제학에서 이룬 진전은 모두 인류이성에 대한 재해석 및 과거 "비이성"이라 생각되었던 것들과 경제학 연구범주를 초월한 행위들이 이성분석의 틀에 재포함된 것으로 귀결될 수 있다. 경제학자들의 이성에 대한 재해석은 거래비용 도입, 특히 정보와 집행비용을 통해 실현된 것이다.

베커(Becker)의 방법을 준수하면, 본문은 개인이 안정적인 선호가 있다고 가정하는데; 선호는 "건강, 명망, 육체적 쾌락, 인자함이나 질투 등과 같은 인간생활의 기본측면"으로 설명되고, 이들 기본측면을 상품이라 칭한다(Becker, 1976: 5).[8] 개인은 구매해 온 물품과 자신의 시간을 이용하여 이들 상품을 생산해 자신의 효용을 최대화한다. 따라서, 개인

---

7) 루체와 라이퍼(Luce and Raiffa(1957: 50))는 게임이론의 시각으로 이성에 대해 하나의 공식적 정의를 했다: "결과를 초래할 수 있는 두 가지의 대체대상 중에서, 게임참여자가 선택한 것은 자신에게 더 선호하는 결과를 가져오는 대체대상이어야 한다; 혹은 효용함수의 용어로 더 정확하게 표현하면, 이성은 게임참여자가 자신의 기대효용을 최대화하도록 시도할 수 있음을 의미하고 있다."

8) 베커(Becker)는 시간배분, 가정생산과 사회적 교제를 분석하는데 사용하는 경제학방법은 특히 제도와 제도변천의 문제를 연구하는데 적용했다. 베커(Becker)의 이들 문제연구에 관한 논문은 베커(Becker(1976))에 수록되었다. 벤담(Bentham)의 논리에 따라, 효용함수에 들어간 변수는 감각, 부유, 직함, 우정, 양호한 명성, 권력, 경건, 자비, 악의, 지식, 기억, 상상력, 희망, 교류 및 고통경감을 포함한다(Becker, 1976:137).

은 물질적 수익이나 화폐소득에만 관심을 갖는 것은 아니다. 건강, 명망, 쾌락 및 기타 비물질적 상품에 대한 추구는 개인이 자신이 얻을 수 있는 최대 물질적 이익을 희생하게 할 가능성이 아주 높다.[9] 개인이 반드시 이기적이지는 않지만; 이타주의가 가져다 준 보수가 이타적 행위 선택에 지불한 비용보다 많아야만, 이타적 행위를 선택할 것이다.[10] 이성적 인간이 영원히 실수하지 않는 것은 아니지만, 이성적 인간이 실수를 감지하고 실수교정이 가져 온 수익이 그 비용보다 크다는 것을 발견할 때, 이성적 인간은 같은 실수를 되풀이하지 않을 수 있을 것이다(Downs, 1957: 9).

비록 개인은 이성적이지만 이성은 정보를 접수, 저장, 검색 및 처리하는 개인의 신경물질 능력의 제약을 받는다; 이와 같이 이러한 개인은 타인에게 자신의 지식이나 감정을 표현하는 언어능력의 제약도 받는다(Williamson, 1975, 제5장). 유한이성은 개인이 복잡한 환경아래 항상 전체적인 면 안에서 자신의 효용을 최대화할 수 있도록 보장할 수 없다. 개인이 전체적인 면에서 자신의 효용을 최대화하지 못하는 또 다른 원인은 정보취득에 일정한 비용이 필요하기 때문이다. 시간과 에너지를 투자하고 어떤 때는 심지어 금전까지 써야만, 개인이 정보를 취득하고 이들 정보의 함의를 이해할 수 있다. 따라서 별도의 정보를 찾는 것이 가져다 준 기대수익이 그 비용보다 낮을 때는, 완전한 정보를 소유하지

---

9) 이성적 인간은 자신의 소득을 최대화하는 것이 아니라 자신의 효용을 최대화하고자 하는데, 이는 완전한 상품시장이나 완전한 요소시장에서 인간의 행위가 존재하지 않는 것을 이해하는데 아주 중요하다. 겨우 생계를 유지할 수 있는 농업에서, 농민은 다양한 조치를 채택해 양식생산량의 예상 시장가치를 최대화 하는 것이 아니라 될 수 있는 한 양식생산의 안전성을 보장할 수 있다. 농민의 이런 행동의 원인은 작물흉작은 자신의 생존을 위협할 수 있기 때문이다(Lipton, 1968).

10) 인류행위에 대한 이성적 분석방법 채택은, 개인이 모든 때에 자신의 효용을 최대화하도록 지불한 노력을 모두 분명히 알고 있음을 반드시 의미하지는 않는다. 프리드먼, 베커, 포스너(Friedman(1953), Becker(1976)과 Posner(1980)) 모두 이 점을 강조하였다.

않는 선택도 이성적이다.

유한이성 자체 또한 제도가 필수불가결하게 조성되는 충분조건이 아니다. 로빈슨이 그 생산 및 소비 정책결정을 진행할 때도 이성적이었다. 한편으로는 개인생명의 주기성, 개인건강과 생산과정에서의 불확실성과 자연재해 발생의 불확실성, 또 한편으로는 기술상의 규모경제와 외부성이 가져다 준 수익, 이들 모두 제도존재의 필요조건이다. 사람의 생명주기 및 직면해 있는 불확실성 때문이면서, 인류가 "지식, 통찰력, 기능과 시간제약"을 받기 때문이기도 해서(Simon, 1957: 199), 인류는 제도를 필요로 하여, 자신과 타인간의 협력을 추진하고, 인류의 유년기와 노년기 생활에 보장을 제공하면서, 시간의 추이에 따라 변화가 발생하는 소득과 소비수준을 완만하게 하며, 위험과 재난이 초래하는 결과에 보험을 든다. 본문은 제도가 하는 이 역할들을 "안전작용"이라 칭한다. 제도존재의 또 다른 하나의 이유는 규모경제와 외부성이 가져다 준 수익에서 나온다. 개인은 생산단위로서 아주 미미하여, 이로 인해, 절대 부분의 규모경제와 외부성은 모두 개인에 의해 내부화될 수 없다. 규모경제와 외부성이 가져다 준 수익을 얻기 위해서는, 단체행동이 꼭 필요하게 된다. 본문은 이러한 제도의 역할을 "경제작용"이라 명명한다. 바로 안전과 경제의 두 가지 측면의 원인 때문에, 인류가 서로 상품과 서비스의 교환을 진행해야 해서, 인류의 행위규칙이 필수적이게 된다.

제도의 경제학 연구

연구를 더 진행하기 전에, 우리는 제도장치(institutional arrangement)와 제도구조(institutional structure)를 구분할 필요가 있다. 제도장치는 사람들의 특정행위 패턴과 특정관계를 제약하는 일련의 행위규칙으로 정의된다. 제도장치는 공식적이기도 하고 비공식적이기도 하다. 공식적 제도장치는 가정, 기업, 노조, 병원, 대학, 정부, 화폐, 선물시장 등이 있다. 이에 비해, 가치, 의식형태와 풍습은 비공식적 제도장치의 예이다.[11]

경제학자들이 "제도"라는 용어를 사용할 때, 일반적으로 이 제도장치를
지칭한다. 제도구조는 한 사회에서 공식, 비공식적인 제도장치의 총합
이라고 정의된다.[12] 본문에서 제도변천은 절대다수가 전체 제도구조에
서 모든 제도장치의 변화가 아니라, 특정한 제도장치의 변화만을 지칭
하는 것이다. 제도장치와 제도변천 간에 구분을 하지 않았기 때문에, 문
헌에서 제도변천을 내생화할 수 있는지 여부를 토론하는데서 논쟁을 유
발한 적이 있다(Field, 1981).

안전과 경제는 제도장치가 존재하는 두 가지 근본적 원인인데, 제도
구조가 존재하는 두 가지 근본적 원인이기도 하다. 안전을 목적으로 구
축한 제도장치는 가정, 협동조합, 보험 및 기타 사회 안전항목이 있다.
경제적 기능을 담당하는 제도장치는 회사, 관개시스템, 고속도로, 학교
와 농업 실험장 등이 있다. 가정과 협동조합 같은 이러한 제도장치는
동시에 여러 기능을 실현할 수 있음을 지적할 필요가 있다.

제도장치는 단체행동이 가져다 준 수익을 얻는 수단이다. 개인이성이
반드시 집단이성을 의미하지는 않고, 개인은 자신의 사적인 이익에서
자신에게 최대 유리한 결과를 찾을 수 있기 때문에 집단내의 이익충돌
을 피할 수 없게 된다. 개인은 항상 다른 사람들의 작업이나 공헌의 질

11) 가정, 기업, 병원, 대학 등은 그 실물 건축 때문이 아닌 이들이 제정한 내부직원의
행위를 관리하는 규칙 때문에, 비로소 일종의 제도장치가 될 수 있는 것이다(Field,
1981).
12) 본문에서 "구조"라는 단어는 몬티아스(Montias1976: 20)에서 차용한 것이다. 그는
"하나의 체계적 구조는 …… 구성원 행위를 규제하는 공식, 비공식적인 규칙으로
구성된다."라고 말했다. 제도구조라는 이 개념은 데이비스(Davis)와 노스(North)가
정의한 제도환경보다 광범위하다. 그들이 정의한 제도환경은 "경제와 정치활동을
관리하는 근본적인 정치, 사회 및 법률 방면에 관한 기본법칙들로 구성된 집합을
지칭한다(예를 들면, 선거, 재산권 및 계약권리 등과 관련된 측면의 규칙은 기본법칙
의 예이다)"(Davis and North, 1970:133). 하지만 본문의 제도구조는 노스(North)가
"정치와 경제제도, 기술, 인구통계학과 사회 의식형태"를 정의하는데 사용한 "구조"의
개념보다 협의적이다(North, 1981: 3).

에 대한 평가를 할 필요가 있다. 대다수 상황에서, 품질에 관한 정보취
득은 비용을 지불해야 하는데, 이 또한 불확실하며, 심지어는 획득이 불
가능하기까지 해서, 단체행동은 일부 문제가 출현하게 될 수 있는데, 이
들 문제는 개인이 단독으로 작업할 때는 존재하지 않는 것이다. 이들
문제는 사기, 나태, 무임승차[13] 및 도덕적 위험[14] 등을 포함한다. 재산
권 경제학파, 거래비용 경제학파 및 공공선택 경제학파 모두 이들 문제
의 중요성을 강조하였다(Olson, 1965; Demsetz, 1967; Alchian and
Demsetz, 1972; Furuboton and Pejovich, 1972; Williamson, 1975, 1985).
이들 문제가 야기한 영향을 감소시키기 위해, 등급제도, 계약과 법률 등
과 같은 감독과 집행역할을 담당하는 제도장치가 상황에 따라 생겨났다.
  도피, 무임승차와 도덕적 위험 등의 문제는 동시에 기본적인 제도장
치의 서비스 제공으로 야기된 비용의 증가현상도 유발했다. 하지만, 일
부 제도장치는 기본적인 제도장치의 서비스 제공으로 인해 야기된 비용
을 인하시키는 작용도 있다. 사유재산권, 화폐, 계약, 풍습, 윤리, 도덕과
의식형태는 바로 이러한 제도장치에서의 몇 가지 예이다.[15] 사유재산

---

13) "무임승차"는 하나의 단체에서 어떤 사람은 비용을 지불하지 않았을지라도 자동적으
로 단체에서 제공하는 서비스를 누릴 수 있는 것을 지칭한다. "무임승차"문제를 극복
하고 단체가 유지해 나갈 수 있도록 보장하기 위해, 그 단체는 구성원에게 선택적
인센티브를 제공할 능력이 있어야 한다(Olson, 1965).
14) 도덕적 위험의 최초 함의는, 한 사람이 보험에 참여해서 채택한 위험대비 행위가
(사회) 적당한 수준보다 낮게 한 것이다. 하지만 위탁-대리 문헌 중에서 도덕적
위험은 정보 비대칭과 감독 불완전 아래 대리인이 지불한 노력이 그의 소득 보수에서
의(최적) 노력 수준보다 작은 것을 가리킨다.
15) 바로 애로우(Arrow)가 지적한 것과 같이 "신뢰는 사회체계가 정상적으로 작동한다고
믿게 하는 중요한 윤활제이다. 이는 아주 효율적이다; 이는 타인의 언어에 대해 상당
한 정도의 신뢰를 주는 것을 통해 많은 불필요한 번거로움을 피할 수 있다. ……
신뢰 및 유사한 가치관, 충성이나 진실된 말 등등, 모두 상품이다; 이것들은 진정하고
실용적인 경제적 가치를 가진다; 이들은 시스템 운영 효율을 높일 수 있어 사람들이
더 많은 상품을 생산하거나, 당신이 중요하게 생각하는 어떤 기타 상품을 더 많이
생산할 수 있게 한다."(Arrow, 1974: 23)

권, 법률체계, 화폐 등의 존재는 국가존재의 필요성을 의미한다. 국가에 관한 이론이 없다면, 제도에 대한 토론이 불완전할 것이다. 그렇지만 본문은 국가에 대한 토론을 글의 후반부에서 서술했다.

의식형태가 담당하는 제도적 작용

의식형태는 기타 제도장치의 서비스 제공으로 인해 야기된 비용을 인하시키는 가장 중요한 제도장치다. 오랜 기간 동안, 의식형태는 줄곧 마르크스주의 경제학자들의 관심 주제였다. 아마도 바로 이 때문에, 최근에서야 서방주류 경제학자들이 비로소 주의력을 의식형태에 비교적 많이 집중하게 되었다.[16) 하지만 애로우가 지적한 바와 같이 "고용인의 (고용주의) 명령복종 및 시민의 법률준수가, 통제 메커니즘에만 의존해 설명될 수 있는 것과는 거리가 있다."(Arrow, 1974) 이 결함을 보완하기 위해, 의식형태에 관한 실증이론을 제기할 필요가 있다.

의식형태는 세계에 관한 일련의 신념으로 정의될 수 있는데, 이는 노동분업, 소득분배에 관한 도덕규범 및 한 사회에 현존하는 제도구조의 신념을 포함한다. 노스(North)의 관점에 따르면, 의식형태는 세 가지 기본특징을 가진다(North, 1981: 49): 첫째, 의식형태는 비교적 낮은 비용으로 개인과 환경을 일치시키는 일종의 도구인데, 이는 개인이 "세계관"을 갖게 해, 의사결정 과정을 단순화하게 한다; 둘째, 의식형태는 개인이 이해하는 세계 공평에 관한 도덕과 윤리적 판단과 함께 얽혀 있을 수밖에 없다; 셋째, 개인의 경험과 그 의식형태가 불일치할 때, 자신의 의식형태상의 관점을 바꿀 수 있다. 실제로 개인은 자주 새롭고, 개인의 경험에 더 잘 부합하는 일련의 합리적인 의식형태를 발전시키려고 시도한다. 하지만, 더 강조할 필요가 있는 것은 …… 개인이 그 의식형태를

---

16) Downs(1957, 제7장; 1966, 제19장), North(1981, 제5장), Lodge(1986)및 Lodge and Vogel(1987)을 참조한다.

바꾸기 전에, 필연적으로 개인경험과 자신의 의식형태가 서로 부합하지 않는 상황이 끊임없이 누적되는 과정이 발생할 수 있다.

문헌에서 언급된 의식형태의 대다수는 기존 제도구조가 합법성을 갖게 하거나 한 단체가 단결하게 하는 역할을 갖기 때문이다. 한 사회나 한 단체에서 대부분의 구성원이 제도가 공정하고 합리적인지 여부에 대해 다른 관점을 갖고 있으면, 이 사회나 단체는 오랫동안 존재해 나갈 수 없을 것이다. 한 사회에서 다른 계급 간의 의식형태에 충분히 큰 차이가 존재한다면, 혁명을 유발할 가능성이 있다. 사회나 조직의 형성목적은 개인이 획득할 수 없는 수익을 개발하는데 있다. 하지만, 개인행위의 이성가설 또한 어떤 큰 조직에서도 선천적으로 무임승차의 문제가 존재함을 암시하고 있다(Olson, 1965). 따라서, 하나의 성공한 의식형태는 반드시 무임승차의 문제를 극복할 능력이 있어야 한다. 의식형태는 세계관을 효율적으로 표현하는 하나의 도구이기 때문에, 의식형태가 효과를 발휘할 수 있으려면, 개인의 세계에 대한 경험과 서로 아주 잘 맞아야 한다. 세계변화와 개인경험의 축적에 따라 개인은 세계공평에 대한 인식에도 변화가 발생할 수 있다. 따라서 하나의 성공한 의식형태는 반드시 충분한 유연성을 가져야 하는데, 한편으로 단체의 새로운 구성원의 충성을 얻게 할 뿐만 아니라, 또 한편으로는 단체의 본래 구성원의 충성심을 유지할 수 있게 한다(North, 1981, 제5장).

의식형태가 존재하는 이유는 세계가 아주 복잡한데, 인류의 사상의 이성 또한 제한적이기 때문이다. 세계가 충분히 간단하거나 개인이 무한이성을 가지고 있다면, 개인은 의식형태 같은 간편한 방식을 빌려 주위의 현실세계가 공평한지 여부를 판단할 필요가 없을 것이다. 의식형태의 제일 중요한 기능은 정보 (검색) 비용을 절약하는 일종의 도구가 되는 것이다. 하지만 어떠한 메커니즘을 빌려야 의식형태가 무임승차 행위를 방지하게 할 수 있고, 동시에 법률과 명령 집행비용을 감소시킬 수 있는가? 본문은 성공한 의식형태는 개인에게 선택적 인센티브를 제공하여 상술한 기능을 실현할 수 있다고 주장한다.[17] 베커(Becker)가 강력히 주장한 바와 같이, 개인은 시장에 있는 물품과 서비스, 자신의 시간, 인적자본 및 기타 투입품을 이용해 생활의 기본 부분으로 정의된 일련의 상품을 생산하는데, 그 목적은 개인효용을 최대화시키는 데 있다. 경건 - 벤담(Bentham)은 15가지 단순한 쾌락중의 하나라고 주장한다 - 은 개인 효용함수에 진입한 상품들 중의 하나여야 한다. 경건과 같은 상품을 생산하는 능력은 기타 상품생산에 비해, 특히 개인의 의식형태 자본에 의존한다. 한 개인의 의식형태 신념이 강할수록 이 사람의 의식형태 자본이 더 크다는 것을 설명하여, 이 사람이 경건을 생산하는 그림

---

17) 노스(North)는, 효용함수에 더 많은 독립변수를 넣어 의식형태가 유발하는 작용을 설명할 필요가 있음을 정확하게 인식했다(North, 1981). 하지만 스티글러와 베커 (Stigler and Becker(1977))의 효용함수에 대한 재구축을 완전히 받아들이려 하지 않았기 때문에, 노스(North)는 여전히 의식형태의 실증이론에서 한 발 떨어져 있다. 노스 (North)의 해석에서 의식형태라는 요소를 고려하게 될 때, 사람들의 행위는 비이성으로 변하게 된다고 한다. 예를 들면, 노스(North)가 말하길 "어떠한 성공한 의식형태도 반드시 무임승차의 문제를 성공적으로 극복해야 하는데, 그 기본 목표는 단체에 인센티브를 제공하여 단체에서 채택한 행동이 단순하고, 향락주의이며, 개인수익과 비용계산만 진행하는 개인이 채택하는 행동들과는 다르게 한다."(North, 1981: 53). 올슨(Olson)〈국가의 부흥과 쇠락〉이라는 저서에 대한 평론에서, 노스(North)는 이 관점을 "많은 상황에서, 사람들은 주위세계의 게임규칙의 합법성과 공평성에 대한 신뢰에만 의지해 행동을 취한다. 다시 말해 사람들이 규칙이 공평하다고 믿는다면, 규칙준수에 비해 규칙위반이 자신에게 더 많은 이익을 가져다 준다 해도, 자발적으로 규칙을 준수할 수 있을 것이다"라고 더 명확히 서술했다. (North, 1983:164) 하지만 바로 베커(Becker)가 주장한 바와 같이 "경제학의 분석방법은 주요하고 부차적인 의사결정 사이의 개념적인 구별이 불가능하고, …… 이러한 강렬한 감정요소를 포함한 의사결정과 감정요소가 적게 포함된 의사결정 사이의 개념적 구별을 할 수도 없으며, …… 소득수준, 교육수준과 가정환경이 다른 사람들이 한 의사결정에서 개념적 구별은 더욱더 불가능하다."(Becker, 1976: 7-8) 그렇다면, 하나의 이성적 인간이 의식형태 요소를 관련시키지 않았을 때, 어떻게 자신의 비용과 수익을 자세히 계산하기를 원하는 단순한 향락주의자가 될 수 있는지; 그가 의식형태요소를 고려할 때, 이 이성적 인간이 또한 자신의 향락주의적 생각을 어떻게 극복하여 자신의 비용과 수익을 전혀 개의치 않을 수 있는지 반문해 보고 싶다.

자 가격은 더 낮아진다. 따라서 한 개인이 경건에 배분한 시간의 한계효용이 더 높을수록, 이 개인은 경건을 소비하는데 더 많은 시간을 배분할 것이다.

올슨(Olson(1965))은 어떠한 큰 조직도 생존하려면, 그 구성원에게 선택적 인센티브를 제공할 능력이 있어야 한다고 정확하게 지적한 바 있다. 하지만 올슨(Olson)의 효용함수의 차원에서 해석은, 지나치게 협의적으로 보였고, 따라서 그는 왜 대다수 사람들이 투표에 참여하는 지 설명할 수 없었다. 노스(North)는 대다수 사람들이 투표에 참여하는 것은 의식형태의 원인에서 기인함에 주목했지만, 투표 같은 이런 행위가 개인이 소비하는 모종의 상품을 생산할 수 있음을 인지하지 못했다. 개인이 투표에 참여하는 원인은 투표가 경건과 같은 상품을 생산할 수 있기 때문인데, 경건은 일부 개인이 중요하게 여기는 것이다. 하지만 투표 참여가 가져다 주는 수익이 그 비용을 초과할 때만 개인은 투표에 참여할 수 있다. 이는 바로 비가 올 때 투표참여자 수가 아주 크게 감소하는 이유이다.

의식형태는 일종의 인적 자본인데, 이러한 인적자본은 개인이 그와 타인의 노동분업 중에 담당하는 역할, 소득분배 및 현존하는 제도구조에 대해 도덕적 판단을 진행하는데 도움이 된다. 이러한 의식형태에 관한 인적자본 이론은 다음의 네 가지 함의를 가진다. 첫째, 한 개인의 의식형태 부존이 클수록, 그가 경건을 소비하는 그림자 가격이 더 낮아진다. 따라서 개인이 그 주위의 제도장치와 제도구조가 지닌 도덕성에 대한 의식형태상의 신념이 강할수록, 이 개인의 무임승차나 규칙위반의 가능성은 더 작아진다. 둘째, 개인의 의식형태는 상대적으로 안정적이다. 소득분배, 노동분업이나 기타 제도장치의 변화가 개인 의식형태의 변화를 즉시 유발할 수 없다. 이는 개인은 제도변천이 일시적인지 영구적인지 즉시 구분할 수 없기 때문이다. 제도변천이 영구적이라면, 개인은 오래된 의식형태 자본을 제거하는데 시간이 필요하다. 셋째, 영구적 제도변천이 발생할 때, 젊은 사람과 노인이 선호하는 것이 같다 해도, 청년은 노인에 비해 투자를 더 쉽게 진행하여 새로운 의식형태를 얻는다. 이는 일반적으로 노인이 비교적 많은 의식형태 자본을 갖고 있어 제거가 필요한데, 의식형태 자본제거에는 시간과 노력이 필요하기 때문이다. 더 중요한 것은 노인에게는, 그들에게 남아있는 새로운 의식형태로 만들어질 수익을 얻을 수 있는 년 수가 젊은이에 비해 훨씬 적어서, 노인이 의식형태 자본에 투자하려는 인센티브가 더 적게 된다. 넷째, 현행 제도장치의 합법성에 대한 의식형태 신념이 강할수록, 개인의 기회주의 행위가 더 감소할 수 있을 것이다. 따라서 어떤 의미에서 보면, 권위적 논리에 따라 의식형태는 외부성이 극대화될 수 있는 인적자본이다. 따라서 어떠한 정부도 의식형태 교육에 투자해 개인의 의식형태 자본에서의 축적을 보조할 수 있다. 하지만, 광고와 유사하게, 사람들의 행위에 대한 의식형태의 영향은 개인의 선호변화가 아닌, 상대가격 변화를 통해 사람들의 행위에 영향을 미치는 것이다(Stigler and Becker, 1977).[18]

유인적 제도변천을 분석하는 경제학 방법

합의된 모든 제도적 서비스에 대해, 항상 그 기능을 실현할 수 있는 여러 종류의 제도장치가 있다. 따라서 제도장치의 선택은 비용과 수익의 비교를 포함하게 된다. 전통적인 비용 - 수익 분석은 생산비용만을 고려했다. 각 투입된 한계상품 가치가 같을 때 최적의 배분을 실현하게 된다. 하지만 제도장치를 선택하는 비용 또한 거래비용을 포함하는데, 즉 어떤 제도장치의 규칙을 조직, 유지 및 집행하는 비용이다. 기술요소

---

18) 우리가 분명히 할 것은, 대규모 이익집단, 회사, 정부기구 모두 의식형태 교육분야에 투자를 진행해 자기합법성에 대한 구성원의 견고한 신념을 배양할 수 있음이다. 의식형태에 대한 분석도 윤리규범, 도덕규칙과 풍습 등과 같은 기타 비공식적 제도장치 분석으로 쉽게 일반화될 수 있다.

의 영향 외에, 제도장치의 거래비용은 동시에 사람들에게 인정받는 이러한 제도장치의 합법성으로도 결정된다.

이론적으로 국가의 역할을 고려하지 않는다면, 우리는 생산비용과 거래비용이 정해진 상황에서, 하나의 제도장치가 제공하는 서비스가 많을수록, 이런 제도장치가 더 효율적일 것이라 아주 쉽게 생각한다. 다시 말해, 두 가지 제도가 동일한 서비스 양을 제공한다면, 비용이 더 낮은 제도장치가 더 효율적인 제도장치이다. 이로써, 제도장치의 효율에 영향을 줄 수 있는 두 가지 다른 요소가 있음을 알 수 있다. 첫 번째 요소는 생산효율에 영향을 줄 수 있고, 두 번째는 거래효율을 결정하는 요소들을 포함한다. 근본적으로 말하자면, 이 두 가지 요소는 모두 기술의 함수이다. 하지만 현실에서 제도장치의 효율평가는 아주 복잡한 일이다.

제도장치가 제도구조에 "내포"되어있기 때문에, 어떤 제도장치의 효율은 또한 기타 제도장치가 그 기능을 수행하는 능력으로 결정된다.[19] 예로 물물교환 체제에서 당신이 필요한 물품을 갖고 있는 사람이면서, 동시에 당신이 갖고 있는 물품을 원하는 사람을 찾는다면, 이로 인해 초래되는 불편함 정도와 이를 위해 소모하는 비용이 모두 아주 클 것이다. 이렇다 해도 불편함 정도 자체는 물물교환 체제가 반드시 효율적이지 않음을 의미하지는 않는다. 모든 사람이 동의하는 상품을 찾아내 일반적 의미에서 받아들일 수 있는 거래도구로 충당하거나, 일종의 화폐 메커니즘을 구축하고 유지하려면, 모두 아주 높은 비용이 필요하기 때문이다. 이로 인해 사람들이 물품교환을 드물게 진행할 때는, 물물교환 체제가 화폐교환 체제보다 더 효율적일 수 있는데, 원시사회는 바로 이런 상황이었다. 따라서 어느 특정한 제도장치를 단독 선별해 절대적인

---

19) 사회학자들은 일찍부터 이점에 주목하였다. 예를 들면 아이젠슈타트(Eisenstadt (1968: 412))는 "모든 구체적인 제도패턴 분석은 반드시 모두 각종 제도장치의 존재를 인류사회 자체에 필연적으로 존재하는 것으로 간주해야 한다"고 지적했다. 하지만 경제학자들은 통상 이점을 소홀히 하였는데 제도경제학자들만은 예외였다.

표준으로 그 효율을 평가하는 것은 어떤 결과도 얻을 수 없다. 제도장치 연구는 역사적 시간과 지역 등 분야의 전문지식을 구비해야 하고, 해당 제도장치가 속하는 제도구조에 관한 지식도 필요하다. 이들 지식이 부족하면, 특정 제도장치 효율에 대한 평가진행도 어떤 실질적인 결론을 얻을 수 없을 것이다.[20] 제도변천의 방향과 범위는 임의적이며 목적 없는 것은 아니어서: 우리는 이에 대해 엄밀한 경제학적 분석을 진행할 수 있다. 따라서, 제도변천을 분석하는 일종의 더 효율적인 방법은 일종의 새로운 제도장치를 왜 만들어낼 수 있는지와 이러한 새로운 제도장치가 어떻게 채택될 수 있는지를 탐구하는 것이다.

두 가지 유형의 제도변천이 있는데: 유인적 제도변천과 강제적 제도변천이 있다. 유인적 제도변천은 기존의 제도장치에 대해 수정이나 대체를 진행하거나; 새로운 제도장치가 출현하는 것을 지칭하는데 이런 새로운 제도장치는 개인이나 개인들의 그룹이(a group of individuals)이 득을 얻을 수 있는 기회에 반응할 때 자발적으로 제창하고, 조직하여 실행되는 것이다. 이와 반대로 강제적 제도변천은 정부명령이나 법률시행으로 실행되는 것이다.[21] 유인적 제도변천은 반드시 원래의 제도장치에서 얻을 수 없는 모종의 이익획득 기회로 유발된 것이어야 한다. 하지만 강제적 제도변천은 다른 집단 간의 기존 소득 재분배 목적에서 순수

---

20) 스리니바산(Srinivasan(1984: 55))은 바우어(Bauer)의 시장과 계획효율의 비교에 관한 논문평론 중에 간단명료하게 이 점을 서술했다. "발전정책을 제정할 때, 이 정책이 구체적인 사회 정치 경제 배경에서 담당하는 체계적인 역할에 대해 전면적인 이해가 있어야 한다. 이런 이해가 부족하면, 시장 및 중앙계획 양자의 지위에 관한 논쟁은 우리가 시장이나 계획에 토테미즘식 숭배를 부여하는 것 이외의 더 가치 있는 수확은 불가능하게 한다."

21) 본문은 "제도변천"(institutional change)과 "제도혁신"(institutional innovation)의 두 가지 용어를 대체해 사용하였는데 그 이유는 기존제도에 대한 수정은 실제로는 일종의 혁신활동이기도 한데 혁신을 통해 출현한 새로운 제도채택도 반드시 오래된 제도를 변화시켜야 하기 때문이다.

하게 시작돼 발생될 수 있는 것이다. 비록 제도장치의 자발적 변화, 특히 공식적 제도장치의 변천은 항상 정부의 행동으로 촉진될 필요가 있지만, 분석의 편리를 위해 본문은 여전히 이 두 가지 제도변천을 구분하려 한다.

제도 불균형의 근원

생산과 거래비용을 종합적으로 고려하여, 일종의 제도장치가 기타 제도장치보다 더 효율적이라면, 이런 제도장치는 선택 가능한 제도장치의 집합 중에서 선택될 수 있을 것이다. 특정 제도장치의 거래비용은 또한 법률, 풍습, 의식형태 등과 같은 기타 제도장치에 달려있기 때문에, 최고 효율의 제도장치는 제도구조에서 기타 제도장치의 함수인 것이다. 유인적 제도변천이 발생하게 하려면, 제도 불균형으로 초래된 이익획득의 기회가 반드시 있어야 한다. 다시 말하면, 반드시 기존의 제도장치가 이 제도장치의 선택집합에서 더 이상 최고 효율적인 제도장치가 아니게 된 원인이 있어야 한다.

어떤 최초의 제도 균형점에서 시작해, 우리는 제도 불균형을 유발하는 네 가지 다른 원인을 발견했는데: 제도선택 집합의 변화, 기술변천, 요소와 상품 상대가격의 장기변동 및 기타 제도장치의 변천이다. 이 네 가지 원인 각각은 자체적으로 다시 몇 가지 다른 요소로 구성된다.

- **제도선택 집합의 변화** 실행 가능한 생산기술 집합이 우리의 물리, 화학과 기타 자연과학 지식에 관한 함수이듯이, 특정 제도 서비스를 제공하는 실행 가능한 제도장치 집합도 우리의 사회과학 분야에 관한 지식으로 결정된다. 루탄(Ruttan(1984))은, 경제학 및 법률, 상업과 사회서비스 등과 같은 기타 사회과학에 대한 지식수요 역시 주로 제도변천 및 제도성과 개선에 대한 수요 덕분이라고 명확히 지적한 바 있다. 사회과학의 진보는 인류사상의 유한이성을 개선할 수 있어서, 개인이 현행 제도장치를 관리할 능력을 제고할 수 있을 뿐만 아니라, 인류가 새로운

제도장치를 인식하고 창조할 수 있는 능력을 제고할 수도 있다.

기타 경제체와 접촉해 가용할 기술선택 집합을 확대시킬 수 있는 것처럼, 기타 경제체와의 접촉도 제도선택 집합을 확대할 수 있다. 바우어(Bauer(1984: 12))는 새로운 기술과 새로운 제도장치를 전파하는데 있어서 자영업자의 중요한 역할을 특별히 강조했고, 또한 이들 상업활동은 사람들이 "기존의 습관과 도덕에 의문"을 가지게 할 수 있고, "물질진보에 부합하지 않는 견해와 풍습들"에 비강제적 침식작용을 한다고 생각했다. 다른 사회의 제도장치를 참고한 사회의 제도변천 완성은 그 사회가 기초 사회과학 연구분야에 투입할 비용을 아주 크게 인하시켰다. 하지만 하나의 제도장치의 효율은 기타 관련 제도장치에 아주 많이 의존해 있기 때문에, 제도이식이 기술이전보다 훨씬 더 어려울 것이다. 실러(Schiller(1969, 제7장))는 하나의 사례를 제시한 적이 있는데: 미얀마 정부가 이스라엘 집단농장 실천훈련을 받도록 사람들을 일부 파견했던 것이다. 1년 후, 훈련을 받았던 사람들은 하나의 결론에 도달했다. 이스라엘의 이런 극단적 집단주의 형식이 미얀마에서는 받아들여질 수 없었는데, 이는 너무 많은 공익심과 자기규제 정신이 필요했기 때문이다. 이식된 제도장치가 그 기능을 잘 실행하게 하려면 이에 대해 비교적 큰 조정을 진행해야 한다.[22]

정부정책의 변화도 제도선택 집합이 확대나 축소의 결과일 수도 있다. 곧 다음 부분에서 토론할 원인들 때문에, 정부가 일부 제도장치를 제도선택 집합에서 제거할 수 있을 것이다. 제한적 정부정책을 취소하는 효과도 제도선택 집합을 확대하는 효과를 만들 수 있다. 최근 하나의

---

22) 장기적으로 보면, 비록 다른 사회의 제도장치와 제도구조가 수렴될 수 있지만, 다른 사회는 각기 다른 사회 정치 역사 조건을 갖고 있어, 단기적으로 보면 각기 다른 사회의 최고 효율적인 제도장치도 모두 다르다. 아쉬운 점은 많은 뉴스 제작자와 정치가가 모두 이 점을 보지 못한다는 점인데, 그들은 항상 자신의 국가 제도장치를 표준으로 다른 사회의 제도장치를 평가한다는 것이다.

예는 중국정부가 농촌지역에서 실행한 농지제도에 관한 개혁이다. 중국 농촌에서 발생한 이 농지제도 변천 이전에, 가정농작 같은 제도장치는 금지된 것이었고, 집단농작제가 유일하게 받아들여질 수 있는 방식이었다. 하지만 정부정책 변화의 영향을 받아, 중국의 약 95% 가정이 1980-1983년 사이에 가정을 기반으로 하는 새로운 가족단위 농업생산 책임제로 전환하였다(Lin, 1987). 다른 한편으로는 정부는 제도선택 집합에 대한 새로운 제한을 시행하면서, 이런 제한이 역할을 할 때 제도 불균형을 초래할 수도 있다. 원래 효율이 비교적 낮은 제도장치는 제한된 제도선택 집합에서 더 부각될 수 있을 것이다. 필리핀 농촌에서 출현한 재임대 현상은 토지개혁법이 지대에 제한을 준 결과였다(Hayami and Kikuchi, 1981).

• **기술변천** 본문은 마르크스의 관점에 동의하는데: 한 사회의 제도 구조는 근본적으로 그 사회의 기술에 달려있다. 1859년 〈정치경제학 비판〉의 서론에서 마르크스는 권위적 판단을 내렸다:

물질생활의 생산방식은 전체 사회생활, 정치생활과 정신생활의 과정을 제약하고 있다. …… 사회의 물질생산력이 일정한 단계로 발전하면서, 지금까지 줄곧 그 안에서 작동해오던 기존 생산관계나 재산관계(이는 생산관계의 법률용어에 불과하다)와 모순이 발생하게 된다. 그래서 이들 관계가 생산력의 발전형식에서 생산력의 질곡으로 변하게 된다. 이때 사회혁명의 시대가 도래하게 될 것이다. 경제기초의 변경에 따라, 전체 거대한 상층구조도 느리거나 빠르게 변혁이 발생한다. …… 어떤 사회의 형태든, 용납할 수 있는 모든 생산력을 발휘하기 전에는 절대 멸망할 수 없는데, 새롭고 더 높은 생산관계는 그 물질존재 조건이 구사회의 태생 안에서 성숙하기 전에는, 절대 출현할 수 없을 것이다.[23]

---

23) 마르크스와 엥겔스(1968: 182-183)을 참고한다. 지적해야 할 것은, 마르크스가 사용한 용어에 따라, 본문이 정의한 제도구조는 생산관계와 상층구조 두 가지를 포함하고

기술변천이 제도구조를 결정하는데 중요한 역할을 하는 것 외에도, 특정 제도장치의 상대적 효율을 변화시킬 수 있고, 일부 제도장치는 더 이상 작용하지 않게 한다. 제도장치에 대한 기술변천의 영향이 생산과 거래비용에 가져다 주는 결과로부터 분석을 진행할 수 있다.

생산측면에서 보면, 새로운 제도장치는 보통 새로운 잠재적 외부성 이용이 필요하거나, 요소 소유자 사이와 경제부문 간의 새로운 소득흐름의 분배방식에 대한 수정을 진행할 필요가 있다. 제조업에서 현대기업은 가정공장에 비해 이미 지배적 지위를 차지했는데, 이는 생산과정에서 기계사용이 생산규모의 요구에 반응하는 것이며, 이는 첫 번째 상황의 한 예인 것이다(Brewster, 1950). 필리핀에서 현대 다수확 벼 품종의 출현과 가용 노동력 증가는 가마계약(gama contract)이 전통적인 후나산 계약(hunasan contract)을 대체하게 했다. 후나산 계약에 따르면 모든 촌민이 모두 수확에 참여할 권리가 있고 수확의 1/6을 나눠 받을 수 있는데; 가마계약에 따르면 급여를 받지 않고 제초에 참가한 노동자만 수확에 참여할 권리가 있으며, 수확의 1/6을 나눠 받는다(Hayami and Kikuchi, 1981). 분명히, 가마제도의 발명은 토지소유자와 노동자 간의 새로운 소득흐름의 분배방식을 수정하는데서 유발된 것이다.

기술변천도 거래비용에 미친 영향을 통해 원래 무효한 제도장치가 역할을 발휘할 수 있도록 변하게 된다. 사유재산권의 확립은 기타 조건의 요구 외에도, 재산권 소유자가 재산권을 소유해 얻는 이익이 다른 사람들이 이 재산권을 사용하는 것을 배제하여 초래되는 비용보다 클 것을 요구한다. 비용이 너무 높을 때는, 자산은 공동소유가 된다. 예를 들면,

---

있다는 점이다. 생산관계와 상층구조는 모두 기술의 제약을 받기 때문에, 본문의 분석과 마르크스의 관점은 일치한다. 하지만 본문과 마르크스의 분석도 하나의 큰 차이가 있다. 마르크스의 논술은 주로 전체 제도구조의 변천, 즉 원시사회에서 봉건사회로, 봉건사회에서 자본주의사회로의 거대한 변천이다. 본문은 제도구조 중에서의 기타 제도장치가 주어진 상황을 가정하고 특정 제도장치의 변천을 분석한다.

일반적으로 목장은 울타리 비용 때문에 일반적으로 모두 공유된다. 하지만 저비용의 가시 철조망의 발명으로 목장 사유재산권의 출현 및 미국 서부 공공목장 임대사례를 야기시켰다(Anderson and Hill, 1975). 트랙터와 기타 농업기계의 발명은 농업의 감독비용을 아주 크게 인하시켰는데, 한 명의 운전기사를 감독하는 것이 여러 육체노동자를 감독하는 것보다 훨씬 쉬웠기 때문이다. 그 결과로는 토지소유자 자신이 토지를 경영하는 것으로 "소작농 경작"을 대체하는 추세가 나타나거나 "소작농"에서 보수를 받는 농민으로 전환되는 추세로 나타났다(Day, 1976; Binswanger, 1978).

• **요소와 상품의 상대가격의 장기변동** 요소와 상품 상대가격의 장기변동은 역사상 여러 차례 재산권 제도장치 변천의 주된 원인 중의 하나였다.[24] 어떤 요소 상대가격의 상승이 해당 요소 소유자가 다른 요소 소유자에 비해 상대적으로 더 많은 이익을 얻게 할 수 있다. 상품가격의 상승도 이러한 상품을 생산하는데 사용한 요소의 독자사용권 취득을 더 매력 있게 할 수 있다. 노스와 토머스(North and Thomas(1973))의 관점에 따르면 중세기 유럽에서 발생한 사람에 대한 재산권에서 토지에 대한 재산권으로 전환은, 인구증가와 토지가 더 희소성 있게 변해서 야기된 토지의 상대가격 상승의 결과이다. 이와 같이 피니(Feeny(1982))도, 19세기 중엽에서 20세기 초에 태국에서 사람에 대한 재산권에서 토지에 대한 재산권으로 전환이 발생한 것 또한 그 시기 인구증가와 쌀 수출의 수요가 증가한 것으로 설명될 수 있음을 발견했다. 잉글랜드에서 식품가격의 상승은 광야와 공공 목장구역을 사유화해 이득을 취할 수 있게 했다. 매클로스키(McCloskey(1975))의 예측에 따르면 울타리의 비용이

---

24) 소유권은 일종의 배타적 권리이기 때문에 이러한 권리는 정부가 공포된 규정의 제한만 받는다. 재산권 내용의 변화는 반드시 정부의 간섭을 받아야 한다. 따라서 재산권의 변화를 이해하려면, 국가에 관한 이론이 있어야 한다.

아주 높다 해도, 인클로저(enclosure)는 여전히 17%의 연 수익률을 생산
할 수 있다.

• **기타 제도장치의 변천** 제도장치는 제도구조에서의 성과가 상호의
존적이다. 따라서 어떤 특정 제도장치의 변천은 기타 제도장치의 서비
스에 대한 수요의 변화를 유발시킬 수 있다. 바로 루이스(Lewis(1955:
146))가 말한 대로, "일단 제도변천이 시작되면, 일종의 자기집행의 방식
으로 변화가 발생할 수 있다. 낡은 신념과 제도가 변화하면서, 새로운
신념과 제도는 서로 더욱 협조하게 돼, 이 방향에 따른 진일보한 변화가
발생한다." 포스너(Posner(1980))는, 명예심이 원시와 상고사회에서 아
주 중요한 특징이었는데, 이는 당시 공식적인 법률집행 제도장치가 부
족한 것으로 설명할 수 있다고 생각했다. 명예심은 사람들이 보복 당할
가능성을 증가시켜, 사회질서를 유지하는 중요한 도구가 되게 했다. 현
대화 국가에서도 여전히 사람들은 명예를 중요시한다. 하지만 국가가
사회질서를 유지하는 유일한 제도장치가 되었다. 보복과 결투는 국가에
의해 금지됐다. 산업화 이전 사회(pre-industrial society)에서 출현한 "생
존논리"는 농업 생산율 수준저하와 잠재적 시장규모 제한으로 설명될
수 있다. 후견인-피후견인 관계(patron-client relationship)는 거래비용을
절감하는데 도움이 되었고, 이는 노동력, 토지, 보험, 대출 등의 일련의
전문시장을 대체했다(Hayami and Kikuchi, 1981, 제2장). 시장의 확장이
상호협조와 후견인-피후견인관계를 약화시키는데 도움이 된다(Polanyi,
1944). 나 자신의 연구(Lin, 1989)도 중국에서 농지제도 변천이 발생하기
전에, 농촌의 요소시장이 여전히 아주 약소했음을 발견하였다. 집단농
작제에서 가정을 기초로 하는 농작제로의 전환은 중국 농촌에서 노동력,
토지와 대출 등의 시장이 재출현하게 했다.

유인적 제도변천의 동력메커니즘

이상 토론한 제도의 불균형은 영리기회를 가져다 줄 수 있다. 이들 영리기회가 유발한 이점을 얻기 위해 새로운 제도장치 발명이 필요하다. 제도구조는 각각의 제도장치로 구성되기 때문에, 하나의 특정 제도장치의 불균형 출현이 전체 제도구조의 불균형을 의미한다. 많은 제도장치는 긴밀하게 관련되어 있다. 하나의 특정 제도장치의 변천은 기타 관련 제도장치에 불균형을 출현하게 할 수 있다. 인간사상의 이성이 무한한 것이라면, 또한 제도장치의 구축에 비용을 쓸 필요가 없고, 시간도 소모할 필요가 없다면, 제도 불균형에 대한 반응 후에, 사회는 즉시 하나의 균형구조에서 다른 균형구조로 직접 전환될 수 있다. 하지만 인간의 이성이 유한한 것이라면. 모든 필요한 제도변천을 통찰하고 동시에 모든 최적의 제도장치를 설계하는 것은 이미 인간지능으로 할 수 있는 것이 아니다. 하나의 새로운 제도장치를 구축하는 것은 시간과 에너지와 자원을 소모하는 과정이다. 게다가 다른 경험을 갖고 제도구조에서 다른 역할을 하는 인간은 불균형의 정도와 불균형의 근원에 대한 이해도 각각 다르다. 그들은 또한 제도변천이 가져다 준 수익에 맞춰 다른 분배 방식을 추구할 수 있다. 일련의 새로운 행위규칙이 받아들여지고 채택되게 하려면, 개인 간의 담판과 의견일치가 아주 필수적이다. 불균형 출현 시, 제도변천의 과정은 하나의 제도장치에서 변천이 시작될 것이고, 그 다음 점차적으로 기타 제도장치의 변천으로 확산될 가능성이 아주 크다.[25] 따라서 제도변천 과정은 역사로 결정된 제도구조에서 발생되는 것이며, 기존 제도구조로 결정된다. 이렇게 말하면, 일부 제도장치는 추상적 이론사고에서만 보면 아마도 적합할 수 있지만, 그들과 제도구조 중의 기타 기존 제도장치와 겸용할 수 없어서, 생명력이 부족하다.[26] 제

---

25) 루이스(Lewis(1955: 144))의 말을 인용하면 "개혁은 신앙과 관계가 만든 네트워크 상의 어떤 지점에서 시작된 후, 외부로 확대가 진행되는 것이다."

도변천 과정에서, 대다수 제도장치는 모두 이전의 제도구조에서 계승된
것이다. 제도장치의 변화가 일정한 임계 값까지 누적되었을 때, 하나의
제도구조의 근본적 특징도 그에 따라 변화가 발생했다 해도, 제도변천은
더 점진적인 하나의 진화과정과 같다(Alchian, 1950; Nelson and Winter,
1982).

제도불균형은 이익을 얻을 기회를 가져다 줄 수 있는데, 제도장치의
혁신은 사회를 전체로 간주해 영리기회에서 이점을 얻을 수 있다.[27] 하
지만 제도장치의 혁신 실현가능 여부는 최종적으로 단일 혁신자가 얻을
수 있는 기대수익과 비용으로도 결정된다. 전체 사회의 비용-수익계산
에 비해 단일 혁신자의 비용-수익 계산은 훨씬 복잡할 것이다. 다른 유
형의 제도장치는 다른 비용-수익계산의 문제가 있다. 본문은 제도장치
를 두 가지 유형으로 나누는데, 즉 공식적 제도장치와 비공식적 제도장
치이다.

공식적 제도장치는 이러한 유형의 제도장치를 지칭한다: 이런 유형의
제도장치 중에서, 규칙의 변동이나 규칙의 수정은 그 행위가 이 제도장
치의 통제를 받는 (개인들의)그룹의 허가를 받아야 한다. 만장일치가 공
식적 제도장치의 자발적 변천을 하게 하는 전제조건이기 때문에, 공식

---

26) 하야미와 기쿠치(Hayami and Kikuchi(1981))가 연구한 필리핀 농촌의 후나산 계약에
   서 가마계약으로 전환은 바로 이러한 하나의 예이다. 가마계약에서 촌민의 실제
   보수는 역으로 하락하였다. 하지만 가마계약장치는 여전히 촌민에 의해 채택되었고,
   자유 노동력시장은 후나산 계약에서 가마계약으로 전환돼서 출현한 것이 아니었다.
   그 원인은 농촌에서 상호 협조와 소득공유의 전통 도덕관념에 근거하여, 가마계약이
   촌민들에게 더 합리적이었기 때문이다.

27) 일부 제도혁신은 순수하게 기존의 소득에 대해 재분배를 진행하려는 목적에서 시작
   된 것이다. 이러한 제도혁신은 하나의 자원소모의 과정이기 때문에, 일부 개인이
   손해를 볼 수 있는 것 외에, 전체 사회도 손실에 직면하게 될 수 있을 것이다. 그러므
   로 이러한 혁신은 하나의 자발적 과정이 아닐 수 있어서, 일반적으로 모두 정부에
   의해 강제로 추진되는 것이다. 본문은 이러한 유형의 제도변천을 다음 글에서 상세히
   토론할 것이다.

적 제도장치의 어떤 변화도 모두 제도장치의 혁신자가 시간과 에너지를 투자하여 조직하고 담판하며, 이들 (개인들의)그룹의 동의를 쟁취할 필요가 있다. 하야미와 기쿠치(Hayami & Kikuchi)가 연구한 필리핀 농촌에 출현한 재임대 현상과 전통적 후나산 계약에서 가마계약으로 전환은 공식적 제도장치가 변천한 두 가지 예이다. 이와 반대로 비공식적 제도장치는 다른 유형의 제도장치를 지칭한다: 이런 유형의 제도장치에서, 규칙의 변동과 수정은 단체행동이 필요하지 않고 개인이 실행할 수 있다. 시작할 때, 비공식적 제도장치의 단일 혁신자는 다른 사람들에게 현행규칙을 위반하는 것으로 생각될 수 있다. 사회에서 대다수 사람들이 원래의 제도장치를 포기하고, 새로운 제도장치를 받아들일 때만, 비공식적 제도장치는 비로소 변화될 수 있다. 이러한 비공식적 제도장치의 예는 가치관, 윤리규범, 도덕, 풍습, 의식형태 등이 있다.

하나의 공식적 제도장치 개선은 모두 일반적으로 외부성과 "무임승차"문제에 부딪힐 수 있다. 외부성의 발생은 제도장치가 특허보호를 얻을 수 없기 때문이다. 하나의 제도장치가 만들어 진 후, 다른 집단의 개인은 이런 혁신을 모방할 수 있고, 이로써 새로운 제도장치를 조직하고 설계하는 비용을 아주 크게 인하할 수 있다. 따라서 제도발명자의 보수는 사회 전체에서 취득할 수 있는 보수보다 작을 수 있다. 이 문제는 공식적 제도장치 혁신의 강도와 빈도가 모두 사회 최적보다 적을 것을 의미한다. 따라서 하나의 사회에서는 제도 불균형 현상이 지속적으로 나타날 수 있을 것이다.

제도장치는 하나의 공공재이기 때문에 무임승차의 문제가 나타날 수 있다. 일단 일종의 제도장치를 발명하고, 이 제도장치를 성공적으로 구축한 후, 이런 제도장치의 통제를 받는 모든 개인은 같은 제도서비스를 받을 수 있다. 하지만 개인의 의식형태 신념이 무임승차의 문제를 완만하게 하는데 도움이 된다. 새로운 제도장치와 개인의 공평한 세계에 대한 관념이 서로 일치하면, 무임승차에 필요한 대가도 커질 것이다. 무임승차 문제의 심각성은 또한 (개인들의)그룹 간의 상호관계로 결정된다. 그룹의 성원의 유동성이 클수록 개인행위가 발각될 가능성이 더 작아지기 때문에, 더 쉽게 무임승차의 문제가 나타날 수 있다. 무임승차 문제의 심각성에 영향을 주는 또 다른 요소는 그룹 구조의 긴밀 정도이다. 하야미와 기쿠치(Hayaymi and Kikuchi(1991:36))는 구조가 긴밀한 하나의 커뮤니티(community)에서 "사람들은 개인주의 기회의 출현이 비교적 적고, 동시에 더 엄격하게 사회규범을 준수할 수 있다", 그러므로 무임승차 문제는 아주 심각하지 않을 수 있다고 생각했다.

무임승차 문제의 존재로 인해, 정치나 제도 혁신자(political or institutional entrepreneur)가 공식적 제도장치 혁신에서의 역할이 특히 중요해 보인다. 정치혁신자는 이러한 사람이다: "그는 보편적인 신임(경외)을 받거나, 누가 거래흥정에서 속임수를 쓰는지 판단할 수 있거나, 거래흥정 시간을 능숙하게 절약할 수 있다; 어떤 때는 또한 일종의 제도장치를 설정할 수 있어, 정치 혁신자 지도와 조직이 없는 제도장치에 비해, 그가 설계한 제도장치는 모든 이해관계자에게 모두 더 큰 수익을 가져다 줄 수 있다."(Olson, 1965: 176)

제도불균형은 다른 방식으로 다른 사람들에게 영향을 준다. 따라서 정치혁신자가 성공하려면, 다른 요소의 영향을 받는 것 외에 미래의 잠재수익에 맞게 소득 분배방안을 설계하는 능력에 달려있다. 그의 분배방안은 각 개인의 상황을 더 좋게 만들어야 할 것으로 보이고, 또한 각 성원이 이러한 분배 메커니즘과 자신의 의식형태가 서로 부합한다고 믿게 해야 한다. 만약 정치 혁신자가 이렇게 하는 것이 본인에게 수익이 비용보다 크다고 인식한다면, 새로운 목표를 더 명확히 표현하려 노력하고, 동시에 새로운 규칙을 구축할 수 있다. 수익은 반드시 물질적인 것이 아니라, 비물질적인 것일 수도 있는데, 예를 들면 사회적 명망이나 정치적 지지 등이다(Eisenstadt, 1965, 1968). 정치 혁신자에 있어서는, 정부기구 내에서 정치적 지지를 얻을 수 있거나, 지방이익 단체와 연맹을 결성할 수 있다면, 그의 비용은 비교적 적을 것이다(Hayami and Kikuchi, 1981, 제2장). 하지만 이러한 고려는 새로운 제도장치가 일부 개인에게 손해를 줄 수 있음을 의미하는데, 일단 강제적 힘을 이용하면, 단체성원의 의견 일치가 더 이상 제도혁신의 필요조건이 아니기 때문이다.

  비공식적 제도장치의 혁신과정에서 부딪히는 문제와 공식적 제도장치 혁신 과정에서 발생되는 문제는 전혀 다르다. 비공식적 제도장치의 혁신은 단체행동과 무관하기 때문에, 여전히 외부성 문제가 존재하긴 하지만, 무임승차의 문제는 없다. 새로운 규칙이 받아들여질 수 있는지 여부는 전적으로 비공식적 제도혁신이 가져다주는 이익과 비용에 대한 개인의 계산으로 결정된다. 또한 이러한 비공식적 제도혁신의 비용은 혁신과정에서 소요된 시간, 노력과 자원 등의 형식으로 표현되지 않는다. 비공식적 제도장치의 집행은 사회적 상호영향으로 결정되기 때문에, 비공식적 제도혁신자의 비용은 주로 주위의 사회적 압력에서 온다. 비공식적 제도혁신이 가져다 주는 이익이 단체성원에게 균등하게 분배되지 않는다면, 이 비용은 아주 높을 것이다. 이익을 분배 받지 못한 사람은 신성한 도덕을 침범 당하고 있고, 풍습에 맞는 권리를 박탈당하고 있다고 느끼게 된다. 험담이나 심지어 폭력행위가 잇달아 나타날 수도 있다. 시장제도가 생계형 소농경제를 (subsistence-oriented peasant economy) 침범할 때 항상 이러한 상황들이 나타날 수 있다(Scott, 1976). 수모와 사회에서 배척될 것에 대한 염려로 인해, 비록 비공식적 제도장치를 위반해 아주 큰 물질적 수익을 얻을 수 있다 할지라도, 개인은 여전히 이를 위반하려 하지 않을 것이다. 바로 이런 이유 때문에, 비공식적 제도장치는 공식적 제도장치보다 변천이 더 어려울 수 있다. 정부행위의 개입이 있다 해도, 비공식적 제도변천은 발생이 아주 어려울 것이다.[28]

---

28) 사람들이 전통적인 신앙, 가치관념, 인생태도, 도덕관념 및 생활방식을 포기하도록 강제하는 것은 모두 사회를 불안정하게 할 수 있다. 바로 바우어(Bauer(1984: 31))가

이렇다 해도, 비공식적 제도장치가 변천하는 표준과 특징이 고정불변하는 것은 아니다. 인류역사 발전과정에서 가치관, 풍습과 사회도덕과 의식형태처럼 모두 이미 변화가 발생했다. 제도 혁신자가 직면한 주요 문제와 다른 경제정책 결정자가 직면한 문제는 같은 것이다. 제도의 불균형이 가져다 줄 기대수익이 그 잠재비용을 상쇄할 만큼 크다면, 이들 규칙이 아무리 뿌리 깊다 해도, 개인은 새로운 가치관, 도덕과 풍습을 받아들이려 노력할 수 있다.

비공식적 제도장치의 집행은 사회적 상호영향으로 주로 결정된다. 따라서 하나의 단체나 커뮤니티에서 성원의 유동성이 클수록, 이러한 집행 메커니즘의 효율도 더 낮아진다. 유동성이 클수록, 하나의 단체나 커뮤니티에서의 성원은 전통적 제도장치를 더 쉽게 포기하고 새로운 제도장치를 받아들이게 된다. 이는 왜 가치관과 도덕이 시장경제에서는 끊임없이 변화하는데 전통경제에서는 비교적 고정적인지를 설명했다. 시장경제에서의 청년은 노인들에 비해 비공식적 제도의 혁신자가 될 가능성도 더 큰데, 이 같은 이유는 의식형태 변천에서 이미 토론하였다. 이러한 현상이 이른바 "세대차이"이다.

강제적 제도변천의 정치 경제학

제도장치는 일종의 공공재이고 또한 무임승차문제는 제도혁신 과정 중의 고유한 문제이기 때문에, 유인적 제도혁신이 새로운 제도장치의

지적한 바와 같이 "사실상 개발도상국 정부는 이러한 강제적 변화를 진행하려는 시도가 거의 없을 수 있다. 통상적으로 그들은 강제적 변화로 대중의 강렬한 반항을 초래하거나 심지어 폭동을 유발할 수 있음을 인식할 수 있다. 정부의 이러한 방향으로 변화시키려는 일부 실질적 행동들이나, 사람들이 정부가 강제적 변화를 진행하려는 시도를 의심하더라도 모두 무력충돌을 유발할 수 있는데, 이러한 상황은 아시아와 아프리카에서 자주 발생하고 있다."

유일한 원천이라고 한다면, 한 사회에서 제도장치의 공급은 사회 최적의 수준보다 적게 될 것이다. 국가개입은 제도공급의 지속적 부족을 보완할 수 있다. 국가개입은 비용과 수익을 동시에 가져다 줄 수 있기 때문에, 국가가 인센티브를 갖고 적당한 행동을 채택할지 여부의 직면한 문제도 경제학을 이용하여 분석을 진행할 수 있다. 본 부분에서는 하나의 경제학 모델을 제안해 국가의 행동을 분석한다. 우리는 통치자의 입장에서 국가의 정책결정의 문제를 탐구한다. 통치자는 국왕, 지도자, 총리나 선출직 대통령일 수 있다. 우리는 다음의 분석에서 하나의 이성적인 통치자라 하더라도, 반드시 제도장치의 공급부족을 보완할 수 있는 것은 아니라고 밝혔는데, 그 원인은 "정책실패의 원인"부분에서 토론할 것이다.

국가에 관한 경제학 분석 방법

베버(Max Weber)의 정의에 따르면, 국가는 정해진 어떤 지역 안에서 일종의 독점적이고 합법적으로 강제적 수단을 사용하는 제도장치이다.[29] 국가의 기본기능은 법률과 질서를 제공하고, 재산권을 보호해 세수소득을 얻는 것이다. 강제력 사용이 아주 큰 규모효과를 갖기 때문에 국가는 자연독점의 범주에 속한다. 국가는 독점자로서 다른 경쟁적 조직보다 훨씬 낮은 비용으로 위에서 언급한 제도적 서비스를 제공할 수 있다. 이로 인해 국가가 존재할 때의 사회의 총소득은, 개인이 부득이하게 자신이 이런 서비스들을 제공할 때의 사회 총소득보다 크고, 다른 경쟁적 조직으로부터 이들 서비스를 얻을 때의 사회적 총소득보다도 크다. 표준조건에서, 가장 이상적 국가는 "폭력, 절도, 사기를 예방하고 계약이행 등을 보장하는 아주 협의적 기능"의 의미로 국한된 최소국가라

---

29) 프롤리히와 오펜하이머(Frohlich and Oppenheimer(1974))는 베버(Max Weber)의 국가에 대한 정의를 인용하였다.

고 우리는 생각할 수 있다(Nozick, 1974: ix). 하지만 이런 논법이 현실에
서는 합당하지 않은 것이다. 강제적 힘을 합법적으로 사용하는 유일한
독점자로서, 국가는 그 영향범위를 최소국가에 허용된 범위를 훨씬 초
과하여 확장할 수 있다. 비록 국가는 하나의 제도가 작용을 할 수 있는
지를 결정하지는 못한다 해도, 바로 밀(Mill(1848: 21))이 말한 것처럼,
국가는 "어떤 제도가 계속 존재할 수 있을지를 결정하는" 권력을 갖고
있다.[30] 하나의 더 흥미로운 문제는: 국가가 이들 유인적 제도변천 과정
에서 제공할 능력이 없는 적당한 제도장치를 설계하고 강제로 추진할
수 있는 인센티브와 능력이 있는가?

　어떤 사람은 이미 몇 가지 방법을 제기하여 국가의 정책결정 문제를
연구하였다. 첫째 방법은 국가를 하나의 유기적 실체로 간주하는 것인
데, 이런 관점에 따르면, 국가가 인격화되게 된다. 국가는 자신의 가치
관, 동기와 목표를 가지고 있는데, 이는 국가를 구성하는 개인이 가진
가치관, 동기와 목표에서 독립돼 있다. 국가의 완전한 하나의 세포로서,
개인은 자신의 신분과 특징을 상실하게 될 것이다. 국가가 담당하는 역
할은 복리나 효용을 극대화하는 것이다. 이러한 관점은 방법론상으로
보면 아주 단순하고, 어떤 실질적인 내용도 없는데, 바로 다운스(Downs
(1957: 17))가 이에 대해 평론한 것처럼: "이는 하나의 허구적 주체 위에
구축되어 있고: 국가는 일종의 개인과 분리된 기구이다."

　둘째 방법은 뷰캐넌과 털록(Buchannan and Tullock(1962))이 최초로
제기하였는데, 이는 국가를 단체행동을 실현하는 일종의 도구로 상상했
다. 국가는 개인이 자신의 욕망을 만족시키는데 사용하는 기기에 불과
하다. 개인은 국가로부터 서비스를 구매할 수 있고, 제공받은 서비스에
대해 비용만 지불하면 된다. 이런 관점은 불완전한 것인데, 이는 실제적
으로 국가기기를 조종하고 정책결정을 진행하는 사람들에 대한 인센티

---

30) 필드(Field(1981: 186))에서 재인용.

브 문제를 완전히 등한시했기 때문이다.

셋째 방법은 다운스(Downs(1957))가 정부에 대한 관련연구 중에 제기한 것이다. 이런 방법은 정당차원에서 국가의 정책결정 문제를 고찰하였다. 이른바 정당은 법률수단을 사용해 정부기구에 대한 통제를 찾고자 하는 그룹을 지칭한다. 정당 구성원이 일부분이 아닌 모든 목표에 대해 모두 합의에 이를 수 있다는 가정을 통해, 정당은 하나의 일치된 선호순서를 가진 한 개인으로 간주된다. 이러한 방법도 마찬가지로 비현실적이고, 다운스(Downs(1957: 26)) 본인도 "현실에서 어떤 정부의 주요관리도, 완벽하게 똑같은 목표를 가질 수 없다"고 인정했다.

어느 사회에서든, 국가의 최종권력은 모두 정치가의 손에 있고, 정치가는 어느 정도 시민의 선호와 압력의 영향을 받지 않을 수 있는데, 따라서 사람들을 더 만족시키는 하나의 방법은 국가를 관장하는 통치자의 행위분석을 통해 국가의 정책결정 과정을 연구하는 것이다. 이러한 통치자는 국왕, 대통령, 수상 혹은 막후 최고 지도자(Frohlich and Oppenheimer, 1974; North, 1981, 제 3장)일 수 있다.[31] 유한이성을 가진 어떤 하나의 개인과 같이, 통치자도 자신의 생존, 명망, 권력, 자산 및 역사적 지위 등에 관심 있다. 반란 발생가능성 및 국내외 잠재적 통치자의 위협에 직면한 상황에서, 모든 통치자는 자신이 적합하다고 생각하는 모든 방법을 채택해 자신의 효용을 극대화할 수 있다. 하지만 통치자는 일련의 규칙을 유지하여 자신이 국가를 통치하는 거래비용을 감소시켜야 한다. 이들 규칙은 통일된 도량형 및 분쟁을 해결하는데 사용하는 사법 시스

---

31) 바로 달과 카를로스(Dahl and Charles(1953: 42))가 지적한 바와 같이 "정부를 통제하는 임의의 한 사람은 일반적으로 모두 '최후 발언권'을 가지고 있어서, 자신의 의사결정을 자신의 세력기반 위에 있는 다른 조직에 강요할 수 있다."(Downs, 1957: 22에서 재인용) 각기 다른 사회는 통치자의 절대권력에 대한 제한이 당연히 다소 다를 수 있고, 이 차이는 대체로 역사적 조건으로 결정된다. 하지만 하나의 선출직 대통령(혹은 수상)이라 해도 두 차례 선거 사이의 간격주기 등이 있기 때문에, 아주 큰 공간이 있어 자신의 목표를 추구할 수 있다(Breton, 1974).

템을 포함한다. 통치자의 권력, 명망, 자산은 최종적으로 국가의 자산능력으로 결정되므로, 통치자 또한 일련의 생산과 거래를 촉진하는 재산권 방안 및 일련의 계약에 관한 집행절차를 제공할 수 있다. 시민이 정치시스템을 준수하는 비용 또한 시민의 통치자 합법성에 대한 인정 정도에 따라 결정되므로, 시민이 자기 권력의 합법성을 신뢰하도록 하기 위해, 통치자는 의식형태 교육에 투자를 진행할 수 있다.

경제성장은 제도 불균형을 출현하게 할 수 있다. 일부 제도 불균형은 유인적 혁신으로 제거될 수 있다. 하지만 또 다른 일부 제도 불균형은 개인과 사회의 수익과 비용간의 불일치로 인해 계속 존재할 수 있다. 통치자가 제도변천을 강제 추진하여 야기된 기대수익이 기대비용을 초과할 때만, 행동을 취해 제도 불균형을 제거할 수 있다. 이렇다 해도, 어떤 제도장치의 변천은 통치자가 얻을 수 있는 효용을 저하시킬 수 있는데, 심지어 통치자의 생존을 위협할 수 있다면, 국가는 이러한 비효율적인 제도 불균형을 계속 유지할 수도 있다. 다시 말해, 통치자는 하나의 새로운 제도장치를 강제로 추진해 야기된 기대 한계수익이 기대 한계비용을 초과해야만 비로소, 행동을 취해 제도혁신 공급부족의 문제를 해결할 수 있다. 수익과 비용을 평가할 때, 통치자는 세수 순수익, 정치적 지지 및 통치자 효용함수에 진입한 기타 상품 등에 주목할 수 있다. 자신의 효용을 극대화를 추구하는 통치자가 전체 사회자산을 극대화하는데 목적이 있는 정책을 반드시 집행할 동기가 있을 수 있는지 우리는 보장할 수 없는데, 이들 정책은 사회 최적의 수준에서 제도장치를 제공하는데 도움이 된다.

정책실패의 원인

일종의 효율적이지 않은 제도장치 유지와 국가가 행동을 채택해 제도 불균형을 제거하지 못하는 것은 모두 정책실패에 속한다. 정책실패의 원인은 다음 몇 가지가 있다: 통치자의 선호와 유한이성, 의식형태의 견고함, 관료정치 및 관료정치 대리문제, 단체이익의 충돌 및 사회과학 지식의 국한성 등이 있다.

• **통치자의 선호와 유한이성** 우리는 제도장치가 국민 총자산에 미친 영향으로 그 효율을 정의한다. 통치자가 자산극대화를 추구하는 사람이고, 자신의 자산과 전체 국가의 자산이 정비례한다면, 통치자는 권력범위 안에서 최고 효율적인 제도장치를 구축하려는 인센티브가 있는 것이다. 하지만 통치자의 거래비용 상승으로 인해, 새로운 제도장치가 전체 국가에 더 높은 소득을 가져다 줄 수 있지만, 통치자 자신에게는 더 낮은 수익을 가져다준다면, 통치자는 이 새로운 제도장치 구축은 자기에게 이익이 되지 않음을 알 수 있다. 이 밖에도 자산은 통치자가 중요시하는 많은 상품 중의 하나일 뿐이다. 예를 들면, 통치자가 자신의 국제정치 무대에서의 명망을 더 중시한다면, 일종의 국민자산을 희생하는 대가로 군사능력을 강화하는 제도장치를 구축할 수도 있다. 통치자 효용의 극대화 모델에 근거하여, 우리는 국민자산의 증가에 따라 통치자는 자신의 명망을 더 중시할 수 있다고 추론할 수 있다.[32] 결국은 통치자가 자산의 극대화를 추구하는 사람이더라도, 유한이성 및 제도 불균형을 인식하고 이해하는데 필요한 복잡한 정보 때문에, 제도장치의 공급부족을 교정하여, 새로운 제도장치를 설계하고 구축할 능력이 없을 가능성은 여전히 존재할 것이다.

• **의식형태의 견고함** 시민이 통치자 권력의 합법성과 현존하는 제도장치의 공평성에 대하여 비교적 강한 신념을 품고 있다면, 국가를 통치하는 거래비용도 이에 따라 하락할 수 있다. 따라서 통치자는 자신의 목적에 서비스를 제공하는 의식형태를 발전시키고, 교육에 투자하는 것

---

32) 통치자의 자산의 증가에 따라 자산의 한계효용은 점차 절하되지만, 기타 상품(명망, 역사적 지위등과 같은)의 한계효용은 오히려 점점 증가하고 있다. 따라서 통치자는 일부 자산을 내놓아 자신의 명망과 명성으로 바꾸길 원한다.

으로 사람들에게 이러한 의식형태를 주입하여, 통치자 본인과 그가 제창한 의식형태를 같게 할 수 있다. 의식형태와 현실간의 격차는 제도 불균형의 출현에 따라 끊임없이 확대될 수 있다. 하지만 새로운 제도장치를 강제로 추진하여 균형을 찾고, 원래의 의식형태를 바꾸는 것이 통치자 권력의 합법성에 대한 도전이 될 수 있다. 따라서 자신의 합법성이 동요될 수 있다는 염려 때문에, 통치자가 새로운 제도장치를 만드는 것이 아니라 낡고 무효한 제도장치를 유지할 수 있으며, 의식형태 순화에 목적이 있는 운동을 시작할 수 있을 것이다. 그러므로 새로운 제도장치는 종종 오랜 통치자가 새로운 통치자로 대체된 후에야 구축될 수 있다.

• 관료정치 및 관료정치 대리문제   정의에 따르면 통치자는 반드시 일부 관료기구를 소유해 이를 사용하는데, 이들 관료기구는 법률과 명령 집행, 세금징수, 징벌시행, 국가주권 방위와 기타 서비스 제공을 할 수 있다. 이들 관료기구 중에서 각 관료 자체는 모두 이성적인 개체인데, 그 이익이 지금까지 통치자의 이익과 완전히 일치될 수 없었다. 물론 통치자도 대리인의 행위를 감독하려 하고, 관료들이 통치자에게 충성하게 하려는 목적으로 하나의 인센티브 제도를 실시하여, 관료에게 성실, 공평무사, 직무충실의 의식형태를 주입한다. 하지만 통치자는 이들 관료를 철저하게 통제할 수 없고, 관료들의 자유재량권(discretionary power)도 철저히 배제될 수 없다. 이렇게 초래된 결과는 통치자 효용을 최대화하려는 목적이 있는 정책은 다소 왜곡될 수 있고, 따라서 관료기구도 그 안에서 적지 않은 이점을 얻게 될 수 있다. 통치자가 자신의 효용을 극대화하는 능력 및 효율적인 제도장치를 구축하는 능력은 얼마나 많은 관료기구가 통치자의 목표를 자신의 목표로 간주하는지에 달려 있다. 관료기구의 대리문제로 인해 통치자의 유한이성을 더 가중시켜, 국가를 통치하는 거래비용을 더 증가하게 할 수 있다. 새로운 제도장치를 구축하여 야기된 별도수익을 관료들의 자유재량권으로 낭비하게 된다면 새로운 제도장치는 구축될 수 없을 것이다.

• **단체이익의 충돌** 슐츠(Schultz(1978: 10))가 지적한 바와 같이: "통치지위에 있는 개인은 정치에서 정치체제가 존재해 나가게 하는 특정단체의 지지에 의존할 수 있다. 이런 의미에서, 경제정책은 정치적 지지를 얻는 수단이다." 제도장치의 변천은 항상 상이한 단체의 대중에게 새롭게 자산, 소득, 정치권리를 분배하게 할 수 있다. 제도변천이 초래한 피해자가 보상받을 수 없다면 - 대부분의 상황에서 확실히 보상을 받지 못했다 - 그들은 강력하게 이 변천을 반대할 수 있다. 따라서 제도변천에서 피해자가 통치자를 지지하는 단체라면, 통치자는 자신의 정치적 지지가 잠식될 것을 염려하여 이 제도변천 진행을 원하지 않는다. 피니(Feeny(1982, 제7장))는, 1880-1975년 사이의 태국에서 사회 엘리트가 기술과 제도변천에서 아무 이점도 얻을 수 없었기 때문에, 정부는 필요한 행동을 아주 적게 채택하여 제도변천을 진행했는데, 그 결과로 농업발전이 타격을 받았던 것을 발견했다.

이들 변천이 경제성장에 손해일지라도, 하나의 강력한 단체는 이들 소득 재분배가 그 단체에 이로운 새로운 제도장치를 추진하게 할 수도 있을 것이다 (Olson, 1982; Muller, 1983). 이뿐만 아니라, 통치자의 배타적 통치권 또한 국내외 같은 서비스를 제공하는 잠재적인 경쟁상대의 제약을 받을 수 있다. 통치자의 경쟁상대를 더 쉽게 접촉하는 단체는 통치자와 거래 흥정할 시의 역량도 더 커서, 통치자는 이들 단체에 더 많은 서비스를 제공할 필요가 있게 된다. 제도변천은 이들 단체를 통치자의 경쟁상대 진영으로 축출할 수 있고, 통치자가 경쟁상대 진영으로 축출되지 않은 단체에서 얻은 이점이 자신의 단체가 경쟁상대의 진영으로 축출되어 통치자에게 초래한 손실을 보상할 수 없다면, 제도변천은 발생할 수 없을 것이다.

• **사회과학 지식의 국한성** 정부가 새로운 제도장치를 구축하여, 제도균형을 회복할 뜻이 있어도 사회과학 지식부족의 제한으로, 정부는 정확한 제도장치를 구축할 수도 없을 것이다. 1950년대 초에 많은 저개발

국가는 소련모델의 중앙계획 체제를 채택하였다. 우리가 이들 정책이 당시 유행한 사회지식에 직접 결과가 얼마나 있었는지 증명하기 아주 어렵지만, 바우어(Bauer(1984))가 종합한 바와 같이 2차 세계대전이 끝난 후의 초기 몇 년 동안 발전에 관한 아주 많은 문헌의 주요내용은 모두 종합적, 전면적인 정부계획이 개발도상국에서 신속한 경제성장을 이루는데 중요한 역할이 있었다는 것을 강조하였다. 또한 슐츠(Schultz (1977))는 3세기 가까운 시간 동안 영국과 기타 서방경제에 대한 역사적 연구에 근거해 발견한 것은: 하나의 사회에서 각종 다른 정치, 경제제도 장치의 변동과 확립이, 주로 그 시대에 지배적 지위를 차지한 사회사조에서 유발되었고, 그 시대에 지배적 지위를 차지한 사회사조의 영향을 받았다는 점이다. 하지만 지배적 지위를 점유한 사회사조는 더 빠른 경제성장을 유도하지도 더 마음에 드는 소득분배를 제공하지도 못했기 때문에, 이는 "정확"한 사조가 아닐 수 있다. 근본적으로 사회사조도 사람들의 유한이성의 제약을 받는다. 그렇지만 지배적 지위를 차지한 사회사조의 극소수 권위적 인물들이 머리를 짜낸 결과만이 아닌, 많은 다른 전문훈련을 받은 사회과학자들이 충분한 상호작용과 협의를 거친 후에 형성된 것이라 가정한다면, 사회에 손실을 초래할 수 있다 해도 비교적 적을 것이라고 우리는 여전히 확신할 수 있다.

결론

본문을 마치기 위해 두 가지 문제에 설명이 필요하다. 하나는 문화전통과 경제성장 간의 관계이며, 또 다른 하나는 경제성장에서 정부의 역할이다. 하나의 민족의 문화전통은, 그 가치관과 풍습처럼, 모두 비공식적 제도장치이다. 공식적 제도장치와 같이 문화전통도 사람들의 수요를 만족시킬 수 있는 "인공"도구이다. 하나의 안정적인 경제에서는, 문화전통은 항상 균형상태에 있고, 서서히 신성해진다. 하지만 경제발전에 따라 더 많은 제도 서비스를 제공하는 동시에, 거래비용이 인하되어 만들어진 영리적 기회는 객관적으로 새로운 제도장치의 출현을 요구하여, 원래의 제도장치에서 일부분은 점점 시대에 맞지 않게 된다. 제도 혁신 과정이 외부성의 영향을 받는다 해도 유발되는 기대수익이 기대비용을 초과해야만, 제도혁신자가 결국 출현할 수도 있으며, 새롭고, 효율적인 제도장치를 창조해 낼 수 있을 것이다. 이러한 의미에서, 가치관, 풍습과 문화전통에서의 기타 부분은 경제성장 과정에서의 역할이 중성적이다. 하지만 이는 한 국가의 문화전통과 그 국가의 경제가 아무 관계가 없음을 의미하는 것이 아니라, 한 국가경제의 미래를 결정할 수 없다고 말하는 것이다. 한 국가의 문화전통이 얼마나 경제성장에 유리하든지, 한 국가가 문화전통으로 지속적이고 신속한 성장을 얻기를 기대할 수는 없다.

한 국가는 경제성장에 적합한 일련의 가치관이나 도덕관을 구축하고 나서 본국의 경제발전을 기다릴 필요는 없다. 한 국가가 자신의 문화전통 전환에서 이득을 취할 수 있을 때, 자신의 문화 전통을 변화시킬 수 있을 것이다. 오늘날 일본노동자의 직업윤리는 전세계에서 광범위하게 칭송을 받아 왔다. 하지만 사실은 줄곧 그렇지는 않았다. 우리는 일본에서 정부방문을 요청 받은 오스트레일리아 전문가가 1915년에 작성한 보고서의 일부를 인용하여 상술한 관점을 증명할 수 있다:

내가 당신들의 노동자가 일하는 모습을 보았을 때 당신들의 저렴한 노동력에 대한 인상이 빠르게 사라졌다. 의심할 바 없이 당신의 노동자들이 받는 임금은 확실히 아주 낮지만, 그들이 생산할 수 있는 수익도 아주 적다; 당신들의 노동자가 일하는 것을 보고 당신의 민족이 쉽게 만족하고, 안주하는 조금의 시간관념도 없는 민족이라고 느껴졌다. 나와 일부 일본경리들은 이 일에 대해 언급했을 때, 그들은 이렇게 답습되어 온 국민습성을 수정하는 것은 거의 불가능하다고 말해줬다.[33]

---

33) 이 단락의 내용은 스리니바산(Srinivasan(1984: 53))에서 재인용하였는데, 스리니바산

하지만 겨우 1-2세대를 지난 후에, 일본 국민의 이런 산업사회와 수화 상극으로 서로 융화되지 않고, 수정하기 불가능하다고 가정했던 "답습되온 습성"은 이미 완전히 변화되었다.[34] 이러한 변화발생의 관건은 성실한 작업 및 새로운 작업태도, 새로운 가치관 및 기타 공식 비공식적 제도장치 발전이 개인에게 가져다 줄 수 있는 새로운 수익기회인 것이다. 자신의 운명개선을 추구하는 과정에서 문화전통의 속박을 견뎌낼 사람은 하나도 없다. 자신의 문화전통 변화를 통해, 미래의 거대한 수익을 얻을 기회가 부족한 것이 바로 자신의 운명개선을 속박하는 멍에이다.

문화전통에 비해, 정부정책이 한 나라의 경제성장에서 더 중요해 보인다. 정부는 전체경제가 구축되는 질서의 틀을 제공하기 때문에; 또한 정부가 제공한 질서가 안정성이 부족하다면 이성적 행위도 존재하지 않는다. 따라서 우리가 정부정책이 경제성장의 중요성을 아무리 강조해도 지나치지 않다. 하지만 루이스(Lewis(1955: 376))가 말한 것과 같이 "한 국가가 취득한 경제성장은 모두 현명한 정부의 적극적 자극아래서 이룬 것이다, …… 다른 한편으로, 현실에서도 정부가 경제생활에 대해 손해를 초래한 대량의 생생한 예가 존재하여, 정부가 경제생활에 참여해 얻은 교훈을 몇 장의 종이에 꽉 채워 아주 쉽게 쓸 수 있을 정도이다."[35], 그렇다면, 현명한 정부와 현명하지 못한 정부의 구분은 도대체 무엇인가? 그 답은 아마도 정부가 개인의 인센티브 문제를 어떻게 유도할지에 있을 것이다.

모든 상황에서, 개인은 항상 자신이 이점을 얻게 할 기회를 찾고 있다. 하지만 경제를 발전시키기 위해서, 이러한 논법이 지나치게 개괄적

(Srinivasan)은 다시 바그와티(Bhagwati(1983))에서 인용하였다.

34) 기타 많은 예에 관해 바우어(Bauer(1984)), 바우어와 야메이, 슐츠, 루이스(Bauer and Yamey(1957), Schultz(1964)와 Lewis(1955))등의 저서를 참고하기 바란다.

35) 노스(North(1981: 20))는 유사한 관점을 발표하였다: "국가의 존재는 경제성장에 필수 불가결한 조건이지만; 국가는 또한 인위적으로 경제불황에 빠뜨리는 원인이다."

으로 보이더라도, 우리는 하나의 체계를 구축하여 개인이 새롭고 풍부
한 생산력이 있으며, 실속 있는 소득흐름을 적극적으로 찾고 채택하는
것을 격려해야 한다. 더 나아가 이 체계는 개인이 자신의 시간, 노력과
금전을 자신에게 수익을 가져다 줄 수 있는 행동에 투자하도록 허가해
야 한다.36) 이들 특징을 가진 제도장치는 - 더 정확히 말해 상품, 요소와
사상방면에서 명확한 경계가 있고 잘 집행되는 재산권 시스템을 지칭하
는데 - 본래는 공공재이다. 이는 유인적 제도 혁신과정에서 구축될 수는
없을 것이다. 정부의 전폭적 지지가 부족하다면, 사회에는 이러한 제도
장치는 근본적으로 존재할 수 없을 것이다.

참고문헌

Alchian, Armen A. 1950. "Uncertainty, Evolution, and Economic Theory," *Journal of Political Economy* 58(June): 211-222.

Alchian, Armen A., and Demsetz, Harold. 1972. "Production, Information Costs, and Economic Organization," *American Economic Review* 62 (December): 777-795.

---

36) 우리는 두 가지 이윤추구의 활동을 구분해야 한다. 첫째는 소위 지대추구 행위 (Krueger, 1974) 및 직접적이며 생산력이 없는 이윤추구 행위(Srinivasan, 1985)로, 이는 관세징수를 요구하는 로비, 관세회피, 부과된 관세에서 수익취득, 수입쿼터에서 이윤획득, 등등을 포함한다. 일단 정부가 무역과 다른 경제활동에 개입을 진행하면, 사람들은 행동을 채택해 정부가 자신에게 유리한 정책을 제정하게 할 수 있다. 이들 행동은 이윤흐름이 활동에 종사하는 사람들에게 향하게 하지만, 자원을 소모하여, 생산가능성 곡선을 안으로 이동시킬 수 있지만 사회전체에는 어떤 가치 있는 상품과 서비스도 생산해 내지 못할 수 있다. 이런 유형의 이윤추구 활동은 성장이 아닌 경제정체를 유발하기만 할 수 있다. 두 번째 이윤추구 활동은 생산능력이 있는 이윤추구 행위인데, 물질자본과 인적자본에 투자, 새로운 기술과 효율적인 제도장치에서의 혁신 등을 포함한다. 두 번째 유형의 이윤추구 활동은 생산가능성 곡선을 밖으로 이동시켜, 사회전체에 상품과 노동공급의 증가를 유발할 수 있다. 두 번째 유형의 이윤추구 활동이 없다면, 한 국가에 경제성장이 발생할 수 없을 것이다.

Anderson, Terry L., and Hill, P.J. 1975. "The Evolution of Property Rights: A Study of the American West," *Journal of Low and Economics* 18(April): 163-179.

Arrow, Kenneth J. 1974. *The Limits of Organization.* New York: W.W. Norton.

Bhagwati, Jagdish. 1983. "Development Economics: What Have We Learned?" Distinguished Speakers Lecture, Asian Development Bank, Manila, October.

Bauer, P. T. 1984. *Reality and Rhetoric.* Cambridge: Harvard University Press.

Bauer, P. T. And Yamey, Basil S. 1957. *The Economics of Under-developed Countries.* Chicago: University of Chicago Press.

Becker, Gary S. 1976. *The Economic Approach to Human Behavior.* Chicago: University of Chicago Press.

Binswanger, Hans P. 1978. *The Economics of Tractors in South Asia.* New York: Agricultural Development Council; and Hyderabad, India: International Crops Research Institute for the Semi-Arid Tropics.

Binswanger, Hans P., and Rosenzweig, Mark R. 1986. "Behavioral and Material Determinants of Production Relations in Agriculture," *Journal of Development Studies* 22(April): 504-539.

Binswanger, Hans P., and Ruttan, Vernon W. 1978. *Induced Innovation: Technology, Institutions, and Development.* Baltimore: Johns Hopkins University Press.

Breton, Albert. 1974. *The Economic Theory of Representative Government.* Chicago: Aldine.

Brewster, John M. 1950. "The Machine Process in Agriculture and Industry," *Journal of Farm Economics* 32 (February): 69-81.

Buchanan, James M., and Tullock, Gordon. 1962. *The Calculus of Consent: Logical Foundations of Constitutional Democracy.* Ann Arbor: University of Michigan Press.

Chandler, Alfred D., Jr. 1977. *The Visible Hand: The Managerial Revolution in American Business.* Cambridge: Harvard University Press.

Dahl, Robert A., and Lindbolm, Charles E. 1953. *Politics, Economics,* and Welfare. New York: Harper & Bros.

Davis, Lance, and North, Douglass C. 1970. "Institutional Change and American Economic Growth: A First Step Toward a Theory of Inspirational Innovation," *Journal of Economic History* 30: 131-149.

Day, Richard H. 1967. "The Economics of Technological Change and the Demise of the Sharecropper," *American Economic Review* 57 (June): 427-449.

Demsetz, Harold. 1967. "Toward a Theory of Property Rights," *American Economic Review* 57 (May), 61-70.

Downs, Anthony. 1957. *An Economic Theory of Democracy.* New York: Harper and Row.

Eisenstadt, Shmuel N. 1965. *Essays on Comparative Institutions.* New York: John Wiley.

Eisenstadt, Shmuel N. 1968. "Social Institutions," *In International Encyclopedia of the Social Sciences*: 409-421.

Feeny, David. 1982. *The Political Economy of Productivity: Thai Agricultural Development*, 1880-1975, Vancouver, Canada: University of British Columbia Press.

Field, Alexander James. 1981. "The Problem with Neoclassical Institutional Economics: A Critique with Special Reference to the North/Thomas Model of Pre-1500 Europe," *Explorations in Economic History* 18: 174-198.

Friedman, Milton. 1953. "The Methodology of Positive Economics," *In essays in Positive Economics.* Chicago: University of Chicago Press: 3-43.

Frohlich, Norman, and Oppenheimer, Joe A. 1974. "The Carrot and The Stick: Optimal Program Mixes for Entrepreneurial Political Leaders," *Public Choice* 19 (Fall): 43-61

Furubotn, Eitik G., and Pejovich, Svetozar. 1972. "Property Rights and Economic Theory: A Survey of Recent Literature," *Journal of Economic Literature* 10(December): 1137-1162.

Hayami, Yujiro, and Ruttan, Vernon W. 1971. *Agricultural Development: An international Perspective.* Baltimore: Johns Hopkins University Press.

Hayami, Yujiro, and Kikuchi, Masao. 1981. *Asian Village Economy at the Crossroads: An Economic Approach to Institutional Change.* Tokyo: University of Tokyo Press; and Baltimore: Johns Hopkins University Press.

Hurwicz, Leonid. 1972. "Organizational Structures for Joint Decision Making: A Designer's Point of View," In Interorganizational Decision Making. Edited by Matthew Tuite, Roger Chisholm, and Michael Rador. Chicago: Aldine: 37-44.

Krueger, Anne O. 1974. "The Political Economy of the Rent-seeking Society," *American Economic Review* 64(June): 291-303.

Lewis, W. Arthur. 1955. *The Theory of Economic Growth.* London: George Allen & Unwin.

Lin, Justin Yifu. 1987. "The Household Responsibility System Reform in China: A Peasant's Institutional Choice," *American Journal of Agricultural Economics* 68(May): 410-415.

Lin, Justin Yifu. 1989. "Rural Factor Markets in China after the Household Responsibility Reform," *In Chinese Economic Policy.* Edited by Bruce Reynolds. New York: Paragon: 157-192.

Lipton, Michael. 1968. "The Theory of the Optimizing Peasant," *Journal of Development Studies* 4(April):327-351.

Lodge, George C. 1986. *The New American Ideology.* New York: New York University Press.

Lodge, George C., and Vogel, Ezra F., eds. 1987. *Ideology and Notional Competitiveness: An Analysis of Nine Countries.* Cambridge: Harvard Business School.

Luce, R. Duncan, and Raiffa, Howard. 1957. *Games and Decisions: Introduction and Critical Survey.* New York: John Wiley.

Max, Karl, and Engels, Frederick. 1968. *Selected Works.* New York: International Publishers.

McCloskey, Donald N. 1975. "The Economics of Enclosure: A Market Analysis," *In European Peasants and Their Markets.* Edited by William N. Parker and Eric L. Jones. Princeton, N. J.: Princeton University Press.

Mill, John Stuart. 1848/1973. *Principles of Political Economy with Some of Their Applications to Social Philosophy.* Reprint. Clifton, N. J.: Augustus M. Kelly.

Montias, John Michael. 1976. *The Structure of Economic Systems.* New Haven: Yale University Press.

Muller, Dennis C. 1983. *The Political Economy of Growth.* New Haven: Yale University Press.

Nelson, Richard R., and Winter, Sidney G. 1992. *An Evolutionary Theory of Economic Change.* Cambridge: Belknap Press of Harvard University Press.

North, Douglass C. 1981. *Structure and Change in Economic History.* New York: Norton.

North, Douglass C. 1983. "A Theory of Economic Change," Science (14 January): 163-164.

North, Douglass C., and Thomas, Robert Paul. 1970. "An Economic Theory of the Growth of the Western World," *The Economic History Review*, 2nd series, 23: 1-17.

North, Douglass C., and Thomas, Robert Paul. 1973. *The Rise of Western World:*

A New Economic History. Cambridge: Cambridge University Press.

Nozick, Robert. 1974. *Anarchy, State, and Utopia*. New York: Basic Books.

Olson, Mancur, Jr. 1965. *The Logic of Collective Action: Public Goods and the Theory of Groups*. Cambridge: Harvard University Press.

Olson, Mancur, Jr. 1982. *The Rise and Decline of Nations: Economic Growth, Stagflation and Social Rigidities*. New Haven: Yale University Press.

Polanyi, Karl. 1944. *The Great Transformation: The Political and Economic Origins of Our Time*. New York: Rinehart.

Posner, Richard A. 1980. "A Theory of Primitive Society, with Special Reference to Law," *Journal of Law and Economics* 23(April): 1-53.

Ruttan, Vernon W. 1978. "Induced Institutional Change," *In Induced Innovation: Technology, Institutions, and Development*. Edited By Hans P. Binswanger and Vernon W. Ruttan. Baltimore: Johns Hopkins University Press: 327-357.

Ruttan, Vernon W. 1984. "Social Science Knowledge and Institutional Change," *American Journal of Agricultural Economics* 39(December): 549-559.

Schiller, Otto M. 1969. *Cooperation and integration in Agricultural Production: Concepts and Practical Application, An International Synopsis*. London: Asia Publishing House.

Schultz, Theodore W. 1953. *The Economic Organization of Agriculture*. New York: McGraw-Hill.

Schultz, Theodore W. 1964. *Transforming Traditional Agriculture*. New Haven: Yale University Press.

Schultz, Theodore W. 1968. "Institutions and the Rising Economic Value of Man," *American Journal of Agricultural Economics* 50 (December): 1113-1122.

Schultz, Theodore W. 1977. "Economics, Agriculture, and the Political Economy," *In Agriculture and Economic Development of Poor Nation*. Edited by Paris Anderou. Nairobi: East African Literature Bureau: 254-265.

Schultz, Theodore W. 1978. *Distortions of Agricultural Incentives*. Bloomington: Indiana University Press.

Scott, C. 1976. *The Moral Economy of the Peasant*. New Haven: Yale University Press.

Simon, Herbert A. 1957. *Models of Man*. New York: John Wiley.

Smith, Adam. 1937. *The Wealth of Nation*. New York: Modern Library Published by Random House.

Srinivasan, T. N. 1984. "Comment: Remembrance of Studies Past: Retracing

First Steps," *In Pioneers in Development*. Edited by Gerald M, Meier and Dudley Seers. Cambridge: Oxford University Press published for the World Bank: 51-55.

Srinivasan, T. N. 1985. "Neoclassical Political Economy, the State, and Economic Development," *Asian Development Review* 3, no. 2: 38-58.

Stigler, George J., and Becker, Gary S. 1977. "De Gustibus Non Est Disputandum," *American Economic Review* 67(March): 76-90.

Sweezy, Paul M. 1970. "Toward a Critique of Economics," *Review of Radical Political Economics* 2 (Spring): 1-8.

Thompson, Earl A. 1979. "An Economic Basis for the 'National Defense Argument' for Protecting Certain industries," *Journal of Political Economy* 87 (February): 1-36.

von Neumann, John, and Morgenstern, Oskar. 1953. *Theory of Games and Economic Behavior*. 3rd ed. Princeton, N. J.: Princeton University Press.

Williamson, Oliver E. 1975. *Markets and Hierachies: Analysis and Antitrust Implications*. New York: Free Press.

Williamson, Oliver E. 1980. "The Organization of Work," *Journal of Economic Behavior and Organization* 1(March): 5-38.

Williamson, Oliver E. 1985. *The Economic Institutional of Capitalism: Firms, Markets, Relational Contracting*. New York: Free Press.

6

금융구조와 경제발전
- 쉬리신과 공동연구[1][2]

들어가는 말

국가마다 금융구조의 차이는 현저하다. 독일, 일본, 인도와 같은 은행주도형의 금융시스템 국가에서 은행이 제공하는 주요 금융서비스는, 저축동원, 자본분배, 기업관리층 감독과 위험관리를 포함한다. 하지만, 영국, 미국, 말레이시아 같은 시장주도형 금융시스템의 국가에서는 금융서비스 영역에서 증권시장과 은행 모두 중요한 역할을 하고 있다. 국가마다 금융구조에 아주 큰 차이가 존재한다. 데미르구츠 크누트와 리바인(Dermirgüç-Kunt and Levine(2001))은 전면적이고 종합적인 다국적 금융구조 데이터를 활용하여, 각 국가와 지역을 네 가지로 분류했는데: 은행주도형 금융선진국, 시장주도형 금융선진국, 은행주도형 금융저개발국과 시장주도형 금융저개발국이다. 이 중에서 은행주도형 금융저개발국은 방글라데시, 네팔, 이집트, 코스타리카, 케냐, 스리랑카, 인도네시아, 콜롬비아, 파키스탄, 짐바브웨, 그리스, 아르헨티나, 베네수엘라, 인도,

---

1) 본문은 로버트 컬과 애슬리 데미르구츠 크누트(Robert Cull & Asli Dermirgüç-Kunt)의 토론 및 2011년 6월 17일 미국 워싱턴에서 열린 세계은행 금융구조 회의의 토론에서 나온 것이다. 쉬리신은 세계은행 발전연구 그룹 수석 경제학자이다.
2) 본문은 저자가 2011년 7월 베이징에서 열린 국제경제학회 제16회 세계대회에서 발표했던 논문을 각색한 것이다.

아일랜드를 포함하고; 시장주도형 금융저개발국은 덴마크, 페루, 칠레, 브라질, 멕시코, 필리핀, 터키를 포함한다; 은행주도형 금융선진국은 튀니지, 포르투갈, 오스트리아, 벨기에, 이탈리아, 핀란드, 노르웨이, 일본, 프랑스, 요르단, 독일, 이스라엘, 스페인을 포함하고; 시장주도형 금융선진국 및 지역은 네덜란드, 태국, 캐나다, 오스트레일리아, 남아프리카, 한국, 스웨덴, 영국, 싱가포르, 미국, 스위스, 중국홍콩, 말레이시아를 포함한다.

금융구조가 만들어진 원인은 무엇인가? 금융시스템의 두 가지 큰 구성요소 - 금융기구와 금융시장의 조합이 경제발전에 대해 영향이 있는가? 몇 십 년 동안 이들 문제는 경제학자들을 매료시켜 끊임없이 탐구하게 하고 있다. 초기 연구는 골드스미스(Goldsmith(1969))가 일찍이 40년 전에 금융구조의 시간에 따른 변화를 기록하고, 경제발전에 대한 금융발전의 역할을 평가하려 시도했다. 그는 "금융영역에서 거의 모든 사람이 인정하는 가장 중요한 문제 중의 하나가 - 가장 중요한 문제가 유일하지 않다고 가정한다면 - 바로 경제성장에 대한 금융구조와 금융구조 발전의 영향이다"라고 지적했다. 그는 35개 국가의 1964년 이전 데이터 분석을 통해, 금융발전과 경제성장 간의 정적 상관관계(positive correlation)가 존재하는 것을 발견했다. 하지만 데이터의 한계는 금융구조에 대한 더 나은 탐구를 어렵게 만들어, 그 연구는 독일과 영국에 대한 세밀한 비교연구로만 국한되었다. 이 사례연구의 결론을 세계 다른 지역으로 확대하기는 분명히 어려운 점이 있다.

골드미스(Goldsmith)이후 금융구조에 대한 연구는 커다란 진전이 있었다. 데미르구츠크누트와 리바인(Dermirgüç-Kunt and Levine(2001))(및 공동 저자)은 각 국가의 종합적 금융구조 데이터를 수집했고, 이 참신한 자료집에 근거해, 국가가 점차 부유해짐에 따라, 은행과 금융시장의 규모가 점차 커져서, 은행과 금융시장이 점차 활성화되고, 그 효율이 점차 더 높아져서, 금융시스템도 더 더욱 복잡해진다는 것을 발견했다. 하지

만 전반적으로 비교적 고소득 국가의 금융구조는 더 시장주도형인 경향
이 있다. 그들은 또한 강력하고 일치된 증거를 발견했는데, 경제발전에
영향을 주는 것은 금융발전 수준이지만, 은행과 증권시장이 혼합된 상
황에서는 영향이 크지 않았음을 밝혔다(Beck et al., 2001).

하지만, 금융구조와 경제발전이 무관하다고 생각하는 관점은 커다란
도전에 직면하고 있다. 몇몇 학자는 이론적으로 금융구조의 영향이 아
주 중요한 것을 증명했다. 결국 은행서비스에 비해, 경제발전이 증권시
장 서비스에 대한 수요를 더 상승시킬 수 있다(Allen and Gale, 2000;
Boyd and Smith, 1998). 이밖에 은행과 증권시장은 기업관리와 투자자
권익보호 측면에서 효과가 다르다(Stulz, 2001). 구체적으로, 은행은 표
준화 정도가 비교적 높고, 기한이 비교적 짧으며, 위험이 비교적 낮으면
서 담보의 질이 양호한 투자 프로젝트에서 시장마찰을 줄이는데 더 능
숙하다. 하지만 증권시장은 혁신성이 강하며, 기한이 비교적 길고, 위험
이 비교적 높으면서 (인적자본 같은) 무형의 투입(inputs)에 더 의존하는
프로젝트의 자금제공에 더 능숙하다(Allen and Gale, 2000). 또한 경제발
전에 따라 증권시장이 확실히 더 활성화되고 중요하게 되는데, 이 객관
적 사실은 금융시장의 역할이 국민소득 상승에 따라 커진다는 관점을
강화시켰다.

본문은 최근의 이론연구와 실증연구의 진전을 요약한 것인데, 이들
연구는 금융구조가 확실히 경제발전에 영향을 주고 있고; 각국의 다른
발전단계에서 은행과 금융시장의 역할도 모두 같지 않으며; 각 발전단
계에는 상응하는 최적의 금융구조가 존재할 수 있다고 밝혔다. 정치요
소의 존재는 한 나라의 실제금융 구조가 최적의 구조에서 이탈하게 할
수 있는데, 본문도 이 부분에 근거를 제공할 수 있다.

다음 문장에서 우리는 먼저 전통적 금융구조 이론과 연구발견에 대해
요약한 다음, 새로운 관점과 실증적 근거를 토론하려 한다.

금융구조와 경제발전에 관련된 전통적 관점

은행과 금융시장 각자 상대적 우세에 관한 연구문헌이 아주 많은데, 여러 관점을 요약하면 네 가지로 분류할 수 있다(Beck et al., 2001; Levine, 2002; Stulz, 2001). 첫째 관점은 **금융구조 무관론**(the financial-structure-irrelevancy view)이다. 자본시장이 완벽하고, 시장주체 위험이 중성적이라는 전제하에서, 금리는 어느 투자기회가 이용할만한지를 결정하고, 플러스 순수익(positive net return)(자본비용을 제외한 이후의)을 창출할 수 있는 어떤 투자 프로젝트도 모두 채택될 수 있다(Stulz, 2001). 자본의 유동성불완전, 즉 자본의 국제유동이 특정국가의 위험에 대한 염려 때문에 저해된다면, 취업기회 창출, 기업성장과 자원의 효율적 배분에 영향을 주는 결정적인 요소는, 은행과 금융시장이 어떻게 조합되는지가 아니라, 금융시스템이 고효율의 서비스를 제공할 수 있는지, 금융서비스 채널이 충분한지 여부에 있다. 이 관점에 따르면 경제발전에 영향을 주는 요소는 금융구조가 아니라 금융심도에 있다.

금융구조 무관론에서 일종의 특수사례는 **법률과 금융론**(the law and finance view)으로, 이 관점은 금융시스템 건전성의 주요 결정요소가 법률시스템이라고 인식했다(La Porta et al., 2000). 구체적으로, 이 관점은 경제성장과 밀접하게 관련된 것은 금융구조가 아니라, 오히려 금융시스템이 은행주도인지 아니면 시장주도인지 하는 문제라고 주장한다. 금융의 전체발전은 법률제도와 법률근원에 의존한다. 법률시스템은 외부금융에 영향을 줄 수 있는데, 양호한 법률보호가 투자자들이 투자(기업관리책임)에서 최소한 어느 정도 수익을 창출할 수 있다고 더 믿게 하기 때문에, 기업관리자에게 투자자금을 제공할 가능성이 더 있다(La Porta et al., 2000; Stulz, 2001).

금융구조 무관론 성립전제는 일부 비교적 강력한 가설인데, 이들 가설은 현실에서 성립되기 어려울 수 있다. 금융시스템이 저축자금을 효율이 비교적 더 높은 자금 사용자에게로 흐르게 할 수 없을 때는, 금융

구조가 중요해 보이게 된다(Stulz, 2001). 두 가지 주요 시장결함은 완벽
한 금융시장 가설을 훼손했는데(Stulz, 2001): 투자자에 비해, 회사관리
층은 기업행위에 대해 정보우세("숨겨진 정보")를 가지고 있으며; 투자
자는 관리자의 일부 행동("숨겨진 행위")을 관찰할 수 없다. 숨겨진 정보
와 숨겨진 행위는 관리자가 자신의 목표를 추구할 조건을 갖게 한다.
또한 관리자는 투자자에게 투자수익 반환에 대한 믿을만한 공약을 제공
할 수 없고, 더 나아가 투자자는 원래 정보대칭조건에서 플러스 수익
(positive returns)을 창출할 수 있는 프로젝트에 자금을 제공할 수 없게
된다. 이 두 가지 문제가 존재하는 상황에서, 금융구조는 실제결과를 도
출하게 되는데: 이는 정보와 거래비용을 변화시키고, 자본비용에 영향을
주고, 관리층의 인센티브와 관리층에 대한 감독을 변화시킨다.

   은행주도론(the bank-based view)은 자원동원, 프로젝트 질 선별, 기업
관리층 감독, 위험관리 등 측면에서 은행의 적극적 역할을 두드러지게
하고, 증권시장의 결함을 강조했다(Beck et al., 2001). 금융구조 연구영
역의 개척자 중 하나인 거센크론(Gerschenkron(1962))은 경제발전의 초
기에는, 제도환경이 아직 효율적으로 금융시장 활동을 지지할 수 없어,
이때 은행의 역할이 시장보다 더 중요한 것으로 인식했다. 법률과 회계
시스템이 취약하고, 제도가 발달하지 않은 국가에서도, 강력한 은행은
기업이 정보를 공개하고, 부채를 상환하도록 할 능력도 있어서 산업성
장을 돕는다. 또한 은행은 증권시장에 비해 다단계 융자를 필요로 하는
새로운 기업에게 외부자금 제공하는데 더 적합하다: 은행은 프로젝트
진전에 따라 자금을 추가 제공하는 확실한 공약을 할 수 있는데, 증권시
장은 이러한 확실한 장기 공약제공이 아주 어렵다. 은행에 비해, 완벽한
증권시장은 공공시장에 정보를 충분히 신속하게 공개할 수 있기 때문에,
투자자의 정보취득에 대한 인센티브를 감소시킨다. 그리하여 금융시장
의 발전이 투자자의 혁신적 프로젝트 선별에 대한 인센티브를 약화시켜
서, 자원의 효율적 배분을 저해할 수 있다. 이밖에 유동성이 아주 큰 증

권시장은 또한 근시안적 투자관념을 유발할 수 있다 - 투자자들이 해야 할 것은 주가 감시뿐이며, 회사관리에 손해를 주고 있는 회사관리자를 적극적으로 감독할 수 없다.

이와 상반되게 **시장주도론**(the market-based view)은 증권시장을 경제 성공 추진을 위한 주요요소라고 인식한다(Beck et al., 2001). 금융시장 은 투자자가 다양한 투자와 위험관리를 더 효과적으로 진행하기 위한 조건을 제공하며, 더 나아가 더 많은 외부자금을 공급하도록 장려한다. 시장주도형 금융시스템은 또한 경쟁을 촉진하여, 기업이 연구개발과 성 장에 노력할 인센티브를 더 강하게 할 수 있다. 따라서 시장주도형 시스 템은 혁신형과 연구개발 주도형 산업 발전을 촉진하는데 특히 효과적이 다(Allen and Gale, 2000). 유동성이 양호한 자본시장은 투자자가 대량주 식을 보유하게 할 수 있고 적대적 인수(takeovers)를 가능하게 하여, 직 무상 과실이나 직무를 감당하지 못한 회사관리자에 대한 징벌 메커니즘 을 구축하게 된다(Stulz, 2001). 시장주도론 역시 은행의 소극적 역할을 강조한다. 은행은 값비싼 비용을 지불하고 기업정보를 수집하여, 기업 에서 더 많은 임대료를 착취할 수 있는데, 이는 기업이 고위험, 고수익 프로젝트를 책임질 인센티브를 저하시킬 것이다. 또한 채무계약의 본질 적 속성으로 인해 - 은행은 기업의 투자수익이 높아서 이득을 얻을 수는 없겠지만, 그 수익이 낮아서 손실을 입을 수 있다 - 따라서, 은행은 수익 이 낮지만 재무안정성이 높은 투자프로젝트를 더 선호하여, 기업의 혁 신과 성장을 저해하게 된다. 게다가 강력한 은행은 다른 투자자의 진입 을 방해하도록 기업관리층과 결탁하여, 경쟁력을 약화시키고 회사통제 의 효율을 감소시켜 성장을 저해할 수 있다.

전통적 실증연구 결과

데미르구츠 크누트와 리바인(Dermirgüç-Kunt and Levine(2001))은 새로운 각국의 금융구조 데이터 베이스를 사용하여 각국의 금융구조가 경제발전에 따라 진화한 과정을 고찰하였다. 금융구조의 특징은 은행업 발전상황(규모, 활동과 효율로 측정)과 주식시장 발전상황(같은 방법으로 측정)의 비율로 묘사됐는데, 비율이 높을수록, 금융구조가 더 은행주도형으로 편향되어 있다. 이로써 각국을 은행주도형과 시장주도형의 두 유형으로 구분했다. 오스트리아, 프랑스, 독일, 영국, 중국홍콩, 일본, 네덜란드, 스위스 이들 국가와 지역은 상대적으로 방대하고, 활성화된 은행시스템을 가지고 있는데; 상대적으로 아르헨티나, 콜롬비아, 코스타리카, 가나, 네팔, 나이지리아, 페루, 터키와 짐바브웨의 은행시스템은 확실히 규모가 작은 편이고, 활성화가 부족하다. 증권시장 발전측면에서, 일부 국가 및 지역은 각종 지표를 이용한 측정이 이미 모두 아주 발달(오스트레일리아, 영국, 중국홍콩, 말레이시아, 네덜란드, 싱가포르, 스웨덴, 스위스, 태국과 미국)했고, 칠레와 남아프리카 같은 다른 일부 국가들에서는 증권시장은 방대하지만 유동성이 비교적 부족하다. 또한 독일과 한국과 같은 소수의 국가에서는 증권시장이 활성화됐지만 규모가 작다.

데미르구츠 크누트와 리바인(Dermirgüç-Kunt and Levine)은 부유한 국가에서 은행, 비은행 금융기구, 주식시장과 채권시장의 규모가 더 크고, 거래가 더 활성화되어 있고 효율도 더 높음을 발견했는데, 이 또한 골드 스미스(Goldsmith(1969))가 일찍이 소량의 샘플연구를 통해 얻은 결론을 증명했다. 따라서 평균적으로, 부국의 금융시스템 역시 더 발달했다. 게다가 비교적 소득이 높은 국가에서, 증권시장이 은행에 비해 더 활성화 되고 효율이 더 높게 나타난다. 이 밖에 일반적인 법률전통(민법 법률시스템과는 구분되는)을 갖추고, 소액주주에 대한 권익보호가 양호하며, 회계시스템이 완벽하면서도, 부패정도가 낮고, 예금보험이 없는 국가에서는, 금융구조가 더 시장지향형(market-oriented)인 경향이 있다. 이는 정보비용이 비교적 높고, 재산권 법률보호가 비교적 부족한 국가에서는 금융시장이 아닌 은행을 더 좋아하는 관점과 일치하는 것이다 (Allen and Gale, 2000; Stulz, 2001).

벡외 공저(Beck et al. (2001))는, 경제에 영향을 주는 것이 금융구조가 아니라 금융심도임을 설명하는 광범위한 증거를 제공했다. 그들은 상술한 각국의 새로운 금융구조 데이터 베이스와 기업측면 데이터 및 국가별 산업측면 데이터를 결합해 분석했다. 금융구조와 경제성과에 대한 세 가지 측면의 증거(순수한 국가별 비교, 국가별 산업간 비교, 국가별 기업차원 데이터 비교)에 근거하여, 그들은 앞뒤가 서로 일치하는 결론을 얻었다. 그들은 금융구조가 각국의 경제성과를 설명하는데 도움을 주는 증거가 나타나지 않음을 발견했다: "시장주도형이든 은행주도형이든, 국민경제 성장이 더 빠르지 않았고, 금융의존형 산업이 더 빠르게 확대되지도 않았으며, 새로운 기업의 창설도 더 쉽지 않았다. 또한 기업의 외부자금 취득가능성도 강화되지 않았으며, 기업의 성장 또한 더 빨라지지 않았다." 반대로, 그들은 "다른 국가 간의 전체 금융발전 상황의 차이는 경제성과의 국제적 차이를 설명하는데 확실히 도움이 되었다. 은행발전 정도와 금융시장 발전 정도와 경제성장 사이의 관계는 긴밀했다. 구체적으로, 금융영역 전체발전 수준이 더 높은 경제체에서, 경제성장이 더 빠르면서, 외부금융에 대한 의존도가 비교적 강한 산업의 확장이 더 빨랐으며, 새로운 기업의 설립이 더 쉬웠고, 기업의 외부자금 취득가능성이 더 강해져, 기업성장도 더 신속했던 것으로 데이터에서 나타났다."라고 썼다. 그들은 또한 금융발전에서 법률시스템으로 설명될 수 있는 부분도 동시에 기업, 산업 국가경제의 성장까지 일관되게 설명하는데 사용될 수 있음을 발견했는데, 이는 법률과 금융론의 관점과 서로 일치한다.

이론적 논쟁의 새로운 사조

금융구조가 실제로 경제발전과 무관한가? 최근의 연구진전은 이에 대한 의문을 제기했다. 먼저 경제학자들이 경제발전은 종종 보편불변의 방식(one-size-fits-all recipe)이 없음을 인식하기 시작했다(Kremer, 1993). 최대수익을 가져다 줄 수 있는 개혁영역은 각 국가마다 다르고, 또한 경제발전은 통상적으로 모두 "병목"현상이 존재할 수 있는데, 이는 유명한 챌린저호(Challenger)우주선사고와 같다: 수많은 부품으로 구성된 이 우주선이 "폭발한 것은 발사할 때의 온도가 그 안의 부품 중 하나 - 오링(O-rings) - 에 고장을 일으켰기 때문이다"(Kremer, 1993). 특정 국가와 특정 발전단계에서 병목을 강조하는 이러한 관점과 일부 연구의 다른 경제환경에서 이미 정책의 상호보완성을 발견한 것은 일맥상통한다. 구체적으로, 쉬(Xu(2011))가 종합한 증거는, 경제발전에 대한 상업환경의 효과가 발전단계마다 다를 수 있는데, 특히 낙후된 기반시설과 유연성이 부족한 노동력 시장은 - 예를 들면 인도의 현재상황 - 경제발전에 대해 소극적 간접영향이 있어서 주요 병목현상이 될 수 있는 것으로 나타난다.

다음으로, 금융구조 이론도 발전이 있었다. 독일, 일본, 영국과 미국의 경험비교를 기반으로, 알렌과 게일(Allen and Gale(2000))은 금융구조가 경제발전에 영향을 미치는 지 여부를 검증하였다. 결론은, 은행과 증권시장이 다른 금융서비스를 제공하기 때문에, 다른 발전단계에 있는 경제체는 이들 금융서비스를 다르게 조합하여 경제운영의 효율을 확보할 필요가 있다. 그들은 한 국가의 경제성장에 따라, 그 국가에 필요한 금융서비스(은행과 증권시장)의 조합도 다르다(Boyd and Smith, 1998); 실제 금융구조가 최적의 조합을 이탈했다면, 경제체는 적당한 금융서비스 조합을 얻을 수 없어서, 경제성장을 저해할 것이라고 주장했다.

린, 순과 쟝(Lin, Sun and Jiang(2011))은 다른 각도에서, 금융구조가 경제발전에 대한 영향이 존재함을 논증했다. 그들은 주요원인이 고효율의 금융구조가 반드시 실체경제의 수요를 반영하는데 있다고 생각하였다. 근본적으로 요소부존 상황(노동력, 자본과 자연자원)이 산업구조를 결정하는데, 역으로 산업구조 또한 특정발전 단계와 서로 상응하는 금융구조의 지지를 벗어날 수 없다. 구체적으로, 한 나라에는, 각 발전단계에서 모두 특정한 요소부존 구조가 있다. 요소부존 구조는 요소가격을 결정하고, 요소가격은 더 나아가 최적의 산업구조, 관련위험의 성질과 기업규모의 분포를 결정한다(Lin, 2009). 다른 업종의 기업은 규모, 위험, 금융수요 등 측면에서 서로 다르기 때문에, 실체경제는, 어떤 한 발전단계에서의 금융서비스에 대한 수요도 해당 경제체의 기타 단계에서의 수요와 계통적인 차이가 있을 수 있다. 금융구조의 특징과 해당 경제체 산업구조의 특징이 서로 조화될(match) 때, 금융시스템은 그 기본기능을 최대효율로 발휘하여, 경제의 지속가능하고, 포용적인 발전을 촉진할 수 있다. 따라서 경제체는 각 발전단계에서 모두 최적의 금융구조가 존재한다.

개발도상 경제체에 있어서, 요소구조의 가장 뚜렷한 특징은 상대적으로 풍족한 비숙련 노동력(과 상대적으로 희소한 자본)을 보유하고 있는 것이다. 노동집약형 산업과 자본집약형 산업의 노동집약 부분(sections)이 비교우위를 갖고 있으므로, 경제체에서 주도적 지위를 차지하고 있어야 한다. 선진국의 경험을 모방할 수 있기 때문에, 개발도상국에 어울리는 산업, 상품과 기술은 상대적으로 모두 비교적 성숙하다. 노동집약형 산업의 기업규모는 통상 자본집약형 기업보다 더 작은데, 특히 자본규모에서 그렇다. 따라서 개발도상국 금융시스템의 운영효율은 소규모의 성숙한 노동집약형 산업의 기업 융자수요를 만족시킬 능력이 있는지 여부에 달려있다. 표준화 재무정보 부족은, 이들 기업의 정보투명도가 높지 않게 하므로, 외부투자자가 주목하는 중점이 기업에 대한 선별과 관리층에 대한 감독에 있게 된다. 이러한 경제환경에서 은행, 특히 소규모의 지방은행은 금융시장보다 더 우위에 있는데, 그들이 현지정보 처리, 기업 신용도와 관련된 "소프트" 정보평가 및 차입자와 장기적 관계를 구축하는데 더 능숙하기 때문이다. 또한 저소득 국가의 기업에 있어서는, 은행은 더 낮은 자본비용을 야기하기 때문에, 특히 매력 있다: (1) 소수 몇 개의 은행에서 대출할 때, 기업은 재무보고, 외부 회계감사 보고 등과 같은 공개정보를 제공할 필요가 없어서 귀중한 자금을 절약하게 된다; (2)대출위험이 더 낮기 때문에 은행 대출이자는 주식시장에서 지불하는 주식배당보다 더 적어져, 개발도상국 기업에서는 또 다시 큰 자금을 절약할 수 있다. 따라서 왜곡이 존재하지 않으면 개발도상 경제체 금융구조의 주요특징은 당연히 은행이 지배적 지위를 차지하는 것이어야 한다.

개발도상국에서 소규모 지역은행은 소기업에 금융서비스를 제공하는 과정에서 중요한 역할을 할 것이다. 최근 일부 근거에서는, 은행의 규모와 그 서비스 받는 기업의 규모가 서로 맞는(match) 것으로 나타난다. 대형은행의 서비스 중심은 대기업에 있고, 소기업에 대해 회피하는 태도인데, 소규모 은행의 목표는 소기업으로 정해져 있다. 대형은행은 대기업 대출에서 거래비용을 절약할 수 있는데 - 대출규모가 크든 작든, 각 절차와 수속이 모두 같기 때문에, 대형은행에 있어서 단위비용을 최대한 절약하는 방식은 소기업에 많은 소액대출을 제공하는 것이 아니라, 대기업에 몇 개의 고액대출을 제공하는 것이다. 따라서 개발도상국에서는 소기업의 대출업무가 소규모 은행에 남겨졌다.

개발도상국과는 반대로, 선진국 요소구조의 뚜렷한 특징은 상대적으로 충분한 숙련노동력과 자본을 보유했는데, 그 비교우위는 자본집약형 산업에 있다. 자본집약형 기업은 통상 규모가 방대해서, 외부융자에 대한 수요가 더 크다. 선진국은 이미 기술 프런티어에 있거나 근접하여, 기업이 상품 연구개발과 혁신에서 지출이 더 많고, 기술혁신과 상품혁신의 고위험을 감당해야 한다.[3] 비교적 큰 규모는 기업이 시장에 표준화 재무정보를 제공하는 (어느 정도의)고정지출을 부담할 수 있고, 전문

금융기구가 충분한 소득을 얻을 수 있게 해, 대중에게 전문적인 재무와 회계감사 정보를 제공할 수 있다. 표준화 재무정보를 얻을 수 있다는 전제하에, 주식시장, 채권시장과 대형은행은 자본집약형 기업의 자금제공자가 된다.

또한, 어떤 관점은 증권시장이 부유한 나라에 더 적합하다고 지적한다. 신기술과 혁신형 프로젝트를 보유한 기업에서는 투자자가 파악한 정보가 제한적이라서, 첨단기술 전망에 대한 예측에도 차이가 존재한다. 분산화된 증권시장은 투자자가 이들 기업 전망에 동의하거나 동의하지 않는 것을 허용하기 때문에, 기업도 자금지원을 더 얻을 수 있다(Allen and Gale, 2000). 이밖에 증권시장은 표준화 재무정보를 이용하여 - 이들 정보는 통상 비교적 고소득 국가에서만 얻을 수 있는 - 기업관리층과 외부투자자 간의 정보 비대칭을 줄여서, 투자자가 어느 기업에 투자할 만한지, 어느 기업의 투자가 더 안전한 수익을 얻을 수 있는지 더 정확하게 판단하도록 돕는다. 위험자본은 일반적으로 고위험의 혁신형과 자본집약형 기업의 초기발전 단계에 투자하지만, 증권시장의 주요 역할은 한편으로는 위험자본에 시장퇴출의 선택을 제공할 수 있고, 다른 한편으로는 첨단기술 기업의 진일보한 발전에 금융지원을 제공할 수 있다는 데 있다. 또한, 일단 위험자본 투자프로젝트가 양호한 초기수익을 얻어 프로젝트의 고품질임이 증명되면, 은행도 앞으로 많은 단계의 투자를 제공할 수 있다. 이렇게 되면 고소득 국가의 최적의 금융구조 특징은 많은 대규모 은행으로 보완된 하나의 거대하고, 활성화된 증권시장이어야 한다.[4]

종합하면, 경제발전이 어떤 특정단계에 있는 국가에 있어서는, 어느

---

3) 기술혁신 위험은 신상품 개발과정과 관련된 위험을 지칭하며, 상품혁신 위험은 신상품이 시장에서 수용될지 여부의 위험을 지칭한다.

4) 동시에 여전히 수적으로 많은 소규모 은행이 존재하고 있는데, 비 무역품 영역의 노동집약형 소기업에 금융서비스를 제공한다.

특정한 금융기구가 더 효율적으로 자본을 동원하고 분배할 수 있다. 다시 말하면, 경제발전의 어느 특정단계에서는 하나의 특정한 최적의 금융구조가 존재하는데, 이 최적의 금융제도의 조합방식과 그 상대적 가중치는 금융자원을 최적산업 구조(요소부존 구조로 결정)에서 경쟁적 부문의 기업에 최고효율로 배분할 수 있다. 개발도상국에서 최적의 금융구조의 뚜렷한 특징은 은행(특히 소규모 은행)의 지위가 증권시장보다 더 중요하다는 것인데, 선진국 상황은 이와 반대이다. 또한 최적의 금융구조는 동태변화 중에 있다. 물질자본과 인적자본의 축적에 따라, 요소부존 구조는 변화가 발생할 수 있고, 최적의 산업구조와 최적의 금융구조도 적절하게 변화할 수 있다. 따라서 어떤 특정한 금융구조도 각 국에 보편적으로 적용되는 것은 없다. 앞으로 참고의 편리를 위해, 우리는 상술한 각 발전단계에 모두 특정한 최적의 금융구조가 존재한다는 관점을 신 구조관점이라 명명한다.

일부 새로운 실증연구 성과

몇 편의 최신 논문은 일부 증거를 제공했는데, 금융구조가 다른 방식으로 경제발전에 영향을 준다는 관점을 지지한다. 제1조 역시 주요증거로서 데미르구츠 크누트, 페이옌과 리바인(Dermirgüç-Kunt, Feyenand Levine (2011))의 국가별 연구에 기반했다. 과거의 문헌이 금융구조의 중요성을 인식하지 않았음을 주목한 후, 그들은 최적 금융구조에서의 이탈이 경제발전 속도와 상관성이 있는지를 탐구하려 시도했다. 그들은 72개 국가의 1980-2008년의 데이터를 이용하여 경제발전에서 금융구조의 중요성에 대한 재평가를 진행했다. 구체적으로, 그들은 발전과정에서 경제발전의 금융구조 변화에 대한 민감성 변화여부, 경제발전의 각 단계가 모두 하나의 최적 금융구조가 존재하는지 여부를 평가했다. 금융구조에 대한 측정지표는 개인신용 대출규모(GDP점유비중)와 증권시

장 시가(capitalization) (GDP점유비중)의 비율 및 그 비율의 일부 변형인
것(variants)이다.

저자는 분위수 회귀법(quantile regressions)을 채택하여 발전과정에서
은행과 증권시장 발전정도에 대한 경제활동의 민감성을 평가했다. 분위
수 회귀방정식은 성장과정에서 경제발전과 은행, 증권시장 발전 간의
관련성이 어떻게 변화하는지의 정보를 제공하였다. 이에 비해, 전통적
국가별 연구중점은 "평균(average)"국가에서 경제발전과 금융구조 간의
관계에 있다. 분위수 회귀법은 금융구조가 다른 소득수준의 국가에서
다른 효과가 있음을 함축적으로 주장하여, "금융구조는 경제발전에 대
해 영향이 있다"는 이 발견을 얻는 관건이 되었다.

각 발전단계(level)에서 최적의 금융구조 측정지표는 이와 같이 구축
되었는데: 주요 제도(key institutional), 지리조건과 구조 등의 특징을 통
제한다는 전제아래, OECD국가의 샘플에 대해, 금융구조의 한 측정지표
(1인당 평균GDP를 점유하는 일정 비율)에 회귀를 진행하였다. 모델의
전제가설은 상술한 특징이 구비된 조건아래서, OECD국가는 최적의 금
융구조가 경제발전에 따라 어떻게 변화하는지 정보를 제공할 수 있다.
이어서 저자는 회귀로 얻은 계수를 사용하여 각국의 매년 최적 금융구
조의 추정치를 계산해냈다. 계속해서 하나의 "금융구조 차이(financial
structure gap)"를 계산해 냈는데, 이는 금융구조 실제치와 예측치간 차
이의 절대치의 자연대수와 같았다.

그들은 경제발전에 따라 은행과 증권시장이 전체경제 규모에 비해 모
두 더 크게 변할 수 있다는 것을 발견했다. 더 중요한 것은 국가가 부유
해 짐에 따라, 경제발전은 은행 발전지수 변화에 대한 민감성이 점점
줄어들지만, 증권시장 발전지수 변화에 대한 민감성은 상승한다. 따라
서 증권시장 서비스에 대한 상대수요가 상승하게 될 것인데, 알렌과 게
일(Allen and Gale(2000))이 제기한 것과 같이, 이러한 서비스와 은행이
제공하는 서비스는 다르다.

데미르구츠 크누트, 페이옌과 리바인(2011)(Dermirgüç-Kunt, Feyen and Levine(2011))은 일부 증거를 발견했는데, 다른 발전단계에는 상응하는 적합한 금융구조가 존재한다는 관점을 지지했다. 연구에서는 실제 금융구조가 최적의 추정구조에 대한 편차(즉 금융발전 차이(gap))와 경제산출의 하강에 밀접한 연관이 있다고 밝혔다. 은행업 발전수준, 증권시장 발전수준, 표준 통제변수 세트와(a standard set of controls) 국가고정효과를 통제해도, 금융구조 차이(gap)와 경제활동간에는 여전히 강한(robust) 마이너스 상관관계가 존재한다. 그들은 또한 최적이 아닌 금융구조가 형성되는 원인(과도한 은행주도나 시장주도)에 영향이 있는지 여부의 문제를 연구했는데, 결론은 영향이 없다는 것이었다. 최적 금융구조 이탈이 유발하는 영향은 의미가 있는데: 금융구조 차이(gap)가 표준편차 하나를 증가시킬 때 마다, 1인당 평균 실질 GDP의 대수값이 0.06 하락할 수 있는데, 이는 경제활동이 6% 저하되는 것을 의미한다. 더 나아가 국가와 기간고정 효과(period fixed effects) 및 일부 표준 통제변수를 통제해, 상술한 영향크기가 50% 하락할 수 있지만, 여전히 의미 있다(significant). 이 영향의 크기는 아주 흥미롭다: 확실히 미미하지는 않지만, 아주 크지도 않다.

이 논문은 금융구조의 잠재적 내생성(endogeneity)을 고려하지 않았음을 지적해야겠다. 이 이론이 제안하는 것처럼, 금융구조가 소득수준의 영향을 확실히 받는다면, 금융구조 효과에 대한 예측은 오류가 존재할 수 있다. 또한 OECD국가의 데이터로 최적의 금융구조를 예측하는 설득력에도 논의의 여지는 있다. 결국 OECD국가 모두 고소득 국가인데, 이들 국가를 빈국의 최적 금융구조를 추론하는 기초로 삼을 수 있는지는 여전히 분명하지 않다. 이렇다 해도, 이 논문은 신 구조관점에 비교적 신뢰할 만한 실증적 지지를 제공했고, 금융구조 효과의 수수께끼 해결을 향한 아주 좋은 첫발을 내디뎠다.

두 번째 증거는 비교적 큰 기업 데이터 베이스에서 나왔다. 컬과 쉬

(Cull and Xu(2011))는 89개 국가의 기업수준(firm-level) 데이터를 사용하여, 기업의 노동력 성장률이 각국 금융구조에 따라 어떻게 변화하는지를 고찰했다. 기업수준의 데이터와 각국 금융구조의 지표를 결합하여 분석한 중요한 장점은, 금융구조가 각 유형의 기업에 가져온 다른 영향을 고찰할 수 있어서, 우리가 금융구조 진화를 설명하는 두 가지 사고방식을 구분할 수 있게 한다 - 효율을 기반으로 하는 사고방식(즉 신 구조 관점)과 정치경제학을 기반으로 하는 사고방식이다.

　컬과 쉬(Cull and Xu(2011))는 각국 은행과 증권시장 발전정도에 대해 (기업과 국가의 기본특징을 통제한 후) 기업수준의 노동력 성장률을 회귀하였다. 두 가지 방면의 고려에서 출발해, 저자는 노동력 성장률 방정식에서 금융구조의 잠재적 내생성(potential endogeneity) 문제에 주목했다. 먼저, 금융구조와 노동력 성장률에 동시에 관련된 누락변수(omitted variables)가 존재할 수 있는데, 예를 들면 비금융 기업 환경변수와 같은 것이다(Xu, 2011). 그 다음으로 금융구조와 기업노동 성장 간에 상호 인과관계가 존재할 수 있다는 것이다. 그들은 도구변수(instrumental varia-bles)를 빌려 상술한 문제에 대응하였는데, 고려에 넣은 도구변수는 구체적으로 자연자원 의존도, 사회신임도, 양식작물 경작패턴, 주민사망률 등을 포함했으며, 저자는 금융구조와 관련되면서도 과도한 선별제약 검사를 통과한 이들 도구변수의 한 부분집합(subset)을 선택해 도구변수로 삼았다. 이밖에 저자는 라잔 징갈레스(Rajan-Zingales) 이중 차이모델(di-fference-in-difference approach)을 이용해 국가와 산업 고정효과 불변 유지, 즉 모든 국가와 산업 특유요소를 통제한다는 전제아래, 외부융자 의존성이 더 강한 기업의 성장이 국가수준의 금융발전으로 수익이 더 많은지 여부를 고찰했다. 이 방법은 누락변수 오류를 현저히 줄인다.

　기업성장을 국가, 산업특징과 금융구조와 관련시켜, 금융구조의 내생성을 고려한 후 컬과 쉬(Cull and Xu(2011))는 개인 신용대출 비율이 비교적 높은 저소득 국가에서, 노동력 성장속도가 더 빠르고, 은행업 발전의 성장파급 효과(growth-spuring effects)는 외부융자 의존성이 강한 산업에서 특히 명확한 것을 발견했다. 고소득 국가에서는 노동력은 증권시장 자본화 수준의 상승에 따라 성장한다. 이 두 가지 결론은 신 구조 관점과 더 앞선 일부 이론예측(Allen and Gale, 2000; Boyd and Smith, 1998; Lin, Sun and Jiang, 2011)과 일치한다.

세 번째 금융구조 효과의 증거는 금융구조의 빈곤수준에 대한 영향의 연구에서 나온다. 금융구조는 빈곤수준에 영향을 줄 수 있는데, 기업가와 투자자 간의 정보 비대칭 문제는 기업가의 자금조달에 어려움을 증가시키기 때문이다 - 결국 기업가들이 은행과 주식시장의 미시적 투자자들보다 자신의 프로젝트 전망을 더 잘 안다. 적지 않은 연구자들이 은행은 주식시장보다 정보 비대칭 문제를 더 능숙하게 처리한다고 생각한다. 그 원인은 은행과 차입자가 장기적 관계를 구축하여, 이런 장기적 관계가 가져다 준 정보의 가치에서 이익을 얻을 수 있기 때문이다; 이에 비해, 성숙한 주식시장은 신속하면서도, 공개적으로 정보를 공표할 수 있어서, 개인투자자의 정보수집 인센티브를 저하시킨다. 따라서 은행이 정보 비대칭 문제를 처리하는 능력이 더 강해, 외부융자가 가능하게 한다. 이밖에 증권시장은 필요한 투자수익을 보장받기 위해 법률제도와 회계제도에 많이 의존하기 때문에, 시장효과는 크게 제도요소에 의존할 수 있다. 그렇지만 은행이 기업과 가정의 계약이행을 독촉하는데 더 능숙하다(Gerschenkron, 1962; Boyd and Smith, 1998). 따라서 계약실행 정도가 비교적 낮은 저소득 국가에서, 은행의 역할이 아주 분명하다.

이상의 논리에 기반해, 크포다와 싱(Kpodar and Singh(2011))은 47개 개발도상국의 1984-2008년의 데이터를 사용하여, 이 샘플에서 은행주도의 금융심화와 빈곤수준의 하락은 서로 관련이 있지만, 시장주도형의 금융발전지표(measures)는 빈곤률의 상승과 서로 관련이 있음을 증명했다. 이밖에 회귀결과는 다음 두 가지 변수의 교차 항(interaction) 계수가 마이너스로 의미 있게 나타났는데: 첫째는 제도의 질(institutional qual-

ity), 둘째는 규모를 기초로 하는 주식시장과 은행의 상대적 중요성을 측
정하는 지표이다. 이는 제도가 완벽해짐에 따라 시장주도형 금융발전
지표와 빈곤률 간의 정상관 관계(positive link)가 더 분명하지 않게 될
것인데, 심지어 제도의 질이 일정한 한계에 도달한 후 역상관 관계로
나타날 수 있음을 보여준다. 반대로, 제도환경이 불완전한 국가에서는,
은행주도형 금융시스템이 시장주도형보다 빈곤률을 더 저하시킬 수 있
다. 저자는 GMM방법을 이용하여 빈곤수준에 대한 금융구조의 내생성
을 처리했는데, 이러한 방법은 국가 고정효과를 통제하여, 금융구조와
기타 변수가 내생되어 사전결정(predetermined)되는 것을 허용했다.

최적의 금융구조에 대한 이탈(deviation)

산업구조에 기반한(요소부존 구조에 기원한)파생수요 이외에도, 최적
의 구조에서 실제 금융구조가 이탈하게 하는 또 다른 일부 요소가 있다.
이전의 연구는 이미 금융구조가 법률 및 법률근원과 의미 있는 상관관
계가 있음을 증명했다(La Porta et al. 2000; Dermirgüç-Kuntand Levine
2001); 여기서 우리는 기타 몇 가지 요소의 작용에 주로 주목하고 있는
데, 예로 사상이념, 정치요소 등이 있고, 이들은 최근 일부 연구에서 이
미 두각을 나타내고 있다.

첫째 요소는 정부지도자의 이념에서 기인한다.[5] 대다수 개발도상국에
서는 정부가 경제구조를 구축하는데 아주 중요한 역할을 하고 있다. 자
연스럽게 고위 지도자의 관념이 해당 국가의 금융구조에 대해 결정적
영향을 미칠 수 있다. 그 예로는 다수의 개발도상국 내에 광범위하게
존재하는 금융억제이다. 이런 국가는 종종 은행업에 대해 진입허가를

---

5) 아래 네 단락의 내용은 린, 순과 쟝(Lin, Sun and Jiang(2011))에서 대량 발췌하였고,
   글 뒤의 참고문헌도 참고할 수 있다.

제한하고, 이율을 통제하고, 신용대출 배분에 개입하는 정책을 채택한다. 결과적으로 은행업은 몇 개의 대형은행에 의해 독점되어, 자금이 주로 대기업으로 흘러가게 된다. 경제체에서 비교우위를 지닌 소기업은 거의 대출을 얻을 수 없어, 내부자금에만 의존하거나, 정당하지 않은 채널로 외부융자를 진행할 수 밖에 없다.

왜 이들 국가는 이렇게 분명하게 비효율인 금융정책을 채택하는가? 정부의 잘못된 발전전략은 아마도 이런 억제성 정책과 금융시스템 왜곡을 초래하는 주요 원동력(driving force)이 될 수 있다.[6] 정부가 우선 발전시키는 것이 요소부존 구조로 내생 결정된 비교우위를 지닌 그런 산업이 아니라면, 이는 시장을 왜곡하는 정책 사용으로, 희소자원을 우선 발전 업종으로 유입시킬 수 밖에 없다. 정부개입에 수반되는 금융억제 정책은 자연히 피할 수 없다. 제도변천은 관성이 존재하기 때문에, 왜곡된 이런 정책은 금융시스템 발전에 대한 영향이 아주 길 것이다.

중국은 아주 좋은 예이다. 1950년대, 중국의 요소부존 구조의 특징은 자본이 극도로 부족했고, 노동력 수량은 아주 컸다. 하지만 정부는 야심차게 비교우위와 정반대의 발전전략을 채택했다: 중공업 우선 구축과 발전이었다. 자본집약도가 아주 큰 중공업 발전을 추진하기 위해, 정부는 부득이하게 노동력, 자본, 외환과 같은 각종 상품과 생산요소의 가격을 고의로 왜곡했는데; 정부의 계획시스템이 시장메커니즘을 대신해 생산요소의 배분을 통제하였으며; 민간기업을 국유화했고; 인민공사(People's Communes) 형식으로 농업생산을 집단화하였다. 중앙계획 경제체제 아래, 은행은 폐쇄되거나 중국 인민은행으로 합병되었는데, 1970년대 말까지 줄곧 전국의 유일한 금융기구였다. 1970년대 후기 개혁개방 이후 정부는 이원화 제도(a dual-track approach)를 선택해 다음 단계로 이행하

---

6) 린(Lin(2009))의 발전전략 및 금융제도 발전에 미친 영향에 관한 상세토론을 참고한다.

였고; 한편으로 본래 우선발전 영역의 기업을 위해 임시보조금과 보호를 제공하였다; 또 한편으로는 비교우위에 부합하지만 낡은 발전전략 아래서 억제된 일부 업종에 대한 진입허가 제한을 취소했다. 경제개혁의 일부분으로, 4대 국유은행이 1980년대 초에 성립되었다. 십여 개의 조인트 스톡 커머셜 뱅크(joint-stock commercial banks)도 80년대 말과 90년대 초에 설립되었다. 하지만 이율은 여전히 국가의 통제아래 있었고, 국내은행업 진입허가도 여전히 엄격한 제한을 받고 있었다. 4대 국유은행의 시장점유율이 이미 완만하게 하락했지만, 여전히 주도적 지위를 차지하고 있다. 실제 금융구조와 최적 산업구조 사이의 심각한 부조화(mismatch) 때문에, 노동집약형의 소상공 기업은 신용대출을 받기가 아주 어려워서, 국내 취업기회 창출도 억제되었고, 소득분배의 격차확대를 초래하였다.

실제 금융구조가 최적의 것을 위배한 두 번째 원인은 금융자유화의 장점을 깊이 신봉하고, 금융시스템이 도약식 발전이 가능하다고 믿었던 정책고문들에서 비롯됐다. 금융억제를 교정하는 정책처방으로, 금융자유화는 이론가들에 의해 광범위하게 받아들여졌고 많은 개발도상국이 실천에 옮기고 있다. 금융억제 정책은 제거되어야 하지만, 일부 새롭고 쉽게 소홀해지는 정책왜곡이 금융자유화 과정에서 유입될 수 있다. 개발도상국에서 선진국과 유사한 금융시스템을 구축하고 발전시키자는 제안은 드물지 않다. 금융시장이 고도로 활성화된 영국과 미국의 금융시스템은 항상 개발도상국이 추종해야 할 본보기가 되는데, 이런 본보기는 종종 금융시장에서 소위 말하는 우월성에 의해 합리성을 부여 받는다. 그래서 일부 저소득의 작은 국가는 증권시장 발전을 갈망하며, 소형은행을 대형은행으로 합병하고, 지방은행의 발전을 억제한다.

하지만, 바로 신 구조 관점이 인식하는 것과 같이 - 또한 이미 실증적 지지를 얻은 - 저소득 국가의 최적 금융구조는 체계적으로 선진국가와 다르다. 선진국의 금융모델 모방은 금융시스템의 효율을 상승시킬 수 없고, 더 우수한 경제성과를 만들어낼 수도 없으며, 역으로 심지어 금융위기와 같은 파괴적 결과를 유발할 수도 있다. 또한 이러한 유형의 정책제안과 선진국 자신의 산업화 시기에서의 성장경험도 일치하지 않는 것이었다. 예로, 영국의 산업혁명 시기에, 산업기업은 통상 규모가 아주 작았고, 초창기와 확장단계에 주로 내부융자에 의존했다. 외부융자의 측면에서는 개인적인 접촉이 아주 중요한 역할을 했다. 산업영역 장기투자에서 은행의 융자역할은 크지 않았다. 영국의 은행은 종종 소규모였고, 지역적이었고, 지점도 아주 적었는데 이러한 국면은 최소 19세기 중기까지 유지되었다. 잉글랜드 은행합병 운동은 1860년대에 이르러서야 발전하기 시작했고, 1880년대 말에서 90년대 초가 최고조였다.

자본시장을 다시 살펴보자. 19세기 말에 이르러서야, 자본시장이 산업생산 융자방면에 중요한 역할을 발휘하기 시작한 것을 역사가 증명한다. 1890년 전의 미국에서는, 산업기업 수가 많았고, 규모가 작았으며, 단독투자 위주였다. 석탄과 방직업 이외의 산업증권을 아는 사람이 거의 없었다. 1887-1904년 합병흐름(merger wave) 이전까지, 산업 우선주식(industrial preferred stocks)이 유통되는 자본시장은 발전하지 않았다. 보통주식(common stocks)을 위한 공개시장 발전은 더 늦었다. 따라서 오늘날 금융시장이 영미 금융시스템의 아주 중요한 구성 요소라 해도, 경제발전의 초기에는 그렇지 않았다. 컬외 공저(Cull et al. (2006))의 연구에 근거하여, 19세기 및 20세기 초기에, 바로 각종 지방 금융기구의 출현 후에야 비로소 북대서양 핵심구역 국가에서의 중소기업 수요를 만족시킬 수 있었다. 이들 기구는 현지의 정보네트워크에 깊이 들어갈 수 있어, 신생기업이나 규모가 너무 작아서 큰 중심은행에서 자금을 취득할 수 없는 기업에 대출을 확대할 것이다.

실제 금융구조가 최적의 금융구조를 이탈하게 하는 세 번째 원인은 정치요소이다. 이 관점은 칼로미리스와 하버(Calomiris and Haber(2011)의 은행위기(이때의 금융구조가 분명히 최적은 아니었다)에 대한 토론에서 유래한다. 은행 발달이 부족한 많은 경제체는 대출을 대충 지급하는 잘못을 반복적으로 범하였다: 일단 한 차례 위기가 끝난 후, 은행은 즉시 제한된 대출을 계약위반 가능성이 아주 큰 기업과 가정에 계속해서 잘못 분배할 것이다. 원인은 무엇인가? 칼로미리스와 하버(Calomiris & Haber)는 정치경제학의 분석을 빌려, 신용대출 대상이 과도하게 협소하고 불안정한 은행시스템이 왜 보편적으로 존재할 수 있는가를 설명했다. 주요원인은 은행시스템의 조작과 관련될 때마다, 정부관리가 내재된 이익의 충돌에 직면하고, 이 충돌이 은행시스템 불안정과 신용대출 공급부족을 초래하는데 있다. 구체적으로 정부는 한편으로 은행에 대한 관리감독을 실시해 위험을 통제하고, 다른 한편으로 또한 은행을 위험한 공공자금의 원천으로 생각한다(은행차입과 은행에 대한 징세를 통해). 이밖에 정부는 한편으로 채무계약 집행, 계약위반 차입자 징벌이 필요하고, 다른 한편으로 차입자의 투표와 정치적 지지도 필요하다. 마지막으로 한 은행이 파산 시, 정부는 통상 채권자에게 손실을 부담하게 하지만, 그들의 정치적 생명 또한 최대 채권자 단체 - 예금자의 손에 달려있다. 이들 이익충돌은 은행업에 대한 규제정책(regulatory policies)은 항상 정부를 지지하는 정치연맹의 이익요구에 영합하는 것을 의미한다.

정치경제학의 분석틀은 일부 역사적 사례(스코틀랜드, 잉글랜드, 미국, 캐나다, 멕시코, 브라질 등)에서 은행업 구조를 이해하는데 아주 유용했다. 상술한 국가에서 정부의 조직형식이 어떻든, 일단 생명력을 가진 정치연맹이 형성된 후에, 은행업 구조의 진화방향도 결정되었다. 이 이론 틀을 역사사례 연구에 맞춰 일부 결론을 얻을 수 있다. 먼저 은행업 진입허가 장벽을 만든 정치연맹의 성질은 정치체제에 따라 다르다. 전제체제(autocracy)에서는 엄격하게 은행업 진입허가를 제한하는 안정적인 정치연맹을 쉽게 만들 수 있는데, 부분적 원인은 잠재적 차입자가 정치과정에서 발언권이 없기 때문이다. 따라서 전제체제에서의 은행시스템은 대출을 정부와 정부의 마음에 드는 은행가 엘리트가 소유한 기업에게만 할당할(allocate) 수 있다. 하지만 이러한 전제제도에서 편협한 대출배분은 은행업이 더 안정적으로 변할 수 없게 한다: 경제적으로 곤란한 시기에, 은행 내부인은 정부와 함께 이 정치연맹(즉 소수의 주주와 예금자)과의 관계가 느슨해지거나, 전혀 관련이 없는 기업과 가정의 자산을 박탈할 수 있다; 극도로 곤란한 시기에는, 정부는 심지어(실제로도 발생한 적이 있는)은행 내부인의 자산을 박탈할 수 있다.

정치적 보통선거(mass suffrage)는 많은 대중이 발언권을 가지게 해, 엘리트 단체에게만 대출을 배분하게 하는 은행시스템은 지속되기 어렵게 된다. 하지만 보통선거도 반드시 은행업의 안정을 확보할 수 없다. 차입자는 자신의 이익 대변인에게 투표하여, 그들이 당선된 후 신용대출 공급량을 확대하면서, 신용대출 조항을 개선하여, 유권자가 상환이 어려울 때는 채무를 면제할 것이다. 사실상 이는 미국 서브 프라임 모기지론 사태의 원인이었다. 어떤 정치체제에 있든지, 은행시스템은 모두 아주 취약하다. 극소수의 국가만이 은행업의 안정과 대중에게 제공하는 신용대출 공급을 동시에 실현할 수 있는데, 이러한 결과는 정치체제가 대규모 보통선거를 허용할 뿐만 아니라, 집권당의 권력과 정책결정의 임의성을 충분히 제한할 수 있도록 요구하기 때문이다.

실제 금융구조가 최적의 구조를 벗어나는(deviate) 경향이 있는지 여부를 명확히 하기 위해, 컬과 쉬(Cull and Xu(2011))는 개인 신용대출 시장발전 중에서 수익이 비교적 많은 기업유형을 분석하였다. 구체적으로, 그들은 노동력 성장방정식에 개인 신용대출 변수와(즉 개인 신용대출의 GDP점유 비중) 기업특징(예로 규모, 자본집약도 등)의 교차 항(interaction)을 도입하여, 기업수준에서 회귀를 진행하였다. 저소득 국가의 소기업이 개인 신용대출 시장에서 수익이 최고 많음을 보여주는 증거가 없다는 것을 연구에서 발견하였다. 반대로 개인 신용대출의 발전에 따라 자본집약형 대기업의 노동력 성장률 상승은 더 많았다. 따라서 저소득 국가에 있어서는, 은행업 발전에서 대규모 자본집약형 기업의

수익이 더 크다. 이는 실제 금융구조가 최적의 금융구조를 벗어날 가능
성이 아주 크다는 것을 밝혔다. 구체적으로, 개발도상국가의 은행은 대
부분 대출을 대규모 자본집약형 기업에 지급하여, 소수 엘리트 기업이
빠르게 성장하도록 할 것이다. 이러한 상황은 은행업 구조가 과도하게
집중되어, 대형은행에 의해 주도로, 대형은행이 대기업에만 대출을 지급
하거나(Lin, Sun and Jiang, 2011), 정치가와 은행내부인 간의 정치동맹이
은행업에 진입허가를 제한해, 대형은행이 지배적 지위를 차지하게 하는
데, 이들 대형은행은 밀접한 관련이 있는 내부 기업(종종 대규모이며 자
본집약적인)에만 대출을 제공하는데서 기인할 수 있다(Calomiris and
Haber, 2011).

결론

왜 국가마다 금융구조가 천차만별인가? 금융구조가 경제발전에 영향
을 주는가? 이들 문제에 대한 연구는 이미 일부 진전이 있다. 전통적
이론은 금융구조가 경제발전에 중요하지 않다고 인식했지만, 전통적인
실증연구의 합의는 전체 경제성과를 결정하는 것이 금융구조가 아니라
금융심도라는 것이다.

일부 최근의 연구는 금융서비스는 산업구조에서 내생되고, 산업구조
는 상대적인 요소부존 구조로 결정되며, 각 구체적인 발전단계는 모두
특정한 최적의 금융구조가 있다고 인식했다. 이 관점은 최근의 일부 실
증연구 결과의 지지를 얻었다. 구체적으로, 한 나라의 발전에 따라 은행
업과 증권시장은 모두 점점 더 방대해지고, 활성화 되었지만, 증권시장
의 상대적 중요성은 상승 중에 있다. 또한 발전과정에서, 경제발전은 은
행발전 지표변화에 대한 민감성이 점차 하락하지만, 증권시장 발전지표
변화에 대한 민감성이 상승하고 있기 때문에, 증권시장 서비스의 상대
적 수요가 상승할 것이다. 이밖에 실제 금융구조의 최적구조에 대한 이

탈 값과 국민소득 수준은 유의미한 마이너스 상관관계가 존재한다. 기업수준의 증거에서, 은행업의 발전은 저소득 국가의 경제에 대해 아주 강한 영향이 있는데, 특히 외부 융자의존성이 강한 산업에서 특히 분명하게 나타난다; 하지만 고소득 국가에서 증권시장 발전의 경제에 대한 영향이 아주 강렬하다. 이밖에 은행(증권시장에 비해)이 개발도상국의 빈곤률을 저하시키는 데서 역할이 더 컸는데, 특히 제도구축이 빈약한 국가였다. 다른 한편으로, 개발도상국의 소기업이 은행업 발전에서 수익이 더 많음을 밝혀주는 현상은 없었던 것은, 실제 금융구조가 종종 최적의 구조를 이탈했기 때문이다.

상술한 결론은 중요한 함의가 있다. 첫째, 경제발전에 따라, 최적의 금융구조가 시장주도형의 방향으로 변화 발전할 것이다. 둘째, 새로운 실증결과는 경제발전의 다른 단계에서, 경제성장을 비교적 잘 추진할 수 있는 금융구조가 확실히 다를 수도 있다는 것을 밝혔다. 이들 발견은 모두 금융구조를 독립된 금융정책으로 간주할 수 있음을 나타내고 있다. 최적의 금융구조가 경제발전에 따라 변화한다면, 발전과정에서 적당하게 금융정책과 제도를 조정해야 한다. 셋째, 정치, 법률근원, 정부지도자의 이념이 모두 한 나라의 실제 금융구조가 그 최적값을 벗어나게 해, 경제효율과 복지손실을 초래하게 할 수 있다. 따라서 최적의 금융구조가 무엇인지와 최적의 금융구조 이탈이 유발할 수 있는 효율과 복지손실을 더 잘 이해할 수 있다면, 실제 금융구조의 결정에서 정치적 요소와 신념과 관련된 요소들의 영향을 감소시킬 수 있을 것이다.

참고문헌

Allen, Franklin, and Douglas Gale. 2000. *Comparing Financial Systems.* Cambridge, MA: MIT Press.

Beck, Thorsten, AsliDermirgüç-Kunt, Ross Levine, and Vojislav Maksimovic

2001 "Financial Structure and Economic Development: Firms, Industry, and Country Evidence," *In Financial Structure and Economic Growth: A Cross-Country Comparison of Banks, Markets, and Development*, eds. Dermirgüç-Kunt and Levine. Cambridge, MA: MIT Press.

Boyd, John H., and Bruce D. Smith. 1998. "The Evolution of Debt and Equity Markets in Economic Development," *Economic Theory* 12: 519-560.

Calomiris, Charles and Stephen Haber. 2011. "Fragile Banks, Durable Bargains: Why Banking Is All about Politics and Always Has Been," Stanford University, Stanford, CA. Cull, Robert, and Lixin Colin Xu. 2011. "Firm Growth and Finance: Are Some Financial Institutions Better Suited to Early Stages of Development than Others?" World Bank, Washington, DC.

Cull, R., L. E. Davis, N. R. Lamoreaux, and J. Rosenthal. 2006. "Historical Financing of Small-and Medium-sized Enterprises," *Journal of Banking and Finance* 30: 3017-3042.

Dermirgüç-Kunt, Asli, Erik Feyen, and Ross Levine. 2011. "Optimal Financial Structures and Development: The Evolving Importance of Banks and Markets," World Bank, Washington, DC.

Dermirgüç-Kunt, Asli, and Ross Levine. 2001. "Bank-Based and Market- Based Financial Systems: Cross-Country Comparisons," *In Financial Structure and Economic Growth: A Cross-Country Comparison of Banks, Markets, and Development*, eds. Dermirgüç-Kunt and Levine. Cambridge, MA: MIT Press.

Gerschenkron, Alexander. 1962. *Economic Backwardness in Historical Perspective, a Book of Essays*. Cambridge, MA: Harvard University Press. Goldsmith, Raymond W. 1969. *Financial Structure and Development*. New Haven, CT: Yale University Press.

Kpodar, Kangni, and Raju Singh. 2011. "Does Financial Structure Matter for Poverty? Evidence from Developing Countries," International Monetary Fund, Washington, DC.

Kremer, Michael. 1993. "The O-Ring Theory of Economic Development," *Quarterly Journal of Economics* 108: 551-575.

La Porta, Rafael, Florencio Lopez-de-Silanes, Andrei Shleifer, and Robert W. Vishny. 2000. "Investor Protection and Corporate Governance," *Journal of Financial Economics* 58: 3-27.

Levine, Ross. 2002. "Bank-Based or Market-Based Financial Systems: Which Is Better?" *Journal of Financial Intermediation* 11: 1-30.

Lin, Justin Yifu. 2009. *Economic Development and Transition: Thought, Strategy, and Viability*. New York: Cambridge University Press.

Lin, Justin Yifu, Xifang Sun, and Ye Jiang. 2011. "Toward a Theory of Optimal Financial Structure," World Bank, Washington, DC.

Stulz, René. 2001. "Does Financial Structure Matter for Economic Growth? A Corporate Finance Perspective," *In Financial Structure and Economic Growth: A Cross-Country Comparison of Banks, Markets, and Development*, eds. Dermirgüç-Kunt and Levine. Cambridge, MA: MIT Press.

Xu, Lixin Colin. 2011. "The Effects of Business Environments on Development: A Survey of New Firm-Level Evidence," *World Bank Research Observer* 26: 310-340.

7

발전전략과 제도 및 경제성과

제1부분[1][2]

들어가는 말

18세기 산업혁명 이후, 세계 각국은 두 가지 유형으로 나뉘었는데, 하나는 부유하고, 산업화된 선진국(developed countries: DCs)으로 구성되었고, 다른 하나는 빈곤하고, 농업위주의 저개발 국가(less-developed countries: LDCs)를 포함한다. 첫 번째 유형의 국가는 현대 자본집약형 생산기술을 광범위하게 사용했는데, 두 번째 유형의 국가는 낙후된 생산기술을 주로 사용했다. 선진국의 부유함은 산업과 기술우위에서 기인한다. 19세기 이후, 어떻게 국가의 산업화를 실현하고 선진국을 추월할

---

1) 본문은 저자가 2001년 5월 14일 시카고대학에서 했던 게일존슨(D. Gale Johnson)강좌 시작강연의 원고이다. 저자는 게리베커(Gary Becker), 천캉(陈抗), 제임스 헤크먼(James Heckman), 랄프 휴네만(Ralph Huenenmann), 오오츠카 케이지로(大冢启二郎), 조지로센(George Rosen), 얀 스베이나르(Jan Svejnar), 첸잉이(钱颖一), 키슬레브 요아브(Kislev Yoav), 조우하오(周浩)및 다른 강좌 참여자들의 유익한 평론에 감사를 드렸다. 리우밍싱(치明兴), 장치(章奇)와 리우페이린(치培林)이 문헌을 열람, 데이터 정리와 회귀분석에서 본문 글쓰기에 중요한 도움을 제공하였고, 저자는 이에 깊이 감사를 표했다.

2) 본문은 "Development Strategy, Viability, and Economic Convergence," *Economic Development and Cultural Change*(2003) 51 (2): 277-308을 각색하였다. 시카고 대학의 허가를 통해 재인쇄하였다. ©2003 The University of Chicago. 판권소유.

것인지는 저개발국 정치지도자와 지식인들 앞에 놓인 시급한 과제가 되었다(Gerschenkron, 1962; Lal, 1985). 제2차 세계대전 이후, 많은 저개발국가의 정부가 다양한 정책조치를 채택해, 국민경제의 산업화 실현을 모색하였다. 하지만 현재까지, 동아시아 소수 몇 개의 경제체만, 선진국과의 발전격차를 확실히 줄였고, 선진국의 1인당 평균소득 수준에 수렴하는 추세이다.[3]

나는 대다수 저개발국이 선진국과 발전격차를 성공적으로 줄일 수 없었던 것이, 주로 정부에서 적당하지 않은 발전전략을 채택했던 데서 기인했다고 생각한다. 제2차 세계대전 이후, 대다수 저개발국가의 정부는 모두 자본집약형 산업 우선발전의 발전전략을 실행했다. 하지만, 하나의 경제에서 최적의 산업구조는 요소부존 구조로 내생결정된 것이다. 정부가 우선 발전시키고자 하는 자본집약형 산업은 통상 그 경제의 비교우위와 부합하지 않기 때문에, 개방경쟁 시장에서, 이들 산업 안의 기업은 자생능력이 없는 것이다. 그래서 자생능력을 갖추지 못한 기업을 지원하기 위해, 정부는 국제무역, 금융부문과 노동시장 등의 방면에서 일련의 왜곡조치를 채택했다. 왜곡을 통해, 개발도상 경제에서 자본집약형 산업을 구축할 수 있겠지만, 부적절한 자원배분, 지대추구 행위 창궐, 거시경제 불안정 등을 초래할 수 있어서, 경제의 효율을 저하시키게 된다. 결과적으로, 수렴의 목표가 실현될 수 없다. 저개발국가 정부는 구조/기술 업그레이드를 목표로 하는 것이 아니라, 요소부존의 구조업그레이드 촉진을 목표로 해야 한다. 일단 요소부존 구조가 업그레이드되면, 이윤동기와 경쟁압력은 기업이 자발적으로 기술과 산업구조 업그레이드를 진행하도록 추진할 수 있기 때문이다. 요소부존 구조업그레이

---

3) 아주 낮은 수준에서 시작하여, 일본의 1인당 평균소득은 현재 달러가치로 측정하면, 1988년에 이미 미국을 추월하였고, 싱가포르 1인당 평균소득은 1996년에 미국을 추월하였다. 중국타이완, 한국과 중국 홍콩과 선진국의 소득격차도 모두 확실히 줄어들었다.

드는 자본(물질자본이든 인적자본이든)축적이 노동과 자연자원의 성장
보다 더 빠름을 의미한다. 자본축적은 경제잉여(혹은 이윤) 및 국민경제
의 저축성향으로 결정된다. 저개발국가가 비교우위를 준수해 산업을 발
전시키면, 최대한의 경제잉여와 최고의 저축성향이 있어, 요소부존 구조
의 업그레이드를 최대한 진행할 것이다. 이 발전전략을 따른다면, 저개
발 국가가 선진국보다 더 빠르게 요소부존, 기술과 산업구조의 업그레
이드를 취득해 수렴을 실현할 수 있다. 기업의 산업과 기술선택은 자본,
노동과 자연자원의 상대가격에 달려있으므로, 국민경제의 가치구조가
자본, 노동과 자연자원의 상대적 풍요도를 반영할 수 있을 때만, 비교우
위에 근거해 기업이 자신의 산업과 기술을 선택할 수 있다. 또한 가격이
경쟁적 시장으로 결정될 때만, 가격구조가 각 요소의 상대적 풍요도를
반영할 수 있다. 따라서 정부의 경제발전에서 기본직능은 시장의 양호
한 운영을 유지하는 것이다.

　본문에서 나는 먼저 경제성장과 수렴문제에 관한 최신 이론발전에 대
해 간단한 토론을 한 후, 기업의 자생능력과 경제 비교우위의 결정요소
문제 및 이들과 요소부존의 관계를 토론할 것이다. 정부의 몇 가지 대체
발전전략을 분석한 후, 나는 발전전략의 하나인 통계예측을 제기하고,
발전전략이 경제성장에 영향을 미치는 계량경제학 추정을 제시했다. 종
합적 평론에서, 나는 분석내용의 정책적 함의를 토론할 것이다.

성장이론: 개요

　전쟁 이후 시기에, 발전경제학이 막 형성되기 시작하였을 때, 발전경
제학자들은 저개발국가 정부가 개입정책을 채택하고, 자본축적을 가속
하여, "내부 지향적(inward-looking)"전략의 중공업 우선 발전이나 수입
대체를 추구하여, 선진국의 산업과 기술구조 격차축소에 정조준할 것을
장려했다. (Chenery, 1961; Warr, 1994). 소련이 최초로 국가건설에 성공

한 것, 대공황 시기에 형성된 초기상품 수출에 대한 비관적 정서, 시장에 대한 믿음부족 및 신 고전 성장이론이 모두 이들 경제학자들의 정책제안에 강한 영향을 주었다(Rosenstein-Rodan, 1943; Prebisch, 1959). 1950년대 이후, 대다수 저개발 국가는 사회주의 진영(socialist camps)에 속하든 자본주의 진영(capitalist camps)에 속하든 관계없이, 모두 이런 유형의 발전전략을 채택했다(Krueger, 1992).

솔로우(Solow(1956))등의 진취적 작업에 근거하여, 신 고전 성장이론의 가설에서 하나의 결론을 얻을 수 있는데, 선진국과 개발도상국이 같은 기술을 갖게 되면서 선진국의 자본 한계수익이 체감하게 되기 때문에, 개발도상국은 선진국보다 성장이 더 빨라야 하고, 양자의 1인당 평균소득 격차는 점차 축소되어야 한다는 것이다. 하지만 경험적 증거는, 미국의 다른 주 사이와 선진국가 간의 1인당 평균소득 수준에서 수렴이 출현했지만(Barro and Sala-i-Martin, 1992; Baumol, 1986), 절대다수 개발도상국은 선진국과의 1인당 평균소득 격차를 줄일 수 없었던 것으로 나타났다(Pearson, 1969; Romer, 1994).

신 고전 성장이론이 선진국의 지속성장과 대다수 저개발국가가 선진국과 발전격차를 축소할 수 없었던 사실을 설명할 수 없었기 때문에, 로머와 루카스(Romer(1986) & Lucas(1988))는 신 성장이론을 제기했는데, 기술혁신이 인적자본 축적, 연구와 개발(R&D), "경험학습(learning by doing)"등의 요소로 인해 내생 결정된다고 생각한 것이다. 신 성장이론이 세계 최첨단 기술을 사용하는 선진국의 지속성장에 대한 설명은 아주 식견이 있는 것이었다. 하지만 한국, 중국 타이완, 중국 홍콩, 싱가포르 및 나중에 가입한 중국내륙 등 아시아 신흥산업화 경제가 20세기 마지막 30년간 일반적인 성장과 수렴현상을 초과한 것에 대해서는, 신 성장이론이 사람들에게 만족할 만한 설명을 제시할 수 없었다(Pack, 1994; Grossman and Helpman, 1994). 추월과정에서 이들 신흥산업화 경제는 연구개발, 인적자본, "경험학습" 분야의 투자가 모두 선진국보다 아주 낮았다.

저개발 국가는 일반적으로 선진국 기술 프런티어 안에 있는 기술을 사용한다(Caselli and Coleman, 2000). 새로운 프런티어 기술을 채택하는 선진국 기술혁신은 연구와 발전 혹은 기타 지식창출(knowledge- generating) 메커니즘을 통해서만 실현될 수 있다. 하지만 저개발국가에 있어서는 선진국의 기존기술 모방과 기술이전을 통해 기술혁신을 실현할 수 있다. 연구와 개발을 통해 실현된 기술혁신은 모방이나 기타 기술도입 방식으로 실현된 기술혁신보다 비용이 분명히 훨씬 높을 것이다. 따라서 선진국에서 저개발 국가로 기술확산이 저개발 국가의 경제성장에 도움이 된다. 주의력을 주로 신기술을 생산하는 메커니즘에 집중하는 것이 저개발 국가와 선진국 간의 수렴성을 이해하는 데는 어떤 도움도 되지 않는다.

하지만, 선진국과 저개발국가 간의 기술격차는 도처에 존재하고, 저개발 국가는 여전히 자신이 모방하거나 도입하기에 어느 기술이 적합한가의 문제에 직면해 있다.

적합한 기술(appropriate technology)의 사상은 먼저 앳킨슨과 스티글리츠(Atkinson and Stiglitz(1969))에 의해 신 고전무역 이론에 도입되었는데, "부분적 경험학습(localized learning by doing)"개념을 제기하였다. 발전경제학에서 유사한 관점은 슈마허(Schumacher(1973))에 의해 제기되었다. 적합한 기술에 대한 연구는 최근 다시 디완과 로드릭(Diwan and Rodrick(1991)), 바수와 베유(Basu and Weil(1998)), 애스모글루와 질리보티(Acemoglu and Zilibotti(1999))등의 연구에 의해 제기되었다.[4]

---

4) 다른 경제학자들도 적합한 기술에 대한 유사한 관점을 갖고 있는데, 아카마쯔와 타카토시(Akamatsu(1962) & Takatoshi(1998))같은 일부 경제학자들은 동아시아 기적의 경험적 학습에 근거하여, "안진형 패턴"(flying geese pattern)을 사용해 다른 발전 단계 산업구조와 기술확산의 특징을 묘사했다. 하지만 이러한 비유에서 명확한 정책 제안을 얻을 수 없었다.

하지만 적합한 기술의 관점에서 구축된 이론모델은 수렴문제에 대해 일치된 결론이 없었다. 바수와 베유(Basu and Weil(1998))는 저개발 국가 자본 비축량이 상대적으로 낮은 것이 선진국 선진기술을 채택하는데 하나의 장애가 된다고 생각했다. 그들이 얻은 결론은, 저개발 국가가 저축률을 상승시켜 선진기술을 이용할 수 있다면, 경제가 신속한 성장시기를 경험할 가능성이 있다는 것이다. 하지만, 그들의 관점은 라틴아메리카, 아프리카와 "네 마리의 용" 이외의 아시아 국가 정부에서 저축률을 제고했던 노력이 왜 경제성장률을 상승시키지 못했는지를 설명할 수 없다. 로드리게스와 로드릭(Rodríguez and Rodrick(1999))은 한 다국적 연구(cross-country study)에서 성장률이 저축률을 결정하지만, 저축률이 성장률을 결정하지는 않음을 보여줬다. 따라서 저축률 상승을 경제의 신속한 성장촉발의 관건으로 보기는 어렵다. 이와 반대로 애스모글루와 질리보티(Acemoglu and Zilibotti(1999))는 기술수입의 결점(disadvantages)을 강조하였다. 그들의 이론 틀에서는 선진국의 기술은 숙련공이 사용하는 것이고; 기술이 저개발 국가로 전이되었을 때는, 기술을 비숙련공이 사용한다는 것이다. 노동기능과 기술 간의 이러한 부조화(mismatch)는 1인당 평균 생산과 전요소 생산율(TFP) 방면에서 선진국과 개발도상국에 아주 큰 격차가 출현하게 할 수 있다. 애스모글루와 질리보티(Acemoglu와 Zilibotti)는, 노동자의 기능기초와 인적자본 개선이 소득수렴에 아주 중요하다고 생각했는데, 루카스(Lucas(1993))도 유사한 관점을 갖고 있었다. 하지만 애스모글루와 질리보티(Acemoglu & Zilibotti)가 사용한 가설조건은 과도하게 엄격했는데, 그들은 저개발 국가는 항상 기술 프런티어 안에 있는 기술이 아닌, 선진국의 기술 프런티어에 놓여 있는 기술을 도입한다고 가정했다.

　적합한 기술관점은 저개발국 정부가 경제발전 과정에서 적합한 역할이 무엇인가의 문제에 답변하지 않았다. 지식확산과 적합한 기술 간의 관계는 많은 개발도상국가가 실제 준수하는 발전경로와 다른 선택을 할 필요가 있다고 밝혔지만, 정부개입이 경제성장에 대해 중요한지 여부, 정부가 개인부문의 저축률과 인적자본 비축량을 높이는 정책을 선택해야 하는지 여부, 정부가 첨단기술 산업(high technology industries) 발전에 대해 직접 보조금을 제공해야 하는지 여부의 문제들은, 여전히 분명하지 않다.

자생능력, 비교우위와 요소부존 구조

한 국가의 1인당 평균소득은 그 국가의 기술과 산업의 함수이다. 두 국가가 같은 기술과 산업구조를 보유하고 있다면, 그들의 1인당 평균소득은 기본적으로 같을 것이다. 저개발 국가의 소득이 선진국으로 어떻게 수렴하는지 이해하기 위해, 우리는 저개발 국가가 어떻게 해야 선진국과의 기술 및 산업 격차를 축소할 수 있는지 분명히 할 필요가 있다. 나는 먼저 기업 자생능력의 함의 및 기업 자생능력과 그 산업과 기술선택 간의 관계를 설명할 것이다.

나는 하나의 개방적이면서 자유롭고, 경쟁적인 시장에서 기업의 기대이윤율을 사용해 자생능력(viability)이라는 단어를 정의한다. 한 기업이 정상적인 경영관리를 통해 자유로우면서 개방적이고, 경쟁적인 시장에서 사회에 용납될 수 있는 정상적 이윤을 벌 수 있다고 기대한다면, 이 기업은 자생능력이 있는 것이고, 아니라면 이 기업은 자생능력이 없는 것이다. 하나의 기업이 사회에 용납될 수 있는 정상적 이윤을 취득할 수 있을 것이라는 기대가 없다면, 투자하려는 사람이 없을 것이며, 이런 기업은 정부가 지원하지 않는다면 존재할 수 없을 것이 분명하다.

하나의 경쟁시장에서, 기업의 경영관리는 영리능력에 영향을 줄 것인데, 이는 공인된 명제이다. 하지만 한 기업의 기대수익 능력도 그 산업과 기술선택에 달려있다.

하나의 단순 경제를 생각해보면, 이 경제는 두 가지 정해진 생산요소인, 자본과 노동만을 포함하며, 한 가지 상품만 생산한다. 도표 7.1 에서

등량선(isoquant) 위의 각 점은 한 상품의 정해진 수량을 생산하는 각종
가능한 생산기술이나 필요한 다른 자본과 노동의 조합을 나타낸다. 점A
가 대표하는 기술은 점B보다 더 노동집약적이다(labor-intensive). C, C_1,
D, D_1는 등비용선인데(isocost lines), 그 기울기는 자본과 노동의 상대가
격을 대표한다. 자본이 상대적으로 비싸고 노동이 상대적으로 값싼 하
나의 경제에서(등비용선 C와 C_1이 표시하고 있는 것과 같이), 정해진 수
량의 산출을 생산하기 위해, 점A로 나타낸 기술선택의 비용이 최저일
것이다. 노동의 상대가격이 상승할 때 (등비용선 D, D_1이 표시하고 있는
것과 같이), 점B로 나타낸 기술선택의 비용이 최저일 것이다.

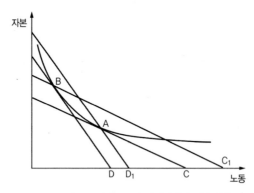

〈도표 7.1〉 생산요소의 상대가격과 기술선택

하나의 자유로우면서도, 개방적이고, 경쟁적인 한가지 상품만 생산하
는 시장경제에서, 도표7.1에서 나타내는 것처럼, 하나의 기업은 생산에
서 최저비용의 기술을 선택할 때만, 비로소 자생능력이 있는 것이다. 도
표7.1에서 자본과 노동의 상대가격이 C곡선이라면, 점A로 나타낸 기술
선택의 비용이 바로 최저인데, 점B와 같은 임의의 다른 기술선택은 모두
비용상승을 초래할 수 있다. 시장경쟁은 점A 이외의 각종 기술을 선택
한 기업은 모두 자생능력이 없게 될 것이다. 따라서 노동과 자본의 정해
진 상대가격을 갖는 하나의 경쟁적인 시장에서, 기업의 자생능력은 그

기술선택으로 결정된다.

하나의 경쟁적 시장에서, 자본과 노동의 상대가격은 그 경제의 요소 부존 구조에서 자본과 노동의 상대적 풍요나 부족정도로 결정된다. 노동이 상대적으로 풍부하고 자본이 상대적으로 부족할 때, 등비용선은 도표7.1의 선C와 유사하고, 자본이 상대적으로 풍부하고 노동이 상대적으로 부족할 때, 등비용선은 도표7.1의 선D와 유사하게 변화될 수 있다. 따라서 하나의 경쟁적 시장에서, 기업의 자생능력은 그 기술선택이 경제의 상대적 요소부존 구조로 결정되는 최저 비용선상에 있는지 여부에 달려있다.

위의 토론은 많은 다른 상품을 생산하는 하나의 산업 및 많은 다른 산업을 가진 경제로 확장될 수 있다. 도표7.2가 표시하는 것과 같이, I_1, I_2, I_3는 각각 산업 I중에 동일 산출가치를 가진 세 개의 다른 상품의 등량선을 대표하고, 세 개 상품의 평균 상대 자본집약도는 I_1에서 I_3까지 체증한다. 도표7.2에 나타나는 것처럼, 한 기업의 자생능력은 그 상품과 기술선택이 최저비용선 상에 있는지 여부에 달려 있는데, 그 선 또한 경제의 상대적 요소부존으로 결정된 것이다.

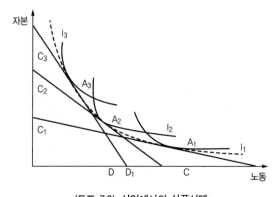

〈도표 7.2〉 산업에서의 상품선택

하나의 산업은 이 산업의 모든 다른 상품의 등량가치 선(isovalue line) 위의 포락곡선(the envelope of the isoquants)으로 대표될 수 있다. 한 산업의 등량가치 선 위의 각 점은 모두 그 산업에서 하나의 특정 기술로 생산된 일종의 특정상품을 대표하고, 동일한 등량가치 선위의 모든 상품 모두 동일한 가치가 있다. 도표7.3에 나타나는 것처럼, 세 개의 다른 산업(I, J와 K 세 개 산업의 등량가치 선을 사용하여 표시)이 있는 하나의 경제로, 도표에서의 세 개 산업이 동일한 생산 값을 가진다. 노동이 상대적으로 풍부하면서, 등비용선이 C라면, 이 경제는 I와 J산업에서 비교우위를 갖게 되는데, 이 두 산업에 진입해 상응하는 기술을 선택하고 상품I_1(혹은 J_1)을 생산하는 기업은 자생능력이 있을 것이다. 자본의 상대적 풍요도 상승에 따라, 등비용선이 선D로 변화한다고 가정하면, 이 경제의 비교우위는 상응하여 변화할 것이고, 기업도 자신의 상품이나 기술을 산업 J중의 J_1에서 J_2로 조정하거나, K산업으로 전이되어 K_1상품을 생산해야만, 자생능력을 지속할 수 있다. I 산업에서 I_1상품을 생산하는 기업은 자생능력을 상실하게 될 것이다.

위의 토론에서 알 수 있듯이, 기업 자생능력의 개념과 경제의 비교우위의 개념은 밀접하게 관련되어 있고, 양자 모두 경제의 요소부존 구조로 결정된 것이다. 저개발국가가 선진국의 산업과 기술구조와의 격차를

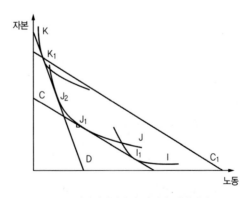

〈도표 7.3〉 경제에서의 산업과 상품선택

축소하고자 하면, 먼저 선진국과의 요소부존 구조격차를 반드시 줄일
필요가 있다.

선택할만한(alternative) 발전전략

어떤 경제에서도 정부 자체가 가장 중요한 제도이다. 정부의 경제정
책은 국민경제의 기업이 직면한 거시적 인센티브 구조(incentive struc-
ture)를 결정한다. 수렴방면에서 저개발 국가의 성공과 실패를 설명하기
위해, 나는 정부의 산업발전 정책을 분석하고, 이를 다른 발전전략으로
요약할 것이다. 나는 발전전략을 대략 두 가지 다른 큰 분류로 나눌 것
이다: (1)비교우위 위배(comparative-advantage-defying: CAD) 발전전략,
이 전략은 기업이 산업과 기술을 선택할 때 기존의 비교우위를 무시할
것을 장려하려 한다. (2)비교우위 준수(comparative-advantage-following:
CAF) 발전전략, 이 전략은 기업이 경제에서 기존의 비교우위에 따라 산
업과 기술을 선택하도록 촉진하려 한다.5) 세계적으로 상술한 어떤 하나
의 발전전략을 수정 없이 일관되게 준수했던 국가는 하나도 없었다. 하
지만 일부 국가는 특정 발전전략에 아주 편향되어 그 전략의 전형이 되
었다. 물론, 특정 전략을 준수한 국가도 나중에 그 전략을 포기할 수 있
다. 전략전환은 우리가 전략 영향을 깊이 분석하기 위한 좋은 기회를
제공한다.

발전전략의 특징

- 비교우위 위배전략(the CAD strategy) 대다수 개발도상국은 모두 노

---

5) 그리핀(Griffin(1999))은 발전전략을 6가지로 분류하였다. 화폐주의, 개방경제, 산업
화, 녹색혁명, 재분배와 사회주의 전략이다.

동이 상대적으로 풍부하고, 자본이 상대적으로 부족하므로, 하나의 자유롭고 개방적이면서 경쟁적인 시장에서 저개발 국가의 기업은 상대적으로 노동집약형 산업에 진입하고, 생산에서 상대적으로 노동집약형 기술을 선택할 것이다.6) 하지만 저개발 국가의 정치지도자와 지식엘리트는 항상 현대화를 산업화, 특히 중공업화와 동일시하여, 그들의 국가가 최대한 빠르게 자본집약형 중공업을 발전시키고, 최첨단기술을 채택하도록 추진했다. 다시 말해, 그들의 경제 요소부존 구조로 결정되는 등비용선이 여전히 도표7.3의 C에 있을 때, 그들은 일부 K와 유사한 산업을 발전시켜, K_1상품을 생산하려 한다.7) 이 경제에 정해진 요소부존 구조로 K_1상품을 생산하는 기업은 하나의 자유롭고 개방적이며 경쟁적 시장에서 자생능력이 없는 것이다. 하나의 자유롭고, 개방적이며 경쟁적 시장이 유지될 수 있다면, 정부전략을 준수하는 기업은 등비용선 C와 C_1간의 거리에 상당하는 손실을 초래할 수 있다. 나는 이러한 손실을 기업의 정책 부담(policy burden)이라 명명한다. 정부는 기업의 산업이나 기술의 진입과 선택에 대해 책임져야 하기 때문에 정부는 기업의 손실을 부담해야 한다. 따라서 비교우위 위배전략 실시는, 정부가 반드시 기업에 대한 정책 보조금(policy subsidy)으로 이 손실을 보충해야 한다(Lin and Tan, 1999; Lin, Cai and Li, 1998, 2001).

실제 세계에서, 정책부담을 보상하는 보조금이 얼마나 커야 하는지는, 정부가 제창하는 산업과 기술이 경제의 비교우위에서 얼마나 멀리 이탈되어 있는 지에 달려있다. 편차가(distance) 비교적 작다면, 정부는 세금인센티브(tax incentives)나 직접적인 재정전이에 의존해 기업에 보조금

---

6) 단순화하기 위해, 토론에서 자연자원 부존을 무시했다. 하지만 자연자원을 함께 고려해도, 토론에서 얻은 결론의 유효성에 영향을 주지 않는다.
7) 중공업이 과거에는 가장 발전된 부문이었다. 오늘날 저개발 국가가 비교우위 위배전략의 중점을 정보기술과 기타 첨단 기술산업에 놓았는데, 이들이 현재는 가장 자본집약적 영역이다.

을 지불할 수 있다. 하지만 저개발 국가정부가 비교우위 위배전략을 채택
할 때, 이 편차는 보통 아주 커서, 발전전략이 정한 목표를 실현하기 위
해, 각종 특수한 제도장치(institutional arrangements)가 필요하다.

저개발 국가 정부가 비교우위 위배전략을 추구할 때, 최고로 자주 사
용하는 보조금 방법은 프로젝트 자본비용을 감소시키기 위해 규제로 금
리를 억제하는 것이다. 이밖에, 비교우위 위배전략의 프로젝트에서 필
요한 설비는 일반적으로 국내에서 생산할 수 없어서, 선진국에서 수입
이 필요하기 때문에 대량의 외환지원이 필요하다. 하지만, 저개발 국가
는 수출이 제한적이고 주로 가치가 높지 않은 농업과 자원상품이기 때
문에 일반적으로 외환이 부족하고, 비싸다. 비교우위 위배전략 프로젝
트의 설비수입 비용을 인하하기 위하여, 정부는 일반적으로 국내통화
(domestic currency) 가치를 고평가하고, 외환(foreign exchanges)가치를
저평가한다.[8]

이율과 환율 왜곡은 한편으로는 우선부문과 비우선 부문의 기업이 더
많은 자본과 외환이 필요하도록 자극하고, 다른 한편으로는 저축과 수
출적극성을 억제하므로, 경제에서 자본과 외환공급량을 감소시키게 된
다. 그 결과 자본과 외환부족이 나타날 수 있는데, 비교우위 위배전략을
시행하는 기업이 충분한 자원을 가지고 전략임무 집행할 수 있게 보장
하도록 정부는 행정수단을 사용해 자본과 외환비축에 대한 비율배분
(ration)을 실행할 필요가 있다. 시장의 자원배분 기능은 이로 인해 억제
되고, 심지어 직접적인 정부의 배급으로 대체된다.[9]

---

8) 비교우위 위배전략을 추구하는 저개발 국가에서는 이율과 환율의 왜곡은 아주 보편
   적인 현상이다. 중공업 우선발전 전략을 선택한 사회주의 국가와 기타 저개발 국가는
   원재료와 생활필수품 가격 및 임금수준도 항상 왜곡된다(Lin et al., 1996).
9) 비교우위 위배전략을 선택한 정부도 자본을 우선발전 산업에 속하지 않는 기업에
   배급할 수 있다. 이는 사실상 사회주의 계획경제에서 있었던 실제경험이다. 물론
   비우선 발전산업에서의 기업이 받는 자본은 정부가 그 전략을 선택하지 않았을 때의
   자본량보다 적을 수 있다. 이밖에 우선발전 산업의 자금배급을 확보한 이후, 정부도

이론적으로, 비교우위 위배전략을 선택한 정부는 정책부담으로 야기
된 손실에 대해서만 기업에 보조금을 주면 되지만, 정보비대칭의 상황
에서는, 정부는 정책부담으로 초래된 손실과 기업경영 부실로 야기된
손실을 구분할 수 없다. 기업은 정책부담을 이용하고 구실로 삼아, 일정
한 자원을 이용해 정부의 사전 정책특혜(ex ante policy favors)에 대한
로비를 할 수 있다. 그 예로는 저리대출 취득, 세수감면, 관세보호와 법
률상 독점권 부여 등이 있어, 정책부담으로 야기된 손실을 보상한다. 정
책특혜 이외에도, 기업이 여전히 손실이 있으면, 정부가 다시 사후의,
특별지원을 제공하도록 요구할 수 있는데, 그 예는 더 많은 특혜대출이
다. 경제에서 지대추구행위나 직접 비생산적인 이윤추구 활동이 만연하
게 될 수 있다.[10] 기업은 정책부담을 이용해 구실 삼아, 더 많은 정부지
원을 얻으려 하기 때문이고, 정부도 이러한 책임을 회피하기 어렵기 때
문에, 기업의 예산제약이 이로 인해 연성화하게 된다.[11] 일단 연성 예산
제약이 존재하면, 기업의 관리자는 생산율을 제고하려는 스트레스가 없

시장을 통해 잉여자본을 배분할 수 있지만, 이때 시장이율은 자본이 완전히 시장으로
배분될 때보다 높을 수 있을 것이다. 시장 임금률은 이와 반대로, 우선발전 산업이
노동에 대한 수요가 비교적 적기 때문에, 이때 시장임금률이 완전히 시장에서 배분할
때의 수준보다 낮을 수 있다. 이 결과, 비우선 발전산업에서의 기업이 생산에서 정부
개입이 없을 때보다 더 노동집약된 기술을 선택할 수 있다. 위의 분석은 비우선
발전산업에서의 기업의 외환배분 상황에도 적용된다.

10) 지대추구의 손실은 자본배분 왜곡으로 야기된 손실보다 훨씬 더 클 것으로 추정된다
(Kruger, 1974).

11) 코르나이(Kornai(1986))는 연성 예산제약(the soft budget constraint) 현상을 첫 번째
로 분석한 경제학자이다. 그는 사회주의 국가에서 국유기업의 연성 예산제약을 사회
주의 정부의 가부장적 성질 때문이라 생각했다. 하지만, 나는 연성 예산제약은 정부
가 발전전략 실시로 인해 야기된 기업의 자생능력 부족현상을 책임진 결과라고 간주
한다. 나의 가설은 연성 예산제약 현상이 비사회주의 국가의 기업(예로 한국의 재벌)
에서 왜 똑같이 존재하는가 및 이미 국유기업을 사유화하고 사회주의 체제를 버린
소련과 동유럽 국가에 왜 여전히 존재하는지 설명할 수 있다. 린과 탄(Lin and
Tan(1999))을 참고할 수도 있다.

으며 더 많은 업무상 소비(on-the-job consumption)과 다른 도덕적 위험 행위를 추구한다. 기업이 실제로 얻은 보조금이 정책부담으로 증가된 비용보다 훨씬 더 클 수 있다.

• 비교우위 준수전략(the CAF strategy) 저개발 국가의 정부는 비교우위 준수 대체전략을 선택할 수 있는데, 기업이 그 국가에서 비교우위를 가진 산업에 진입해, 생산 중에 기업이 자생능력을 갖게 할 수 있는 기술을 선택하도록 장려한다. 상술한 바와 같이, 그 경제의 비교우위가 있는 산업과 생산에서 적합하게 사용한 기술은 모두 그 국가의 상대적 요소부존 구조로 결정된 것이다. 하지만 미시적 단위(micro agents)의 기업 관리자로서, 실제적인 부존조건을 알거나 관심을 가질 가능성은 그다지 높지 않을 것이다. 그들의 관심은 기업 생산품 가격과 생산비용에 있을 뿐이다. 요소 상대가격이 각종 요소의 상대적 풍요도를 정확하게 반영할 때, 그들은 비로소 정확한 산업에 진입해, 정확한 생산기술을 선택할 수 있는데, 이 또한 시장이 경쟁적인 상황에서만 실현될 수 있다. 따라서 저개발 국가의 정부가 비교우위 준수전략을 선택하게 될 때, 기본정책은 자유롭고, 개방적이며, 경쟁적인 상품과 요소시장의 운영을 위해 각종 존재할 수 있는 장애를 제거해야 한다.

앞의 토론에서 나는 하나의 경제에서 각 기업이 모두 상품시장, 산업과 생산기술에 관한 각종 정보를 무상으로 취득할 수 있다고 가정했다. 그래서 해당 경제의 요소부존 구조 업그레이드 시, 기업은 그 상품이나 기술에 상응하는 업그레이드를 하거나, 자본이 상대적으로 집약되지 않은 산업에서 자본이 상대적으로 더 집약된 산업으로 순조롭게 전환할 수 있다. 하지만 정보가 반드시 자유롭게 취득될 수 있는 것은 아니다. 따라서 일정자원을 소비하여 산업, 상품 및 기술의 정보 탐색, 수집, 분석은 필수적인 것이 된다. 기업 자신이 이러한 활동에 종사하면, 이 정보에 대한 비밀을 유지할 수 있는데, 다른 기업도 똑같이 자원을 소비해야 정보를 취득할 수 있어서, 정보투자 중복의 현상이 출현하게 될 수

있다. 그러나 정보는 공공재 성질을 가지고 있어, 일단 정보수집과 가공
작업이 완료된 후, 정보전파의 비용은 제로에 가까워진다. 그래서 정부
는 새로운 산업, 시장과 기술방면의 정보를 수집하고, 그 후 산업정책의
형식으로 모든 기업에 무상으로 제공할 수 있다.

경제에서 기술과 산업업그레이드는 항상 다른 기업과 부문이 공동으
로 조화 협력할 수 있기를 요구한다. 예를 들어, 새로운 산업과 기술의
인적자본이나 기술(skill)방면에 대한 요구가 낡은 산업 및 기술과 다를
수 있는데, 하나의 기업은 이 새로운 수요의 공급을 완전히 내부화하지
못할 수 있어서, 외부출처의 도움에 의존해야 한다. 그래서 한 기업의
산업과 기술 업그레이드의 성공여부도 기업 이외 새로운 인적자본 공급
존재여부로 결정된다. 인적자본 이외에, 이러한 업그레이드는 새로운
금융제도, 무역협정(trading arrangements), 마케팅 및 유통시설(distribution
facilities) 등도 필요할 가능성이 있다. 따라서 정부도 산업정책을 이용해
산업과 기술업그레이드를 실현할 수 있도록 다른 산업과 부문의 기업에
협조할 수 있다.

산업과 기술업그레이드는 일종의 혁신활동이라, 본질적으로 위험이
있는 것이다. 정부 산업정책이 제공하는 정보와 협조가 있다 해도, 산업
과 기술 업그레이드를 실현하려는 기업도 업그레이드 자체 목표가 너무
높고, 새로운 시장이 너무 작으며, 협조가 부적당한 것 등의 상황이 출현
해서 여전히 실패할 가능성이 있다. 한 기업의 실패는 기타 기업에게
이 산업정책이 부적합함을 알려줄 수 있어, 이러한 정책을 준수하지 않
는 것을 통해 실패를 모면하도록 할 수 있다. 다시 말해, 첫 번째 기업이
실패비용을 지불하여, 기타 기업에게 가치 있는 정보를 제공했다. 첫째
기업이 성공했다면, 그 성공도 다른 기업에게 외부성을 제공하여, 기타
기업이 유사한 업그레이드를 하도록 할 수 있다. 첫째 기업이 누릴 수
있는 혁신임대료는 기타 기업의 업그레이드로 아주 빠르게 희석될 수
있다. 이와 같이, 첫째 기업이 가능한 실패비용과 성공수익 사이에는 비

대칭이 있다. 외부성과 가능한 비용과 수익간의 비대칭성을 보상하기 위해, 정부는 먼저 정부산업 정책에 반응하는 기업에게 특정 형식의 보조금을 제공할 수 있는데, 세금 인센티브나 대출담보 등이 있다.

주의할 것은, 비교우위 준수와 비교우위 위배의 산업정책 간에 본질적인 차이가 존재한다는 점이다. 비교우위 준수전략에서, 장려를 받은 새로운 산업, 기술과 요소부존 구조로 결정된 경제의 비교우위 변동은 일치하는 것이었다. 하지만 비교우위 위배전략에서는 정부가 우선 발전시킨 산업과 기술이 경제의 비교우위와 부합하지 않았다. 그래서 비교우위 준수전략에서, 기업은 자생능력이 있어야 하며, 일정기한 소량의 보조금이 정보 외부성을 충분히 보상할 수 있었지만, 비교우위 위배전략에서는 기업이 자생능력이 없고, 그 생존은 대량으로 연속적인 정부의 정책혜택이나 지원에 의존해야 한다.[12]

자동차 생산분야에서 일본, 한국, 인도와 중국 산업정책의 성공과 실패를 비교하는 것으로, 비교우위 준수와 비교우위 위배의 전략에서 산업정책의 차이를 아주 분명히 볼 수 있다. 자동차 산업은 하나의 전형적인 자본집약형 중공업인데, 자동차 산업발전은 많은 저개발 국가의 꿈이다. 일본이 1960년대 중기에 자동차산업 발전을 촉진하는 정책을 선택했고, 큰 성공을 이뤘다. 일본의 경험은 개발도상국에서 중공업 발전을 촉진시키는 산업정책 채택해야 할 것을 지지하는 관점으로 자주 인용된다. 한국은 70년대 중기 자동차 산업발전을 촉진시키는 정책을 제정했고 제한적인 정도의 성공(a limited degree of success)을 이뤘다. 중

---

12) 정부의 산업정책과 기업에 대한 지원을 토론할 때, 동태 비교우위는 항상 사용되는 관점이다(Redding, 1999). 하지만 우리의 틀에서 이들 관점은 정부의 지원이 정보비용과 선도기업이 기타 기업에 대한 외부성을 극복할 때로만 제한되야만 비로소 성립함을 명확히 볼 수 있다. 산업은 경제의 비교우위와 서로 일치해야 하고, 새로운 산업에서 기업은 자생능력이 있어야 한다. 아닐 경우, 일단 정부지원이 취소되면, 이들 기업이 도산할 수 있다.

국과 인도의 자동차 산업은 50년대에 시작해, 두 국가의 자동차 산업은
그때부터 현재까지 계속해서 정부의 보호를 받고 있다. 같은 산업정책
이 왜 어떤 때는 성공하고 어떤 때는 실패하는가? 일단 우리는 이들 국
가가 산업정책을 제정하고 집행 시의 1인당 평균소득 수준과 미국의 1
인당 평균소득 수준을 비교해 보는 것으로, 문제가 더 분명해질 수 있다
(표 7.1 참조).

〈표 7.1〉 1인당 평균소득 수준 (1990년 국제달러)

년도	미국	일본	한국	인도	중국
1955	10970	2695	1197	665	818
1965	14017	5771	1578	785	945
1975	16060	10973	3475	900	1250

자료출처: Maddison, Angus. 1995. *Monitoring the World Economy*, 1820-1992, Paris: OECD: 196-205.

1인당 평균소득은 하나의 경제에서 노동과 자본의 상대적 풍요도의
좋은 대용품(proxy)이 된다. 고소득 국가는 자본이 풍요롭고, 임금률이
높지만, 저소득 국가의 상황은 정반대이다. 표7.1에서는 일본이 60년대
중기에 자동차 산업정책을 집행할 때, 1인당 평균소득이 당시 미국의
1인당 평균소득의 40%를 초과했음을 보여준다. 자동차 산업은 그 시기
에 가장 선진적인 자본집약의 산업이 아니었고, 일본은 그 시기에 자본
이 부족한 경제도 아니었다. 일본통산성(The Ministry of International
Trade and Industry: MITI)은 닛산(Nissan)과 도요타(Toyota)에만 지원을
제공했다. 하지만 통산성의 자동차 산업 진입불허라는 권고에도 불구하
고 열 개가 넘는 기업이 설립되어 자동차 생산도 시작됐는데, 통산성의
지원을 받지는 못했어도 모두 똑같이 성공했다. 위의 증거가 밝히듯, 60
년대에 일본의 자동차 기업은 자생능력이 있었고, 통산성이 자동차업종
발전을 추진하는 산업정책은 비교우위 준수 전략(CAF)에 속하는 정책이
었다. 한국이 70년대에 자동차업종 발전정책을 집행할 당시, 1인당 평균

소득은 당시 미국 1인당 평균소득의 대략 20%에 불과했는데, 당시 일본 1인당 평균소득의 대략 30%정도가 된다. 한국정부가 자동차 기업에 일본 정부보다 더 많이, 더 장기간 지원해야 했던 이유가 바로 여기에 있을 것이다. 이러한 지원이 있었지만, 한국의 세 개 자동차 기업 중에 최근 두 개는 여전히 파산의 위험에 처해있다. 중국과 인도가 50년대 자동차 발전정책을 집행할 때, 그들의 1인당 평균소득은 미국의 10%에도 미치지 못하였다. 중국과 인도의 자동차 기업은 완전히 자생능력이 없었고, 오늘날까지도 그 생존은 여전히 정부에서 지원하는 고도의 보호에 의지해야 한다.[13]

인적자본과 경제발전

상술한 토론에서 우리는 물질자본의 축적과 이에 따른 한 경제의 산업 및 기술 업그레이드에 대한 결정적 영향에 초점을 맞췄다. 발전과정에서 인적자본의 역할은 이미 최근 몇 년 동안 발전문헌에서 많은 주목을 받았다. 최근 국제소득 격차를 설명하려는 실증연구에서 인적자본을 생산함수에서 하나의 설명변수(explanatory variable)로 간주하고, 인적자본이 경제성장에 대한 적극적 영향이 있음을 이미 발견했다(Mankiw, Romer and Weil, 1992; Caselli, Esquivel and Lefort, 1996; Klenow and

[13] 1950년대와 60년대 저개발 국가는 절대다수의 대약진(big-push) 노력이 모두 실패했다. 하지만 머피, 슐라이퍼와 비쉬니(Murphy, Shleifer and Vishny(1989a, 1989b))가 아주 영향력 있는 논문을 발표한 후, 사람들은 이 사상에 다시 흥미를 가지게 되었다. 그들의 논문에서는 핵심 산업구축에 대한 정부의 협조와 지원이 필요하고, 핵심산업에서 기타 산업으로의 수요 스필오버(demand spillovers)는 경제성장을 자극할 수 있다고 밝혔다. 하지만 "대약진"전략이 성공하려면, 추진되는 산업은 반드시 경제의 상대적 요소부존으로 결정되는 비교우위에 부합해야 하며, 추진된 산업의 기업은 추진 후 반드시 자생능력을 갖춰야 한다. 비교우위를 이탈은 50, 60년대 저개발 국가의 많은 "대약진" 노력이 실패한 원인이다.

Rodriguez, 1997; Barro, 1997).

인적자본 축적이 저개발 국가 발전전략에서 어떤 위치에 있는가? 저개발 국가가 비교우위 준수전략을 선택하면, 요소부존 구조의 업그레이드가 아주 빠르고, 산업과 기술구조의 업그레이드도 아주 신속할 수 있다. 업그레이드 과정이 더 선진적인 국가에서 현존하는 산업이나 기술에 대한 모방이라 할지라도, 이러한 업그레이드는 본래 일종의 혁신이다. 관리자나 노동자들이 업그레이드 과정에서 신기술, 생산, 마케팅 등의 방면에서 야기되는 불확실한 문제에 직면하고 해결해야 하며, 본국의 환경에 적응하도록 도입된 기술에 대해서도 많은 개량이 필요하다. 관리자와 노동자의 인적자본 제고는 불확실성에 대응하고, 필요한 개량을 진행하는데 도움이 될 것이다(Schultz, 1975). 하나의 개발도상국이 선진국과의 산업과 기술격차를 축소할 때, 숙련된 산업과 기술을 떠나, 더 새롭고, 비숙련된, 불확실한 산업과 기술에 가까워지게 될 것인데, 이는 더 많은 인적자본을 필요로 하게 될 것이다. 다시 말해, 새롭고, 선도적인 산업과 기술에서, 인적자본과 물질자본은 상호보완성이 점점 더 강해진다.[14] 물질자본과 인적자본 간에 상호보완성이 존재하기 때문에 수렴과정에서 동시에 물질자본과 인적자본 축적이 아주 필요한 것이다. 하지만 인적자본은 물질자본의 대체물이 아니고, 인적자본의 과도한 축적은 자원의 낭비를 초래할 수 있다. 2차 세계대전 이후, 많은 과학자들과 공학기술자들이 인도, 라틴아메리카와 기타 개발도상국에서 미국으로 이주했는데, 조국의 경제성장에 대한 그들의 직접공헌은 아주 적었다. 하지만 이들 과학자와 엔지니어들을 비난해서는 안 되는데, 그들의

---

14) 최근에 와서, 많은 논문이 모두, 서로 다른 기술은 다른 정도의 숙련노동과 비숙련 노동 편향이 있기를 요구할 수 있다고 주장한다(Katz and Murphy, 1992; Berman, Bound and Griliches, 1994; Acemoglu, 1998; Caselli, 1999). 기능의 상호보완성에 관한 이 사상은 이미 미국에서 1980년대와 90년대 임금불평등 상승현상을 설명하는데 사용되었다.

조국의 요소부존 구조가 비교적 낮아 많은 사람들이 국내에서 인적자본의 역할을 발휘할 적합한 지위를 찾는 것이 불가능했기 때문이다.

비교우위 준수와 비교우위 위배 전략의 비교

선진국을 추월하려는 시도가 저개발 국가에 있어서는 정당한 것이다. 비교우위 위배전략은 저개발국가의 지식엘리트를 포함한 정치지도자와 일반대중에게 아주 매력이 있는 것이다. 대다수 사람들이 선진국과 자신들의 국가 산업과 기술구조에서의 격차 및 산업과 기술 구조와 1인당 평균소득 간의 관계를 직접 관찰했기 때문이다. 하지만 비교우위 준수전략은 저개발 국가가 선진국을 추월하게 했지만, 비교우위 위배전략은 사실상 저개발 국가가 선진국을 추월할 기회를 말살할 수 있다. 많은 기타 이론에서도 모두 저개발국가가 지속적 경제발전 방면의 성공이나 실패를 설명하려 시도했는데, 비교우위 준수나 비교우위 위배 전략의 이론적 틀은 하나의 통일된 설명을 제공했다.

• **자본축적** 한 경제의 산업과 기술구조는 요소부존 구조로 내생결정되므로, 하나의 저개발 국가가 선진국 산업과 기술구조에 도달하고자 하면, 먼저 반드시 선진국과의 요소부존 구조 상의 격차를 축소해야 한다. 요소부존 구조의 업그레이드는 노동에 상대적인 자본의 성장을 의미한다. 자본축적은 기업이 취득한 잉여나 이윤의 규모 및 경제에서 개인저축률로 결정된다. 하나의 기업이 비교우위를 지닌 산업에 진입해, 생산 중에서 비용이 최저인 기술을 선택할 때, 비교우위 준수전략의 결과로서, 이 기업이 경쟁력이 있고, 최대의 시장점유율을 차지하고, 최대 잉여나 이윤을 갖게 될 것이다. 동시에 자본이 비교우위를 지닌 산업에서 사용될 때, 최대 가능한 수익률이 있다. 따라서 경제개체의 저축인센티브(incentives to save)도 최고로 높아진다. 또한 정부가 요소와 상품가격을 왜곡하지 않고, 행정력(administrative powers)을 동원하여 합법적

독점도 만들어 낼 수 없으므로, 낭비성 지대추구 활동도 존재하지 않는다. 기업은 경성 예산제약(hard budget constraint)을 갖고, 관리와 경쟁력 제고를 통해 이윤을 벌어들일 필요가 있을 것이다. 우선발전이 필요한 관련 산업의 기업 경쟁력, 자본수익률, 지대추구 활동, 예산제약의 연성화 등 방면에서, 비교우위 위배전략은 비교우위 준수전략과는 아주 상반된 결과를 초래할 것이다. 그래서 비교우위 준수전략 아래의 요소부존 구조 업그레이드는 비교우위 위배전략보다 빠를 것이다.

• **기술이전** 요소부존 구조 업그레이드는 산업과 기술구조 업그레이드를 위한 기초를 제공한다(Basu and Weil, 1998). 저개발 국가의 기업에게는 업그레이드 해야 할 산업과 기술은 새로운 것이며, 선진국에서 전이되어 와야 한다. 비교우위 준수 전략아래 학습비용이 비교우위 위배전략보다 작은데, 전자의 전략아래 신구 산업과 기술 간의 격차가 후자의 전략아래서 보다 작기 때문이다(Barro and Sala-i-Martin, 1992). 또한 비교우위 준수 전략에서, 많은 목표기술에 대한 특허보호는 이미 시기가 지났을 것인데, 여전히 특허보호에 있다 해도, 특허를 구매하는 비용도 비교우위 위배 전략보다 적을 것이다. 동일조건에서, 비교우위 준수전략의 목표기술(targeted technology)이 비교우위 위배전략의 목표기술보다 약간 낡았을 것이기 때문이다. 어떤 경우에는 비교우위 위배 전략에서, 기업이 선진국에서 필요한 기술을 얻을 수 없어, "바퀴를 재발명"(reinvent the wheel;)하여, 자신이 고비용, 고위험의 기술의 연구와 개발에 투자해야 한다. 그래서 비교우위 준수 전략 아래서 기술의 취득 비용이 비교우위 위배 전략 아래서 보다 낮다.

• **국제무역의 개방정도** 많은 실증연구는 더 개방된 국가의 수렴추세가 더 폐쇄된 국가보다 크다고 밝혔다(Harberger, 1984; Dollar, 1992; Warr, 1994; Ben-David, 1993; Sachs and Warner, 1995; Harrison, 1996; Michaely, 1977; Frankel and Romer, 1999). 국제무역은 국제기술 확산에 유리한 것으로 간주된다. 이(Lee(1995))는 더 많은 자본품을 수입하는 국가는

성장이 더 빠른 경향이 있다는 것을 발견하였는데, 이는 새로운 기술이 자본품에 포함될 수 있다는 것을 의미한다. 하지만 로드리게스와 로드릭(Rodríguez and Rodrik(2000))은 "이러한 문헌에서의 실증분석이 관련된 방법론 문제는 사람들에게 이들 결과에 대한 다른 설명을 해줄 수 있게 한다"며, 무역정책의 작용이 불분명하다고 생각했다. 설비의 수입이 기술이전을 촉진한다면, 정부는 조치를 취하여 설비수입을 촉진해야 하는지, 아니면 최적으로 무역자유화를 추구해, 저관세와 비관세의 무역장벽 실행할 것인가?

우리 틀에서는, 비교우위 준수 발전전략을 선택한 국가는 비교우위가 없는 상품을 수입하는 것과 동시에 비교우위가 있는 상품을 수출할 것이다. 이런 국가에 있어서는 개방정도는 국가의 요소부존 구조로 내생결정된 것이지, 수출입 정책에 외생결정된 것이 아니다. 저개발국가의 정부가 비교우위 위배 발전전략을 선택해, 국내생산으로 자본집약형 제조품 수입을 대체하려 하면, 이때 수출입 무역은 모두 약화될 것이다. 수출무역이 약화되는 것은 자원이 비교우위를 지닌 산업에서 전이돼 나가기 때문이고, 또한 비교우위가 없는 산업발전을 촉진하기 위해, 본위화폐 가치가 고평가 되어 수출을 방해하게 된다. 사회주의 경제, 인도와 많은 라틴아메리카 국가는 모두 이러한 상황에 속한다. 비교우위 준수전략을 선택한 국가에 비해, 이들 국가의 성장실적은 아주 이상적이지 않았다. 저개발 국가의 정부는 비교우위 위배전략을 선택할 수 있으며, 동시에 우선발전의 자본집약형 산업이 수출을 확대하도록 장려하기도 한다. 이러한 상황에서, 기업의 상품이 아주 높은 수출비율을 가지고, 기술진보의 속도가 아주 빠르다 할지라도, 수출에는 이윤이 없을 것이다.[15] 기업의 생존은 국내시장의 보호, 은행의 우대대출과 기타 정책지

---

15) 1990년대 초 나는 미국에서 현대자동차 회사의 고급관리자를 만난 적이 있는데, 그는 현대가 성공적으로 미국시장에 소형자동차를 10년 동안 수출한 이후에도 여전

원에 의존해야 한다. 이러한 국가의 외환비축은 아주 적고, 많은 외채가
누적되어, 이 국가가 외부충격의 영향을 아주 쉽게 받게 될 수 있다. 저
개발 국가에 있어서는 비교우위 위배전략을 선택하는 동시에 수출을 장
려하는 것이, 비교우위 위배전략을 선택하는 동시에 수입대체를 장려하
는 것보다 더 좋을 것이다. 하지만 수출장려 전략을 선택한 경제의 전체
성과는 비교우위 준수전략을 선택한 경제보다 좋지 않을 것이다.[16] 따
라서 더 수출지향적인 정책이 저개발국가 GDP성장을 촉진하는데 더 좋
은 정책은 아니다.[17]

• **금융심화** 쇼와 맥키논(Shaw(1969)와 Mckinnon(1973))의 선구적인
저작이 출판된 이후, 많은 연구자들 모두 금융심화와 경제성장 간에 인
과관계가 존재한다고 생각했다. 금융심화 측량에 항상 사용되는 지표는
화폐공급(M2)과 GDP의 비율이거나, 금융 중개기구가 개인부문에 제공
하는 신용대출액과 GDP의 비율이다. 이러한 관계는 리바인, 라잔과 징
갈레스(Levine(1997), Rajan and Zingales(1998))의 실증연구의 지지를 받
았다.

하지만 저개발국가 금융심화의 정도는 대체로 정부의 발전전략으로
내생결정된다. 비교우위 위배전략에서 정부발전 전략의 매개체(carriers)
는 대형기업이다. 자생능력이 없는 대형기업의 금융수요를 만족시키기

히 결손상태라고 알려줬다.

16) 중국타이완과 한국은 아주 좋은 비교가 된다. 타이완이 시종일관 비교우위의 전략을
비교적 잘 준수했지만, 한국은 항상 비교우위 준수전략에서 비교우위 위배전략으로
전환하려 시도했는데, 결과적으로 중국타이완의 GDP성장률, 소득분배, 거시적 안정
성과 기타 발전지표가 모두 한국보다 우수했다.

17) 발전경제학 문헌에서, 수출촉진과 수입대체(export promotion and import substitution)
는 항상 발전전략을 분류하는데 사용된다. 이 분류방식과 비교우위 준수/비교우위
위배 분류는 다소 유사하다. 어떠한 국가의 비교우위 준수 전략에서의 수출수준도
모두 비교우위 위배전략에서의 수준보다 높을 것이다. 하지만 어떠한 경제체의 무역
수준도 모두 그 부존구조로 인해 내생결정된 것이다. 따라서 하나의 내생변수를 선택
해 정책목표나 도구로 삼는 것은 부적절하다.

위해, 정부는 자주 기업을 국유화하고, 금융중재를 넘어서, 직접 재정지출을 사용해 이들 기업을 지원하며, 이전 사회주의 계획경제 및 그 후 인도와 많은 기타 저개발 국가는 바로 이와 같이 실행했다. 정부가 개인 기업에 의존해 비교우위 위배전략의 매개체를 충당한다 해도, 대형기업의 금융수요는 아주 크고, 엄격한 통제의 독점적 은행시스템을 통해서만 이러한 수요를 만족시킬 수 있다. 어떤 상황이든지, 금융시스템의 성장이 모두 건전하지 않다. 하지만, 저개발국가에 최고로 경쟁력 있고, 활력 있는 기업은 노동집약형의 중소기업인데, 금융서비스를 받을 때는 항상 대형은행의 차별대우, 심지어는 근본적인 서비스조차 받을 수 없다. 그래서 금융시스템은 아주 효율이 없는 것이다. 또한 우선 발전부문의 기업이 은행대출을 받는 데서 우선권을 누릴 수 있다 해도, 자생능력이 없어서 대출을 상환할 수도 없을 것이다. 은행은 항상 우선 발전부문의 대형기업에 대출을 주고 대량 악성부채를 축적하게 되서, 금융위기의 폭발을 촉진하고 심지어는 이를 초래하기까지 한다. 저개발 국가 금융심화의 하나의 전제조건은 정부발전 전략이 비교우위 위배전략에서 비교우위 준수전략으로 전환하는 것이다.

• **거시경제안정**   대량의 실증적 연구는, 거시경제의 불안정은 장기성장을 저해할 수 있음을(Barro and Sala-i-Martin, 1997) 보여줬다. 저개발국가의 정부가 비교우위 위배전략을 선택했다면, 우선발전 시키려는 산업에서의 기업은 자생능력이 없어서, 우대대출, 무역장벽 보호와 기타 정책지원에 의존해야만 생존할 수 있다. 기존의 비교우위는 이용되지 않았기 때문에, 경제는 전체적으로 경쟁력도 없게 되고, 비교우위의 동태변화는 실현될 수 없어 이로 인해 경제성과는 아주 나쁘고, 금융부문이 취약해, 대외수지가 좋지 않게 된다. 재정적자, 채무부담과 금융취약성이 일정한 정도로 축적될 때는, 거시경제 안정이 지속되기 어려울 것이다. 비교우위 준수전략의 국가가 더 좋은 외환수지, 더 건강한 금융과 재정시스템을 소유하고, 외부충격에 더 강하게 저항해서 거시적 경제안

정성도 더 좋을 것이다.[18]

• **소득분배** 소득분배와 경제발전 간의 관계는 발전경제학에서 제일 오래된 연구과제 중의 하나이다. 쿠즈네츠(Kuznets(1955))는 하나의 역 U 형(inverted-U) 가설을 제기했는데, 불평등이 경제발전 초기에 확대되는 경향이 있고, 말기에는 축소되는 경향이 있다고 생각했다. 이 가설에 대한 경험적 증거의 지지는 혼재되어 있다. 파우커트, 클라인, 체너리와 쉬르껭, 알루왈리아(Paukert(1973), Cline(1975), Chenery and Syrquin (1975), Ahluwalia(1976))등의 연구는 이 가설을 지지하였고, 필즈(Fields(1991))는 19개 국가 43개 연도별 데이터 자료의 연구에서 빈국의 불평등 정도가 상승추세로 나타나지 않았지만, 부국도 하강추세가 나타나지 않았다는 것을 발견했다. 하지만, 페이, 라니스와 궈(Fei, Ranis and Kuo(1979))는 중국타이완에 대한 연구에서, 타이완 경제의 성장과 평등은 동반된다고 밝혔다. 나는 저개발 국가가 비교우위 준수전략 선택이 소득불평등 정도를 완화시키는데 도움이 되겠지만, 비교우위 위배전략 선택은 소득불평등 정도를 악화시킬 수 있을 것이라고 생각한다. 저개발 국가의 가난한 사람에게 제일 중요한 자산은 자신의 노동력이다. 비교우위 준수전략은 더 노동집약형 산업의 발전을 통해 지속적인 경제성장을 촉진하고, 가난한 사람들을 위해 더 많은 취업기회를 창출하고, 임금을 상승시켜, 가난한 사람들이 성장의 장점을 누릴 수 있는 기회를 갖게 한다. 상반되게 비교우위 위배전략은 더 자본집약형 산업발전 촉진을 통해 가난한 자의 취업기회를 감소시키고, 가난한 자의 임금을 억제하여; 동시에 성장도 지속될 수 없을 것이다. 경제가 붕괴될 때, 가난한 사람은 아주

---

18) 1998년 폭발한 동아시아 금융위기에서, 중국타이완, 중국홍콩, 싱가포르와 말레이시아가 받은 영향은 상대적으로 경미했지만, 한국, 인도네시아와 태국이 받은 타격은 상대적으로 비교적 심각했다. 이 두 그룹의 경제에서, 성과가 각기 다른 하나의 원인은 그들의 발전전략이 서로 달랐던 것이다. 전자는 비교우위의 발전전략을 더 잘 준수했는데, 후자는 비교우위를 위배하는 발전전략을 선택했다(Lin, 2000).

큰 어려움을 겪게 될 것이다. 1998년 동아시아 금융위기 시의 상황이
그러했다(Stiglitz, 1998).

발전전략의 선택

20세기 발전경제학이 형성되기 시작할 때, 발전경제학자들 사이에서
그 당시 성행하던 관점은 저개발국의 정부가 자신의 비교우위를 소홀히
하고, 내부 지향형(inward-looking variation)발전전략을 선택할 것을 제
안했는데, 그 예는 중공업 우선발전 전략이나 수입대체 전략이었다. 비
교우위 위배 전략의 제창자는 항상 비교우위 동태변화의 인과관계를 혼
동했다. 그들은 저개발 국가가 요소부존에서 자본이 상대적으로 부족한
제약을 무시하고, 선진국과 유사한 자본집약형 산업을 직접 구축하도록
촉구했다. 그들은 저개발 국가가 노동집약형이나 자원집약형 산업단계
발전을 우회하면, 경제발전이 가속할 수 있다고 인식했다.

나는 한 경제의 비교우위와 일치하는 산업과 기술구조의 발전이 적절
한 기술의 국제적 확산을 촉진하여, 경제성장을 가속화하며, 선진국 경
제발전 수준과 수렴을 실현하는 관건이라 생각한다. 한 경제의 비교우
위의 동태변화는 요소부존 구조의 동태변화로 결정되고, 후자는 자본축
적의 속도에 상응해 결정되지만, 자본축적 속도는 또한 역으로 경제개
체가 산업과 기술을 선택할 때 기존의 비교우위를 아주 잘 이용하는지
여부로 결정된다. 저개발 국가가 요소부존의 비교우위를 이용해 산업과
기술을 선택하는 기본지도 원칙으로 삼는다면, 모방비용을 최소화 하고,
가장 빠른 요소부존 구조의 변천을 경험하여, 산업과 기술구조를 지속
해서 업그레이드하도록 할 것이다. 아시아 "네 마리 용"의 발전경험은
비교우위 준수전략 장점의 좋은 예이다.

기타 개발도상 경제와 유사하게, 중국타이완, 한국, 중국홍콩과 싱가
포르는 2차 세계대전 후 아주 가난했었다. 50년대 초, 산업화 수준은 아

주 낮았고, 자본과 외환은 극단적으로 부족했으며, 1인당 평균소득이 낮았다. 기타 개발경제와 유사하게 그들도 적합한 경로를 선택해 경제를 발전시키는 문제에 직면했다. 중국타이완, 한국과 싱가포르가 처음 선택한 것이 수입대체형 비교우위 위배전략이었지만, 오래되지 않아 초기 단계에서 중공업을 발전하려는 시도를 포기했다. 그 대신, 그들의 비교우위를 충분히 이용하도록 요소부존에 근거해 노동집약형 산업을 적극적으로 발전시켜, 수출을 장려하고, 외부 지향형 경제(outward-oriented economies)를 확대하였다.

유럽, 미국과 일본과 같은 선진국에서, 자본이 점점 더 풍부해지고, 임금률도 상승하고 있어서, 노동집약형 산업은 서서히 기술과 자본이 비교적 집약된 산업으로 대체되었다. 중국홍콩, 중국타이완, 한국과 싱가포르는 풍부하고, 저렴한 노동력이 있어서, 선진국의 비교우위 산업이 더 자본, 기술집약적으로 변할 때, "네 마리 용"은 이러한 동태변화의 기회를 충분히 이용할 수 있었다. 무역관계와 경제개방을 통해, 선진국의 노동집약형 산업은 이들 아시아 경제로 이전되었다. 자신의 비교우위를 충분히 이용하였기 때문에, "네 마리 용"은 경쟁력을 잘 갖추고, 신속한 자본축적을 이룰 수 있었다. 자본축적과 비교우위의 변화에 따라, 그들의 산업은 서서히 더 자본집약과 기술집약적 산업으로 업그레이드 되었다. 따라서 이 네 국가와 지역은 30년 넘는 신속한 성장을 지속할 수 있었는데, 먼저 신흥산업화 경제가 되었고, 더 나아가 선진국 경제의 수준에 도달했거나 근접했다. 이 뛰어난 성취는 세계의 주목을 받았다.

50년대의 대다수 개발도상국 경제는 비교우위 위배전략을 선택했고, 상당히 장기간 이 전략을 유지했다. 왜 중국홍콩은 비교우위 위배전략을 실행하려 시도한 적이 없었고, 중국타이완, 한국과 싱가포르도 아주 빠르게 비교우위 위배전략에서 비교우위 준수전략으로 전향했는가? 이들 국가와 지역이 운이 좋았기 때문만이 아니라면, 정치지도자들의 지혜로 비교우위 준수전략을 선택한 것인가? 라니스와 시에드(Rains and Syed(1992))는 성공을 이들의 경제 자연자원 부족으로 귀결해야 한다고 인식했다. 이밖에 나는 인구규모가 작은 것도 원인이라고 생각한다. 비교우위 위배전략은 아주 비효율적이고 비용이 아주 높다. 저개발 경제가 실행하는 이러한 전략이 얼마나 유지될 수 있는 지는, 정부가 얼마나 많은 자원을 동원해 이를 지원할 수 있는가로 결정된다. 1인당 평균자원이 많을수록, 혹은 인구규모가 더 클수록, 정부가 이런 저효율의 전략을 지원하기 위해 정부가 동원할 수 있는 자원도 더 많아진다. 자연자원 부족하고, 인구규모가 작은 경제에 있어서는, 비교우위 위배전략을 선택하는 것이 아주 빠르게 경제위기를 유발할 수 있다. 이때, 정부는 다른 선택이 없어, 개혁과 전략전환을 억지로 할 수 밖에 없을 것이다(Edwards, 1995). 사실상 50년대 유행했던 경제사상의 영향과 민족부흥의 꿈의 격려를 받아, 중국 타이완과 한국의 많은 정치지도자와 지식엘리트는 자본집약형 중공업을 발전을 가속화 시키려는 열망을 포기한 적이 없다. 하지만 그들의 1인당 평균 자연자원이 극단적으로 부족하고, 인구규모도 너무 작았다. 50년대 초 타이완이 비교우위 위배전략을 시작하자마자, 거대한 재정적자와 아주 높은 통화팽창을 초래했고, 얼마 지나지 않아 정부는 이 전략을 포기할 수 밖에 없었다(Tsiang, 1984). 70년대 한국이 중장비 기계, 중화학공업 추진전략을 선택했을 때 유사한 결과도 나타나게 되어, 추진전략이 연기되었다. 싱가포르와 중국홍콩 인구는 모두 규모가 너무 작고, 자연자원이 극도로 부족해, 비교우위 위배전략이 실시되기 어려웠다.

전환 전략(The Transition Strategy)

정부가 비교우위 위배전략을 선택하면, 개발도상국이 비교우위를 지닌 노동집약형 업종은 억제될 수 있다. 따라서 하나의 전환국가가 사회주의 경제에서 시장경제로 전환과정에서, 그 경제성장 상황은 해당 국가가 노동집약형 업종의 발전을 위해 적합한 환경을 창조할 능력과, 동시에 이전의 발전전략에서 계승되어 온 기업을 위해 자생능력의 문제를 해결할 방법을 찾아, 이전의 각종 왜곡과 정부개입을 제거하기 위한 길을 닦을 수 있는 능력이 있는지 여부에 달려있다. 하지만 비교우위 위배 전략을 선택한 많은 국가들 중에서, 자생능력을 갖지 못한 많은 기업이 존재했는데, 그들은 개방적인 경쟁적 시장에서 생존할 능력이 없었다. 정부왜곡과 개입이 갑자기 취소되면, 이들 기업은 파산할 수 있다. 동시에, 이전에 억제된 노동집약형 산업은 신속히 발전할 수 있어서, 이들 산업에서 새로 창출한 취업기회는 자생능력이 없는 기업이 파산해 유발한 취업손실을 초과할 것이다. 그 결과는, 충격요법(shock therapy)을 실시한 후 얼마 되지 않아, 경제는 활력이 넘치는 성장을 할 수 있으며, 대가가 기껏해야 시작 시 산출과 취업의 아주 작은 손실에 불과할 수 있다.

다른 한편으로, 자생능력을 구비하지 않은 기업수량이 과도하면, 이들 기업의 산출과 취업이 국민경제에서 차지하는 비율이 아주 클 수 있어, 충격요법은 적용되지 않을 것이다. 충격요법은 대규모 기업의 파산과 실업의 급속한 증가를 초래하여, 경제적 혼란을 야기할 것이다. 실업의 급속한 증가를 모면하기 위해서나, 자생능력을 갖지 않은 "선도"기업을 유지하기 위해, 일부 정부(예로 일부 동유럽 국가의 정부)는 이들 기업에 대해 명시적이거나 암묵적인 보호와 보조금 채택을 지속했다. 이런 방법의 최종결과는 이들 경제가 충격만 있고 치료효과는 없는 비참한 지경에 빠지게 된 것이었다(Kolodko, 2000).[19]

---

19) 경제에서 자생능력이 없는 기업의 비율은 작스(Sachs)가 제안한 충격요법이 왜 볼리비아(Bolivia)에서 성공을 이뤘지만, 이전의 소련과 동유럽 국가에서는 실패했는지를 설명할 수 있을 것이다. 볼리비아는 비교적 작고 가난하기도 하다; 따라서 볼리비아 정부는 자생능력이 없는 기업에 보조금을 지원하는데 이용할 자원이 비교적 적었고,

중국정부는 이원화 제도를 선택하였는데, 이는 충격요법보다 낫다고 인식된다(McKinnon, 1993). 워싱턴 컨센서스가 제창한 "거시적 제도 우선(macro-institution-first)"의 사고방식과 다르게, 중국정부는 농민과 국유기업 노동자의 적극성을 제고하기 위해 "미시 우선(micro-firs)"의 방법을 채택했다. 농촌에서 정부는 가정단위의 경작시스템(individual house-hold-based farming system)을 채택하여 집단경작 시스템(collective farming system)을 대체하였다[20]; 국유기업에서, 유보이익(profit- retention)과 기업경영 자주권을 확대하는 조치를 채택하였다.[21] 이들 조치가 농

경제에서 이런 기업의 비율도 비교적 적었다. 스티글리츠(Stiglitz (1998))는 워싱턴 컨센서스의 보편성에 대해 의문을 제기하였다. 그는 워싱턴 컨센서스가 제창하는 것은, 거시경제 안정, 무역자유화와 사유화를 포함한 소수의 몇 가지 정책도구를 사용하여, 상대적으로 비교적 협소한 경제성장 목표를 실현하는 것이라고 지적했다. 그는 정부가 금융규제(financial regulations)와 경쟁정책 같은 여러 개 정책도구를 채택하여, 지속 가능한 발전, 소득분배 평등화 등을 포함한 더 광범위한 정책목표를 실현하기를 제안했다. 스티글리츠(Stiglitz)관점의 기반은 정보비대칭 및 정부가 시장실패를 극복할 필요성이다. 하지만 그는 개발도상 중이면서 전환 경제체가(developing and transitional economies)자생능력이 없는 기업의 문제를 어떻게 대응할 것인가 및 기업의 이러한 능력부족이 전환노선과 정책(transition path and policies)의 선택에 대해 어떤 시사점이 있는지 토론하지 않았다.

20) 1978년 말 개혁이 시작될 때, 정부의 원래 정책은 농산품 수매가격을 제고하고, 농촌 재래시장을 개방하면서, 생산팀의 규모를 20-30가구에서 3-5가구 농민이 자발적으로 구성한 생산 소그룹으로 감소시켰지만, 단일 가정을 단위로 하는 경작제도가 생산팀 제도를 대체하는 것은 명확히 금지했었다. 하지만, 안휘성(安徽省) 펑양현(凤阳县)의 한 빈촌의 하나의 생산팀이 1978년 가을 생산팀의 집단 소유토지(collective-owned land)를 각 가정에 비밀리에 임대를 줬고, 1979년 아주 좋은 수확을 거뒀다. 이러한 제도의 효과를 본 후, 중국정부는 정책을 수정해, 이런 방법을 개혁의 새로운 방향으로 삼았다(Lin, 1992). 집단 소유토지의 임대기간은 초기에는 1-3년, 1985년에는 15년으로 연장되었고, 1994년에는 30년으로 연장되었다. 1990년 말까지 각 농가는 정부정가에 따라 정부에 일정한 수량의 농산품을 판매하도록 요구받았다.

21) 국유기업 개혁조치 실시절차는 1979년 유보이익제(profit-retention system), 1986년의 계약 책임제(contract-responsibility system), 1990년대 시작되어 현재까지 계속된 현대 기업제도이다. 각 제도는 모두 먼저 소수기업에서 시범시행 후에 전국적으로 보급되었다(Lin, Cai and Li, 1994).

민과 노동자가 경영잉여에 대해 부분적인 취득권리를 갖게 했다. 이들 개혁이 농업과 산업의 적극성과 생산율을 아주 크게 상승시켰다(Groves et al., 1994; Jefferson, Rawski and Zheng, 1992; Jefferson and Rawski, 1995; Lin, 1992; Li, 1997; Weitzman and Xu, 1995). 그후, 중국정부는 집단적인 향진기업(collective township-and-village enterprises, TVEs)[22], 사유기업, 합작기업(joint ventures) 및 국유기업이, 그들의 자원을 이용해 이전에 억제된 노동집약형 업종에 투자할 수 있도록 허가했다. 동시에 농민과 국유기업은 의무를 이행하도록 하여, 규정된 가격(preset prices)에 따라 일정한 수량의 상품을 정부에 팔게 했다. 전자의 조치는 자원배분의 효율을 개선하였고, 후자의 조치는 정부가 자생능력을 갖지 않은 기업에 계속적인 보조를 할 수 있는 능력을 확보하게 했다. 이렇게 해서, 중국정부는 동시에 경제안정과 활력이 충만한 경제성장을 실현하였다.

참고문헌

Acemoglu, Daron, and Fabrizio Zilibotti. 1999. "Productivity Differences," Working Paper 6879 National Bureau of Economic Research, Cambridge, Mass.

Ahluwalia, Montek S. 1976. "Inequality, Poverty, and Development," *Journal of Development Economics* 3 (December): 307-312.

22) 향진기업은 전환과정에서 중국농민의 또 다른 제도적 혁신이었다. 가정 생산책임제(Household Responsibility System, HRS)를 실행한 후, 농민은 대량의 잉여를 얻었고, 소비품 생산영역의 투자기회도 보게 되었다. 하지만, 그 당시 의식형태 때문에, 모든 민영기업(private enterprise)의 형식은 금지되어 있어서, 농민은 집단성질의 향진기업(collective TVE)을 사용해 대체제도로 삼고 이 영리기회들을 활용했다. 초기에는 정부는 향진기업과 국유기업이 신용대출, 자원과 시장을 경쟁할 것을 염려했으므로, 향진기업의 경영에 많은 제한을 가했다. 나중에 정부는 향진기업이 농민소득 제고와 도시시장의 부족문제를 해결하는데 도움이 되는 것을 발견하고서야, 중국농촌 향진기업의 발전에 청신호를 보냈다(Lin, Cai and Li, 1994).

Akamatsu, K. 1962. "A Historical Pattern of Economic Growth in Developing Countries," *Developing Economies*, preliminary issue, no. 1 (March-August): 3-25.

Atkinson, Anthony B., and Joseph E. Stiglitz. 1969. "A New View of Technological Change," *Economic Journal* 79 (September): 573-578.

Barro, Robert J. 1997. *Determinants of Economic Growth: A Cross-Country Empirical Study.* Cambridge, Mass.: MIT Press.

Barro, Robert J., and Xavier Sala-i-Martin. 1992 "Convergence," *Journal of Political Economy* 100 (April): 223-251.

_____. 1997. "Technological Diffusion, Convergence, and Growth," *Journal of Economic Growth* 2 (March): 1-26.

Basu, Susanto, and David N. Weil. 1998. "Appropriate Technology and Growth," *Quarterly Journal of Economics* 113 (November): 1025-1054.

Baumol, William J. 1986. "Productivity Growth, Convergence, and Welfare: What the Long-Run Data Show," *American Economic Review* 76 (December): 1072-1085.

Ben-David, Dan. 1993. "Equalizing Exchange: Trade Liberalization and Income Convergence," *Quarterly Journal of Economics* 108 (August): 653-679.

Caselli, Francesco. 1999. "Technological Revolutions," *American Economic Review* 89 (March): 78-102.

Caselli, Francesco, and Wilbur John Coleman II. 2000. "The World Technology Frontier," Working Paper 7904. National Bureau of Economic Research, Cambridge, Mass.

Caselli, Francesco. Gerardo Esquivel, and Fernando Lefort. 1996. "Reopening the Convergence Debate: A New Look at Cross-Country Growth Empirics," *Journal of Economic Growth* 1 (September): 363-389.

Chenery, Hollis B. 1961. "Comparative Advantage and Development Policy," *American Economic Review* 51 (March): 18-51.

Chenery, Hollis B., and M. Syrquin. 1975. *Pattern of Development*, 1950-1970. New York: Oxford University Press.

Cline, William. 1975. "Distribution and Development: A Survey of the Literature," *Journal of Development Economics* 1 (February): 359-400.

Diwan, I., and D. Rodrik. 1991. "Patents, Appropriate Technology, and North-South Trade," *Journal of International Economics* 30: 27-47.

Dollar, David. 1992. "Outward-Oriented Developing Economies Really Do Grow More Rapidly: Evidence from 95 LDCs, 1976-1985," *Economic Development* and *Cultural Change* 40, no.3 (April): 523-544.

Edwards, Sebastian. 1995. *Crisis and Reform in Latin America: From Despair to Hope*. New York: Oxford University Press.

Fei, John, Gustav Ranis, and Shirley W. Y. Kuo. 1979. *Growth with Equity: The Taiwan Case*, New York: Oxford University Press.

Fields, Gary. 1991. "Growth and Income Distribution," *In Essays on Poverty, Equity, and Growth*, ed. George Psacharopoulus. Oxford: Pergamon: 1-52.

Frankel, Jeffrey, and David Romer. 1999. "Does Trade Cause Growth?" *American Economic Review* 89 (June): 379-399.

Gerschenkron, A. 1962. *Economic Backwardness in Historical Perspective*. Cambridge, MA: Harvard University Press.

Griffin, Keith. 1999. *Alternative Strategies for Economic Development*, 2d ed. London: St. Martin's Press.

Grossman, Gene M., and Elhanan Helpman. 1994. "Endogenous Innovation in the Theory of Growth," *Journal of Economic Perspectives* 8(Winter): 23-44.

Groves, Theodore, Yongmiao Hong, John McMillan, and Barry Naughton. 1994. "Autonomy and Incentives in Chinese State Enterprises," *Quarterly Journal of Economics* 109(1): 183-209.

Harberger, Arnold C., ed. 1985. *World Economic Growth*. San Francisco: ICS. Harrison, Ann. 1996. "Openness and Growth: A Time-Series, Cross Country Analysis for Developing Countries," *Journal of Development Economics* 48 (March): 419-447.

Jefferson, Gary H., and Thomas G. Rawski. 1995. "How Industrial Reform Worked in China: The Role of Innovation, Competition, and Property Rights," *Proceedings of the World Bank Annual Conference of Development Economics*. Washington DC: World Bank: 129-156.

Jeffercon, Gary H., Thomas G. Rawski, and Yuxin Zheng, 1992. "Growth, Efficiency, and Convergence in China's State and Collective Industry," *Economic Development and Cultural Change* 40 (2): 239-266.

Klenow, Peter, and A. Rodríguez-Clare. 1997. "The Neoclassical Revival in Growth Economics: Has It Gone Too Far?" In *NBER Macro Annual 1997*, ed. Ben S. Bernanke and Julio Rotemberg. Cambridge, Mass.: MIT Press: 73-114.

Kolodko, Grzegorz W. 2000. *From Shock to Therapy. Political Economy of Post-socialist Transformation*. New York: Oxford University Press.

Kornai, Janos. 1986. "The Soft Budget Constraint," *Kyklos* 39, no. 1: 3-30.

Krueger, A. O. 1974. "The Political Economy of the Rent-Seeking Society," *American Economic Review* (June): 291-303.

_____. 1992. *Economic Policy Reform in Developing Countries.* Oxford, U.K.: Blackwell.

Kuznets, Simon. 1955. "Economic Growth and Income Inequality," *American Economic Review* 45 (March): 1-8.

Lal, Deepak. 1985. "Nationalism, Socialism and Planning: Influential Ideas in the South," *World Development* 13 (June): 749-759.

Lee, Jong-Wha. 1995. "Capital Goods Imports and Long Run Growth," *Journal of Development Economics* 48 (October 1): 91-110.

Levine, Ross. 1997. "Financial Development and Economic Growth: Views and Agenda," *Journal of Economic Literature* 35 (June): 688-726.

Li, Wei. 1997. "The Impact of Economic Reform on the Performance of Chinese State Enterprises, 1980-1989," *Journal of Political Economy* 105 (5): 1080-1106.

Lin, Justin Yifu. 1992. "The Needham Puzzle: Why the Industrial Revolution Did Not Originate in China," UCLA Economics Working Paper 650. UCLA Department of Economics, Los Angeles.

_____. 2000. "The Financial and Economic Crisis in Asia: Causes and Long-Term Implications," *In The New Social Policy Agenda in Asia: Proceedings of the Manila Social Forum* (Manila: Asian Development Bank): 9-17.

Lin, Justin Yifu, and Guofu Tan. 1999. "Policy Burdens, Accountability, and the Soft Budget Constraint," *American Economic Review: Papers and Proceedings* 89 (May): 426-431.

Lin, Justin Yifu, Fang Cai, and Zhou Li. 1994. "China's Economic Reforms: Pointers for Oher Economies in Transition," Policy Research Working Paper 1310, World Bank, Washington, DC.

_____. 1998. "Competition, Policy Burdens, and State-Owned Enterprise Reform," *American Economic Review: Papers and Proceedings* 88 (May): 422-427.

_____. 2001. China's State-Owned Firm Reform, trans. By the authors (Hong Kong SAR, China: Chinese University of Hong Kong Press, 2001; originally published as *Zhongguo Guoyou Qiye Gaige.* Taipei: Linking Press, 2000).

Lucas, Robert E. 1988. "On the Mechanism of Economic Development," *Journal of Monetary Economics* 22 (March): 3-42.

_____. 1993. "Making a Miracle," *Econometrica* 61 (March): 251-72.

Maddison, Angus. 1995. *Monitoring the World Economy*, 1820-1992. Paris: OECD: 196-205.

Mankiw, N.Gregory, David Romer, and David N. Weil. 1992. "A Contribution to the Empirics of Economic Growth," *Quarterly Journal of Economics* 107 (May): 407-437.

McKinnon, R. 1973. *Money and Capital in Economic Development.* Washington, DC: Brookings Institution.

_____. 1993. *The Order of Economic Liberalization: Financial Control in the Transition to a Market Economy*, 2nd ed. Baltimore: Johns Hopkins University Press.

Michaely, Michael. 1977. "Exports and Growth: An Empirical Investigation," *Journal of Development Economics* 4 (March): 49-53.

Murphy, Kevin M., Andrei Shleifer, and Robert W. Vishny. 1989a. "Income Distribution, Market Size, and Industrialization," *Quarterly Journal of Economics* 104 (August): 537-564.

_____. 1989b. "Industrialization and Big Push," *Journal of Political Economy* 97 (October): 1003-1026.

Pack, Howard. 1994. "Endogenous Growth Theory: Intellectual Appeal and Empirical Shortcomings," *Journal of Economic Perspectives* 8 (Winter): 55-72.

Paukert, Felix. 1973. "Income Distribution at Different Levels of Development: A Survey of Evidence," *International Labour Review* 108 (August-September): 97-125

Pearson, Lester B. 1969. *Partners in Development: Report of the Commission on International Development.* New York: Praeger.

Prebisch, Raul. 1959. "Commercial Policy in the Underdeveloped Countries," *American Economic Review: Papers and Proceedings* 49 (May): 251-273.

Rajan. R. G., and L. Zingales. 1998. "Financial Dependence and Growth," *American Economic Review* 88 (June): 559-586.

Ranis, Gustav, and Mahmood Syed. 1992. *The Political Economy of Development Policy Change.* Cambridge, Mass.: Blackwell.

Redding, Stephen. 1999. "Dynamic Comparative Advantage and the Welfare Effects of Trade," *Oxford Economic Papers* 51 (January): 15-39.

Rodríguez, Francisco, and Dani Rodrik. 1999. "Trade Policy and Economic Growth: A Skeptic's Guide to the Cross-National Evidence," Working Paper w7081. National Bureau of Economic Research, Cambridge, Mass; subsequently published in National Bureau of Economic Research. 2000.

NBER Macroeconomics Annual, 2000, ed. B. Bernanke and K. Rogoff. Cambridge, Mass.: MIT Press: 261-325.

Romer, Paul. 1986. "Increasing Returns and Long-Run Growth," *Journal of Political Economy* 94 (October): 1002-1037.

_____. 1994. "The Origins of Endogenous Growth," *Journal of Economic Perspectives* 5 (Winter): 3-22.

Rosenstein-Rodan, P. 1943. "Problems of Industrialization of Eastern and Southeastern Europe," *Economic Journal* 53 (June-September): 202-211.

Sachs, Jeffrey D., and Andrew Warner. 1995. "Economic Reform and the Process of Global Integration," *Brookings Papers on Economic Activity*, no.1: 1-95.

Schultz, T.W. 1975. "The Value of the Ability to Deal with Disequilibria," *Journal of Economic Literature* 13 (September): 827-846.

Schumacher, E. F. 1973. Small Is Beautiful: *Economics as If People Mattered*. New York: Harper & Row.

Shaw, E. S. 1969. *Financial Deepening in Economic Development*. New York: Oxford University Press.

Solow, Robert M. 1956. "A Contribution to the Theory of Economic Growth," *Quarterly Journal of Economics* 70 (February): 65-94.

Stern, Joseph J., Ji-hong Kim, Dwight H. Perkins, and Jung-ho Yoo, eds. 1995. *Industrialization and the State: The Korean Heavy and Chemical Industry Drive*. Cambridge, Mass.: Harvard University Press.

Stiglitz, Joseph E. 1998. "Toward a New Paradigm for Development: Strategies, Polices, and Processes," 1998 Prebisch Lecture at the United Nations Conference on Trade and Development, Geneva, October 19.

Takatoshi, Ito. 1998. "What Can Developing Countries Learn from East Asia's Economic Growth?" *In Annual World Bank conference on Development Economics*, 1997, ed. Boris Pleskovic and Joseph E. Stiglitz. Washington, DC: World Bank: 183-200.

Tsiang, Sho-chieh. 1984. "Taiwan's Economic Miracle: Lessons in Economic Development," *In World Economic Growth: Case Studies of Developed and Developing Nations*, ed. Arnold C. Harberger. San Francisco: ICS.

Warr, Peter G. 1994. "Comparative and Competitive Advantage," *Asian Pacific Economic Literature* 8 (November): 1-14.

Weitzman, Martin L., and Xu Chenggang. 1994. "Chinese Township-Village Enterprises as Vaguely Defined Cooperatives," *Journal of Comparative Economics* 18 (2): 121-145.

제 2 부분[1]

발전전략의 선택과 경제성과: 실증적 검증

이상 몇 가지 부분은 한 국가의 발전전략의 제도장치, 경제성장, 소득분배와 전환성과에 대한 영향을 토론하였다. 상술한 토론을 통해, 나는 몇 가지 검증할 수 있는 가설을 제기하게 되었다:

가설1: 비교우위 위배 발전전략을 추진한다면, 한 국가의 각종 정부개입과 왜곡이 출현할 수 있다.

가설2: 장기적으로, 비교우위 위배 발전전략을 추진한다면, 한 국가의 경제성장 성과는 아주 나쁠 수 있다.

가설3: 장기적으로, 비교우위 위배 발전전략을 추진한다면, 한 국가의 경제 파동성이 아주 커질 수 있다.

가설4: 장기적으로, 비교우위 위배 발전전략을 추진한다면, 한 국가의 소득분배는 더 불평등해질 수 있다.

가설5: 시장경제로 전환과정에서, 한 국가가 이전에 억제됐던 노동집약형 산업의 발전에 유리한 조건을 만들 수 있다면, 전체 경제성장 성과가 충분히 개선될 수 있다.

발전전략의 대리변수

이상의 가설을 검증하기 위해, 우리는 한 나라의 발전전략의 대리변

---

1) 본문은 "Development strategy, development and transition performances: empirical analysis," *Economic Development and Transition: Thought, Strategy, and Viability*, Cambridge University Press, 2009. ©2009 Cambridge University Press.를 각색하였고, 결론은 "Development Strategy, Viability, and Economic Convergence"를 각색하였는데, 제1부분의 각주를 참고하기 바란다.

수를 설정해야 한다. 린과 리우(Lin and Liu(2004))는 기술 선택지수 (technology choice index, TCI)를 한 국가가 추진하는 발전전략의 대리 변수로 삼을 것을 제안하였다. TCI정의는 다음과 같다:

$$TCI_{i,t} = \frac{AVM_{i,t} / LM_{i,t}}{GDP_{i,t} / LM_{i,t}} \tag{7.1}$$

이중에서, $AVM_{i,t}$는 i국의 제조업이 t년에서의 증가치, $GDP_{i,t}$는 i국이 t년에서의 GDP; $LM_{i,t}$는 i국의 제조업이 t년에서의 취업 노동량; $L_{i,t}$는 i국 이 t년에서의 노동력 총 값이다. 한 나라 정부가 비교우위 위배전략 추 진을 통해 자본집약형 산업의 발전을 촉진한다면, 그 나라의 TCI는 기타 상황에 비해 더 높다는 것을 예측할 수 있다. 한 국가가 비교우위 위배 전략을 추진한다면, 우선발전 제조업 부문에서 기업의 자생능력 문제를 해결하기 위해, 정부가 이들 기업에게 상품시장에서의 독점적 지위를 부여하여, 그들이 더 높은 상품가격을 정하도록 허가할 수 있으며, 동시 에 투자비용과 운영비용을 인하하도록, 보조적 대출과 투입을 할 수 있 기 때문이다. 기타 상황에서의 $AVM_{i,t}$에 비해, 이상의 정책조치가 야기한 $AVM_{i,t}$도 더 높다. 동시에 기타 조건이 불변하는 상황에서는, 우선발전 제조업의 투자가 비교적 높은 자본집약도를 갖는데, 흡수할 수 있는 노 동력은 비교적 적다. 따라서, 비교우위 위배전략을 추진한 나라에서는, 식 (7.1)의 분자가 비교적 크다. 이와 같이, 소득수준과 기타 조건이 정 해진 상황에서는, TCI의 크기가 한 국가에서 비교우위 위배전략을 추진 하는 정도의 대리변수(proxy)로 사용될 수 있다.[2] TCI계산에 사용되는

---

2) 린(Lin(2003))은 제조업의 자본집약도와 전체 경제체의 자본집약도 간의 비율에 기반 해 또 다른 하나의 지표를 구축하여, 비교우위 위배전략 실행정도를 측정하는 대리변 수로 삼았다. 이는 여기서 사용한 대리변수와 높은 관련이 있고, 이를 이용해 취득한 실증분석 결과와 본 부분 보고의 결과는 유사하다. 하지만 아주 소수의 국가만이 그 국가 제조업에 사용된 자본량 데이터를 제공할 수 있다. 따라서, 연구한 국가의

데이터는 세계은행의 〈세계발전지표(2002)〉와 유엔 산업개발 기구 (UNIDO)의 〈국제산업 통계연감(2002)〉에서 인용한 것이다. 표7. A1은 122개 국가의 1962-1992년 사이 TCI 평균값과 편차를(variations) 보고하였다.

발전전략과 제도

가설 1이 예측한 발전전략의 정부왜곡과 정책개입에 대한 영향을 추정하기 위하여, 나는 몇 가지 변수를 사용하여 제도의 대리변수로 삼았다: (1)"암시장 프리미엄"(black market premium, BMP)을 가격왜곡을 측정하는 지표로 삼고; (2)경제자유 지수(index of economic freedom, IEF)와 몰수위험(expropriation risk)을 정부의 재산권 제도에 대한 개입정도를 측정하는 지표(index)로 삼았다; (3)새로 구축된 기업이 합법적인 지위를 얻기 위해 완료해야 하는 비준수속 수량(the number of procedures) 및 경영관리의 실제적 독립성(the "executive de facto independence")을 기업의 자주권을 측정하는 지표로 삼았다; (4)무역의존도를 개방정도 평가 지표로 삼았다. 첨부된 표는 각 국가의 각 대리변수의 평균값과 편차를(variations) 보고하였다.

• **발전전략과 가격왜곡** 105개 국가의 암시장 프리미엄 데이터는 뉴욕대학 발전연구소의 "글로벌 발전 네트워크 성장 데이터 베이스"에서 인용하였다. TCI와 암시장 프리미엄은 네 단계(1960-1969, 1970-1979, 1980-1989, 1990-1999)에서의 관계가 도표 7.4와 같이 나타난다.

수량을 확대하기 위해, 내가 본 부분에서 사용한 대리변수는 식(7.1)에서 정의된 제조업 부가가치에 기반한 변수이다.

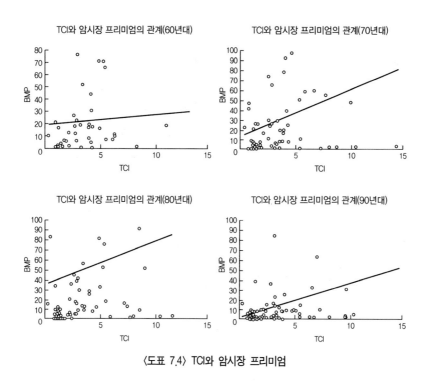

〈도표 7.4〉 TCI와 암시장 프리미엄

도표 7.4는 각 단계에서 TCI와 암시장 프리미엄 간에 모두 정적 상관 관계(positive relationship)가 존재한다고 밝혔는데, 이는 가설 1의 예측을 증명했다. 즉 비교우위 위배전략을 추진하는 정도가 높을수록 암시장 프리미엄이 더 커진다.

• 발전전략과 자원배분에 대한 정부의 개입 나는 경제자유 지수(IEF)와 몰수위험을 사용하여 정부의 재산권제도에 대한 개입 정도를 측정하는 지표로 삼았다. 91개 국가가 1970년대 이후의 IEF관측치는 〈세계경제 자유〉(Fraser Institute, 2007)에서 인용하였다. IEF의 범위는 0에서 10까지인데, 값이 높을수록 경제자유도가 더 높음을 나타낸다. 각 국가 10년 내의 TCI 평균값과 IEF평균값 간의 상관관계는 도표 7.5와 같이 나타난다.

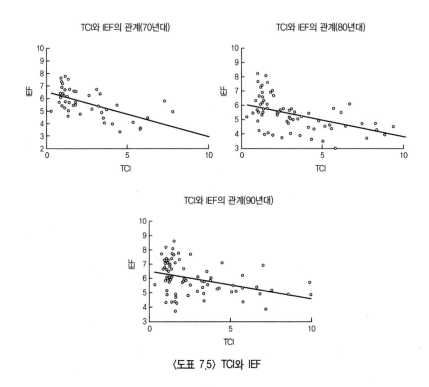

<도표 7.5> TCI와 IEF

상술한 각종 도표에서는, TCI와 IEF간에 모두 아주 강한 부적 상관관계(negative relationship)가 존재하는데, 이는 이론예측에 부합한다: 정부가 비교우위 위배전략을 추진하는 정도가 심해질수록, 객관적으로 필요한 정부개입이 더 많아져, 경제적 자유는 더 낮아진다.

102개 국가의 몰수위험 데이터는 〈국제 국가위험 가이드〉(The PRS Group)에서 얻었다. 몰수위험은 정부가 직접 재산을 몰수하는 것과 강제적으로 재산을 국유화하는 위험을 가리킨다. 이 변수 값의 범위는 0에서 10까지인데, 그 수치가 높을수록 민영기업이 몰수될 가능성이 더 낮음을 의미한다. 도표 7.6은 TCI와 몰수위험 간의 관계를 나타낸다. 두 가지 지표는 모두 1982-1997년 간의 평균값에서 얻었다.

도표에서 나타나듯이, TCI와 몰수위험 간에는 부적 상관관계가 존재하는데, 이는 이론예측에 부합한다: 한 나라가 비교우위 위배 전략을 추진하는 정도가 심할수록, 정부가 기업몰수나 국유화를 실행할 가능성이 더 커진다.

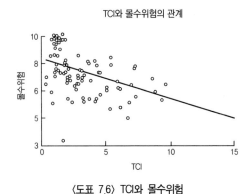

TCI와 몰수위험의 관계

〈도표 7.6〉 TCI와 몰수위험

발전전략과 기업 자주권

정부 발전전략과 기업 자주권 간의 관계를 분석하기 위해, 본 연구는 두 가지 지표를 사용하여 기업의 자주권 정도를 측정하였는데, 즉 드얀코프와 뮤렐(Djankov and Murrell(2002))이 사용한 비준수속 수량과 경영관리의 실제 독립성이다. 샘플은 69개 국가를 포함한다.

비준수속 수량은 새로 구축된 기업이 합법적 지위를 취득하기 위해 (즉 합법적 실체의 신분으로 운영을 시작하는 것)반드시 통과해야 하는 비준수속의 수량을 지칭한다. 경영관리의 실제 독립성, 이 지표는 기업 수석 집행관의 (실제)경영독립성을 측정하는데, 그 범위는 1에서 7까지로, 값이 작을수록, 독립성이 더 높다(1=완전자주; 2=중간범주; 3=경미한 제한부터 적당한 제한까지; 4=중간범주; 5=대량제한; 6=중간범주; 7=집행력이 상당하거나 부속지위에 있음). 두 가지 지표는 모두 1965-1998년 사이의 평균값에서 얻었다.

도표7.7에서 나타나듯이, TCI와 비준수속 수량 간에는 정적 상관관계가 존재하고, 경영관리의 실제 독립성 간에는 부적 상관관계가 존재한다. 이는 한 국가가 비교우위 위배 전략을 추진하는 정도가 높을수록, 기업 자주권이 더 낮아진다고 밝혔는데, 이는 가설1의 예측을 증명한다.

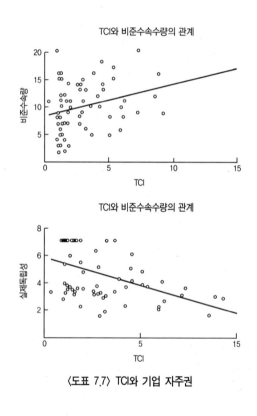

〈도표 7.7〉 TCI와 기업 자주권

• 발전전략과 개방정도   여기서는 무역의존도를 사용하여 한 국가의 개방정도를 측정하는 지표로 삼았고, 115개 국가의 무역의존도 데이터는 달러와 크레이(Dollar and Kraay(2003))에서 인용하였다. 도표7.8은 각 국이 1960년대에서 90년대까지, 매 십 년간의 TCI 평균값과 무역의존도 평균값, 즉 개방정도와의 상관성을 묘사하였다.[3]

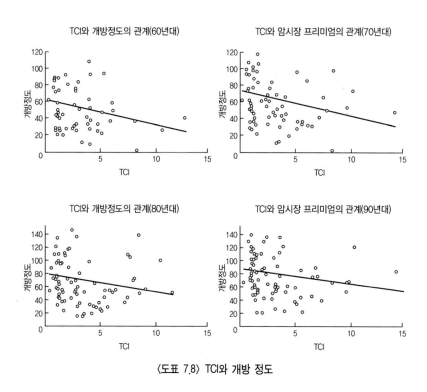

〈도표 7.8〉 TCI와 개방 정도

도표에서 나타나듯이, TCI와 개방정도 간에 부적 상관관계가 존재한다. 이는 이전에 제기한 가설과 서로 부합하는데 - 하나의 개발도상국의 정부가 비교우위 위배전략을 추진한다면, 경제의 내부 지향성(inward-oriented)은 기타 상황보다 높을 수 있다는 것이다. 비교우위 위배전략은 국내에서 자본집약형인 제조품 생산으로 수입을 대체하려 하기 때문에, 수입감소를 초래한다; 이와 동시에, 유한한 자원은 비교우위를 가진 산업에서 발전전략으로 결정된 우선부문으로 전이되어, 수출도 억제되게 된다. 따라서, 한 국가가 비교우위 위배전략을 추진하는 정도가 심할수록, 개방정도는 더 낮아진다.

---

3) 1960년대, 70년대, 80년대, 90년대의 샘플 수량은 각각 86, 97, 107과 114이다.

발전전략과 경제성장[4]

가설 2의 예측에 근거하면, 장기적으로 비교우위 위배 발전전략을 추진하는 국가는, 그 성장효과가 아주 나쁠 것이다. 본 연구는 다음 계량모형으로 이 가설을 검증한다:

$$\text{GROWTH}_{i,t} = C + \alpha \text{TCI}_{i,t} + \beta X + \xi \qquad (7.2)$$

이 중에서 $\text{GROWTH}_{i,t}$는 국가 i가 t시기에서의 경제성장률이고; X는 하나의 벡터인데, 구체적으로는 다음 몇 가지 부분을 포함한다: 초기 1인당 평균 GDP(the initial per capita GDP)를 도입하여 발단단계의 영향을 통제하였다; 초기 인구규모(initial population size)를 도입하여 시장규모의 영향을 통제하였다; 법률절차 지표를 도입하여 제도의 질을 반영하였다(이 지표의 구조는 카우프만 외 공저(Kaufmann et al., 2002)에서 유래); 무역의존도를 도입하여 개방정도를 반영했고; 이외에도 지리적 특징을 묘사하는 두 가지 변수를 도입했는데 - 적도로부터의 거리 및 국가의 내륙성이다. 제도적 질(institutional quality)의 내생성을 통제하는 도구변수는 영어를 하는 인구의 비율, 기타 주요 유럽언어를 하는 인구의 비율(Hall and Jones, 1999)인데, 이 두 가지 지표를 사용하여 현행 제도적 질에 대한 식민지 기원의 장기적 영향을 통제한다. 유사하게, 우리는 중력모델(gravity model)로 예측되는 무역 적정값(fitted values of trade)을 사용하여 개방정도의 도구변수로 삼는다. 이러한 방법은 프랑켈과 로머(Frankel and Romer(1999))가 제기한 것으로, 달러와 크레이(Dollar and Kraay(2003))가 수정을 진행했다. 패널데이터 회귀에서, 개방정도의 도구변수는 바로 자신의 1기 정체값(single-period lagged value of itself)이다. 각 변수의 구체적 정의와 데이터 출처는 표 7.2를 참고한다.

---

4) 표7.2에서 표7.4까지 린과 리우(Lin and Liu(2004))에서 인용했다.

〈표 7.2〉 변수정의와 데이터 출처

변수	정의	평균값	표준편차	출처
LnGDP60	1960년 1인당 평균 실질 GDP의 대수값	7.33	0.80	세계은행〈세계발전지수〉
LnGDP80	1980년 1인당 평균 실질 GDP의 대수값	7.91	1.05	세계은행〈세계발전지수〉
LnGDP	1960년, 1970년, 1980년, 1990년 1인당 평균 실질 GDP의 대수값	7.73	1.02	세계은행〈세계발전지수〉
LnTCI1	1963년에서 1999년까지 평균TCI의 대수값	0.96	0.90	세계은행〈세계발전지수〉와 UNIDO(2002)
LnTCI2	1960년대에서 90년대까지 매 십 년의 평균 TCI대수값	0.85	0.84	세계은행〈세계발전지수〉와 UNIDO(2002)
LnTCI70	1970년에서 1979년까지 평균 TCI 대수값; 데이터를 얻을 수 없다면, 1980년에서 1985년까지의 평균 TCI의 대수값을 취한다	0.91	0.92	세계은행〈세계발전지수〉(2002b)와 UNIDO(2002)
△TCI	1990년에서 1999년까지의 평균 TCI의 대수값과 LnTCI70의 차	0.07	0.38	세계은행〈세계발전지수〉(2002b)와 UNIDO(2002)
RL01	2000-2001년의 법률절차	0.003	0.95	Kaufmann and Murrell(2002)
LnOPEN1	1960년에서 1999년까지의 수출입 총액과 GDP비율평균수의 대수값	-1.11	0.81	Dollar and Kraay(2003)
LnOPEN2	1960년에서 90년까지 매 십 년 평균적인 수출입 총액과 GDP비율의 대수값	-1.30	0.84	Dollar and Kraay(2003)
LnPOP1	1960년에서 1999년까지의 중간 년도 총인구의 대수값	15.2	2.11	세계은행〈세계발전지수〉(2002b)
LnPOP2	1960년에서 90년까지 각 초기 년도 총인구의 대수값	14.93	2.12	세계은행〈세계발전지수〉(2002b)
LAND-LOCK	더미변수(dummy variable), 한 국가가 내륙국가라면 그 값은 1; 아니라면 0을 취한다.	0.18	0.39	Dollar and Kraay(2003)
LnDIST	(DISTEQ+1)의 대수값, 그 중에서 DISTEQ는 한 국가가 적도로부터의 거리로, 그 국가 수도위도의 절대값으로 측정	2.96	0.88	Dollar and Kraay(2003)
ENGFRAC	영어를 하는 인구의 비율	0.07	0.24	Hall and Jones(1999), Dollar and Kraay(2003)인용
EURFRAC	기타 주요 유럽언어를 하는 인구의 비율	0.22	0.38	Hall and Jones(1999), Dollar and Kraay(2003)인용
LnFRINST	LnOPEN의 도구변수	-2.83	0.64	Dollar and Kraay(2003)
INST	국가간 평가(the cross-section estimation)에서 RL01의 예측값(ENGFRAC와 EURFRAC를 도구변수로 삼는다)	0.003	0.34	

우리는 두 가지 방법을 사용해 이 가설에 대한 검증을 진행할 것이다. 첫째 방법에서, 종속변수는 1962-1999년 사이의 1인당 평균GDP의 연평균 성장률이다. 둘째 방법에서, 종속변수는1960년에서 90년대까지, 1인당 평균 GDP의 매 십 년 내의 연평균 성장률이다.

첫째 방법에서 얻은 회귀결과는 표7.3과 같이 나타난다. 회귀모델1.1과 모델1.2는 최소자승법(OLS)으로 추정을 진행한다. 모델1.1의 설명변수(explanatory variables)는 발전전략의 대리변수(LnTCI1), 초기 년도 1인당 평균GDP(LnGDP60)만을 포함하는데, 모델1.2는 기타 설명변수를 포함하여 제도적 질(institutional quality), 개방정도(openness), 지리적 위

〈표 7.3〉 발전전략 경제성장 - 모델1

	모델1.1(OLS)	모델1.2(OLS)	모델1.3(2SLS)
상수항	7.32*** (1.60)	4.66** (1.87)	3.26 (2.15)
LnTCI2	-1.25*** (0.20)	-0.66*** (0.18)	-0.92*** (0.19)
LnGDP60	-0.54*** (0.20)	-0.99*** (0.18)	-0.59*** (0.21)
RL02		0.58*** (0.21)	
INST			0.22 (0.41)
LnOPEN2		0.70*** (0.22)	
TRADE2			0.93** (0.43)
LnDIST		0.20 (0.16)	0.47*** (0.16)
LnPOP2		0.33*** (0.09)	0.22** (0.09)
LANDLOCK		0.07 (0.32)	0.46 (0.38)
조정R^2	0.36	0.56	0.44
샘플크기	85	83	83

*는 10%의 수준에서 유의하고; **는 5%수준에서 유의하며; ***는 1%의 수준에서 유의한 것을 나타낸다.
주: 종속변수는 1962-1999년 1인당 평균GDP의 연평균 성장률이고; 괄호 안의 데이터는 표준오차(standard errors)이다.

치(geographic location)와 시장규모(market size)의 영향을 통제한다. 모델1.3이 동일한 설명변수를 가졌지만, 제도적 질과 개방 정도의 내생성을 통제하도록 두 단계 최소자승법(2SLS)을 채택하여 추정을 진행한다.

계량결과는 TCI의 경제성장률에 대한 영향이 마이너스로 나타났는데, 이는 이론가설의 예측과 부합하고, 세 개의 회귀모델에서 모두 매우 유의미하다. 이 결과는 가설2를 지지한다 - 한 나라가 비교우위 위배전략을 추진하는 정도가 심할수록, 즉 1962-1999년 사이, 성장성과가 더 나빠졌다. LnTCI1의 추정계수는 -0.66 - -1.25사이에 있다. 이들 추정으로부터, TCI가 평균값에서 10% 상승하면, 대략 1962-1999년 사이 1인당 평균GDP의 연평균 성장률 0.1% 하락을 초래할 수 있음을 추론할 수 있다.

회귀결과에서도 나타나듯이, 초기 1인당 평균소득과 인구규모의 경제성장률에 대한 영향이 이론예측과 부합하며 유의하다. 법률절차, 개방정도와 한 국가의 적도로부터의 거리도 이론예측의 영향이 있다. 하지만 법률절차는 두 단계 최소자승법의 회귀에서 유의하지 않았고, 한 국가의 적도로부터의 거리가 보통 최소자승법의 회귀에서도 유의하지 않았다. 국가의 내륙성은 세 개 회귀에서 모두 유의하지 않았다.

표7.4는 둘째 방법에서 얻은 회귀결과를 제시했는데, 종속변수는 1960년에서 90년대까지, 1인당 평균 GDP의 매 십 년 내 연평균 성장률이다. 회귀모델2.1과 2.2는 보통 최소자승법을 채택하여 추정하고, 모델2.3은 단일방향 고정효과법(one-way fixed effect)을 채택해 추정하며, 모델2.4는 두 단계 최소자승법을 채택해 추정하고, 모델2.5는 두 단계 최소자승법과 단일 방향 고정효과법을 채택하여 추정을 진행했다. 고정효과 모델(the fixed-effect models)에서, 시간효과를 통제하기 위해, 시간더미변수(time dummies)를 첨가했고, 두 단계 최소자승법의 사용은 제도적 질과 개방 정도의 내생성을 통제하기 위한 것이다.

첫째 방법을 채택해 얻은 결과와 동일하게, TCI의 경제성장률에 대한 영향은 마이너스였는데, 이는 이론가설의 예측과 부합했고, 모든 회귀모

〈표 7.4〉 발전전략과 경제성장 - 모델2

	모델2.1 (OLS)	모델2.2 (OLS)	모델2.3 (고정효과)	모델2.4 (2SLS)	모델2.5 (2SLS, 고정효과)
상수항	7.15*** (1.61)	8.36*** (2.16)	3.83* (2.11)	-0.74 (2.56)	-2.70 (2.37)
LnTCI2	-1.10*** (0.21)	-0.69*** (0.20)	-0.40** (0.19)	-0.69*** (0.24)	-0.47** (0.22)
LnGDP	-0.54*** (0.18)	-1.39*** (0.23)	-0.86*** (0.23)	-0.17 (0.27)	0.17 (0.25)
RL01		1.45*** (0.23)	1.12*** (0.22)		
INST				-0.38 (0.42)	-0.67* (0.38)
LnOPEN2		0.24 (0.23)	0.35 (0.22)		
TRADE2				0.01 (0.29)	-0.06 (0.27)
LnDIST		-0.04 (0.18)	-0.10 (0.17)	0.27 (0.20)	0.17 (0.18)
LnPOP2		0.32*** (0.10)	0.41*** (0.09)	0.22* (0.12)	0.27** (0.12)
LANDLOCK		-0.31 (0.39)	0.08 (0.36)	-0.23 (0.46)	0.02 (0.43)
조정 R^2	0.08	0.23	0.36	0.08	0.24
샘플크기	315	278	278	213	213

*는 10% 수준에서 유의하고; **는 5% 수준에서 유의하며; ***는 1% 수준에서 유의한 것을 나타낸다.
주: 종속변수는 1960년에서 90년대까지 1인당 평균GDP가 매 십 년 내의 연평균 성장률이고; 모델2.3과 2.5는 시간 더미변수를 포함했고; 괄호 안의 데이터는 표준오차다.

델에서 매우 유의했다. 이는 가설2의 결론을 진일보하게 증명했는데 - 발전전략은 한 국가의 장기적 경제성장 성과의 주요 결정요소이다.[5]

_____

5) 이들 발견과 린(Lin (2003))의 결과는 유사한데, 후자에서, 저자는 제조업의 자본집약도와 전체경제의 자본집약도의 비율로 TCI를 측정했다. 린(Lin(2003))은 2단계법으로 발전전략 선택의 경제성장에 대한 영향을 추정했다. 1단계에서는 TCI를 사용해 한 경제의 요소부존 구조를 측정하는 몇 가지 변수에 대해 회귀를 진행했다. 회귀잔차 (regression residual)는 한 경제의 비교우위 준수전략 이탈정도에 대한 대리변수로 사용될 수 있다. 한 경제가 비교우위 준수 전략을 채택하면, 그 잔차는 0이 되어야 하며, 비교우위 위배전략을 채택했다면 잔차는 0이 되지 않는다. 2단계 회귀는 국가 간 성장방정식(cross-country growth equation)인데, 종속변수는 1인당 평균 실질

기타 설명변수의 추정결과와 표7.3의 결과는 유사하다.

발전전략과 경제파동

가설3의 내용은 비교우위 위배전략의 경제파동에 대한 영향이다. 한 국가가 비교우위 위배전략을 추진하면, 한동안 투자주도의 성장(invest-ment-led growth)을 경험할 수 있지만, 이러한 성장은 지속될 수 없으며, 경제위기를 초래할 가능성이 있다. 따라서 비교우위 위배전략을 추진하는 국가의 경제파동성은 더 높을 수 있다. 실증검증에서 우리는 다음의 공식을 사용해 한 국가의 1962-1992년 사이의 1인당 평균 GDP성장률의 파동성을 측정했다:

$$V_i = \left[\left(1/38\right) \sum_{t=1962}^{T=1999} \left(\frac{g_{it}}{\left(\sum_{t=1962}^{T=1999} g_{it}\right)/38} - 1 \right)^2 \right] \tag{7.3}$$

이 중에서 g_{it}는 i국 t년의 1인당 평균 GDP성장률이다.

가설3을 검증할 때, 종속변수는 V_i의 대수값이고, 설명변수와 가설2 검증 시 사용하는 설명변수는 동일하다. 회귀방정식의 적합방법도 이전에 사용한 방법과 유사하다. 표7.5는 모델 회귀결과를 제시하였다. TCI의 경제파동성에 대한 영향이 긍정적이고, 이론가설의 예측에 부합하며,

---

GDP의 연평균 성장률이다. 결과는 모든 방정식에서, 발전전략의 이 대리변수의 부호가 마이너스가 되고, 통계적으로 유의하여, 예측에 부합하는 것으로 나타났다. 1970-1980년 사이에 발전전략의 1인당 평균 GDP성장률에 대한 영향의 크기는 1980-1992년 사이의 두 배이다. 결과는 인도와 같은 개발도상국가가 비교우위 위배 전략을 채택, TCI는 8.47, 잔차가 3.6이 되게 한다면, 이 국가는 1970-1992년 사이의 1인당 평균 실질 GDP의 연평균 성장률은 0.47% 하락할 것이라고 밝혔다.

세 개의 회귀모델에서 모두 매우 유의하다. 이들 결과는 가설 3을 지지하는데, 한 나라가 비교우위 위배전략을 추진하는 정도가 심할수록, 그 국가의 경제성장률의 파동성은 더 높음을 보여준다. 추정결과로 TCI가 매 10% 증가할 때, 파동성이 대략 4-6% 상승할 것으로 추론할 수 있다.

〈표 7.5〉 발전전략과 경제파동성

	모델3.1(OLS)	모델3.2(OLS)	모델3.3(2SLS)
상수항	0.49 (1.06)	3.03** (1.44)	3.63** (1.56)
LnTCI1	0.64*** (0.13)	0.41*** (0.14)	0.56*** (0.14)
LnGDP60	-0.04 (0.13)	0.17 (0.14)	-0.07 (0.15)
RL01		-0.33** (0.16)	
INST			-0.20 (0.29)
LnOPEN1		-0.46*** (0.17)	
TRADE1			-0.53 (0.33)
LnDIST		-0.003 (0.11)	-0.15 (0.11)
LANDLOCK		-0.31 (0.24)	-0.53* (0.28)
LnPOP1		-0.26*** (0.06)	-0.18** (0.07)
조정 R^2	0.29	0.47	0.37
샘플크기	103	93	93

*는 10%수준에서 유의하고; **는 5%수준에서 유의하며; ***는 1%수준에서 유의한 것을 나타낸다.
주: 종속변수는 1962-1999년 사이의 1인당 평균 GDP성장률 파동성의 대수값이고, 괄호 안의 데이터는 표준오차다.

기타 설명변수의 추정결과는 제도적 질, 개방정도, 국가내륙성과 인구규모가 모두 경제파동성에 부정적인 영향이 있음을 나타낸다. 경제규모를 대표하는 인구규모의 계수가 OLS모델과 2SLS모델에서 모두 유의한 것 외에, 기타 변수 혹은 OLS모델에서 유의하거나 2SLS모델에서 유의하다. 1960년 초기 1인당 평균소득, 한 국가의 적도로부터의 거리는 세 개 회귀모델에서 모두 유의하지 않았다.

발전전략과 소득분배

발전전략의 소득분배에 대한 영향을 검증하기 위해, 본문은 아래의 계량모델을 구축했다:

$$GINI_{i,t} = C + \alpha TCI_{i,t} + \beta X + \varepsilon \qquad (7.4)$$

이 중에서 $GINI_{i,t}$는 i국이 t시기에서의 불평등 지수이고, TCI는 발전전략의 대리변수, X는 기타 설명변수를 포함하는 하나의 벡터이다.

GINI계수는 데닌저와 스콰이어(Deininger and Squire(1996))데이터집의 수정판에서 인용했다. 이 데이터집은 많은 문헌의 관련국가 GINI계수에 대한 추정을 포함한다. 그 중에 일부는 소득데이터에 근거해 추정을 진행했고, 한편으로 일부는 지출데이터에 기반하여 추정을 진행했다. 다른 국가의 GINI데이터가 포함하는 범위가 일치하는 것만은 아니다. 데닌저와 스콰이어(Deininger and Squire(1996))가 GINI계수 추정의 질에 대해 평가를 했는데, 우리가 회귀에서 채택한 데이터의 질은 "비교적 좋은"(acceptable)등급의 데이터였다. 우리는 원시데이터에서 소득에 기반해 얻은 GINI계수를 조정하지 않았지만, 지출에 기반한 GINI계수에 대해 조정을 했는데 이를 기반으로 해서 6.6(6.6은 두 방식에서 얻은 추정결과의 평균차이)을 더했다. TCI지표의 계산과 데이터 출처에 관한 상세자료는 린과 리우(Lin and Liu(2003))을 참고한다. GINI데이터와 TCI를 서로 조합하게 하기 위해, 나는 추정에서 사용한 패널데이터는 33개 국가의 261개 샘플을 포함했다. 도표7.9는 TCI와 GINI계수 간의 관계를 나타낸다.

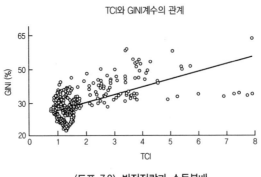

〈도표 7.9〉 발전전략과 소득분배

동시에 기타 대체가설 검증을 위해, 나는 일부 새로운 설명변수를 도입했다. 먼저 1인당 평균소득(GDPPC$_{i,t}$)과 그 역수(reciprocal)(GDPPC_1$_{i,t}$)를 도입하였는데, 이는 쿠즈네츠(Kuznets)역 U형 곡선 가설을 검증할 수 있다. 이 가설이 성립한다면, 이 두 개의 설명변수의 계수는 유의하게 마이너스가 되어야 한다.[6]

데닌저와 스콰이어(Deininger and Squire(1996))의 데이터집을 기초로, 리 외 공저(Li et al. (1998))는 건전성 검증(robust empirical test)을 진행했는데, 결과는 한 나라의 GINI계수가 여러 시기에 걸쳐 상대적으로 안정적인 것으로 나타났다. 이 결론에 기반해 우리는 회귀에서 각 샘플이 처음 데이터 집에 나타났을 때의 GINI계수를 도입하여, IGINI로 표기한다. 이런 방법은 소득분배에 영향을 주는 역사적 요소 및 국가 간에 몇 가지 관측할 수 없는 요소의 영향을 통제할 수 있다. 데이터집의 한계로 인해, 우리가 얻을 수 있는 각 국의 IGINI의 년도가 같지만은 않았다. 하지만 일반적으로, 초기 년도가 어느 해이든, IGINI가 더 높을 수록, 후속 년도의 GINI계수도 상응해 더 높아진다. 따라서, IGINI의 추정계수는 양수 값(positive)으로 예측된다.

---

6) 이에 대한 상세한 설명은 데닌저와 스콰이어(Deininger and Squire(1996))를 참고한다.

부패도 소득분배에 영향을 줄 수 있다. 이 때문에 우리는 회귀에 다른 두 가지 설명변수를 도입했는데 - 정치 부패지수(CORR$_{i,t}$)와 공무원 질적 지수(BQ$_{i,t}$)다. 이 두 가지 지표의 데이터는 작스와 워너(Sachs and Warner(2000))에서 인용됐는데, 이들은 국가에 따라 변화하지만, 전체연구 기간에는 변화하지 않고 유지됐다. 그 수치가 높을수록, 정부가 더 청렴하고, 공무원의 질이 더 높았다. 이론예측에 따르면, 이 두 가지 변수의 계수는 마이너스 값이 되어야 한다.

대외무역도 소득분배에 영향을 줄 수 있는데, 이는 생산요소의 상대가격(Samuelson, 1978)과 경제에서 다른 부문의 시장공간에 영향을 줄 수 있으므로, 무역은 취업기회에 대한 영향(Krugman and Obstfeld, 1997)을 통해 소득분배에 영향을 줄 수 있다. 그 영향을 통제하기 위해, 우리는 회귀에서 경제개방도 지표 OPEN$_{i,t}$를 도입했고, 그 함의는 수출입 총액이 명목GDP에서 차지하는 비중인데, 데이터는 이스터리와 유(Easterly and Yu(2000))에서 인용했다. 하지만, 개방정도는 숙련노동자와 비숙련노동자, 무역부문과 비무역 부문에 대해 다른 영향이 있는데, 그 장기영향과 단기영향도 다소 달랐다. 따라서 그 부호가 확정되지 않은 것이다.

표 7.6은 다섯 가지의 회귀모델의 결과를 제시한다. 모델4.1은 모든 설명변수: TCI, IGINI, GDPPC, GDPPC_1, CORR, BQ와 OPEN을 포함한다. CORR, BQ와 OPEN은 내생성을 갖고 있어, 내생성을 통제하기 위해, 기타 모델은 이 몇 가지 변수를 포함하지 않았다. IGINI, CORR와 BQ가 시간에 따라 변화하지 않기 때문에, 단일 방향 효과모델(one-way effects model)을 사용하여 회귀모델 4.1, 4.2와 4.4에 대한 추정을 진행했다. 하우스만(Hausman)검증의 결과에 근거해 모델4.1, 4.2와 4.4의 회귀에서 단일 방향 무작위 효과 모델(one-way random-effect model)을 사용했고, 모델4.3과 4.5의 회귀에서 쌍방향 고정효과 모델(two-way fixed-effect model)을 사용했다.

전부 5가지 회귀모델에서, TCI의 추정계수는 모두 양수 값이고(positive),

1%수준에서 유의하고, 이는 다음 가설을 강하게 지지한다(strongly support) - 한 나라가 비교우위 위배전략을 추진하는 정도가 심할수록, 이 국가의 소득분배는 더 불평등해진다. 이 결과는 초기소득 분배의 평등 정도에 따라 변하지 않는다.

모델 4.1, 4.2와 4.4에서 IGINI계수도 양수 값이고, 1%수준에서 유의하다. 이는 리 외 공저(Li et al. (1988))의 검증결과와 일치하는데, 초기 소득분배 상황이 후속 기간의 소득분배에 대해 일정한 이월효과(carry-over effect)를 초래할 수 있음을 보여준다.

〈표 7.6〉 발전전략의 불평등에 대한 영향

	모델4.1[f]	모델4.2[f]	모델4.3[f]	모델4.4[f]	모델4.5[f]
상수항	6.46 (4.72)	8.18*** (2.40)	31.5*** (1.75)	8.09*** (3.16)	32.6*** (0.97)
TCI	1.32*** (0.33)	1.35*** (0.31)	1.84*** (0.48)	1.35*** (0.32)	1.72*** (0.46)
IGINI	0.73*** (0.08)	0.71*** (0.07)		0.71*** (0.07)	
GDPPC	-0.89 (11.3)		0.43 (12.6)	0.74 (10.8)	
GDPPC_1	0.40 (1.84)		1.91 (2.11)	3.21 (16.6)	
CORR	1.03* (0.58)				
BQ	-0.84 (0.58)				
OPEN	0.12 (1.68)				
R^2	0.9040	0.8941	0.5495	0.8936	0.5780
Hausman통계량	3.32	1.19	23.91	1.99	7.98
Hausman P값	0.19	0.28	0.00	0.37	0.00
샘플크기	33개국의 261개 샘플				

f는 고정효과모델; r은 무작위 효과 모델.
*는 10%수준에서 유의하고; **는 5%수준에서 유의하며; ***는 1%수준에서 유의한 것을 나타낸다.
주: 하우스만(Hausman)검증의 귀무가설(null hypothesis)은 국가와 시간에 무작위 효과(random effect)가 존재한다는 것이다; 괄호 안의 데이터는 표준오차다.

모델 4.1, 4.3과 4.4에서, GDPPC와 GDPPC_1의 추정계수는 모두 유의하지 않았고, 모델 4.1에서 GDPPC외에, GDPPC와 GDPPC_1의 계수는 모두 양수 값이(positive sign)며, 이론예측과 상반된다. 따라서 쿠즈네츠(Kuznets)의 역U형 소득분배 가설을 기각할 수 있다.

모델 4.1의 결과에서, $CORR_{i,t}$의 계수는 양수 값이며, 이론의 예측과 상반된다. 이에 대한 가능한 설명은, 부패의 소득분배에 대한 영향은 소득분배 조사에서 정확한 반영이 어렵다는 것이다. 공무원의 질 $BQ_{i,t}$의 계수가 마이너스인 것은 예측과 부합하지만, 유의하지는 않았다. 개방정도 OPEN의 계수는 양수 값이지만 역시 유의하지 않았다.

상술한 결과에서, 발전전략과 초기 소득분배 상황이 한 국가 소득분배에서 가장 중요한 두 가지 결정요소라는 것을 명확히 알 수 있다. 앞서 서술한 바와 같이, 한 나라의 정부가 비교우위 전략을 추진하면, 그 국가의 초기 소득분배가 불평등했다 해도, 소득분배의 평등성도 서서히 상승할 수 있다. 사실상, 이는 바로 타이완과 기타 동아시아 신흥산업화 경제체에서 나타난 "평등한 성장"이다(Fei, Ranis and Kuo, 1979).

전환과 경제성과

앞에서 서술한 바와 같이, 개발도상국의 정부가 비교우위 위배전략을 추진한다면, 비교우위를 지닌 노동집약형 부문의 발전은 억제될 수 있고, 많은 제도가 모두 왜곡될 수 있으며, 이로 인해 불량한 자원배분과 저효율이 초래된다. 따라서, 시장경제로 전환하는 과정에서 국가는 노동집약형 부문의 발전에 유리한 환경을 조성하고, 동시에 원래 발전전략에서 구축된 기업의 자생능력이 부족한 문제에 활로를 찾아줘서, 원래의 왜곡과 개입을 제거하기 위한 길을 닦아야 한다. 성장성과는 바로 국가가 이들 문제를 처리하는 능력에 달려있다. 비교우위 위배전략은 항상 비교적 높은 TCI를 동반했는데, 개혁이나 전환 이후에, 한 나라가

성공적으로 노동집약형 부문의 발전을 실현한다면, 자원배분과 성장성
과는 개선될 수 있으며, 이에 따라 TCI도 하락할 수 있다. 따라서 이론에
측에 근거해, 비교우위 위배 전략의 전환이 성공적으로 실현될 수 있다
면, TCI의 마이너스 방향 변화를 초래할 수 있다. 이러한 마이너스 방향
으로 변화정도가 클수록, 예측 성장률이 더 높게 된다. 따라서 가설5를
검증하기 위해, 본문은 하나의 새로운 변수 △TCI를 도입했는데, 그 함
의는 1990-1999년 사이의 평균TCI의 대수값과 1970-1979년 사이의 평균
TCI의 대수값 간의 차이이며, 이 시기를 선택한 것은 사회주의 국가의
전환 및 기타 개발도상국의 개혁이 1980년대에 시작되었기 때문이다.

회귀 종속변수는 1980-1999년 사이의 1인당 평균GDP의 연평균 성장
률의 대수값이다. △TCI이외에도, 설명변수는 또한 1970년대의 평균TCI
의 대수값, 1980년의 초기 1인당 평균GDP 및 제도적 질, 개방정도와 인
구규모를 대표하는 기타 설명변수(이 몇 가지 변수는 가설1 검증 시 사
용한 변수와 유사하다)를 포함한다.

여기서 두 가지 방법을 통해 가설을 검증하였다. 첫 번째 방법은 데이
터집에서 모든 국가의 관측값을 사용했는데, 두 번째 방법은 이스터리
와 세와데(Easterly and Sewadeh(2002))가 정의한 개발도상국을 샘플에
넣었다. 두 가지 방법에서 각각 세 가지 회귀를 진행했다 - 두 가지는
OLS 방법을 사용, 한 가지는 2SLS방법을 사용하였는데, 2SLS방법을 사용
한 것은 제도적 질과 개방정도의 내생성 문제를 통제하기 위해서이다.
표7.7은 회귀결과를 제시하였다.

〈표 7.7〉 발전전략과 경제개혁 및 전환성과

	모델5.1 (OLS)	모델5.2 (OLS)	모델5.3 (2SLS)	모델5.4 (OLS)	모델5.5 (OLS)	모델5.6 (2SLS)
상수항	2.53 (3.17)	3.79 (3.63)	-2.94 (3.97)	4.28 (4.24)	-4.50 (5.01)	-9.03 (6.43)
△TCI	-1.25** (0.55)	-0.91** (0.45)	-1.12** (0.51)	-1.16* (0.66)	-1.02* (0.52)	-1.30** (0.60)
LnTCI70	-0.84** (0.41)	-0.38 (0.34)	-0.52 (0.38)	-0.61 (0.48)	-0.26 (0.38)	-0.31 (0.45)
LnGDP80	-0.04 (0.35)	-1.32*** (0.37)	-0.31 (0.38)	-0.34 (0.50)	-0.78* (0.45)	-0.12 (0.57)
RL01		1.31*** (0.37)			1.78*** (0.47)	
INST			0.44 (0.60)			0.96 (1.18)
LnOPEN1		0.71* (0.36)			0.54 (0.49)	
TRADE1			1.50** (0.70)			2.23* (1.26)
LnDIST		0.16 (0.28)	0.57* (0.29)		-0.06 (0.33)	0.34 (0.36)
LnPOP1		0.52*** (0.17)	0.44*** (0.16)		0.79*** (0.19)	0.78** (0.29)
LANDLOCK		-0.87 (0.57)	-0.06 (0.68)		-0.55 (0.73)	0.54 (1.15)
조정 R^2	0.13	0.43	0.27	0.03	0.45	0.24
샘플크기	76	72	72	50	49	49

*는 10% 수준에서 유의하고; **는 5%수준에서 유의하며; ***는 1%수준에서 유의한 것을 나타낸다.
주: 종속변수는 1980-1999년 사이 1인당 평균GDP의 연평균 성장률인데, 회귀모델 5.4-5.6에서 데이터 샘플은 이스터리와 세와데(Easterly and Sewadeh(2002))가 정의한 개발도상국만을 포함하고; 괄호 안의 데이터는 표준오차다.

이론예측과 일치하는데, 6가지 회귀에서, △TCI의 부호는 모두 마이너스이고, 추정값은 분명히 0과 다르다. 이들 결과는 다음 가설을 지지한다: 1970년대에서 90년대까지 이 시기에서, TCI값의 하강이 많을수록, 이로 인해 야기된 1980-1999년 사이의 1인당 평균GDP 연평균 성장률의 증가는 더 크게 된다. 따라서 비교우위 위배전략을 추진하는 국가에서는, 정부가 비교우위 위배전략에서 비교우위 준수전략으로 전환을 잘 처리

할 수 있다면, 그 국가의 성장성과는 개선될 수 있다. 추정결과에서, 1970
년에서 90년대까지의 시기 안에, TCI의 값이 매 10% 하락할 때마다,
1980-1999년 사이 1인당 평균GDP의 연평균 성장률이 0.1-0.13% 상승할 수
있었음을 추론할 수 있다.

기타 설명변수의 부호도 이론예측에 부합하지만, 인구규모의 부호가
6가지 회귀에서 모두 양수 값이고, 매우 유의한 것 이외에, 기타 변수는
유의하지 않거나, 일부 회귀에서 유의하고 또 다른 부분의 회귀에서는
유의하지 않았다.

간단히 말해, 가설5의 예측에서 보여주는 것과 같이, 중소기업이 원래
비교우위 위배전략에서 억제를 받았던 부문에 진입이, 경제전환 과정에
서 동태성장을 실현하는데 아주 중요했다.

결론

본문은, 대다수 개발도상국가가 부적합한 발전전략을 선택했기 때문
에 경제수렴은 저해 받았고, 경제파동성도 더 커졌으며, 소득분배가 악
화됐음을 지적했다. 경제개혁과 전환기간에서, 한 국가의 경제성과는
그 국가가 노동집약형 산업발전에 유리한 환경을 조성할 수 있는 능력
이 있는지 여부에 달려있다. 노동집약형 산업은 이전에 정부가 비교우
위 위배전략을 선택했기 때문에 억제되었다. 선진국의 산업/기술과 격
차를 최대한 빠르게 축소하는 방면에서, 개발도상국은 강렬한 열망이
있다. 하지만 요소부존 구조수준(level)이 비교적 낮아, 개발도상국이 자
본집약형 산업/기술방면에서 비교우위가 없었는데, 그들의 기업이 이
산업들에 진입하거나 이 기술들을 선택한다면, 이들 기업은 개방되고,
자유로운, 경쟁적 시장에서 자생능력이 없을 것이다. 비교우위가 없는
업종/기술을 우선 발전시키고 싶다면, 개발도상국 정부는 항상 비교우
위 위배전략을 선택해, 이율, 환율 및 기타 가격 왜곡을 통해 자생능력을

갖지 않은 기업에 대한 정책지원을 제공한다. 그들은 또한 행정수단을
이용해 우선업종의 기업에게 왜곡된 가격에 따라 직접 자원배분을 제공
한다. 상술한 정책수단을 통해, 하나의 개발도상국은 그 경제에서 비교
우위가 없는 선진업종에서 첨단기술을 선택한 기업을 구축할 수 있을
것이다. 하지만 그 경제 금융시장의 발전은 억제될 수 있고, 대외무역은
발전을 완만하게 할 수 있어, 지대추구활동이 창궐할 수 있는데, 거시경
제는 불안정해 질 것이고, 소득분배 구조는 불공평해져, 경제는 아주 경
쟁력이 없어질 것이라서, 그 경제의 소득도 선진국으로 수렴할 수 없을
것이다.

여기서 나는, 한 경제의 최적의 산업구조와 기술구조는 해당 경제의
요소부존 구조로 내생결정 되는데, 개발도상국에서는 비교우위 준수전
략이 더 좋다고 생각한다. 그 전략은 개발도상국 기업이 해당 국가에서
비교우위를 지닌 업종에 진입하도록 유인할 수 있고, 기업이 저비용으
로 더 선진적인 국가에서 적당한 기술을 참고하여 채택할 수 있게 한다.
이러한 경제는 경쟁력을 가질 수 있다. 이러한 국가도 요소부존 구조의
신속한 업그레이드를 이뤄 산업구조와 기술구조의 신속한 업그레이드
를 선도하게 될 것이다. 이와 같이 비교우위 준수전략은 개발도상국이
고속성장 실현하는데 도움이 되고, 다음 단계의 고속성장의 기초를 다
질 것이다. 경제의 선진국으로 수렴은 현실이 될 것이다. 국제분석에서
얻은 경험증거도 상술한 가설과 일치한다.

비교우위 준수 전략을 실시하려면, 정부가 개방적이고, 자유로운, 경
쟁적 시장을 유지해야 한다. 정부도 산업정책을 채택하여, 기업의 산업
업그레이드와 기술업그레이드를 촉진할 수 있다. 하지만, 산업정책의
사용은 정보공유, 투자협조 및 선도자가 야기한 외부성의 보상방면으로
국한되어야 한다.

역할이 좋든 나쁘든, 개발도상국의 정부는 그 국가의 경제발전 방면
에 모두 중요한 역할을 하게 된다. 루이스(Lewis(1965))가 말한 바와 같

이: "현명한 정부의 긍정적 자극이 없다면, 어느 국가도 경제적 진보를 실현할 수 없고 …… 또 한편으로, 정부의 부당행위가 경제를 방해하는 예도 아주 많다." 여기서 나는, 개발도상국가의 정부가 현명한 정부가 되게 하려면, 제일 중요한 임무는 정확한 발전전략 선택이라는 것을 지적해야겠다.

부록: 데이터 기록

〈표 7.A1〉 제조업 증가값에 근거해 계산된 TCI

122개 국가

국가	기술선택지수(TCI) (1963-1999) 평균값	표준편차	1인당 평균GDP성장률(%) (1962-1999) 평균값	표준편차	암시장 프리미엄 (1960-1999) 평균값	표준편차	비준수속 수량(1999) 평균값	경제자유지수(IEF) (1970-2005) 평균값	표준편차	몰수위험 (1982-1997) 평균값	표준편차	실제독립성 (1945-1998) 평균값	표준편차	개방정도 (1960-2003) 평균값	표준편차
알바니아	1.771	0.095	1.713	9.190	7.503	6.492		5.483	0.742	7.264				48.321	15.940
알제리	2.157	0.979	1.377	8.127	147.937	137.826		4.363	0.481	6.763				56.805	15.229
아르헨티나	2.564	0.588	0.915	5.742	40.934	77.874	14.000	5.365	1.172	6.313		3.140		16.423	6.248
오스트레일리아	1.073	0.162	2.150	2.036	0.000	0.000	2.000	7.585	0.461	9.379		7.000		32.905	5.337
오스트리아	1.083	0.071	2.790	1.831	0.000	0.000	9.000	7.149	0.545	9.743		7.000		69.527	15.824
바하마	1.929	0.845	1.504	6.985	12.539	12.764				7.793				129.182	10.750
방글라데시	4.302	0.902	1.192	4.091	96.876	66.359		4.990	0.969	5.413				22.414	5.646
바베이도스	1.283	0.521	2.449	4.566	7.442	4.861		5.615	0.142					118.786	14.759
벨기에	1.017	0.122	2.626	1.959	0.000	0.000	8.000	7.316	0.179	9.686		7.000		120.602	25.441
벨리즈	1.067	0.072	3.256	4.168	26.857	21.769		6.235	0.497					116.954	9.390
베냉	13.694	2.026	0.861	3.185	3.424	4.533		5.212	0.406					40.868	12.273
부탄	4.514		4.247	3.278	3.045	3.521								68.883	10.109
볼리비아	7.341	2.905	0.377	3.590	32.334	84.457	20.000	5.915	1.095	5.600		3.520		49.479	4.896
보츠와나	1.791	0.801	6.421	5.132	13.180	11.245		6.578	0.681	8.007				103.668	24.533
브라질	5.373	1.195	2.371	4.076	29.063	36.841	15.000	5.207	0.868	7.881		3.692		17.317	4.359
불가리아	1.372	0.089	1.541	5.288	7.423	10.158	10.000	5.536	0.889	9.036		3.679		90.813	16.009
카메룬	7.018	1.626	0.977	5.993	3.431	4.531		5.597	0.144	6.463				48.559	9.062
캐나다	1.531	0.199	2.110	2.097	0.000	0.000	2.000	7.858	0.282	9.721		7.000		55.645	14.057
중앙아프리카공화국	9.830	2.221	-0.837	3.924	3.271	4.456								53.552	13.560

122개 국가

국가	기술선택지수(TCI)(1963-1999)		1인당 평균GDP성장률(%)(1962-1999)		암시장 프리미엄(1960-1999)		비준수속 수량(1999)		경제자유지수(IEF)(1970-2005)		몰수위험(1982-1997)		실제독립성(1945-1998)		개방정도(1960-2003)	
	평균값	표준편차	평균값	표준편차	평균값	표준편차	평균값	표준편차	평균값	표준편차	평균값	표준편차	평균값	표준편차	평균값	표준편차
칠레	4.307	1.223	2.595	4.798	38.157	104.680	10.000		6.554	1.345	7.800		3.667		46.041	14.844
중국내륙	4.165	1.327	6.003	7.381	71.004	111.533	12.000		5.397	0.525	8.114		2.321		26.614	16.924
콜롬비아	4.466	0.701	1.780	2.117	7.993	7.510	18.000		5.282	0.256	7.350		5.074		30.873	5.286
콩고	6.847	2.614	1.190	5.896	2.866	4.064					5.146				104.950	19.420
코스타리카	2.190	0.683	1.833	3.350	40.799	67.249			6.730	0.755	7.038				70.816	13.687
코트디부아르																
크로아티아	1.581	0.637	0.884	8.096	37.525	25.826	12.000		5.855	0.680	8.486		3.192		102.438	19.668
키프로스	1.308	0.310	5.357	4.515	4.671	4.550			6.327	0.680					104.364	8.351
덴마크	1.178	0.079	2.100	2.230	0.000	0.000	3.000		7.268	0.502	9.721		7.000		64.511	7.827
도미니카공화국	2.532	0.368	2.800	5.232	31.641	36.064	21.000				6.356		3.340		59.607	20.106
에콰도르	3.878	1.238	1.263	3.381	20.225	24.613	16.000		5.300	0.592	6.763		4.148		50.157	9.744
이집트	2.012	0.238	3.013	2.913	39.256	45.442	11.000				6.800		3.519		48.161	13.088
엘살바도르	4.229	1.569	0.825	3.925	42.640	48.101			6.468	1.264	5.206				56.661	9.927
에티오피아	17.921	2.621	0.326	7.127	72.262	73.517					6.047				32.004	10.522
피지	1.564	0.214	1.711	4.700	1.605	1.939			5.963	0.231					101.288	15.192
핀란드	1.237	0.116	2.885	3.009	0.000	0.000	5.000		7.371	0.462	9.721		7.000		54.250	10.204
프랑스	1.106	0.096	2.519	1.664	0.000	0.000	15.000		6.645	0.432	9.707		5.283		38.959	9.083
가봉	2.119	0.759	2.538	10.245	1.740	4.035			4.944	0.470	7.556				93.218	15.593
감비아	5.442	3.157	0.595	3.398	6.511	11.907					8.385				101.192	17.250
가나	5.962	2.075	0.071	4.253	248.144	729.713	10.000		5.159	1.390	6.219		1.943		47.462	25.698
그리스	1.337	0.087	3.200	3.878	5.412	5.028	15.000		6.394	0.532	7.481		5.792		40.066	10.166
과테말라	3.303	0.279	1.230	2.500	12.346	15.467			6.321	0.542	5.156				39.266	7.322
가이아나	0.733		0.935	5.216	209.506	270.332			6.242	0.556	5.956				151.372	49.475

국가	기술선택지수(TCI) (1963-1999) 평균값	표준편차	1인당 평균GDP성장률(%) (1962-1999) 평균값	표준편차	임시장 프리미엄 (1960-1999) 평균값	표준편차	비준수속 수량(1999) 평균값	표준편차	경제자유지수(IEF) (1970-2005) 평균값	표준편차	몰수위험 (1982-1997) 평균값	표준편차	실제독립성 (1945-1998) 평균값	표준편차	개방정도 (1960-2003) 평균값	표준편차
온두라스	3.183	0.790	0.820	2.946	12.008	26.842			6.180	0.359	5.413				68.718	16.915
중국홍콩	0.713	0.071	5.192	4.445	-0.416	1.383					8.488				209.386	52.589
헝가리	1.151	0.183	3.338	4.210	165.435	155.711	8.000		6.489	1.059	9.079		3.735		86.700	25.216
아이슬란드	0.802	0.134	2.823	3.809	1.233	1.423			6.906	1.102	9.700				72.982	6.502
인도	3.635	0.421	2.573	3.077	26.530	24.692	10.000		5.744	0.729	8.069		6.959		15.517	6.343
인도네시아	3.073	0.408	3.581	3.974	273.451	806.400	11.000		5.863	0.535	7.475		2.981		44.716	16.991
이란			0.231	7.115	464.833	857.111					4.694				38.814	16.870
이라크	1.646	0.577	-2.515	18.460	851.008	2093.052					2.400					
아일랜드	1.853	0.507	4.179	2.806	0.600	3.795	3.000		7.491	0.642	9.721		7.000		105.765	31.741
이스라엘	1.287	0.232	2.744	3.677	14.077	17.706	5.000		5.686	1.283	8.513		7.000		79.064	23.283
이탈리아	1.292	0.134	2.794	2.143	0.000	0.000	16.000		6.422	0.656	9.457		7.000		40.020	8.718
자메이카	3.248	0.621	0.756	4.339	19.076	17.070	6.000		6.200	1.023	7.044		7.000		87.759	15.792
일본	1.680	0.083	4.056	3.678	1.750	3.350	11.000		7.071	0.316	9.721		7.000		20.925	3.495
요르단	1.936	0.492	1.980	7.193	3.399	2.899	14.000		6.335	0.698	6.556		2.208		119.307	14.334
케냐	0.335	0.030	1.241	4.785	15.722	14.031	11.000		5.973	0.786	6.406		3.250		60.309	7.232
한국	2.816	0.493	5.797	3.615	15.251	24.015	13.000				8.569		3.140		53.775	18.238
쿠웨이트	1.090	0.477	-3.916	8.708	0.001	0.399			6.609	0.817	7.056				95.580	11.295
라트비아	1.638	0.010	2.893	7.074	7.233	6.266	7.000		6.622	0.818			3.333		104.600	20.540
레소토	8.719	2.037	3.935	6.891	9.133	8.125									112.698	33.884
리비아	0.836	0.176	3.425	16.053	82.000	127.559					5.088				77.574	18.966
룩셈부르크	0.914	0.101	3.163	3.267	0.375	0.466			7.703	0.105	10.000				198.318	32.906
중국마카오	0.384	0.060	2.666	4.375											156.762	28.830
마다가스카르	5.373	0.498	-1.041	4.032	15.000	21.331	17.000		5.316	0.599	4.686		3.684		40.325	9.212

122개 국가

국가	기술선택지수(TCI) (1963-1999)		1인당 평균GDP성장률(%) (1962-1999)		암시장 프리미엄 (1960-1999)		비준수속 수량(1999)	경제자유지수(IEF) (1970-2005)		몰수위험 (1982-1997)		실제독립성 (1945-1998)		개방정도 (1960-2003)	
	평균값	표준편차	평균값	표준편차	평균값	표준편차	평균값	평균값	표준편차	평균값	표준편차	평균값	표준편차	평균값	표준편차
말라위	8.631	2.923	1.309	5.380	36.658	31.917	12.000	5.038	0.397	6.863		1.571		60.909	8.653
말레이시아	1.854	0.191	3.926	3.483	1.172	1.634	7.000	6.819	0.382	8.150		5.381		122.600	49.604
몰타	1.143	0.091	5.196	4.244	2.724	5.448		6.236	0.663	7.875				162.837	27.787
모리셔스	1.121	0.447	4.355	1.678	4.892	7.090	15.000	6.669	0.893			3.241		116.900	13.110
멕시코	2.969	0.242	1.982	3.395	4.772	8.816		6.159	0.591	7.469				31.384	16.422
몰도바	4.073	0.611	-1.986	10.241	0.000									122.079	25.610
몽고	3.697	0.860	-0.258	6.501	0.635	3.085	5.000			7.950		3.333		120.161	32.221
모로코	3.201	0.383	1.926	4.544	7.673	6.987	13.000	5.600	0.526	6.713		1.930		51.277	10.001
나미비아	3.711		-0.226	2.509	1.230	2.130		6.239	0.351	5.400				114.971	16.921
네팔	4.174	0.342	1.359	2.893	33.574	34.464	8.000	5.448	0.271					33.297	15.010
네델란드	1.158	0.204	2.253	1.946	0.000	0.000		7.620	0.305	9.979		7.000		100.484	12.498
네델란드령 안틸레스군도	0.767	0.110	-1.846	1.312	-0.333	2.417									
뉴질랜드	1.061	0.188	1.420	2.906	0.600	3.795	3.000	7.656	0.900	9.736		7.000		57.134	6.072
나이지리아	9.338	6.549	0.801	7.314	86.273	109.203	9.000	4.659	0.915	5.300		2.784		49.170	24.309
노르웨이	0.914	0.072	3.090	1.723	0.000	0.000	4.000	6.890	0.534	9.850		7.000		73.425	3.821
오만	1.036	0.151	6.296	16.124	0.460	1.061		7.125	0.440	7.321				93.117	12.928
파키스탄	6.114	1.221	2.564	2.397	38.871	42.583	8.000	5.190	0.632	6.150		4.083		32.965	4.991
파나마	2.738	0.550	2.186	4.133	0.000	0.000	7.000	6.811	0.590	6.063		3.611		154.750	27.245
파푸아뉴기니	7.250	1.541	1.177	4.902	15.938	15.557				7.743				82.113	17.158
파라과이	2.852	0.450	1.598	3.634	25.390	37.524		6.041	0.405	6.900				48.239	20.040
페루	5.128	1.162	0.783	4.825	36.554	64.825	8.000	5.648	1.496	6.206		3.769		34.543	5.348
필리핀	4.571	1.143	1.304	3.004	9.418	13.474	14.000	6.176	0.725	5.788		4.038		56.720	24.885

122개 국가

국가	기술선택지수(TCI) (1963-1999) 평균값	표준편차	1인당 평균GDP성장률(%) (1962-1999) 평균값	표준편차	암시장 프리미엄 (1960-1999) 평균값	표준편차	비준수속 수량(1999) 평균값	경제자유지수(IEF) (1970-2005) 평균값	표준편차	홍수위험 (1982-1997) 평균값	표준편차	실제독립성 (1945-1998) 평균값	표준편차	개방정도 (1960-2003) 평균값	표준편차
폴란드	1.704	0.327	3.320	3.604	351.565	270.847	11.000	5.755	1.103	7.814		3.538		51.814	5.736
포르투갈	1.265	0.257	3.684	3.804	4.263	7.944	12.000	6.635	1.028	9.006		3.538		57.577	11.450
푸에르토리코	3.814	0.718	3.760	2.936										133.300	24.180
카타르	1.595	0.387			0.203	0.259				7.857				80.400	6.756
루마니아	1.086	0.046	0.400	5.217	169.469	158.714	16.000	5.149	0.711	7.557		3.180		60.521	11.528
러시아	0.999	0.108	-1.259	7.645	520.000	576.479	20.000			8.500		2.796		56.640	19.001
사우디아라비아	1.675	1.101													
세네갈	8.914	2.469	0.003	4.200	3.431	4.531	16.000	5.506	0.494	5.925		3.000		62.380	14.527
시에라리온			-0.780	5.760	129.831	308.869		4.994	0.708	5.708				48.373	11.093
싱가포르	1.406	0.203	5.576	4.289	0.800	0.988	7.000	8.364	0.365	9.394		3.421			
슬로바키아	1.176	0.004													
슬로베니아	1.071	0.112	2.123	4.236	10.000	6.880	9.000	5.811	0.453			3.808		118.000	12.035
남아프리카	1.853	0.162	0.924	3.562	4.239	11.191	9.000	6.364	0.537	7.350		7.000		50.766	5.868
스페인	1.267	0.199	3.332	2.698	2.344	2.235	11.000	6.750	0.508	9.550		3.471		35.180	12.544
스리랑카	2.728	0.341	2.831	1.983	50.615	50.224	8.000	5.720	0.407	6.538		6.176		70.775	10.682
수단	6.761		1.119	5.531	87.922	155.904				4.019				28.406	5.289
수리남	2.409	0.532	0.217	6.114	14.683	8.356				5.169				94.879	29.815
스와질란드	3.817	0.733	2.008	4.193	11.283	7.128	6.000	6.856	0.681	9.500		7.000		146.657	30.193
스웨덴	1.206	0.124	2.198	1.993	0.000	0.000	6.000							58.955	13.210
스위스	0.992	0.086	1.393	2.265	0.000	0.000	7.000	8.179	0.168	9.986				64.777	8.952
시리아	2.058	0.755	2.559	8.022	128.798	211.522				5.413				51.880	13.155
탄자니아	3.233	0.370	1.297	2.384	86.952	92.424	13.000	5.213	1.183	6.888		3.000		48.043	9.123
태국	7.201	2.613	4.641	3.640	0.418	2.889	9.000	6.514	0.386	7.644		3.039		60.693	28.782

122개 국가

국가	기술선택지수(TCI) (1963-1999)		1인당 평균GDP성장률(%) (1962-1999)		암시장 프리미엄 (1960-1999)		비준수속 수령(1999)		경제자유지수(IEF) (1970-2005)		몰수위험 (1982-1997)		실제독립성 (1945-1998)		개방정도 (1960-2003)	
	평균값	표준편차	평균값	표준편차	평균값	표준편차	평균값	표준편차	평균값	표준편차	평균값	표준편차	평균값	표준편차	평균값	표준편차
토고	9.660	2.364	1.270	6.390	3.431	4.531			4.979	0.326	6.500				83.123	18.104
트리니다드토바고	1.475	0.446	2.043	4.713	30.029	20.051					7.294				89.984	18.725
튀니지	2.891	1.243	3.117	3.613	27.354	41.695	9.000		5.613	0.557	6.506		1.625		69.147	22.894
터키	4.586	0.968	1.937	4.124	18.921	20.025	13.000		5.181	0.812	7.288		5.943		30.608	16.899
우간다	6.236	0.376	2.259	3.224	198.418	301.088	11.000		5.332	1.640	4.800		2.735		35.186	9.543
아랍에미레이트연방	0.365	0.013	-3.028	8.110	-1.255	3.172					6.944				110.931	17.137
영국	1.358	0.154	2.149	1.795	0.000	0.000	5.000		7.626	0.766	9.764		7.000		49.873	6.861
미국	1.588	0.108	2.193	1.979	0.000	0.000	4.000		8.135	0.273	9.979		7.000		17.046	5.272
우루과이	2.036	0.430	0.887	4.408	11.699	26.516	10.000		6.304	0.426	6.938		4.712		35.923	7.589
베네수엘라	2.826	0.843			26.885	62.964	14.000		5.254	0.900	7.106		5.093			
나미비아	5.909	1.694	-0.776	4.695	85.435	119.817	6.000		5.653	1.336	6.669		2.257		77.325	13.388
짐바브웨	5.118	1.358	0.450	5.847	52.239	56.792	5.000		3.912	0.855	6.025		4.643		53.964	16.555

참고문헌

Deininger, K., and L. Squire. 1996. "A New Data Set Measuring Income Inequality," *World Bank Economic Review* 10(3):565-591.

Djankov, Simeon, and Peter Murrell. 2002. "Enterprise Restructuring in Transition: A Quantitative Survey," *Journal of Economic Literature* 40(3):739-792.

Dollar, David, and Aart Kraay. 2003. "Institutions, Trade, and Growth," *Journal of Monetary Economics* 50(1):133-162.

Easterly, W., and M. Sewadeh. 2002. Global Development Network Database, http://www.worldbank.org/research/growth/GDNdata.htm.

Easterly, William, and H. Yu. 2000. "Global Development Growth Network Database," Technical Report, World Bank, Washington, DC.

Fei, John, Gustav Ranis, and Shirley W. Y. Kuo. 1979. Growth with Equity: The Taiwan Case, New York: Oxford University Press.

Frankel, Jeffrey, and David Romer. 1999. "Does Trade Cause Growth?" *American Economic Review* 89(June):379-399.

Gwartney, James, and Robert Lawson, eds. 2007. *Economic Freedom of the World 2007 Annual Report.* Vancouver: Fraser Institute.

Hall, R. E., and C. Jones. 1999. "Why Do Some Countries Produce So Much More Output per Worker than Others?" Quarterly Journal of Economics 114(1):83-116.

Kaufmann, Daniel, and Aart Kraay. 2002. "Growth without Governance," Policy Research Working Paper No. 2928, World Bank, Washington, DC. Krugman, Paul, and Maurice Obstfeld. 1997. *International Economics: Theory and Policy*, Fourth Edition. Reading, MA: Addison-Wesley.

Lewis, W. Arthur. 1965. *Theory of Economic Growth* (New York: Harper & Row):376.

Li, H. Y., L. Squire, and H Zou. 1998. "Explaining International and Intertemporal Variations in Income Inequality," *Economic Journal* 108:26-43.

Lin, Justin Yifu, 2003. "Development Strategy, Viability, and Economic Convergence," *Economic Development and Cultural Change* 51(2): 276-308. (Reprinted in part in this chapter.)

Lin, Justin Yifu, and Mingxing Liu. 2004. "Development Strategy, Transition and Challenges of Development in Lagging Regions," China Center for Economic Research Working Paper Series 2004-2. Peking University, Beijing.

Sachs, Jeffrey D., and Andrew M. Warner. 2001. "The Curse of Natural Resources," *European Economic Reviews* 45(4-6) (May):827-838. Samuelson, Paul A. 1978. *The Collected Scientific Papers of Paul A. Samuelson*, edited by H. Nagasani and K. Crowley. Cambridge, MA: MIT Press.

United Nations Industrial Development Organisation. 2002. *International Year-book of Industrial Statistics*. Edward Elgar Publishing.

World Bank. Various year. *World Development Indicators*. Washington, DC: World Bank.

맺음말
개발도상 세계가 산업화의 황금시대로 가는 길

배리 아이켄그린(Barry Eichengreen)은 이번 "대불황"을 최근 평가하면서 "금융의 황금시대는 이미 끝났다."[1]라고 말했다. 하지만, 내가 보기에는 개발도상국 산업화의 황금시대는 이제 막 시작되었을 뿐이다.

전세계 금융위기가 유럽에서 여전히 지속적으로 확대되고 있다. 날마다 우리가 신문에서 보는 보도는 모두 대서양 양쪽의 선진국가가 불황에 빠진 후, 활력이 전혀 없는 경제회복, 실업율 고공행진, 지속적인 국가 신용등급 하락 및 도처에서 끊임없이 발생하는 채무위기에 관련된 것이다. 전세계 정치지도자는 안정적인 산업기반을 구축하여 재건하지 않고, 금융거래에 과도하게 의존해 높은 수준의 생활을 유지하는 것은 사상누각의 환상일 뿐임을 인식하기 시작했다.

앞으로 몇 년 안에 전 세계경제가 지속적으로 회복하고 강력하게 성장하기 위해, 우리는 유로화 지역과 국가부채에 대한 염려를 넘어서, 구조전환에 필연적으로 야기되는 장밋빛 전망에 눈을 돌려야 할 것이다. 본 저서의 정의에 따르면, 구조전환은 각국에서 산업단계를 상승시키고, 부문적 취업구조와 생산구조를 조정하는 과정이다. 소수 석유수출국을 제외하고, 산업화 없이 부유해진 국가는 없다. 세계은행 수석 경제학자로서의 3년 반 임기 이후 여러 차례의 고찰에서, 저개발국가가 중국, 인도네시아, 일본, 한국, 말레이시아, 싱가포르, 베트남과 같은 동아시아국가 산업화 성공경험에서 학습하여 극적으로 경제성과를 개선한 잠재력

---

1) http://www.project-syndicate.org/series/the_next_financial_order/long_descrip tion.

은 나를 놀라게 했다.

나는 개발도상국이 산업화의 황금시대를 맞이하게 될 수 있을 것이라 믿는다. 이 믿음의 두 가지 기반은 사하라 사막이남의 아프리카 국가를 포함한 그 안의 개발도상국이 산업부문을 빠르게 확장시킨 잠재력과 다원적 성장 세계에서 산업의 역동적인 이전에 있다. 현재, 18세기 산업혁명이 유발한 경제전환 메커니즘에 대한 끊임없이 깊은 이해를 통해서, 우리는 이 믿음의 첫 번째 사실에 기반한 역할을 상상해 볼 수 있다. 선진국이 세계 과학기술과 산업화의 선두에 있기 때문에, 선진국의 기술혁신과 산업업그레이드는 고비용, 고위험의 연구개발 투자로 실현된다. 반대로, 하나의 후발국가는 저위험, 저비용으로 선진국가의 기술을 받아들일 수 있다. 따라서 개발도상국이 후발우위를 어떻게 잘 이용할지 안다면, 선진국과의 산업격차와 소득격차를 축소하는 과정에서, 산업업그레이드와 경제성장의 속도가 몇 십 년 내에 모두 고소득 국가의 몇 배가 될 것이다. 이 믿음의 두 번째 기반은, 각 신흥시장 경제체의 지속적 성장에 따라, 임금수준도 지속적으로 상승해, 노동집약형 제조업은 이들 국가에서 더 저소득의 다른 국가로 이전이 불가피할 수 있다는 것이다. 중국을 예로 들면, 중국 비숙련 노동자의 현재 임금은 대략 매월 350달러이다. 몇 십 년 이후에도, 중국은 지속적인 고성장을 지속할 가능성이 아주 크다(Lin, 2011a). 그렇다면, 십 년 후, 비숙련 노동자의 임금은 최소 1000달러에 이를 수 있을 것이다. 이런 임금의 역동적 변화는 중국이 산업을 업그레이드하고, 더 고부가가치의 자본집약형 산업을 발전시켜야 함을 의미하는데, 이는 중국보다 소득수준이 낮은 기타 국가에게 노동집약형 제조업에 진입할 큰 기회를 제공한다.

2011년 5월, 나는 모잠비크공화국(Mozambique)의 마푸토(Maputo)에서 발표한 유엔대학 세계개발 경제연구소(UNU-WIDER)연간 강의에서, 개발도상국이 어떻게 이들 기회를 잡아 신속한 산업화와 경제성장을 실현했는지 설명했다. 내가 보기에, 개발도상국가에서 가장 효율적 방법은, 이미 몇 십 년 신속한 성장을 했고, 소득수준이 더 높고 본국과 유사한 요소부존 구조를 가진 국가를 확정한 후, 이들 국가가 신속하게 확장한 무역산업을 발전시키는 것이다. 안진모델(the pattern of flying geese)은 나의 관점을 설명하는데 유용한 비유가 될 수 있다. 18세기 이후 추월을 성공적으로 실현한 서유럽, 북미와 동아시아 각국은 모두 심혈을 기울여 선택한 선두국가(이들 선두국가의 1인당 평균소득은 본국보다 약 1배 높다)의 발자취를 따라, 자신이 선진국가가 되기 전의 산업업그레이드와 다양화 과정에서 "선도자 – 추종자"형의 안진모델을 준수했다(Lin, 2011c).

현재의 다원적인 세계에서, 새로운 성장거점으로서 브라질, 러시아, 인도, 중국과 ("브릭스 4국", BRICs) 같은 대형 시장경제의 출현과, 탈위기의 세계에서 실현할 수 있는 지속적이고 빠른 성장이, 사하라 사막 이남의 아프리카국가를 포함한 소득수준이 그들보다 낮은 국가에, 전대미문의 기회를 제공해, 그들이 제조업을 발전시켜, 산업화를 시작할 수 있게 했다. 그 예로, 이전의 동아시아 안진모델에서의 "추종자"로서, 중국은 조만간 저기술 제조업 일자리를 내놓게 될 것이다. 하지만 그 방대한 규모 때문에, 다른 개발도상국에서는, 중국은 국제산업 발전확산에 관한 전통 안진형 모델에서의 "선두 기러기(lead goose)"가 아닌 한 마리 "선두 용"(leading dragon)일 수 있다. 전환을 통해, 중국이 8500만 개에 달하는 노동집약형의 제조업 산업 일자리를 내놓을 것이지만, 1960년대 일본은 970만 개만을 내놓았고, 1980년대 한국은 230만 개만을 내놓았다(Lin, 2011c).

노동집약형 제조업의 일자리가 중국, 브라질, 인도와 같이 지속적으로 성장하는 신흥시장 경제체에서 저소득 국가(이들 국가는 다수가 사하라 사막 이남의 아프리카 지역에 위치한다)로 이전된 이점은 막대했다. 2009년 이 1년 만에, 중국은 세계를 향해 1070억 달러 가치의 의류를 수출했는데, 사하라 사막 이남 아프리카 국가가 총 수출한 의류가치는

20억 달러에 불과했다(중국의류 수출액의 2% 상당). 1% 중국의류 생산만 임금이 비교적 낮은 아프리카 국가로 이전된다 해도, 아프리카의 의류생산과 수출량이 47%가 증가할 수 있게 해, 동시에 취업 숫자가 현저히 상승할 수 있다. 현재, 아프리카(사하라 사막 이남과 이북을 포함)인구는 10억인데, 인도의 11.5억보다 약간 적다. 2009년 인도제조업 증가액은 국내생산 총액의 16%였는데, 사하라 사막 이남 아프리카 국가는 13%, 이집트, 모로코, 튀니지 같은 북아프리카 국가는 16%였다. 2009년, 인도제조업 취업 총량은 870만 명이었다. 따라서 대충 계산해보면, 우리가 아프리카 제조업 총 취업 인원수가 약 1000만 명이라고 생각하는 이유가 된다(Lin, 2011c). 이는 중국의 8500만 개 노동집약형 제조업 일자리에서 하나의 작은 부분만 아프리카로 이전되었을 뿐인데도, 아프리카에 전대미문의 기회를 제공할 수 있었다는 것을 보여준다.

기업이 중국과 기타 신흥시장 경제체에서 저소득 국가로 이전된 것은 이들 중국기업과 저소득 국가에 모두 아주 큰 혜택을 가져다 줄 수 있었지만, 중국기업과 저소득 국가의 정부가 자체 조직해서 이 기회를 잡은 것은 아니었는데, 그 원인은 무엇인가? 과거 3년 동안, 나는 아시아 아프리카 저소득 국가의 정책입안자, 상업계 엘리트 및 신흥시장 경제체의 정부관리와의 빈번한 만남에서, 나는 정책입안자와 상업사회가 이 기회를 이용하는데 흥미가 있을 수 있음을 알게 됐다. 이들 시흥시장 경제의 민영기업이 이미 저소득 국가의 기업가와 연결해, 각종 노동집약형 제조업을 공동으로 발전시켰다. 하지만 신흥시장에서 많은 기업가는 국외 이전, 특히 아프리카 국가에 대해 여전히 주저했다. 그들은 다음과 같은 염려를 이야기했다: (1)사회불안정, 정국동요; (2)다른 노동법과 자질표준; (3)불완전한 물류; (4)기초설비와 상업환경이 충분히 좋지 않음. 소프트웨어, 하드웨어 기반시설에 대한 우려에다, 투자위험이 가중돼, 기업운영 거래비용을 증가시켜, 비용이 아프리카와 기타 저소득 국가 노동력 저비용이 가져다 준 잠재수익을 초과하게 했다.

이들 기반시설 문제를 어떻게 해결할 것인가? 앞의 두 가지 우려는 수혜국 정부(recipient governments)의 전면적인 지지와 약속으로 완화될 수 있고; 뒤의 두 가지 우려는 특정산업에 맞는 클러스터 공업단지 구축으로 효과적으로 해결될 수 있다. "승자 선택(picking winners)"이라 칭해지는 특정산업에 맞는 이러한 사고방식이 왜 바람직한가?

먼저, 기반시설에 대해 진행해야 하는 개선은 종종 특정산업에 맞춘 것이다. 예로 생화와 방직 두 가지 업종이 수출방면에서 필요한 기반시설이 다르다. 하지만 개발도상국 정부의 재정자원과 집행력은 제한적이기 때문에, 정부는 목표산업의 요구에 근거해 기반시설 개선을 결정할 수 밖에 없다.

그 다음으로, 글로벌화된 세계에서 경쟁하려면, 한 새로운 산업이 그 나라의 비교우위와 맞아야 하며, 생산의 요소비용이 최저가 되게 할 뿐만 아니라, 동시에 거래비용도 최저 수준에 도달하게 해야 한다. 한 국가가 양호한 기반시설과 상업환경을 갖췄다고 가정하면, 산업업그레이드와 다양화의 과정이 자연발생하는 것이다. 정부협조가 없으면, 기업이 비교우위에 부합하는 너무 많은 업종에 진입할 수 있다. 그 결과는 대다수 업종이 본국에서 충분히 큰 산업 클러스터로 형성될 수 없어서, 국내와 국제시장에서 경쟁력이 없다. 여러 가지 실패를 경험한 후, 최종적으로 일부 산업 클러스터가 출현할 수 있다. 하지만 이러한 "시행착오" 과정은 아주 길어서, 대가도 아주 높은데, 본국과 외국 각 기업의 기대수익을 저하시킬 뿐만 아니라, 새로운 업종에 진입하거나 기타 국가로 이전할 인센티브를 감소시켜, 한 나라의 경제발전이 둔화되고, 심지어는 정체시키게 된다.

하지만 "승자 선택"에서 실패의 예는 아주 많이 있다. 이러한 실패는 앞 장에서 토론한 것과 같이, 종종 정부가 어느 산업이 본국의 요소부존구조와 발전단계에 적합한지를 선별하는데 좋은 판단기준이 부족하기 때문이다. 사실상, 목표산업 선택방면에서, 정부는 종종 전망이 좋아 보이지만, 본국의 비교우위에는 부합하지 않는 산업을 선호한다. 그 결과로 "승자 선택" 활동에서 종종 "패자(picking losers)"를 선택해냈다(Lin, 2011d).

따라서, 경제가 성공하는 방법은 개발도상국의 정책결정자가 본국 잠재적 비교우위를 지닌 산업을 선별하도록 돕고, 각종 구속적 제약조건을 제거하도록 도와, 본국과 외국의 민영기업이 이들 산업에 진입하도록 장려한다. 이를 위해 본 저서 제3장은 개발도상국 정부에게 실행 가능하고 조작이 쉬운 방법 틀을 제공하였다.

많은 저소득 국가에는 풍부한 자연자원이 있다. 그들도 "안진모델"을 준수할 수 있는데, 지속적으로 성장하는 신흥시장 경제체의 산업업그레이드 과정에서 제공한 산업화 기회를 아주 잘 이용할 수 있다. 정유업종 같은 자원집약형 산업이 제공하는 취업기회는 아주 제한적이다. 2009년, 파푸아뉴기니(Papua New Guinea)를 방문했을 때, 나는 그 국가의 유명한 옥 테디(OK Tedi)동광이 매 년 그 국가에 40%의 국가재정 소득공헌이 있었고, 수출도 그 국가수출의 80%를 차지했지만, 2009년 제공된 일자리는 2000개뿐 이었음을 발견했다. 파푸아뉴기니의 660만명 중의 대다수는 여전히 농업위주이다. 그들은 임금율이 낮은데, 임금이 노동집약형 산업의 주된 생산비용이다. 따라서 저임금이고 자연자원이 풍부한 국가는 노동집약형 산업을 발전시켜, 그 국가에 더 필요한 일자리 기회를 창출할 수 있다. 이 방면에서, 인도네시아는 하나의 아주 좋은 예이다. 노동집약형 제조업이 생존수준을 유지하는 농업부문에서 잉여노동력을 흡수할 뿐만 아니라, 동시에 이들 산업의 발전도 지속적인 업그레이드를 통해, 부가가치가 더 높은 상품을 생산하기 위한 길을 닦았다. 핀란드의 노키아 회사를 예로 들면, 그 전신은 하나의 벌목회사였는데, 그 후 여러 가지 경영을 통해 노동집약형 산업에 발을 들여놓기 시작하여, 고무장화를 생산했고; 가전제품 설비 제조업체가 되어 필립스에 납품했으며, 그 다음으로 이동전화 업종에 진입했다.

하지만 자원이 풍부한 국가는 통상 "네델란드 병(Dutch Disease)"을 앓게 된다. 자연자원의 수출소득이 화폐의 평가절상을 촉진해, 그 나라 기타 수출산업의 경쟁력에 부정적 영향을 가져오게 된다. 또한 일부 국가의 자연자원 자산은 세력이 강한 단체에서 수탈되는데, 이는 자원풍족이 자원 저주로 변하게 한다. 본 저서가 제기한 성장선별 및 맞춤형 성장촉진 틀을 따른다면, 이들 자연자원 임대료를 투명한 방식으로 관리해, 인적자본과 물질자본(예로 기반시설)에 신중하게 투자하고, 비자원 부문의 다양화 진행에 사용하는데, 이런 자연자원 임대료는 큰 발전 기회를 제공할 수 있다. 이들 투자가 진지한 선택을 거친다면, 노동생산율을 제고하고, 생산과 거래비용을 인하시킬 수 있어, 최종적으로 네델란드 병을 치료하고, 풍부한 자연자원을 저주에서 축복으로 변하게 할 수 있다. 이는 이들 국가가 많은 기회가 있어 자본을 축적하고, 요소부존을 업그레이드하여, 기반시설을 개선하면서, 산업구조를 개조해서 노동력이 충분하지만 자원이 부족한 국가보다 더 빠르게 소득을 제고할 수 있기 때문이다(Lin, 2011b).

현재까지, 우리의 토론은 모두 줄곧 저소득 국가가 산업화를 신속하게 실현할 수 있는 기회와 방법을 중심에 놓았다. 이와 같이 신 구조경제학도 중등소득 국가가 어떻게 산업업그레이드를 진행하여, 동태 고속 성장을 실현하는지에 대해 새로운 견해를 제공했다. 중등소득국의 하나의 특징은 일부 산업은 여전히 세계선두 안에 있지만, 다른 일부 산업은 선진국의 퇴출로 인해 세계선두가 되었다. 전자에서는 정부가 성장선별 및 맞춤형 성장촉진 틀에 따라, 민영기업이 후발우위의 잠재력을 충분히 이용하도록 협조하고; 후자에서는 정부가 선진국과 같은 조치를 선택하여, 기술과 산업의 혁신을 지원해야 한다. 일반적으로 사용한 조치는 기초연구 지원, 특허보호 제공, 신기술/상품 강제사용 및 정부 신상품 직접구매를 포함한다. 하나의 중등소득의 국가가 민영기업의 산업업그레이드와 다양화를 촉진하도록 이들 조치를 실시할 수 있다면, 중등소득의 함정(middle-income trap)을 피할 수 있을 뿐만 아니라 동태 고속 성장을 실현할 수 있어, 한 세대의 시간 내에 선진국가를 따라 잡을 수 있다.

지금까지 우리의 토론은 여전히 농업영역의 기술혁신과 생산율 제고와 관련이 없었다. 저소득 국가에서, 대다수 사람들은 농업에 종사하는데, 농업개선이 빈곤을 감소시킬 수 있을 뿐만 아니라, 농업부문에서 더 많은 경제잉여를 만들어내서 산업화를 지지할 수 있다. 정부는 농업생산과 상업화를 위해 농업기술 혁신과 기술보급, 기반시설 개선을 촉진할 필요가 있다.

마지막으로, 머리말에서 서술한 바와 같이, 나는 사하라 사막 이남 아프리카 구역의 국가를 포함한 각 개발도상국이, 그 정부가 본국의 비교우위에 근거하여 정확한 정책시스템을 채택해 개인부문의 발전을 촉진시키고 후발우위를 충분히 발휘한다면, 모두 8%나 그보다 더 높은 성장률로 성장을 수십 년 지속하고, 현저히 빈곤을 퇴치할 것이며, 한 두 세대의 시간 안에 중등 심지어 고소득 국가가 될 수 있을 것이라 확신한다. 나는 본 저서가 개발도상국이 발전잠재력을 실현하는데 도움되기를 희망한다. 빈곤이 없는 세계가 현실이 될 것이며 하나의 꿈만은 아니다.

참고문헌

Lin, Justin Yifu. 2011a. *Demystifying the Chinese Economy*, Cambridge, UK: Cambridge University Press.

_____. 2011b. "Economic Development in Resource-Rich, Labor-Abundant Economies," Feb. 28, 2011, Let's Talk Development Blog, http://blogs.worldbank.org/developmenttalk/economic-development-in-resource-rich-labor-abundant-economies.

_____. 2011c. "From Flying Geese to Leading Dragons - New Opportunities and Strategies for Structural Transformation in Developing Countries," WIDER Annual Lecture 15, Helsinki: UNU-WIDER. (A shorter version of this paper is forth coming in *Global Policy*.)

_____. 2011d. "Picking Winners," Let's Talk Development Blog, Oct. 18, 2011, http://blogs.worldbank.org/developmenttalk/node/670.

저자소개

린이푸(林毅夫, Lin Yifu, Justin Yifu Lin) 세계은행 전 부총재

베이징대학교 국가발전연구원 교수이자 명예원장을 겸임하고 있다. 1994년 베이징대학교 내에 중국 경제연구센터(현재 베이징대학교 국가발전연구원)를 설립하여 주임직을 맡고 있다. 2008년에 세계은행 수석경제학자에 임명돼, 발전경제학을 책임지고 있는 고위 부은행장직을 겸임했는데 이런 요직을 맡게 된 것은 개발도상국의 첫 사례였다. 2012년까지 세계은행에서 임기를 마치고 현재 베이징대학교로 돌아와 관련분야 연구와 강의를 계속하고 있다.

전국 정치협상회의 상무위원, 경제위원회 부주임, 국무원 참사관, 전국 상공업연합회 전임 부주석을 담당하고 있다. 제11차 전국인민대표대회 대표, 제7차-10차 전국정치협상회의위원, 제10차 전국정치협상회의 경제위원회 부주임을 역임했다. 국내외 여러 발전정책, 농업과 빈곤퇴치와 관련된 위원회, 지도자 소그룹 등에서 겸직하고 있다.

1986년, 미국 시카고대학교에서 경제학 박사학위를 취득했으며, 영국과학원 외국인 아카데미 회원 및 개발도상국가 과학원(원 명칭은 제3세계 과학원) 아카데미 회원이라는 영예를 얻기도 했다. 그리고 프랑스 Auvergne대학교, 미국 Fordham대학교, 영국 Nottingham 학교, 홍콩 도시대학교, 영국 런던 정치경제학원, 홍콩 과학대학교, 캐나다 British Columbia대학교 및 벨기에 Leuven대학교 등의 세계적 대학에서 명예박사 학위를 수여 받았다.

역자소개

장홍영(张红英, Zhang Hongying) 중국 산동사범대학교 상과대학 부교수

국내외 학술지에 학술논문 10여 편을 발표
산동성 물류와 교통운수협회 전문가위원회 위원
한국 전라북도 국제교류촉진협의회 위원
중국대학교마케팅연구회 회원
한중경제문화협회 회원

신 구조경제학

경제 발전과 정책을 재고한 이론 틀

초판 인쇄 2019년 1월 3일
초판 발행 2019년 1월 10일

저　　자 | 린이푸林毅夫
역　　자 | 장홍영张红英
펴 낸 이 | 하운근
펴 낸 곳 | 學古房

주　　소 | 경기도 고양시 덕양구 통일로 140 삼송테크노밸리 A동 B224
전　　화 | (02)353-9908　편집부(02)356-9903
팩　　스 | (02)6959-8234
홈페이지 | http://hakgobang.co.kr/
전자우편 | hakgobang@naver.com, hakgobang@chol.com
등록번호 | 제311-1994-000001호

ISBN　　978-89-6071-784-8　93320

값 : 35,000원

이 도서의 국립중앙도서관 출판시도서목록(CIP)은 서지정보유통지원시스템 홈페이지(http://seoji.
nl.go.kr)와 국가자료공동목록시스템(http://www.nl.go.kr/kolisnet)에서 이용하실 수 있습니다.
(CIP제어번호 : CIP2018039927)